공기업 최초 합격을 위한

KB084791

추 녑자료

본 교재 인강

2만원 할인쿠폰

`5526 7CBA DFA5 5QCG`

NCS 온라인 모의고사

응시권

`88E4 FCC6 DA97 9CBE`

* 쿠폰 등록 시점 직후부터 30일간 PC로 응시 가능

진짜 쉽다! 인적성&NCS 입문편-추리/문제해결

20% 할인쿠폰

`2893 574E 8527 9D3P`

NCS 온라인 모의고사 해설강의

50% 할인쿠폰

`AFB5 BCD4 8836 2FNV`

이용방법 해커스잡 사이트(ejob.Hackers.com) 접속 후 로그인 ▶ 사이트 우측 상단 **[나의정보]** 클릭 ▶ **[나의 쿠폰]** 클릭 ▶
[쿠폰/수강권 등록]에 쿠폰(인증)번호 입력 후 이용 (모의고사는 **[마이클래스 > 모의고사]**탭에서 응시)

* 쿠폰 유효기간: 2025년 12월 31일까지 / 본 쿠폰은 한 ID당 1회에 한해 등록 및 사용 가능합니다.
* 이벤트 강의/프로모션 강의 적용 불가 / 쿠폰 중복할인 불가
* 이 외 쿠폰관련 문의는 해커스 고객센터(02-537-5000)로 연락 바랍니다.

FREE

무료 바로 채점 및 성적 분석 서비스

▲ 바로 이용

이용방법 해커스잡 사이트(ejob.Hackers.com) 접속 후 로그인 ▶ 사이트 메인 중앙 **[교재정보-교재 채점 서비스]** 클릭 ▶
교재 확인 후 채점하길 원하는 **교재 채점하기** 버튼 클릭

해커스잡과 함께
단기간 고득점 합격 가능!

공기업 궁금증 해결
**공기업
취업 GUIDE**

48시간 내로 답변
**강의/교재
1:1 질문하기**

빠르게 전하는 채용 소식
**채용공고
실시간 알림
서비스**

해커스잡의
**최종 합격
시스템**

기업별 대비 전략
**채용 대비
무료 라이브**

합격자의 취업 성공 노하우
합격스펙&자소서

무료 실력진단을 통한 합격전략
**인적성&NCS
레벨테스트**

헤럴드 선정 2018 대학생 선호 브랜드 대상 '취업강의' 부문 1위

해커스가
제안하는
NCS 고득점 전략

NCS 고득점을 위해서는

1. 문제해결능력·자원관리능력을 향상시켜야 합니다.

2. PSAT 기출로 고난도 문제에 대비해야 합니다.

3. 실전에 대비하여 전략적으로 학습해야 합니다.

1 문제해결·자원관리능력을 향상시켜야 합니다.

NCS 직업기초능력평가 10개 영역 중 특히 의사소통능력, 수리능력, 문제해결능력, 자원관리능력은 대부분의 기업에서 출제되는 주요 영역입니다. 문제해결적 지식은 문제해결능력, 자원관리능력뿐만 아니라 의사소통능력 등의 문제를 풀 때에도 활용되고 있어 NCS 문제를 빠르고 정확하게 풀기 위해서는 문제해결적 지식을 향상시키는 것이 매우 중요합니다. 또한 최근에는 문제해결능력과 자원관리능력에서 고난도 문제의 출제 비중이 높아지고 있어 더욱 철저한 대비가 요구됩니다. NCS 고득점으로 이어지는 만큼, 문제해결능력과 자원관리능력을 향상시키기 위해 집중적으로 학습할 필요가 있습니다.

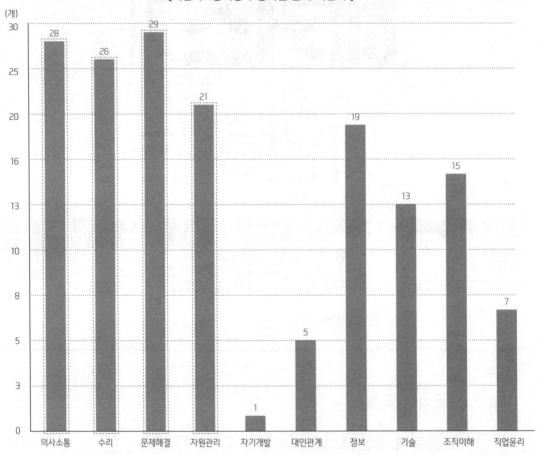

[직업기초능력평가 영역별 출제 기업 수]

* 2021~2022년 상반기에 시행된 총 30개 기업(건강보험심사평가원, 건설근로자공제회, 국민연금공단, 근로복지공단, 기술보증기금, 도로교통공단, 서울교통공사, 신용보증기금, 인천교통공사, 인천국제공항공사, 전력거래소, 중소벤처기업진흥공단, 학교법인한국폴리텍, 한국가스기술공사, 한국고용정보원, 한국공항공사, 한국남동발전, 한국농어촌공사, 한국산업인력공단, 한국소비자원, 한국수력원자력, 한국수자원공사, 한국에너지공단, 한국전력거래소, 한국전력공사, 한국중부발전, 한국토지주택공사, 한전KDN, 한전KPS, IBK기업은행)의 직업기초능력평가를 기준으로 함

최근 NCS 문제해결능력, 자원관리능력 시험에는 길이가 길고 복잡한 표가 포함된 제시문으로 구성되는 문제, 계산을 이용해야 하는 문제와 같이 PSAT 기출과 유사한 유형의 출제 비중이 늘어남에 따라 난도가 높아지고 있습니다. 따라서 문제해결능력과 자원관리능력에서 고득점을 달성하기 위해서는 무엇보다 PSAT 기출문제로 실력을 쌓는 것이 중요합니다.

[NCS 기출유형]
22상 한국토지주택공사

44. 다음 공고문을 근거로 판단한 내용으로 옳은 것은?

[□□대학교 도서관 이용 지침 변경 공고문]

1. 목적
   - 코로나19 바이러스가 창궐함에 따라 도서관 이용 지침을 변경하여 코로나19 바이러스 확산을 방지하기 위함
2. 이용 시간 단축 안내(공고일부터 2주간의 유예 기간을 두고 시행함)
   - 평일: 오전 9시~오후 10시
   - 주말: 오후 1시~오후 5시
   ※ 1) 평일의 경우 세 차례(오전 7시 30분, 오후 12시, 오후 10시[가려짐] 소독 시간이 있으며, 소독은 해당 시간부터 1시간 동안 진[가려짐]소독 시 도서관 이용 불가)
   2) 주말의 경우 두 차례(오후 12시, 오후 10시 30분)의 소독 시[가려짐] 있으며, 소독은 해당 시간부터 1시간 동안 진행됨(소독 시 도[가려짐] 이용 불가)
   3) 중간고사(4월 중) 및 기말고사(7월 중) 기간에는 평일의 경우 오후 [가려짐]시 59분까지, 주말의 경우 오후 8시까지 연장 운영됨(단, 도서관 운영 개방 시간에는 변동 없음)
3. 층별 이용 안내

구분	시설	이용 안내
1층	자료 열람실	일반 열람실 좌석표 발급 및 도서 대출 가능
	무인 반납함	미연체 도서에 한해 이용 가능
	카페	음료 외 음식물 섭취 금지
2층	회의실	회의실 예약 및 사용 중지
	화장실	양치·가글 금지
	일반 열람실	1층 자료 열람실에서 좌석표 [가려짐] 이용 가능
3층	영상 시청실	별도의 안내가 있을 때까[가려짐] 시청실 사용 중지
	테라스	1층 카페에서 구입한 음료 외 [가려짐] 섭취 금지

※ 1) 연체된 도서의 경우 자료 열람실의 사서에게 직접 반납
2) 안내문 공고일 이전에 예약한 회의실에 한해 6인까지 이용 가능

20XX. 1. 31.(월)

① 20XX년 2월 14일까지는 회의실 예약 및 사용이 가능하다.
② 공고문 시행 이후부터 연체된 도서는 무인 반납함을 이용해야 한다.
③ 중간고사 기간의 주말에는 오전 9시부터 오후 11시 59분까지 도서관 이용이 가능하다.
④ 도서관 카페에서 음료를 구입한 경우에 한해 3층 테라스에서의 음료 섭취가 허용된다.
⑤ 공고문 시행 이후 도서관에서는 주말에 1시간씩 총 세 차례의 소독이 이루어질 것이다.

[PSAT 기출문제]
19 5급공채

12. 다음 글을 근거로 판단할 때 옳은 것은?

전문가 6명(A~F)의 〈회의 참여 가능 시간〉과 〈회의 장소 선호도〉를 반영하여, 〈조건〉을 충족하는 회의를 월~금요일 중 개최하려 한다.

〈회의 참여 가능 시간〉

요일 전문가	월	화	수	목	금
A	13:00~16:20	15:00~17:30	13:00~16:20	15:00~17:30	16:00~18:30
B	13:00~16:10	−	13:00~16:10	−	16:00~18:30
C	13:00~19:20	14:00~16:20		14:00~16:20	16:00~19:20
D	17:00~19:30	−	17:00~19:30		17:00~19:30
E	−	15:00~17:10		15:00~17:10	−
F	16:00~19:20		16:00~19:20		16:00~19:20

※ −: 참여 불가

〈회의 참여 가능 시간〉

전문가 장소	A	B	C	D	E	F
가	5	4	5	6	7	5
나	6	6	8	6	8	8
다	7	8	5	6	3	4

〈조 건〉
- 전문가 A~F 중 3명 이상이 참여할 수 있어야 회의의 개최가 가능하다.
- 회의는 1시간 동안 진행되며, 회의 참여자는 회의 시작부터 종료까지 자리를 지켜야 한다.
- 회의 시간이 정해지면, 해당 일정에 참여 가능한 전문가들의 선호도를 합산하여 가장 높은 점수가 나온 곳을 회의의 장소로 정한다.

① 월요일에는 회의를 개최할 수 없다.
② 금요일 16시에 회의를 개최할 경우 회의 장소는 '가'이다.
③ 금요일 18시에 회의를 개최할 경우 회의 장소는 '다'이다.
④ A가 반드시 참여해야 할 경우 목요일 16시에 회의를 개최할 수 있다.
⑤ C, D를 포함하여 4명 이상이 참여해야 할 경우 금요일 17시에 회의를 개최할 수 있다.

3 실전에 대비하여 전략적으로 학습해야 합니다.

단순히 문제를 많이 푼다고 NCS 고득점을 달성할 수 있는 것이 아닙니다. 실전에서 복잡한 조건과 상황이 제시된 문제나 고난도 문제를 접하더라도 문제를 빠르고 정확하게 풀 수 있도록 평소에 제한된 시간 내에 자료를 빠르게 분석하여 정확하게 문제를 푸는 연습을 해야 합니다. 따라서 집중공략문제로 자주 출제되는 문제해결능력과 자원관리능력의 문제 유형에 대한 접근법을 익히고, 시간 관리, 고난도 문제 풀이 능력을 기르며, 이를 토대로 모의고사를 실전처럼 풀어 보면서 실전 감각을 기르면 NCS 고득점을 달성할 수 있습니다.

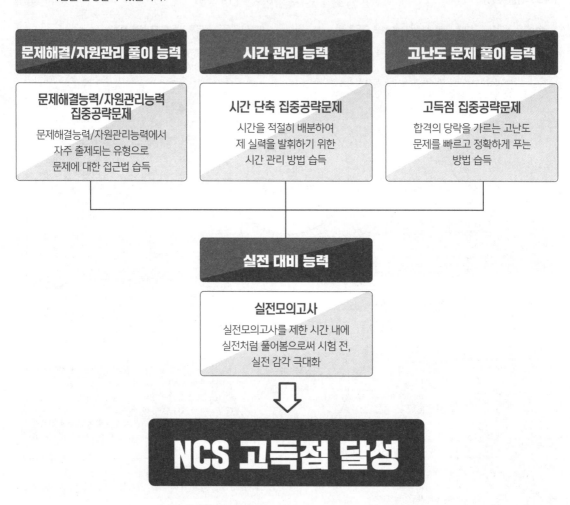

문제해결/자원관리 풀이 능력

문제해결능력/자원관리능력 집중공략문제

문제해결능력/자원관리능력에서 자주 출제되는 유형으로 문제에 대한 접근법 습득

시간 관리 능력

시간 단축 집중공략문제

시간을 적절히 배분하여 제 실력을 발휘하기 위한 시간 관리 방법 습득

고난도 문제 풀이 능력

고득점 집중공략문제

합격의 당락을 가르는 고난도 문제를 빠르고 정확하게 푸는 방법 습득

실전 대비 능력

실전모의고사

실전모의고사를 제한 시간 내에 실전처럼 풀어봄으로써 시험 전, 실전 감각 극대화

NCS 고득점 달성

해커스라면 NCS 고득점 문제 없습니다.

해커스공기업
PSAT
기출로 끝내는
NCS

문제해결·자원관리
집중 공략

해커스

복지훈

이력

• (현) 해커스공기업 NCS 직업기초능력 및 직무적성능력 전임강사
• 공공기관 채용정보 박람회 NCS 직업기초능력 초빙강사(2022, 2021, 2017)
• 금융권 공동 채용박람회 NCS 직업기초능력 강의 진행(2022)
• 중앙대, 한양대, 전남대 등 다수 대학 PSAT, LEET 강의 진행
• 이화여대, 동국대, 성균관대, 전북대 등 전국 30여 개 대학 직무적성검사 강의 진행
• 경희대, 부산대, 성균관대, 서강대 등 전국 30여 개 대학 NCS 문제해결능력 강의 진행

저서

• 단기 합격 해커스공기업 NCS 직업기초능력평가＋직무수행능력평가(2023)
• 해커스 민간경력자 PSAT 12개년 기출문제집(2022)
• 해커스공기업 NCS 통합 봉투모의고사 7회＋4회(모듈형/피듈형/PSAT형＋전공)(2022)

김동민

이력

• (현) 해커스잡 반도체 전공 전임강사
• (현) 해커스공기업 자원관리 전임강사
• 공공기관 채용정보 박람회 NCS 직업기초능력 초빙강사(2022)
• 삼성코닝 근무
• 경희대, 한국외대, 중앙대, 인천대, 목원대 등 20여 개 대학 취업 특강 진행

저서

• 단기 합격 해커스공기업 NCS 직업기초능력평가＋직무수행능력평가(2023)
• 해커스공기업 NCS 통합 봉투모의고사 7회＋4회(모듈형/피듈형/PSAT형＋전공)(2022)
• 해커스 한 권으로 끝내는 공기업 기출 일반상식(2022)

NCS 문제해결능력 · 자원관리능력 어떻게 대비해야 하나요?

NCS 문제해결능력은 아무리 공부해도 늘지 않는다, 어차피 태어날 때 잘 태어나야 한다, 머리 좋은 사람이 유리한 과목이다.

많은 수험생이 공감(?)하는 말이지만, 이 말들은 사실이 아닙니다.

공부 방법을 제대로 알지 못하면 공부를 해도 실력이 늘지 않고 머리 탓만 하게 될 뿐입니다. 물론 머리가 좋으면 NCS에 유리한 것은 사실이지만, 그것만으로 당락이 결정되지는 않습니다. 본인이 가지고 있는 능력에서 최대한의 성과를 뽑아내는 것이 제대로 된 공부 방법입니다.

NCS 자원관리능력은 어떻게 공부를 해야할지도 모르겠고, 한다고 실력이 늘지도 않는 것 같다. 시간은 항상 오래걸리고, 틀리는 건 항상 틀린다.

NCS를 열심히 공부한 뒤 막바지에 많은 수험생들이 하는 말입니다. 하지만 이건, 공부 방법을 바꾸면 해결할 수 있습니다. 자원관리능력은 문제를 풀이하는 방법이 한가지로 정해져 있지 않고, 그 접근 방식에 따라 문제의 난이도와 풀이 시간이 매우 크게 바뀌는 유형입니다. 문제 유형별로 효율적인 접근 방식을 찾고, 그걸 익숙하게 활용할 수 있도록 연습하는 것이 매우 중요합니다.

문제 풀이에 필요한 문제해결·자원관리 이론을 체계적으로 학습할 수 있도록,

NCS 문제해결·자원관리능력에 출제되는 모든 문제 유형을 파악하고 고득점 전략을 익힐 수 있도록,

PSAT 문제로 시간 관리 능력뿐만 아니라 실전 감각을 기르고 고난도 문제에 대비할 수 있도록

해커스는 수많은 고민을 거듭한 끝에 『해커스공기업 PSAT 기출로 끝내는 NCS 문제해결·자원관리 집중 공략』을 출간하게 되었습니다.

『해커스공기업 PSAT 기출로 끝내는 NCS 문제해결·자원관리 집중 공략』은

1. NCS 문제해결·자원관리능력 기반인 이론을 기초부터 심화에 이르기까지 상세하게 정리하고 PSAT 문제를 분석하여 실전에 확실하게 적용할 수 있습니다.

2. 기출유형공략을 통해 출제 유형 및 고득점 전략을 익히고 집중공략문제로 문제해결·자원관리능력 문제를 집중적으로 연습해 보며, 시간 관리 능력을 기를 수 있을 뿐만 아니라 고난도 문제에도 대비할 수 있습니다.

3. 실전모의고사와 부록의 LEET 기출로 실전 감각을 키우고 문제 풀이 시간을 단축하여 고득점을 달성할 수 있습니다.

『해커스공기업 PSAT 기출로 끝내는 NCS 문제해결·자원관리능력 집중 공략』을 통해 NCS 채용에 대비하는 수험생 모두 합격의 기쁨을 누리시기 바랍니다.

복지훈, 김동민

목차

NCS 고득점을 위한 이 책의 활용법
맞춤 학습 플랜

NCS 고득점을 위한 이 책의 활용법

1 맞춤 학습 플랜과 기출유형공략을 활용하여 효율적으로 학습한다.

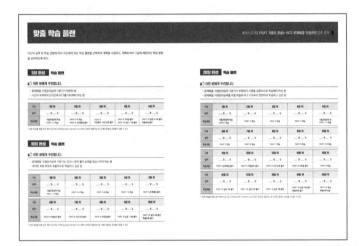

맞춤 학습 플랜

자신의 실력 및 학습 성향에 따라 선택할 수 있는 세 가지 종류의 학습 플랜을 제공하여 혼자서도 본인의 실력과 상황에 맞게 기초부터 심화까지 전략적으로 학습할 수 있다.

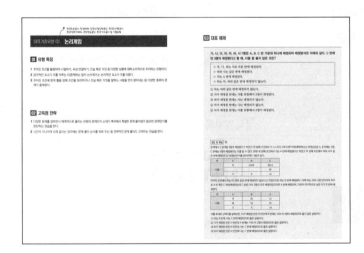

기출유형공략

대표기출유형별 특징과 출제 기업, 고득점 전략을 파악할 수 있으며, 예제를 통해 문제해결·자원관리 영역에 대한 감을 잡을 수 있다.

2 상세한 이론 정리와 확인 문제로 NCS 문제해결·자원관리능력 대비에 필요한 이론을 체계적으로 학습한다.

상세하고 꼼꼼한 이론 정리

실전에 필요한 이론을 체계적으로 정리하고 예시를 제공하여 이론을 기초부터 꼼꼼히 학습할 수 있다. 또한 형광펜 표시와 함께 이해를 돕기 위한 보충 설명을 수록하여 NCS 문제해결·자원관리능력 이론을 더 쉽게 익힐 수 있다.

확인 문제

학습한 내용을 점검해 볼 수 있는 확인 문제를 통해 기본기를 더욱 단단하게 다질 수 있다.

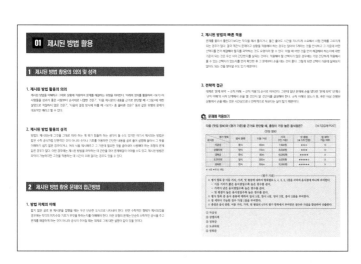

문제에 적용하기

중요한 이론이나 문제 풀이 전략을 실제 문제 풀이에 어떻게 적용하는지를 제시하여 더욱 효과적으로 학습할 수 있다.

3 집중공략문제로 실전에 필요한 **문제 풀이 능력을 전략적으로 향상**시킨다.

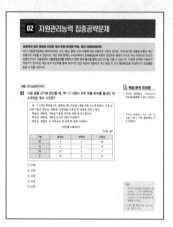

문제해결능력/자원관리능력 집중공략문제

정확하고 빠른 문제 풀이를 위해 조건과 상황을 전략적으로 분석하고, 계산 문제를 분석하여 정확하게 문제를 푸는 연습을 할 수 있다.

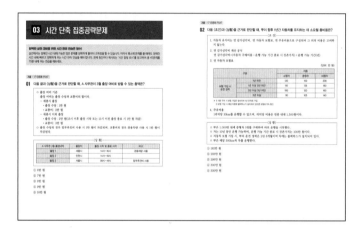

시간 단축 집중공략문제

시간이 절대적으로 부족한 실전에 보다 철저히 대비할 수 있도록 문제 중간마다 몇 분 내에 풀어야 하는지 '시간 알림 표시'가 되어 있어 제한 시간 내에 모든 문제를 푸는 연습을 할 수 있다.

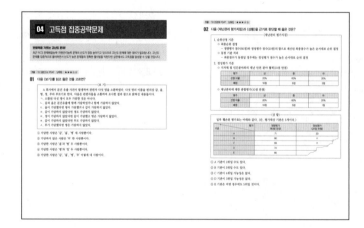

고득점 집중공략문제

고난도 문제에 대비하기 위해 실전보다 어려운 문제를 시간제한 없이 꼼꼼히 풀어봄으로써 NCS 고득점을 달성할 수 있다.

4 실전모의고사와 LEET 엄선 문제로 실전 감각을 극대화하고, 상세한 해설로 완벽하게 정리한다.

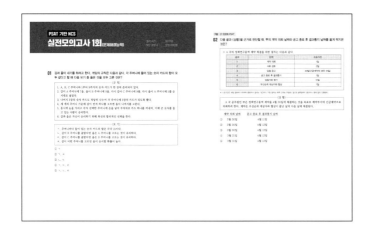

실전모의고사(4회분)

실제 시험과 동일한 유형·난이도로 구성된 실전모의고사 총 4회분을 제한 시간 내에 풀어봄으로써 시험 전 실전 감각을 극대화하여 완벽하게 실전에 대비할 수 있다.

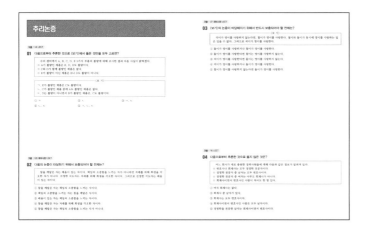

NCS 고득점을 위한 LEET 엄선 문제

특별부록으로 제공하는 실제 NCS 문제해결능력 시험과 유사한 LEET 엄선 기출문제를 추가로 풀어봄으로써 NCS 고득점에 보다 철저히 대비할 수 있다.

약점 보완 해설집

문제집과 해설집을 분리하여 보다 편리하게 학습할 수 있으며, 모든 문제에 대해 상세하고 이해하기 쉬운 해설을 수록하여 체계적으로 학습할 수 있으며, 빠른 문제 풀이 Tip을 통해 문제를 빠르고 정확하게 푸는 방법을 익힐 수 있다. 또한 교재 내 QR 코드를 활용하여 해커스잡(ejob. Hackers.com)에서 제공하는 바로 채점 및 성적 분석 서비스를 통해 응시 인원 대비 본인의 성적 위치를 확인할 수 있다.

맞춤 학습 플랜

자신의 실력 및 학습 성향에 따라 자신에게 맞는 학습 플랜을 선택하여 계획을 수립하고, 계획에 따라 그날에 해당하는 학습 분량을 공부하도록 한다.

5일 완성 학습 플랜

👍 이런 분에게 추천합니다.

- 문제해결·자원관리능력 기본기가 탄탄한 분
- 시간이 부족하여 단기간에 NCS를 대비해야 하는 분

구분	1일 차	2일 차	3일 차	4일 차	5일 차
날짜	___월___일	___월___일	___월___일	___월___일	___월___일
학습내용	· 기출유형공략 학습 · PART 1~4 학습	· PART 5~8 학습 · PART 9 문제해결 풀이	PART 9 자원관리, 시간 단축 풀이	· PART 9 고득점 풀이 · PART 10 실전 1~2회 풀이	· PART 10 실전 3~4회 풀이 · 특별부록 풀이

* 심화 학습을 원할 경우 해커스잡 사이트(ejob.Hackers.com)에서 유료로 제공되는 본 교재의 동영상 강의를 수강할 수 있다.

10일 완성 학습 플랜

👍 이런 분에게 추천합니다.

- 문제해결·자원관리능력 기본기는 있으나 문제 풀이 능력을 향상시켜야 하는 분
- 취약한 부분 위주로 효율적으로 학습하고 싶은 분

구분	1일 차	2일 차	3일 차	4일 차	5일 차
날짜	___월___일	___월___일	___월___일	___월___일	___월___일
학습내용	· 기출유형공략 학습 · PART 1~2 학습	PART 3~4 학습	PART 5~6 학습	PART 7~8 학습	PART 9 문제해결 풀이

구분	6일 차	7일 차	8일 차	9일 차	10일 차
날짜	___월___일	___월___일	___월___일	___월___일	___월___일
학습내용	PART 9 자원관리 풀이	PART 9 시간 단축 풀이	PART 9 고득점 풀이	PART 10 실전 1~3회 풀이	· PART 10 실전 4회 풀이 · 특별부록 풀이

* 심화 학습을 원할 경우 해커스잡 사이트(ejob.Hackers.com)에서 유료로 제공되는 본 교재의 동영상 강의를 수강할 수 있다.

20일 완성 학습 플랜

👍 이런 분에게 추천합니다.

- 문제해결·자원관리능력 기본기가 부족하여 이론을 집중적으로 학습해야 하는 분
- 문제해결·자원관리능력을 처음 학습하거나 기초부터 탄탄하게 학습하고 싶은 분

구분	1일 차	2일 차	3일 차	4일 차	5일 차
날짜	___월___일	___월___일	___월___일	___월___일	___월___일
학습내용	· 기출유형공략 학습 · PART 1 학습	PART 2 학습	PART 3 학습	PART 4 학습	기출유형공략 및 PART 1~4 복습

구분	6일 차	7일 차	8일 차	9일 차	10일 차
날짜	___월___일	___월___일	___월___일	___월___일	___월___일
학습내용	PART 5 학습	PART 6 학습	PART 7 학습	PART 8 학습	PART 5~8 복습

구분	11일 차	12일 차	13일 차	14일 차	15일 차
날짜	___월___일	___월___일	___월___일	___월___일	___월___일
학습내용	PART 9 문제해결 풀이	PART 9 자원관리 풀이	PART 9 시간 단축 풀이	PART 9 고득점 풀이	PART 9 복습

구분	16일 차	17일 차	18일 차	19일 차	20일 차
날짜	___월___일	___월___일	___월___일	___월___일	___월___일
학습내용	PART 10 실전 1회 풀이	PART 10 실전 2회 풀이	PART 10 실전 3회 풀이	· PART 10 실전 4회 풀이 · 특별부록 풀이	· PART 10 복습 · 특별부록 복습

* 심화 학습을 원할 경우 해커스잡 사이트(ejob.Hackers.com)에서 유료로 제공되는 본 교재의 동영상 강의를 수강할 수 있다.

해커스공기업 PSAT 기출로 끝내는 NCS 문제해결·자원관리 집중 공략

NCS 기출유형공략

×

문제해결능력 출제경향분석

자원관리능력 출제경향분석

문제해결능력 출제경향분석

영역 특징

NCS 문제해결능력에는 업무 수행과정에서 문제 상황이 발생하는 경우 창조적이고 논리적인 사고를 통하여 이를 올바르게 인식하고 적절히 해결하는 능력을 측정하는 문제를 출제한다. 최근에는 PSAT 상황판단, LEET 추리논증과 유사한 문제들의 출제 비중이 점차 늘어나고 있고, 해당 문제들의 난도가 높은 편이기 때문에 PSAT 상황판단, LEET 추리논증 문제를 학습해야 NCS 문제해결능력 고득점을 달성할 수 있다.

구분	NCS 문제해결능력	PSAT 상황판단	LEET 추리논증
평가요소	구체적으로 주어진 상황을 이해, 적용하여 문제점을 발견하는 능력 및 이러한 문제점을 해결하기 위하여 다양한 가능성(대안)을 제시하고, 일정한 기준에 의해서 최선의 대안을 선택하는 능력	업무 수행 중 문제 상황이 발생했을 경우 창의적이고 논리적인 사고를 통하여 이를 올바르게 인식하고 적절히 해결하는 능력	사실, 주장, 이론, 해석 또는 정책이나 실천적 의사결정 등을 다루는 다양한 분야의 소재를 활용하여 법학전문대학원 교육에 필요한 추리능력과 논증능력
시험특징	NCS 직업기초능력평가는 효과적인 직무 수행 능력을 평가하기 위한 시험으로 10개 영역(의사소통능력, 수리능력, 문제해결능력, 자기개발능력, 자원관리능력, 대인관계능력, 정보능력, 기술능력, 조직이해능력, 직업윤리능력)으로 구분되며 기업에 따라 출제되는 영역은 다르지만 의사소통능력, 수리능력, 문제해결능력은 대부분의 기업에서 출제됨	PSAT는 5급 공무원 채용, 5·7급 공무원 민간경력자 채용, 입법고시에서 공직적격성을 평가하기 위한 시험으로 3개 영역(언어논리, 자료해석, 상황판단)이 출제됨	LEET는 법조인으로서 지녀야 할 기본적 소양 및 잠재적인 적성 여부와 법학전문대학원 교육 이수에 필요한 수학능력을 평가하기 위한 시험으로 3개 영역(언어이해, 추리논증, 논술)이 출제됨
출제유형	· 명제 · 논리게임 · 의사결정 · 제시문 활용	· 이해 · 추론 및 분석 · 문제해결 · 판단 및 의사결정	· 언어추리 · 수리추리 · 논리게임 · 분석 및 재구성 · 비판 및 반론 · 판단 및 평가
난이도 비교	민경채(=7급공채) PSAT ≤ NCS 문제해결능력 < 5급공채 PSAT < 입법고시 PSAT ≤ LEET 추리논증		

* 난이도 비교: PSAT 상황판단, LEET 추리논증과 NCS 문제해결능력에 공통적으로 출제되는 유형 기준

유형 특징

NCS 문제해결능력은 ① **명제**, ② **논리게임**, ③ **의사결정**, ④ **제시문** 총 4개의 유형으로 구분된다.

명제	주어진 명제로부터 추가로 알 수 있는 정보를 추론하는 유형
논리게임	주어진 조건을 활용하여 나열하기, 속성 연결하기, 진실 혹은 거짓 등 다양한 상황에 대해 논리적으로 추리하는 유형
의사결정	주어진 자료와 상황에 따라 식을 세워 계산하거나 해결방법을 찾아서 결과 추리 및 가장 적절한 대안을 찾는 유형
제시문	주어진 제시문을 활용하여 정보를 파악하는 유형

최신 출제 경향

1 명제 유형은 다른 유형들보다 출제 비중이 작으나 평이한 난도로 꾸준히 출제되고 있다.

2 논리게임 유형은 전반적으로 난도가 높은 편이며, 특히 진실 혹은 거짓을 다루는 문제의 형태가 다소 복잡해지고 있다.

3 의사결정 유형은 PSAT 상황판단보다 제시되는 자료의 형태는 단순하지만 양이 많아 풀이 시간이 오래 걸리기도 하고, 시차문제 등 다소 혼동하기 쉬운 유형의 문제도 자주 출제되어 난도가 높은 편이다.

4 제시문 유형은 PSAT 상황판단보다 제시문의 길이가 짧고 단순한 유형이다. 제시문 유형이 의사소통유형과 유사한 측면이 있으나 문제해결능력에서의 제시문 유형은 글의 맥락이나 주제를 파악하기보다는 곳곳에 흩어져있는 정보의 진위를 파악하는 선택지로 구성되는 경우가 많은 편이다.

NCS 문제해결능력 학습 전략

1 본 교재에 수록된 명제와 논리 게임에 대한 기본적인 이론 내용을 꼼꼼히 학습하고 최대한 많은 문제를 풀어 보면서 이론을 문제에 적용하는 연습을 한다.

2 의사결정을 하는 문제의 출제 비중이 높으므로 PSAT 문제를 통한 다양한 자료를 접해 보면서 여러 가지 상황을 적절하게 해결하는 연습을 한다.

3 일반적인 설명문을 읽는 방법과 법조문 읽는 방법을 여러 가지로 비교해 보면서 본인에게 맞는 방법을 찾아 연습을 한다.

4 본 교재 해설에 제시된 '빠른 문제 풀이 Tip'을 숙지하여 문제 풀이 시간을 단축하는 연습을 한다.

대표기출유형 ① | 명제

01 유형 특징

1 주어진 명제로부터 추가로 알 수 있는 정보를 추론하는 유형이다.

2 간결한 문장으로 구성되어 문제의 길이도 짧고 단순한 형태인 경우가 많아 난도는 평이한 편이다.

3 형식논리학에서의 명제논리를 기본으로 하며, 연언명제, 선언명제, 조건명제, 부정명제, 정언명제 등 다양한 명제를 활용하는 문제가 출제된다.

02 고득점 전략

1 본 교재에 수록된 역, 이, 대우, 벤다이어그램 등 기본적인 명제의 이론을 학습하고 이를 문제에 적용하는 연습을 한다.

2 주관식 문제로 명제를 접할 때와 객관식 문제로 명제를 접할 때의 문제 풀이법이 다르므로 객관식 문제를 해결하기 위한 문제 풀이법(p.36~49)을 익힌다.

3 명제는 반드시 옳은 것과 반드시 그른 것만 존재하는 것이 아니며 주어진 명제로는 옳고 그름 여부를 알 수 없는 경우도 있으므로 정보를 추론해서 적절한 정답을 찾는 방법을 연습한다.

다음 명제가 모두 참일 때, 항상 참인 결론은?

> ○ 갑돌이가 출근하는 날은 병수도 출근한다.
> ○ 을순이가 출근하지 않는 날은 정윤이도 출근하지 않는다.
> ○ 을순이가 출근하는 날은 병수도 출근한다.

① 병수가 출근하는 날은 갑돌이도 출근한다.
② 을순이가 출근하는 날은 갑돌이도 출근한다.
③ 정윤이가 출근하는 날은 병수는 출근하지 않는다.
④ 정윤이가 출근하지 않는 날은 병수가 출근한다.
⑤ 병수가 출근하지 않는 날은 정윤이도 출근하지 않는다.

정답 및 해설 ⑤

제시된 내용을 기호화하여 정리하면 다음과 같다.

a. 갑돌 O → 병수 O
b. 을순 X → 정윤 X
c. 을순 O → 병수 O

c의 대우와 b를 차례대로 연결하면 '병수가 출근하지 않는 날은 정윤이도 출근하지 않는다.'는 결론의 도출이 가능하다.

대표기출유형 ② | **논리게임**

01 유형 특징

1 주어진 조건을 활용하여 나열하기, 속성 연결하기, 진실 혹은 거짓 등 다양한 상황에 대해 논리적으로 추리하는 유형이다.

2 감각적인 요소가 주를 이루는 IQ문제와는 달리 논리퀴즈는 논리적인 요소가 주를 이룬다.

3 주어진 조건에 맞게 틀을 정해 조건을 정리하거나 진실 혹은 거짓을 말하는 사람을 먼저 찾아내는 등 다양한 종류의 문제가 출제된다.

02 고득점 전략

1 다양한 문제를 접하면서 체계적으로 풀리는 유형의 문제인지 소재가 특이해서 특별한 문제 풀이법이 필요한 문제인지를 판단하는 연습을 한다.

2 시간이 지나치게 오래 걸리는 경우에는 문제 풀이 순서를 뒤로 두는 등 전략적인 문제 풀이도 고려하는 연습을 한다.

03 대표 예제

가, 나, 다, 라, 마, 바, 사 7명은 A, B, C 반 가운데 하나에 배정되며 배정방식은 아래와 같다. C 반에만 3명이 배정된다고 할 때, 다음 중 옳지 않은 것은?

○ 가, 나, 라는 서로 다른 반에 배정된다.
○ 바와 사는 같은 반에 배정된다.
○ 가는 A 반에 배정된다.
○ 라는 마, 바와 같은 반에 배정되지 않는다.

① 라는 바와 같은 반에 배정되지 않는다.
② 가가 배정된 반에는 가를 포함해서 2명이 배정된다.
③ 라가 배정된 반에는 사는 배정되지 않는다.
④ 마가 배정된 반에는 나는 배정되지 않는다.
⑤ 다가 배정된 반에는 다를 포함해서 3명이 배정된다.

정답 및 해설 ⑤

문제에서 C 반에만 3명이 배정된다고 하였고 첫 번째 조건에서 가, 나, 라가 서로 다른 반에 배정된다고 하였으므로 A, B 반에는 2명, C 반에는 3명이 배정된다는 것을 알 수 있다. 한편 세 번째 조건에서 가는 A 반에 배정된다고 하였고 두 번째 조건에서 바와 사가 같은 반에 배정된다고 하였는데 이를 정리하면 다음과 같다.

반	A	B	C
사람	가	나/라	라/나
			바
	X	X	사

마지막 조건에서 라는 마, 바와 같은 반에 배정되지 않는다고 하였으므로 라는 B 반에 배정된다. 이때 마는 라와 다른 반이어야 하므로 A 반 혹은 C 반에 배정되는데 C 반은 이미 3명이 모두 배정되었으므로 A 반에 배정되며, 자연히 마지막으로 남은 다가 B 반에 배정된다.

반	A	B	C
사람	가	라	나
	마	다	바
	X	X	사

이를 토대로 선택지를 살펴보면, 다가 배정된 반은 B 반인데 B 반에는 다와 라 2명이 배정되므로 옳지 않은 설명이다.
① 라는 B 반에, 바는 C 반에 배정되므로 옳은 설명이다.
② 가가 배정된 반은 A 반인데 A 반에는 가와 마 2명이 배정되므로 옳은 설명이다.
③ 라가 배정된 반은 B 반인데 사는 C 반에 배정되므로 옳은 설명이다.
④ 마가 배정된 반은 A 반인데 나는 C 반에 배정되므로 옳은 설명이다.

대표기출유형 ③ | **의사결정**

01 유형 특징

1 주어진 자료와 상황에 따라 식을 세워 계산하거나 해결 방법을 찾아서 결과 추리 및 가장 적절한 대안을 찾는 유형이다.

2 쉽게 떠오르는 문제해결 방법보다 특별한 문제해결 방법을 적용할 경우 빨리 해결할 수 있는 문제가 출제되기도 한다.

3 주어진 정보가 방대하여 문제해결에 필요한 정보만을 찾아내야 하는 문제가 출제되기도 한다.

02 고득점 전략

1 주어진 정보 가운데 필요한 정보만을 빠르게 찾아 정리하는 연습을 한다.

2 선택지 가운데 간단하게 해결할 수 있는 선택지부터 먼저 검토하는 연습을 한다.

3 특별한 문제해결 방법을 다양하게 숙지하여 적용 가능한 문제가 출제되는 경우 문제를 빠르고 정확하게 해결하는 연습을 한다.

03 대표 예제

다음 〈A 기관 특허대리인 보수 지급 기준〉과 〈상황〉을 근거로 판단할 때, 甲과 乙이 지급받는 보수의 차이는? [21 7급공채 PSAT]

―――――――〈A 기관 특허대리인 보수 지급 기준〉――――――

○ A 기관은 특허출원을 특허대리인(이하 '대리인')에게 의뢰하고, 이에 따라 특허출원 건을 수임한 대리인에게 보수를 지급한다.

○ 보수는 착수금과 사례금의 합이다.

○ 착수금은 대리인이 작성한 출원서의 내용에 따라 〈착수금 산정 기준〉의 세부항목을 합산하여 산정한다. 단, 세부항목을 합산한 금액이 140만 원을 초과할 경우 착수금은 140만 원으로 한다.

〈착수금 산정 기준〉

세부항목	금액(원)
기본료	1,200,000
독립항 1개 초과분(1개당)	100,000
종속항(1개당)	35,000
명세서 20면 초과분(1면당)	9,000
도면(1도당)	15,000

※ 독립항 1개 또는 명세서 20면 이하는 해당 항목에 대한 착수금을 산정하지 않는다.

○ 사례금은 출원한 특허가 '등록결정'된 경우 착수금과 동일한 금액으로 지급하고, '거절결정'된 경우 0원으로 한다.

─〈상 황〉─

○ 특허대리인 甲과 乙은 A 기관이 의뢰한 특허출원을 각각 1건씩 수임하였다.
○ 甲은 독립항 1개, 종속항 2개, 명세서 14면, 도면 3도로 출원서를 작성하여 특허를 출원하였고, '등록결정'되었다.
○ 乙은 독립항 5개, 종속항 16개, 명세서 50면, 도면 12도로 출원서를 작성하여 특허를 출원하였고, '거절결정'되었다.

① 2만 원
② 8만 5천 원
③ 123만 원
④ 129만 5천 원
⑤ 259만 원

정답 및 해설 ③

제시된 내용에 따라 甲과 乙의 수임료를 정리하면 다음과 같다.

항목		甲	乙
착수금	기본료	120만 원	120만 원
	독립항 1개 초과분	0원(독립항이 1개이므로 초과분은 0)	40만 원(독립항이 5개이므로 초과분은 4개)
	종속항	2개이므로 7만 원	16개이므로 56만 원
	명세서 20면 초과분	0원(명세서가 14면이므로 초과분은 0)	27만 원(명세서가 50면이므로 초과분은 30면)
	도면	3도이므로 4.5만 원	12도이므로 18만 원
	소계	131.5만 원	140만 원 (세부항목 합산한 금액이 140만 원 초과일 경우 140만 원으로 결정)
사례금		등록 결정이므로 착수금과 동일하게 131.5만 원	거절 결정이므로 0원
합계		263만 원	140만 원

따라서 甲과 乙이 지급받는 보수의 차이는 123만 원이다.

대표기출유형 ④ | 제시문

01 유형 특징

1 주어진 제시문을 활용하여 정보를 파악하는 유형이다.

2 제시문은 설명문이나 법조문의 형태가 주를 이룬다.

02 고득점 전략

1 글의 주제나 맥락을 묻는 것이 아니므로 전반적인 내용의 이해보다는 구체적인 정보를 파악하는 연습을 한다.

2 복잡한 논리구조가 포함되는 경우는 거의 없으나 계산을 필요로 하는 경우도 있으므로 문제를 해결하기 위한 정보가 제시문 중 어디에 있는지를 빠르게 파악하는 연습을 한다.

3 법조문이 소재인 경우에는 요건과 효과를 파악하고 문장 구조를 이해하면서 제시문을 읽어 내려가며 정확한 내용을 파악하는 연습을 한다.

4 제시문을 읽어 내려갈 때 시간이 얼마나 걸리는지 데이터를 정리하여, 문제를 해결하는 데 걸리는 시간을 정확히 파악하여 문제 풀이 시간을 단축하는 연습을 한다.

다음 글에 대한 가장 적절한 추론은? [11 행정고시 PSAT]

조선왕조는 백성을 나라의 근본으로 존중하는 민본정치(民本政治)의 이념을 구현하는 데 목표를 두었다. 하지만 건국 초기 조선왕조의 최우선적인 관심은 역시 왕권의 강화였다. 조선왕조는 고려 시대에 왕권을 제약하고 있던 2품 이상 재상들의 합의기관인 도평의사사를 폐지하고, 대간들이 가지고 있던 모든 관리에 대한 임명동의권인 서경권을 약화시켜 5품 이하 관리의 임명에만 동의권을 갖도록 제한하였다. 이는 고려 말기 약화되었던 왕권을 강화하기 위한 조치였다.

그러나 조선의 이러한 왕권 강화 정책은 공권 강화에 집중되어 이루어졌다. 국왕은 관념적으로는 무제한의 권력을 갖지만 실제로는 인사권과 반역자를 다스리는 권한만을 행사할 수 있었다. 이는 권력 분산과 권력 견제를 위한 군신공치(君臣共治)의 이념에 기반한 결과라 할 수 있다. 국왕은 오늘날의 국무회의에 해당하는 어전회의를 열어 국사(國事)를 논의하였다. 어전회의는 매일 국왕이 편전에 나아가 의정부, 6조 그리고 국왕을 측근에서 보필하는 시종신(侍從臣)인 홍문관, 사간원, 사헌부, 예문관, 승정원 대신들과 만나 토의하고 정책을 결정하는 상참(常參), 매일 5명 이내의 6품 이상 문관과 4품 이상 무관을 관청별로 교대로 만나 정사를 논의하는 윤대(輪對), 그리고 매달 여섯 차례 의정부 의정, 사간원, 사헌부, 홍문관의 고급관원과 전직대신들을 만나 정책 건의를 듣는 차대(次對) 등 여러 종류가 있었다.

국왕을 제외한 최고의 권력기관은 의정부였다. 이는 중국에 없는 조선 독자의 관청으로서 여기에는 정1품의 영의정, 좌의정, 우의정 등 세 정승이 있고, 그 밑에 종1품의 좌찬성과 우찬성 그리고 정2품의 좌참찬과 우참찬 등 7명의 재상이 있었다. 의정부 밑에 행정집행기관으로 정2품 관청인 6조를 소속시켜 의정부가 모든 관원과 행정을 총괄하는 형식을 취했다. 6조(이·호·예·병·형·공조)에는 장관인 판서(정2품)를 비롯하여 참판(종2품), 참의(정3품), 정랑(정5품), 좌랑(정6품) 등의 관원이 있었다. 의정부 다음으로 위상이 높은 것은 종1품 관청인 의금부였는데, 의금부는 왕명에 의해서만 반역죄인을 심문할 수 있어서 왕권을 유지하는 중요한 권력기구였다.

① 조선 초기의 왕은 윤대와 차대에서 중요한 정책을 결정하였다.
② 조선 초기의 왕은 편전에 나아가 매일 형조 정랑을 만나는 차대를 행하였다.
③ 조선 초기의 왕은 이조 참판으로 甲을 임명하기 위하여 의정부 관리들의 동의를 얻어야 하였다.
④ 조선은 왕권을 강화하기 위해 여러 가지 제도개혁을 했고, 의금부는 왕권을 유지하는 중요한 권력기구였다.
⑤ 영의정은 품계상 의정부의 최고 직위자로서 자신보다 하위 품계인 좌의정, 우의정, 6조 판서 등을 관리하고 총괄하였다.

정답 및 해설 ④

지문 첫 문단에서 조선왕조는 왕권강화를 위해 여러 조치를 하였고, 마지막 문단 마지막 문장에서 의금부는 왕권을 유지하는 중요한 권력기구임을 밝히고 있으므로 가장 적절하다.
① 윤대, 차대는 정사를 논의하거나 정책건의를 듣는 어전회의였고, 중요한 정책을 결정하는 것은 상참이므로 적절하지 않다.
② 차대는 매달 여섯 차례 만나는 어전회의이므로 적절하지 않다.
③ 이조 참판은 종2품이고 이를 임명하는 데 조선 초기에 서경권을 약화시켜 5품 이하의 관리 임명에만 동의권을 갖도록 제한하였기 때문에 의정부 관리의 동의를 얻을 필요가 없었으므로 적절하지 않다.
⑤ 영의정, 우의정, 좌의정은 정1품으로서 같은 품계를 가지고 있으므로 적절하지 않다.

자원관리능력 출제경향분석

영역 특징

NCS 자원관리능력에는 업무 수행과정에서 사용하는 자원의 양을 정확히 계산하고 비교 우위를 산출하여 적절한 자원을 선택하는 문제를 출제한다. 조건을 정확히 파악하고 계산을 해야 하기 때문에 실수가 발생할 수 있는 유형이다. 따라서 조건이 다소 복잡한 PSAT 상황판단 문제 학습을 통해 정확하게 조건을 고려하는 연습을 해야 NCS 자원관리능력 고득점을 달성할 수 있다.

구분	NCS 문제해결능력	PSAT 상황판단
평가요소	구체적으로 주어진 조건을 파악하고, 이에 따라 사용되는 자원의 양을 계산하거나, 계산 결과를 통해 가장 적합한 자원을 선택하는 능력	업무 수행 중 사용되는 자원의 양 계산을 통해 가장 적합한 해결 방안을 도출하거나, 사용해야 하는 자원의 양 자체를 산출하는 능력
시험특징	기업에 따라 출제되는 영역이 서로 다르며 많은 기업에서 자원관리능력이 출제되고 있고, 자원관리능력을 출제하지 않는다고 밝히는 경우 수리능력 또는 문제해결능력에서 자원관리능력과 유사한 문제 유형으로 출제되는 경우도 다수 존재함	PSAT은 5급 공무원 채용, 5/7급 공무원 민간경력자 채용, 입법고시에서 공직적격성을 평가하기 위한 시험으로 3개 영역(언어논리, 자료해석, 상황판단)이 출제됨
출제유형	· 시간관리능력 · 예산관리능력 · 물적자원관리능력 · 인적자원관리능력	· 이해 · 추론 및 분석 · 문제해결 · 판단 및 의사결정
난이도 비교	민경채(= 7급공채) PSAT ≒ NCS 자원관리능력 < 5급공채 PSAT < 입법고시 PSAT	

* 난이도 비교: PSAT 상황판단과 NCS 자원관리능력에 공통적으로 출제되는 유형 기준

유형 특징

NCS 자원관리능력은 크게 ① **시간관리**, ② **예산관리**, ③ **물적자원관리**, ④ **인적자원관리** 총 4개의 유형으로 구분된다.

시간관리	이동 또는 공정 진행 최소 소요 시간을 산출하는 유형, 시차를 계산하는 유형, 일정을 확인하는 유형
예산관리	물건을 구입하거나 판매하는 데 따라 발생하는 비용, 업무 중에 발생하는 출장비, 유류비, 상여금, 보조금 등, 그 외 환전에 대한 부분이 포함되어 포괄적으로 금액을 계산하는 유형
물적자원관리	가중치를 활용하여 점수를 산출하고, 그에 따라 필요한 물건을 선택하는 유형 또는 '생산 가능량'이나 '판매 가능량'을 산출하는 유형
인적자원관리	근무 조건을 해석하여 비용을 계산하거나, 진급자를 선정하는 유형 및 물적자원관리와 유사하게 가중치를 활용하여 산출한 점수를 토대로 인원을 선정하는 유형

최신 출제 경향

1 조건을 명확히 파악하여 계산하고, 원하는 선택지를 선택하는 PSAT 상황판단 과목과 유사한 유형이 출제되고 있다.

2 계산 자체는 복잡하지 않으나, 전체적인 조건의 파악을 어렵게 하여 난이도를 높이는 유형이 출제되고 있다.

3 대부분의 기업에서 피듈형의 형태로 출제 경향이 변화하고 있으며, 그에 따라 자원관리능력 문제에서 모듈형 이론을 묻는 유형은 감소하고, 조건을 정확히 파악하고 일정 수준 이상의 계산을 요구하는 유형이 증가하고 있다.

NCS 자원관리능력 학습 전략

1 여러 유형의 문제를 풀이해 보고, 회독하면서 최대한 효율적이고 자신에게 잘 맞는 접근 방법을 몸에 익히는 연습을 한다.

2 정부24를 통해 제공되는 물적관리대장이나 예산안 등 공개자료를 확인해 자료에 익숙해지고 기본서나 봉투모의고사 등 각종 문제집을 통해 여러 유형의 문제를 풀이해 본다.

3 해설에 의존하지 않고 스스로 최소 두 번 이상 풀이를 해 보면서 '문제를 쉽게 풀 수 있는 방법'을 스스로 고민해 본다.

4 기존에 강의를 통해 익혔던 방법이나, 스스로 터득했던 방법이 있다면, 그러한 방법이 해당 문제에 어떻게 적용이 될 수 있는지를 고민해 본다.

대표기출유형 ① | **시간관리**

01 유형 특징

1 최소 소요 시간, 시차, 일정 수립, 최단 시간 경로 찾기 등 계산이 필요하거나 조건을 정확히 파악하여 풀이해야 하는 경우가 대부분이며, 조건에 따라 문제의 난이도가 크게 차이가 발생한다.

2 다른 유형(예산관리, 물적자원관리, 인적자원관리)과 연계한 형태로도 출제가 가능하며, 특히 예산관리 유형과 연계한 문제가 자주 출제된다.

02 고득점 전략

1 각 유형별 풀이 방법을 정확히 숙지할 필요가 있다. (PERT, Johnson's rule, 시차 계산 방법 등)

2 조건이 의미하는 바를 정확히 이해하고 문제에 접근해야 한다.

○○전자 서울지사에 근무 중인 임동근 과장은 파리지사에 근무 중인 홍서연 대리와 업무를 하고 있다. 아래 대화를 토대로 했을 때, 임동근 과장이 홍서연 대리로부터 최종 보고서를 전달받는 시간은 서울 현지 시간으로 언제인가?

〈대화 내용〉

임동근 과장: 안녕하세요. 홍서연 대리님. 진행 중인 프로젝트의 최종 보고서 마무리 작업을 요청 드리고자 연락 드렸습니다.

홍서연 대리: 안녕하세요. 임동근 과장님. 네 이제 최종 보고서 작성만 남았네요. 최종 보고서 작성은 과장님께서 수정된 결산 보고서를 저에게 송부해 주시면 바로 시작할 수 있을 것 같습니다. 시간은 업무 시간 기준 12시간 정도 소요될 것 같습니다.

임동근 과장: 네, 확인했습니다. 지금 바로 송부 드리도록 하겠습니다. 지금이 6월 7일 16시 50분인데, 10분 뒤에 송부 드리겠습니다.

홍서연 대리: 네, 확인했습니다. 그러면 저는 10분 뒤인 6월 7일 09시에 자료 수령을 할 수 있겠네요. 바로 업무 시작하도록 하겠습니다. 다만, 회사 방침에 따라 업무 시간인 08시~17시 사이에만 업무를 진행할 수 있다는 점은 양해 부탁드립니다.
점심시간인 12시~13시에도 업무를 진행할 수는 없겠네요. 업무 가능 시간에 작성하여 종료되는 대로 송부 드리겠습니다.

임동근 과장: 네, 알겠습니다. 그러면 저는 (　　　　　　)에 최종 보고서를 받아볼 수 있겠네요. 확인 감사드립니다.

① 6월 8일 09시
② 6월 8일 12시
③ 6월 8일 15시
④ 6월 8일 19시
⑤ 6월 8일 22시

정답 및 해설 ⑤

홍서연 대리가 수정된 결산 보고서를 받는 시간은 파리 현지 기준 6월 7일 09시이고, 업무 가능 시간은 17시까지이며, 점심시간은 제외해야 하므로 6월 7일에 가능한 업무 처리 시간은 7시간이다. 따라서 다음날인 6월 8일 08시부터 업무를 다시 시작하여 점심시간 포함 6월 8일 14시까지 업무를 해야 마무리된다. 제시된 자료를 통해 살펴보면 서울이 파리보다 8시간 빠르다는 것을 알 수 있으므로 파리 기준 6월 8일 14시는 서울 기준 6월 8일 22시가 된다.

대표기출유형 ② | **예산관리**

01 유형 특징

1 최저 비용, 환율, 유류비, 출장비를 산출하는 유형이 주로 출제되며, 조건에 제시된 한두 단어에 의해서도 정답이 바뀔 수 있는 유형이다.

2 다른 유형(시간관리, 물적자원관리, 인적자원관리)과 연계한 형태로도 자주 출제가 되는 유형으로 기본적으로 계산이 많이 필요한 유형이다.

02 고득점 전략

1 유류비를 산출하는 공식, 환율의 개념 등 공식화되어 있는 경우 풀이 방법을 정확히 숙지하여 풀이하면 쉽게 풀이할 수 있다.

2 조건이 의미하는 바를 정확히 이해하고 문제에 접근해야 한다.

3 정답을 도출할 수 있을 때까지만 계산을 하는 연습이 필요하다.

03 대표 예제

미국 여행을 다녀온 동근이는 여행 중 사용한 유류비를 계산하고자 한다. 아래의 자료를 토대로 했을 때, 동근이가 미국 여행 중 사용한 유류비의 총합은 얼마인가? (단, 유류비 계산은 제시된 기준연비와 기준 유가만을 고려한다.)

─────〈여행 정리사항 중 일부〉─────

1. 여행 기간: 20XX년 5월 1일~5월 8일
2. 총 이동 거리: 2,280km
   ○ 기차 이용: 320km
   ○ 버스 이용: 80km
   ※ 그 외 전체 이동은 렌트 차량으로 이동
3. 최초 소지금:
   ○ 공항 환전소에서 1,140원/달러의 환율로 4,001,400만 원을 환전해서 3,510달러를 소지
4. 렌트 차량 정보
   ○ ○○차량 대여
   ○ 기준 연비: 14.1km/L
   ○ 유종: 경유
   ○ 기준 유가
   　－ 휘발유: 1.4달러/L
   　－ 경유: 1.2달러/L

① 171,700원
② 182,400원
③ 193,200원
④ 201,600원
⑤ 210,500원

정답 및 해설 ②

여행 중 총 이동 거리가 2,280km이고, 이 중 기차와 버스를 이용한 이동이 320+80=400km이므로, 차량을 이용한 이동 거리는 1,880km가 된다. 렌트 차량 정보는 기준 연비가 14.1km/L인 경유 차량으로 경유의 기준 유가는 1.2달러/L이므로 유류비는 1,880÷14.1×1.2=160달러이다. 환전 기준 환율이 1,140원/달러였으므로 160달러는 160달러×1,140원/달러=182,400원이다.

대표기출유형 ③ | 물적자원관리

01 유형 특징

1 가중치나 환산 점수 등을 활용하여 가장 적합한 물적자원을 선택하거나 주어진 재료를 활용하여 생산 가능한 생산량을 묻는 문제, 또는 바코드 부여에 관련된 유형들이 주로 출제된다.

2 많은 계산을 요구하지 않는 유형의 문제일수록 조건을 까다롭게 하는 방식으로 문제의 난이도를 조절한다.

02 고득점 전략

1 가중치 활용 방법을 정확히 숙지하여 빠른 시간 안에 비교·제거하는 것이 중요하다.

2 생산량을 구하는 문제의 경우 정확한 문제 풀이 방법을 숙지할 필요가 있다.

3 누락되는 정보가 없도록 조건을 꼼꼼하게 읽는 연습이 필요하다.

동근이는 친구인 수연이의 생일 선물을 구매하고자 한다. 아래의 〈생일 선물 구매 기준〉과 항목별 점수를 토대로 했을 때, 동근이가 수연이의 생일 선물로 선택할 수 있는 것은?

─〈생일 선물 구매 기준〉─

1. 가격, 실용성, 예상 만족도, 구매 용이성 평가 점수를 토대로 최종 점수를 산출하여 최종 점수가 가장 높은 항목을 선택한다.
2. 각 항목은 100점 만점을 기준으로 평가한다.
3. 실용성과 예상 만족도 점수에 30%의 가중치를 두고, 가격과 구매 용이성 점수에 20%의 가중치를 두어 최종 합산한 점수를 최종 점수로 한다.
4. 최종 점수가 가장 높더라도 예상 만족도가 60점 미만인 제품은 선택하지 않는다.

〈제품별 평가 점수〉

구분	A	B	C	D	E
가격 점수	81	80	78	98	80
실용성 점수	87	92	90	96	67
예상 만족도 점수	92	78	88	58	95
구매 용이성 점수	76	91	82	91	78

※ 최종 점수는 100점을 만점으로 하며 100점을 초과할 수 없음

① A   ② B   ③ C   ④ D   ⑤ E

정답 및 해설 ③

최종 점수가 가장 높더라도 예상 만족도가 60점 미만인 물건은 선택하지 않는다고 했으므로 D 제품은 선택할 수 없다. 이에 따라 가중치를 토대로 최종 점수를 산출해보면 다음과 같다.

· A: 81×0.2+87×0.3+92×0.3+76×0.2=85.1
· B: 80×0.2+92×0.3+78×0.3+91×0.2=85.2
· C: 78×0.2+90×0.3+88×0.3+82×0.2=85.4
· E: 80×0.2+67×0.3+95×0.3+78×0.2=80.2

따라서 최종점수가 가장 높은 제품은 C 제품이다.

대표기출유형 ④ | **인적자원관리**

01 유형 특징

1 가중치나 환산 점수 등을 활용하여 가장 적합한 인적자원을 선택하거나 근무 규정을 해석할 수 있는지를 묻는 문제 또는 주어진 조건에 따라 적절한 인적자원을 선택하는 유형들이 주로 출제된다.

2 많은 계산을 요구하지 않는 유형의 문제일수록 조건을 까다롭게 하는 방식으로 문제의 난이도를 조절한다.

02 고득점 전략

1 가중치 활용 방법을 정확히 숙지하여 빠른 시간 안에 비교·제거하는 것이 중요하다.

2 근무 조건의 경우 단어의 의미를 꼼꼼하게 살피면서 문제를 해석해야 한다.

○○공사 관리팀에 근무 중인 임동근 차장은 신규 프로젝트 담당 직원 선정에 대한 〈팀장님의 메일〉을 보고 적합한 담당자를 선정하고자 한다. 임동근 과장이 선택하기에 가장 적합한 담당자는 누구인가?

〈팀장님의 메일〉

안녕하세요. 임동근 차장님. 신규 프로젝트 담당자 선정 업무를 진행한다고 하여 몇 가지 조언 및 요구 사항을 전달 드립니다. 우선 신규 프로젝트는 기한 엄수가 가장 중요하다고 볼 수 있습니다. 촉박한 기간 내에 프로젝트를 완수해야 하기 때문에 신뢰성을 가장 최우선으로 평가하시길 바랍니다. 다음으로는 프로젝트가 성공적으로 마무리되어야 하는 만큼 업무 능력이 뛰어난 사람을 선택하길 바랍니다. 우선순위가 높은 항목부터 점수가 높은 사람을 선택해 주시면 좋겠습니다. 이러한 방법으로 최종 1명을 선발할 수 없다면, 커뮤니케이션 능력과 대인관계 점수를 6:4의 비율로 평가하여 점수가 더 높은 사람을 담당자로 선정해 줄 바랍니다. 다만 아무래도 프로젝트의 담당자이니 어느 정도 경험도 중요합니다. 따라서 프로젝트 담당자는 과장 직급 이상 또는 대리 직급 중 해당 직급 근속연수가 3년 이상인 인원에 한하여 담당자로 선정하시길 바랍니다.

〈팀원별 평가 점수〉

이름	직급	현 직급 근속연수	신뢰성	업무 능력	커뮤니케이션	대인관계
유지민	과장	3	8	10	78	88
서영호	과장	2	9	8	89	92
김민정	대리	4	7	9	92	95
김동영	대리	3	9	8	91	90
박재상	사원	4	9	10	98	96

※ 신뢰성과 업무 능력은 10점 만점, 커뮤니케이션과 대인관계는 100점을 만점으로 평가함

① 유지민   ② 서영호   ③ 김민정   ④ 김동영   ⑤ 박재상

정답 및 해설 ④

신뢰성 점수가 높은 사람을 우선 선발하라고 했으므로 신뢰성 점수가 9점인 서영호, 김동영, 박재상이 후보로 선정된다. 하지만 과장 직급 이상 또는 대리 직급 중 해당 직급 근속연수가 3년 이상인 인원에 한하여 담당자로 선정하라고 했으므로 이 중 박재상은 담당자로 선정할 수 없다. 남아있는 서영호 과장과 김동영 대리는 업무 능력 점수가 동일하므로 커뮤니케이션 점수와 대인관계 점수를 6:4의 비율로 합산한 점수를 비교해야 한다.

· 서영호: $89 \times 0.6 + 92 \times 0.4 = 90.2$
· 김동영: $91 \times 0.6 + 90 \times 0.4 = 90.6$

따라서 담당자로 선정해야 하는 사람은 김동영 대리이다.

PART 1

명제

×

01 명제의 기본

1 | 명제의 의의

참·거짓을 판단할 수 있는 문장을 의미한다.

2 | 명제의 종류 및 성질

'바람이 분다.'를 p로 나타내고 '나무가 흔들린다.'를 q로 나타낸다면 다음과 같이 분류할 수 있다.

종류	기호	의미	예문
합접명제	p∧q	p이고 q이다.	바람이 불고 나무가 흔들린다.
이접명제	p∨q	p이거나 q이다.	바람이 불거나 나무가 흔들린다.
조건명제	p → q	p이면 q이다.	바람이 불면 나무가 흔들린다.
부정명제	~p	p가 아니다.	바람이 불지 않는다.

1. 합접명제(=연언명제, ∧, and)

둘 이상의 명제가 '그리고', '~이고' 등으로 연결되는 명제를 의미한다.

(1) 성질

① 합접명제로 나타난 문장의 경우 시간의 순서나 인과관계와는 관련이 없다.
② 합접명제가 참이 되기 위해서는 두 사건이 모두 일어나야 한다.

(2) 합접명제의 진리값

p	q		p∧q
T	T		T
T	F	⇒	F
F	T		F
F	F		F

2. 이접명제(=선언명제, ∨, or)

둘 이상의 명제가 '또는', '~거나' 등으로 연결되는 명제를 의미한다.

(1) 성질

① 일상적인 '또는'이라는 단어와는 구별해야 한다.

② 이접명제에 포함된 p나 q 가운데 어떤 하나의 명제가 참이라고 해서 나머지 다른 명제는 거짓이라고 생각해서는 안 된다.

③ 이접명제가 참이 되기 위해서는 이접명제를 구성하는 명제 중 최소 하나만 참이면 된다.

(2) 이접명제의 진리값

p	q
T	T
T	F
F	T
F	F

⇒

p∨q
T
T
T
F

3. 부정명제

조건에서 p가 거짓일 때 참이고, p가 참일 때 거짓인 명제를 의미한다.

(1) 합접명제와 이접명제의 부정(드모르간의 법칙)

명제 P와 Q에 대하여
- ~(P∧Q) = (~P)∨(~Q)
- ~(P∨Q) = (~P)∧(~Q)
두 식이 성립함을 의미함

① 합접명제의 부정

$$\sim(P \text{ and } Q) \equiv \sim P \text{ or } \sim Q$$

② 이접명제의 부정

$$\sim(P \text{ or } Q) \equiv \sim P \text{ and } \sim Q$$

01 다음 조건에 의할 때 반드시 참이라고 할 수 없는 결론은 무엇인가?

○ A, B, C, D는 서로 다른 학년이다.
○ A는 2학년이다.
○ B는 C보다 선배이다.
○ C는 1학년이 아니다.

① A는 2학년이다.
② B는 3학년이 아니다.
③ C는 3학년이거나 4학년이다.
④ D가 1학년이거나 C가 2학년이다.
⑤ A가 2학년이고 B는 3학년이다.

[정답 및 해설]

01 제시된 조건 중 두 번째 조건에 의하면 A는 2학년이다. 한편 세 번째 조건에 의하면 B는 1학년이 될 수 없고 네 번째 조건에 의하면 C도
1학년이 될 수 없으므로 1학년이 될 수 있는 사람은 D뿐이다. 또한 B가 C보다 선배라고 했으므로 B가 4학년, C가 3학년이 된다. 'A가
2학년이고 B는 3학년이다.'라는 문장은 합접명제라서 해당 내용 모두가 참이어야만 참이며 하나라도 거짓이면 합접명제 전부가 거짓이
된다. 따라서 A가 2학년이라는 내용은 참이지만 B가 3학년이라는 말은 거짓이므로 'A가 2학년이고 B는 3학년이다.'는 반드시 거짓인
결론이다.

01 ⑤

02 조건명제

1 | 조건명제의 의의 및 성질

어떤 가정이나 조건으로 표현되는 명제를 의미한다.
① '조건'을 전건 혹은 충분조건이라고도 하며 '결과'를 후건 혹은 필요조건이라고도 한다.
② 조건명제에서 후건(= 결과, 필요조건)은 항상 전건(= 조건, 충분조건)을 포함한다.

2 | 역, 이, 대우

1. 의의

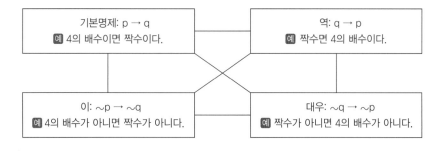

기본명제: p → q
예 4의 배수이면 짝수이다.

역: q → p
예 짝수면 4의 배수이다.

이: ~p → ~q
예 4의 배수가 아니면 짝수가 아니다.

대우: ~q → ~p
예 짝수가 아니면 4의 배수가 아니다.

2. 기본명제와 역, 이, 대우의 참·거짓 관계

'4의 배수이면 짝수이다.'라는 기본명제를 참이라고 가정하여 다음을 확인한다.

(1) 역(逆)

기본명제가 p → q일 때 q → p이며, '짝수면 4의 배수이다.'를 의미한다.
① 기본명제가 참이면 그 역은 참인지 거짓인지 알 수 없다.
② 기본명제의 진릿값과 그 역의 진릿값은 별개이다. ──명제는 참 또는 거짓 중 한 값을 가지며, 그 값을 진릿값이라고 함
③ '기본명제가 참이면 그 역은 반드시 참이다.'는 거짓이다.
④ '기본명제가 참이면 그 역은 반드시 거짓이다.'는 거짓이다.

(2) 이(裏)

기본명제가 p → q일 때 ~p → ~q이며, '4의 배수가 아니면 짝수가 아니다.'를 의미한다.

① 기본명제가 참이면 그 이는 참인지 거짓인지 알 수 없다.

② 기본명제의 진릿값과 그 이의 진릿값은 별개이다.

③ '기본명제가 참이면 그 이는 반드시 참이다.'는 거짓이다.

④ '기본명제가 참이면 그 이는 반드시 거짓이다.'는 거짓이다.

(3) 대우(對偶)

기본명제가 p → q일 때 ~q → ~p이며, '짝수가 아니면 4의 배수가 아니다.'를 의미한다.

① 기본명제가 참이면 그 대우는 반드시 참이다.

② 기본명제의 진릿값과 그 대우의 진릿값은 일치한다.

③ '기본명제가 참이면 그 대우는 반드시 참이다.'는 참이다.

④ '기본명제가 참이면 그 대우는 반드시 거짓이다.'는 거짓이다.

따라서 기본명제와 참·거짓 관계가 일치하는 것은 오직 대우뿐이고, 역 또는 이는 기본명제와 참·거짓 관계가 일치한다고 말할 수 없다.

구분	기본명제(p → q)가 참인 경우	기본명제(p → q)가 거짓인 경우
역(q → p)	알 수 없음	알 수 없음
이(~p → ~q)	알 수 없음	알 수 없음
대우(~q → ~p)	참	거짓

확인 문제

01 '도서관이 없는 대학에는 서점이 없다.'라는 명제가 참일 때, 다음 중 항상 참인 결론은 무엇인가?

① 도서관이 있는 대학에는 서점이 있다.

② 도서관이 없는 대학에는 서점이 있다.

③ 서점이 없는 대학에는 도서관이 없다.

④ 서점이 있는 대학에는 도서관이 있다.

⑤ 도서관이 있는 대학에는 서점이 없다.

[정답 및 해설]

01 조건 명제가 참인 경우 그 대우는 항상 참이다. 따라서 '도서관이 없는 대학에는 서점이 없다.'의 대우인 '서점이 있는 대학에는 도서관이 있다.'가 항상 참인 결론이다.

01 ④

3 | 전건과 후건의 판단

> p일 때에만 q이다.
> p이어야 q이다.
> p일 때 한하여 q이다.   ≡ q → p
> p를 해야 q가 된다.

예 생일에는 미역국을 먹는다. ≡ 생일 ○ → 미역국 ○
   생일에만 미역국을 먹는다. ≡ 미역국 ○ → 생일 ○

4 | 조건명제의 분리

분리 전	분리 후	참·거짓 여부
p → (q and r)	p → q	참
	p → r	
p → (q or r)	p → q	알 수 없음
	p → r	
(p and q) → r	p → r	알 수 없음
	q → r	
(p or q) → r	p → r	참
	q → r	

거짓이 아님에 유의해야 함

5 │ 조건명제 문제의 접근방법

1. 조건명제의 규칙 이용

A라는 사람에 대한 정보가 <보기>와 같이 주어진 경우 다음과 같은 순서로 문제를 해결할 수 있다.

─────〈보 기〉─────

ㄱ. 육상선수이면 날씬하다.
ㄴ. 육상선수가 아니라면 야구선수이다.
ㄷ. 날씬하지 않다.

① 주어진 정보를 도식화한다.

주어진 정보를 한눈에 보기 쉽게 파악할 수 있도록 도식화하여 나타낼 수 있다.

> 예 ㄱ. 육상 → 날씬
> ㄴ. ~육상 → 야구
> ㄷ. ~날씬

② 주어진 정보만으로 명제를 연결할 수 없다면 대우를 이용하여 변환한다.

기본명제가 참일 때 대우도 항상 참이라는 사실을 바탕으로, 주어진 정보의 대우를 도식화하여 나타낼 수 있다.

> 예 ㄱ의 대우는 '날씬하지 않다면 육상선수가 아니다.'이다.
> → ~날씬 → ~육상

③ 두 개 이상의 명제를 적절히 연결한다.

주어진 정보와 대우를 이용하여 두 개 이상의 명제를 연결할 수 있다.

> 예 ㄱ의 대우와 ㄴ을 연결하면 ~날씬 → ~육상 → 야구가 된다. 따라서 ~날씬 → 야구가 되므로 '날씬하지 않다면 야구선수이다.'라는 새로운 정보를 유추할 수 있다.

④ 연결한 명제를 통해 새로운 정보를 추론한다.

> 예 '날씬하지 않다면 야구선수이다.'라는 새로운 정보와 ㄷ을 연결하면 A는 야구선수라는 것을 알 수 있다.

2. 조건명제의 규칙 이용 시 유의점

A라는 사람에 대한 정보가 위에서 살펴본 <보기>와는 조금 다르게 주어진 경우 다음과 같은 순서로 문제를 해결할 수 있다.

─────────────〈보 기〉─────────────

ㄱ. 육상선수이면 날씬하다.
ㄴ. 육상선수가 아니라면 야구선수이다.
ㄷ. 날씬하면 머리가 작다.
ㄹ. 머리가 크다.

① 주어진 정보에서 겹치는 내용을 파악한다.

정보의 도식화 후 같은 내용끼리의 연결이 중요하므로, 겹치는 내용을 담고 있는 명제는 더욱 유의 깊게 살펴봐야 한다.

예 ㄱ과 ㄴ. 육상선수이다/아니다.
　　ㄱ과 ㄷ. 날씬하다.
　　ㄷ과 ㄹ. 머리가 크다/작다.　　┐ 명제에서 전건 부분 또는 후건 부분 둘 중 하나를 의미함

② 겹치는 내용의 형태 및 **위치**를 파악한다.

같은 내용을 담고 있는 두 명제 가운데 같은 형태의 명제는 각각 전건과 후건으로 다르게 위치해야만 정보를 연결할 수 있고, 서로 부정인 형태의 명제라면 둘 모두 전건이거나 둘 모두 후건에 위치해야만 대우를 이용하여 정보를 연결할 수 있다.

예 ⓐ 겹치는 내용이 같은 형태의 명제인 경우
　→ ㄱ과 ㄷ을 보면 '날씬하다.'로 같은 형태의 내용이 ㄱ은 후건의 위치에, ㄷ은 전건의 위치에 있으므로 정보를 연결할 수 있다.
　ⓑ 겹치는 내용이 서로 부정인 형태의 명제인 경우
　→ ㄱ과 ㄴ을 보면 '육상선수이다/아니다.'로 서로 부정인 형태의 내용이 ㄱ, ㄴ 둘 모두 전건에 위치하므로 대우를 이용하여 정보를 연결할 수 있다.

③ 단정적인 명제가 주어진 경우 정보 연결의 시작이 될 가능성이 높다.

조건명제들만 제시되고 있다면 정보의 연결은 가능하지만 단정적인 결론을 이끌어 낼 수는 없다. 따라서 단정적인 명제가 있는 경우 정보 연결의 시작이 될 가능성이 높다.

예 ㄷ의 대우, ㄱ의 대우, ㄴ을 순서대로 연결하면 머리 큼 → ~날씬 → ~육상선수 → 야구선수임을 알 수 있으나 이는 단정적인 결론은 아니다. 이때 맨 앞에 ㄹ을 연결하면 A는 머리가 크므로 A는 야구선수라는 단정적인 결론을 도출할 수 있다.

01 다음 전제를 읽고 반드시 참인 결론은 무엇인가?

○ 기획팀에 근무하는 사람은 안경을 쓴다.
○ 책을 좋아하지 않는 사람은 균형 감각이 좋다.
○ 안경을 쓰는 사람은 균형 감각이 좋지 않다.

① 책을 좋아하는 사람은 기획팀에 근무한다.
② 안경을 쓰는 사람은 책을 좋아하지 않는 사람이다.
③ 기획팀에 근무하지 않는 사람은 균형 감각이 좋다.
④ 기획팀에 근무하는 사람은 균형 감각이 좋다.
⑤ 안경을 쓰는 사람은 책을 좋아하는 사람이다.

02 다음 명제가 모두 참일 때, 반드시 참인 결론은 무엇인가?

○ 수영을 잘하지 못하는 사람은 승마를 잘하지 못하고 독서도 잘하지 못한다.
○ 토론을 잘하는 사람은 피아노 연주도 잘한다.
○ 토론을 잘하지 못하는 사람은 수영도 잘하지 못한다.
○ 독서를 잘하는 사람만 승마를 잘한다.

〈보 기〉

ㄱ. 독서를 잘하는 사람은 피아노 연주도 잘한다.
ㄴ. 토론을 잘하지 못하는 사람은 피아노 연주를 잘하지 못하고 수영도 잘하지 못한다.
ㄷ. 토론을 잘하는 사람은 승마도 잘한다.
ㄹ. 승마를 잘하는 사람은 수영도 잘한다.

① ㄱ, ㄴ   ② ㄱ, ㄹ   ③ ㄷ, ㄹ
④ ㄱ, ㄴ, ㄷ   ⑤ ㄴ, ㄷ, ㄹ

[정답 및 해설]

01 제시된 내용을 정리하면 다음과 같다.

기획O → 안경O   … ⓐ
책X → 균형O   … ⓑ
안경O → 균형X   … ⓒ

주어진 명제들로 안경O로 시작하는 명제를 만들 수 있고 책으로 끝나는 명제도 만들 수 있으며, ⓑ의 대우와 ⓒ를 연결할 수 있으므로 '안경을 쓰는 사람은 책을 좋아하는 사람이다.'는 반드시 참인 결론이다.

02 제시된 내용을 정리하면 다음과 같다.

수영X → 승마X   … ⓐ
수영X → 독서X   … ⓑ
토론O → 피아노O … ⓒ
토론X → 수영X   … ⓓ
승마O → 독서O   … ⓔ

ⓑ의 대우, ⓓ의 대우와 ⓒ를 순서대로 연결할 수 있으므로 '독서를 잘하는 사람은 피아노 연주도 잘한다.'는 반드시 참인 결론이다. 또한 ⓔ와 ⓑ의 대우를 연결할 수 있으므로 '승마를 잘하는 사람은 수영도 잘한다.'도 반드시 참인 결론이다.

01 ⑤ **02** ②

03 정언명제

1 | 정언명제

1. 정언명제의 의의

정언명제란 어떤 대상 또는 사태에 대해 단언적으로 말하는 명제를 의미한다. 정언명제를 구성하는 요소들은 전부나 일부를 나타내어 양을 결정하는 양화사, 주어의 대상이 되는 주명사(S), 술어의 대상이 되는 술명사(P), 긍정이나 부정을 나타내어 질을 결정하는 연결사이다.

양화사(양)	주명사(S)	술명사(P)	연결사(질)
모든 어떤	책상	빨간색	이다. 아니다.

2. 정언명제의 종류

정언명제를 다음과 같이 네 가지로 구분할 수 있다.

종류	문장 형태	예문
전칭긍정(A)	모든 S는 P이다.	모든 책상은 빨간색이다.
전칭부정(E)	모든 S는 P가 아니다.	모든 책상은 빨간색이 아니다.
특칭긍정(I)	어떤 S는 P이다.	어떤 책상은 빨간색이다.
특칭부정(O)	어떤 S는 P가 아니다.	어떤 책상은 빨간색이 아니다.

3. '어떤'의 의미(= 몇몇, 일부)

어떤 책상이 빨간색이다.
몇몇 책상이 빨간색이다. = 모든 책상이 빨간색인지는 확실치 않지만
일부 책상이 빨간색이다.   최소한 일부분의 책상은 빨간색이다.

4. 정언명제의 표준화

정언명제의 벤다이어그램을 이용한 해결이나 삼단논법에서의 대전제, 소전제, 결론의 관계 파악 등의 문제에서 주로 주어지는 명제는 A, E, I, O와 같은 기본적인 형식인 경우도 있지만 일상용어를 이용한 명제인 경우도 있다. 이때 일상용어를 이용한 명제를 그대로 이용하기보다는 문제 해결에 용이하도록 정언명제로 바꾸는 과정이 필요하다. 이와 같은 작업을 정언명제의 표준화라고 한다.

2 | 정언명제와 벤다이어그램

1. 벤다이어그램의 의의

전체집합과 그 부분집합의 관계, 또 부분집합과 부분집합의 합집합 및 교집합, 그리고 부분집합의 전체집합에 관한 여집합 등을 폐곡선으로 나타낸 그림을 의미한다.

2. 벤다이어그램을 이용하여 정언명제를 나타내는 방법

(1) 표시 방법

① 각각의 개념들을 원형으로 겹치게 표시한다.
② 기호들을 이용하여 원소의 존재 여부에 대해 표시한다.

(2) 기호

① 아예 그러한 경우가 없는 경우: 빗금
② 어떤 영역에 어떤 원소가 있는 것이 확실한 경우: 'ⓥ' 표시
③ 여러 영역에 걸쳐 존재하는 건 확실하지만 어떤 영역인지 모르는 경우: 선으로 연결

3. 정언명제와 벤다이어그램

① 모든 A는 B이다.

= A 중에 B가 아닌 것은 없다.

= B가 아닌 것은 A가 아니다.

= A는 모두 B이다.

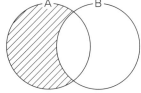

② 모든 A는 B가 아니다.

= A 중에 B인 것은 없다.

= 어떤 A도 B가 아니다.

= 모든 B는 A가 아니다.

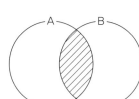

③ 어떤 A는 B이다.

= A 중에 B인 것이 있다.

= 어떤 B는 A이다.

(≠ A 중에 B가 아닌 것이 있다.)

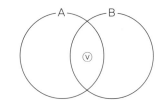

④ 어떤 A는 B가 아니다.

= A 중에 B가 아닌 것이 있다.

= 모든 A가 B인 것은 아니다.

(≠ A 중에 B인 것이 있다.)

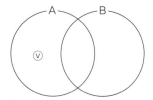

해커스공기업 PSAT 기출로 끝내는 NCS 문제해결·자원관리 집중 공략

01 다음 명제가 참이라고 할 때 아래 질문 (1)~(4)에 대하여 참(O), 거짓(X), 알 수 없음(△)을 판단하시오.

> ○ 모든 금속은 전기가 통한다.
> ○ 광택이 나면서 전기가 통하지 않는 물질이 존재한다.
> ○ 전기가 통하면서 광택이 나지 않는 물질이 존재한다.
> ○ 어떤 금속은 광택이 난다.

(1) 전기도 통하고 광택도 나는 물질이 존재한다. (O, X, △)

(2) 광택을 내지 않고 금속인 물질이 존재한다. (O, X, △)

(3) 광택을 내지 않고 금속인 물질은 존재하지 않는다. (O, X, △)

(4) 모든 전기가 통하는 물질은 광택이 난다. (O, X, △)

[정답 및 해설]

01 제시된 내용을 벤다이어그램으로 나타내면 다음과 같다.

· 모든 금속은 전기가 통한다.

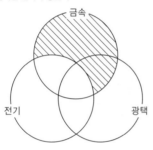

· 광택이 나면서 전기가 통하지 않는 물질이 존재한다.

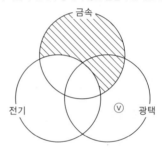

· 전기가 통하면서 광택이 나지 않는 물질이 존재한다.

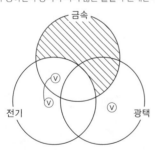

· 어떤 금속은 광택이 난다.

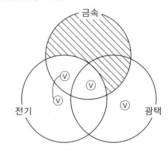

01 (1) O (2) △ (3) △ (4) X

다음 전제를 읽고 반드시 참인 결론은 무엇인가?

○ 어떤 책상은 염소이다.
○ 모든 염소는 하늘이다.

① 모든 책상은 하늘이 아니다.
② 어떤 책상은 하늘이 아니다.
③ 모든 책상은 하늘이다.
④ 어떤 책상은 하늘이다.
⑤ 모든 하늘은 책상이다.

정답 및 해설 ④

제시된 내용을 벤다이어그램으로 나타내면 다음과 같다.

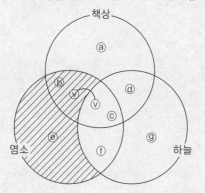

'어떤 책상은 하늘이다.'는 ⓒ, ⓓ 영역 중에 최소 한 군데가 존재한다는 의미인데 위 그림에서 ⓒ 영역이 존재하므로 반드시 참인 결론이다.

① '모든 책상은 하늘이 아니다.'는 ⓒ, ⓓ 영역이 모두 존재하지 않는다는 의미인데 위 그림에서는 ⓒ 영역이 존재하므로 참인 결론이 될 수 없다.
② '어떤 책상은 하늘이 아니다.'는 ⓐ, ⓑ 영역 중에 최소 한 군데가 존재한다는 의미인데 위 그림에서는 ⓑ 영역은 존재하지 않고 ⓐ 영역은 존재 여부가 불분명하므로 참인 결론이 될 수 없다.
③ '모든 책상은 하늘이다.'는 ⓐ, ⓑ 영역이 모두 존재하지 않는다는 의미인데 위 그림에서는 ⓐ 영역의 존재 여부가 불분명하므로 참인 결론이 될 수 없다.
⑤ '모든 하늘은 책상이다.'는 ⓕ, ⓖ 영역이 모두 존재하지 않는다는 의미인데 위 그림에서는 ⓕ, ⓖ 영역 모두 존재 여부가 불분명하므로 참인 결론이 될 수 없다.

PART 2

논리게임

×

01 논리게임의 접근법

1 | 논리게임의 의의 및 성격

1. 논리게임의 의의

문제해결능력을, 나아가 NCS 시험 전체를 IQ문제라고 치부하는 사람들이 가장 싫어하는 영역이다. 그러나 IQ문제는 어떤 기준이 제시되지 않은 상태에서 답을 찾아내는 것이 대부분인 반면 문제해결능력에서 논리게임은 문제를 해결할 조건이 충분히 주어진다. 결국 IQ문제가 감각적인 요소가 대부분을 이룬다고 한다면 논리게임은 논리적인 요소가 주를 이룬다고 할 수 있다.

2. 논리게임의 성격

논리게임 유형의 문제는 그 유형을 분류하기 힘들 정도로 다양한 유형과 방법으로 문제가 구성되어 있다. 그러나 결국 이런 문제들도 일정한 조건에 의해 규정되고 있으며 이 조건을 적절히 이용하여 명확한 해결책을 찾아야 하는 문제임이 틀림없다.

한편, 이런 논리게임의 경우 많은 시간을 소요하는 문제가 대부분이다. 대부분의 수험생이 이런 유형의 문제를 접했을 때 도전하는 마음가짐으로 덤벼들었다가 문제를 풀지 못하거나 문제를 풀었다 하더라도 풀어냈다는 성취감보다는 지나간 시간에 대한 후회로 시험을 그르치게 된다. 물론 문제해결능력에서 문제 풀이가 가장 재미있을 수 있고 풀어보고자 하는 의욕이 가장 높을 수도 있는 유형이라는 것은 이해하지만 실전에서는 논리게임 문제를 가장 나중에 해결하는 것도 한 방법이 될 수 있다.

2 | 논리게임 문제의 접근방법

우선 문제의 선택지 자체가 퍼즐을 해결하고 난 후의 결과물로 이루어져 있는 경우도 볼 수 있다. 이런 경우에는 조건들을 이용해 결과를 찾아낸 후에 선택지와 비교하기보다는 조건에 어긋나는 선택지를 제거하는 것이 시간을 절약하는 데 도움을 줄 수 있다.

문제에 적용하기

다음은 7개 국가의 국방비에 대한 2005년도 조사 결과를 나타낸 것이다. 이러한 설명에 근거하여, 6개 국가의 국방비를 낮은 것부터 순서대로 올바르게 나열한 것은? [06 입법고시 PSAT]

〈보 기〉

ㄱ. G 국가의 국방비는 F 국가의 국방비의 3배이다.
ㄴ. A 국가의 국방비와 C 국가의 국방비는 같다.
ㄷ. B 국가의 국방비는 F 국가의 국방비와 G 국가의 국방비를 합한 것과 같다.
ㄹ. D 국가의 국방비가 가장 적다.
ㅁ. E 국가의 국방비는 C 국가, B 국가, G 국가의 국방비를 모두 합한 것과 같다.
ㅂ. A 국가의 국방비는 B 국가의 국방비와 G 국가의 국방비를 합한 것과 같다.

① D, B, C, G, F, E
② D, G, A, B, C, E
③ D, B, G, A, C, E
④ D, F, G, A, B, E
⑤ D, F, G, B, C, E

정답 및 해설 ⑤

제시된 조건은 7개 국가에 관한 내용인데 선택지에는 6개 국가의 순서가 나타나 있다. 이는 나머지 하나의 국가의 위치는 변동이 가능함을 나타내며 만약 조건을 이용하여 순서를 만들어내려고 한다면 많은 시간이 소요될 것이다. 그럴 때는 조건에 어긋나는 순서를 지니고 있는 선택지를 제거하는 것이 바람직하며 위의 조건을 정리하면 다음과 같다. (A>B는 A가 B보다 많다는 것을 의미한다.)

ㄱ	G > F
ㄴ	A = C
ㄷ	B > F / B > G
ㄹ	D 국가의 국방비가 가장 적음
ㅁ	E > C / E > B / E > G
ㅂ	A > B / A > G

D, F, G, B, C, E는 위의 조건과 모순되는 위치를 찾을 수 없으므로 순서대로 올바르게 나열했다.

02 나열하기

1 | 나열하기의 의의

나열하기는 주어진 정보를 토대로 문제를 해결하는 방식을 의미한다. 제시된 대상들을 일렬로 나열하여 나열된 순서를 찾아내거나 몇 번째(예를 들면 그 줄에서 두 번째)에 있는 사람 또는 사물을 찾아내는 식으로 문제가 출제된다. 그리고 논리게임에서의 배열하기·속성 찾기는 더욱 새로운 아이디어가 있어야 하는 문제들이 주로 출제된다.

2 | 나열하기 문제의 접근방법

1. 표시 방법

어떤 내용을 도식화하는 데 있어 하나의 규칙을 정해놓고 있다면 여러 정보를 처리해야 하는 상황에서도 한눈에 보기 쉽게 정리할 수 있을 것이다. 따라서 상황별로 표시 방법을 일정하게 정해두면 혼동의 위험이 적다.

(1) 묶음 (A B / A−B)

A의 위치가 B의 바로 옆인 경우는 ' A B ' 또는 'A−B'로 묶어서 표시한다.

예 영희는 철수의 바로 오른쪽에 있다.
  → 철수 영희 / 철수 − 영희

(2) 선후 (A > B / A ⋯ B)

A의 위치가 B의 바로 옆인지는 확실치 않으나 선후 관계가 확실한 경우는 'A > B' 또는 'A ⋯ B'로 표시한다.

예 영희는 철수의 오른쪽에 있다.
  → 철수 > 영희 / 철수 ⋯ 영희

(3) 선후 중 갈라짐 ($\frac{B}{A} > C$ / $\frac{B}{A} \cdots C$)

A와 B의 관계는 불확실하지만 A, B 각각과 C와의 관계가 확실한 경우는 ' $\frac{B}{A} > C$ ' 또는 ' $\frac{B}{A} \cdots C$ '로 표시한다.

예 민수는 영희와 철수의 오른쪽에 있다.
  → $\frac{영희}{철수} > 민수$ / $\frac{영희}{철수} \cdots 민수$

2. 주어진 정보들의 추론

둘 이상의 조건을 연결하거나 결합할 수 있는 경우에는 연결과 결합으로 또 다른 조건을 만들어낼 수 있다. 한편, 특정 자리에 들어갈 수 없는 것들을 추려내다 보면 그 자리에 들어가야 하는 변수가 하나만 남는 경우가 발생하기도 한다.

① 주어진 정보를 연결하여 추론한다.

> 예 ⓐ A는 B보다 먼저이다.
> ⓑ B는 C보다 먼저이다.
> → 두 조건을 연결하면 'A는 C보다 먼저이다.'라는 조건을 만들어 낼 수 있다.

② 주어진 정보의 규칙을 결합한다.

> 예 ⓐ A는 6명 가운데 5위이다.
> ⓑ B와 C는 연속으로 들어왔다.
> → 두 조건을 결합하면 'B와 C는 6위가 아니다.'라는 조건을 만들어 낼 수 있다.

③ 주어진 정보의 제한 조건들을 검토한다.

> 예 ⓐ A, B, C, D 중 B는 처음이나 끝이다.
> ⓑ A나 C는 두 번째가 아니다.
> → ⓐ에서 B는 두 번째가 아니고, ⓑ에서 A, C도 모두 두 번째가 아니다.
> 따라서 '두 번째는 D만이 가능하다.'는 것을 알 수 있다.

④ 세부유형 및 해결 방법

· 일렬로 나열, 배열하기

절대적인 순서가 있는 경우도 있지만 단순한 선후 순위의 파악이 주를 이룬다.

ⓐ 각 조건을 도식화하여 단순화한다.

위의 표시 방법을 이용하여 조건들의 상관관계를 표시하여 단순화하면 문제 풀이에 용이하다.

ⓑ 부정된 조건의 경우 같을 수도 있다.

> 예 'A는 B보다 크지 않다.'라는 조건이 주어진 경우
> → 'B > A'라고 단정해서는 안 되고 'B = A'의 경우도 가능하다는 것을 주의해야 한다.

ⓒ 처음과 끝이 가능한 경우가 있는지 확인한다.

처음이나 끝이 가능한 경우가 나타나면 그것을 기준으로 전체적인 순서를 파악하기가 용이하다.

ⓓ 관계가 불확실할 땐 세로로 표시한다.

> 예 'B는 C보다 먼저이다.'와 'A는 C보다 먼저이다.'라는 두 조건이 주어진 경우
> $$\to \frac{B}{A} > C$$

ⓔ 자신이 도식화해 놓은 것으로 선후관계를 착각하지 않도록 한다.

여러 변수와의 관계가 불확실할 때에는 화살표로 표시하는 등의 방법으로 선후 관계를 착각하지 않도록 해야 한다.

> 예 'C는 D보다 먼저이고 D와 E는 F보다 먼저이다.'라는 조건을 도식화하는 경우 오른쪽과 같이 화살표 표시해서 C, D와 E와의 관계를 착각하지 않도록 하는 것도 좋다.
>
> $$\frac{C > D}{E} > F$$

· **원형으로 나열 및 배열하기**

일렬로 나열 및 배열하기의 발전된 형태이다. 맞은편이 존재한다는 점, 오른쪽, 왼쪽이 상황에 따라 달라질 수도 있다는 점이 일렬로 나열 및 배열하기와는 다른 점이다.

㉠ '맞은편'이라는 요소가 있는지 파악한다.

변수의 개수가 확실치 않은 경우 맞은편이라는 말이 있다면 변수는 짝수 개이며 맞은편에 위치하는 두 변수를 함께 고려할 수 있다.

㉡ 원형보다 가지를 이용해서 그린다.

맞은편이라는 요소가 있는 경우에 도식화를 할 때 단순히 원형으로 그리는 것보다 가지를 이용해서 그리는 것도 좋다.

예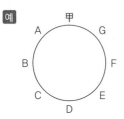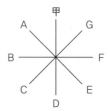

㉢ '~의 오른쪽/왼쪽'의 기준은 '변수'이다.

위의 그림에서 '甲의 오른쪽에 乙이 앉는다.'라는 조건이 주어졌다면 乙의 위치는 G가 아니라 A이다.

㉣ 첫 번째의 바로 옆은 마지막이다.

예 A, B, C, D 네 명이 아래 원탁에 앉을 때, 다음 명제를 근거로 A의 오른쪽에 앉은 사람은?

○ A의 왼쪽에 B가 앉는다.
○ B의 왼쪽에 C가 앉는다.
○ C의 왼쪽에 D가 앉는다.

→ 위의 조건들을 도식화하면 다음과 같다.

ⓐ A의 왼쪽에 B가 앉는다.　　ⓑ B의 왼쪽에 C가 앉는다.　　ⓒ C의 왼쪽에 D가 앉는다.

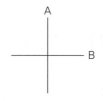 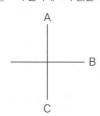 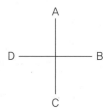

따라서 더 이상의 다른 조건이 주어지지 않더라도 ⓒ의 그림과 같이 A의 오른쪽에 앉은 사람은 D가 된다는 것을 알 수 있다.

변호사들의 모임인 '정의를 위한 변호사 협회'에서 회의가 열렸다. 이번 회의는 협회의 각 지부대표가 모이는 회의로 테이블에 앉는 순서가 아래 〈보기〉와 같을 경우 강원도 대표와 경기도 대표 사이에 앉은 사람을 A, A의 맞은편에 앉은 사람을 B라고 할 때, A와 B는 누구인가? (단, 빈자리는 없으며 모든 지부의 대표가 모이지 않았을 수도 있다.)

---〈보 기〉---

ㄱ. '정의를 위한 변호사 협회'는 서울, 경기, 충청, 강원, 경상, 전라, 제주 지부가 있다.
ㄴ. 경기도 대표는 서울시 대표의 맞은편에 앉았다.
ㄷ. 전라도 대표는 경기도 대표의 오른쪽에 앉았다.
ㄹ. 전라도 대표와 서울시 대표 사이에는 한 자리가 있다.
ㅁ. 충청도 대표의 바로 옆에 제주도 대표가 앉았다.
ㅂ. 강원도 대표와 충청도 대표 사이에는 한 자리가 있다.

정답 및 해설 A: 전라도 대표, B: 충청도 대표

위 조건들을 도식화하면 다음과 같다.

1. 총 7개의 지부가 있고 ㄴ에서 맞은편이라는 단서가 나왔으므로 참석한 인원은 짝수이며, 6개의 조건에서 6개 대표가 언급되고 있으므로 참석한 인원은 총 6명임을 알 수 있다. 또한 ㄴ에서 경기도 대표는 서울시 대표의 맞은편에 앉았다고 했다.

2. ㄷ에서 전라도 대표는 경기도 대표의 오른쪽에 앉았다고 했는데 이것만으로는 전라도 대표의 자리가 ⓐ인지 ⓑ인지 알 수 없으나 ㄹ에서 전라도 대표와 서울시 대표 사이에는 한 자리가 있다고 했으므로 전라도 대표의 자리는 ⓑ만이 가능하다.

3. ㅁ에서 충청도 대표의 바로 옆에 제주도 대표가 앉았다고 했으므로 이 둘의 위치는 ⓒ나 ⓓ 가운데 하나임을 알 수는 있지만 ⓒ의 자리에 충청도 대표가 앉는지 제주도 대표가 앉는지까지는 알 수 없다. 그러나 ㅂ에서 강원도 대표와 충청도 대표 사이에 한 자리가 있다고 했으므로 강원도 대표는 ⓐ, 충청도 대표는 ⓒ임을 알 수 있으며 자연스럽게 ⓓ에는 제주도 대표가 앉게 된다.

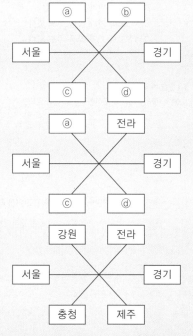

따라서 강원도 대표와 경기도 대표 사이에 앉은 사람인 전라도 대표가 A이고, 전라도 대표의 맞은편에 앉은 사람인 충청도 대표가 B이다.

01 A, B, C, D, E 다섯 가족이 같은 골목에 살고 있으며 가장 왼쪽 집이 첫 번째이며 가장 오른쪽 집이 다섯 번째이다. 아래 설명을 근거로 다섯 집의 순서를 나타내시오. (단, 이 골목에는 다섯 가족만 살고 있다.)

> ○ D의 집과 E의 집은 A의 집의 왼쪽에 있다.
> ○ C의 집이 가장 처음은 아니다.
> ○ C의 집은 D의 집의 왼쪽에 있다.
> ○ A의 집은 B의 집의 바로 오른쪽에 있다.

02 A, B, C, D, E, F, G 7명을 키가 큰 순서대로 세우고자 한다. 아래 내용을 고려했을 때 항상 옳은 것은?

> ○ A와 E는 각각 D보다 키가 작다.
> ○ A는 F보다 키가 크다.
> ○ C와 G는 각각 E보다 키가 작다.
> ○ B와 C는 각각 F보다 키가 작다.
> ○ C는 7번째에 설 수 없다.
> ○ G는 F보다 크다.
> ○ A는 E보다 작다.

① B는 C보다 키가 클 수도 있다.
③ E는 C보다 키가 작을 수도 있다.
⑤ G는 F보다 키가 작을 수도 있다.

② C는 G보다 키가 클 수도 있다.
④ A는 G보다 키가 클 수도 있다.

[정답 및 해설]

01 제시된 내용을 도식화하면 다음과 같다.

$\dfrac{D}{E} > A$ … ⓐ

$C = 처음 X$ … ⓑ

$C > D$ … ⓒ

$B-A$ … ⓓ

ⓐ와 ⓒ를 결합하면 $\dfrac{C > D}{E} > A$가 되고 이를 다시 ⓓ와 결합하면 B가 들어갈 수 있는 자리는 A의 앞자리뿐이므로 $\dfrac{C > D}{E} > B > A$가 된다. 또한 ⓑ에 의해 첫 번째 집으로 가능한 집은 E뿐이므로 각 집의 순서는 E > C > D > B > A가 된다.

02 제시된 내용을 도식화하면 다음과 같다.

$D > \dfrac{E}{A}$ … ⓐ

$A > F$ … ⓑ

$E > \dfrac{C}{G}$ … ⓒ

$F > \dfrac{C}{B}$ … ⓓ

C는 7번째 아님 … ⓔ

$G > F$ … ⓕ

$E > A$ … ⓖ

ⓐ+ⓑ=$D > \dfrac{E}{A > F}$, ⓐ+ⓑ+ⓖ=D > E > A > F, ⓐ+ⓑ+ⓖ+ⓓ+ⓔ=D > E > A > F > C > B, ⓒ+ⓕ=E > G > F, ⓐ+ⓑ+ⓒ+ⓓ+ⓔ+ⓕ+ⓖ=$D > E > \dfrac{A}{G} > F > C > B$가 된다.

01 E > C > D > B > A **02** ④

03 속성 연결하기

1 | 속성 연결하기의 의의

속성 연결하기는 기본적으로 주어진 보기를 토대로 유사한 속성끼리 혹은 임의에 의해 연결을 하거나 또는 그룹을 생성하는 게임을 의미한다. 주로 어떤 사람과 대상 간의 연결을 원하는 지문이 출제되거나, 혹은 다수의 사람을 그룹으로 묶는 식으로 문제가 출제된다.

2 | 속성 연결하기 문제의 접근방법

주어진 정보들로 추론한다.

① **주어진 정보를 도식화한다.**

어떤 형태로 도식화할 것인지, 표를 그릴 경우 몇 칸 몇 줄의 표를 그릴 것인지를 문제에서 파악한다.

② **단정적인 조건을 우선 검토한다.**

가정적인 조건은 독립적으로 정보를 제공하지 못하고 다른 정보에 종속되어 정보를 제공하는 반면 단정적인 조건은 그 자체로 독립적인 정보를 제공하므로 단정적인 조건을 우선 검토하는 것이 바람직하다.

> **예** ⓐ A는 서울 사람이다.
> ⓑ B가 광주 사람이면 A는 서울 사람이다.
> → 두 조건이 주어진 경우, 앞의 조건을 우선 검토해야 할 것이다.

③ **단정적인 조건의 검토가 끝나면 가정적인 조건을 검토한다.**

가정적인 조건의 검토를 할 때는 위의 단정적인 조건의 검토에서 얻은 정보를 바탕으로 해야 한다.

> **예** ⓐ A가 B를 좋아하면 C는 A를 좋아하지 않는다.
> ⓑ A가 B를 좋아한다.
> → 다른 정보의 도움 없이 가정적인 조건(ⓐ)만 이용할 경우 그다지 유용한 정보를 얻을 수 없다. 하지만 앞에서 단정적인 정보(ⓑ)를 이미 검토한 바 있다면 'C는 A를 좋아하지 않는다.'라는 정보도 확보할 수 있게 된다.

④ 하나의 단어나 하나의 조건으로도 여러 정보를 얻을 수 있다.

> 예 'Miss A'라는 단어를 통해 다음의 2가지 정보를 얻을 수 있다.
> → ⓐ A는 여자이다.
> ⓑ A는 결혼하지 않았다.

> 예 'A는 B의 장모이다.'라는 조건을 통해 다음의 4가지 정보를 얻을 수 있다.
> → ⓐ A는 여자이다.
> ⓑ A는 딸이 있다.
> ⓒ B는 A의 딸과 결혼을 했다.
> ⓓ B는 남자이다.

⑤ 경우가 여럿으로 나뉠 시 문제의 선택지를 검토할 때 다음의 두 경우를 생각해 볼 수 있다.

㉠ 주어진 조건으로는 더 이상의 정보를 알 수 없어 그 자체가 완성된 형태인 경우

㉡ 조건을 제대로 정리하지 못해 문제가 해결되지 않는 경우

→ 만약 ㉠의 경우라면 다음 단계가 당연히 문제의 선택지를 검토해야 하며, ㉡의 경우라도 문제의 선택지를 검토하면 어느 정도 문제 풀이에 도움을 얻을 수도 있기 때문에 경우가 여럿으로 나뉘는 경우에는 문제의 선택지를 검토해 보는 것이 좋다.

⑥ 정답이 결정되지 않으면 '최소 경우의 수'를 이용한다.

여러 경우의 수를 검토해야 한다면 경우의 수가 가장 적은 조건을 검토해야 한다.

> 예 ⓐ C는 과장이다.
> ⓑ C는 (다) 기업에 다닌다.
> → 문제를 도식화하여 오른쪽과 같은 표를 채워야 하는 경우 위의 두 가지 조건 중 한 가지만 사용해야 한다고 가정할 때, ⓐ 조건을 검토하면 3가지 경우의 수를 생각해야 하지만 ⓑ 조건은 2가지 경우의 수만 검토하면 되므로 ⓑ 조건을 우선 검토하는 것이 바람직하다.

	과장	부장
(가) 기업		
(나) 기업		
(다) 기업		

 **문제에 적용하기**

A, B, C, D, E, F는 각각 순서와 관계없이 (가), (나), (다) 기업에서 과장 혹은 부장으로 근무하고 있다. 아래 조건을 바탕으로 다음의 빈칸을 채우시오.

○ A는 (가) 기업의 부장이다.
○ B는 부장이다.
○ C와 B는 (다) 기업에 다니지는 않는다.
○ C가 과장이라면 E는 부장이다.
○ F와 B는 같은 회사에 다닌다.

	과장	부장
(가) 기업	(1)	A
(나) 기업	(2)	(4)
(다) 기업	(3)	(5)

[정답 및 해설] (1) C (2) F (3) D (4) B (5) E

먼저 B에 관해 살펴볼 때, 두 번째 조건과 세 번째 조건을 이용하면 B는 (나) 기업의 부장임을 알 수 있다. C는 세 번째 조건을 이용하면 (가) 기업의 과장이나 (나) 기업의 과장임을 알 수 있으므로 C는 과장이다. 다음으로 네 번째 조건을 이용하면 E는 부장이며 가능한 기업은 (다)뿐임을 알 수 있다.

	과장	부장
(가) 기업		A
(나) 기업		B
(다) 기업		E

마지막으로 다섯 번째 조건을 이용하면 F는 (나) 기업의 과장이고, C는 (다) 기업에 다니지 않으므로 (가) 기업의 과장이다. 따라서 D는 자연스럽게 (다) 기업의 과장임을 알 수 있다.

	과장	부장
(가) 기업	C	A
(나) 기업	F	B
(다) 기업	D	E

04 진실 혹은 거짓

1 | 진실 혹은 거짓의 의의

진실 혹은 거짓은 보기에서 참 또는 거짓인 문장이 주어진 후에 그것을 유추하여 설문을 해결하는 방식을 의미한다. 진실 혹은 거짓은 주어진 진술 가운데 어떤 것이 진실인지 거짓인지를 정하지 않은 상태에서 문제를 해결해야 하는 경우도 있다.

2 | 진실 혹은 거짓의 유형

1. 단순 진술의 진실 혹은 거짓

범인 찾기, 안전한 길 찾기 등의 유형이 대표적이며 각 개인의 진술이 진실 혹은 거짓 중 하나의 속성만을 가지게 된다. 여러 명의 진술 가운데 몇 명의 진술이 참인지 거짓인지 모르는 상황에서 범인을 찾아내거나, 어떤 길에 대한 진술이 참인지 거짓인지 모르는 상황에서 안전할 길을 찾는 유형이다.

2. 복합 진술의 진실 혹은 거짓

각 개인의 두 진술 가운데 하나는 진실, 하나는 거짓의 속성을 가지게 된다. 나아가 각 개인의 세 진술 가운데 하나는 진실, 둘은 거짓(혹은 하나는 거짓 둘은 진실) 등으로 확장되기도 한다. 이런 진술들을 놓고 진실인 진술과 거짓인 진술을 가려내어 필요한 정보를 얻어내는 유형이다.

3. 결과와 진술 내용의 진실 혹은 거짓 일치시키기

결과의 진실 여부와 관계없이 예상 가능한 결과의 성향과 진술의 성향이 일치되는지를 파악하는 유형이며 모순이 없는 상황을 찾아내는 것이 관건이다.

3 | 진실 혹은 거짓 유형별 접근방법

1. 단순 진술의 진실 혹은 거짓의 접근방법

> A, B, C, D 네 명은 L 그룹 스터디의 조원이다. 어느 날 이들은 S 스터디 룸에서 공부했는데 S 스터디 룸에 있는 의자가 파손되었다는 것을 담당자가 알게 되었다. 담당자는 이 네 명을 불러서 질문을 했고 각각 아래와 같이 대답했다. 이 중에서 한 명만 거짓말을 했을 때, 의자를 파손한 사람을 확인해 보자. (단, 의자를 파손한 사람은 한 명이다.)
>
> > A: C가 의자를 파손했어요.
> > B: 저는 의자를 파손한 적이 없어요.
> > C: D가 의자를 파손했어요.
> > D: C는 지금 거짓말을 하고 있어요.

대부분 이러한 문제는 진실(혹은 거짓)을 말하는 사람의 수를 정해주거나 범인의 수를 정해준다. 이 중 진실(혹은 거짓)을 말하는 사람의 수가 제시되었는지 범인의 수가 제시되었는지 확인해야 한다.

(1) 진실(혹은 거짓)을 말하는 사람의 수가 제시된 경우

① 일반적인 해결 방법

진실(혹은 거짓)을 말하는 사람의 수가 제시되는 경우 그 수는 한 사람으로 제한되는 경우가 가장 많다. 그렇다면 진술자 가운데 한 사람씩을 진실(혹은 거짓)로 가정하면 나머지는 거짓(혹은 진실)이 된다. 위 문제의 경우를 보면 한 명만이 거짓을 말한다고 했으므로 A, B, C, D 한 사람씩 거짓을 말했다고 가정하여 문제를 해결할 수 있다.

· **A의 진술이 거짓이라고 가정하는 경우**

A의 진술이 거짓이라고 가정하면 B, C, D의 진술은 진실이 된다. 그런데 C의 진술이 진실이면 D는 거짓을 말한 것이 되므로 B, C, D의 진술 모두가 진실일 수는 없다. 따라서 A의 진술이 거짓이라고 한 가정이 틀렸음을 알 수 있고 A는 진실을 말한 것이 된다. 결국 A가 진술한, C가 의자를 파손했다는 내용이 진실이므로 범인은 C가 된다. 답은 도출되었지만 나머지 경우도 살펴보도록 한다.

· **B의 진술이 거짓이라고 가정하는 경우**

B의 진술이 거짓이라고 가정하면 A, C, D의 진술은 진실이 된다. 그런데 A의 진술이 거짓이라고 가정한 경우와 마찬가지로 C의 진술이 진실이면 D는 거짓을 말한 것이 되므로 A, C, D의 진술 모두가 진실일 수는 없다. 따라서 B의 진술이 거짓이라고 한 가정이 틀렸음을 알 수 있고 B는 진실을 말한 것이 된다. 결국 B가 진술한, 의자를 파손한 적 없다는 내용은 진실이 되고 B는 범인이 아니게 된다.

· **C의 진술이 거짓이라고 가정하는 경우**

C의 진술이 거짓이라고 가정하면 A, B, D의 진술은 진실이 된다. A, B, D의 세 진술이 진실이 된다고 해서 모순되는 부분은 찾을 수 없으므로 A, B, D의 진술 내용은 그대로 진실로 보면 된다. 그런데 A의 진술을 보면 C가 의자를 파손했다고 되어 있으므로 결국 C가 범인이 된다.

- D의 진술이 거짓이라고 가정하는 경우

  D의 진술이 거짓이라고 가정하면 A, B, C는 진실이 된다. 이 역시 C의 진술이 거짓이라고 가정한 경우와 마찬가지로 A, B, C의 세 진술이 진실이 된다고 해서 모순되는 부분을 찾을 수 없으므로 A, B, C의 진술 내용을 그대로 진실로 보면 된다. 결국 경우 C의 진술이 거짓이라고 가정한 경우와 마찬가지 이유로 C가 범인이 된다.

② 어긋나는 관계, 모순관계의 이용

이렇게 각각의 경우를 살펴보는 방법이 가장 기본적이지만 이 방법을 사용할 때에는 중요한 KEY를 찾으면 위와 같이 4가지 경우를 모두 살펴볼 필요가 없게 된다. 여기서 KEY란 어긋나는 관계 혹은 모순관계를 찾는 것이며 그 방법은 다음과 같다.

- 어긋나는 관계의 이용

  ㉠ 어긋나는 관계라는 것은 두 진술이 동시에 거짓이 될 수는 있지만 두 진술이 동시에 참이 될 수는 없는 관계를 말한다.

  ㉡ 결국 두 진술 가운데 최소한 하나는 거짓이 된다. (물론 둘 다 거짓일 수도 있다.)

  ㉢ 거짓의 개수나 어떤 진술이 진실인지 거짓인지 여부를 변론하기로 하고 최소한 1개의 거짓이 있다는 것은 확실하다.

  ㉣ 따라서 문제에서 한 사람만 거짓이라고 한다면 반대 관계인 두 진술 가운데 하나가 거짓일 것이므로 나머지 진술들은 자연스럽게 진실이 되는 것이다.

- 모순관계의 이용

  ㉠ 모순관계라는 것은 한 진술이 진실이면 다른 한 진술은 거짓이 되고, 한 진술이 거짓이면 다른 한 진술은 진실이 되는 관계를 말한다.

  ㉡ 결국 두 진술 가운데 하나는 진실, 하나는 거짓이다.

  ㉢ 어떤 진술이 진실인지 거짓인지는 변론하기로 하고 진실 1개, 거짓 1개가 있다는 것은 확실하다.

  ㉣ 나아가 모순관계에 있는 두 진술 가운데 어떤 진술이 거짓이라고 한다면 다른 진술은 자연스럽게 진실이 되고 반대로 어떤 진술이 진실이라고 한다면 다른 진술은 거짓이 된다.

- 모순관계, 반대 관계를 이용한 해결

  어긋나는 관계나 모순관계를 이용해서 문제를 해결해 보면 다음과 같다.

  ㉠ 어긋나는 관계

  A와 C의 진술을 보면 둘의 내용이 동시에 거짓이 될 수는 있지만 범인이 한 명이므로 동시에 진실은 될 수 없는 관계이다. 따라서 최소한 한 명은 거짓을 말하고 있다. 결국 B와 D는 진실을 말하고 있다는 것을 알 수 있다. D의 진술을 보면 C가 거짓을 말하고 있다고 했고 문제에서 거짓을 말하는 사람은 한 명이라고 했으므로 A는 진실을 말한 것이 된다. 따라서 A의 진술에 따라 C가 범인이 된다.

  ㉡ 모순관계

  D의 진술을 볼 때 D의 진술이 진실이면 C의 진술은 거짓이 되고, D의 진술이 거짓이면 C의 진술은 진실이 된다. 따라서 이 둘 가운데 하나는 진실이고 하나는 거짓이다. 한 사람만 진실을 말하고 있다고 했으므로 C, D 가운데 누구의 진술이 진실이고 거짓이고를 떠나 A와 B는 확실히 진실이 된다. 따라서 A의 진술을 보면 C가 의자를 파손했다고 되어 있으므로 C가 범인이 된다.

(2) 범인의 수가 제시된 경우

범인의 수가 제시된 경우도 위와 마찬가지로 그 수가 한 사람으로 제한되는 경우가 가장 많다. 그렇다면 용의자 가운데 한 사람씩을 범인으로 가정하여 각 진술의 참·거짓 여부를 살펴보는 것이 좋다. 위의 경우 A를 범인이라고 가정하고 각 진술의 참·거짓 여부를 살펴보고자 한다.

범인 가정	A의 대답	B의 대답	C의 대답	D의 대답	거짓의 개수
A	F	T	F	T	2개
B					
C					
D					

A를 범인이라고 가정하면 거짓을 말한 사람이 A와 C 두 사람이 된다. 그런데 문제에서 거짓을 말한 사람은 단 한 명이라고 했다. 결국 A를 범인이라고 했던 가정이 틀렸다는 것을 의미하고 따라서 A는 범인이 아니라는 결론을 얻을 수 있다. 나머지 B, C, D를 범인이라고 가정하면 다음과 같이 정리할 수 있다.

범인 가정	A의 대답	B의 대답	C의 대답	D의 대답	거짓의 개수
A	F	T	F	T	2개
B	F	F	F	T	3개
C	T	T	F	T	1개
D	F	T	T	F	2개

결국 거짓을 말한 사람이 단 한 명이라는 조건에 맞는 경우는 C가 범인이라고 가정했을 때뿐이므로 C가 범인이라는 것을 알 수 있다.

2. 복합진술의 진실 혹은 거짓의 접근방법

> 윤별, 지인, 효지, 보은, 건하는 물리, 체육, 생물, 미술, 음악 가운데 한 과목을 담당하고 있고 같은 과목을 담당하는 경우는 없다. 아래는 담당 과목에 대한 진술인데 각자가 진술한 내용 중 하나는 진실, 하나는 거짓이었다. 그렇다면 지인이 맡은 과목과 생물을 맡은 사람을 순서대로 짝지어보자.
>
> > 윤별 : 보은은 물리를, 나는 체육을 맡았지.
> > 지인 : 효지는 물리를, 나는 생물을 맡았지.
> > 효지 : 지인은 미술을, 나는 체육을 맡았지.
> > 보은 : 건하는 음악을, 나는 물리를 맡았지.
> > 건하 : 윤별은 생물을, 나는 음악을 맡았지.

이런 문제에서는 각각의 진술 가운데 몇 개가 진실이고 몇 개가 거짓인지를 제시하는 것이 대부분이고 이 내용이 중요한 힌트가 된다. 그런데 각각의 내용 가운데 진실과 거짓의 개수는 알지만 어떤 내용이 진실인지 거짓인지를 모르는 상황이므로 임의의 한 진술을 진실인 경우 또는 거짓인 경우로 가정하고 문제를 해결해야 한다.

이 경우 문제를 푸는 순서는 [조건의 단순화 → 진술의 가정 → RULE의 적용 → 내용의 정리 → 모순관계 파악 → 진술의 재가정 → RULE의 적용 → 내용의 정리 → 문제의 해결]이 된다. 한편, 이 경우 어떤 진술을 가정할 것인가가 문제가 되는데 그 기준은 여러 가지가 있겠지만 모순관계를 가지는 진술을 가정할 수도 있고 여러 사람이 공통으로 언급하는 내용을 가정할 수도 있다. 구체적으로 문제를 해결해 보면 다음과 같다.

① 조건을 객관적으로 단순화하여 정리한다.

위의 문제에서 조건을 정리하면 다음과 같다.

	앞의 진술	뒤의 진술
윤별	보은(물리)	윤별(체육)
지인	효지(물리)	지인(생물)
효지	지인(미술)	효지(체육)
보은	건하(음악)	보은(물리)
건하	윤별(생물)	건하(음악)

단순화하여 정리할 때, 윤별의 뒤의 진술을 '나 X'로 단순화할 경우 다른 진술들과의 비교가 수월하지 않으므로 객관화하여 '윤별 X'와 같이 정리하는 것이 바람직하다.

② 진술을 가정한다.

이 가운데 어떤 진술이 진실인지, 어떤 진술이 거짓인지 알 수 없으므로 특정한 진술에 대한 진실 여부를 가정하는 것이 문제해결의 시작이 되어야 한다. 그런데 이때 어떤 진술의 진실 여부를 가정할 것인지의 기준은 그 진술에 대해 언급하는 사람의 수가 많은 것이 되어야 한다. 많은 사람이 공통으로 언급하고 있는 내용을 가정하면 하나의 가정으로 여러 내용의 진실·거짓 여부를 결정할 수 있기 때문이다.

이 문제의 경우 보은과 건하의 진술에서 건하가 음악을 맡았다는 것이 공통되므로 건하가 음악을 맡은 경우와 맡지 않은 경우로 나누어 생각해 보아야 한다. (다만, 이 문제의 경우 한 사람의 과목에 관하여 2가지씩의 진술이 있어 특별히 많은 사람이 공통으로 언급하고 있는 것은 찾을 수 없으므로 어떤 진술을 가정해도 상관없다.)

· 건하가 음악을 맡지 않은 경우(보은의 앞의 진술이 거짓인 경우)

보은의 앞의 진술과 건하의 뒤의 진술은 거짓이므로 둘의 나머지 진술은 진실이 된다.

	앞의 진술	뒤의 진술
윤별		
지인		
효지		
보은	거짓	진실
건하	진실	거짓

보은의 뒤의 진술에 따라 보은은 물리를 맡았으므로 윤별의 앞의 진술은 진실, 지인의 앞의 진술은 거짓이 된다. 그럼 자연스럽게 윤별의 뒤의 진술은 거짓, 지인의 뒤의 진술은 진실이 된다.

	앞의 진술	뒤의 진술
윤별	진실	거짓
지인	거짓	진실(가)
효지		
보은	거짓	진실
건하	진실(나)	거짓

그런데 (가)와 (나)의 내용을 보면 지인도 생물을 맡고 윤별도 생물을 맡는 결과가 되므로 모순된다. 따라서 건하가 음악을 맡지 않았다는 가정은 거짓임을 알 수 있으며 자연스럽게 건하가 맡은 과목은 음악이 된다.

· 건하가 음악을 맡은 경우(보은의 앞의 진술이 진실인 경우)

보은의 앞의 진술과 건하의 뒤의 진술은 진실이므로 둘의 나머지 진술은 거짓이 된다.

	앞의 진술	뒤의 진술
윤별		
지인		
효지		
보은	진실	거짓
건하	거짓	진실

보은의 뒤의 진술인, 보은이 물리를 맡았다는 내용은 거짓이므로 윤별의 앞의 진술은 거짓이 되고 자연스럽게 뒤의 진술은 진실이 된다.

	앞의 진술	뒤의 진술
윤별	거짓	진실
지인		
효지		
보은	진실	거짓
건하	거짓	진실

윤별의 뒤의 진술에 의해 윤별이 체육을 맡았으므로 효지의 뒤의 진술은 거짓이 되고 앞의 진술이 진실이 된다. 또한 효지의 앞의 진술이 진실이므로 지인이 맡은 과목은 미술이다. 따라서 지인의 뒤의 진술은 거짓이 되고 자연스럽게 지인의 앞의 진술은 진실이 된다. 이를 정리하면 다음과 같다.

	앞의 진술	뒤의 진술
윤별	거짓	진실
지인	진실	거짓
효지	진실	거짓
보은	진실	거짓
건하	거짓	진실

이에 따라 각각의 과목은 이와 같이 정리할 수 있다.

이름	윤별	지인	효지	보은	건하
과목	체육	미술	물리	생물	음악

따라서 지인이 맡은 과목은 미술이고 생물을 맡은 사람은 보은이다.

3. 결과와 진술의 진실 혹은 거짓 일치시키기의 접근방법

> 다음 내용을 통해서 볼 때, 그림을 그린 사람(들)은 누구일지 확인해 보자.　　　　　[03 실험평가 PSAT]
>
> 　철수, 준영, 영희, 선영은 같은 화실에서 그림을 그린다. 이들은 특이한 버릇을 가지고 있다. 철수와 준영은 항상 그림을 그리고 나면 자신의 작품 밑에 거짓말을 쓰고, 영희와 선영은 자신의 그림에 언제나 참말을 써넣는다. 우연히 다음과 같은 글귀가 적힌 그림이 발견되었다. '이 그림은 영희가 그린 것이 아님.'

① 예상 가능한 결과의 성향 파악

철수가 그림을 그린 경우, 준영이 그림을 그린 경우, 영희가 그림을 그린 경우, 선영이 그림을 그린 경우 등을 가정하여 이들이 말하는 것이 진실인지 거짓인지 파악한다. 위의 경우 철수와 준영은 거짓을, 영희와 선영은 진실을 말한다고 했으므로 아래와 같은 표를 만들 수 있다.

결과 가정	철수(F)	준영(F)	영희(T)	선영(T)
진술				

② 결과별로 진술의 진실 여부 알아보기

만약 그림을 그린 사람이 철수라면 앞의 진술 '이 그림은 영희가 그린 것이 아님.'이라는 말은 진실이 되며 이를 적용하면 다음과 같다.

결과 가정	철수(F)	준영(F)	영희(T)	선영(T)
진술	T			

마찬가지로 그림을 그린 사람이 준영이라면 진술은 진실이 되고, 영희라면 거짓이 되며, 선영이라면 진실이 된다. 이를 적용하면 다음과 같다.

결과 가정	철수(F)	준영(F)	영희(T)	선영(T)
진술	T	T	F	T

③ 결과와 진술 일치시키기

결과 가정	철수(F)	준영(F)	영희(T)	선영(T)
진술	T	T	F	T

철수의 경우를 보면 철수는 거짓을 말해야 하는데 철수가 그렸다고 가정하면 문제의 진술은 진실이 되므로 철수가 그렸다고 할 수 없다. 결국 가정한 결과(F)와 진술의 진릿값(T)이 일치하지 않으므로 가정한 결과는 불가능하게 되는 것이다.

따라서 가정한 결과와 진술의 진릿값이 일치하는 경우이어야 모순 없이 가능한 결과가 되는 것이며 이 문제의 경우 그림을 그린 사람으로 가능한 사람은 선영뿐이다.

해커스공기업 PSAT 기출로 끝내는 NCS 문제해결·자원관리 집중 공략

PART 3

의사결정

×

01 제시된 방법 활용

1 | 제시된 방법 활용의 의의 및 성격

1. 제시된 방법 활용의 의의

제시된 방법을 이해하고 그대로 상황에 적용하여 문제를 해결하는 유형을 의미한다. '아래의 정의를 활용하여 <보기>의 사람들을 성과가 좋은 사람부터 순서대로 나열한 것은?', '다음 제시문의 내용을 근거로 판단할 때 <그림>에 대한 설명으로 적절하지 않은 것은?', '다음의 결정 방식에 따를 때 <보기> 중 올바른 것은?' 등과 같은 유형의 문제가 대표적인 예라고 할 수 있다.

2. 제시된 방법 활용의 성격

방법도 제시되는데 그것을 그대로 따라 하는 게 뭐가 힘들까 하는 생각이 들 수도 있지만 여기서 제시되는 방법은 짧은 수학 공식처럼 단편적인 것이 아니라 숫자나 기호를 이용하면 간단한 내용을 글로 풀어 설명해 놓아서 그 뜻을 이해하기 쉽지 않은 경우이거나, 여러 식을 제시해주고 그 가운데 필요한 것을 골라내어 사용해야 하는 유형의 문제 같은 경우가 많다. 이런 경우에는 제시된 방법을 파악하는 데 곤란을 겪어 문제해결이 어려울 수도 있고, 제시된 방법은 파악이 가능하지만 그것을 적용하는 데 시간이 오래 걸리는 경우도 있을 수 있다.

2 | 제시된 방법 활용 문제의 접근방법

1. 방법 자체의 이해

짧지 않은 글로 된 제시문을 접했을 때는 우선 단순한 도식으로 나타내야 한다. 반면 수학적인 형태가 제시되었을 경우에는 각각의 미지수와 기호가 무엇을 뜻하는지를 이해해야 한다. 이런 유형의 문제는 단순히 수학적인 공식을 주고 문제를 해결하게 하는 것이 아니라 공식이 주어질 때는 대체로 그에 대한 설명이 같이 있을 것이다.

2. 제시된 방법의 빠른 적용

문제를 몰라서 틀린다기보다는 착각을 해서 틀리거나, 풀긴 풀어도 시간을 지나치게 소요해서 시험 전체를 그르치게 되는 경우가 많다. 결국 객관식 문제이고 상황을 적용해야 하는 경우는 많아야 5개라는 것을 인식하고 그 가운데 어떤 선택지를 먼저 해결해야 할지를 파악하는 것도 요령이라 할 수 있다. 이럴 때 어떤 것을 먼저 해결해야 하는지에 대한 기준이 되는 것은 우선 식이 간단한지를 살피는 것이다. 적용해야 할 선택지가 많은 경우에는 가장 간단하게 적용해서 풀 수 있는 선택지가 있는지를 먼저 확인한 후 그 문제부터 손을 대는 것이 좋다. 그렇게 되면 선택지 가운데 살펴보지 않아도 되는 것을 찾아낼 수도 있기 때문이다.

3. 전략적 접근

대체로 '문제 파악 → 규칙 이해 → 규칙 적용'의 순서로 이어지지만, 일단 문제에 손을 댔다면 '문제 파악' 단계나 '규칙 이해'의 시작 단계에서 손을 뗄 것인지 말 것인지를 결정해야 한다. 규칙 이해의 정도가 중·후반 이상 진행된 상황에서 손을 떼는 것은 시간상으로나 전략적으로 득보다는 실이 많기 때문이다.

 문제에 적용하기

다음 〈맛집 정보〉와 〈평가 기준〉을 근거로 판단할 때, 총점이 가장 높은 음식점은?　[16 5급공채 PSAT]

〈맛집 정보〉

평가 항목 음식점	음식 종류	이동 거리	가격 (1인 기준)	맛 평점 (★ 5개 만점)	방 예약 가능 여부
자금성	중식	150m	7,500원	★★☆	O
샹젤리제	양식	170m	8,000원	★★★	O
경복궁	한식	80m	10,000원	★★★★	X
도쿄타워	일식	350m	9,000원	★★★★☆	X
광화문	한식	300m	12,000원	★★★★★	X

※ ☆은 ★의 반 개임.

───〈평가 기준〉───
ㅇ 평가 항목 중 이동 거리, 가격, 맛 평점에 대하여 항목별로 5, 4, 3, 2, 1점을 각각의 음식점에 하나씩 부여한다.
 - 이동 거리가 짧은 음식점일수록 높은 점수를 준다.
 - 가격이 낮은 음식점일수록 높은 점수를 준다.
 - 맛 평점이 높은 음식점일수록 높은 점수를 준다.
ㅇ 평가 항목 중 음식 종류에 대하여 일식 5점, 한식 4점, 양식 3점, 중식 2점을 부여한다.
ㅇ 방 예약이 가능한 경우 가점 1점을 부여한다.
ㅇ 총점은 음식 종류, 이동 거리, 가격, 맛 평점의 4가지 평가 항목에서 부여받은 점수와 가점을 합산하여 산출한다.

① 자금성
② 샹젤리제
③ 경복궁
④ 도쿄타워
⑤ 광화문

각각의 평가 항목에 대한 점수를 부여하여 합산하면 다음과 같은 결과를 얻을 수 있다.

평가 항목 음식점	음식 종류	이동 거리	가격 (1인 기준)	맛 평점 (★ 5개 만점)	방 예약 가능 여부	총점
자금성	2	4	5	1	1	13
샹젤리제	3	3	4	2	1	13
경복궁	4	5	2	3	0	14
도쿄타워	5	1	3	4	0	13
광화문	4	2	1	5	0	12

따라서 총점이 가장 높은 음식점은 14점을 얻은 경복궁이다.

02 THEME

1 | THEME의 의의

NCS라는 시험의 의도가 얼마나 많은 내용을 알고 있는지를 묻기보다는 주어진 정보를 통해 얼마나 문제를 빠르고 정확하게 해결하는지를 묻는 것이라는 점을 고려하면 '특정한 문제해결 방법'을 가지고 있다는 사실이 문제해결에 많은 영향을 미쳐서는 안 된다. 하지만 PSAT과 LEET 시험의 문제에서 '특정한 문제해결 방법'을 알고 있으면 문제가 빠르게 풀리기도 하고, '특정한 문제해결 방법'을 모르면 문제를 해결하기 어려운 경우도 있다. 여기서는 이와 같은 특정한 해결 방법에 대해 살펴보고자 한다.

2 | 투표거래

1. 의의

자신의 의지보다는 상대와의 합의에 따라 투표를 하는 행위를 의미한다.

2. 투표거래의 종류

이러한 합의의 방식에는 다음과 같이 세 가지 형태가 있다.

(1) 동시에 합의하는 형태

어떤 안건에 대해 A, B 두 사람이 합의하여(물론 두 사람 이상이 될 수도 있음) 각자의 목표를 실현하기 위해 자신이 원하는 목표에는 당연히 찬성표를 던지고 자신은 원치 않지만 상대가 원하는 목표에도 찬성표를 던져주어 A, B의 목표를 동시에 달성하는 유형이다.

(2) 시차를 두어 합의하는 형태

이번 안건에 대해 A가 B에게 찬성표를 던져주면 다음 안건에 대해서는 B가 A에게 찬성표를 던져주는 방식이다.

(3) 부수적인 혜택을 제공하는 형태

어떤 안건에 대해 A, B 두 사람이 합의한다는 것은 '(1) 동시에 합의하는 형태'와 비슷하지만 A가 B에게 찬성표를 던져주면 B가 A에게 찬성표를 던져주는 것이 아니라 다른 혜택을 제공하는 것이다. '(1) 동시에 합의하는 형태'의 경우가 표와 표의 거래라고 한다면 '(3) 부수적인 혜택을 제공하는 형태'의 경우는 이익과 표의 거래라고 볼 수 있다.

3. 문제의 해결을 통한 파악

어떤 스터디가 있는데 이 스터디에서는 지각하거나 결석을 하는 경우 벌금을 내게 되어 있어 그동안 모인 벌금이 문제집 3권을 살 수 있을 정도가 되었다. 필요한 문제집은 언어논리, 자료해석, 상황판단 세 가지가 있고 구성원은 A, B, C 세 명이 있다. 결정은 과반수의 찬성으로 이루어지며 구성원별 각 문제집에 대한 선호는 아래의 표와 같다. 각 구성원은 자신에게 이익이 되는 경우에만 표를 던지며 이익이 되지 않을 때는 표를 던지지 않는다. 만약 투표거래가 이루어지지 않은 상황이라면 각 문제집에 대한 구매 여부는?

	A	B	C
언어논리	5	−2	−1
자료해석	−2	6	−3
상황판단	−1	−4	3

(1) 투표거래가 이루어지지 않은 경우

	A	B	C
언어논리	찬성	반대	반대
자료해석	반대	찬성	반대
상황판단	반대	반대	찬성

따라서 언어논리, 자료해석, 상황판단 문제집 모두 찬성 1표, 반대 2표로 부결되며 어떤 문제집도 사지 않고 이 스터디의 벌금은 그대로 남게 된다.

(2) 투표거래가 이루어진 경우

A와 B가 투표거래를 한다고 가정해 보면 A의 입장에서 언어논리 문제집은 원래부터 사려고 했던 것이므로 찬성표를 던질 것이고 자료해석 문제집에 대해서는 원래는 반대표를 던져야 하지만 B와 투표거래를 했기 때문에 찬성표를 던지게 된다. B의 입장에서도 마찬가지로 자료해석 문제집은 원래부터 찬성했던 것이므로 찬성표를 던질 것이고 언어논리 문제집에 대해서는 원래는 반대표를 던져야 하지만 A와 투표거래를 했기 때문에 찬성표를 던지게 된다. 이를 표로 나타내보면 다음과 같다.

	A	B	C
언어논리	찬성	찬성	반대
자료해석	찬성	찬성	반대
상황판단	반대	반대	찬성

따라서 언어논리와 자료해석은 찬성 2표, 반대 1표로 가결되고 상황판단은 찬성 1표, 반대 2표로 부결되어 언어논리와 자료해석 문제집은 구매하고 상황판단 문제집은 구매하지 않게 된다.

A와 B가 투표거래를 하면 A가 찬성하는 언어논리와 B가 찬성하는 자료해석에 대해 A와 B가 모두 찬성표를 던져야 한다. 즉, A도 언어논리와 자료해석에 찬성표를 던지고, B도 언어논리와 자료해석에 찬성표를 던지는 것이다. 이를 일반화시키면 '투표거래를 하는 당사자 모두는 투표거래를 하는 당사자 가운데 한 사람이라도 찬성하는 안건 모두에 찬성표를 던지게 된다.' 혹은 '투표거래에 참여하는 투표자 가운데 한 사람이라도 찬성하는 안건에는 투표거래에 참여하는 투표자 모두가 찬성표를 던지게 된다.'고 할 수 있는 것이다.

참고로 위의 경우 언어논리 문제집 구매에 찬성하는 A와 상황판단 문제집 구매에 찬성하는 C가 투표거래를 한다면 A와 C는 언어논리와 상황판단에 찬성표를 던지게 될 것이다. 이를 표로 나타내면 다음과 같다.

	A	B	C
언어논리	찬성	반대	찬성
자료해석	반대	찬성	반대
상황판단	찬성	반대	찬성

이상으로 투표거래가 발생하는 경우에 대해 표로 정리하는 방법을 살펴보았다. 투표거래라는 것이 글로 되어 있는 경우에는 문제 자체의 파악이 힘들거나 파악이 된다 하더라도 많은 시간을 소요하게 되기도 한다. 따라서 위와 같이 표로 구성하여 문제를 해결하는 연습을 충분히 한다면 빠른 문제 해결에 도움이 될 것이다.

3 | 의사결정의 평가 기준

1. 의사결정의 의의

미래의 상황에 따라 분류할 수 있으며 크게 '확실성 상황에서의 의사결정', '위험 상황에서의 의사결정', '불확실성 상황에서의 의사결정' 세 유형으로 분류된다.

2. 의사결정의 유형

(1) 확실성 상황에서의 의사결정

의사결정에 따라 나타나게 될 유일하고도 확정적인 결과를 미리 알고 있는 상황에서의 의사결정 유형이다.

(2) 위험 상황에서의 의사결정

의사결정 대안에 따른 출현 가능한 결과와 이들 각각의 결과가 나타날 확률을 알고 있는 상황에서의 의사결정 유형이다.

(3) 불확실성 상황에서의 의사결정

의사결정 대안에 따른 출현 가능한 결과는 알고 있지만, 이들 각각의 결과가 나타날 확률을 알 수 없는 상황에서의
의사결정 유형이다.

3. 불확실성 상황에서의 의사결정

위와 같이 세 종류의 의사결정 가운데 확실성 상황에서의 의사결정은 앞으로 나타나게 될 결과를 미리 알고 있다는
점에서, 그리고 위험 상황에서의 의사결정은 그 결과를 확실히는 모르더라도 확률이 어느 정도인지 파악할 수 있다는
점에서 문제를 해결하는 데 곤란한 부분은 그다지 없다. 다시 말해 문제에서 제시된 앞으로 나타날 결과를 파악한다거나
주어진 확률을 차분히 계산한다면 문제를 의외로 쉽게 풀어낼 수 있다. 그러나 문제는 불확실성 상황에서의 의사결정
부분이다. 불확실성 상황에서의 의사결정 기준 가운데 대표적인 것을 살펴보면 다음과 같다.

(1) 최대최댓값 기준(맥시맥스 기준, Maximax criterion)

미래의 상황이 자신에게 가장 유리하게 전개될 것이라는 가정하에 의사결정 대안별로 최대성과 가운데에서도 최대성
과를 가져다주는 대안을 선택하는 기준이다. 즉 모든 대안에서 최선의 상황이 발생한다는 가정하에 각 대안의 최댓값
끼리 비교하여 그중에서도 그 값이 가장 큰 대안을 선택하는 것이다.

낙관적인 성향을 가진 경우에 선택하게 되는 기준이며, PSAT 상황판단 기출문제에서는 '자신이 운이 좋다고 생각한다
면'이라는 문구로 최대최댓값 기준을 물어보는 선택지가 구성되기도 했다.

(2) 최대최솟값 기준(미니맥스 기준, Maximin criterion)

미래의 상황이 자신에게 가장 불리하게 전개될 것이라는 가정하에 의사결정 대안별로 최소성과 중에서 최대성과를
가져다주는 대안을 선택하는 기준이다. 즉 모든 대안에서 최악의 상황이 발생한다는 가정하에 각 대안의 최솟값끼리
비교하여 그중에서 그 값이 그나마 큰 대안을 선택하는 것이다.

비관적인 성향을 가진 경우에 선택하게 되는 기준이며, PSAT 상황판단 기출문제에서는 '자신이 운이 없다고 생각한다
면'이라는 문구로 최대최솟값 기준을 물어보는 선택지가 구성되기도 했다.

(3) 라플라스 기준(Laplace criterion)

각 상황이 발생할 확률이 동일하다는 가정하에 대안별 기댓값을 계산하여 그 가운데 기댓값이 가장 큰 대안을 선택하는
기준이다.

PSAT 상황판단 기출문제에서는 '기대 이득'이라는 문구로 라플라스 기준을 물어보는 선택지가 구성되기도 했다.

(4) 후르비츠 기준(Hurwicz criterion)

예상되는 낙관적 결과와 비관적 결과에 적당한 가중치 a(이를 후르비츠 계수라고 함)를 적용하고 가중 평균을 구해
이를 의사결정의 기준으로 삼는 방법이다. 즉, a는 0과 1 사이의 값을 가진다고 할 때, a × (낙관적 결괏값) + (1−a) ×
(비관적 결괏값)을 판단의 기준으로 정한다.

(5) 기회손실비용 기준(최소최대 후회 기준, Minimax regret criterion)

각각의 경우에 있어 기회손실비용을 구하고 이를 의사결정의 기준으로 정하는 방법이다. 각 대안의 상황별 기회손실
비용을 구하고 그중 가장 큰 기회손실비용을 일종의 대안별 대표 기회손실비용으로 정한 다음, 그 대푯값들 중 가장 작
은 기회손실을 갖는 대안을 선택한다.

4. 문제 해결을 통한 파악

○○대학교에서는 대학발전기금을 투자할 방법을 모색하고 있다. 투자 방법과 그에 따른 예상 이득은 아래의 〈표〉와 같다. 각각의 경기상황이 발생할 확률이 동일하다고 가정할 때, 〈보기〉 중 투자 방법과 예상 이득에 대한 의사결정으로 옳은 것은?　　　　　　　　　　　　　　　　　　　　　　　　　　　　[08 입법고시 PSAT]

〈표〉 경기상황에 따른 예상 이득

구분	상황		
	호황	보통	불황
채권투자	75	70	70
주식투자	60	120	45
은행예금	110	80	65
부동산투자	30	90	130

〈보 기〉

ㄱ. ○○대학교의 의사결정자들은 평소에 투자에 대한 운이 없다고 생각한다면 '채권투자'의 대안을 선택할 것이다.

ㄴ. ○○대학교의 의사결정자들은 평소에 투자에 대한 운이 없다고 생각한다면 '부동산투자'의 대안을 선택할 것이다.

ㄷ. ○○대학교의 의사결정자들은 평소에 투자에 대한 운이 좋다고 생각한다면 '부동산투자'의 대안을 선택할 것이다.

ㄹ. ○○대학교의 의사결정자들은 평소에 투자에 대한 운이 좋다고 생각한다면 '은행예금'의 대안을 선택할 것이다.

ㅁ. ○○대학교의 의사결정자들은 '은행예금' 대안에 대한 기대 이득이 가장 높다고 생각한다.

ㅂ. ○○대학교의 의사결정자들은 '부동산투자' 대안에 대한 기대 이득이 가장 높다고 생각한다.

투자 방법별로 가장 높은 이득을 얻는 경우를 A, 가장 낮은 이득을 얻는 경우를 B라고 할 때 A와 B를 살펴보면 다음과 같다.

구분	경기상황				
	호황	보통	불황	A	B
채권투자	75	70	70	75	70
주식투자	60	120	45	120	45
은행예금	110	80	65	110	65
부동산투자	30	90	130	130	30

먼저, 평소에 투자에 대한 운이 없다고 생각한다면 최대최솟값 기준(Maximin 기준)에 따라 여러 투자 방법의 가장 낮은 이득끼리 비교해서 그중 이득이 가장 높은 투자 방법을 선택할 것이므로 B 가운데 가장 높은 이득을 얻는 채권투자를 선택하게 된다. 따라서 ㄱ은 옳은 설명이 되고 ㄴ은 옳지 않은 설명이 된다.

다음으로, 평소에 투자에 대한 운이 좋다고 생각한다면 최대최댓값 기준(Maximax 기준)에 따라 여러 투자 방법의 가장 높은 이득끼리 비교해서 그중 이득이 가장 높은 투자 방법을 선택할 것이므로 A 가운데 가장 높은 이득을 얻는 부동산투자를 선택하게 된다. 따라서 ㄷ은 옳은 설명이 되고 ㄹ은 옳지 않은 설명이 된다.

마지막으로, 호황, 보통, 불황이 일어날 확률은 같다고 했으므로 각각 $\frac{1}{3}$이고 투자 방법별 기대 이득을 계산해 보면 다음과 같다.

· 채권투자: $\left(75 \times \frac{1}{3}\right) + \left(70 \times \frac{1}{3}\right) + \left(70 \times \frac{1}{3}\right) = \frac{215}{3}$

· 주식투자: $\left(60 \times \frac{1}{3}\right) + \left(120 \times \frac{1}{3}\right) + \left(45 \times \frac{1}{3}\right) = \frac{225}{3} = 75$

· 은행예금: $\left(110 \times \frac{1}{3}\right) + \left(80 \times \frac{1}{3}\right) + \left(65 \times \frac{1}{3}\right) = \frac{255}{3} = 85$

· 부동산투자: $\left(30 \times \frac{1}{3}\right) + \left(90 \times \frac{1}{3}\right) + \left(130 \times \frac{1}{3}\right) = \frac{250}{3}$

따라서 은행예금이 가장 높으므로 ㅁ은 옳은 설명이고 ㅂ은 옳지 않은 설명이 된다.

위의 투자 방법별 기대 이득 계산식을 살펴보면 모두 똑같이 1/3을 곱해주어야 하므로 일일이 계산하기보다는 투자 방법별로 이득을 전부 더한 값 215, 225, 255, 250만 비교해주어도 은행예금의 기대 이득이 가장 높다는 것을 알 수 있다.

한편 위의 문제에서 기회손실비용 기준으로 의사결정을 한다면 어떤 대안을 선택하게 될지 살펴보고자 한다. 이를 위해서는 다음과 같은 단계를 거쳐 생각하면 된다.

① 기회비용을 산출한다.

이 경우는 각 경기상황을 기준으로 하여 각 대안 가운데 가장 높은 이득을 갖는 값을 0으로 놓고 나머지 대안에는 그와의 차이를 계산한다.

구분	경기상황		
	호황	보통	불황
채권투자	35	50	60
주식투자	50	0	85
은행예금	0	40	65
부동산투자	80	30	0

예를 들어 채권투자를 보면 호황인 경우에는 은행예금을 선택하지 못했으므로 35의 기회비용이 산출되고, 보통인 경우에는 주식투자를 선택하지 못했으므로 50의 기회비용이 산출된다.

② 각 대안이 가지는 기회비용 가운데 가장 큰 값을 선택한다.

구분	경기상황		
	호황	보통	불황
채권투자	35	50	60
주식투자	50	0	85
은행예금	0	40	65
부동산투자	80	30	0

③ 위에서 선택된 수치들 가운데 가장 작은 값을 갖는 대안을 선택한다.

위의 경우 채권투자를 선택하면 각 상황에서 아무리 큰 기회비용이 든다고 하더라도 60의 기회비용이 들지만 주식은 85, 은행예금은 65, 부동산투자는 80의 기회비용이 든다. 따라서 기회손실비용 기준으로 의사결정을 한다면 채권투자를 선택하게 된다.

4 | FLOW CHART

1. FLOW CHART의 의의

산업공학 분야 등에서 주로 쓰이는 FLOW CHART는 전체 공정을 마치는 데 필요한 선행 작업 및 후행 작업과의 관계를 토대로 작업 순서를 이끌어 내고 각 작업의 시간, 순서 등을 고려하여 총 작업 시간, 각 작업의 여유 시간, CP(Critical Path) 등을 분석하는 문제로 이용한다.

> 어떤 작업을 최단 시간에 가장 적은 비용으로 완수하기 위해
> 따라야 하는 절차인 최상 경로를 의미함

2. FLOW CHART의 이해

FLOW CHART를 이용하기 위해서는 우선 각 작업의 선후관계를 분석하여 각 작업을 순서에 따라 배열한 후 선으로 연결한다.

각 작업 박스 안에 (해당 작업 기간, ㉮)를 표시한다. ㉮에는 해당 작업 기간이 끝날 때까지 걸리는 시간을 적는데, 해당 작업 완성 시까지의 누계시간을 말한다. ㉮에 들어가는 시간을 계산하는 방법은 해당 작업의 선 공정들이 끝나는 시간 중 가장 늦은 시간에 해당 작업의 작업 시간을 더하여 계산한다. 선 공정이 없는 공정에는 ㉮에 해당 작업 기간을 써넣으면 된다.

3. 문제의 해결을 통한 파악

어느 미술 동호회에서 작품 전시회를 열기로 했다. 다음은 작품 전시회를 준비하는 데 필요한 작업, 작업별 소요 기간, 작업의 순서 관계를 나타낸 표이다. 이 동호회에서는 여러 팀이 동시에 다른 과정을 수행할 수 있다고 할 때, 작품 전시회 준비를 끝마치는 데 필요한 최소의 기간은?

	작업	작업 기간(일)	먼저 행해져야 할 작업
A	계획 일정 수립	3	없음
B	작품 모집	1	A
C	전시회 장소 선정	5	A
D	광고 전단지 제작	3	B
E	초대장 제작	3	B, C
F	작품 선정	2	C
G	전시회 장소 인테리어	3	D, E, F

주어진 정보를 토대로 작업의 흐름을 그림으로 나타내는 것이 중요하다.

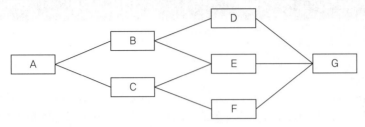

다음으로 작업별로 소요되는 기간을 앞에 적어둔다.

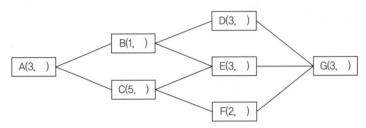

마지막으로 누적하여 소요되는 기간을 적되, 여러 경로를 통해 도달하는 경우 가장 늦은 기간을 기준으로 한다.

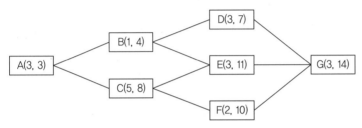

따라서 총 걸리는 기간은 14일이 된다.

5 | 그래프 색칠 문제

1. 그래프 색칠 문제의 의의

지도에서 각 국가를 색으로 구분할 때 인접한 두 나라는 일반적으로 다른 색으로 칠하는데 이것이 가능하기 위해서는 최소한 4색이 필요하며 4색으로 구분할 수 없는 지도는 아직 발견되지 않았다.

이에 수학자들은 '어떠한 지도라도 4색을 써서 칠하여 구분할 수 있다는 것을 증명하여라.'라는 문제를 제기했는데 이를 4색 문제라고 한다. 이 문제는 19세기에 처음 제기된 이후 오랫동안 수학적 난제로 자리 잡았으나 1976년에 컴퓨터를 이용하여 증명되었다.

이 4색 문제는 이후 그래프 색칠 문제의 연구에도 영향을 미치는데 일반적으로 그래프 색칠 문제라고 하면 꼭짓점에 색을 칠하는 것을 의미한다. 보통 아무런 말이 없으면 색칠할 때 이웃한 꼭짓점은 다른 색으로 칠해야 한다. 그래프를 색칠하는 문제는 무선 기지국 사이에서 간섭을 없애기 위한 주파수 할당 문제 등 많은 분야에 응용이 되고 있다.

2. 문제의 해결을 통한 파악

A, B, C, D, E, F 여섯 개의 지역으로 이루어진 도시에서 노래자랑 대회를 열려고 한다. 지역마다 해당 주민 센터에서 예선전을 진행하기로 했는데 주민 센터 사이의 거리가 10km 이내인 경우에는 같은 날 노래자랑대회를 열지 않기로 했다. 여섯 개의 주민 센터 간 거리는 다음 표와 같고 최소한의 일정으로 모든 지역의 예선전을 진행해야 한다고 할 때, 확보해야 하는 날은 며칠인가?

(단위: km)

	A	B	C	D	E	F
A	0	9	8	15	2	11
B	9	0	14	7	6	7
C	8	14	0	12	13	17
D	15	7	12	0	5	8
E	2	6	13	5	0	16
F	11	7	17	8	16	0

이와 같은 문제를 해결할 때에는 그래프 색칠 문제를 활용하면 문제 해결이 쉬워진다. 위의 표에서 제시된 지역 가운데 주민 센터 간의 거리가 10km 이내인 지역, 즉 같은 날에 예선을 진행할 수 없는 지역끼리 연결하여 그래프를 그려 보면 다음과 같다.

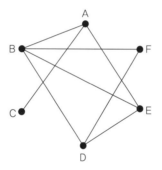

다음으로 가장 많은 곳과 연결된 지역 순으로 날짜를 할당하는 것이 좋은데 연결된 지역을 보면 B가 4곳, A, D, E가 3곳, F가 2곳, C가 1곳이다. 따라서 B 지역에 첫 번째 날짜를 할당한다.

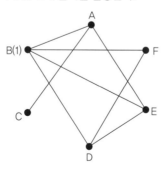

PART 3 의사결정

해커스공기업 PSAT 기출로 끝내는 NCS 문제해결·자원관리 집중 공략

다음으로 3곳과 연결된 지역은 A, D, E 지역인데 이 가운데에는 순서와 관계없이 할당하면 된다. A 지역부터 보면, A 지역은 B와 연결되어 있으므로 같은 날짜에 예선전을 치를 수 없다. 따라서 두 번째 날짜를 할당한다.

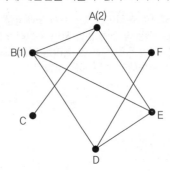

D 지역은 B와는 연결되어 있지만 A와는 연결되어 있지 않으므로 A와 같은 날 예선전을 진행할 수 있다. 따라서 A와 같은 두 번째 날짜를 할당한다. E 지역은 첫 번째 날짜를 할당받은 B, 두 번째 날짜를 할당받은 A, 마지막으로 D와 연결되어 있으므로 다른 날을 할당해야 한다. 따라서 세 번째 날짜를 할당한다.

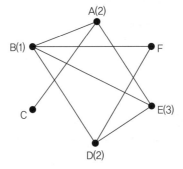

F 지역은 첫 번째 날짜를 할당받은 B, 두 번째 날짜를 할당받은 D와는 연결되어 있지만 세 번째 날짜를 할당받은 E 와는 연결되어 있지 않다. 따라서 F에는 세 번째 날짜를 할당한다. C 지역은 두 번째 날짜를 할당받은 A와만 연결되어 있을 뿐 나머지 지역과는 연결되어 있지 않기 때문에 두 번째 날짜만 아니면 되므로 첫 번째 날짜나 세 번째 날짜 중 아무 날짜나 할당받으면 된다. 편의상 첫 번째 날짜라고 할 수 있다.

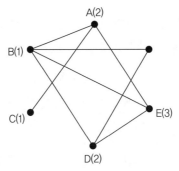

이에 의하면 첫 번째 날에는 B와 C, 두 번째 날에는 A와 D, 세 번째 날에는 E와 F가 예선전을 진행하면 되므로 확보해야 하는 날은 총 3일이다.

6 | 외판원 순회 문제

1. 외판원 순회 문제의 의의

주어진 자료와 조건을 이용해 최소한의 거리를 구하는 문제 가운데 '외판원 순회 문제'가 있다.

예 우편집배원 문제, 여행하는 세일즈맨 문제

2. 문제의 해결을 통한 파악

A, B, C, D, E 사이의 거리가 아래의 표와 같으며 거리와 비용은 비례한다고 가정하고 아래의 각 문제에 답하시오.

(단위: 10만 원)

	A	B	C	D	E
A		7	6	13	7
B	7		5	14	12
C	6	5		8	15
D	13	14	8		16
E	7	12	15	16	

〈문제 1〉

A, B, C, D, E는 건물의 명칭이다. 배관공인 甲은 각 건물에 대한 수돗물 공급을 의뢰받고 배관 작업을 하려고 하는데, 최소한의 비용으로 배관 작업하려 할 때 예상 비용은? (단, A와 B가 연결되고 B와 C가 연결되면 A와 C도 연결된 것으로 본다.)

〈문제 2〉

A, B, C, D, E는 도시의 명칭이다. B 도시에 사는 대학생인 乙은 A, C, D, E 도시를 여행하고 다시 B 도시로 돌아오려는 계획을 세워 배낭여행을 떠나려고 한다. 최소한의 비용으로 여행하려 할 때 예상 비용은?

<문제 1>과 같이 최소비용 및 최소거리를 이루는 배열을 구하는 문제는 최소한의 비용이 들어가는 조합부터 찾은 후 이를 연결해 나가는 방식으로 문제를 풀게 된다. 이 문제의 경우 먼저 B와 C 사이에는 5, A와 C 사이에는 6, A 와 E 사이에는 7, C와 D 사이에는 8의 비용이 든다. 따라서 아래 그림과 같이 5+6+7+8=26이므로 260만 원이 필요하다.

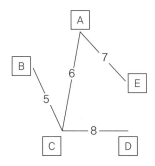

<문제 2>는 <문제 1>과 달리 도시를 돌아다니는 순서를 정하고 그에 따라 최소비용을 계산해야 하므로 상대적으로 더 복잡하다. 생각하기에는 쉬워 보이지만 이 문제를 풀기 위한 가장 정확한 방법은 가능한 모든 경우의 수를 계산한 다음 그 가운데 최소비용으로 여행하는 경로를 선택하는 것이다.

이와 같은 문제를 수학에서는 '외판원 순회 문제'라고 부른다. 말 그대로 여러 도시를 모두 방문하고 다시 돌아오는 가장 짧은 길을 찾는 문제이며 수학의 대표적 난제로 손꼽히는 어려운 문제이다. <문제2>의 경우 나머지 4개 도시를 여행하고 다시 돌아오는 경우의 수를 계산하면 24가지가 된다.

24가지라고 하는데 왜 난제라고 하는지 의심이 들 수도 있다. 그러나 도시의 수를 조금 더해 25개 도시를 여행한다고 가정하면 15,511,210,043,331,000,000,000,000가지의 경우가 있으며 모든 경우의 수를 계산해 최소거리를 구하려면 1GHz의 계산 속도를 가진 컴퓨터로도 약 10조 년 이상이 걸린다. 결국 이와 같은 유형의 문제는 다음과 같이 일정한 규칙을 제시하면서 문제를 구성할 수밖에 없다.

〈문제 3〉

　　A, B, C, D, E는 도시의 명칭이다. B에 사는 대학생인 乙은 각 도시를 여행하고 다시 B로 돌아오려는 계획을 세워 배낭여행을 떠나려고 하는데 여행비용이 넉넉하지 못했다. 그래서 우선 최소한의 비용으로 갈 수 있는 도시로 간 후에 그 도시에서 아르바이트해서 다른 도시로 갈 수 있는 최소한의 비용이 생기면 다른 도시로 옮기는 방식의 여행을 계획했다. 이때의 총 여행비용은?

이 경우에는 문제에서 제시한 방법에 따라 움직이면 다음과 같다.

순서	배낭여행의 경로	여행비용
1	B에서 출발하여 가장 먼저 가게 되는 도시는 C가 된다.	50만 원
2	C에서 갈 수 있는 도시는 A, E, D인데 최소한의 비용으로 갈 수 있는 도시는 A이다.	60만 원
3	A에서 갈 수 있는 도시는 E, D인데 최소한의 비용으로 갈 수 있는 도시는 E이다.	70만 원
4	E에서 갈 수 있는 도시는 D뿐이다.	160만 원
5	D에서 B로 돌아온다.	140만 원

따라서 배낭여행의 경로는 B → C → A → E → D → B로 50＋60＋70＋160＋140＝480만 원의 경비가 소요될 것이다.

7 | 몬티 홀 문제

1. 몬티 홀 문제의 의의

몬티 홀 문제(Monty Hall problem)는 미국의 TV 게임 쇼 《Let's Make a Deal》에서 유래한 퍼즐이다. 퍼즐의 이름은 이 게임 쇼의 진행자 몬티 홀의 이름에서 따온 것이다.

쇼에 나온 출연자는 세 개의 문에서 하나를 선택하여 경품을 받는데, 그중 한 문 뒤에는 자동차가, 나머지 두 문 뒤에는 염소가 있다. 문을 열었을 때 자동차가 나오면 당첨, 염소가 나오면 꽝이다.

2. 문제의 해결을 통한 파악

> 몬티는 자신의 재력으로 친구들에게 선의의 장난을 하는 것을 즐기는 마음씨 좋은 백만장자이다. 하루는 마릴린이란 가난한 친구에게 내기를 제안했다. "이번 크리스마스에 네게 선물을 주고 싶은데 그냥 주면 재미가 없잖아? 이런 게임을 하자고. 저 건물에 세 개의 문이 있지? 그중 한 문 뒤에는 멋진 고급승용차가 있고 나머지 문 뒤에는 염소가 있다고. 자네가 선택한 문 뒤에 있는 선물을 주도록 하지."
> 마릴린이 그중 하나를 고르자 몬티가 새로운 제안을 해왔다. "그걸 골랐나? 내 당신에게 한 번의 기회를 더 주지. 내가 남은 문들 가운데 염소가 있는 문을 열지. 그러고 나서 원래의 선택을 고수하든지 아니면 나머지 하나로 선택을 바꿔도 되네." 마릴린은 원래 선택한 문과 남은 문 하나 중 선택할 권리가 있는 것이다. 그렇다면 과연 자동차를 받기 위해선 기존의 선택을 고집하는 게 나을까, 아니면 선택을 바꾸는 편이 나을까? 과연 몬티는 더 나은 기회를 준 것인가?

문이 A, B, C가 있을 때, 출연자는 문 A를 고른다. 하지만 이미 자동차의 위치를 알고 있는 몬티 홀은 출연자가 고르지 않은 문을 열어 염소가 있다는 것을 보여준다. 이때 몬티 홀은 출연자에게 문 A를 열지, 아니면 다른 문을 열지 선택권을 준다. 한 문 뒤에 이미 염소가 있는 것을 확인했다면, 문은 2개가 남아서 확률은 $\frac{1}{2}$이 되는 것처럼 보일 수 있다. 하지만 사실은 다른 문을 골랐을 때 확률이 $\frac{2}{3}$나 된다. 왜 그러는지에 대한 몇 가지 해설 방법이 있는데 대표적으로 두 가지 방식을 보고자 한다.

(1) 첫 번째 방법

3개의 문 중 A를 고른 출연자가 당첨될 확률은 $\frac{1}{3}$이다.

A	B	C	결과
자동차	염소	염소	당첨
염소	자동차	염소	꽝
염소	염소	자동차	꽝

하지만 3개의 문 중 출연자가 A를 고르고, 진행자 몬티 홀이 다른 문 B, C 중 하나를 열었을 때, 다른 문을 선택한다면 당첨될 확률은 $\frac{2}{3}$이다.

A	B	C	진행자가 연 문	출연자의 선택	결과
자동차	염소	염소	B 혹은 C	B 혹은 C 중 진행자가 열지 않은 문으로 이동	꽝
염소	자동차	염소	C	B로 이동	당첨
염소	염소	자동차	B	C로 이동	당첨

(2) 두 번째 방법

100개의 문 가운데 출연자가 선택한 문을 1번이라고 하면 출연자가 선택한 문 뒤에 자동차가 있을 확률은 $\frac{1}{100}$이고 출연자가 선택하지 않은 2~100번까지 99개의 문 중 하나에 자동차가 있을 확률은 $\frac{99}{100}$이다. 그런데 진행자가 2~99번까지 98개의 문을 열었고 그 뒤에 모두 자동차가 아닌 염소가 있었다면 100번 문 뒤에 자동차가 있을 확률은 $\frac{99}{100}$이다. 즉 2~100번까지 총 99개의 문이 가지고 있던 확률이 100번 문 하나의 확률로 집중되는 것이다. 따라서 출연자가 선택한 문을 그대로 고수하는 것보다 다른 문으로 바꿀 때 당첨 확률이 더욱 높아진다.

이 몬티 홀 문제에서 가장 중요한 점은 자동차가 있는 문을 사회자가 안다는 것이다. 다시 말해 사회자가 여는 문은 반드시 자동차가 있지 않은 문이 된다. 만약 자동차가 있는 문을 사회자가 알지 못한다면 사회자가 자신도 모르게 자동차가 있는 문을 열게 되는 경우가 발생할 수 있으므로 위의 문제 자체가 성립되지 않는 것이다.

해커스공기업 PSAT 기출로 끝내는 NCS 문제해결·자원관리 집중 공략

PART 4

제시문

×

01 정보찾기

1 | 정보찾기의 의의

여러 가지 형태로 제시되는 내용에 대한 이해 능력을 평가하는 유형을 의미한다. 이 유형에서는 글, 표, 그래프 등의 형태로 이루어진 제시문의 내용을 파악한 후에 선택지에서 제시문의 내용과 알맞은 것을 고르거나 제시된 상황으로부터 추론할 수 있는 내용을 고르는 문제가 주로 출제된다.

2 | 정보찾기의 성격

최근 PSAT 문제의 난이도가 지속해서 올라가고 있는 것이 현실이며 단순하게 상황을 제대로 이해하고 있는지를 묻는 문제를 어려워하는 수험생은 그렇게 많지 않다. 그러나 정보 찾기 유형이 앞으로 제시될 문제들의 기본이 되는 유형이라는 점을 고려한다면 이 유형 또한 가볍게 넘길 수 있는 것은 아니다.

1. 정보찾기의 문제 유형

상황을 제대로 이해하고 있는지를 묻는 문제는 크게 2가지로 분류할 수 있다.

(1) 제시문 내용의 이해 여부를 묻는 유형

가장 단순한 문제 유형이며 글의 형태로 된 제시문을 주고 그 내용과 부합하는 내용을 선택지에서 찾도록 하는 유형이다. 대체로 약 600~1,000자 내외의 글을 제시하여 그 내용과 부합하는 것을 묻는다.

(2) 자료 내용의 이해 여부를 묻는 유형

글의 형태로 된 제시문을 주는 것이 아니라 자료의 형태, 즉 표나 그래프의 형태로 되어 있는 제시문을 주어 이 자료를 제대로 해석하고 있는가를 묻고 그 내용과 부합하는 내용을 선택지에서 찾도록 하는 유형이다. 이때 제시문은 전부 자료로만 구성된 경우도 있고, 글과 자료가 혼합된 경우도 있다.

2. 정보찾기 문제의 접근방법

(1) 배경지식의 습득

제시문의 종류는 현재 연구되고 있는 학문의 종류만큼이나 다양하다. 역사, 심리학, 정치학, 자연과학의 영역에 관한 글을 제시하여 그 내용과 부합하는 내용을 묻는 것이 주를 이루었다. 그렇다고 해서 이런 제시문을 이해하기 위해 역사, 심리학, 정치학, 자연과학의 내용을 공부할 필요는 없다.

예 08 행정고시 PSAT

연구자 甲은 외부와 접촉이 차단되고 고립된 상태에서 인간이 어떤 행동을 보이는지를 관찰하기 위하여 실험을 고안했다. 건강하고 평범한 대학생들을 연구 대상자로 선정했다. 선정된 연구 대상자 중 일부는 교도관 역할을, 나머지는 죄수 역할을 맡았으며, 교도관의 행태를 감시하는 기구나 규율은 없었다. 甲은 제복을 입은 교도관 역할자와 죄수복을 입고 죄수 역할을 하는 자의 심리를 분석했다. 특별한 의미가 담긴 복장이 사람에게 미치는 영향은 컸다. 죄수복은 그 자체로 사람을 위축시켰으며, 교도관들의 제복과 선글라스 그리고 곤봉은 권위 의식을 갖게 했다. 흥미롭게도 교도관 역할자는 둘째 날부터 진짜 교도관이 된 것처럼 행동하기 시작했다. 죄수 역할자는 실험이 아닌 실제 상황에 처한 것이 아니냐는 의심을 하기 시작했고, 난동을 부리다 교도관 역할자에게 제압당하는 사건도 발생했다. 실험 셋째 날부터 교도관 역할자는 무력으로 죄수 역할자를 완벽하게 통제했다. 그들은 죄수 역할자를 독방에 가두거나, 스스로 체벌을 고안하여 강제했으며 구타도 했다. 다섯째 날에 이르자 정신적인 충격으로 발작을 일으키는 사람도 목격되었다. 결국 이들이 집단 광기를 보이자 모든 실험은 중단되었다.

이 제시문은 1971년에 있었던 '스탠퍼드 감옥 실험(Stanford prison experiment)'의 내용이다. 이 실험은 그때 당시 심리학계뿐 아니라 사회 일반에까지 상당한 사회적 반향을 일으킬 만큼의 충격적인 내용을 담고 있는 실험이었다. 그러나 우리가 이 시대를 살면서 위의 실험을 접했을 리 만무하고 심리학 수업을 들었거나 전공자가 아니면 들어 보지도 못했을 내용이며, 아는 사람이 그다지 많지 않다.

하지만 제시문에 관한 배경지식을 어느 정도 가지고 있는 사람이라면 지문을 읽어나가는 데 보다 수월했을 것이며, 위지문에 관한 분야를 전공한 사람이라면 제시문을 보지 않고 선택지만을 검토함으로써 문제를 해결할 수 있다. 그렇다고 지금 와서 학문 전공자만큼의 지식을 갖추려고 하는 것은 필요하지도 가능하지도 않다. 그렇지만 제시문을 빠르게 읽어나갈 수 있는 정도의 배경지식을 쌓아가는 공부 방법은 꼭 필요하며 또 충분히 가능하다.

배경지식을 습득하기 위해서 해야 할 일은 어떤 사회적인 상황에 관해 관심 있게 살펴보고, 쉽게 넘겨 생각하지 않는 것이다. 다양한 사회적인 상황을 살펴보기 위한 가장 좋은 방법은 매스컴을 접할 때 조금 더 관심 있는 태도로 바라보는 것이다. 매스컴을 접하는 방법 가운데 특히 좋은 것은 신문이다. 포털사이트보다는 활자화된 신문을 이용하는 것이 좋은데 그 이유는 다음 2가지와 같다.

① 시험이 활자화된 시험지로 실력을 측정하는 것이므로 활자에 대한 적응을 높이기 위해 어떤 정보를 접할 때도 모니터보다 활자화된 신문을 이용하는 것이 좋다.

② 포털사이트를 이용할 때는 자기가 관심 있는 분야의 기사만을 클릭해서 그 내용만을 간략하게 흘려 읽고 넘기는 경우가 대부분이다. 그러나 신문으로 기사를 접할 때는 그 기사 옆에 어려운 용어나 관련 지식을 설명해 놓는 경우가 많아서 함께 확인할 수 있다.

예

> 요즘 가상 결혼생활을 소재로 한 프로그램이 인기리에 방영되고 있다. … (중략) … 그러나 이와 같은 긍정적인 면과는 달리 출연자들에 대한 걱정 어린 시각이 있는 것도 사실이다. 스탠포드 감옥 실험에서 보았듯이 사람이란 주어진 상황적 요소에 의해 생각보다 더 많이 좌우된다. 현재 출연자들은 '가상' 결혼생활이라는 것을 가끔 잊어버리기도 하고, 그것을 잊어버린 채 행동한 자신들의 모습을 화면으로 확인하면서 놀라기도 한다. … (하략)

→ 보통 이와 같은 기사는 인기 있는 프로그램에 관한 내용이기 때문에 쉽게 읽어 내려갈 수 있으나 중간에 스탠포드 감옥 실험이라는 말이 보인다. 이럴 때 신문에서 이 기사의 주위를 살펴보면 이런 꼭지 기사를 볼 때가 종종 있다.

> * 스탠포드 감옥 실험: 스탠포드 감옥 실험은 심리적으로 죄수와 교도관이 의미하는 것에 대한 심리학 연구이다. 이 실험은 스탠포드 대학에서 1971년 심리학자 Philip Zimbardo가 이끄는 팀이 실시했다. 70명 중 24명의 학부생이 교도관과 죄수의 역할을 했고 스탠포드 심리학관 지하의 가짜 감옥에서 살았다. … (하략)

이처럼 꼭지 기사의 내용은 대체로 찾으려고 하면 찾기 어려운 내용이지만 알고 있으면 유용한 지식인 경우가 많기 때문에 배경지식을 쌓는 데 이것만큼 좋은 공부도 없다.

(2) 제시문의 이해

이 부분은 NCS의 의사소통능력, PSAT의 언어논리영역, LEET의 언어이해영역에서도 모두 강조되는 부분이다. 글을 읽고 그 내용을 파악하는 것에 대해서 크게는 전체적인 맥락을 파악하는 것과 그 내용으로 들어가 구체적인 상황을 파악하는 두 가지 능력이 모두 필요하다.

① 전체적인 내용 파악하기

핵심적인 내용을 파악해야 한다. 이를 중심내용, 핵심 내용, 주제라는 말 등으로 표현하는데 이러한 내용은 대체로 글의 처음이나 마지막에 있다. 글을 처음부터 읽어나가기 전에 첫 문장과 마지막 문장을 먼저 읽고 대략 어떤 내용인지를 파악하거나 주제를 대략 파악한 후에 글을 읽어 내려간다면 조금이라도 전체적인 내용을 파악하는 데 도움이 될 것이다.

위의 제시문에도 전체적인 내용을 파악하기 위해 글의 처음이나 마지막을 보았다면 맥락을 파악하기 쉬웠을 것이다. 첫 번째 문장에 '접촉 차단, 고립, 실험'이라는 단어들과 마지막 문장의 '집단 광기, 실험 중단'이라는 단어를 우선 인지한 후에 글을 읽어 내려갔다면 처음부터 막무가내로 읽어 내려가는 것보다는 글을 읽는 속도가 훨씬 빠르고 내용 파악도 훨씬 쉬웠을 것이다.

② 구체적인 내용 파악하기

NCS 문제해결능력의 지문은 그다지 길지 않은 경우가 많기 때문에 구체적인 내용을 파악하는 것이 비교적 쉬운 편이다. 그러나 이런 구체적인 내용을 묻는 문제의 경우 가장 많이 혼동하는 부분은 단순히 미루어 짐작하는 것과 추론할 수 있는 내용의 구분이다.

다음 두 자료를 종합하여 이끌어낼 수 있는 추론으로 옳은 것은?

〈자료 1〉

고려 시대의 신분은 크게 양 신분(양인)과 천 신분(천민)으로 나뉘었다. 양인과 천민을 구분하는 가장 중요한 기준은 국역을 지는가, 지지 않는가 하는 것이었다. 양인은 국가에 대한 의무로서 국역을 지는 대신, 그 반대급부로서 양인 신분을 법적으로 보장받고, 국가의 보호를 받으며, 관리가 될 수 있었다. 반면, 천민은 국역을 부담하지 않는 대신, 양인과 같은 권리를 인정받지 못했다.

〈자료 2〉

고려 시대에 부곡은 일반 군현과 구별되는 특수행정구역이었다. 부곡은 전쟁포로의 집단 수용에서 기원했으며, 그곳에 사는 사람은 일반 군현에 사는 사람에 비해 많은 차별을 받았다. 또한 부곡에 사는 사람은 일반 군현에 사는 사람과 마찬가지로 국가에 대하여 조세(租稅), 공부(貢賦), 역역(力役)의 의무를 담당했을 뿐 아니라, 부곡 고유의 국역을 추가로 져야만 했다. 따라서 부곡민은 생활이 어려울 수밖에 없었다.

① 부곡은 사회적으로 천시되는 천민의 집단 거주지였다.
② 부곡민은 국역을 부담하더라도 관리가 될 수 없었다.
③ 부곡민에게 국역을 부담시키는 것은 부당한 것이었다.
④ 부곡민은 천민에 비해 많은 차별을 받았다.
⑤ 부곡민은 일반 양인보다 차별을 받는 하층 양인이었다.

→ 두 자료에서는 '① 부곡은 사회적으로 천시되는 천민의 집단 거주지였다.'라는 내용이 추론되지 않는다. 〈자료 1〉에서 양인과 천민의 차이에 관한 설명을 하다가 〈자료 2〉에서 부곡이라는 곳에 관한 설명을 하고 있다. 물론 〈자료 1〉이나 〈자료 2〉 모두 차별을 받는다는 내용을 담고 있는 것은 확실하지만 그 차별의 내용과 대상은 엄연히 다르다. 〈자료 1〉은 양인과 천민의 차별에 관한 내용이지만, 〈자료 2〉에서는 부곡민이 천민이라는 내용이나 천민과 같은 대우를 받았다는 내용은 나오지 않는다. 이는 미루어 짐작한 내용일 뿐이다.

미루어 짐작하는 것과 추론을 나누는 기준은 제시문에 그렇게 생각할만한 충분한 근거가 있는지가 될 것이다. 오히려 이 두 자료를 통해 추론이 가능한 것은 '⑤ 부곡민은 일반 양인보다 차별을 받는 하층 양인이었다.'라는 내용일 것이다. 〈자료 1〉에서 양인은 천민과는 다르게 국역을 진다는 내용이 있고, 〈자료 2〉에서 부곡민들도 국역을 졌다는 내용이 있기 때문에 부곡민들은 양인이라는 것을 알 수 있다. 이렇게 부곡민들이 양인인지 아닌지 모르는 상태에서 양인이라고 추론할 수 있었던 것은 단순히 미루어 짐작한 것이 아니라 〈자료 1〉과 〈자료 2〉에 나타낸 내용이 충분한 근거로 뒷받침해주고 있기 때문이다.

02 법률해석

1 | 법률해석의 의의 및 성격

문제에서 법학지식을 묻는 게 아닌 법학 분야가 출제된다는 것을 의미한다. 물론 법학지식이 있다면 문제를 해결하기 수월하다는 것은 부정할 수 없지만 그것은 비단 법학 분야에 해당하는 말은 아니다. 이와 같은 법을 이용한 문제가 PSAT 상황판단의 한 축을 이루고 있는 만큼 따로 분류하여 연습할 필요가 있다.

2 | 법률해석 문제의 접근방법

법이라는 것은 결국 의의, 요건, 효과를 규정한 것이라고 할 수 있으므로 이들의 파악이 우선되어야 한다.

> ○ 제250조(살인)
>   사람을 살해한 자는 사형, 무기 또는 5년 이상의 징역에 처한다.
> ○ 제269조(낙태)
>   부녀가 약물 기타 방법으로 낙태한 때에는 1년 이하의 징역 또는 200만 원 이하의 벌금에 처한다.

첫 번째 조문을 보면 살인죄가 성립하기 위해서는 사람을 죽여야 한다. 흔히들 살인죄라고 하면 사람을 죽인 것이라는 의미는 알지만 다음과 같은 물음이 있을 수 있다.

> **사람이란 무엇인가?**
> **죽인다는 것은 무엇인가?**
> **죽었다는 것은 무엇인가?**

간단한 질문 같아도 그렇지 않다. 첫 번째 질문만 보아도 다음과 같은 문제가 있다. 과연 사람 같지 않은 사람도 사람인가? 태아는 사람인가? 아니라면 태아에서 사람이 되는 시점은 언제인가? 두 번째 질문도 마찬가지이다. 죽인다는 것은 무엇인가? 칼로 찌르는 행위가 죽이는 것이라는 사실은 알겠는데 그렇다면 죽으라고 기도하는 것도 죽이는 것인가? 누군가를 모욕했는데 그 사람이 수치심으로 인해 자살했다면 모욕하는 행위도 죽이는 것인가? 세 번째 질문에 대해서도, 죽었다는 것은 무엇인가? 맥박이 뛰지 않으면 죽은 것인가? 뇌사상태가 되면 죽은 것인가? 심장이 멎어야 죽은 것인가? 실종되어 생물학적 사망이 확인되지 않는 경우는 어떻게 할 것인가? 하는 등의 질문이 있을 수 있다.

이렇게 법이라는 것은 사회에서 발생하는 여러 상황에 대한 요건을 통해 정의를 내리고 그에 대한 효과를 모은 것이기 때문에 법을 접할 때는 다음과 같은 4가지의 사고체계가 필요하다.

① 요건을 파악한다.

어떤 상황이 되기 위한 요건을 파악하고 그것이 충족되었는지 살펴본다. 한편 어떤 요건이 결여된 경우 다른 상황이라고 정의 내릴 수는 없는지 살펴본다. 예를 들어 '태아는 사람이 아니다.'라고 결론을 내렸다면 '사람을 죽인다.'는 요건을 충족하지는 못하므로 살인죄가 되지 않는다는 것을 알 수 있다. 하지만 '태아를 죽인다.'는 요건이 충족되므로 낙태죄가 될 수는 없을지 다시 생각해봐야 한다.

② 효과를 파악한다.

요건이 충족되었다면 그에 대한 효과를 규정했을 것이다. 앞의 경우 만약 사람을 죽였다면 그 효과로 사형, 무기 또는 5년 이상의 징역 적용을 받을 것이다. 한편 만약 태아를 죽인 경우 살인죄가 될 수 없음을 알았고 나아가 낙태죄가 가능하다는 것까지 파악했다면 살인죄의 효과를 파악하는 것이 아니라 낙태죄의 효과를 파악해야 할 것이다.

○ 제○○조

　　혼인은 가족관계등록법에 정한 바에 의하여 신고함으로써 그 효력이 생긴다.
○ 제○○조

　　부부 사이에 체결된 재산에 관한 계약은 부부가 그 혼인 관계를 해소하지 않는 한 언제든지 부부의 일방이 이를 취소할 수 있다. 그러나 제3자의 권리를 해하지 못한다.
○ 제○○조

　　혼인 성립 전에 그 재산에 관하여 약정한 때에는 혼인 중에 한하여 이를 변경하지 못한다. 그러나 정당한 사유가 있는 때에는 법원의 허가를 얻어 변경할 수 있다.

위 내용은 민법 가운데 친족법에 해당하는 조문으로 조문 ①은 혼인의 성립, 조문 ②는 부부간 계약의 취소, 조문 ③은 부부재산의 약정과 그 변경에 관한 내용이다. 각각의 요건과 효과를 살펴보면 다음과 같다.

		요건	효과
첫째 조문		· 신고	· 혼인 효력 발생
둘째 조문	본문	· 부부사이의 계약 · 재산에 관한 계약 · 부부가 혼인 관계를 해소하지 않음	· 부부의 일방이 취소 가능 · 언제든지 취소 가능
	단서	· 제3자일 것	· 권리를 해하지 못함
셋째 조문	본문	· 혼인 성립 전의 계약 · 재산에 관한 약정 · 혼인 중일 것	· 변경 금지
	단서	· 정당한 사유가 있을 것 · 법원의 허가가 있을 것	· 변경 가능

확인 문제

01 위의 조문을 토대로 다음 문장 (1)~(5)에 대하여 참(O), 거짓(X)을 판단하시오.

(1) 약혼자 A와 B가 가족관계등록법에서 정한 절차에 따라 혼인신고를 하면 아직 혼례식을 올리지 않았더라도 법률상 부부가 된다. (O, X)

(2) A는 혼인 5주년을 기념하는 의미로 자기가 장래 취득할 부동산을 배우자 B의 명의로 등기하기로 약정했지만, 마음이 바뀌면 혼인 중에는 이 약정을 언제든지 취소할 수 있다. (O, X)

(3) B는 배우자 A에게 자기 소유의 주택을 증여했는데, A가 친구 C에게 이 주택을 매도하여 소유권을 이전했더라도 그 증여계약을 취소하면 B는 C에게 그 주택의 반환을 청구할 수 있다. (O, X)

(4) 혼인 후 사이가 좋을 때 A가 배우자 B에게 자기 소유의 주택을 증여했으나, 이혼한 현재는 이전의 증여계약을 취소하고 주택반환을 청구할 수 없다. (O, X)

(5) 약혼자 A와 B가 혼인 후 B의 재산을 A가 관리하기로 합의를 했다면, 아직 혼인신고 이전이더라도 법원의 허가 없이는 합의 내용을 변경할 수 없다. (O, X)

01 (1) 첫 번째 조문에서 '신고함으로써 효력이 생긴다.'고 했으므로 혼례식을 올리지 않았어도 혼인 신고를 하면 법률상 부부가 된다.

(2) 이 경우는 부부 사이에 체결된 계약이고 혼인상태를 해소한 경우도 아니므로 두 번째 조문에 따라 마음이 바뀌었다는 이유만으로도 언제든지 그 약정을 취소할 수 있다.

(3) 두 번째 조문의 단서에서 '제3자의 권리를 해하지 못한다.'고 했다. 따라서 부부 사이인 A와 B만의 문제가 아니라 A의 친구 C의 권리를 해하는 경우, 즉 제3자의 권리를 해하는 경우이므로 B는 C에게 주택의 반환을 청구할 수 없다.

(4) 두 번째 조문에 '부부가 그 혼인 관계를 해소하지 않는 한 언제든지'라는 요건이 있다. 그런데 이 경우는 이혼한 상태이므로 특별히 취소요건이 갖추어지지 않는 한 증여계약을 취소할 수 없다.

(5) 세 번째 조문에서 '혼인 중에 한하여 이를 변경하지 못한다.'라고 되어 있다. 이 경우는 아직 혼인 신고 이전이고 혼인신고 이전이라면 약혼을 했든 혼례식을 올렸든 관계없이 아직 법률상의 부부는 아니므로 이 조문의 적용을 받지 않는다. 따라서 법원의 허가 없이 합의 내용을 변경할 수 없는 것은 아니다.

01 (1) ○ (2) ○ (3) X (4) ○ (5) X

③ **문장 구조를 파악한다.** — 법률에서 조목조목 나누어서 적어 놓은 조문을 의미함

복잡한 법조문의 경우에는 주어와 서술어를 먼저 파악한 후 그 대상이나 그를 수식하는 문구들을 찾는 것이 좋다.

> **제○○조**
> '정기간행물의 등록에 관한 법률'에 의한 일간신문이나 뉴스통신을 경영하는 법인은 종합유선방송사업자 및 위성방송사업자에 대하여, 대기업과 그 계열회사를 경영하는 법인은 위성방송사업자에 대하여 각각 그와 특수관계자가 소유하는 주식 또는 지분을 포함하여 당해 방송사업자의 주식 또는 지분 총수의 100분의 33을 초과하여 소유할 수 없다.

위의 법조문을 눈으로 그냥 읽어나간다면 도대체 무슨 말인지 이해하기가 쉽지 않다. 이 경우 다음과 같이 먼저 주어와 서술어를 구분해서 생각해 본다.

주어	· 일간 신문을 경영하는 법인 · 뉴스 통신을 경영하는 법인	· 대기업 · 그 계열회사를 경영하는 법인
대상	· 종합유선방송사업자 · 위성방송사업자	위성방송사업자
서술어	주식 또는 지분 총수의 33% 초과 소유 금지	

복잡한 법조문의 경우에는 이렇게 한글로 되어 있음에도 주어, 목적어, 서술어 등이 제대로 파악되지 않는 경우가 종종 있으므로 이에 대한 파악을 정확히 해야 한다.

01 위의 조문을 토대로 다음 문장 (1)~(2)에 대하여 참(O), 거짓(X)을 판단하시오.

(1) 일간신문 경영 법인이 위성방송사업 주식의 35%를 취득하는 것은 허용되지 않는다. (O, X)

(2) 대기업이 종합유선방송사업자의 주식 35%를 취득하는 것은 허용되지 않는다. (O, X)

[정답 및 해설]

01 (1) 일간신문 경영 법인이 위성방송사업 주식의 35%를 취득하는 것은 표의 좌측 부분에 걸려서 허용되지 않는 행위이다.

(2) 대기업이 종합유선방송사업자의 주식 35%를 취득하는 것은 표의 오른쪽에 해당하지만 그 대상으로 종합유선방송사업자는 없기 때문에 허용되지 않는 행위라고 볼 수 없다.

01 (1) O (2) X

---

④ 예외를 놓치지 않는다.

법률을 규정하는 데 예외는 자주 등장하는 형식 가운데 하나인데 보통 다음의 두 가지 형태로 나타난다.

· 하나의 문장으로 자리 잡는 경우

예 재물로써 도박한 자는 500만 원 이하의 벌금 또는 과료에 처한다. 단, 일시 오락 정도에 불과했을 때에는 예외로 한다.
   → 이 경우에는 재물로써 도박했다 해도 그것이 일시 오락 정도에 불과할 때에는 500만 원 이하의 벌금 또는 과료에 처하지 않을 것이다.

· 법조문의 중간의 괄호의 형태로 들어가는 경우

예 매 짝수 월(8월·10월 및 12월을 제외한다.) 1일에 임시회를 집회한다.
   → 이 경우에는 원래 2, 4, 6, 8, 10, 12월에 임시회를 집회해야 하지만 괄호 안의 내용으로 인해 실제로 임시회가 열리는 달은 2, 4, 6월만이 된다.

요건과 효과를 제대로 파악해 놓고 정작 예외규정을 놓쳐 문제 해결을 그르칠 수 있다. 특히 이처럼 예외를 포함하고 있는 법조문의 경우 이 예외를 파악했는지를 묻는 문제가 나올 가능성이 매우 크므로 반드시 예외를 꼼꼼히 확인해야 한다.

PART 4 제시문

해커스공기업 PSAT 기출로 끝내는 NCS 문제해결·자원관리 집중 공략

3 | 법률해석 문제의 유형

이와 같은 법학 분야의 경우 문제의 성격에 따라 요건 파악형, 계산형, 판례·사례형, 복잡한 법조문 파악형 등의 네 가지 유형으로 구분할 수 있다.

1. 요건 파악형 문제

당사자적격 여부(주체나 객체 등의 요건 충족 여부)를 묻는 경우를 중심으로 제시된 법조문의 요건을 충족하는지를 묻는 유형의 문제이다. 단순한 법규정의 해석을 요구하는 경우가 대부분이어서 난이도가 높은 편은 아니지만 복잡한 구조의 법조문인 경우, 앞서 제시된 규정을 준용하는 경우도 있을 수 있으므로 필요한 내용을 놓치지 않도록 꼼꼼하게 파악하는 것이 필요하다.

문제에 적용하기

甲 주식회사의 감사위원회는 9인으로 구성되어 있다. 다음 〈법률 규정〉에서 밑줄 친 부분에 해당하는 자를 〈보기〉에서 모두 고르면?　　　　　　　　　　　　　　　　　　　　　　　　　　　　　　　[10 행정고시 PSAT]

――――――――〈법률 규정〉――――――――

감사위원회는 3인 이상의 이사로 구성한다. 다만 다음 각 호에 해당하는 자가 위원의 3분의 1을 넘을 수 없다.
1. 회사의 업무를 담당하는 이사 및 피용자(고용된 사람) 또는 선임된 날부터 2년 이내에 업무를 담당한 이사 및 피용자이었던 자
2. 최대 주주가 자연인인 경우 본인, 배우자 및 직계 존·비속
3. 최대 주주가 법인인 경우 그 법인의 이사, 감사 및 피용자
4. 이사의 배우자 및 직계 존·비속
5. 회사의 모회사 또는 자회사의 이사, 감사 및 피용자
6. 회사와 거래관계 등 중요한 이해관계에 있는 법인의 이사, 감사 및 피용자
7. 회사의 이사 및 피용자가 이사로 있는 다른 회사의 이사, 감사 및 피용자

――――――――〈보 기〉――――――――

ㄱ. 甲 주식회사 최대 주주 A의 법률상 배우자
ㄴ. 甲 주식회사와 하청계약을 맺고 있는 乙 주식회사의 감사 B
ㄷ. 甲 주식회사 영업과장 C의 자녀
ㄹ. 甲 주식회사 자재부장 D가 이사로 있는 丙 주식회사의 총무과장 E
ㅁ. 甲 주식회사의 모회사인 丁 주식회사의 최대 주주 F

① ㄱ, ㄴ　　　　　　　　　② ㄴ, ㄷ　　　　　　　　　③ ㄱ, ㄴ, ㄹ
④ ㄴ, ㄷ, ㄹ　　　　　　　⑤ ㄷ, ㄹ, ㅁ

정답 및 해설　③

〈법률 규정〉 2호에 의해 최대 주주가 자연인인 경우 배우자도 포함되므로 A의 법률상 배우자도 해당하며, 〈법률 규정〉 6호에 의해 하청계약을 맺고 있는 乙 주식회사는 거래관계를 맺고 있다고 볼 수 있으므로 그 감사 B도 해당한다. 또한 〈법률 규정〉 7호에 의해 총무과장 E는 피용자 D가 이사로 있는 다른 회사 丙의 피용자에 해당한다.

ㄷ. 영업과장 C는 피용자에 불과하므로 그 자녀는 어디에도 해당하지 않는다.

ㅁ. 모회사의 최대 주주 F는 어디에도 해당하지 않는다.

2. 계산형 문제

시간이나 숫자 등을 계산하는 유형의 문제이다. 법 영역에서도 계산하는 문제가 출제될 수 있으며 이러한 문제의 경우 법조문 등에서 주어진 내용을 정확히 파악해야 할 뿐만 아니라, 문제에서 어떤 법조문에 관해 묻는 것인지 파악해야 할 필요가 있는 경우도 적지 않다.

🔵 문제에 적용하기

A는 채무자에 대한 3억 6천만 원의 채권을 담보하기 위하여, 채무자 소유의 부동산인 X(시가 2억 4천만 원), Y(시가 1억 6천만 원), Z(시가 8천만 원)에 대해 1순위 저당권을 취득했다. 그리고 B는 1억 원의 채권으로 X에 대하여, C는 6천만 원의 채권으로 Y에 대하여, D는 6천만 원의 채권으로 Z에 대하여 각각 2순위 저당권을 취득했다. 만일 이 부동산들이 시가대로 매각(경락)되어 동시배당을 할 경우에 A, B, C, D가 배당받을 금액은? (단, 저당권의 실행 비용 등은 고려하지 않는다.) [08 행정고시 PSAT]

저당권이란 채무자 또는 제3자가 채권의 담보로 제공한 부동산 기타 목적물을 담보제공자의 사용·수익에 맡겨두고, 채무변제가 없을 때 그 목적물의 가액으로부터 우선변제를 받을 수 있는 담보물권을 말한다. 채무자가 변제기에 변제하지 않으면 저당권자는 저당목적물을 현금화하여 그 대금으로부터 다른 채권자에 우선하여 변제를 받을 수 있다. 한편 공동저당이란 동일한 채권을 담보하기 위하여 수 개의 부동산 위에 저당권을 설정하는 것을 말한다. 공동저당권자는 임의로 어느 저당목적물을 선택하여 채권 전부나 일부의 우선변제를 받을 수 있다. 다만 이 원칙을 관철하면 후순위저당권자 등에게 불공평한 결과가 생길 수 있으므로, 공동저당권의 목적물인 부동산 전부를 경매하여 그 매각대금을 동시에 배당하는 때에는 공동저당권자의 채권액을 각 부동산의 매각대금(경매대가)의 비율로 나누어 그 채권의 분담을 정한다. 따라서 각 부동산에 관하여 그 비례안분액(比例安分額)을 초과하는 부분은 후순위저당권자에게 배당되고, 후순위저당권자가 없는 경우에 소유자에게 배당된다.

	A	B	C	D
①	2억 4천만 원	1억 원	6천만 원	6천만 원
②	2억 8천만 원	8천만 원	6천만 원	6천만 원
③	3억 6천만 원	8천만 원	4천만 원	2천만 원
④	3억 6천만 원	6천만 원	3천만 원	3천만 원
⑤	3억 6천만 원	6천만 원	4천만 원	2천만 원

정답 및 해설 ⑤

채권·채무 관계와 저당권 설정 상황을 정리해 보면 A는 채권자로서 채무자에 대하여 3억 6천만 원의 채권을 갖고 있으며 채무자 소유의 부동산인 X, Y, Z에 대하여 1순위 저당권을 갖고 있고, B는 채권자로서 채무자에 대하여 1억 원의 채권을 갖고 있으며 채무자 소유의 부동산인 X에 대하여 2순위 저당권을 갖고 있다. C는 채권자로서 채무자에 대하여 6천만 원의 채권을 갖고 있으며 채무자 소유인 부동산 Y에 대하여 2순위 저당권을 갖고 있고, D는 채권자로서 채무자에 대하여 6천만 원의 채권을 갖고 있으며 채무자 소유인 부동산 Z에 대하여 2순위 저당권을 갖고 있다. 이에 따라 각 부동산에 대한 저당권 설정 상황을 정리하면 다음과 같다.

	부동산 X	부동산 Y	부동산 Z
시가	2억 4천만 원	1억 6천만 원	8천만 원
1순위 저당권자	A	A	A
2순위 저당권자	B	C	D

이제부터 저당권을 실행해 보도록 한다. A는 3억 6천만 원의 채권에 대하여 세 개의 부동산(X, Y, Z)에 대한 저당권을 설정했다. 이는 동일한 채권(3억 6천만 원만)을 담보하기 위해 수 개의 부동산(X, Y, Z) 위에 저당권을 설정한 '공동저당권'이다. 즉 A는 공동저당권을 갖고 있기 때문에 위 부동산들을 현금화하기 위해서는 공동저당권의 실행 방법에 따라 해야 한다. 공동저당권자가 목적물 전부를 현금화하는 경우에는 공동저당권자(A)의 채권액(3억 6천만 원)을 각 부동산의 매각대금(X: 2억 4천만 원, Y: 1억 6천만 원, Z: 8천만 원)의 비율로 나누어 각 부동산의 분담액을 정하며 그 나머지 금액을 후순위저당권자에게 배당하게 된다.

각 부동산의 A의 채권에 대한 분담은 다음과 같다.

	부동산 X	부동산 Y	부동산 Z
시가(매각대금)	2억 4천만 원	1억 6천만 원	8천만 원
분담비율(매각대금의 비)	3/6	2/6	1/6
A의 채권에 대한 분담액	1억 8천만 원	1억 2천만 원	6천만 원
남는 금액	6천만 원	4천만 원	2천만 원
2순위 저당권자의 채권액	1억 원(B)	6천만 원(C)	6천만 원(D)
2순위 저당권자의 배당액	6천만 원	4천만 원	2천만 원

따라서 A는 3억 6천만 원, B는 6천만 원, C는 4천만 원, D는 2천만 원을 배당받게 된다.

3. 판례·사례형 문제

제시문에서 어떤 법조문을 제시하거나 법에 관한 이론을 설명하고 그를 토대로 일정한 사례에 대해 옳고 그름을 판단하는 유형의 문제이다. 제시된 사례의 사실관계를 정리하여 어떤 규정에 대한 내용인지, 규정의 어떤 요건과 관련된 내용을 묻는 것인지를 파악하는 것이 필요하다.

문제에 적용하기

다음 제시문을 근거로 판단할 때 甲의 행위가 '뇌물에 관한 죄'에 해당하지 않는 것은? [08 행정고시 PSAT]

> 뇌물에 관한 죄는 공무원 또는 중재인이 그 직무에 관하여 뇌물을 수수(收受)·요구 또는 약속하는 수뢰죄와 공무원 또는 중재인에게 뇌물을 약속·공여(자진하여 제공하는 것)하거나 공여의 의사표시를 하는 증뢰죄를 포함한다. 뇌물에 관한 죄가 성립하기 위해서는 직무에 관하여 뇌물을 수수·요구 또는 약속한다는 사실에 대한 고의(故意)가 있어야 한다. 즉 직무의 대가에 대한 인식이 있어야 한다. 또한 뇌물로 인정되기 위해서는 그것이 직무에 관한 것이어야 하며, 뇌물은 불법한 보수이어야 한다. 여기서 '직무'란 공무원 또는 중재인의 권한에 속하는 직무 행위 그 자체뿐만 아니라 직무와 밀접한 관계가 있는 행위도 포함하는 개념이다. 그리고 '불법한 보수'란 정당하지 않은 보수이므로, 법령이나 사회 윤리적 관점에서 인정될 수 있는 정당한 대가는 뇌물이 될 수 없다. 그 밖에 '수수'란 뇌물을 취득하는 것을 의미하며, 수수라고 하기 위해서는 자기나 제3자의 소유로 할 목적으로 남의 재물을 취득할 의사가 있어야 한다. 한편 보수는 직무 행위와 대가관계에 있는 것임을 요하고, 그 종류, 성질, 액수나 유형, 무형을 불문한다.

※ 중재인이란 법령에 의하여 중재의 직무를 담당하는 자를 말한다. 예컨대 노동조합 및 노동관계조정법에 의한 중재위원, 중재법에 의한 중재인 등이 이에 해당함.

① 甲은 대통령 경제수석비서관으로 재직하면서 X 은행장인 乙로부터 X 은행이 추진 중이던 업무 전반에 관하여 선처해 달라는 취지의 부탁을 받고 금전을 받았다.

② 甲은 각종 인허가로 잘 알게 된 담당 공무원 乙에게 건축 허가를 해 달라고 부탁하면서 술을 접대했을 뿐만 아니라 乙이 윤락여성과 성관계를 맺을 수 있도록 했다.

③ 경찰청 형사과 소속 경찰관 甲은 乙 회사가 외국인 산업연수생에 대한 국내관리업체로 선정되도록 중소기업협동조합중앙회 회장 丙에게 잘 이야기해 달라는 부탁을 받고 乙로부터 향응을 제공받았다.

④ 자치단체장 甲은 해당 지방자치단체의 공사 도급을 받으려는 건설업자 乙로부터 청탁과 함께 금품을 받아 이를 개인적인 용도가 아닌 부하직원의 식대, 휴가비와 자치단체의 홍보비 등으로 소비했다.

⑤ 노동부 해외 근로 국장으로서 해외취업자 국외송출허가 업무를 취급하던 甲이 乙로부터 인력송출의 부탁과 함께 사례조로 받은 자기앞수표를 자신의 은행 계좌에 예치시켰다가 그 뒤 후환을 염려하여 乙에게 반환했다.

뇌물죄의 요건에 관해 설명하고 있으며 각 요건의 해당 여부를 묻는 문제이다. 중요한 요건을 추려서 살펴보면, 먼저 직무와 관련이 있어야 하고 직무에 대한 대가이어야 하며 불법한 보수이어야 하고 '수수'해야 한다. 중소기업협동조합중앙회 회장 丙이 외국인산업연수생에 대한 국내관리업체로 선정되도록 해 달라는 요구가 있었고 이것이 경찰청 형사과 소속 경찰관 甲의 직무인지가 문제 되는데, 위 선정업무는 甲의 지위인 경찰관의 업무와는 거리가 있으므로 '직무에 관하여' 불법한 보수를 받은 것이라고 할 수 없으므로 뇌물죄가 성립하지 않는다.

① X 은행장이 추진 중이던 업무 전반에 대하여 선처해 달라는 요구가 있었고 이 요구는 대통령 경제수석비서관의 직무와 관련된 행위이다. 따라서 뇌물죄가 성립한다.

② 乙이 건축 허가에 관한 요구가 있었고 이는 담당 공무원 乙의 직무와 관련된 행위이다. 다만 술의 접대나 윤락여성과의 성관계가 보수인가가 문제 되지만 그 종류, 성질, 액수, 유형, 무형을 불문한다고 했으므로 '보수'라고 할 수 있다. 따라서 뇌물죄가 성립한다.

④ 건설업자 乙이 공사 도급을 받게 해 달라는 요구가 있었고 이는 자치단체장 甲의 직무에 해당한다. 다만, 이렇게 받은 돈을 개인적인 용도가 아닌 부하직원의 식대, 휴가비, 자치단체의 홍보비로 소비한 것이 뇌물의 수수인가가 문제 되지만 수수란 자기뿐 아니라 제3자의 소유로 할 목적으로 남의 재물을 취득해도 무방하므로 이 경우에도 뇌물죄가 성립된다.

⑤ 乙이 인력송출의 부탁을 했고 이는 노동부 해외 근로 국장으로서 해외 취업자 국외송출허가 업무를 취급하는 甲의 직무와 관련된 행위이다. 다만, 이를 받아 은행 계좌에 예치시켰다가 그 뒤 후환을 염려하여 乙에게 반환했는데 이미 받은 시점에 뇌물죄는 성립했고 후환을 염려하여 乙에게 반환한 것은 죄가 성립된 후의 문제일 뿐이다.

4. 복잡한 법조문 파악형 문제

앞서 살펴본 문장 구조를 파악해야 하는 법조문과 관련된 유형이며 복잡한 형태의 법조문을 제시하고 그와 관련된 내용을 묻는 유형의 문제이다. 앞서 본 바와 같이 주어와 서술어 등을 차근차근 파악해 가면서 문제를 해결해야 한다. 전략적인 접근을 위해 법조문을 먼저 파악한 후 선택지를 살펴보는 것보다는 법조문은 개략적으로 살펴보고 선택지의 내용을 파악한 후에 해당하는 법조문을 살펴보는 것도 좋은 방법일 수 있다.

문제에 적용하기

다음은 모회사와 자회사 간의 주식 소유의 금지 및 회사 상호 간의 주식 소유에 따른 의결권의 제한과 관련된 규정이다. 이러한 규정에 근거한 판단으로 옳지 않은 것은? [07 행정고시 PSAT]

○ 제○○조
  자회사는 '자기 회사 발행주식총수의 100분의 50을 초과하는 주식을 가진 회사(모회사)'의 주식을 취득할 수 없다.
○ 제○○조
  다른 회사 발행주식총수의 100분의 50을 초과하는 주식을 모회사 및 자회사 또는 자회사가 가지고 있는 경우, 그 다른 회사는 그 모회사의 자회사로 본다.
○ 제○○조
  회사, 모회사 및 자회사 또는 자회사가 다른 회사 발행주식총수의 10분의 1을 초과하는 주식을 가지고 있는 경우, 그 다른 회사가 가지고 있는 회사 또는 모회사의 주식은 의결권이 없다.

※ 발행주식총수: 회사가 실제로 발행한 주식의 총수

① A 회사가 B 회사 주식의 51%를 소유하고 있고 B 회사도 C 회사 주식의 51%를 소유하고 있는 경우, C 회사는 A 회사 주식을 취득하지 못한다.
② B 회사 주식의 51%를 소유하고 있는 A 회사가 B 회사와 함께 소유하고 있는 C 회사 주식의 합계가 C 회사 주식의 51%인 경우, C 회사는 A 회사 주식을 취득하지 못한다.
③ A 회사는 C 회사 주식의 30%를 소유하고 C 회사는 A 회사 주식의 15%를 소유하고 있는 경우, A 회사와 C 회사가 소유하는 상대방 회사의 주식은 각각 의결권이 없다.
④ A 회사는 B 회사 주식의 51%와 C 회사 주식의 7%를 소유하고, B 회사는 C 회사 주식의 8%를 소유하는 경우, C 회사가 소유하는 B 회사 주식은 의결권이 없다.
⑤ A 회사는 B 회사 주식의 51%를 소유하고, B 회사는 C 회사 주식의 15%를 소유하는 경우, C 회사가 소유하는 A 회사 주식은 의결권이 없다.

정답 및 해설 ④

법조문을 그림과 함께 분석하면 다음과 같다.
1. 제○○조 자회사는 '자기 회사 발행주식총수의 100분의 50을 초과하는 주식을 가진 회사(모회사)'의 주식을 취득할 수 없다.

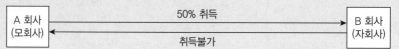

※ 1) '자기 회사 발행주식총수의 100분의 50을 초과하는 주식을 가진 회사(모회사)'라고 되어 있음. 즉 A 회사가 B 회사의 주식 총수의 50%를 초과하는 주식을 가졌다면 A 회사는 B 회사의 모회사가 되며 B 회사는 A 회사의 자회사가 됨.
   2) 이 경우 B 회사는 A 회사의 주식을 취득할 수 없음.

2. 제○○조 다른 회사 발행주식총수의 100분의 50을 초과하는 주식을 모회사 및 자회사 또는 자회사가 가지고 있는 경우, 그 다른 회사는 그 모회사의 자회사로 본다.

이 조문은 '또는'이라는 접속어를 볼 때 두 가지의 내용을 담고 있음을 파악해야 한다.

(1) 다른 회사 발행주식총수의 100분의 50을 초과하는 주식을 모회사 및 자회사가 가지고 있는 경우 그 다른 회사는 그 모회사의 자회사로 본다.

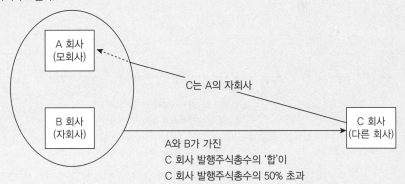

※ 1) A, B 회사가 가진 주식을 합산했을 때 C 회사 발행주식총수의 50%를 초과하는 경우에는 C 회사는 A 회사의 자회사가 됨.
　　2) 위 1번의 조문과 결합하면 C 회사도 A 회사의 주식을 취득하지 못하게 된다는 것을 알 수 있음.

(2) 다른 회사 발행주식총수의 100분의 50을 초과하는 주식을 자회사가 가지고 있는 경우 그 다른 회사는 그 모회사의 자회사로 본다.

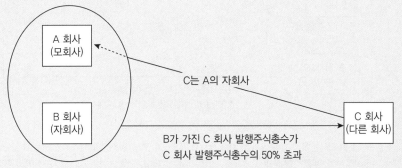

※ 1) B 회사가 가진 주식이 C 회사 발행주식총수의 50%를 초과하는 경우에는 C 회사는 A 회사의 자회사가 됨.
　　2) 위 1번의 조문과 결합하면 C 회사도 A 회사의 주식을 취득하지 못하게 된다는 것을 알 수 있음.

3. 제○○조 회사, 모회사 및 자회사 또는 자회사가 다른 회사 발행주식총수의 10분의 1을 초과하는 주식을 가지고 있는 경우, 그 다른 회사가 가지고 있는 회사 또는 모회사의 주식은 의결권이 없다.

이 조문은 세 가지 내용을 담고 있으며 하나씩 살펴보면 다음과 같다.

(1) 회사가 다른 회사 발행주식총수의 10분의 1을 초과하는 주식을 가지고 있는 경우 그 다른 회사가 가지고 있는 회사의 주식은 의결권이 없다.

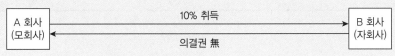

※ 1) B 회사가 가진 A 회사의 주식은 의결권이 없음.

(2) 모회사 및 자회사가 다른 회사 발행주식총수의 10분의 1을 초과하는 주식을 가지고 있는 경우 그 다른 회사가 가지고 있는 모회사의 주식은 의결권이 없다.

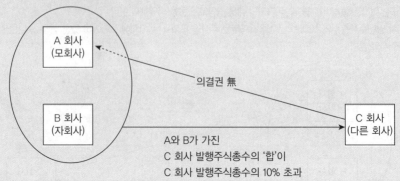

※ A, B 회사가 가진 주식을 합산했을 때 C 회사 발행주식총수의 10%를 초과하는 경우에는 C 회사가 가진 A 회사의 주식은 의결권이 없음.

(3) 자회사가 다른 회사 발행주식총수의 10분의 1을 초과하는 주식을 가지고 있는 경우 그 다른 회사가 가지고 있는 모회사의 주식은 의결권이 없다.

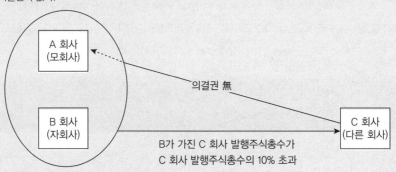

※ B 회사가 가진 주식이 C 회사 발행주식총수의 10%를 초과하는 경우에는 C 회사가 가진 A 회사의 주식은 의결권이 없음.

위의 내용을 토대로 A 회사는 B 회사 주식의 51%를 가지고 있으므로 첫 번째 조항에 따라 A 회사는 B 회사의 모회사이고, A 회사는 C 회사 주식의 7%를, B 회사는 C 회사 주식의 8%를 소유하고 있다. 한편, 세 번째 조항에서 모회사 및 자회사가 다른 회사 발행주식 총수의 10분의 1을 초과하는 주식을 가지고 있는 경우 그 다른 회사가 가지고 있는 모회사의 주식은 의결권이 없다고 했다. 따라서 A 회사 및 B 회사가 C 회사 발행주식총수의 15%(10% 초과)를 가지고 있는 경우 C 회사가 가지고 있는 A 회사의 주식은 의결권이 없다. 그러나 자회사 주식에 대한 제한은 없으므로 C 회사가 가진 B 회사의 주식은 의결권이 있다. 또한, B 회사가 단독으로 C 회사 주식 총수의 10%를 초과하는 주식을 가지고 있는 경우도 아니므로 C 회사가 가진 B 회사의 주식은 의결권이 있다.

따라서 이 경우 C 회사가 소유하는 B 회사 주식은 의결권이 없다는 것은 옳지 않은 설명이다.

PART 5

시간관리

×

01 최소 소요 시간

1 | 최소 소요 시간의 의의

최소 소요 시간은 제시되는 조건에 따라 최소 소요 시간을 구하는 문제 유형을 의미한다. 작업의 순서나 진행 상황을 토대로 모든 작업이 종료되는 데 필요한 최소 소요 시간을 구하거나, 일부 공정 시간이 단축 또는 증가될 경우 전체 공정에 주는 영향을 파악하는 형태의 문제가 출제된다.

2 | 최소 소요 시간 문제의 유형

1. 작업 일정표 제시 유형

해당 작업의 소요 시간과 작업 진행을 위한 선행 작업 등이 표시되어 있는 자료로, 일반적으로 표의 형태로 주어지지만 때로는 도식의 형태로 주어지기도 한다.

예 표 형태/도식 형태

<표> 형태

구분	소요 시간(hr)	선행 작업
A	3	–
B	2	A
C	4	B
D	6	B
E	4	C
F	2	D, E
G	3	F

<도식> 형태

① 왼쪽 표의 경우 일반적으로 해당 업무 이름, 업무 소요 시간 및 그 업무를 처리하기 전 선행되어야 하는 업무, 즉 먼저 처리되어야 하는 업무가 표시된다. 위의 표에서 A 업무 같은 경우 별도의 선행 작업이 없으므로 가장 먼저 수행되는 업무를 의미하며, B 업무는 A 업무가 완료된 후에 수행될 수 있는 업무를, F 업무는 D 업무와 E 업무를 모두 완료한 후에 수행될 수 있는 업무라는 의미이다.

② 오른쪽의 도식 형태는 왼쪽의 표를 도식화하여 나타낸 것이다. 이를 PERT(Program Evaluation and Review Technique)라고 하는데, 작업의 순서나 진행 상황을 한눈에 살펴볼 수 있도록 작성한 것을 의미한다. 이러한 표나 PERT를 해석할 때 가장 주의해야 할 점은 A에서 G까지의 모든 업무를 수행하는 데 시간이 가장 짧게 걸리는 경로가 'A → B → D → F → G → 종료'가 아니라는 것이다. F 업무를 수행하기 위해서는 반드시 D 업무와 E 업무가 모두 완료되어야 하기 때문이다. 이를 고려한다면 모든 업무를 수행하는 데 시간이 가장 짧게 걸리는 경로는 오히려 가장 시간이 오래 걸리는 경로인 'A → B → C → E → F → G → 종료'로 총 소요되는 시간은 18시간이 된다. 한마디로 '업무를 모두 수행하는 데 적어도 18시간은 소요가 된다.'라는 의미이다.

③ 이러한 업무의 관계는 왼쪽의 표 형태에서는 쉽게 눈에 들어오지 않는다. 따라서 표의 형태로 문제가 출제된 경우 빠르게 오른쪽의 PERT 형태로 표를 수정하여 문제를 풀이하는 것이 문제를 정확히 풀이할 수 있는 방법이 된다.

확인 문제

01 아래 작업 일정표를 PERT의 형태로 변환하시오.

구분	소요 시간(hr)	선행 작업
A	3	–
B	2	–
C	4	A
D	6	B
E	3	C
F	2	D, E
G	2	F

[정답 및 해설]

01 $A_3 \longrightarrow C_4 \longrightarrow E_3 \longrightarrow F_2 \longrightarrow G_2$

$B_2 \longrightarrow D_6$

광고 회사인 ○○회사는 신규 광고 촬영을 위해 업무 스케줄을 작성하였다. 모든 업무가 스케줄에 따라 정확히 진행된다고 할 때, ○○회사가 최초 광고주 미팅을 시작하면서부터 광고주에게 최종 완성본을 제공하기까지 최소 며칠이 소요되는가? (단, 광고 촬영 중에는 별도의 휴일 없이 업무를 진행한다.)

구분	업무명	소요 시간(일)	선행 업무
A	광고주 사전 미팅 및 광고 콘셉트 수립 회의	1	–
B	촬영 장소 대여	1	A
C	배우 섭외	2	A
D	광고 촬영	7	B, C
E	CG 작업	4	D
F	음향 작업	2	D
G	1차 검수	1	E, F
H	추가 촬영	3	G
I	CG 작업	2	H
J	음향 작업	3	H
K	2차 검수	1	I, J
L	광고주 전달	0.5	K

① 18.5일 ② 19.5일
③ 20.5일 ④ 21.5일
⑤ 22.5일

정답 및 해설 ⑤

문제에서 최초 광고주 미팅을 시작하면서부터 광고주에게 최종 완성본을 제공하기까지 최소 며칠이 소요되는지를 묻고 있는 문제이며, 표의 형태로 자료가 주어져 있다. 따라서 위의 표를 PERT의 형태로 변형하면 아래와 같이 변형할 수 있다.

$$A_1 \rightarrow B_1 \rightarrow D_7 \rightarrow E_4 \rightarrow G_1 \rightarrow H_3 \rightarrow I_2 \rightarrow K_1 \rightarrow L_{0.5}$$
$$C_2 \qquad F_2 \qquad J_3$$

위의 PERT를 토대로 해석해 보면 A 업무는 1일이 소요되고, A 업무가 종료되면 B 업무와 C 업무가 동시에 시작된다. B 업무는 1일만에 완료되지만, D 업무의 선행 업무가 B 업무와 C 업무이므로, C 업무가 완료될 때까지 D 업무는 시작할 수 없다. 따라서 처음 A 업무가 끝나면서부터 D 업무를 시작하기 전까지 소요되는 시간은 최소한 2일이 된다. E 업무와 F 업무, I 업무와 J 업무에서도 동일한 방법으로 최소 소요 시간을 계산해 보면 1+2+7+4+1+3+3+1+0.5=22.5일이 된다.

2. 작업 순서 결정 유형

작업 순서를 결정하는 문제는 n개의 작업이 2개의 공정 또는 3개의 공정에서 순차적으로 진행되는 경우 소요 시간이 최소가 되도록 작업의 순서를 결정하는 방식의 문제이다. 이 경우 각 공정당 기계가 몇 개가 있는지를 정확히 파악하고, 동시에 진행되는 작업에 따른 시간 변화에 집중할 필요가 있다. 특정한 조건을 만족하면 Johnson's rule을 활용할 수 있게 된다.

① Johnson's Rule
- n개의 작업을 2개 또는 3개의 공정을 거쳐 작업할 경우 소요 시간을 최소로 줄이는 경우를 산출하는 규칙이다.
- 각각의 공정은 반드시 독립적이어야 한다.

② Johnson's Rule 사용법

Johnson's Rule은 다음과 같이 사용 가능하다.

구분	선행 공정	후행 공정
A 물품	2일	4일
B 물품	5일	6일
C 물품	4일	2일
D 물품	3일	5일
E 물품	6일	7일

- 1단계: 공정에 상관없이 처리 시간이 가장 짧은 작업 선택 → A 선행 공정과 C 후행 공정
- 2단계: 선택된 작업이 선행공정일 경우 우선 처리할 작업으로, 후행공정일 경우 나중에 처리할 작업으로 우선순위 결정→ A - _ - _ - _ - C
- 3단계: 우선순위 결정 완료 물품을 제외하고 공정에 상관없이 처리 시간이 가장 짧은 작업 선택 → D 선행 공정
- 4단계: 선택된 작업이 선행 공정일 경우 우선 처리할 작업으로, 후행 공정일 경우 나중에 처리할 작업으로 우선순위 결정→ A - D - _ - _ - C

위의 단계를 반복적으로 진행하면 최종 결과 A - D - B - E - C를 구할 수 있다.

n개의 작업을 2~3개의 공정에 걸쳐서 진행하는 경우는 이후의 문제를 통해 다루도록 한다.

01 아래의 A~E 5개 제품을 모두 1개씩 가장 빠른 시간 안에 생산할 수 있는 순서를 구하시오.

구분	선행 공정(시간)	후행 공정(시간)
A	3	4
B	2	1
C	4	6
D	6	2
E	2	5

〈조 건〉

1. 선행 공정 설비와 후행 공정 설비는 각각 1대씩 존재한다.
2. 각 공정은 한 번에 1종류의 제품 작업만 진행이 가능하다.
3. A~E 5개 제품 생산 순서는 자유롭게 바꿀 수 있다.

[정답 및 해설]

01 Johnson's Rule을 사용하면 다음과 같다.

· 공정에 상관없이 처리 시간이 가장 짧은 작업 선택 → B 후행 공정
· 선택된 작업이 후행 공정이므로 나중에 처리할 작업으로 우선순위 결정 → __ - __ - __ - __ - B
· B 제품을 제외하고 공정에 상관없이 처리 시간이 가장 짧은 작업 선택 → D 후행 공정, E 선행 공정
· 선택된 작업이 선행 공정일 경우 우선처리할 작업으로, 후행 공정일 경우 나중에 처리할 작업으로 우선순위 결정 → E - __ - __ - D - B
· B, D, E 제품을 제외하고 공정에 상관없이 처리 시간이 가장 짧은 작업 선택 → A 선행 공정
· 선택된 작업이 선행공정이므로 먼저 처리할 작업으로 우선순위 결정 → E - A - __ - D - B
· 남은 자리에 남은 제품을 포함하여 마무리 → E - A - C - D - B

01 E - A - C - D - B

○○백화점의 물품 발송 코너에서 근무하는 귀하와 귀하의 동료는 5개의 물품 배송이 남아있는 상태에서 가장 빠른 시간 안에 업무를 끝내려고 한다. 다음 글을 근거로 판단할 때, 귀하와 귀하의 동료가 모든 업무를 끝내는 데 소요되는 최소 시간은?

○ A~E 5개 물품은 박스 포장과 택배 주소 작성이 완료되어야 한다.
○ 박스 포장과 택배 주소 작성은 1번에 1개 물품밖에 할 수 없다.
  (귀하는 박스 포장 업무만 하고, 귀하의 동료는 택배 주소 작성 업무만 진행한다.)
○ 박스 포장이 완료된 물품에 한하여 택배 주소를 작성할 수 있다.

〈물품별 박스 포장 및 택배 주소 작성 시간〉

(단위: 분)

구분	박스 포장	택배 주소 작성
A	5분	10분
B	7분	6분
C	4분	2분
D	3분	5분
E	10분	7분

① 30분
② 33분
③ 36분
④ 39분
⑤ 42분

정답 및 해설 ②

Johnson's rule을 활용해 보면 D – A – E – B – C 순서로 작업을 진행할 경우 가장 빠른 시간 안에 작업을 마무리할 수 있다는 것을 알 수 있다. 이때 A~E까지 모든 작업을 끝마치는 데 소요되는 시간을 구하면 다음과 같다.

총 시간	3분	5분	10분	7분	6분	2분
A		5분	10분			
B				7분	6분	
C					4분	2분
D	3분	5분				
E			10분	7분		

D 물품의 택배 주소 작성과 A 물품의 박스 포장, A 물품의 택배 주소 작성과 E 물품의 박스 포장, E 물품의 택배 주소 작성과 B 물품의 박스 포장, B 물품의 택배 주소 작성과 C 물품의 박스 포장이 동시에 진행된다. 다만 C 물품의 박스 포장 시간이 B 물품의 택배 주소 작성 시간보다 짧게 소요되지만, B 물품의 택배 주소 작성이 끝나야 C 물품의 택배 주소 작성을 할 수 있다.
따라서 총 소요 시간은 3+5+10+7+6+2=33분이 된다.

3. 경로 찾기 유형

최소 소요 시간 중 특수한 유형 중 하나로 '경로 찾기' 유형이 있다. 사실 경로 찾기 문제의 경우 최단 시간이 걸리는 경로, 최단 거리 경로, 최소 요금 경로 등 다양한 유형으로 출제가 될 수 있기 때문에 명확히 어떤 유형이라고 구분 짓기는 어렵다.

가장 대표적으로 최단 거리 찾기 유형을 떠올릴 수 있지만, 다양한 교통수단을 제공하고 도로 상황을 제시하여 최소 시간을 묻는 유형으로 출제가 되기도 하고, 도로별 통행료를 추가하여 최소 비용을 묻는 유형으로 출제가 되기도 하기 때문이다. 그림으로 경로가 주어지지 않고, 표를 통해 교통수단별 소요 시간이 주어지기도 한다. 따라서 가장 먼저 문제에서 묻는 기준이 무엇인지를 확실히 파악한 후 문제를 풀이하는 것이 매우 중요하다.

① 경로 찾기 문제를 빠르게 풀기 위해서는 경우의 수를 줄여야 한다. 그 방법으로 몇 가지를 나열해 보면 다음과 같다.
- · 특별한 경우를 제외하고는 왔던 길을 되돌아가지 않는다, 1곳을 2번 이상 방문하지 않는다.
  → 연결된 도로가 1개 또는 2개인 곳을 체크한다.
- · 방문 순서가 결정되어 있는 경우 방향을 체크한다.
- · 가장 바깥쪽 둘레를 기준으로 잡고 최단 거리를 찾기 시작한다.
- · 삼각형 법을 통해 불필요한 길을 지우거나 최단 거리를 확정한다.

② 예시를 통해 설명해 보면 집을 출발해서 A, B, C, D, E를 거쳐 집으로 돌아오는 최단 경로의 경우 첫 번째 방법을 통해 몇 가지 경우의 수를 제외할 수 있다. 방향은 상관이 없기 때문에 집 → A로 출발을 하는 것을 기준으로 잡으면 마지막은 'D → 집'으로 확정이 된다. 따라서 기존에 집에서 출발해서 A~E를 모두 거쳐 집으로 돌아오는 최단 경로를 구하는 문제에서 A를 출발해서 B, C, E를 거쳐 D까지 가는 최단 경로를 구하는 문제로 단순화된다.

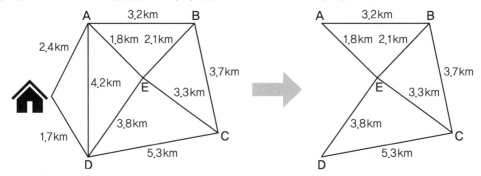

방문 순서가 특정되어 있지 않으므로 3번째와 4번째 방법을 통해 단순화시켜 보면 A → B → C → D를 기준으로 잡고, 중간에 E를 방문함에 따라 증가되는 거리를 삼각형 법으로 비교해 본다. 여기서 '삼각형 법'이란 △ABE를 놓고 보았을 때, A → B로 직접 이동하는 거리보다 A → E → B로 이동함에 따라 증가하는 거리가 얼마인지를 확인하는 것을 말한다. 총 3개의 삼각형이 있으므로 각각을 비교해 보면 다음과 같다.

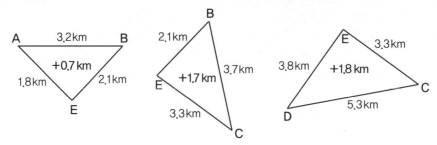

위의 3개의 삼각형으로 나눌 수 있고, 이 중 거리가 가장 적게 증가하는 경로는 A → B 대신 A → E → B의 경로를 선택하는 경우이다. 따라서 전체 경로는 집 → A → E → B → C → D → 집으로 구할 수 있다. 삼각형 법의 경우 지금과 같이 경로를 특정할 때도 활용할 수 있지만, 일부 경로를 삭제하는 경우에도 사용할 수 있다.

확인 문제

01 A에서 출발해서 B, C, D, E를 모두 거쳐 다시 A로 돌아오는 최단 거리를 구하면?

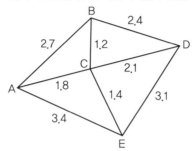

※ 표에 제시된 거리는 모두 km 단위임

[정답 및 해설]

01 삼각형법을 통해 불필요한 경로를 지우면 아래와 같다.

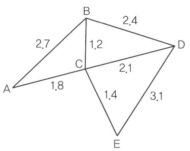

이때 가장 바깥쪽 둘레로 경로를 설정하면 A – B – D – E – C – A가 되므로 B, C, D, E를 모두 거쳐서 다시 A로 돌아오는 경로가 된다. 따라서 총 거리는 2.7 + 2.4 + 3.1 + 1.4 + 1.8 = 11.4km이다.

01 11.4km

○○회사에 근무하는 임동근 과장은 현장 관리를 위해 지사가 모여 있는 □□시로 출장을 다녀왔다. □□시에 있는 숙소에서 09시에 출발하여 하루 동안 모든 지사를 점검하고 다시 숙소로 돌아오는 일정을 소화했고, 업무 효율을 높이기 위해 최단 거리로 이동했다고 할 때, 임동근 과장이 숙소에 돌아온 시간은 몇 시인가? (단, 각 지사 점검에 소요된 시간은 1개 지사당 1시간이 소요되었으며, 별도의 휴식 시간은 갖지 않았다. 모든 소요 시간에서 초 단위는 절사한다.)

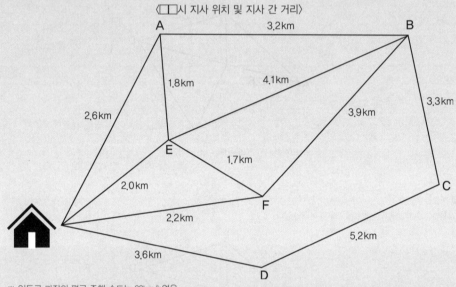

〈□□시 지사 위치 및 지사 간 거리〉

※ 임동근 과장의 평균 주행 속도는 63km/h였음

① 오후 3시 20분
② 오후 3시 21분
③ 오후 5시 20분
④ 오후 5시 21분
⑤ 오후 7시 20분

정답 및 해설 ①

숙소에서 09시에 출발해서 모든 지사를 방문한 뒤 다시 숙소로 돌아오는 일정이고, 최단 거리로 이동을 했으므로, 왔던 길을 되돌아가지 않는다는 조건에 부합하지 않는 경로를 제외하고 각 경로별 이동거리를 비교해 보면 다음과 같다.
· 숙소 → A → E → F → B → C → D → 숙소 = 2.6 + 1.8 + 1.7 + 3.9 + 3.3 + 5.2 + 3.6 = 22.1km
· 숙소 → F → E → A → B → C → D → 숙소 = 2.2 + 1.7 + 1.8 + 3.2 + 3.3 + 5.2 + 3.6 = 21.0km
최단 경로는 21.0km가 되고 평균 주행속도가 63km/h이므로, 이동 소요 시간은 21 ÷ 63 × 60 = 20분이 된다.
따라서 총 지사의 수가 6개이므로, 점검에 걸린 소요 시간은 6시간이고, 별도의 휴식시간은 없었으므로 모든 지사를 돌아보고 숙소로 돌아오기까지 소요된 시간은 6시간 20분이며, 출발 시간이 09시이므로, 숙소로 돌아오는 시간은 15시 20분이 된다.

3 | 최소 소요 시간 문제의 성격

① 최소 소요 시간 문제는 단순히 전체 업무를 수행하는 데 소요되는 최소 시간을 구하라는 문제부터, 일부 업무의 수행 시간이 단축되거나 증가되었을 때, 실제 전체 공정을 진행하는 데 소요되는 시간의 변화량을 묻는 유형의 문제가 출제되기도 하고, 업무에 투입되는 인원이나 비용을 제한하여 동시에 진행될 수 있는 업무의 수를 제한하는 문제가 출제되기도 한다. 또는 일부 업무가 수행되는 위치를 해외로 제한하여 시차를 고려해야 하는 문제로 출제되기도 하며 업무를 수행하는 시간을 일정 시간으로 제한하고, 쉬는 시간을 포함하여 전체 일정을 고려해야 하는 문제로 출제되기도 한다. 따라서 문제에서 주어지는 조건을 정확히 파악하고 문제를 풀이하는 것이 중요하다.

② 또한, 경로 찾기 유형의 경우 살펴본 것처럼 단순히 최단 거리, 최소 시간, 최소 비용이 되는 경로를 묻는 문제로 출제가 되기도 하지만, 지점 간의 거리를 '짝 표'의 형태로 제시하기도 하며, 주행 후 유류비의 계산을 묻는 문제로 출제되거나, 러시아워에 따른 소요 시간 증가 조건 등 다양하게 변형되어 출제될 수 있다. 따라서 다양한 문제를 통해 유형에 대하여 연습을 하고, 새로운 문제를 만났을 때 파악해야 하는 조건이 어떤 것들인지를 판단하는 것이 중요하다.

🔩 문제에 적용하기

甲 조선소는 6척(A~F)의 선박 건조를 수주하였다. 오늘을 포함하여 30일 이내에 선박을 건조할 계획이며 甲 조선소의 하루 최대투입가능 근로자 수는 100명이다. 다음에 근거할 때, 옳은 것을 〈보기〉에서 모두 고르면? (단, 작업은 오늘부터 개시되며 각 근로자는 자신이 투입된 선박의 건조가 끝나야만 다른 선박의 건조에 투입될 수 있다.)   [12 5급공채 PSAT]

〈공정표〉

상품(선박)	소요 기간	1일 필요 근로자 수	수익
A	5일	20명	15억 원
B	10일	30명	20억 원
C	10일	50명	40억 원
D	15일	40명	35억 원
E	15일	60명	45억 원
F	20일	70명	85억 원

※ 1일 필요 근로자 수 이상의 근로자가 투입되더라도 선박당 건조 소요 기간은 변하지 않는다.

─────〈보 기〉─────
ㄱ. 甲 조선소가 건조할 수 있는 선박의 수는 최대 4척이다.
ㄴ. 甲 조선소가 벌어들일 수 있는 수익은 최대 160억 원이다.
ㄷ. 계획한 기간이 15일 연장된다면 수주한 모든 선박을 건조할 수 있다.
ㄹ. 최대투입가능 근로자 수를 120명/일로 증가시킨다면 계획한 기간 내에 모든 선박을 건조할 수 있다.

① ㄱ, ㄷ   ② ㄱ, ㄹ
③ ㄴ, ㄷ   ④ ㄱ, ㄴ, ㄹ
⑤ ㄴ, ㄷ, ㄹ

甲 조선소가 건조할 수 있는 최대 선박의 수는 소요 기간과 1일 필요 근로자 수를 활용하여 구할 수 있다. 이를 표로 나타내면 아래와 같다.

구분	1일~5일	6일~10일	11일~15일	16일~20일	21일~25일	26일~30일
A						
B						
C						
D						
E						
근로자 수	100명	80명	100명	100명	100명	

甲 조선소의 최대 수익은 A, B, C, D, E 5척을 건조하여 얻는 수익 15+20+40+35+45=155억보다 A, B, C, F 4척을 건조하여 얻는 수익 15+20+40+85=160억이 더 크므로 160억 원이다. D, E, F 3척을 건조할 수 있다면, 165억으로 가장 높은 수익을 얻을 수 있지만, 총 35일이 소요되어 30일 안에 건조는 불가능하다. A, B, C, D, E 5척을 건조하는 데 총 25일이 소요되었고, 이후 F를 건조하면 총 45일이 소요된다.

따라서 계획한 기간이 15일 연장된다면 수주한 모든 선박을 건조할 수 있으므로 옳은 것은 ㄴ, ㄷ이다.

ㄱ. 인원수를 고려했을 때, A, B, C 3척을 동시에 건조할 수 있고 D, E 2척을 동시에 건조할 수 있다. A, B, C 3척은 10일 안에 모두 건조 가능하며, D, E 2척은 15일 안에 모두 건조가 가능하므로, 최대 5척까지 건조 가능하다.

ㄹ. 근로자 수를 120명으로 증가시킨다 하더라도 E 선박과 F 선박을 동시에 건조할 수 없으므로 다른 선박을 고려하지 않는다 하더라도 최소 35일이 소요된다.

4 | 최소 소요 시간 문제의 전략적 접근방법

① 작업 일정표 제시 유형

PERT 유형 작업 일정표가 출제가 되면 바로 PERT의 형태로 변환한다. 이때 PERT에서는 시간이 가장 짧은 경로가 아닌 시간이 가장 오래 걸리는 경로가 최소 소요 시간 경로임을 명심한다. (주어진 다양한 조건을 반드시 확인한다.)

② 작업 순서 결정 유형

작업 순서 결정 유형에서 활용할 수 있는 Johnson's Rule을 명확히 이해한다. (Johnson's Rule을 통해 순서를 결정한 후 소요 시간을 구하는 방법까지 반드시 숙지한다.)

③ 경로 찾기 유형

경로 찾기 문제는 다시 크게 2가지 유형으로 나누어 접근한다.

· 기준점이 제시되어 있는 문제

· 기준점이 제시되어 있지 않은 문제

기준점이 제시되어 있다는 것은 출발지점과 목적지가 제시되고, 그 중간 경로를 찾는 문제라면, 기준점이 제시되어 있지 않은 문제는 특별히 출발지점과 목적지점도 제시되지 않고 업무의 시작 시간과 종료 시간을 주고, 가능한 경로를 찾으라는 형식의 문제를 말한다. 기준점이 제시되어 있는 문제의 경우는 중간의 경로를 찾기만 하면 되지만, 기준점이 제시되지 않은 경우 굉장히 다양한 경우의 수가 나올 수 있기 때문에 가장 먼저 해야 하는 것은 기준점을 잡는 일이다. 이러한 기준점은 일반적으로 문제나 제시된 '선택지'를 통해서 잡을 수 있다.

02 시차

1 | 시차의 의의

1. 시차의 의의

시차는 지구상의 각 도시와 국가가 서로 경도가 다른 지역에 위치함에 따라 발생하는 지역 간 시간의 차이를 의미한다. 일반적으로 GMT(Greenwich Mean Time)와 UTC(Universal Time Coordinated)로 표현되며, 두 가지 모두 영국을 기준시로 하여 제공된다. 보통 표 또는 조건을 통해 문제에 활용되는 국가나 도시의 GMT 또는 UTC가 제공되거나 경도와 시차를 계산하는 방법이 제시되어 시차를 구하는 경우의 문제들이 출제된다.

2. 경도를 활용한 시차 계산 방법   영국의 그리니치를 지나는 경도를 말함

① 시차는 경도가 0°인 **본초자오선**을 기준으로 동쪽으로 15° 이동할 때마다 1시간씩 빨라지며, 서쪽으로 15° 이동할 때마다 1시간씩 느려진다.

② 동쪽 0°~180°를 '동경'이라 하고, 서쪽 0°~180°를 '서경'이라 한다. (동경 180° 또는 서경 180°를 날짜변경선이라 한다.)

· 동경 15°: 영국 그리니치보다 1시간 빠른 시차를 갖는다.
· 서경 15°: 영국 그리니치보다 1시간 느린 시차를 갖는다.

2 | 시차 문제의 성격

시차에 관련된 문제는 각 국가에서 연속적으로 업무가 진행되었을 때, 업무가 최종적으로 종료가 되는 시간, 또는 비행기를 이용하여 이동하면서 업무를 처리했을 때, 최종적으로 귀국했을 때의 시간을 묻는 형태로 출제된다.

이러한 시차 문제는 단독 시차 계산을 하는 문제로 출제가 되기도 하지만, 앞서 공부했던 최소 소요 시간 문제나, 이후에 다루게 될 일정 수립 문제와 복합 유형으로 출제가 되기도 한다. 또한 간혹 서머타임 제도에 대해 출제가 되는 경우도 있다. 서머타임 제도의 경우 서머타임 제도를 적용하는 국가의 시각에 +1을 하여 표준시에 변경을 주는 것을 의미한다. 여름철에 표준시보다 1시간 앞당기는 것을 의미하며, 예를 들어 파리의 표준시는 +1인데 서머타임을 적용하게 되면 +2가 되는 것이다.

다음 글을 근거로 판단할 때, ⊙에 들어갈 일시는?　　　　　　　　　　　　　　　[18 5급공채 PSAT]

- 서울에 있는 甲 사무관, 런던에 있는 乙 사무관, 시애틀에 있는 丙 사무관은 같은 프로젝트를 진행하면서 다음과 같이 영상업무 회의를 진행하였다.
- 회의 시각은 런던을 기준으로 11월 1일 오전 9시였다.
- 런던은 GMT +0, 서울은 GMT +9, 시애틀은 GMT −7을 표준시로 사용한다.
 (즉, 런던이 오전 9시일 때, 서울은 같은 날 오후 6시이며 시애틀은 같은 날 오전 2시이다.)

甲: 제가 프로젝트에서 맡은 업무는 오늘 오후 10시면 마칠 수 있습니다. 런던에서 받아서 1차 수정을 부탁드립니다.
乙: 네, 저는 甲 사무관님께서 제시간에 끝내 주시면 다음 날 오후 3시면 마칠 수 있습니다. 시애틀에서 받아서 마지막 수정을 부탁드립니다.
丙: 알겠습니다. 저는 앞선 두 분이 제시간에 끝내 주신다면 서울을 기준으로 모레 오전 10시면 마칠 수 있습니다. 제가 업무를 마치면 프로젝트가 최종 마무리되겠군요.
甲: 잠깐, 다들 말씀하신 시각의 기준이 다른 것 같은데요? 저는 처음부터 런던을 기준으로 이해하고 말씀드렸습니다.
乙: 저는 처음부터 시애틀을 기준으로 이해하고 말씀드렸는데요?
丙: 저는 처음부터 서울을 기준으로 이해하고 말씀드렸습니다. 그렇다면 계획대로 진행될 때 서울을 기준으로 (⊙)에 프로젝트를 최종 마무리할 수 있겠네요.
甲, 乙: 네, 맞습니다.

① 11월 2일 오후 3시　　　　　　　　② 11월 2일 오후 11시
③ 11월 3일 오전 10시　　　　　　　④ 11월 3일 오후 3시
⑤ 11월 3일 오후 7시

정답 및 해설 ⑤

甲은 처음부터 런던을 기준으로 말하고 있었고, 런던 시간 기준 09시에 회의를 하면서 런던 기준 오후 10시, 즉 22시에 마칠 수 있다고 했으므로, 甲이 업무를 진행하는 데 소요되는 시간은 총 13시간이다. 乙은 처음부터 시애틀을 기준으로 말하고 있었고, 22시에 시작하면 다음 날 오후 3시, 즉 다음 날 15시에 마칠 수 있다고 했으므로 乙이 업무를 진행하는 데 소요되는 시간은 총 17시간이다. 丙은 처음부터 서울을 기준으로 말하고 있었고, 다음 날 15시에 시작하면 모레 오전 10시에 마칠 수 있다고 했으므로 丙이 업무를 진행하는 데 소요되는 시간은 총 19시간이다.
따라서 갑, 을, 병 세 사람의 업무 시간으로 모두 더하면 13+17+19=49시간이 된다. 처음 업무가 시작된 시간은 런던 기준 11월 1일 오전 9시이므로, 이때의 서울 기준 시간은 런던과의 시차인 9시간을 더한 11월 1일 18시이고, 총 업무 수행에 필요한 시간은 49시간이므로 서울 기준 모든 업무가 종료되는 시간은 11월 1일 18시+49시간=11월 3일 19시=11월 3일 오후 7시가 된다.

3 | 시차 문제의 전략적 접근방법

시차 문제가 나왔을 때 주의해야 할 점은 시간을 계산할 때 24시간을 기준으로 해야 헷갈리지 않을 수 있다는 점과 날짜의 변화에도 신경을 써야 한다는 점이다. 이 두 가지 외에 시차의 계산 자체에 대한 것은 딱 2가지만 머릿속에 떠올릴 수 있으면 쉽게 풀이할 수 있다.

① 주어진 표에서 숫자가 큰 도시 또는 국가가 시간이 더 빠른 곳이다.
② 큰 숫자에서 작은 숫자를 뺀 만큼이 시차다.

예를 들어 아래와 같이 표가 주어진 상황을 살펴본다.

구분	런던	파리	뉴욕	서울
GMT	0	+1	-5	+9

위의 표에서 숫자가 가장 큰 도시는 서울이고, 그다음 파리, 런던, 뉴욕 순이다. 따라서 1번 규칙에 따라 시간이 빠른 순서대로 나열하면 서울, 파리, 런던, 뉴욕이 된다.

서울과 파리의 시차를 살펴보면 2번 규칙에 따라 큰 숫자인 9에서 작은 숫자인 1을 빼면 9 - 1 = 8이므로 서울과 파리의 시차는 8시간이 된다. 서울과 뉴욕으로 확인해 보면 큰 숫자인 9에서 작은 숫자인 -5를 빼면 9 - (-5) = 9 + 5 = 14이므로 서울과 뉴욕의 시차는 14시간이 된다.

위의 2가지 사실을 연결하여 생각하면 서울은 파리보다 8시간 빠르고, 서울은 뉴욕보다 14시간이 빠르다.

확인 문제

01 아래의 정보를 활용하여 서울 기준 6월 7일 오전 9시 인천공항에서 출발한 비행기가 런던에 도착하는 런던 현지 시간을 구하면? (단, 비행 소요 시간은 14시간 20분이다.)

구분	런던	파리	뉴욕	서울
GMT	0	+1	-5	+9

[정답 및 해설]

01 비행 소요 시간이 14시간 20분이므로 비행기가 런던에 도착하는 시간은 서울 기준 6월 7일 23시 20분이다. 서울과 런던은 시차가 9시간이고, 서울이 더 빠르므로 이때의 런던 기준 시간은 6월 7일 14시 20분이 된다.

01 6월 7일 오후 2시 20분

OO회사에 근무하는 박경환 과장은 파리 지사의 회의에 참석하기 위한 비행기를 예약하려고 한다. 파리 지사에서 회의가 파리 현지시간 기준 4월 3일 오전 10시에 진행 예정이며, 적어도 회의 시작 전 30분까지는 지사에 도착하여 회의를 준비할 수 있도록 스케줄을 편성하려고 한다. 다음 중 박경환 과장이 예약해야 하는 비행기 편명으로 옳은 것은? (단, 파리 공항에서 지사까지의 이동 시간은 1시간이 소요된다.)

〈그리니치 표준시〉

구분	그리니치	파리	서울
GMT	0	+1	+9

〈4월 3일 파리행 비행기 스케줄〉

편명	AB013	BR332	CV202	PA384	QW345
출발시간	06:20	05:00	05:30	06:00	05:40
비행시간	10시간 30분	11시간 20분	11시간 40분	11시간	10시간 55분

※ 출발시간은 서울시간 기준임

① AB013
② BR332
③ CV202
④ PA384
⑤ QW345

[정답 및 해설] ②

파리 현지시간 기준 4월 3일 오전 10시에 회의가 진행 예정이며, 회의 시작 전 30분까지는 지사에 도착해야 하고, 파리 공항에서 지사까지의 이동 시간은 1시간이 소요된다. 따라서 파리 공항에 파리 현지시간 기준 4월 3일 오전 8시 30분 이전에 도착할 수 있는 비행기를 예약해야 한다.

BR332는 서울 기준 4월 3일 05:00에 출발하는 비행기로, 파리 공항에 도착하는 시간은 서울 기준 16:20이 된다. 서울과 파리의 시차는 8시간이고, 서울이 파리보다 빠르므로 서울 기준 16:20은 파리 기준 08:20이다.

따라서 오전 8시 30분 이전에 도착할 수 있다.

① AB013은 서울 기준 4월 3일 06:20에 출발하는 비행기로, 파리 공항에 도착하는 시간은 서울 기준 16:50이 된다. 서울과 파리의 시차는 8시간이고, 서울이 파리보다 빠르므로 서울 기준 16:50은 파리 기준 08:50이다.

　 따라서 오전 8시 30분 이전에 도착할 수 없다.

③ CV202는 서울 기준 4월 3일 05:30에 출발하는 비행기로, 파리 공항에 도착하는 시간은 서울 기준 17:10이 된다. 서울과 파리의 시차는 8시간이고, 서울이 파리보다 빠르므로 서울 기준 17:10은 파리 기준 09:10이다.

　 따라서 오전 8시 30분 이전에 도착할 수 없다.

④ PA384는 서울 기준 4월 3일 06:00에 출발하는 비행기로, 파리 공항에 도착하는 시간은 서울 기준 17:00가 된다. 서울과 파리의 시차는 8시간이고, 서울이 파리보다 빠르므로 서울 기준 17:00은 파리 기준 09:00이다.

　 따라서 오전 8시 30분 이전에 도착할 수 없다.

⑤ QW345는 서울 기준 4월 3일 05:40에 출발하는 비행기로, 파리 공항에 도착하는 시간은 서울 기준 16:35이 된다. 서울과 파리의 시차는 8시간이고, 서울이 파리보다 빠르므로 서울 기준 16:35은 파리 기준 08:35이다.

　 따라서 오전 8시 30분 이전에 도착할 수 없다.

03 일정 수립

1 | 일정 수립의 의의

일반적으로 업무 일정을 수립하거나, 회의 시간 선정, 출장 일정 수립 등 주어진 조건을 토대로 일정을 만족하는 날짜나 시간을 선정하는 유형을 의미한다.

2 | 일정 수립 문제의 성격

일반적으로 주말, 공휴일, 평일 등이 조건으로 주어지지만 '업무일 기준'이라는 용어가 출제되기도 하는데, '업무일 기준'이라는 용어를 주의할 필요가 있다. '업무일 기준'은 업무를 진행하는 날짜를 기준으로 한다는 의미로 평일과 유사한 개념이지만, 평일과 다른 개념이기도 하다. (만일 문제에서 토요일에도 업무를 진행한다고 주어진다면 '업무일 기준'에는 토요일이 포함되며, 금요일은 휴무로 지정한다고 주어진다면 '업무일 기준'에는 금요일이 포함되지 않는다.)
이러한 일정 수립 유형은 난이도가 높아질 경우 앞서서 공부했던 시차와 복합 유형으로 문제가 출제되기도 하므로 시차의 계산 방법에 대해 다시 한번 숙지할 필요가 있다. 또한 예산에 대한 조건 등 다양한 조건이 주어질 수 있으므로, 조건을 명확히 파악해야 한다.

3 | 일정 수립 문제의 전략적 접근방법

가능한 모든 일정을 찾는 방법보다는 주어진 각각의 선택지를 조건에 따라 가능여부를 판단하면서 소거하는 방법인 소거법으로 문제를 풀이하면 일반적으로 쉽게 풀이가 가능하다. 다만, 조건이 다양해지고, 경우의 수가 늘어난다면 문제 풀이 시간이 증가될 수 있는 유형이다. 문제를 풀이할 때, 조건이 너무 많거나 계산이 많이 필요한 문제가 아니라면 별도의 조건 정리 없이 눈으로 빠르게 문제를 풀이하는 연습이 필요하다.

영업그룹과 법무그룹은 새롭게 영업 전략 수립을 위해 4월 1달 동안 4월 1일~3일을 제외한 매주 1회 오후에 합동회의를 진행하려고 한다. 영업그룹과 법무그룹 소속 그룹원들의 4월 일정이 다음과 같을 때, 매주 동일한 요일, 동일한 시간에 합동회의를 하기에 가장 적절한 요일은? (단, 합동회의에는 대리급 이하의 그룹원은 모두가 반드시 참석해야 하며, 과장급 이상의 경우 그룹장 포함 1인 또는 그룹장 제외 3인 이상이 참석해야 한다.)

〈영업그룹, 법무그룹 그룹원 구성〉

영업그룹	박홍식 그룹장, 안예진 차장, 박차홍 과장, 이형진 과장, 이동선 대리, 이예나 사원
법무그룹	최용환 그룹장, 김영수 차장, 김동준 과장, 김동빈 대리, 박용현 대리, 이종화 사원

〈4월 일정표〉

월	화	수	목	금	토	일
				1	2	3
4	5 안예진 (휴가)	6	7 박홍식 (출장)	8 박홍식 (출장)	9 박홍식 (출장)	10
11 김동빈 (오전 반차)	12 박용현 (오후 반차)	13	14 이형진 (휴가)	15 이형진 (휴가)	16	17
18	19 최용환 (출장)	20 최용환 (출장)	21 최용환 (출장)	22	23	24
25 이예나 (오후 반차)	26	27	28	29 이동선 (오전 반차)	30	

※ 1) 근무는 평일에만 진행하며, 기본 근무 시간은 08시~17시이며, 12시~13시는 점심시간임
　2) 반차: 오전 또는 오후 중 하나를 정해서 휴가를 사용하는 것(오전 반차: 08시~12시 휴가, 오후 반차: 13시~17시 휴가)

① 월요일　　　　　　② 화요일　　　　　　③ 수요일
④ 목요일　　　　　　⑤ 금요일

정답 및 해설 ⑤

대리급 이하의 그룹원은 모두 참석해야 한다고 했으므로 대리급 이하 그룹원 중 오후에 휴가, 출장 일정이 있는 요일에는 정기 회의가 불가능하다. 따라서 25일 이예나 사원의 오후 반차가 예정되어 있는 월요일과 12일 박용현 대리의 오후 반차가 예정되어 있는 화요일은 불가능하다.
수요일에는 최용환 그룹장 1명의 일정밖에 없지만, 그룹장이 참석하지 못한다면 과장급 이상 3명이 참석해야 하는데, 법무그룹에는 그룹장을 제외하고 과장급 이상이 2명밖에 없으므로 수요일 역시 불가능하다. 목요일 또한 같은 이유로 불가능하고 가능한 요일은 금요일밖에 없다.

PART 6

예산관리

×

01 수익체계표

1 | 수익체계표의 의의

경쟁관계인 두 회사의 제품별 홍보에 따른 수익의 변화를 도표로 수치화한 표로 수익구조표라고도 한다. 각 회사가 특정 제품을 홍보하는 경우 얻을 수 있는 예상 수익을 체계화한 표이다.

2 | 수익체계표 문제의 유형

가장 기본적인 형태로는 기간별 수익 변화를 고려하지 않고 두 회사 수익의 합, 차, 특정 회사 수익이 최대가 되는 방법을 묻는 문제가 주로 출제되고 있다. 또한 월, 분기 등 특정 시기별 수익의 변화를 조건으로 두고 특정 시기에 조건을 만족할 수 있는 홍보 제품을 선택하는 유형의 문제가 출제된다.

문제 풀이 방법 자체는 어렵지 않으나, 도표가 익숙하지 않아서 풀이 방법을 쉽게 떠올리지 못하거나, 풀이 중 실수에 의해 오답을 체크하는 경우가 많으므로, 익숙하게 풀이할 수 있도록 충분한 연습을 한다면, 매우 쉽게 풀이할 수 있는 유형 중 하나이다.

예 수익 변화 조건 예시

〈표〉 분기별 선호제품

구분	1분기	2분기	3분기	4분기
선호제품	Q	W	E	Q, E

※ 분기별 선호제품을 홍보하면 해당 분기 수익이 50% 증가하거나 손해가 50% 감소함

3 | 수익체계표의 해석 방법

수익체계표의 해석을 위해서는 도표 아래쪽에 표시되어 있는 내용을 확인해야 한다.

예 수익체계표 예시

(단위: 억 원)

B 회사 \ A 회사	Q 제품	W 제품	E 제품
Q 제품	(7, 9)	(7, 9)	(2, 4)
W 제품	(3, 6)	(−2, 1)	(4, 3)
E 제품	(−2, 3)	(3, 0.5)	(1, −1)

※ (A 회사의 한 분기당 수익, B 회사의 한 분기당 수익)을 의미함

예시의 경우 (A 회사의 한 분기당 수익, B 회사의 한 분기당 수익)이라고 주어져 있으므로, 수익체계표에 표시되어 있는 내용 중 괄호 안의 숫자에서 앞의 숫자는 A 회사의 수익, 괄호 안의 숫자에서 뒤의 숫자는 B 회사의 수익을 의미한다.

예를 들어, A 회사가 Q 제품을 홍보하고, B 회사가 W 제품을 홍보하면, 해당하는 위치에는 (3, 6)이라고 적혀 있다. 이것을 해석해 보면 '시기를 고려하지 않았을 경우 A 회사가 Q 제품을 홍보하고, B 회사가 W 제품을 홍보하면 A 회사는 분기당 3억의 수익을 얻을 수 있고, B 회사는 분기당 6억의 수익을 얻을 수 있다.'라고 해석할 수 있다.

괄호 안의 숫자는 이와 같이 각 회사가 1분기당 얻을 수 있는 수익을 의미하는데, A 회사가 W 제품을 홍보하고 B 회사가 W 제품을 홍보하는 경우와 같이 괄호 안의 숫자가 음수로 나타나는 경우도 있다. 이 경우를 해석해 보면 '시기를 고려하지 않았을 경우 A 회사가 W 제품을 홍보하고, B 회사가 W 제품을 홍보하면 A 회사는 분기당 6억의 손해(적자)가 발생하고, B 회사는 분기당 1억의 수익을 얻을 수 있다.'라고 해석할 수 있다.

수익 변화조건을 고려하면, 약간의 계산이 동반되어야 한다. 아래의 일반적인 유형의 문제를 살펴보고자 한다.

예

B 회사는 A 회사가 내년 1년 동안 Q 제품만을 홍보한다는 정보를 토대로 제품 홍보 계획을 세우려고 한다. B 회사의 수익이 A 회사보다 높으면서도 A 회사와의 격차를 최대화할 수 있도록 홍보 계획을 세우려고 할 때, 분기별 B 회사가 홍보해야 할 제품으로 올바르게 연결된 것을 고르시오.

→ 위의 예시 문제를 보면 가장 먼저 확인해야 하는 정보는 'A 회사가 내년 1년 동안 Q 제품만을 홍보'라는 부분이다. 이 정보를 토대로 '수익체계표 예시'에 나와 있는 표 중 A 회사 − W 제품, E 제품에 대한 내용은 살펴볼 필요가 없어지는 것이다. (표를 단순화할 수 있다.)

B 회사 \ A 회사	Q 제품
Q 제품	(7, 9)
W 제품	(3, 6)
E 제품	(−2, 3)

다음으로 파악해야 하는 것은 조건이다. 일반적으로 이러한 경우 주어지는 조건을 크게 3가지로 구분해 보면 다음과 같다.

① 경쟁회사보다 높은 수익을 올릴 수 있어야 한다.

② 경쟁회사와의 격차를 최대화할 수 있는 제품을 홍보한다.

③ 우리 회사의 수익이 최대가 될 수 있는 제품을 홍보한다.

보통 주어진 조건 3가지 중 ① & ② 또는 ① & ③으로 조건이 주어지게 된다. ② 조건과 ③ 조건을 조금 더 자세히 살펴보면 ② 조건의 경우 B 회사의 수익이 조금 줄어들더라도, A 회사와의 수익격차가 크다면 그 제품을 홍보해야 하는 것이고, ③ 조건의 경우 A 회사와의 수익격차가 줄어들더라도 B 회사의 수익이 가장 커질 수 있는 제품을 홍보해야 하는 것이다. 위의 예시를 통해 다시 한번 살펴보면 1분기 선호 제품은 Q 제품이다. 1분기에 Q 제품을 홍보하면 수익이 50% 증가하거나 손실이 50% 감소하므로 수익체계표는 다음과 같이 바뀌게 된다.

B 회사＼A 회사	Q 제품
Q 제품	(7, 9)
W 제품	(3, 6)
E 제품	(−2, 3)

Q 제품 (1분기)
(10.5, 13.5)
(4.5, 6)
(−1, 3)

B 회사가 Q 제품을 홍보한다면, A 회사와 B 회사 모두 1분기에 Q 제품을 홍보하는 것이므로, 두 회사의 수익이 모두 50% 증가하여 (7, 9) → (10.5, 13.5)가 된다.

B 회사가 W 제품을 홍보한다면, A 회사는 여전히 Q 제품을 홍보하기 때문에 수익이 50% 증가하지만, B 회사는 W 제품을 홍보하기 때문에 수익의 변화가 발생하지 않고, 따라서 (3, 6) → (4.5, 6)이 된다.

B 회사가 E 제품을 홍보하는 경우도 W 제품을 홍보하는 경우와 마찬가지이다. 다만 이 경우 A 회사의 수익이 음수로 표시되어 있어서 '적자' 상태에 있었으므로, 손해가 50% 감소하는 것을 계산해주어 (−2, 3) → (−1, 3)이 된다.

이러한 상태에서 조건과 연계해서 본다면 B 회사가 Q, W, E 제품 중 어떤 제품을 홍보하더라도 A 회사보다 분기당 수익이 높으므로 ① 조건은 모두 만족한다. 이때, 조건이 ② 조건으로 주어졌다면, A 회사와의 격차를 최대화하기 위한 선택을 해야 하므로,

Q 제품을 홍보했을 경우 수익의 격차: 13.5 − 10.5 = 3억,

W 제품을 홍보했을 경우 수익의 격차: 6억 − 4.5억 = 1.5억,

E 제품을 홍보했을 경우 수익의 격차: 3억 − (−1)억 = 4억이 된다. 따라서 조건을 만족하기 위해 E 제품을 홍보해야 한다는 결론이 나온다.

하지만 조건이 ③으로 주어진다면 결과가 달라진다. ③ 조건이 주어진다면 B 회사의 수익이 극대화될 수 있는 제품을 홍보해야 하므로, 각 제품을 홍보했을 때, B 회사가 얻을 수 있는 수익을 살펴보아야 한다. Q 제품을 홍보하면 분기당 13.5억, W 제품을 홍보하면 분기당 6억, E 제품을 홍보하면 분기당 3억의 수익이 발생된다. 따라서 조건을 만족하기 위해 Q 제품을 홍보해야 한다는 결론이 나오게 된다.

이처럼 조건에 따라 결괏값이 달라지므로, 명확히 조건을 파악할 필요가 있다.

4 │ 수익체계표 문제의 전략적 접근방법

수익체계표 문제의 경우 문제 출제 유형이 정형화되어 응용이 잘 되지 않는 유형의 문제이다. 따라서 두 회사 수익의 합을 묻는 경우 괄호 안 숫자의 합, 수익의 격차는 괄호 안 숫자의 차이를 의미한다는 것과 위의 도표 해석에서 살펴보았던 조건에 대한 내용만 정확히 숙지한다면, 충분히 빠른 시간 안에 풀이할 수 있는 유형이다. 문제에 주어지는 조건을 정확히 파악하고, 계산 실수 없이 문제를 풀이할 수 있도록 충분한 연습이 필요하다.

확인 문제

[01~02] 다음 자료를 보고 각 물음에 답하시오.

다음은 A 회사와 B 회사의 제품 홍보에 따른 수익체계를 나타낸 자료이다. A 회사와 B 회사는 동일한 제품군을 판매하는 경쟁사이다. B 회사는 최근 몇 년 동안의 자료 조사를 통해 수익체계와 소비자의 선호도를 조사하였고, 그 결과를 바탕으로 A 회사를 견제할 수 있는 사업 계획을 추진하려고 한다.

〈홍보 제품별 기업의 수익체계〉

(단위: 억 원)

B 회사＼A 회사	Q 제품	W 제품	E 제품
Q 제품	(7, 9)	(4, 7)	(3, 4)
W 제품	(6, 5)	(−2, −1)	(5, 2)
E 제품	(−2, 3)	(3, 2)	(1, −1)

※ (A 회사의 한 분기 수익, B 회사의 한 분기 수익)을 의미함

〈분기별 소비자 선호 제품〉

구분	1분기	2분기	3분기	4분기
선호 제품	Q 제품	W 제품	E 제품	Q 제품, E 제품

※ 소비자가 선호하는 제품을 홍보하면 분기별 수익이 50% 증가하거나 분기별 손해가 50% 감소함

01 다음 중 시기를 고려하지 않고 A 회사와 B 회사가 각각 하나의 제품을 홍보할 때, 두 회사의 수익의 합이 가장 클 경우로 옳은 것은?

① A 회사: Q 제품, B 회사: Q 제품
② A 회사: Q 제품, B 회사: W 제품
③ A 회사: W 제품, B 회사: Q 제품
④ A 회사: W 제품, B 회사: W 제품
⑤ A 회사: E 제품, B 회사: W 제품

02 B 회사는 A 회사가 내년에 1년 동안 Q 제품의 홍보에만 전념한다는 정보를 통해 내년에 시행할 사업 계획을 검토하고자 한다. B 회사는 A 회사보다 많은 수익을 내면서도 수익의 격차를 극대화하는 방안으로 분기별 홍보 제품을 결정할 것이다. B 회사가 분기별로 홍보해야 하는 제품을 올바르게 연결한 것은?

	1분기	2분기	3분기	4분기
①	Q 제품	Q 제품	E 제품	E 제품
②	Q 제품	E 제품	W 제품	Q 제품
③	Q 제품	Q 제품	Q 제품	Q 제품
④	E 제품	E 제품	E 제품	W 제품
⑤	E 제품	E 제품	E 제품	E 제품

[정답 및 해설]

01 문제에 제시된 수익체계표를 토대로 각 경우에 A 회사와 B 회사가 얻을 수 있는 수익의 합을 계산해 보면 아래와 같다.

B 회사 ＼ A 회사	Q 제품	W 제품	E 제품
Q 제품	(7, 9) → 7+9=16	(4, 7) → 4+7=11	(3, 4) → 3+4=7
W 제품	(6, 5) → 6+5=11	(−2, −1) → (−1)+(−2)=−3	(5, 2) → 5+2=7
E 제품	(−2, 3) → (−2)+3=1	(3, 2) → 3+2=5	(1, −1) → 1+(−1)=0

따라서 각 경우 중에 A 회사와 B 회사 수익의 합이 가장 큰 경우는 A 회사가 Q 제품을 홍보하고, B 회사가 Q 제품을 홍보하는 경우이다.

02 A 회사가 내년에 1년 동안 Q 제품의 홍보에만 전념하고, 분기별 소비자 선호 제품을 고려한다면 A 회사와 B 회사의 수익은 아래의 표와 같다.

B 회사 ＼ A 회사	Q 제품 (시기 고려 X)	1분기 (Q 제품)	2분기 (W 제품)	3분기 (E 제품)	4분기 (Q, E 제품)
Q 제품	(7, 9)	(10.5, 13.5)	(7, 9)	(7, 9)	(10.5, 13.5)
W 제품	(6, 5)	(9, 5)	(6, 7.5)	(6, 5)	(9, 5)
E 제품	(−2, 3)	(−1, 3)	(−2, 3)	(−2, 4.5)	(−1, 4.5)

따라서 1분기 E 제품, 2분기 E 제품, 3분기 E 제품, 4분기 E 제품을 홍보했을 때, A 회사보다 수익이 많으면서도 A 회사와의 수익 격차를 극대화할 수 있다.

01 ① **02** ⑤

B 회사는 A 회사가 내년에 1년 동안 X 제품의 홍보에만 전념한다는 정보를 통해 내년에 시행할 사업 계획을 검토하고자 한다. B 회사는 A 회사보다 많은 수익을 내면서도 자사의 수익을 극대화하는 방안으로 분기별 홍보 제품을 결정할 것이다. B 회사가 분기별로 홍보해야 하는 제품을 올바르게 연결한 것은?

B 회사는 이번에 새롭게 사업을 시작하면서 기존 사업자인 A 회사와의 수익 체계를 분석하였다. 사업 시작을 위해 최근 5년간 분기별 소비자 선포 제품에 대한 정보를 조사하였으며, 아래의 조사표를 토대로 향후 사업 계획을 수립할 예정이다.

〈홍보 제품별 기업의 수익체계〉

(단위: 억 원)

B 회사 ＼ A 회사	W 제품	X 제품	Y 제품	Z 제품
W 제품	(7, 9)	(4, 7)	(−3, −2)	(3, 4)
X 제품	(6, 5)	(−2, −1)	(7, 8)	(5, 2)
Y 제품	(2, −4)	(3, 6)	(4, 3)	(7, 4)
Z 제품	(−2, 3)	(3, 2)	(6, 8)	(1, −1)

※ (A 회사의 한 분기 수익, B 회사의 한 분기 수익)을 의미함

〈분기별 소비자 선호 제품〉

구분	1분기	2분기	3분기	4분기
W 제품	50%			100%
X 제품			50%	
Y 제품		50%		
Z 제품		100%		50%

※ 소비자가 선호하는 제품을 홍보하면 분기별 수익이 증가하거나 분기별 손해가 감소함(증가율과 감소율은 제시된 표에 따름)

	1분기	2분기	3분기	4분기
①	W 제품	Y 제품	W 제품	W 제품
②	W 제품	W 제품	W 제품	W 제품
③	W 제품	Y 제품	Y 제품	W 제품
④	Y 제품	Y 제품	Y 제품	W 제품
⑤	Y 제품	X 제품	Z 제품	X 제품

정답 및 해설 ①

A 회사가 내년에 1년 동안 X 제품의 홍보에만 전념했으며, 분기별 소비자 선호 제품을 고려하여 A 회사와 B 회사의 수익을 살펴보면 아래의 표와 같다.

B 회사 ＼ A 회사	X 제품	1분기 (W 50%)	2분기 (Y 50%, Z 100%)	3분기 (X 50%)	4분기 (W 100%, Z 50%)
W 제품	(4, 7)	(4, 10.5)	(4, 7)	(6, 7)	(4, 14)
X 제품	(−2, −1)	(−2, −1)	(−2, −1)	(−1, −0.5)	(−2, −1)
Y 제품	(3, 6)	(3, 6)	(3, 9)	(4.5, 6)	(3, 6)
Z 제품	(3, 2)	(3, 2)	(3, 4)	(4.5, 2)	(3, 3)

따라서 1분기 W 제품, 2분기 Y 제품, 3분기 W 제품, 4분기 W 제품을 홍보했을 때, A 회사보다 수익이 많으면서도 B 회사의 수익을 극대화할 수 있다.

02 환율

1 | 환율의 의의

환율이란 각 국가의 화폐 교환 비율을 의미한다. 보통 환율은 외국 화폐 1원당 원화 금액으로 표시한다. 예를 들어 미국화폐인 달러에 대한 환율은 1,117원/달러로 표현이 되는 것이다. 다만 하나의 예외로 일본의 경우 1엔당이 아닌 100엔당의 금액으로 표현한다.

2 | 환율 문제의 유형

환율 문제는 출장을 가는 경우나, 외국에서의 물건 구입 가격을 산출하는 등의 문제에서 환전 금액을 직접 계산하거나, 직접 환전하는 방법과 이중 환전하는 방법을 비교하여 더 유리한 것을 선택하는 유형의 문제가 출제된다. 예를 들어 한화 (KRW)를 러시아 루블(RUB)로 환전하고자 할 때, KRW → RUB로 바로 환전을 하는 것을 직접 환전이라 하고, 중간에 미국 달러(USD)를 거쳐서 KRW → USD → RUB로 2번 환전하는 것을 이중 환전이라고 한다. 이러한 경우 필연적으로 계산량이 증가될 수밖에 없으므로, 직접 환전과 이중 환전 사이의 관계를 빠르게 판단하는 방법을 연습하는 것이 중요하다.

① 환전 계산 방법(원화 → 외화)

일반적으로 환율에 관련된 문제에서는 '매매기준율'과 '환전 수수료율'이 주어지게 된다. 여기서 '매매기준율'이 우리가 일반적으로 알고 있는 환율이다. 만약에 문제에서 별도의 환율계산방법이 주어진다면, 그 방법에 따라 계산을 하면 되겠지만, 일반적으로 '매매기준율'과 '환전 수수료율'을 활용한 환율의 계산 방법은 아래와 같다.

· '원화 → 외화' 환전하는 경우

$$\cdot \text{지불통화(원화)} \times \frac{1}{\text{매매기준율} \times (1 + \text{환전 수수료율})} = \text{수령통화(외화)}$$

일반적으로 원화와 외화 사이의 환전 관계를 나타내고 있는 이 수식은 일반적인 환율이나, 일반적인 환전 수수료율이 주어졌을 때 사용 가능하다.

② 환전 계산 방법(외화 → 원화)

만약에 현재 가지고 있는 외화를 원화로 환전하는 경우라면 위의 수식을 정리하는 것만으로도 환선에 사용하는 수식을 구할 수 있다. 다만 그때는 지불하는 통화가 외화가 되는 것이고, 수령하는 통화가 원화가 된다는 것만 기억하면 된다.

· '외화 → 원화' 환전하는 경우

$$\cdot \text{수령통화(원화)} = \text{지불통화(외화)} \times \text{매매기준율} \times (1 - \text{환전 수수료율})$$

다음 글과 〈상황〉을 근거로 판단할 때, 甲 주식회사에 대한 부가가치세 과세표준액은?　　　[13 견습선발 PSAT]

수출하는 재화가 선박에 선적 완료된 날을 공급시기로 한다. 수출대금을 외국통화로 받는 경우에는 아래와 같이 환산한 금액을 부가가치세 과세표준액으로 한다.
○ 공급시기 전에 환가한 경우
　수출재화의 공급시기 전에 수출대금을 외화로 받아 외국환 은행을 통하여 원화로 환가한 경우에는 환가 당일의 '적용환율'로 계산한 금액
○ 공급시기 이후에 환가한 경우
　수출재화의 공급시기까지 외화로 받은 수출대금을 원화로 환가하지 않고 공급시기 이후에 외국환 은행을 통하여 원화로 환가한 경우 또는 공급시기 이후에 외화로 받은 수출대금을 외국환 은행을 통하여 원화로 환가한 경우에는 공급시기의 '기준환율'로 계산한 금액

〈상 황〉

甲 주식회사는 미국의 A 법인과 2월 4일 수출계약을 체결하였으며, 甲 주식회사의 수출과 관련된 사항은 아래와 같다.
1) 수출대금: $50,000
2) 2. 4.: 수출선수금 $20,000를 송금받아 외국환 은행에서 환가
3) 2. 12.: 세관에 수출 신고
4) 2. 16.: 수출물품 선적 완료
5) 2. 20.: 수출대금 잔액 $30,000를 송금받아 외국환 은행에서 환가

〈외환시세〉

(단위: 원/달러)

일자	기준환율	적용환율
2. 4.	960	950
2. 12.	980	970
2. 16.	1,000	990
2. 20.	1,020	1,010

① 49,000,000원
② 49,030,000원
③ 49,200,000원
④ 49,300,000원
⑤ 49,600,000원

정답 및 해설 ①

수출하는 재화가 선박에 선적 완료된 날을 공급시기로 한다고 했으므로, 甲 주식회사의 공급시기는 2월 16일이 된다. 따라서 공급시기 이전인 2월 4일에 받아서 외국환 은행에서 환가한 수출선수금 $20,000는 당일 적용환율로 계산해야 하고, 공급시기 이후인 2월 20일에 받아서 외국환 은행에서 환가한 수출대금 잔액 $30,000는 2월 16일 기준환율로 계산해야 한다.
따라서 20,000×950+30,000×1,000＝49,000,000원이 된다.

3 | 환율 문제의 전략적 접근방법

환율 유형의 문제는 환전 후 총 금액을 구하는 유형의 단순 환전 문제가 출제되기도 하지만, 직접 환전과 이중 환전을 비교하는 유형, 단기간 내에 반복적인 환전을 통해 얻은 수익 또는 손해를 계산하는 유형 등 다양한 형태로 출제가 가능하다. 따라서 여러 환전 유형의 문제를 접해보는 것이 중요하고, 예제를 통해 유형별 연습을 해 둘 필요가 있다.

이러한 환율 문제는 필연적으로 계산이 수반될 수밖에 없는 문제이다. 따라서 위에서 살펴본 환율 계산 방법을 정확히 숙지하고, 또는 문제에 별도로 주어지는 환전에 대한 공식을 정확히 적용하여 문제를 풀이해야 한다. 다만, 일부 직접 환전과 이중 환전의 비교 유형이나, 단기간 반복적인 환전을 통해 발생하는 수익 또는 손실을 계산하는 유형의 경우 대소비교 및 보기를 활용하는 방법으로 계산을 단순화하는 방법을 사용한다면, 풀이 시간을 단축할 수 있다. 또한 환전에 대한 개념을 정확히 숙지하고 있다면 문제 풀이 과정을 최대한 단축할 수 있다.

김○○ 씨는 해외여행을 가기 위해 5월 14일 시중은행에서 환전을 하고자 한다. 100만 원을 미국 달러화(USD)로 환전을 하면서 가장 많은 미국 달러화(USD)를 받을 수 있는 은행에서 환전을 한다고 할 때, 〈은행별 5월 14일 환전 정보〉와 〈김○○ 씨의 상황〉을 토대로 김○○ 씨가 환전하기에 가장 적합한 은행은? (단, 모든 계산은 소수점 둘째 자리에서 반올림한다.)

〈은행별 5월 14일 환전 정보〉

구분	공시 매매기준율	공시 환전 수수료율	비고
A 은행	1,270원/달러	15%	A 은행 카드 소지 시 환전 수수료 80% 우대
B 은행	1,265원/달러	10%	대학교 학생증 소지 대학생 환전 수수료 90% 우대
C 은행	1,273원/달러	3%	C 은행으로 월급 통장 설정 시 환전 수수료 면제
D 은행	1,275원/달러	10%	D 은행 카드 전월 실적 30만 원 이상 시 환전 수수료 면제
E 은행	1,265원/달러	10%	5월 가정의 달 맞이 직장인 대상 환전 수수료 70% 우대 Event 진행 중

※ 1) 모든 은행은 해당 은행의 공시 매매기준율과 공시 환전 수수료율에 따라 환전 업무를 수행함
2) 모든 환전 수수료율은 우대율을 적용하기 전 기준임

〈김○○ 씨의 상황〉

입사 1년 차 신입사원인 김○○ 씨는 지갑에 작년까지 다니던 대학의 학생증과 A 은행, D 은행의 카드를 소지하고 있다. 주로 사용하는 카드는 A 은행 카드이며, 전월 실적은 70만 원이고, 전월 총 카드 사용 실적은 97만 원이었다. 주로 사용하는 카드는 A 은행 카드이지만, 월급 통장은 D 은행으로 설정해 둔 상태이다.

① A 은행   ② B 은행   ③ C 은행
④ D 은행   ⑤ E 은행

정답 및 해설 ⑤

김○○ 씨는 입사 1년 차 신입사원이며 대학교 학생증, A 은행 카드, D 은행 카드를 소지하고 있다. 하지만 대학생은 아니기 때문에 B 은행의 환전 수수료 우대를 받을 수는 없다. 전월 총 카드 사용 실적은 97만 원이지만, 주로 사용하는 A 은행 카드 전월 실적이 70만 원이므로, D 은행 카드 전월 사용 실적은 97 - 70 = 27만 원임을 알 수 있다.

따라서 D 은행의 환전 수수료 우대 또한 받을 수 없으므로 김○○ 씨가 받을 수 있는 환전 수수료 우대는 A 은행과 E 은행뿐이다. A 은행은 공시 환전 수수료율이 15%이지만, 80%의 환전 수수료 우대를 받을 수 있으므로 15×0.2=3%가 되고, E 은행은 공시 환전 수수료율이 10%이지만, 70%의 환전 수수료 우대를 받을 수 있으므로 10×0.3=3%가 된다. 이를 토대로 환전 금액을 계산해 보면 다음과 같다.

· A 은행: 1,000,000원 ÷ {1,270×(1+0.03)} ≒ 764.5$
· B 은행: 1,000,000원 ÷ {1,265×(1+0.10)} ≒ 718.6$
· C 은행: 1,000,000원 ÷ {1,273×(1+0.03)} ≒ 762.7$
· D 은행: 1,000,000원 ÷ {1,275×(1+0.10)} ≒ 713.0$
· E 은행: 1,000,000원 ÷ {1,265×(1+0.03)} ≒ 767.5$

따라서 김○○ 씨가 환전하기에 가장 적합한 은행은 E 은행이다.

03 비용 산출

1 | 비용 산출의 의의 및 성격

비용 산출 유형의 문제는 예산 자원은 물론 자원관리 전반에 걸쳐 가장 자주 출제되는 유형의 문제이다. 어떤 물품을 구매하거나, 숙소의 예약, 차량의 유류비, 출장비, 세금 등 각종 비용에 대해 '최저 비용'으로 진행 가능한 항목을 선택하거나 '최저 비용' 또는 '조건에 따른 금액'을 구하는 등의 형태로 출제가 되고 있기 때문에 필연적으로 계산이 동반될 수밖에 없는 문제 유형이다.

이러한 비용 산출 유형은 다른 다양한 유형의 문제들과 복합적으로 출제될 수 있다. 시간 자원과 연계되어 '일정 비용, 일정 기간 안에서'라는 조건이 나올 수도 있고, 물적 자원과 연계되어 '한정된 물적자원을 활용하여 가능한 한 저렴한 비용'이라는 조건이 출제될 수도 있다. 인적 자원도 마찬가지로 '한정된 인적자원으로 가능한 저렴한 비용으로'라는 조건으로 출제될 수도 있다. 또한 일부 유형에서 '예산을 최대한 활용하여'라는 조건이 나올 수도 있다. 이 경우 최저 비용이 아닌, 가능한 최대 비용으로 문제를 풀이해야 하는 경우가 된다.

이처럼 비용에 관한 계산 유형의 문제에서 가장 중요한 것은 새로운 문제를 만났을 때 당황하지 않고 최대한 빨리 풀이 방향을 결정하는 것이다. 물론 시험장에서 새로운 유형 자체를 만나지 않도록 다양한 문제 풀이를 통해 연습을 하는 것이 더욱 바람직하다.

2 | 비용 산출 문제의 전략적 접근방법

1. 정확한 문제 풀이를 위한 전략

가장 먼저 문제에서 주어진 조건을 정확히 확인하는 것이 중요하다. 주어진 자료 중 문제 풀이에 활용되는 조건과 활용되지 않는 조건을 확인할 필요가 있다. 또한 '비용' 계산이 포함되는 문제에서 절대로 놓쳐서는 안 되는 부분이 바로 '할인율'과 '부가세'에 대한 내용이다. 개별적으로 할인이 적용되는 경우도 있으며, 일부 물품에만 '부가세'가 가산되는 경우도 있으니, 정확한 조건을 파악하고 그에 따른 계산을 하는 것이 매우 중요하다.

다음 글과 〈상황〉을 근거로 판단할 때, 수질 개선 설비 설치에 필요한 최소 비용은? [21 5급공채 PSAT]

○ 용도에 따른 필요 수질은 다음과 같다.
  - 농업용수: 중금속이 제거되고 3급 이상인 담수
  - 공업용수: 중금속이 제거되고 2급 이상인 담수
  - 생활용수: 중금속이 제거되고 음용이 가능하며 1급인 담수
○ 수질 개선에 사용하는 설비의 용량과 설치 비용은 다음과 같다.

수질 개선 설비	기능	처리용량(대당)	설치 비용(대당)
1차 정수기	5~4급수를 3급수로 정수	5톤	5천만 원
2차 정수기	3~2급수를 1급수로 정수	1톤	1억 6천만 원
3차 정수기	음용 가능 처리	1톤	5억 원
응집 침전기	중금속 성분 제거	3톤	5천만 원
해수담수화기	염분 제거	10톤	1억 원

  - 3차 정수기에는 2차 정수기의 기능이 포함되어 있다.
  - 모든 수질 개선 설비는 필요 용량 이상으로 설치되어야 한다. 예를 들어 18톤의 해수를 담수로 개선하기 위해 해수담수화기가 최소 2대 설치되어야 한다.
  - 수질 개선 전후 수량 변화는 없는 것으로 간주한다.

〈상황〉

○○기관은 중금속이 포함된 4급에 해당하는 해수 3톤을 정수 처리하여 생활용수 3톤을 확보하려 한다. 이를 위해 필요한 설비를 갖추어 수질을 개선하여야 한다.

① 16억 원
② 16억 5천만 원
③ 17억 원
④ 18억 6천만 원
⑤ 21억 8천만 원

정답 및 해설 ③

생활용수로 활용하기 위해서는 중금속이 제거되고 음용이 가능한 1급 담수가 필요하다. 3차 정수기에는 2차 정수기의 기능이 포함되므로 중금속이 포함된 4급에 해당하는 해수 3톤을 생활용수로 정수하기 위해서 필요한 설비는 해수담수화기 1대, 응집 침전기 1대, 1차 정수기 1대, 3차 정수기 3대가 필요하다. 해수담수화기 1대는 1억 원, 응집 침전기 1대는 5천만 원, 1차 정수기 1대는 5천만 원, 3차 정수기 3대는 5억 원×3＝15억 원이 필요하다.
따라서 최소 비용은 1억 원＋5천만 원＋5천만 원＋15억 원＝17억 원이 필요하다.

2. 빠른 문제 풀이를 위한 전략

계산이 동반되는 문제가 출제되면 자연스럽게 문제를 '주관식' 풀이하는 방법으로 문제를 풀이하는 경향이 있다. 하지만 이는 시간이 오래 걸릴 수밖에 없는 방법이다. NCS 문제는 '객관식'으로 출제된다. 객관식 문제는 객관식 문제를 풀이하는 방법으로 접근해야 한다. 바로 '선택지'를 적극적으로 활용해야 한다는 의미이다. 제시된 '선택지'를 활용하여 문제 풀이의 방향성을 먼저 결정할 필요가 있다.

① 낮은 자릿수만 계산해서 답을 구할 수 있는가?
② 높은 자릿수만 계산해서 답을 구할 수 있는가?
③ 근삿값을 활용하여 답을 구할 수 있는가?
④ 일부만 계산하여 소거법으로 답을 구할 수 있는가?

위에 열거한 방법 외에도 자주 사용이 되지는 않지만 활용 가능한 방법들이 있다. 이러한 방법들을 익히고 문제를 확인한 뒤에 최대한 빠르게 풀이 전략을 수립할 수 있도록 연습을 하는 것이 문제를 빨리 풀이할 수 있는 방법이다.

확인 문제

01 귀하가 A 제품 327개를 더 저렴한 곳에서 구매하려고 할 때, 지불해야 하는 금액을 고르면?

구분	○○판매처	□□판매처
A 제품 가격(원/개)	9,800원	8,900원

※ 1) 제시된 가격은 부가세를 포함한 가격임
　 2) ○○판매처는 300개 이상 구매 시 최종 가격에서 10% 할인해 주는 프로모션을 진행 중임

① 2,764,320원
② 2,798,480원
③ 2,832,160원
④ 2,884,140원
⑤ 2,910,300원

[정답 및 해설]

01 300개 이상 구매하므로 ○○판매처에서는 10% 할인을 받을 수 있다. 따라서 1개당 가격은 9,800원이 아닌 8,820원이 되므로 최종 금액은 8,820 × 327 = 2,884,140원이다.

01 ④

 **문제에 적용하기**

관리부서에서 근무하는 귀하는 부서 행사의 기념품 주문 업무를 담당하게 되었다. 아래 K 부서장의 지시사항을 토대로 했을 때, 귀하가 기념품을 주문하기 위한 최소 비용은?

┌─────────────────〈 K 부서장의 지시사항 〉─────────────────┐

　 오랜만에 진행하는 부서 행사인 만큼 기념품 선정에 신경을 써 주시기 바랍니다. 가능한 많은 부서원들이 참석 가능한 날짜로 선정했지만, 총 부서원 40명 중에서 7명은 출장이나 개인적인 휴가로 인해 참석을 하지 못하게 되었습니다. 비록 행사에 참석하지 못하더라도 기념품은 동일하게 지급해야 한다는 것을 명심해 주시기 바랍니다. 기념품은 선호도 조사를 통해 가장 선호도가 높은 항목으로 선정하여 구매해 주세요. 다만 선호도 차순위 제품의 가격이 우선순위 제품보다 20% 이상 저렴하다면, 차순위 제품으로 구매해 주시기 바랍니다. 혹시 동일한 제품을 판매하는 업체가 여러 곳이라면 저렴한 곳에서 제품을 구매해 주시기 바랍니다.

└──┘

〈선호도 조사 결과〉

선호도	상품명
1순위	무선 이어폰
2순위	무선 마우스
3순위	무선 키보드

〈업체별 판매 금액〉

(단위: 원)

구분	A 업체	B 업체
무선 이어폰	32,500	34,000
무선 마우스	27,400	30,300
무선 키보드	21,500	23,700

※ 1) 위의 가격은 부가세(VAT) 10%가 포함된 가격임
　 2) 단, B 업체는 총 구매수량이 35개를 초과하면 최종 가격에서 10%를 할인해 줌

① 752,500원

② 853,200원

③ 959,000원

④ 1,090,800원

⑤ 1,224,000원

정답 및 해설 　⑤

K 부서장의 지시에 따르면 행사에 참석하지 못하는 부서원들에게도 기념품을 지급해야 하므로 총 기념품 구입 수량은 40개가 된다. 선호도가 가장 높은 항목을 먼저 살펴보면 무선 이어폰의 가격이 A 업체가 32,500원이고 B 업체가 34,000원이지만, B 업체는 총 구매수량이 35개를 초과하면 10%를 할인해 준다고 했으므로, 개당 구입 비용은 34,000×0.9 = 30,600원이 된다. 따라서 A 업체보다 B 업체의 가격이 더 저렴하다.

K 부서장의 지시사항에 따르면 선호도 차순위 제품의 가격이 우선순위 제품의 가격보다 20% 이상 저렴하면 차순위 제품을 선택해야 한다. 선호도 차순위 제품인 무선 마우스의 가격을 살펴보면 A 업체는 27,400원이고 B 업체는 10% 할인을 감안하여 30,300×0.9 = 27,270원이 된다. 무선 이어폰의 B 업체 가격이 30,600원이고, 해당 가격보다 20% 이상 저렴하기 위해서는 30,600×0.8 = 24,480원 이하가 되어야 하므로, 차순위 제품의 가격은 우선순위 제품의 가격보다 20% 이상 저렴하지 않다. 따라서 구매해야 하는 기념품은 무선 이어폰이고 B 업체에서 개당 30,600원의 가격으로 구매해야 하므로 최소 비용은 30,600×40 = 1,224,000원이 된다.

PART 7

물적자원관리

×

01 물적자원의 선택

1 | 물적자원 선택의 의의 및 성격

1. 물적자원 선택의 의의

물적자원의 선택에서 가장 중요한 점은 조건을 빠르고 정확하게 파악하는 것이다. 빠르게 조건을 파악하여 기준에 미달하는 항목들을 소거해 가면서 풀이 시간을 단축하는 연습이 필요하다. 일부 물적자원 선택 유형의 문제는 사실상 예산자원관리의 비용계산 유형과 구분이 무의미할 정도로 비용에 따른 조건이 주어지기도 한다.

2. 물적자원 선택의 성격

물적자원의 선택 문제는 단순 조건을 파악해서 자원을 선택하는 유형보다는 시간자원이나 예산자원과 연계되는 복합 유형으로 주로 출제가 된다. 따라서 시차, 환율, 최소 소요 시간, 총 비용 등의 유형 문제를 풀이하는 방법과 유사한 방법으로 풀이해야 하는 문제도 종종 출제된다. 다만, 이러한 경우에도 명확히 구분되는 특정 조건을 활용하여 선택지를 소거해 가면서 풀이한다면 계산을 단순화할 수도 있고, 전체 풀이 시간을 단축할 수 있으니 다양한 유형의 문제를 통한 연습이 필요하다.

2 | 물적자원 선택 문제의 전략적 접근방법

1. 물적자원 선택 문제의 유형

일부 물적자원의 선택이나 인적자원의 선택에 관련된 문제에서 평가 점수가 주어지고, 각 항목별 가중치를 다르게 적용하여 최종점수를 계산하는 유형의 문제가 출제된다.

2. 물적자원 선택 문제의 풀이를 위한 전략

가중 평균을 풀이할 때 도움이 될 수 있는 Tip을 몇 가지 소개해 보면 다음과 같다.

구분	무게(30%)	가격(30%)	디자인(20%)	품질(20%)
A 제품	9	8	5	7
B 제품	8	5	9	7
C 제품	9	9	5	6
D 제품	6	10	8	5

① 가중치가 같은 항목은 합산한다.

위와 같은 평가표가 있을 때, 정석대로 풀이하여 A 제품의 점수를 구한다면 무게 점수 $9 \times 0.3 = 2.7$점, 가격 점수 $8 \times 0.3 = 2.4$점, 디자인 점수 $5 \times 0.2 = 1.0$점, 품질 점수 $7 \times 0.2 = 1.4$점으로 총점 $2.7 + 2.4 + 1.0 + 1.4 = 7.5$점으로 구할 수 있다. 하지만 가중치가 같은 항목을 합산하여 생각하면 계산을 줄일 수 있다. 무게 점수와 가격 점수의 가중치가 같으므로 점수를 합산하면 $9 + 8 = 17$점이 되고, 가중치를 적용하면 $17 \times 0.3 = 5.1$점이 된다. 디자인 점수와 품질 점수도 마찬가지로 계산하면 $5 + 7 = 12$점, 가중치를 적용하면 $12 \times 0.2 = 2.4$점이 되어 총점은 $5.1 + 2.4 = 7.5$점이 된다.

② 가중치를 감안하지 않고 전체 합을 구해본다.

항상 통용되는 방법은 아니지만, 활용 가능한 문제에서는 획기적으로 시간을 단축시킬 수 있는 방법이 있다. 바로 각 점수의 총합을 구해보는 방법이다. 위의 평가표에서 A 제품의 각 항목별 점수의 합은 $9 + 8 + 5 + 7 = 29$점이고, B 제품의 각 항목별 점수의 합 또한 $8 + 5 + 9 + 7 = 29$점이다. C 제품, D 제품의 각 항목별 점수의 합 역시 29점이다. 이 경우 가중치가 30%인 항목들의 점수합이 높으면 최종 환산 점수도 높다. 가중치가 30%인 무게와 가격 점수의 합을 살펴보면 A 제품은 17점, B 제품은 13점, C 제품은 18점, D 제품은 16점이다. 따라서 별도의 계산 없이도 최종 환산 점수는 C 제품이 가장 높고, A 제품, D 제품, B 제품 순서라는 것을 알 수 있다.

③ 가중치를 계산하기 전 대/소 비교를 통해 소거 가능한 항목은 소거한다.

위의 표에서 A 제품과 C 제품으로 예를 들어 보면, A 제품과 C 제품의 무게와 디자인 점수는 서로 동일하고 가격 점수는 C 제품이 1점 높고, 품질 점수는 A 제품이 1점 높다. 이때, 가격 점수의 가중치는 30%이고 품질 점수의 가중치는 20%이므로 최종 점수는 C 제품이 A 제품보다 높음을 알 수 있다. 항목별로 동일한 1점 차이지만, 가중치의 차이가 존재하므로 환산 점수에서는 0.3점과 0.2점으로 환산되기 때문이다.

④ 가중치의 약분 및 편차 활용법을 활용한다.

주로 가중치는 % 또는 소수 등으로 표현되기 때문에 한눈에 확인 가능한 자연수의 형태로 약분하여 계산을 하는 것이 편리하다. 또한 항목별 최고점수 또는 최저점수를 기준으로 잡고 점수 편차를 활용하여 계산하면 조금은 편리하게 계산이 가능하다.

예를 들어 위에 주어진 표에서 가중치를 자연수 형태로 변형하고, 최고점수를 기준으로 잡고 점수의 편차를 살펴보면 아래의 표와 같이 변형이 가능하다.

구분	무게 (30%) → 3	가격 (30%) → 3	디자인 (20%) → 2	품질 (20%) → 2
A 제품	9 → 0(기준)	8 → -2	5 → -4	7 → 0(기준)
B 제품	8 → -1	5 → -5	9 → 0(기준)	7 → 0(기준)
C 제품	9 → 0(기준)	9 → -1	5 → -4	6 → -1
D 제품	6 → -3	10 → 0(기준)	8 → -1	5 → -2

이와 같이 정리된 표에서 기준과의 점수 편차와 각 항목별 자연수로 표현된 가중치를 곱셈하여 정리하면 아래의 표와 같이 정리가 가능하다.

구분	무게 (30%) → 3	가격 (30%) → 3	디자인 (20%) → 2	품질 (20%) → 2	총합
A 제품	0	-6	-8	0	-14
B 제품	-3	-15	0	0	-18
C 제품	0	-3	-8	-2	-13
D 제품	-9	0	-2	-4	-15

따라서 가중치를 반영한 최종 점수가 가장 높은 것은 C 제품이고, 그다음은 A 제품, D 제품, B 제품의 순서임을 알 수 있다.

다만 위에 열거한 대부분의 방법들은 주어진 제품들 간의 점수를 단순히 '비교'만 하는 것으로 문제에서 절대적인 점수를 묻는다면 정확한 계산은 반드시 해야만 한다.

확인 문제

01 아래의 표를 토대로 최종 점수가 높은 순서대로 나열하면?

구분	브랜드(30%)	가격(30%)	디자인(20%)	안전성(20%)
A 제품	9	5	9	8
B 제품	8	8	6	10
C 제품	7	9	5	7
D 제품	6	10	8	5

※ 1) 각 항목은 10점을 만점으로 평가된 항목임
　　2) 최종 점수는 각 항목의 점수를 정해진 가중치에 따라 합산한 점수로 10점을 초과할 수 없음

[정답 및 해설]

01 풀이법은 두 가지가 있으며, 다음과 같다.

[풀이 1]
· A: $9 \times 0.3 + 5 \times 0.3 + 9 \times 0.2 + 8 \times 0.2 = 7.6$
· B: $8 \times 0.3 + 8 \times 0.3 + 6 \times 0.2 + 10 \times 0.2 = 8.0$
· C: $7 \times 0.3 + 9 \times 0.3 + 5 \times 0.2 + 7 \times 0.2 = 7.2$
· D: $6 \times 0.3 + 10 \times 0.3 + 8 \times 0.2 + 5 \times 0.2 = 7.4$

[풀이 2]

구분	30%	20%	(-)
A 제품	14(-2)	17	$-2 \times 0.3 = -0.6$
B 제품	16	16(-1)	$-1 \times 0.2 = -0.2$
C 제품	16	12(-5)	$-5 \times 0.2 = -1.0$
D 제품	16	13(-4)	$-4 \times 0.2 = -0.8$

01 B > A > D > C

---

01 다음 글과 〈표〉를 근거로 판단할 때 갑, 을, 병이 각각 선택할 최종 구매대안으로 옳은 것은?

[19 입법고시 PSAT]

갑, 을, 병 세 사람은 자동차를 구매하려고 한다. 세 사람 모두 자동차 구매대안을 탐색한 결과 A, B, C 3가지 자동차 모델들을 최종 구매후보군에 포함하였다. 갑, 을, 병 세 사람은 각자 자신들의 최종 자동차 구매대안을 결정하기 위해 차량가격, 브랜드, 안전성, 연비 등의 4가지 주요 속성을 고려한다. 아래 표는 A, B, C 3가지 자동차 모델들에 대한 차량가격, 브랜드, 안전성, 연비 등에 대한 상대적 속성값을 나타낸다. 상대적 속성값이란 해당 속성의 우수성 정도를 0~10 사이의 값으로 나타낸 것으로 상대적 속성값이 클수록 해당 속성이 우수함을 의미한다. 표에서 차량가격, 안전성, 연비에 대한 상대적 속성값은 객관적 속성으로 갑, 을, 병 모두 동일하게 인식된 값이고, 브랜드에 대한 상대적 속성값은 갑, 을, 병 세 사람의 브랜드 선호도가 반영되어 세 사람별로 구분되어 인식된 값이다.

갑과 을은 자동차를 구매할 때 차량가격, 브랜드, 안전성, 연비를 각각 4:3:2:1의 비중으로 중요하게 생각하며, 4가지 주요 속성값의 가중합을 구한 후 이를 비교하여 구매한다. 또한, 갑은 4가지 주요 속성을 종합적으로 비교함에 있어 특별한 제한을 두고 있지 않으나 을은 모든 주요 속성에 대한 상대적 속성값이 6 이상인 대안만을 고려한다. 한편, 병은 4가지 주요 속성들을 브랜드-차량가격-안전성-연비 순으로 고려한다. 우선순위가 높은 속성에서부터 상대적 속성값이 가장 큰 대안을 선택하고 우선순위가 높은 속성의 상대적 속성값이 같은 대안들에 대해서는 순차적으로 다음 우선순위가 높은 속성에서 비교하여 정한다.

〈표〉 자동차 구매대안별 주요 속성에 대한 상대적 속성값

구분	차량 가격	브랜드			안전성	연비
		갑	을	병		
대안 A	5	10	10	9	8	10
대안 B	6	9	9	9	8	6
대안 C	9	6	6	7	7	6

① 갑 - 대안 A, 을 - 대안 B, 병 - 대안 C
② 갑 - 대안 A, 을 - 대안 C, 병 - 대안 B
③ 갑 - 대안 B, 을 - 대안 A, 병 - 대안 C
④ 갑 - 대안 B, 을 - 대안 C, 병 - 대안 A
⑤ 갑 - 대안 C, 을 - 대안 A, 병 - 대안 B

02 ♣♣회사 마케팅팀에서는 새로 진출하려는 사업의 시장조사를 위해 현재 시중에 판매되고 있는 제품들에 대한 평가를 진행했다. 각 브랜드별 제품의 평가 점수와 회의에서 논의된 내용을 토대로 최종 점수가 가장 높은 브랜드의 제품부터 최종 점수가 낮은 브랜드의 제품을 순서대로 나열한 것은?

〈브랜드별 제품 평가 점수〉

구분	가격	인지도	무게	디자인	크기
○○브랜드	A	B	C	D	A
☆☆브랜드	C	A	A	C	D
□□브랜드	A	C	C	A	B
△△브랜드	C	A	D	B	D
♡♡브랜드	C	B	A	A	C

※ A: 5점, B: 4점, C: 3점, D: 2점, E: 1점

〈♣♣회사 마케팅팀 회의 결과〉

현재 시장 상황을 봤을 때, 소비자들이 가장 중요시하는 항목은 인지도와 디자인으로 나타났다. 따라서 경쟁사 제품과 비교를 위해 점수를 환산할 때 해당 항목들은 각각 30%씩의 가중치를 두고 계산할 필요가 있다. 반면에 가격적인 측면은 다른 항목들에 비해 소비자들이 크게 중요하게 여기지 않는 것으로 조사되었다. 전반적인 가격이 상향평준화가 이루어진 것이 그 원인으로 분석되고 있다. 이에 따라 가격 항목은 가중치를 10%로 두고 계산하고, 나머지 항목들은 각각 15%의 가중치로 계산하여 제품의 점수를 비교 분석해야 한다.

① ♡♡브랜드 → □□브랜드 → ☆☆브랜드 → △△브랜드 → ○○브랜드
② ☆☆브랜드 → □□브랜드 → ♡♡브랜드 → △△브랜드 → ○○브랜드
③ ♡♡브랜드 → □□브랜드 → ☆☆브랜드 → ○○브랜드 → △△브랜드
④ □□브랜드 → ♡♡브랜드 → ○○브랜드 → □□브랜드 → △△브랜드
⑤ □□브랜드 → ♡♡브랜드 → △△브랜드 → ☆☆브랜드 → ○○브랜드

정답 및 해설 01 ②, 02 ①

01 갑과 을은 차량가격, 브랜드, 안전성, 연비를 각각 4:3:2:1의 비중으로 중요하게 생각하며, 4가지 주요 속성값의 가중합을 구한 후 이를 비교하여 구매한다고 하였으며, 을은 모든 주요 속성에 대한 상대적 속성값이 6 이상인 대안만을 고려한다고 되어 있다. 따라서 갑은 대안 A, 대안 B, 대안 C 중 차량가격, 브랜드, 안전성, 연비를 각각 4:3:2:1의 가중치로 최종 점수를 산출하여 가장 점수가 높은 대안을 선택하면 되고, 을은 모든 속성별 점수가 6점 이상인 대안에 대해서만 살펴보면 되므로 차량가격이 5점인 대안 A는 고려하지 않는다.

갑과 을의 브랜드 점수는 서로 동일하므로 가중치에 따른 최종 점수를 살펴보면 다음과 같다.
· 대안 A 최종점수: 5×0.4+10×0.3+8×0.2+10×0.1=7.6점
· 대안 B 최종점수: 6×0.4+9×0.3+8×0.2+6×0.1=7.3점
· 대안 C 최종점수: 9×0.4+6×0.3+7×0.2+6×0.1=7.4점

갑은 최종점수가 가장 높은 대안 A를 선택하고, 을은 차량가격 점수가 5점인 대안 A를 고려하지 않으므로 대안 B와 대안 C 중 점수가 높은 대안 C를 선택한다.

병은 4가지 주요 속성들을 브랜드-차량가격-안전성-연비 순으로 고려한다. 우선순위가 높은 속성에서부터 상대적 속성값이 가장 큰 대안을 선택하고 우선순위가 높은 속성의 상대적 속성값이 같은 대안들에 대해서는 순차적으로 다음 우선순위가 높은 속성에서 비교하여 정한다고 했으므로 우선 브랜드 점수를 살펴본다.

브랜드 점수는 대안 A와 대안 B가 9점으로 동일하게 가장 높으므로, 대안 A와 대안 B 중 다음 우선순위인 차량가격 점수가 더 높은 것을 선택한다. 대안 A는 차량가격 점수가 5점이고, 대안 B는 차량가격 점수가 6점이므로 병은 대안 B를 선택한다.

따라서 갑은 대안 A, 을은 대안 C, 병은 대안 B를 선택한다.

02 마케팅팀 회의 결과를 정리해 보면 인지도와 디자인은 각각 30%의 가중치를 갖고, 무게와 크기는 각각 20%의 가중치, 가격은 10%의 가중치를 갖는다. 이러한 가중치를 포함하여 위의 평가표를 점수로 환산해 보면 아래와 같다.

구분	가격(10%)	인지도(30%)	무게(15%)	디자인(30%)	크기(15%)
○○브랜드	A = 5	B = 4	C = 3	D = 2	A = 5
☆☆브랜드	C = 3	A = 5	A = 5	C = 3	D = 2
□□브랜드	A = 5	C = 3	C = 3	A = 5	B = 4
△△브랜드	C = 3	A = 5	D = 2	B = 4	D = 2
♡♡브랜드	C = 3	B = 4	A = 5	A = 5	C = 3

이때 가중치를 약분하여 간단한 자연수로 표현하고, 각 항목별 5점을 기준으로 편차를 계산하면 다음과 같이 변형 가능하다.

구분	가격(2)	인지도(6)	무게(3)	디자인(6)	크기(3)
○○브랜드	0	−1	−2	−3	0
☆☆브랜드	−2	0	0	−2	−3
□□브랜드	0	−2	−2	0	−1
△△브랜드	−2	0	−3	−1	−3
♡♡브랜드	−2	−1	0	0	−2

각 편차와 가중치 환산값을 곱하고, 그 합을 구해보면, 아래와 같이 변형 가능하다.

구분	가격(2)	인지도(6)	무게(3)	디자인(6)	크기(2)	총합
○○브랜드	0	−6	−6	−18	0	−30
☆☆브랜드	−4	0	0	−12	−9	−25
□□브랜드	0	−12	−6	0	−3	−21
△△브랜드	−4	0	−9	−6	−9	−28
♡♡브랜드	−4	−6	0	0	−6	−16

따라서 순서는 '♡♡브랜드 → □□브랜드 → ☆☆브랜드 → △△브랜드 → ○○브랜드'이다.

02 생산량

1 | 생산량 유형의 의의

'생산량'은 가지고 있는 자원을 활용하여 제작할 수 있는 제품의 최대량으로 정의할 수 있다. '생산가능한 양'이라고 말할 수 있으며, 주어진 조건에 따라 일정 시간 또는 일정 재료를 토대로 만들어 낼 수 있는 생산량을 산출하는 유형이 주로 출제된다. 주어지는 조건에 따라 풀이 방법이 굉장히 다양해질 수 있는 유형이지만, 대부분의 유형에서 계산이 필수적으로 필요한 유형이다.

2 | 생산량 유형의 성격

생산량 유형은 조건에 따라 굉장히 다양하게 변화된다. 시간자원관리 유형 중 생산 시간을 묻는 유형과 연계되어 총 생산에 걸리는 시간을 구하는 유형으로 출제가 되기도 하며, 원료의 가격이나 제품 가격을 통해 총 최대 판매액 또는 총 원료비 등을 묻는 형식으로 예산자원관리 유형과 연계되어 출제되기도 한다.
필연적으로 계산이 포함될 수밖에 없는 유형으로 시간/예산과 연계되면 상당히 까다로울 수 있어 문제의 유형을 빠르게 파악하는 것이 중요하다.

🔧 문제에 적용하기

[01~02] 아래 내용을 보고 각 물음에 답하시오.

〈제품 1개 생산 시 부품 필요 수량〉

구분	부품 가	부품 나	부품 다	부품 라
제품 A	2	1	1	0
제품 B	2	0	1	2
제품 C	0	2	0	2
제품 D	1	1	2	0

〈부품별 재고 현황〉

구분	부품 가	부품 나	부품 다	부품 라
재고 수량(개)	250	180	230	250

〈제품별 1회 공정당 소요 시간〉

구분	제품 A	제품 B	제품 C	제품 D
소요 시간(hr)	2	3	1	4

※ 1) 1회 공정당 각 제품은 양품 기준 10개씩 생산 가능함
　2) 1회 공정당 1종류의 제품만 생산 가능함

01 ○○산업에 근무 중인 임동근 과장은 제품 생산 계획을 수립하려고 하고 있다. 현재 회사의 부품 재고 현황 및 제품별 생산 시 부품 필요 수량을 토대로 계획을 수립할 때, 임동근 과장이 수립할 수 있는 부품 생산 계획으로 옳은 것은? (단, 추가적인 부품 수급은 없다고 가정한다.)

	제품 A	제품 B	제품 C	제품 D
①	30개	70개	50개	50개
②	50개	80개	10개	60개
③	70개	60개	60개	30개
④	30개	70개	60개	50개
⑤	70개	90개	70개	30개

02 임동근 과장은 위에서 수립한 계획대로 제품 생산을 진행하고자 한다. ○○산업의 근무시간은 오전 8시～오후 5시이고, 점심시간은 낮 12시부터 오후 1시까지일 때, 임동근 과장의 계획대로 모든 물건이 완성되기까지 최소 며칠이 소요되는가? (단, 휴일은 고려하지 않고, 점심시간과 근무시간 외에는 제품을 생산하지 않는다.)

① 5일　　　　　　　② 6일　　　　　　　③ 7일
④ 8일　　　　　　　⑤ 9일

[정답 및 해설] 01 ①, 02 ③

01 보기에 주어진 각 조합에 따른 부품 필요 수량은 아래와 같이 구할 수 있다.
· 부품 가 필요 수량＝제품 A 생산량×2＋제품 B 생산량×2＋제품 D 생산량×1
· 부품 나 필요 수량＝제품 A 생산량×1＋제품 C 생산량×2＋제품 D 생산량×1
· 부품 다 필요 수량＝제품 A 생산량×1＋제품 B 생산량×1＋제품 D 생산량×2
· 부품 라 필요 수량＝제품 B 생산량×2＋제품 C 생산량×2
위에 주어진 공식대로 수량을 구해보면 아래의 표와 같다.

구분	부품 가	부품 나	부품 다	부품 라
①	30×2 + 70×2 + 50 = 250개	30 + 50×2 + 50 = 180개	30 + 70 + 50×2 = 200개	70×2 + 50×2 = 240개
②	50×2 + 80×2 + 60 = 320개	50 + 10×2 + 60 = 130개	50 + 80 + 60×2 = 250개	80×2 + 10×2 = 180개
③	70×2 + 60×2 + 30 = 290개	70 + 60×2 + 30 = 220개	70 + 60 + 30×2 = 190개	60×2 + 60×2 = 240개
④	30×2 + 70×2 + 50 = 250개	30 + 60×2 + 50 = 200개	30 + 70 + 50×2 = 200개	70×2 + 60×2 = 260개
⑤	70×2 + 90×2 + 30 = 350개	70 + 70×2 + 30 = 240개	70 + 90 + 30×2 = 220개	90×2 + 70×2 = 320개

각 부품 필요 수량은 각 부품의 재고 수량보다 많을 수 없다. 따라서 임동근 과장이 수립할 수 있는 생산계획으로 옳은 것은 ①이다.

3 | 생산량 유형 문제의 전략적 접근방법

모든 자원관리 유형이 그렇듯 조건을 정확히 파악할 필요가 있다. 문제에 주어진 모든 정보가 다 활용되지는 않을 수
있으니, 내가 활용해야 하는 정보와 활용하지 않아야 하는 정보를 구분하여 정확한 계산이 이루어질 수 있도록 하는 것이
가장 중요하다.

여러 개의 부품 또는 자원을 활용하여 하나의 완성품을 만들 때, 보틀넥(Bottleneck)인 부품이나 자원이 무엇인지를
정확히 파악해야 한다.

> '병목현상'을 의미하는 단어로 유리병의 목 부분이 좁
> 아지는 것에 빗대어 사용하는 표현. 시스템의 전체
> 성능이나 용량이 하나 혹은 소수의 구성 요소나 자원
> 에 의해 제한 받는 현상을 말함

확인 문제

01 다음 표를 보고 제작 가능한 제품 A의 최대 수량을 구하시오.

〈제품 1개 생산 시 부품 필요 수량〉

(단위: 개)

구분	부품 가	부품 나	부품 다	부품 라
제품 A	2	1	1	2

〈부품별 재고 현황〉

구분	부품 가	부품 나	부품 다	부품 라
재고 수량(개)	250	180	230	250

※ 부품의 추가 수급은 불가능하다고 가정함

[정답 및 해설]

01 · 부품 가는 250 / 2 = 125개까지 생산 가능한 양이 확보되어 있다.
   · 부품 나는 180 / 1 = 180개까지 생산 가능한 양이 확보되어 있다.
   · 부품 다는 230 / 1 = 230개까지 생산 가능한 양이 확보되어 있다.
   · 부품 라는 250 / 2 = 125개까지 생산 가능한 양이 확보되어 있다.
   따라서 제품 A를 125개 생산하면 부품 가와 부품 라의 재고가 없어서 추가 생산이 불가능하다.

01 125개

다음 글을 근거로 판단할 때, 甲 금속회사가 생산한 제품 A, B를 모두 판매하여 얻을 수 있는 최대 금액은?

[17 5급공채 PSAT]

- 甲 금속회사는 특수구리합금 제품 A와 B를 생산 및 판매한다.
- 특수구리합금 제품 A, B는 10kg 단위로만 생산된다.
- 제품 A의 1kg당 가격은 300원이고, 제품 B의 1kg당 가격은 200원이다.
- 甲 금속회사는 보유하고 있던 구리 710kg, 철 15kg, 주석 33kg, 아연 155kg, 망간 30kg 중 일부를 활용하여 아래 표의 질량 배합 비율에 따라 제품 A를 300kg 생산한 상태이다. (단, 개별 금속의 추가구입은 불가능하다.)
- 합금 제품별 질량 배합 비율은 아래와 같으며 배합 비율을 만족하는 경우에만 제품이 될 수 있다.

(단위: %)

구분	구리	철	주석	아연	망간
A	60	5	0	25	10
B	80	0	5	15	0

※ 배합된 개별 금속 질량의 합은 생산된 합금 제품의 질량과 같다.

① 195,000원
② 196,000원
③ 197,000원
④ 198,000원
⑤ 199,000원

정답 및 해설 ②

각 제품별 필요 금속 수량과 재고량을 정리하면 아래와 같이 정리할 수 있다.

구분	구리	철	주석	아연	망간
A(%)	60	5	0	25	10
B(%)	80	0	5	15	0
재고량(kg)	710	15	33	155	30

위의 표에서 A 제품과 B 제품을 각각 1kg씩 생산한다고 가정하면 내부에 포함되어 있는 금속의 질량을 %에서 kg으로 변형할 수 있다.

구분	구리	철	주석	아연	망간
A(kg)	0.6	0.05	0	0.25	0.1
B(kg)	0.8	0	0.05	0.15	0
재고량(kg)	710	15	33	155	30

kg당 가격이 300원으로 더 높은 A의 최대 생산량을 확인하기 위해 각각의 금속에 대해 '재고량/A'를 구해보면 구리: 710/0.6 ≒ 1,183.3, 철: 15/0.05=300, 아연: 155/0.25=620, 망간: 30/0.1=300이 된다. 따라서 A의 최대 생산량은 300kg이다. A를 300kg 생산한 뒤 남아있는 금속의 양은 구리: 710−(300×0.6)=530kg, 주석 33kg, 아연 155−(300×0.25)=80kg이 된다. '남아있는 금속 재고량/B'를 구해보면 구리: 530/0.8=662.5, 주석: 33/0.05=660, 아연: 80/0.15 ≒ 533.3이 된다. 따라서 남아있는 금속을 통해 B 제품은 최대 533.3kg을 생산할 수 있는데, 주어진 조건 중 2번째 조건에서 제품 A, B는 10kg 단위로만 생산된다고 했으므로, B 제품의 생산량은 530kg이 된다. 그러므로 제품 A 300kg, 제품 B 530kg을 생산하는 경우가 판매금액이 가장 높으며, 이때의 판매 금액은 300×300+530×200=196,000원이 된다.

03 바코드

1 | 바코드 유형의 성격

바코드 유형의 문제는 익숙하지 않으면 시간이 오래 소요될 수 있는 유형의 문제이다. 조건에 따라 물건에 적절한 바코드 번호를 부여했는지를 판단하는 유형의 문제라고 볼 수 있으며, 넓게는 특정 조건에 따라 사물에 고유인식번호를 부여하는 유형으로 볼 수 있다. 올바르게 바코드를 부여한 선택지를 찾는 문제 또는 바코드를 올바르게 읽은 선택지를 찾는 유형의 문제들이 출제된다.

이러한 바코드 유형의 문제는 NCS 직업기초능력 학습 모듈 중 물적자원관리 방법에 대한 내용을 포함하는 형태로 출제가 되기도 하여, 물적자원관리 순서, 회전대응 보관 원칙 등 물적자원 모듈에 대한 내용을 암기해 둘 필요가 있다.

 문제에 적용하기

다음의 〈바코드 부여 지침〉과 〈상황〉을 근거로 판단했을 때, 귀하가 각 상품에 부여할 바코드로 올바른 것은?

─────〈바코드 부여 지침〉─────
○ 모든 물건은 입고와 동시에 바코드 번호가 부여된다.
○ 바코드 번호는 총 3가지로 구성된다.
  상품코드 – 입고일자코드 – 입고회차코드
  – 상품코드 1자리: 상품종류에 따라 부여됨
    모자 → C, 가방 → B, 후드 티셔츠 → H, 청바지 → J, 신발 → S
  – 입고일자코드 4자리: 입고일에 따라 부여됨
    Ex) 1월 1일 입고 → 0101 // 12월 23일 입고 → 1223
  – 입고회차코드 3자리: 해당연도 입고 횟수에 따라 부여됨
    Ex) 해당연도 3번째 입고 → 003 // 해당연도 999번째 입고 → 999
→ 3월 1일에 20XX 3번째로 입고된 신발: S0301003

─────〈상 황〉─────
  귀하는 20XX년 4월 27일 업무 중 점장으로부터 물건을 창고에 정리하고 바코드를 부여하는 업무를 받았다. 해당일에 입고된 물건으로는 가방과 신발, 모자, 후드 티셔츠, 청바지가 있다.

〈상품 정보〉

구분	20XX년 입고 횟수	상품 금액(원)	판매 빈도	입고 수량(개)
가방	10	213,000	C	50
신발	15	117,000	B	80
모자	5	23,000	E	10
후드 티셔츠	7	65,000	D	30
청바지	17	78,000	A	100

※ 1) 입고 횟수는 4월 27일 이전까지 입고된 총 횟수를 의미함
  2) 판매 빈도는 A > B > C > D > E 순서임

① 가방 – B0427050
② 신발 – B0427015
③ 모자 – C0427005
④ 후드 티셔츠 – H0427030
⑤ 청바지 – J2027100

정답 및 해설 ③

상품별 바코드를 부여하면 아래와 같다.
· 가방: 상품코드(B), 입고일자코드(0427), 입고회차코드(010) → B0427010
· 신발: 상품코드(S), 입고일자코드(0427), 입고회차코드(015) → S0427015
· 모자: 상품코드(C), 입고일자코드(0427), 입고회차코드(005) → C0427005
· 후드 티셔츠: 상품코드(H), 입고일자코드(0427), 입고회차코드(007) → H0427007
· 청바지: 상품코드(J), 입고일자코드(0427), 입고회차코드(017) → J0427017
따라서 부여할 바코드로 옳은 것은 C0427005인 모자이다.

2 | 바코드 유형 문제의 전략적 접근방법

바코드 유형의 문제는 문제의 특성상 정확한 조건의 파악 및 선택지 소거법을 활용한다면 조금은 빠르게 문제를 풀이할 수 있다. 모든 조건을 기억한 뒤 문제를 풀이하는 방법이 가장 정확하겠지만, 주어진 조건이 굉장히 다양할 수 있으므로 사실상 불가능한 방법이다. 따라서 명확하게 'Yes or No'로 구분할 수 있는 조건부터 하나씩 대입하여 선택지를 소거해 나가는 방법이 가장 효율적이고, 빠르게 문제를 풀이할 수 있는 방법이다.

다음 글을 근거로 판단할 때, A 학자의 언어체계에서 표기와 그 의미를 연결한 것으로 옳지 않은 것은?

[19 5급공채 PSAT]

> A 학자는 존재하는 모든 사물들을 자연적인 질서에 따라 나열하고 그것들의 지위와 본질을 표현하는 적절한 기호를 부여하면 보편언어를 만들 수 있다고 생각했다.
> 이를 위해 A 학자는 우선 세상의 모든 사물을 40개의 '속(屬)'으로 나누고, 속을 다시 '차이(差異)'로 세분했다. 예를 들어 8번째 속인 돌은 순서대로 아래와 같이 6개의 차이로 분류된다.
> (1) 가치 없는 돌
> (2) 중간 가치의 돌
> (3) 덜 투명한 가치 있는 돌
> (4) 더 투명한 가치 있는 돌
> (5) 물에 녹는 지구의 응결물
> (6) 물에 녹지 않는 지구의 응결물
> 이 차이는 다시 '종(種)'으로 세분화되었다. 예를 들어, '가치 없는 돌'은 그 크기, 용도에 따라서 8개의 종으로 분류되었다.
> 이렇게 사물을 전부 분류한 다음에 A 학자는 속, 차이, 종에 문자를 대응시키고 표기하였다. 예를 들어, 7번째 속부터 10번째 속까지는 다음과 같이 표기된다.
> 7) 원소: de
> 8) 돌: di
> 9) 금속: do
> 10) 잎: gw
> 차이를 나타내는 표기는 첫 번째 차이부터 순서대로 b, d, g, p, t, c, z, s, n을 사용했고, 종은 순서대로 w, a, e, i, o, u, y, yi, yu를 사용했다. 따라서 'di'는 돌을 의미하고 'dib'는 가치 없는 돌을 의미하며, 'diba'는 가치 없는 돌의 두 번째 종을 의미한다.

① ditu – 물에 녹는 지구의 응결물의 여섯 번째 종
② gwpyi – 잎의 네 번째 차이의 네 번째 종
③ dige – 덜 투명한 가치 있는 돌의 세 번째 종
④ deda – 원소의 두 번째 차이의 두 번째 종
⑤ donw – 금속의 아홉 번째 차이의 첫 번째 종

정답 및 해설 ②

선택지 ②에 주어진 기호를 해석하면 'gw'는 잎이고, 'p' 네 번째 차이를 의미한다. 'yi'는 8번째 종을 의미하므로 gwpyi는 '잎의 네 번째 차이의 여덟 번째 종'이 된다. 따라서 '잎의 네 번째 차이의 네 번째 종'이라고 주어진 선택지는 옳지 않은 내용이다.

04 편익

1 | 편익의 의의 및 성격

1. 편익의 의의와 문제의 유형

'편익'은 자신이 지불한 비용으로 얻게 되는 만족감을 금전화 또는 수치화한 개념으로 쉽게 생각하면 '점수'로 볼 수 있다. 일반적으로 '편익' 유형은 특정 행동이나 특정한 배치, 특정한 조건을 만족했을 때 얻을 수 있는 편익을 조건으로 제시한 후 가장 높은 편익을 얻을 수 있는 방법을 묻거나, 편익의 차이에 따라 선택 가능한 선택지가 무엇이 있는지 등을 묻는 유형의 문제로 출제된다. 조건을 수치화하기 때문에 생소하게 느껴질 수 있는 유형이지만, 결국 조건에 따라서 원하는 자원을 선택하는 기본적인 유형의 문제이다.

2. 풀이 시 주의사항

'편익'의 문제는 매우 다양한 형태로 출제가 가능하다. 가구나 방, 사무실의 사무기기 등의 배치에 따른 편익을 점수로 제시하여 가장 점수가 높은 형태의 구조를 묻는 형태로 출제가 될 수도 있으며, 부서원들의 성향 등 정량적이지 않은 항목들을 '수치화'하여 조건으로 제시하기도 한다. 또한 이미 정량적인 조건들을 새롭게 '수치화'하기도 한다. 예를 들어, 비용 같은 경우 이미 정해진 금액이 있지만, 이를 다시 구분하여 구간별 점수를 조건으로 제시할 수도 있다.

○○전자 기획팀에 근무하는 귀하는 사무실 이전에 따라 사무실의 구조를 선택하게 되었다. 아래의 〈조건〉에 따라 사무실 구조를 비교하여 편익이 최대가 될 수 있는 구조를 선택하고자 할 때, 귀하가 선택할 사무실 구조는?

─〈조 건〉─

○ 사무실에 대한 기본편익은 30이다.
  – 회의실 2개, 탕비실, 휴게실, 탈의실, 캐비닛이 갖추어 있어야 기본편익을 얻을 수 있다.
  – 회의실은 2개를 초과하는 경우 초과분 1개당 편익이 +5이며, 최대 10까지 주어진다.
  – 캐비닛은 3개를 초과하는 경우 초과분 1개당 편익이 +3이며, 최대 9까지 주어진다.
○ 모든 회의실은 면적이 20m² 미만인 경우 미달되는 면적 1m²당 편익이 −1이 된다.
○ 휴게실과 탕비실이 접해 있는 경우 편익이 +5가 된다.
  → 한 면이 최소 2m 이상 맞닿아 있는 경우 접해 있는 것으로 판단한다.
○ 휴게실에 창문이 있는 경우 편익이 +5가 된다.
  → 휴게실에 창문 일부가 있더라도 창문이 있는 것으로 판단한다.

2m
2m

①
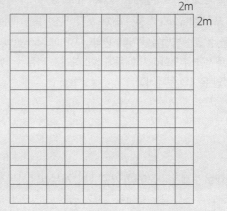

②
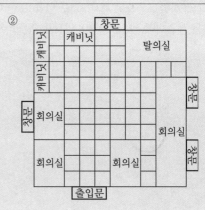

③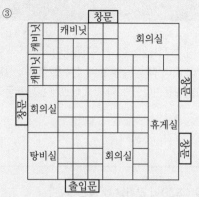

④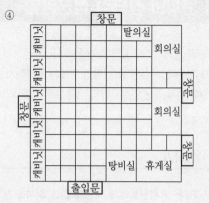

⑤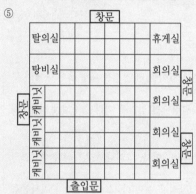

정답 및 해설 ①

편익을 구해보면 다음과 같다. 회의실 2개, 탕비실, 휴게실, 탈의실, 캐비닛이 모두 갖추어 있으므로 기본 편익 30을 받을 수 있고, 회의실은 2개를 초과하면 초과분 1개당 +5이므로 총 +5의 편익을 더 받을 수 있다. 캐비닛은 3개를 초과하면 초과분 1개당 +3이므로 총 +3의 편익을 더 받을 수 있다. 모든 회의실의 면적은 4m×6m=24m²로 20m²를 초과하며, 휴게실은 탕비실과 한 면이 4m 접해 있으므로 +5의 편익을 추가로 얻을 수 있다. 또한 휴게실에 창문이 있으므로 +5의 편익을 추가로 얻을 수 있다.

따라서 총 편익은 30+5+3+5+5=48로 가장 높아 선택할 사무실 구조로 적합하다.

② 탕비실과 휴게실이 없으므로 기본 편익 30을 받을 수 없다. 회의실은 4개로 초과분에 대한 편익 +10을 추가로 얻을 수 있지만, 그 외에 편익을 얻을 수 있는 항목이 없으므로 총 편익은 10이 된다.

③ 탈의실이 없으므로 기본 편익 30을 받을 수 없다. 회의실은 3개로 초과분에 대한 편익 +5를 추가로 얻을 수 있으며, 휴게실에 창문이 있으므로 +5의 추가 편익을 얻을 수 있다.

　　따라서 총 편익은 10이 된다.

④ 회의실 2개, 휴게실, 탕비실, 탈의실, 캐비닛이 모두 있으므로 기본 편익 30을 얻을 수 있다. 캐비닛은 5개로 초과분에 대한 편익 +6을 추가로 얻을 수 있으며, 휴게실과 탕비실이 4m 접해 있으므로 +5의 편익을 추가로 얻을 수 있다. 또한 휴게실에 창문이 일부 접해 있으므로 추가 편익 +5를 얻을 수 있으므로 총 편익은 30+6+5+5=46이 된다.

⑤ 회의실 2개 이상, 휴게실, 탕비실, 탈의실, 캐비닛이 모두 있으므로 기본 편익 30을 얻을 수 있다. 회의실은 4개로 초과분에 대한 편익 +10을 얻을 수 있지만, 모든 회의실의 면적이 4m×4m=16m²로 20m² 미만이므로 회의실 하나당 편익이 −4가 되어 편익이 총 −16이 감소된다. 그 외 추가로 편익을 얻을 수 있는 항목이 없으므로 총 편익은 30+10−16=24가 된다.

위에서 살펴본 바와 같이 '편익' 유형은 기존의 시간자원능력, 예산자원능력, 물적자원능력, 인적자원능력의 모든 유형과 결합이 가능하기 때문에, 사실상 풀이 방법 자체가 특별하지는 않다. 조건에 따라 각 항목의 '편익' 점수를 정확히 산출한 후 기존 물적자원의 배치 또는 인적자원의 배치 유형의 문제와 같이 소거법을 활용한다면, 보다 쉽고 빠르게 문제를 풀이할 수 있다.

💠 문제에 적용하기

어느 날 甲 과장은 부서원들에게 예정에 없는 회식을 제안했다. 다음 〈조건〉에 근거할 때 옳은 것은?

[13 5급공채 PSAT]

○ 부서원은 A를 포함하여 5명이고, 편익을 극대화하기 위한 의사결정을 한다.
○ 과장은 부서원 중 참석 희망자가 3명 이상이면 이들만을 대상으로 회식을 실시한다.
○ 참석 희망 여부는 한번 결정하면 변경이 불가능하고, 현재 A는 다른 사람이 어떤 결정을 내릴 것인지 알지 못한다.
○ A는 12만큼의 편익을 얻을 수 있는 선약이 있다. A가 회식 참석을 결정하면 선약을 미리 취소해야 하고, 회식불참을 결정하면 선약은 지켜진다.
○ A의 편익은 아래와 같다.
　– A가 회식참석을 결정하고 회식이 실시되면, A의 편익은 (참석자 수) × 3이다. 그러나 A가 회식참석을 결정했을지라도 회식이 취소되면, A의 편익은 0이다.
　– A가 회식불참을 결정했으나 회식이 실시되면, A의 편익은 12 – (참석자 수)이다. 그러나 A가 회식불참을 결정하고 회식도 취소되면, A의 편익은 12가 된다.

〈표〉

A의 행동 ＼ 회식 실시 여부	실시	취소
회식참석 · 선약취소	(참석자 수)×3	0
회식불참 · 선약실행	12 – (참석자 수)	12

※ 부서원 수 및 참석자 수에는 과장이 포함되지 않는다.

① A의 최대편익과 최소편익의 차이는 12이다.
② 다른 부서원들의 결정과 무관하게 불참을 결정하는 것이 A에게 유리하다.
③ A의 편익이 최대가 되는 경우는 불참을 결정하고 회식도 취소되는 경우이다.
④ 다른 부서원 2명이 회식에 참석하겠다고 결정하면, A도 참석하는 것이 유리하다.
⑤ 다른 부서원 3명 이상이 회식에 참석하겠다고 결정하면, A도 참석하는 것이 유리하다.

문제에 주어진 조건을 토대 상황별 편익을 계산해 보면 아래의 표와 같다.

A의 행동 \ 회식 실시 여부	실시		취소
회식참석 · 선약취소	A 포함 3명 참석	3×3=9	0
	A 포함 4명 참석	3×4=12	
	A 포함 5명 참석	3×5=15	
회식불참 · 선약실행	A 제외 3명 참석	12-3=9	12
	A 제외 4명 참석	12-4=8	

다른 부서원 3명 이상이 회식에 참석하겠다고 결정한다면, A가 회식에 참석하여 얻을 수 있는 편익은 최소 4×3=12에서 최대 3×5=15이므로 참석하는 것이 유리하다.

① A가 얻을 수 있는 편익의 최솟값은 선약을 취소했는데 회식 또한 취소되는 경우이다. 이 경우 A가 얻을 수 있는 편익은 0이다. 반면 A가 얻을 수 있는 편익의 최댓값은 A가 회식에 참석할 때, 다른 부서원 모두가 참석하여 총 5명이 회식에 참석하는 경우이고 얻을 수 있는 편익은 15이므로 최대 편익과 최소 편익의 차이는 15이다.

② A가 회식불참을 결정했을 때, 다른 부서원이 3명 이상 회식에 참석하여 회식이 실시된다면 A가 얻을 수 있는 편익은 9 또는 8이 된다. 이 경우는 A가 회식에 참석하는 경우에 얻을 수 있는 편익이 더 크므로, 언제나 불참을 결정하는 것이 A에게 유리하지는 않다.

③ 위의 표를 토대로 A가 회식에 참석하고 다른 부서원들도 모두 회식에 참석하는 경우에 A가 얻을 수 있는 편익이 15로 최대가 된다.

④ 다른 부서원 2명이 회식을 참석하겠다고 결정한다면, A가 회식에 참석하여 얻을 수 있는 편익은 3×3=9이다. 반면 A가 회식에 참석하지 않고, 회식이 실시되지 않는다면 A가 얻을 수 있는 편익은 12이므로 참석하지 않는 것이 유리하다.

PART 8

인적자원관리

×

01 인적자원의 배치

1 | 인적자원관리능력의 성격

기본적으로 인적자원관리능력에 대한 내용만으로 출제될 수 있는 유형은 한정적이다. 하지만 시간자원, 예산자원, 물적자원에 관련된 문제를 풀이할 때, 근무조건표, 근무시간표, 인적자원 평가표 등과 함께 출제가 될 수 있으므로 다양한 형태의 문제를 접해 볼 필요가 있다.

2 | 인적자원의 배치 문제 유형의 특징

사실상 인적자원의 배치 유형은 'NCS 학습 모듈'에 의한 내용을 배제한다면 선택 및 배치의 주체가 사물이 아닌 사람이라는 차이만 존재하는 물적자원 선택 유형이라고 볼 수도 있다. 인적자원별 전공, 능력에 대한 내용, 평가 점수, 직급 등이 주어지고 그에 따라 인적자원을 배치하기에 적합한 부서를 묻거나 적절하게 배치된 선택지를 고르는 유형으로 주로 출제가 되며, 평가 점수가 주어지는 경우 가중 평균의 내용이 포함되는 경우가 있으므로, 앞서 공부했던 가중 평균에 대한 내용을 다시 한번 복습해 볼 필요가 있다. 다만 배치에 관련된 내용을 물을 때, 인적자원의 배치 유형, 배치 원칙이 활용되는 경우도 있으므로 NCS 직업기초능력 학습 모듈 중 인적자원관리에 대한 내용을 복습할 필요가 있다.

이러한 인적자원 배치 유형은 예산자원관리 유형과 연계되어 평가 점수에 따른 포상금이나 성과금 등을 계산하는 유형으로 출제가 될 수도 있다. 사실상 예산자원관리 유형의 문제를 풀기 위한 조건으로 인적자원에 대한 내용이 제시되는 것이다. 이러한 문제 풀이 자체는 예산자원관리 유형의 문제를 풀이하는 방식으로 풀이하되, 인적자원과 관련된 다양한 '자료'를 익히는 것이 중요하다.

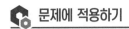

다음 글을 근거로 판단할 때, 甲 연구소 신입직원 7명(A~G)의 부서배치 결과로 옳지 않은 것은?

[17 민경채 PSAT]

甲 연구소에서는 신입직원 7명을 선발하였으며, 신입직원들을 각 부서에 배치하고자 한다. 각 부서에서 요구한 인원은 다음과 같다.

정책팀	재정팀	국제팀
2명	4명	1명

신입직원들은 각자 원하는 부서를 2지망까지 지원하며, 1, 2지망을 고려하여 이들을 부서에 배치한다. 먼저 1지망 지원부서에 배치하는데, 요구인원보다 지원인원이 많은 경우에는 입사성적이 높은 신입직원을 우선적으로 배치한다. 1지망 지원부서에 배치되지 못한 신입직원은 2지망 지원 부서에 배치되는데, 이때 역시 1지망에 따른 배치 후 남은 요구인원보다 지원인원이 많은 경우 입사성적이 높은 신입 직원을 우선적으로 배치한다. 1, 2지망 지원부서 모두에 배치되지 못한 신입직원은 요구인원을 채우지 못한 부서에 배치된다.

신입직원 7명의 입사성적 및 1, 2지망 지원부서는 아래와 같다. A의 입사성적만 전산에 아직 입력되지 않았는데, 82점 이상이라는 것만 확인되었다. 단, 입사성적의 동점자는 없다.

신입직원	A	B	C	D	E	F	G
입사성적	?	81	84	78	96	80	93
1지망	국제	국제	재정	국제	재정	정책	국제
2지망	정책	재정	정책	정책	국제	재정	정책

① A의 입사성적이 90점이라면, A는 정책팀에 배치된다.
② A의 입사성적이 95점이라면, A는 국제팀에 배치된다.
③ B는 재정팀에 배치된다.
④ C는 재정팀에 배치된다.
⑤ D는 정책팀에 배치된다.

정답 및 해설 ⑤

국제팀의 요구 인원은 1명이고, 국제팀에 지원한 신입직원은 A, B, D, G이다. A의 점수는 알 수 없지만 B, D, G 중 점수가 가장 높은 신입직원은 G이므로, A의 점수가 G보다 높으면 A는 국제팀에 배치되고, A의 점수가 82점 이상이라고 했으므로, A의 점수가 G보다 낮으면 정책팀에 배치된다. A의 점수가 82점 이상이라고 했으므로, 정확한 점수와 상관없이 A, G가 국제팀과 정책팀에 1명씩 배치되고, 1지망으로 정책을 지원한 F가 있으므로, 국제팀과 정책팀에 배치되는 3명은 A, F, G 3명이다. 따라서 남은 B, C, D, E는 재정팀에 배치되므로 옳지 않은 설명이다.

3 | 인적자원의 배치 문제의 전략적 접근방법

인적자원의 배치 유형 또한 물적자원의 선택 유형과 마찬가지로 다양한 조건이 주어질 수 있으므로, 명확한 조건을 통해 선택지를 소거해 가는 방식으로 풀이하면 효율적으로 풀이할 수 있다. 또한 가능한 다양한 형태의 '자료'를 경험해 본 뒤, 해당 '자료'를 해석하는 방법과, 주로 주어지는 조건이 어떤 것들이 있는지를 미리 파악할 수 있다면 문제를 정확히 풀이하는 것은 물론이고, 문제의 풀이 시간 또한 크게 단축할 수 있다.

 문제에 적용하기

다음 글을 근거로 판단할 때, 2017년 3월 인사 파견에서 선발될 직원만을 모두 고르면? [15 5급공채 PSAT]

- △△도청에서는 소속 공무원들의 역량 강화를 위해 정례적으로 인사 파견을 실시하고 있다.
- 인사 파견은 지원자 중 3명을 선발하여 1년간 이루어 지고 파견 기간은 변경되지 않는다.
- 선발 조건은 다음과 같다.
  • 과장을 선발하는 경우 동일 부서에 근무하는 직원을 1명 이상 함께 선발한다.
  • 동일 부서에 근무하는 2명 이상의 팀장을 선발할 수 없다.
  • 과학기술과 직원을 1명 이상 선발한다.
  • 근무 평정이 70점 이상인 직원만을 선발한다.
  • 어학 능력이 '하'인 직원을 선발한다면 어학 능력이 '상'인 직원도 선발한다.
  • 직전 인사 파견 기간이 종료된 이후 2년 이상 경과하지 않은 직원을 선발할 수 없다.
- 2017년 3월 인사 파견의 지원자 현황은 다음과 같다.

직원	직위	근무 부서	근무 평정	어학 능력	직전 인사 파견 시작 시점
A	과장	과학기술과	65	중	2013년 1월
B	과장	자치행정과	75	하	2014년 1월
C	팀장	과학기술과	90	중	2014년 7월
D	팀장	문화정책과	70	상	2013년 7월
E	팀장	문화정책과	75	중	2014년 1월
F	−	과학기술과	75	중	2014년 1월
G	−	자치행정과	80	하	2013년 7월

① A, D, F   ② B, D, G   ③ B, E, F
④ C, D, G   ⑤ D, F, G

조건 중 두 번째 조건에서 동일 부서에 근무하는 2명 이상의 팀장을 선발할 수 없다고 했으므로 D와 E는 동시에 선발될 수 없다. D와 E가 동시에 포함되어 있는 선택지가 없으므로 다음 조건으로 넘어가면 과학기술과 직원을 1명 이상 선발한다고 되어 있으므로, 반드시 A, C, F 중 한 명이 포함되어야 하며, 첫 번째 조건에 따라 '과장'인 A가 포함되기 위해서는 C 또는 F가 함께 포함되어야 한다. 따라서 A, C, F가 모두 포함되어 있지 않은 ②는 정답이 될 수 없다.

다음 조건에서 근무 평정이 70점 이상인 직원만 선발한다고 했으므로 A는 선발할 수 없으므로 A가 포함되어 있는 ①은 정답이 될 수 없다.

마지막 조건을 살펴보면 직전 인사 파견 기간이 종료된 이후 2년 이상 경과하지 않은 직원을 선발할 수 없다고 하였고, 문제에서 파견 기간은 1년이라고 했으므로, 파견 시작 시점인 2014년 7월부터 2015년 7월까지 파견 근무를 한 C는 선발할 수 없다. 따라서 C가 포함된 ④는 정답이 될 수 없다.

남아있는 ③을 살펴보면 B의 어학 능력이 '하'이므로 어학 능력이 '상'인 직원이 포함되어야 하는데 E와 F의 어학 능력은 모두 '중'이다. 이에 따라 ③은 정답이 될 수 없다.

⑤의 D, F, G의 경우 과장이 포함되어 있지 않으므로 첫 번째 조건을 적용하지 않는다. 또한 팀장이 1명밖에 포함되어 있지 않으므로 두 번째 조건 역시 적용되지 않는다. F 직원이 과학기술과에 근무 중이고, 3명 모두 근무 평정이 70점 이상이며 G의 어학 능력이 '하'이지만 D의 어학 능력이 '상'이므로 어학 능력 조건도 만족한다. 인사 파견은 1년으로 진행되며 D, E, F의 인사 파견이 모두 2015년 3월 이전이므로, 마지막 조건도 만족한다. 이에 따라 ⑤는 정답이 된다.

02 근무 조건의 해석

1 | 근무 조건의 의의

'근무 조건'은 회사에서 근로자에게 제시한 조건을 의미한다. '근무 태도(줄여서 근태)'에 대한 부분이 일반적으로 포함이 되며, 비용에 대한 부분 또는 임금에 대한 부분이 포함되기도 한다. 출장 조건, 임금 지불 조건, 휴일근무 또는 당직근무 등에 대한 부분이 주로 포함되지만, 일반적으로 회사에서 근무를 하기 전에는 접하기 힘든 형식이므로 생소한 형태이다.

2 | 근무 조건의 해석 문제의 성격

근무 조건의 해석 유형은 '근태'에 해당하는 조건을 얼마나 정확히 이해할 수 있는지를 판단하기 위한 문제 유형이다. 조건에 따른 근무인원 배치나 근무 가능 여부를 판단하는 유형이 출제가 되거나, 평일 초과근무나 휴일근무에 따른 근무 수당을 계산하는 유형의 문제가 출제된다.

일반적인 근무 조건의 해석 유형의 문제는 '주간 근무자'를 기준으로 출제가 되지만 간혹 '교대 근무자'의 근무 시간표와 조건에 대해 묻는 유형의 문제가 출제되기도 한다. '교대 근무표' 자체가 굉장히 생소할 수 있기 때문에 교대 근무표를 익혀 둘 필요가 있다. 보통 4조 3교대 형식의 근무표가 주로 출제된다. 휴무에 따른 대체 근무에 대한 조건이 주로 출제가 되기 때문에 조건에 따라 어떤 경우에 대체 근무가 불가능한지를 미리 알아 두면 문제를 쉽게 풀이할 수 있다.

🔷 문제에 적용하기

[01~02] 다음은 △△회사의 교대 근무 일정에 관한 자료이다. 아래 자료를 토대로 각 물음에 답하시오.

〈교대 근무 지침〉
○ 교대 근무는 4조 3교대를 기본으로 함
○ 업무상 1일의 기준은 오전 조가 근무를 시작하는 시간부터 야간 조가 근무를 끝마치는 시간을 기준으로 함
  – 오전 조 근무는 07:00~15:00을 기준으로 함
  – 오후 조 근무는 15:00~23:00을 기준으로 함
  – 야간 조 근무는 23:00~익일 07:00을 기준으로 함
○ 6일 근무 후 2일의 기본 휴무를 가지며, 총 30일 근무 시 유급 휴가 1일이 발생함
  – 30일마다 발생하는 유급 휴가는 시급제 연차라 칭하며, 사용하지 않더라도 연차 보상비로 지급하지 않음을 원칙으로 함

○ 교대조의 휴가는 상호 협의를 통해 결정하는 것을 원칙으로 함
  − 오전 조에서 휴가자가 발생
    → 오후 조 근무자가 07:00~19:00(12시간 근무)
       야간 조 근무자가 19:00~익일 07:00(12시간 근무)
  − 오후 조에서 휴가자가 발생
    → 오전 조 근무자가 07:00~19:00(12시간 근무)
       야간 조 근무자가 19:00~익일 07:00(12시간 근무)
  − 야간 조에서 휴가자가 발생하는 경우
    → 오전 조 근무자가 07:00~19:00(12시간 근무)
       오후 조 근무자가 19:00~익일 07:00(12시간 근무)
○ 업무상 기준 1일 이내에 근무시간은 12시간을 초과하지 않음을 원칙으로 함
○ 근무 간격은 최소 8시간 이상을 유지하는 것을 원칙으로 함
  − 단, 근무 간격이 8시간을 초과하더라도 야간 근무 종료 후 퇴근한 경우, 당일 19:00 이전 출근은 불가함

〈임금 지급 기준〉

○ 기본급을 기준으로 임금을 책정하여 지급함을 원칙으로 함
  − 야간 수당의 경우 기본급의 50%를 가산하여 지급함
  − 주말(토요일, 일요일)을 제외한 공휴일 근무의 경우 50%를 가산하여 지급함
    → 명절(설, 추석), 광복절, 어린이날 등의 국가 공휴일
○ 연차 보상비는 사용 후 남은 잔여 휴가 1일당 8시간의 근무시간을 가정하여 기본급의 100%를 지급하는 것을 원칙으로 함
  − 휴가 보상비는 1년 단위로 산출하며, 해당연도 12월 31일까지 미사용 연차에 대해 이듬해 3월 첫 번째 평일에 지급하는 것을 원칙으로 함

01 다음은 △△회사의 5월 교대 일정표 중 일부이다. 아래의 일정표를 토대로 판단하였을 때, 다음 중 휴가를 잘못 신청한 사람은?

구분	1일	2일	3일	4일	5일	6일	7일	8일	9일
오전	A 조	A 조	A 조	A 조	A 조	A 조	B 조	B 조	B 조
오후	B 조	B 조	B 조	B 조	C 조	C 조	C 조	C 조	C 조
야간	C 조	C 조	D 조	D 조	D 조	D 조	D 조	D 조	A 조
휴무	D 조	D 조	C 조	C 조	B 조	B 조	A 조	A 조	D 조
구분	10일	11일	12일	13일	14일	15일	16일	17일	18일
오전	B 조	B 조	B 조	C 조	C 조	C 조	C 조	C 조	C 조
오후	C 조	D 조	D 조	D 조	D 조	D 조	D 조	A 조	A 조
야간	A 조	A 조	A 조	A 조	A 조	B 조	B 조	B 조	B 조
휴무	D 조	C 조	C 조	B 조	B 조	A 조	A 조	D 조	D 조

① 5월 1일 병원 방문을 위해 휴가를 신청한 B 조 임직원
② 5월 5일 가족 여행을 위해 휴가를 신청한 C 조 임직원
③ 5월 8일 부모님 댁에 방문하기 위해 휴가를 신청한 D 조 임직원
④ 5월 14일 건강 검진을 위해 휴가를 신청한 C 조 임직원
⑤ 5월 16일 가족 행사를 위해 휴가를 신청한 B 조 임직원

02 다음은 교대 조 임직원 중 일부의 20X1년 연차 사용 현황과 기본급에 대한 자료이다. 아래의 자료를 토대로 20X2년 3월 2일(월)에 연차 보상비를 가장 많이 지급받는 임직원은?

구분	기본 연차		시급제 연차		직급	기본급 (원/시간)
	발생	사용	발생	사용		
가	17	12	10	1	과장	21,700
나	15	10	9	8	대리	20,200
다	15	10	6	0	대리	19,800
라	13	9	4	4	주임	19,200
마	12	5	7	7	사원	18,700

① 가 과장 ② 나 대리 ③ 다 대리
④ 라 주임 ⑤ 마 사원

정답 및 해설 | 01 ③, 02 ⑤

01 5월 8일 D 조에서 휴가를 신청하면 B 조가 07:00~19:00, C 조가 19:00~익일 07:00 근무를 하게 된다. 이 경우 B 조나 C 조 모두 최소 8시간 이상의 휴식 규정을 지킬 수 있으나 C 조는 07:00 퇴근 후에 당일 15:00에 출근을 하므로, 19:00 이전에 출근할 수 없다는 규정에 위반한다.
따라서 5월 8일 D 조에서는 휴가를 신청할 수 없다.

① 5월 1일 B 조에서 휴가를 신청하면 A 조가 07:00~19:00, C 조가 19:00~익일 07:00 근무를 하게 된다. 이 경우 A 조나 C 조 모두 최소 8시간 이상의 휴식 규정을 지킬 수 있으며 C 조는 07:00 퇴근 후에 당일 23:00에 출근을 하므로, 19:00 이전에 출근할 수 없다는 규정 또한 위반하지 않는다.

② 5월 5일 C 조에서 휴가를 신청하면 A 조가 07:00~19:00, D 조가 19:00~익일 07:00 근무를 하게 된다. 이 경우 A 조나 D 조 모두 최소 8시간 이상의 휴식 규정을 지킬 수 있으며 D 조는 07:00 퇴근 후에 당일 23:00에 출근을 하므로, 19:00 이전에 출근할 수 없다는 규정 또한 위반하지 않는다.

④ 5월 14일 C 조에서 휴가를 신청하면 D 조가 07:00~19:00, A 조가 19:00~익일 07:00 근무를 하게 된다. 이 경우 D 조나 A 조 모두 최소 8시간 이상의 휴식 규정을 지킬 수 있으며 A 조는 07:00 퇴근 후에 휴무이므로, 규정에 위반하지 않는다.

⑤ 5월 16일 B 조에서 휴가를 신청하면 C 조가 07:00~19:00, D 조가 19:00~익일 07:00 근무를 하게 된다. 이 경우 C 조나 D 조 모두 최소 8시간 이상의 휴식 규정을 지킬 수 있으며 D 조는 07:00 퇴근 후에 휴무이므로, 규정에 위반하지 않는다.

02 시급제 연차는 잔여 연차에 대해 연차 보상비를 지급하지 않는 것을 원칙으로 한다고 했으므로, 기본 연차에 대한 지급 금액만 계산하여 문제를 풀이할 수 있다. 연차 보상비는 연차 1일당 8시간의 근무를 가정하여 기본급의 100%를 지급한다고 했으므로 이를 계산하면 다음과 같다.

- 가 과장은 잔여 연차 1일당 21,700×8 = 173,600원
- 나 대리는 잔여 연차 1일당 20,200×8 = 161,600원
- 다 대리는 잔여 연차 1일당 19,800×8 = 158,400원
- 라 주임은 잔여 연차 1일당 19,200×8 = 153,600원
- 마 사원은 잔여 연차 1일당 18,700×8 = 149,600원

따라서 각 임직원별 지급받는 연차 보상비는 다음과 같다.

- 가 과장: 173,600×(17 − 12) = 868,000원
- 나 대리: 161,600×(15 − 10) = 808,000원
- 다 대리: 158,400×(15 − 10) = 792,000원
- 라 주임: 153,600×(13 − 9) = 614,400원
- 마 사원: 149,600×(12 − 5) = 1,047,200원

따라서 가장 많은 연차 보상비를 받는 임직원은 마 사원이다.

3 | 근무 조건의 해석 문제의 전략적 접근방법

근무 조건의 해석 유형을 쉽고 빠르게 풀이하기 위해서는 다양한 조건을 경험해 보는 것이 중요하다. 문제를 풀이하면서 자주 제시되는 조건, 까다로웠던 조건 등을 미리 파악하고 있다면, 그만큼 조건을 해석하는 데 들이는 시간도 줄어들고, 조건을 잘못 해석하는 경우도 줄어들 수밖에 없다. 또한 우선 명확한 조건에 따라 선택지를 소거하면서 풀이하는 소거법 또한 도움이 된다. 우선 명확히 눈에 보이는 조건을 통해 일부 선택지를 소거하고, 남은 선택지들을 구분 가능한 조건이 있는지 풀이하는 방식이다.

[01~02] 다음 자료를 보고 각 물음에 답하시오.

〈당직 근무 규정〉

1. 당직은 일직과 숙직으로 구분한다.
   ○ 일직: 휴일에 근무하며, 근무 시간은 정상 근무시간에 준한다.
   ○ 숙직: 정상 근무시간 혹은 일직 근무시간이 종료된 시점부터 익일 정상 근무 시간 혹은 일직 근무 시간 시작 시점까지로 한다.
2. 정상 근무 혹은 일직 이후 숙직 근무는 가능하나, 숙직 근무 후 일직 및 숙직은 불가능하다.
   ○ 숙직 후 평일 정상 근무의 경우 오전 근무(08:00~12:00) 후 퇴근을 원칙으로 한다.
   ○ 2일 연속 숙직은 불가능함을 원칙으로 한다.
3. 팀장과 그룹장은 반드시 월 1회 숙직 근무와 월 1회 일직 근무를 하며, 숙직과 일직은 각각 월 1회를 초과할 수 없다.
4. 그룹장 이상의 직책간부를 제외한 임직원의 당직 근무는 주 1회 이하로 제한한다.
   ○ 1주일은 월요일~일요일로 구분한다.
     Ex) 일요일 일직 이후 월요일 숙직은 가능하나, 월요일 숙직 이후 일요일 일직은 불가능하다.
5. 휴일은 토요일과 일요일, 그리고 공휴일 및 회사 지정 휴일을 기준으로 한다.
6. 당직 변경은 당사자 간의 협의 후 당직 근무 일정표 수립 담당자에게 통보하여 변경 가능하며, 대체 근무자를 지정할 경우에도 1~6번 항목은 동일하게 적용된다.

〈5월 당직 근무 일정표 초안〉

월	화	수	목	금	토	일
					1	2
					[일]이상엽 T [숙]이정하	[일]최태식 G [숙]오수연
3	4	5	6	7	8	9
최은선	이정하	[일]박영수 [숙]최일범	오태영	신은정	[일]김동진 [숙]박태호 G	[일]이재범 G [숙]이선호
10	11	12	13	14	15	16
하연주	이선호	[일]이영찬 T [숙]박용현	권용범	최일범	[일]이창하 T [숙]최태식 G	[일]박태호 G [숙]최은선
17	18	19	20	21	22	23
박영수	오태영	최일범	하연주	신은정	[일]권용범 [숙]이상엽 T	[일]이정하 [숙]이영찬 T
24	25	26	27	28	29	30
김동진	오수연	하연주	신은정	이선호	[일]최일범 [숙]이창하 T	[일]권용범 [숙]이재범 G
31						
박영수						

※ 1) 5월 5일은 어린이날이며, 5월 12일은 회사 창립 기념일로 회사 지정 휴일임
　 2) 팀장은 이름 뒤에 'T', 그룹장은 이름 뒤에 'G'를 붙여서 표시함

〈부서별 임직원 명단〉

부서명	임직원 명단
품질경영팀	이상엽 팀장, 최태식 그룹장, 하연주, 최은선, 오태영, 김동진
제조지원팀	이창하 팀장, 이재범 그룹장, 이정하, 이선호, 오수연, 최일범
인프라지원팀	이영찬 팀장, 박태호 그룹장, 권용범, 박영수, 신은정, 박용현

01 귀하는 당직 근무 일정표 작성 업무를 담당하고 있는 담당자로 5월 당직 근무는 품질경영팀, 제조지원팀, 인프라지원팀이 담당하게 되어 당직 근무 일정표를 작성하였다. 초안을 작성한 후 개인별 변경이 필요한 부분 확인 요청 결과 아래와 같이 당직 근무의 변경 요청을 받았다. 아래의 요청 중 귀하가 처리해 줄 수 있는 요청은?

	요청 일자	당직 임직원	대체 임직원	대체 사유
①	5월 5일	박영수	이재범 그룹장	이재범 그룹장의 요청(업무 처리 필요)
②	5월 11일	이선호	최은선	병원 방문
③	5월 16일	최은선	박영수	가족 여행
④	5월 23일	이정하	김동진	언니 결혼식
⑤	5월 30일	이재범 그룹장	박용현	아들 결혼식

02 제조지원팀 이정하 사원은 5월 23일 친한 친구 결혼식에 참석하기 위해 당직 근무 일정 변경을 요청하고자 한다. 이정하 사원이 당직 근무의 변경을 요청하기에 적절한 사람은?

① 박영수   ② 최일범   ③ 신은정
④ 박용현   ⑤ 권용범

[정답 및 해설] 01 ④, 02 ④

01 5월 23일 이정하 사원은 일직이며, 김동진 사원으로의 변경을 요청하였는데, 김동진 사원의 근무 일정 상 5월 17일~5월 23일 사이에 근무가 예정되어 있지 않기 때문에 변경 가능하다. 5월 24일 김동진 사원이 숙직이 예정되어 있으나, 일직 다음 날 숙직을 하는 것은 규정에 어긋나지 않는다.

① 5월 5일 박영수 사원은 일직 근무이며, 이재범 그룹장이 업무처리를 위해 본인이 일직 근무를 대신하겠다고 요청하였으나, 이재범 그룹장은 5월 9일과 5월 30일 각각 일직과 숙직이 예정되어 있으므로 월 1회가 예정되어 있다.
따라서 이재범 그룹장의 일직 근무를 추가할 수 없다.

② 5월 11일 이선호 사원은 숙직 근무이며, 최은선 사원으로 변경을 요청하였으나, 최은선 사원은 같은 주인 5월 16일에 숙직 근무가 예정되어 있으므로 임직원의 당직 근무는 주 1회 이하로 제한한다는 규정에 의해 변경이 불가능하다.

③ 5월 16일 최은선 사원은 숙직 근무이며, 박영수 사원으로 변경을 요청하였으나 박영수 사원은 바로 다음 날인 5월 17일 숙직 근무가 예정되어 있으므로 연속 2일 이상 숙직을 할 수 없다는 규정에 의해 변경이 불가능하다.

⑤ 5월 30일 이재범 그룹장은 숙직이며 박용현 사원으로의 변경을 요청하였으나, 팀장 및 그룹장은 반드시 일직과 숙직을 각각 1회씩 근무해야 하므로 5월 30일 이재범 그룹장의 숙직 일정을 삭제한다면 이재범 그룹장이 5월에 숙직 근무를 하지 못하게 되기 때문에 변경이 불가능하다.

02 선택지의 박영수, 최일범, 신은정, 권용범 사원은 모두 5월 17일~5월 23일 사이에 당직 근무가 1회씩 예정되어 있기 때문에 이정하 사원의 당직 근무를 대체해 줄 수 없다. 박용현 사원은 별도의 당직 근무 일정이 없으므로 대체 가능하다.

PART 9

PSAT 기반 NCS 집중공략문제

×

* 본 파트는 문제해결능력, 자원관리능력에서 정답률을 높이는 능력을 키우고, 실전 문제 풀이에 꼭 필요한 언어추리·상황판단 능력, 시간 단축 능력, 고득점 달성 능력을 키우는 부분입니다.
각 집중공략문제에 제시되어 있는 학습 방법에 따라 학습해 보며, 실전 문제 풀이에 필요한 각각의 능력을 꼭 키우시기 바랍니다.

01 문제해결능력 집중공략문제

논리적 사고의 기본, 문제해결능력!

NCS 문제해결능력은 언어추리 유형과 상황판단 유형으로 나눌 수 있으며 이 유형은 사기업, 공기업, PSAT, LEET 등 대부분의 채용시험에서 등장하는 기본적인 유형입니다. 언어추리 유형 문제 풀이의 핵심은 명제가 주는 정보를 정확히 이해하고 주어진 조건을 활용하는 방법을 익히는 능력에 있으며 상황판단 유형 문제 풀이의 핵심은 숫자나 제시문으로 이루어진 자료의 규칙을 파악하는 능력에 있습니다. 비슷한 유형의 PSAT 기출문제와 기출변형문제를 포함한 다양한 문제 풀이를 통해 실전 감각을 기를 수 있습니다. 다양한 문제와 문제해결 전문가가 짚어주는 핵심 분석 포인트를 통해 정확한 정보 이해와 조건 활용 및 자료의 규칙 파악을 연습한다면 정답률을 높일 수 있을 것입니다.

---

01 다음 전제를 읽고 반드시 참인 결론을 고르면?

> ○ 월요일에 근무하면 화요일에도 근무하고 수요일에도 근무한다.
> ○ 목요일에 근무할 때에만 화요일에 근무한다.
> ○ 화요일에 근무하거나 수요일에 근무하면 금요일에 근무한다.

① 월요일에 근무하지 않으면 금요일에 근무한다.
② 목요일에 근무하지 않으면 금요일에 근무하지 않는다.
③ 수요일에 근무하면 월요일에 근무한다.
④ 수요일에 근무하면 화요일에 근무하지 않는다.
⑤ 목요일에 근무하지 않으면 월요일에 근무하지 않는다.

📋 **핵심 분석 포인트**

1. 'p만 q이다.'를 기호로 어떻게 나타낼 수 있는가?

2. 'p이거나 q이면 r이다.'와 'p이고 q이면 r이다.' 중에 'p이면 r이다.'와 'q이면 r이다.'로 분리가 가능한 명제는 무엇인가?

3. 조건 명제를 이용하여 결론을 찾는 문제에서 선택지의 옳고 그름을 판단하는 기준은 무엇인가?

정답

1. q → p

2. p이거나 q이면 r이다.

3. · 전건이 전제에 존재할 것
   · 후건이 전제에 존재할 것
   · 전건과 후건의 연결을 전제에서 찾을 수 있을 것

02 전제가 참일 때 결론이 반드시 참인 논증을 펼친 사람만을 모두 고르면?

> 영희: 갑이 A 부처에 발령을 받으면, 을은 B 부처에 발령을 받아. 그런데
> 을이 B 부처에 발령을 받지 않았어. 그러므로 갑은 A 부처에 발령
> 을 받지 않았어.
> 철수: 갑이 A 부처에 발령을 받으면, 을도 A 부처에 발령을 받아. 그런데
> 을이 B 부처가 아닌 A 부처에 발령을 받았어. 따라서 갑은 A 부처
> 에 발령을 받았어.
> 현주: 갑이 A 부처에 발령을 받지 않거나, 을과 병이 C 부처에 발령을 받
> 아. 그런데 갑이 A 부처에 발령을 받았어. 그러므로 을과 병 모두 C
> 부처에 발령을 받았어.

① 영희

② 철수

③ 영희, 철수

④ 영희, 현주

⑤ 철수, 현주

핵심 분석 포인트

1. 역, 이, 대우 중에서 기본 명제와
   참·거짓 관계가 일치하는 것은
   무엇인가?

2. 기본 명제가 참일 때 역의 진릿값
   은 무엇인가?

3. 기본 명제가 참일 때 이의 진릿값
   은 무엇인가?

정답
1. 대우
2. 알 수 없음
3. 알 수 없음

03 마을에는 A, B, C, D, E 약국이 있다. 〈보기〉의 조건에 따를 때 문을 연 약국은?

―――〈보 기〉―――

ㄱ. A와 B 모두 문을 열지는 않았다.

ㄴ. A가 문을 열었다면, C도 문을 열었다.

ㄷ. A가 문을 열지 않았다면, B가 문을 열었거나 C가 문을 열었다.

ㄹ. C는 문을 열지 않았다.

ㅁ. D가 문을 열었다면, B가 문을 열지 않았다.

ㅂ. D가 문을 열지 않았다면, E도 문을 열지 않았다.

① A

② B

③ A, E

④ D, E

⑤ B, D, E

핵심 분석 포인트

1. 〈보기〉 가운데 확정적인 정보는 무엇인가?

2. 'p → q or r'이라는 정보가 주어진 상태에서 '~r'이라는 정보가 추가되었다면 알 수 있는 정보는 무엇인가?

3. 'A와 B 모두 문을 열지는 않았다.'와 'A와 B 모두 문을 열지 않았다.'를 각각 기호로 어떻게 나타낼 수 있는가?

정답
1. ㄹ

2. p → q

3. · A와 B 모두 문을 열지는 않았다.
  → ~(AO and BO)
· A와 B 모두 문을 열지 않았다.
  → AX and BX

04 다음 세 진술이 모두 거짓일 때, 유물 A~D 중에서 전시되는 유물의 총 개수는?

─────〈보 기〉─────

ㄱ. A와 B 가운데 어느 하나만 전시되거나, 둘 중 어느 것도 전시되지 않는다.

ㄴ. B와 C 중 적어도 하나가 전시되면, D도 전시된다.

ㄷ. C와 D 어느 것도 전시되지 않는다.

① 0개

② 1개

③ 2개

④ 3개

⑤ 4개

📑 **핵심 분석 포인트**

1. ㄱ 진술을 기호로 어떻게 나타낼 수 있는가?

2. 'p이면 q이다.'가 거짓이면 알 수 있는 정보는 무엇인가?

정답
1. AX or BX

2. p이고 q는 아니다.
(p and ~q)

05 다음 전제를 읽고 반드시 참인 결론을 고르면?

> 유쾌한 사람 중에는 강인한 사람도 있다.
> 고단하면서 유쾌한 사람은 없다.
> 따라서 _____

① 강인하면서 고단한 사람이 있다.

② 고단하지 않은 어떤 사람은 강인한 사람이다.

③ 강인한 사람은 모두 고단하다.

④ 유쾌하지 않으면서 강인한 사람이 있다.

⑤ 고단한 사람 중에 강인하지 않은 사람은 없다.

핵심 분석 포인트

1. '어떤 A는 B이다.'의 대우는 무엇인가?

2. 다음 중 '모든 A는 B이다.'가 의미하는 바는 무엇인가?
   ① A 중에 B가 아닌 것이 있다.
   ② A 중에 B인 것이 있다.
   ③ A 중에 B인 것은 없다.
   ④ A 중에 B가 아닌 것은 없다.
   ⑤ 어떤 B는 A이다.

정답
1. '어떤 A는 B이다.'는 조건명제가 아니므로 대우가 존재하지 않는다.

2. ④
   → 벤다이어그램을 그릴 경우 A 중에 B가 아닌 부분을 빗금 표시하여 지워내야 한다.

06 다음 전제를 읽고 반드시 참인 결론을 고르면?

> 설탕을 좋아하는 사람은 소금을 좋아한다.
> 소금을 좋아하는 사람 중에 후추를 좋아하는 사람이 있다.
> 따라서 _____

① 설탕과 후추를 모두 좋아하지만 소금을 좋아하지 않는 사람이 있을 수 있다.

② 소금과 설탕을 모두 좋아하지만 후추를 좋아하지 않는 사람이 있다.

③ 설탕을 좋아하지 않지만 소금과 후추를 모두 좋아하는 사람이 있다.

④ 설탕, 소금, 후추를 모두 좋아하는 사람이 있을 수 있다.

⑤ 설탕과 후추는 좋아하지 않지만 소금을 좋아하는 사람은 없다.

 핵심 분석 포인트

1. 소금을 좋아하는 사람 중에 후추를 좋아하는 사람이 있다면 소금을 좋아하는 사람 중에 후추를 좋아하지 않는 사람도 있다. (O, X)

2. A 중에 B의 존재 여부를 알 수 없는 경우 'A 중에 B가 있을 수 있다.'는 말은 옳다. (O, X)

정답
1. X
→ A 중에 B가 있다는 것은 A 이면서 B인 것이 존재한다는 것만을 의미할 뿐 A이면서 B 가 아닌 것이 있는지에 대한 것은 알 수 없다.

2. O
→ A 중에 B의 존재 여부를 알 수 없는 경우는 A 중에 B가 있을 가능성이 있다는 의미이며, '있을 수 있다.'는 말도 있을 가능성이 있다는 의미이다.

07 다음 결론이 반드시 참이 되게 하는 전제를 고르면?

> 인사팀장은 도시락을 가지고 다닌다.
>
> ───────────────
>
> 따라서 인성이 좋은 사람은 인사팀장이 아니다.

① 인성이 좋으면서 도시락을 가지고 다니는 사람이 있다.

② 인성이 좋은 사람은 도시락을 가지고 다닌다.

③ 인성이 좋으면서 도시락을 가지고 다니는 사람은 없다.

④ 도시락을 가지고 다니는 사람은 인성이 좋다.

⑤ 어떤 인사팀장은 도시락을 가지고 다니지 않는다.

08 다음 조건에 따라 A~G의 입장 순서를 정리하려고 한다. 입장 순서를 정확히 정하기 위해 추가로 필요한 조건은?

> ○ E는 G와 F보다 먼저 입장한다.
> ○ C는 D보다 먼저 입장한다.
> ○ G는 마지막으로 입장하지 않는다.
> ○ A가 입장하고 나서 3명이 입장하고 E가 입장한다.

① E의 바로 앞에 D가 입장한다.
② C와 D는 연이어 입장한다.
③ B는 세 번째로 입장하지 않는다.
④ A의 바로 뒤에 입장하는 것은 C가 아니다.
⑤ D는 4위로 입장한다.

핵심 분석 포인트

1. 이 문제는 정보를 정리한 순서를 묻는 문제인가? 모든 순서가 정리되기 위한 정보를 묻는 문제인가?

2. 첫 번째 조건의 정보를 파악할 때 주의할 점은 무엇인가?

정답
1. 모든 순서가 정리되기 위한 정보를 묻는 문제이다.
  → 완전히 정리되지 못한 내용을 정리하기 위한 추가 정보를 찾아야지, '주어진 정보의 결과에 대한 설명으로 옳은 것은?'과 같이 문제의 질문을 오해하지 않도록 주의한다.
2. G와 F의 순서가 정해지지 않았다는 것을 정확히 파악해야 한다. G가 먼저 언급되고 있다고 하더라도 G와 F가 각각 E보다 나중이라는 의미일 뿐 G보다 F가 먼저라는 정보는 주어지지 않았으므로 G보다 F가 먼저라고 파악해서는 안 된다.

09 다음 글의 내용이 참일 때, 반드시 참인 것만을 〈보기〉에서 모두 고르면?

> 전통문화 활성화 정책의 일환으로 일부 도시를 선정하여 문화관광특구로 지정할 예정이다. 특구 지정 신청을 받아본 결과, A, B, C, D, 네 개의 도시가 신청하였다. 선정과 관련하여 다음 사실이 밝혀졌다.
>
> ○ A가 선정되면 B도 선정된다.
> ○ B와 C가 모두 선정되는 것은 아니다.
> ○ B와 D 중 적어도 한 도시는 선정된다.
> ○ C가 선정되지 않으면 B도 선정되지 않는다.

> ───〈보 기〉───
> ㄱ. A와 B 가운데 적어도 한 도시는 선정되지 않는다.
> ㄴ. B도 선정되지 않고 C도 선정되지 않는다.
> ㄷ. D는 선정된다.

① ㄱ

② ㄴ

③ ㄱ, ㄷ

④ ㄴ, ㄷ

⑤ ㄱ, ㄴ, ㄷ

핵심 분석 포인트

1. 두 번째 조건은 어떤 의미인가?

2. 두 번째 조건에서 나타날 수 있는 경우의 수를 구하고 각각의 경우를 나타낸다면 어떻게 나타낼 수 있는가?

정답

1. B와 C가 모두 선정되지 않는다는 것이 아니라 B와 C가 모두 선정되는 경우가 존재하지 않는다는 의미이다.

2.

B	C
O	X
X	O
X	X

---

10 다음 〈조건〉에 따라 악기를 배치하고자 할 때, 옳지 않은 것은?

─〈조 건〉─

○ 목관 5중주는 플루트, 클라리넷, 오보에, 바순, 호른 각 1대씩으로 이루어진다.

○ 최상의 음향 효과를 내기 위해서는 음색이 서로 잘 어울리는 악기는 바로 옆자리에 놓아야 하고, 서로 잘 어울리지 않는 악기는 바로 옆자리에 놓아서는 안 된다.

○ 오보에와 클라리넷의 음색은 서로 잘 어울리지 않는다.

○ 플루트와 클라리넷의 음색은 서로 잘 어울린다.

○ 플루트와 오보에의 음색은 서로 잘 어울린다.

○ 호른과 오보에의 음색은 서로 잘 어울리지 않는다.

○ 바순의 음색과 서로 잘 어울리지 않는 악기는 없다.

○ 바순은 그 음이 낮아 제일 왼쪽(1번) 자리에는 놓일 수 없다.

① 플루트는 3번 자리에 놓일 수 있다.

② 클라리넷은 5번 자리에 놓일 수 있다.

③ 오보에는 2번 자리에 놓일 수 있다.

④ 바순은 3번 자리에 놓일 수 없다.

⑤ 호른은 2번 자리에 놓일 수 없다.

PART 9 집중공략문제

해커스공기업 PSAT 기출로 끝내는 NCS 문제해결·자원관리 집중 공략

정답

1. 네 번째 조건과 다섯 번째 조건
→ 두 조건에서 모두 플루트가 언급되어 있으므로 플루트의 양옆에 클라리넷과 오보에가 온다는 것을 알 수 있기 때문이다.

2. 마지막 조건
→ 바순이 위치할 수 있는 경우는 4가지뿐이다.

11 다음 글과 〈대화〉를 근거로 판단할 때, 丙이 받을 수 있는 최대 성과점수는?

> ○ A 과는 과장 1명과 주무관 4명(甲~丁)으로 구성되어 있으며, 주무관의 직급은 甲이 가장 높고, 乙, 丙, 丁 순으로 낮아진다.
> ○ A 과는 프로젝트를 성공적으로 마친 보상으로 성과점수 30점을 부여받았다. 과장은 A과에 부여된 30점을 자신을 제외한 주무관들에게 분배할 계획을 세우고 있다.
> ○ 과장은 주무관들의 요구를 모두 반영하여 성과점수를 분배하려 한다.
> ○ 주무관들이 받는 성과점수는 모두 다른 자연수이다.

> ───────── 〈대 화〉─────────
> 甲: 과장님이 주시는 대로 받아야죠. 아! 그렇지만 丁보다는 제가 높아야 합니다.
> 乙: 이번 프로젝트 성공에는 제가 가장 큰 기여를 했으니, 제가 가장 높은 성과점수를 받아야 합니다.
> 丙: 기여도를 고려했을 때, 제 경우에는 상급자보다는 낮게 받고 하급자보다는 높게 받아야 합니다.
> 丁: 저는 내년 승진에 필요한 최소 성과점수인 4점만 받겠습니다.

① 6

② 7

③ 8

④ 9

⑤ 10

📋 **핵심 분석 포인트**

1. 〈대화〉에는 언급되지 않지만 문제 풀이에 필요한 조건은 무엇인가?

2. 병의 언급을 주무관의 이름을 적용하여 기호화하면?

정답

1. 전체 점수가 30점, 각각의 성과 점수는 모두 다른 자연수 제시문에서 언급된 조건이지만 대화에는 없는 조건이므로 대화의 조건을 정리하다가 누락하지 않도록 유의한다.

2. 제시문에서 甲, 乙, 丙, 丁 순으로 직급이 높다고 하였으므로 이를 적용하면 $\frac{甲}{乙} > 丙 > 丁$이 된다.

핵심 분석 포인트

12 다음 〈조건〉에 따를 때, 각 위원회의 법안 검토 순서의 가능한 조합으로 옳은 것은?

―――――〈조 건〉―――――

A 위원회와 B 위원회는 가~바 총 6개의 법안을 각각 6주 동안 검토할 것이다. 가, 나, 다 3개 법안은 민생 법안이고, 라, 마, 바 3개 법안은 사법부 법안이다. A 위원회와 B 위원회는 다음과 같은 원칙대로 법안을 검토한다.

○ B 위원회는 A 위원회가 먼저 검토하지 않은 민생 법안은 검토할 수 없다.

○ A 위원회는 B 위원회가 먼저 검토하지 않은 사법부 법안은 검토할 수 없다.

○ B 위원회는 민생 법안 2개를 연속으로 검토할 수 없다.

○ A 위원회는 4주 차에 라 법안을 검토해야 한다.

○ 각 위원회는 6주에 걸쳐 매주 하나의 법안을 검토한다.

○ 어떤 법안도 같은 주에 A, B 위원회에서 동시에 검토하지 않는다.

	1주	2주	3주	4주	5주	6주

① A 위원회: 가 – 나 – 라 – 바 – 다 – 마
  B 위원회: 라 – 가 – 바 – 나 – 마 – 다

② A 위원회: 나 – 바 – 가 – 라 – 다 – 마
  B 위원회: 바 – 가 – 라 – 나 – 마 – 다

③ A 위원회: 나 – 다 – 가 – 라 – 마 – 바
  B 위원회: 라 – 나 – 다 – 마 – 바 – 가

④ A 위원회: 가 – 마 – 나 – 라 – 다 – 바
  B 위원회: 마 – 가 – 라 – 나 – 바 – 다

⑤ A 위원회: 다 – 마 – 가 – 라 – 나 – 바
  B 위원회: 라 – 다 – 바 – 가 – 마 – 나

1. 이 문제를 해결함에 있어 가장 먼저 살펴봐야 하는 것은 무엇인가?

2. 이 문제를 해결함에 있어 〈조건〉 중 어떤 조건을 가장 먼저 적용해서 문제를 해결해야 하는가?

정답
1. 선택지가 모두 결과물로 구성되어 있다는 점이다.
2. 조건에서 주어진 정보를 연결하여 문제를 해결하는 것이 아니기 때문에 어떤 조건을 먼저 보는지는 중요하지 않다. 각 조건 가운데 선택지를 지울 수 있는 정보가 있으면 그때그때 지워나가는 것으로 충분하다.

13 국회사무처는 국회 청사 공간의 효율적 사용을 위해 개별 사무실을 사용하고 있는 A, B, C, D, E, F, G 총 일곱 부서의 사무실을 네 개의 사무실로 통폐합하려고 한다. 다음 중 아래 〈조건〉에 부합하는 것은?

〈조 건〉
○ 7개의 사무실을 4개로 통폐합한다.
○ B와 C의 사무실을 함께 빼지는 않는다.
○ A의 사무실을 빼면 G의 사무실도 뺀다.
○ C의 사무실을 빼면 F와 G 둘 다 사무실을 빼지 않는다.
○ E의 사무실을 빼면 B의 사무실은 빼지 않는다.
○ B, D, F 중에서 두 부서는 사무실을 빼야 한다.

① BCEG의 사무실로 통폐합한다.

② ACFG의 사무실로 통폐합한다.

③ ABEG의 사무실로 통폐합한다.

④ ABCE의 사무실로 통폐합한다.

⑤ BCDE의 사무실로 통폐합한다.

📋 **핵심 분석 포인트**

1. 이 문제의 풀이 방향을 결정하는 데 가장 중요한 요소는 무엇인가?
① 문제의 설명
② 조건
③ 선택지

2. 'B와 C의 사무실을 함께 빼지는 않는다.'는 어떤 의미인가?
① B와 C의 사무실을 모두 뺀다.
② B의 사무실과 C의 사무실 중에 빼지 않는 사무실이 있다.

정답
1. ③
→ 선택지가 결과물로 구성되어있으므로 조건에 어긋나는 선택지를 지워나가는 방식으로 문제를 해결한다.

2. ②
→ 둘 다 빼는 경우를 제외한다는 의미이므로 둘 중 빼지 않는 사무실이 존재한다는 의미이다.

14 철수, 영희, 진희, 영철, 영미, 은숙, 희영, 강현 이렇게 8명의 사람이 보트로 여행을 즐기고 있다. 이들에게는 모두 3개의 보트가 있는데 각각의 색상은 파란색, 노란색, 녹색이다. 각 보트에는 3개의 좌석이 있고, 따라서 최대 3명이 탑승할 수 있다. 각 사람은 하나의 좌석을 차지하고, 다음 〈규칙〉에 따라 보트에 탑승해 있다. 만일 두 사람만이 노란색 보트에 타고 있고 영미가 녹색 보트에 타고 있다면 다음 중 옳은 것은?

〈규 칙〉

○ 철수와 영희는 반드시 같은 보트에 타야 한다.
○ 진희는 반드시 노란색 보트에 타야 한다.
○ 영철은 영미와 같은 보트에 탈 수 없다.
○ 은숙이 탄 보트에는 한 자리가 비어 있어야 한다.
○ 강현이 탄 보트에는 적어도 영미 혹은 진희 둘 중 한 명은 타고 있어야 한다.

① 철수는 녹색 보트에 타고 있다.
② 희영은 파란색 보트에 타고 있다.
③ 희영은 녹색 보트에 타고 있다.
④ 강현은 파란색 보트에 타고 있다.
⑤ 강현은 노란색 보트에 타고 있다.

 핵심 분석 포인트

1. 〈규칙〉에는 없지만 문제 풀이에 필요한 조건은 무엇인가?

2. 특정 사람의 위치를 정확히 정해주는 〈규칙〉과 그 내용은 무엇인가?

정답
1. 두 사람만 타고 있는 보트는 노란색이라는 조건과 영미는 녹색 보트에 타고 있다는 조건 → 문제에 언급된 조건이다.

2. • 두 번째 규칙, 진희가 노란색 보트에 타고 있다는 것
• 네 번째 규칙, 은숙이 노란색 보트에 타고 있다는 것

15 수덕, 원태, 광수는 임의의 순서로 빨간색·파란색·노란색 지붕을 가진 집에 나란히 이웃하여 살고, 개·고양이·원숭이라는 서로 다른 애완동물을 기르며, 광부·농부·의사라는 서로 다른 직업을 갖는다. 알려진 정보가 아래와 같을 때 반드시 참이라고 할 수 없는 것을 〈보기〉에서 모두 고른 것은?

○ 광수는 광부이다.
○ 가운데 집에 사는 사람은 개를 키우지 않는다.
○ 농부와 의사의 집은 서로 이웃해 있지 않다.
○ 노란 지붕 집은 의사의 집과 이웃해 있다.
○ 파란 지붕 집에 사는 사람은 고양이를 키운다.
○ 원태는 빨간 지붕 집에 산다.

〈보 기〉

ㄱ. 수덕은 빨간 지붕 집에 살지 않고, 원태는 개를 키우지 않는다.
ㄴ. 노란 지붕 집에 사는 사람은 원숭이를 키우지 않는다.
ㄷ. 수덕은 파란 지붕 집에 살거나, 원태는 고양이를 키운다.
ㄹ. 수덕은 개를 키우지 않는다.
ㅁ. 원태는 농부다.

---

① ㄱ, ㄴ
② ㄴ, ㄷ
③ ㄷ, ㄹ
④ ㄱ, ㄴ, ㅁ
⑤ ㄱ, ㄷ, ㅁ

---

16 다음 다섯 사람 중 오직 한 사람만이 거짓말을 하고 있다. 거짓말을 하고 있는 사람은?

> A: B는 거짓말을 하고 있지 않다.
> B: C의 말이 참이면 D의 말도 참이다.
> C: E는 거짓말을 하고 있다.
> D: B의 말이 거짓이면 C의 말은 참이다.
> E: A의 말이 참이면 D의 말은 거짓이다.

① A
② B
③ C
④ D
⑤ E

📋 **핵심 분석 포인트**

1. 진술의 내용이 모순된 두 사람은 누구인가?

2. D의 진술 내용이 거짓이 되는 경우는 무엇인가?

정답

1. C와 E
  → 누군가 다른 사람을 지목하여 거짓말을 하고 있다고 하면 진술하는 사람과 지목당한 사람의 진실 여부는 정확히 모순관계가 성립되어 한 사람이 진실이고 나머지 한 사람은 거짓일 수밖에 없다.

2. B의 말이 거짓인데 C의 말이 거짓인 경우
  → 그 외의 경우에는 거짓이 되지 않는다.

17 이번 주말에 당직을 서는 사람은 갑, 을, 병, 정, 무 가운데 1명이다. 이들에게 누가 당직을 서는지 물어보았더니 아래와 같이 대답하였다. 그런데 이들 중 3명은 진실, 2명이 거짓을 말하고 있다면 이번 주말에 당직을 서는 사람은?

> 갑: 정은 아니야.
> 을: 갑도 아니고 정도 아니야.
> 병: 병과 무 가운데 한 명이야.
> 정: 을은 아니야.
> 무: 정은 거짓을 말하고 있어.

① 갑

② 을

③ 병

④ 정

⑤ 무

핵심 분석 포인트

1. 이 문제에서 '진실을 말하는 사람의 수'와 '범인의 수' 중 무엇을 토대로 문제 푸는 것이 바람직한 방법인가?

2. 정이 범인인 경우, 을 진술의 진실 여부는 무엇인가?

정답

1. 범인의 수
→ 범인이 1명이기 때문에 범인의 수를 토대로 문제를 풀 때는 다섯 가지 경우의 수만 고려하면 되지만, 거짓이 2명이므로 진실을 말하는 사람의 수를 토대로 문제를 풀기 위해서는 10가지 경우의 수를 고려해야 하기 때문이다.

2. 거짓
→ 을의 진술은 갑도 범인이 아니고 정도 범인이 아니라는 의미인데 이 가운데 정이 범인이 아니라는 내용이 거짓이므로 을의 진술은 거짓이다.

18 새벽 한적한 도로에서 차량을 도난당하는 사건이 발생했다. 용의자는 아래의 다섯 명인데 각각의 진술은 다음과 같다. 이 가운데 거짓을 말하는 사람이 범인이라고 할 때 다음 〈보기〉의 내용 중 반드시 거짓인 것을 모두 고른 것은? (단, 범인은 1명 이상일 수 있다.)

> A: 난 그 차를 보지 못했어요.
> B: A는 지금 거짓말을 하고 있어요.
> C: 그 차는 분명히 흰색이었어요.
> D: 그 차는 분명히 검은색이었어요.
> E: C와 D는 모두 거짓말을 하고 있어요.

〈보 기〉

ㄱ. C와 D는 동시에 범인이 될 수 있다.
ㄴ. A와 B는 동시에 범인이 될 수 있다.
ㄷ. B와 C는 동시에 범인이 될 수 있다.
ㄹ. 범인은 2명이다.
ㅁ. D와 E는 동시에 범인이 될 수 있다.

① ㄱ, ㄷ, ㅁ
② ㄹ
③ ㄱ, ㄴ, ㄷ
④ ㄴ, ㄹ
⑤ ㄱ, ㄴ, ㄷ, ㄹ, ㅁ

📑 **핵심 분석 포인트**

1. A와 B 중에 거짓을 말하는 사람은 몇 명인가?

2. C와 D 중에 거짓을 말하는 사람은 몇 명인가?

3. E가 거짓인 경우 C도 진실이고 D도 진실이다. (O, X)

정답
1. 1명
 → A와 B의 진술은 서로 모순 관계이다.

2. 최소 1명
 → C와 D의 진술은 서로 어긋나는 관계이다.

3. X
 → E는 'CF and DF'라고 하고 있는데 이 내용이 거짓이면 '~(CF and DF)'가 되고 이를 정리하면 CT or DT가 된다. 이는 둘 중 최소한 한 명이 진실이라는 의미이기 때문에 둘 다 진실인지, 아닌지는 알 수 없다.

[19-20] 파티에서 사라진 다이아몬드 반지를 훔쳐 간 범인으로 A, B, C, D가 용의자로 지목되어 조사받고 있다. 다음은 이들의 첫 번째, 두 번째, 세 번째 진술을 정리한 것이다. (단, 이들의 각각의 진술 가운데 하나는 거짓이고 둘은 진실이다.)

	첫 번째 진술	두 번째 진술	세 번째 진술
A	나는 아니야.	D가 가져갔어.	C는 아니야.
B	A가 훔쳤어.	D는 범인이 아니야.	내가 범인이야.
C	B가 범인이야.	D가 훔쳤다고 한 A의 말은 거짓이야.	내가 가져갔어.
D	C는 아니야.	A가 훔쳤다고 한 B의 말은 거짓이야.	내가 가져갔어.

19 이 문제를 해결하기 위해 다음과 같은 방법을 사용했다. 다음 빈칸에 들어가는 내용을 ㄱ, ㄴ, ㄷ의 순서대로 올바르게 나열한 것은?

> 일단 어떤 진술이 진실인지 모르기 때문에 12개의 진술 가운데 어느 하나의 진술을 정해 이 진술이 진실일 때와 거짓일 때를 가정해서 생각해야 한다. 이때 어떤 진술을 가정할 것인가는 본인의 자유지만 되도록 원활한 문제의 해결을 위해 가장 자주 언급되는 내용을 가정하는 것이 바람직하다.
>
> 이 문제에서 D에 관한 언급이 가장 많으므로 D에 관하여 가정하기로 하자. 우선 D가 범인이라고 가정해 보자. 그렇다면 A의 두 번째, B의 두 번째, C의 두 번째, D의 세 번째 진술의 진실 여부가 밝혀진다. 그렇다면 문제에서 각각의 진술 가운데 하나는 거짓이고 둘은 진실이라고 했기 때문에 자연스럽게 (ㄱ)의 나머지 진술의 진실 여부도 알 수 있게 된다.
>
> 다음은 B의 첫 번째 진술과 A의 첫 번째 진술이 반대되므로 (ㄴ)의 첫 번째 진술이 거짓임을 알 수 있고 자연스럽게 (ㄴ)의 세 번째 진술은 진실이 된다. 그런데 이는 (ㄷ)의 세 번째 진술과 모순된다. 즉 처음에 D가 범인이라고 가정했던 내용이 틀렸음을 알 수 있으며 결국 D는 범인이 아니라는 것이 밝혀진다. 그렇다면 D가 범인이 아니라는 정보를 토대로 다른 진술들의 진실 여부를 알 수 있으며 모든 정보를 파악할 수 있게 된다.

	ㄱ	ㄴ	ㄷ
①	B와 C	A	C
②	A와 D	B	B
③	A와 D	A	C
④	B와 C	B	A
⑤	B와 C	A	B

20 위의 과정을 거쳐 문제를 해결했을 때 다음 중 옳지 않은 것은?
① A의 첫 번째와 세 번째 진술은 진실이다.
② 첫 번째 진술에서 거짓을 말한 사람은 B뿐이다.
③ 세 번째 진술에서 거짓을 말한 사람은 C뿐이다.
④ B와 D는 두 번째 진술에서 진실을 말했다.
⑤ 두 번째 진술에서 거짓을 말한 사람은 A뿐이다.

1. 다음 '진실 혹은 거짓' 문제 유형 중 해당 문제의 유형은 무엇인가?
 ① 단순 진술의 진실·거짓
 ② 복합 진술의 진실·거짓
 ③ 결과와 진술 내용의 진실·거짓 일치시키기

2. 위의 문제를 토대로 이 유형의 문제를 풀기 위해 어떤 것을 가장 먼저 확인해야 하는가?

3. 각각의 진술을 기호화하여 표로 정리하면 어떻게 나타낼 수 있는가?

정답
1. ②

2. 각각의 진술 가운데 진실·거짓의 개수와 공통으로 언급이 가장 많은 내용

3.

	진술1	진술2	진술3
A	AX	DO	CX
B	AO	DX	BO
C	BO	A의 'DO'는 F	CO
D	CX	B의 'AO'는 F	DO

21 다음 〈감독의 말〉과 〈상황〉을 근거로 판단할 때, 甲~戊 중 드라마에 캐스팅되는 배우는?

〈감독의 말〉

안녕하세요, 여러분. '열혈 군의관, 조선 시대로 가다!' 드라마 오디션에 지원해 주셔서 감사합니다. 잠시 후 오디션을 시작할 텐데요. 이번 오디션에서 캐스팅하려는 역은 20대 후반의 군의관입니다. 오디션 실시 후 오디션 점수를 기본 점수로 하고, 다음 채점 기준의 해당 점수를 기본 점수에 가감하여 최종 점수를 산출하며, 이 최종 점수가 가장 높은 사람을 캐스팅합니다.

첫째, 28세를 기준으로 나이가 많거나 적은 사람은 1세 차이당 2점씩 감점하겠습니다. 둘째, 이전에 군의관 역할을 연기해 본 경험이 있는 사람은 5점을 감점하겠습니다. 시청자들이 식상해할 수 있을 것 같아서요. 셋째, 저희 드라마가 퓨전 사극이기 때문에, 사극에 출연해 본 경험이 있는 사람에게는 10점의 가점을 드리겠습니다. 넷째, 최종 점수가 가장 높은 사람이 여럿인 경우, 그중 기본 점수가 가장 높은 한 사람을 캐스팅하도록 하겠습니다.

〈상 황〉

○ 오디션 지원자는 총 5명이다.
○ 오디션 점수는 甲이 76점, 乙이 78점, 丙이 80점, 丁이 82점, 戊가 85점이다.
○ 각 배우의 오디션 점수에 각자의 나이를 더한 값은 모두 같다.
○ 오디션 점수가 세 번째로 높은 사람만 군의관 역할을 연기해 본 경험이 있다.
○ 나이가 가장 많은 배우만 사극에 출연한 경험이 있다.
○ 나이가 가장 적은 배우는 23세이다.

① 甲
② 乙
③ 丙
④ 丁
⑤ 戊

핵심 분석 포인트

1. 최종 점수를 산출하는 데 고려해야 하는 항목은 몇 가지인가?

2. 1위가 여럿인 경우 모두 캐스팅하는가, 다른 선정기준이 존재하는가?

3. 나이와 오디션 점수 사이에는 상관관계가 존재하는가?

정답

1. 4가지
   → 오디션 점수(기본 점수), 나이, 군의관 역할 경험, 사극 경험

2. 기본 점수가 가장 높은 사람을 선정한다.

3. 〈상황〉의 세 번째에서 오디션 점수와 나이를 더한 값이 같다고 했으므로 나이가 어릴수록 오디션 점수가 높음을 알 수 있다.

22 다음 글을 근거로 판단할 때, 2019년의 무역의존도가 높은 순서대로 세 국가 (A~C)를 나열한 것은?

> A, B, C 세 국가는 서로 간에만 무역을 하고 있다. 2019년 세 국가의 수출액은 다음과 같다.
> ○ A의 B와 C에 대한 수출액은 각각 200억 달러와 100억 달러였다.
> ○ B의 A와 C에 대한 수출액은 각각 150억 달러와 100억 달러였다.
> ○ C의 A와 B에 대한 수출액은 각각 150억 달러와 50억 달러였다.
> A, B, C의 2019년 국내총생산은 각각 1,000억 달러, 3,000억 달러, 2,000억 달러였고, 각 국가의 무역의존도는 다음과 같이 계산한다.
>
> $$무역의존도 = \frac{총수출액 + 총수입액}{국내총생산}$$

① A, B, C

② A, C, B

③ B, A, C

④ B, C, A

⑤ C, A, B

핵심 분석 포인트

1. 국가별 총수입액은 얼마인가?

2. 두 분수를 비교할 때 분모가 같으면 분자가 큰 것이 (크고, 작고) 분자가 같으면 분모가 큰 것이 (크다, 작다).

정답
1. A : 300억 달러
   B : 250억 달러
   C : 200억 달러
   → A = 150 + 150
   B = 200 + 50
   C = 100 + 100

2. 크고, 작다

23 다음 글과 〈상황〉을 근거로 판단할 때, 甲이 납부해야 할 수수료를 옳게 짝지은 것은?

> 특허에 관한 절차를 밟는 사람은 다음 각 호의 수수료를 내야 한다.
>
> 1. 특허출원료
>   가. 특허출원을 국어로 작성된 전자문서로 제출하는 경우: 매 건 46,000원. 다만 전자문서를 특허청에서 제공하지 아니한 소프트웨어로 작성하여 제출한 경우에는 매 건 56,000원으로 한다.
>   나. 특허출원을 국어로 작성된 서면으로 제출하는 경우: 매 건 66,000원에 서면이 20면을 초과하는 경우 초과하는 1면마다 1,000원을 가산한 금액
>   다. 특허출원을 외국어로 작성된 전자문서로 제출하는 경우: 매 건 73,000원
>   라. 특허출원을 외국어로 작성된 서면으로 제출하는 경우: 매 건 93,000원에 서면이 20면을 초과하는 경우 초과하는 1면마다 1,000원을 가산한 금액
> 2. 특허심사 청구료
>   매 건 143,000원에 청구범위의 1항마다 44,000원을 가산한 금액

〈상 황〉

> 甲은 청구범위가 3개 항으로 구성된 총 27면의 서면을 작성하여 1건의 특허출원을 하면서, 이에 대한 특허심사도 함께 청구한다.

	국어로 작성한 경우	외국어로 작성한 경우
①	66,000원	275,000원
②	73,000원	343,000원
③	348,000원	343,000원
④	348,000원	375,000원
⑤	349,000원	375,000원

핵심 분석 포인트

1. 특허에 관한 절차를 밟는 경우 수수료는 무엇과 무엇의 합인가?

2. 〈상황〉에서 국어로 작성한 경우 이용되는 계산항목은 가, 나, 다, 라 중 무엇인가?

3. 특허출원을 하는 경우 국어와 외국어 중 어떤 것으로 하는 것이 특허심사 청구료가 더 높은가?

정답
1. 특허출원료와 특허심사 청구료

2. 나
   → 〈상황〉은 서면으로 작성했으므로 국어로 작성한 경우 이용되는 계산항목을 보면 된다.

3. 차이 없음

24 다음 글을 근거로 판단할 때, 국제행사의 개최도시로 선정될 곳은?

甲 사무관은 대한민국에서 열리는 국제행사의 개최도시를 선정하기 위해 다음과 같은 〈후보 도시 평가표〉를 만들었다. 〈후보 도시 평가표〉에 따른 점수와 〈국제해양기구의 의견〉을 모두 반영하여, 합산점수가 가장 높은 도시를 개최도시로 선정하고자 한다.

〈후보 도시 평가표〉

구분	서울	인천	대전	부산	제주
1) 회의 시설 (1,500명 이상 수용 가능한 대회의장 보유 등)	A	A	C	B	C
2) 숙박 시설 (도보 거리에 특급 호텔 보유 등)	A	B	A	A	C
3) 교통 (공항 접근성 등)	B	A	C	B	B
4) 개최 역량 (대규모 국제행사 개최 경험 등)	A	C	C	A	B

※ A: 10점, B: 7점, C: 3점

┌─────── 〈국제해양기구의 의견〉 ───────┐
○ 외국인 참석자의 편의를 위해 '교통'에서 A를 받은 도시의 경우 추가로 5점을 부여해 줄 것
○ 바다를 끼고 있는 도시의 경우 추가로 5점을 부여해 줄 것
○ 예상 참석자가 2,000명 이상이므로 '회의 시설'에서 C를 받은 도시는 제외할 것

① 서울

② 인천

③ 대전

④ 부산

⑤ 제주

25 다음 글을 근거로 판단할 때, 〈보기〉에서 옳은 것만을 모두 고르면?

> 사슴은 맹수에게 계속 괴롭힘을 당하자 자신을 맹수로 바꾸어 달라고 산신령에게 빌었다. 사슴을 불쌍하게 여긴 산신령은 사슴에게 남은 수명 중 n년(n은 자연수)을 포기하면 여생을 아래 5가지의 맹수 중 하나로 살 수 있게 해주겠다고 했다.
>
> 사슴으로 살 경우의 1년당 효용은 40이며, 다른 맹수로 살 경우의 1년당 효용과 그 맹수로 살기 위해 사슴이 포기해야 하는 수명은 아래의 〈표〉와 같다. 예를 들어 사슴의 남은 수명이 12년일 경우 사슴으로 계속 산다면 12×40=480의 총 효용을 얻지만, 독수리로 사는 것을 선택한다면 (12−5)×50=350의 총 효용을 얻는다.
>
> 사슴은 여생의 총 효용이 줄어드는 선택은 하지 않으며, 포기해야 하는 수명이 사슴의 남은 수명 이상인 맹수는 선택할 수 없다. 1년당 효용이 큰 맹수일수록, 사슴은 그 맹수가 되기 위해 더 많은 수명을 포기해야 한다. 사슴은 자신의 남은 수명과 〈표〉의 '?'로 표시된 수를 알고 있다.

〈표〉

맹수	1년당 효용	포기해야 하는 수명(년)
사자	250	14
호랑이	200	?
곰	170	11
악어	70	?
독수리	50	5

〈보 기〉

ㄱ. 사슴의 남은 수명이 13년이라면, 사슴은 곰을 선택할 것이다.
ㄴ. 사슴의 남은 수명이 20년이라면, 사슴은 독수리를 선택하지는 않을 것이다.
ㄷ. 호랑이로 살기 위해 포기해야 하는 수명이 13년이라면, 사슴의 남은 수명에 따라 사자를 선택했을 때와 호랑이를 선택했을 때 여생의 총 효용이 같은 경우가 있다.

① ㄴ

② ㄷ

③ ㄱ, ㄴ

④ ㄴ, ㄷ

⑤ ㄱ, ㄴ, ㄷ

1. 사슴의 남은 수명이 20년인 경우 남은 수명을 사슴으로 살 때의 효용은 얼마인가?

2. 사슴이 다른 동물로 살 경우 얻게 되는 효용을 방정식으로 어떻게 나타낼 수 있는가?

정답
1. 800
   → 1년당 효용 40×남은 수명 20=800이다.
2. (사슴의 남은 수명−포기해야 하는 수명)×해당 동물의 1년당 효용

26 다음 글을 근거로 판단할 때, 〈보기〉에서 옳은 것만을 모두 고르면?

○ 甲 시청은 관내 도장업체(A~C)에 청사 바닥(면적: 60m²) 도장공사를 의뢰하려 한다.

〈관내 도장업체 정보〉

업체	1m²당 작업시간	시간당 비용
A	30분	10만 원
B	1시간	8만 원
C	40분	9만 원

○ 개별 업체의 작업속도는 항상 일정하다.
○ 여러 업체가 참여하는 경우, 각 참여 업체는 언제나 동시에 작업하며 업체당 작업시간은 동일하다. 이때 각 참여 업체가 작업하는 면은 겹치지 않는다.
○ 모든 업체는 시간당 비용에 비례하여 분당 비용을 받는다. (예: A가 6분 동안 작업한 경우 1만 원을 받는다.)

〈보 기〉

ㄱ. 작업을 가장 빠르게 끝내기 위해서는 A와 C에만 작업을 맡겨야 한다.
ㄴ. B와 C에 작업을 맡기는 경우, 작업 완료까지 24시간이 소요된다.
ㄷ. A, B, C에 작업을 맡기는 경우, B와 C에 작업을 맡기는 경우보다 큰 비용이 든다.

① ㄱ

② ㄴ

③ ㄷ

④ ㄱ, ㄴ

⑤ ㄴ, ㄷ

📑 **핵심 분석 포인트**

1. 작업에 걸리는 시간, 작업의 양, 업체의 능력 간의 관계를 방정식으로 어떻게 나타낼 수 있는가?

2. 두 업체가 같이 작업할 경우 걸리는 시간은 얼마나 되는가?

3. 각 업체가 1시간에 작업할 수 있는 양은 얼마나 되는가?

정답
1. 업체의 능력×작업에 걸리는 시간=작업의 양

2. $\dfrac{\text{작업의 양}}{\text{두 업체의 능력}}$

3. A는 2m², B는 1m², C는 1.5m²

27 다음 글을 근거로 판단할 때, 〈비행기 좌석표〉의 주어진 5개 좌석 중 생존 가능성이 가장 높은 좌석은?

> A 국 항공담당 부처는 비행기 화재사고 시 좌석에 따른 생존 가능성을 조사하였다. 그 결과 다음과 같이 좌석의 조건에 따라 생존 가능성이 다르게 나타났다.
> ○ 각 비상구에서 앞뒤로 두 번째 열 이내에 앉은 승객은 그렇지 않은 승객에 비해 생존할 가능성이 높다.
> ○ 복도(통로) 측 좌석 승객이 창 측 승객보다 생존할 가능성이 높다.
> ○ 기내의 가운데 열을 기준으로 앞쪽과 뒤쪽으로 나누어 볼 때 앞쪽 승객이 뒤쪽 승객보다 생존할 가능성이 높다.

〈비행기 좌석표〉

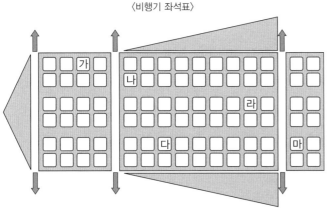

※ 화살표는 비상구를 나타내며, 그림의 왼쪽이 비행기의 앞쪽 방향이다. 또한 비행기 좌석은 총 15열임.

① 가
② 나
③ 다
④ 라
⑤ 마

핵심 분석 포인트

1. 첫 번째 정보를 토대로 생존 가능성이 낮아지는 자리는 어디인가?

2. 두 번째 정보를 토대로 생존 가능성이 낮아지는 자리는 어디인가?

정답

1. 다
→ 다를 제외한 모든 자리는 비상구의 앞뒤로 두 번째 열 이내에 있다.

2. 가
→ 가를 제외한 모든 자리는 창 측에 위치하지 않는다.

28 다음 글과 〈평가 결과〉를 근거로 판단할 때, 〈보기〉에서 옳은 것만을 모두 고르면?

📑 **핵심 분석 포인트**

1. 가중치가 어떻게 변하더라도 반드시 1등급이 되는 시설은 어디인가?

2. 가중치가 어떻게 변하더라도 반드시 3등급 이상이 되는 시설은 어디인가?

X국에서는 현재 정부 재정지원을 받는 복지시설(A~D)을 대상으로 다섯 가지 항목(환경개선, 복지관리, 복지지원, 복지성과, 중장기 발전계획)에 대한 종합적인 평가를 진행했다.

평가 점수의 총점은 각 평가 항목에 대해 해당 시설이 받은 점수와 해당 평가 항목별 가중치를 곱한 것을 합산하여 구하고, 총점 90점 이상은 1등급, 80점 이상 90점 미만은 2등급, 70점 이상 80점 미만은 3등급, 70점 미만은 4등급으로 한다.

평가 결과, 1등급 시설은 특별한 조치를 취하지 않으며, 2등급 시설은 관리 정원의 5%를, 3등급 이하 시설은 관리 정원의 10%를 감축해야 하고, 4등급을 받으면 정부의 재정지원도 받을 수 없다.

〈평가 결과〉

평가 항목(가중치)	A 시설	B 시설	C 시설	D 시설
환경개선(0.2)	90	90	80	90
복지관리(0.2)	95	70	65	70
복지지원(0.2)	95	70	55	80
복지성과(0.2)	95	70	60	60
중장기 발전계획(0.2)	90	95	50	65

〈보 기〉

ㄱ. A 시설은 관리 정원을 감축하지 않아도 된다.
ㄴ. B 시설은 관리 정원을 감축해야 하나 정부의 재정지원은 받을 수 있다.
ㄷ. 만약 평가 항목에서 환경개선의 가중치를 0.3으로, 복지성과의 가중치를 0.1로 바꾼다면 C 시설은 정부의 재정지원을 받을 수 있다.
ㄹ. D 시설은 관리 정원을 감축해야 하고 정부의 재정지원도 받을 수 없다.

① ㄱ, ㄴ

② ㄴ, ㄹ

③ ㄷ, ㄹ

④ ㄱ, ㄴ, ㄷ

⑤ ㄱ, ㄷ, ㄹ

정답

1. A 시설
   → 모든 항목에서 90점 이상이므로 가중치와 관련 없이 1등급이다.

2. A, B 시설
   → A 시설은 항상 1등급이고, B 시설도 모든 항목에서 3등급 이상은 보이고 있다.

29 다음 내용이 참일 때, 반드시 참이라고는 할 수 없는 것은?

> 어떤 국가에 7개 행정구역 A, B, C, D, E, F, G가 있다.
> ○ A는 C 이외의 모든 구역과 인접해 있다.
> ○ B는 A, C, E, G와만 인접해 있다.
> ○ C는 B, E와만 인접해 있다.
> ○ D는 A, G와만 인접해 있다.
> ○ E는 A, B, C와만 인접해 있다.
> ○ F는 A와만 인접해 있다.
> ○ G는 A, B, D와만 인접해 있다.
>
> 　각 구역은 4개 정책 a, b, c, d 중 하나만 추진할 수 있고, 각 정책은 적어도 한 번씩은 추진된다. 또한 다음 조건을 만족해야 한다.
> ○ 인접한 구역끼리는 같은 정책을 추진해서는 안 된다.
> ○ A, B, C는 각각 a, b, c 정책을 추진한다.

① E는 d 정책을 추진할 수 있다.

② F는 b나 c나 d 중 하나의 정책만 추진할 수 있다.

③ D가 d 정책을 추진하면, G는 c 정책만 추진할 수 있다.

④ E가 d 정책을 추진하면, G는 c 정책만 추진할 수 있다.

⑤ G가 d 정책을 추진하면, D는 b 혹은 c 정책만 추진할 수 있다.

핵심 분석 포인트

1. 서로 인접해 있는 구역을 알기 쉽게 표시하는 방법은 무엇인가?

2. 위의 1번 답변을 토대로 나타낸 그림에서 인접한 구역끼리 같은 정책을 추진해서는 안 된다는 규칙을 적용하는 방법은 무엇인가?

정답

1. 각 구역을 동그랗게 배치한 후 인접해 있는 구역끼리 선으로 연결한다.

2. 선으로 연결된 구역은 같은 정책을 추진하지 않도록 한다.

30 다음 〈조건〉을 근거로 판단할 때 〈보기〉의 의사결정 기준에서 동일한 선택이 이루어지는 경우는?

핵심 분석 포인트

1. 비관주의 기준에 의하면 축제 방문객 규모가 작을 것이라는 의미이다. (O, X)

2. 낙관주의 기준에 의할 때 축제 방문객 규모가 작을 경우 예상할 수 있는 이득은 무엇인가?

―――〈조 건〉―――

○○시는 자치단체장 취임 이후 새로운 지역 축제를 계획하고 있다. 이를 위해 연구소에 의뢰하여 3가지 규모의 지역축제(A, B, C)에 대한 수익성 예비분석을 실시하였다.

○○시 의뢰를 받은 연구소는 상황 변수인 축제 방문객 규모와 대안 변수인 축제 규모에 따라 지역 축제의 예상 수익을 다음과 같이 추정하였다. 구체적으로, 향후 10년간 축제 방문객 규모를 많음, 보통, 적음의 세 가지 상황으로 구분하고, 축제의 규모는 대규모 A, 중간규모 B, 소규모 C의 3가지 대안으로 구분하여 분석을 실시하였다. 다음은 각각의 경우 예상되는 수익을 정리한 것이다.

축제 규모 (대안) ＼ 축제 방문객 규모	많음	보통	적음
대규모 A	100억 원	50억 원	−80억 원
중간규모 B	60억 원	30억 원	−10억 원
소규모 C	30억 원	20억 원	10억 원

―――〈보 기〉―――

ㄱ. 낙관주의(maximax) 기준: 선택의 결과에 대해 매우 낙관적이며, 최대 수익을 낼 수 있는 기회에 초점을 맞춘다. 따라서 각 대안마다 최상의 결과가 발생될 것이라고 가정하고, 대안별 최상의 결과들을 비교한 후, 가장 큰 수익을 내는 대안을 선택한다.

ㄴ. 비관주의(maximin) 기준: 선택의 결과에 대해 매우 비관적이며, 최악의 상황에 초점을 맞춘다. 따라서 최악의 상황을 가정한 위험 회피적인 선택을 한다. 즉, 각 대안마다 최악의 결과가 발생될 것이라고 가정하고, 대안별 최악의 결과들을 비교한 후, 가장 큰 수익을 내는 대안을 선택한다.

ㄷ. 후르위츠(Hurwicz) 기준: 낙관주의 기준과 비관주의 기준을 절충해서 적용한다. 이를 위해 후르위츠 계수로 불리는 가중치 a를 결정하고, 각 대안마다 가중 평균을 계산한다. 즉, 각 대안별 수익은 "$a \times$(최상의 수익)$+(1-a) \times$(최악의 수익)"으로 계산되며, 그 값이 가장 큰 대안이 선택된다. 사례의 경우 후르위츠 계수는 0.6으로 가정한다.

ㄹ. 라플라스(Laplace) 기준: 각 대안을 선택했을 때 발생될 수 있는 모든 가능한 결과들의 합을 모든 가능한 결과들의 수로 나눈 값을 선택 기준으로 삼는다. 즉, 대안별로 평균 수익을 계산한 후, 그 값이 가장 큰 대안을 선택한다.

① ㄱ, ㄴ

② ㄱ, ㄷ

③ ㄴ, ㄷ

④ ㄴ, ㄹ

⑤ ㄷ, ㄹ

정답

1. X
→ 비관주의 기준에 의한다는 것은 어떤 대안을 선택하든 최악의 결과가 발생할 것이라고 가정하는 것이므로 축제 방문객 규모를 기준으로 판단하는 것이 아니라 각 대안, 축제 규모별로 발생 가능한 결과 중에 최악의 결과끼리 비교하는 것이다.

2. 30억 원
→ 낙관주의 기준에 의한다는 것은 어떤 대안을 선택하든 최상의 결과가 발생할 것이라고 가정하는 것이므로 축제 방문객 규모가 작을 경우에 얻을 수 있는 수익 가운데 가장 큰 수익을 선택하는 것이다.

31 (주)대한산업의 CEO는 보유하고 있는 현금을 내년에 금융시장에 투자하려고 계획 중이다. 해당 전문가들의 자문을 구한 결과, 내년의 경기상황과 투자대안에 따라 아래의 〈표〉와 같은 결론을 얻었다. 즉, 내년에 (주)대한산업이 증권에 투자할 경우, 경기침체일 때는 9억 원 이익, 경기보합일 때는 4억 원 이익, 경기호조일 때는 1억 원의 손실을 얻게 된다는 의미이다. (주)대한산업의 CEO가 〈보기〉의 의사결정법에 따라 대안을 선택할 경우, 각각의 의사결정법과 그에 따라 선택된 대안으로 바르게 연결된 것은?

〈표〉 투자대안별 경기상황에 따른 손익 예측

구분	경기상황		
	경기침체	경기보합	경기호조
대안 1(예금)	3억 원	4억 원	5억 원
대안 2(채권)	8억 원	4억 원	1억 원
대안 3(증권)	9억 원	4억 원	−1억 원

〈보 기〉

ㄱ. 낙관적인 의사결정법: 항상 모든 상황이 가장 좋게 될 것이라고 가정하고 의사결정 하는 방법

ㄴ. 비관적인 의사결정법: 항상 모든 상황이 가장 나쁘게 될 것이라고 가정하고 의사결정 하는 방법

ㄷ. 후르비츠 기준: 예상되는 낙관적 결과와 비관적 결과에 적당한 가중치 a(이를 후르비츠 계수라고 함)를 적용하고 가중 평균을 구해 이를 의사결정의 기준으로 삼는 방법, 즉 a는 0과 1 사이의 값을 가진다고 할 때, a×(낙관적 결괏값)+(1−a)×(비관적 결괏값)을 판단의 기준으로 정한다. ((주)대한산업 CEO의 후르비츠 계수는 0.7이라고 가정한다)

ㄹ. 라플라스 기준: 각 대안의 선택에 따른 모든 가능한 성과들의 평균값을 의사결정의 기준으로 삼는 방법

ㅁ. 기회손실비용 기준: 각각의 경우에 있어 기회손실비용을 구하고 이를 의사결정의 기준(각 대안의 상황별 기회손실비용을 구하고 그중 가장 큰 기회손실비용을 일종의 각 대안별 대표 기회손실비용으로 정한 다음, 그 대푯값들 중 가장 작은 기회손실을 갖는 대안을 선택)으로 정하는 방법, 예를 들어 위의 표에서 CEO가 대안 1(예금)을 선택하였고 실제로 경기상황이 '침체'여서 3억 원의 이익을 얻었다고 생각해 보자. 만일 (주)대한산업의 CEO가 경기상황이 '침체'가 될 것을 정확히 예측할 수 있었다고 한다면, 분명 대안 3(증권)을 선택해 9억 원을 벌었을 것이다. 하지만 실제로 경기상황을 예측하지 못함으로 인해 9억 원을 벌 수 있는 것을 3억 원만 벌게 되었으므로 6억 원(9억 원−3억 원)의 기회손실비용이 발생했다.

① ㄱ−대안 3, ㅁ−대안 1

② ㄴ−대안 1, ㄷ−대안 3

③ ㄷ−대안 2, ㄹ−대안 3

④ ㄹ−대안 2, ㅁ−대안 3

⑤ ㄷ−대안 1, ㅁ−대안 2

 핵심 분석 포인트

1. 후르비츠 기준에 의할 때 후르비츠 계수가 0.6이라면 대안별 낙관적 결괏값과 비관적 결괏값에 곱해야 하는 수는 각각 얼마인가?

2. 경기 침체 상황에서 대안 2(채권)의 기회손실비용은 얼마인가?

정답
1. 대안별 낙관적 결괏값에 곱해야 하는 수: 0.6, 대안별 비관적 결괏값에 곱해야 하는 수: 0.4

2. 1억 원
→ 경기상황이 '침체'될 것을 정확히 예측할 수 있었다고 한다면, 분명 대안 3(증권)을 선택해 9억 원을 벌었을 것이다. 하지만 실제로 경기상황을 예측하지 못함으로 인해 9억 원을 벌 수 있는 것을 대안 2(채권)를 선택하여 8억 원만 벌게 되었으므로 1억 원=9억 원−8억 원의 기회손실비용이 발생했다.

32 아래의 제시문을 읽고 〈표〉의 선호를 가진 사람들이 투표할 경우 나타날 수 있는 결과로 옳은 것은?

> '투표거래'란 과반수를 달성하지 못하는 집단이 과반수를 달성하기 위하여 표(Vote)를 거래하는 것을 말한다. 예를 들어 갑, 을, 병 세 사람이 대안을 선택하는 경우를 생각해 보자. 하나의 대안을 대상으로 과반수 투표를 하는 경우 갑, 을, 병 세 사람은 모두 자신에게 돌아오는 순편익이 양(+)의 값을 갖는 대안에만 찬성한다. 그러나 투표거래를 하는 경우에는 자신이 원하는 대안이 채택되는 대가로 순편익이 양(+)의 값을 갖지 않는 대안을 지지할 수 있다. 즉, 갑은 자신이 선호하는 대안을 찬성해 준 을에게 그 대가로 자신은 선호하지 않으나 을이 선호하는 대안을 찬성해 주는 것이 투표거래이다.

대안 순편익	대안 A	대안 B	대안 C	대안 D	대안 E
갑의 순편익	200	−40	−120	200	−40
을의 순편익	−50	150	−160	−110	150
병의 순편익	−55	−30	400	−105	−120
전체 순편익	95	80	130	−15	−10

① 투표거래를 하지 않는 과반수 투표의 경우에도 대안 A, B, C는 채택될 수 있다.

② 갑과 을이 투표거래를 한다면 대안 A와 C가 채택될 수 있다.

③ 갑, 을, 병이 투표거래를 한다면 대안 A, B, C, D, E가 모두 채택될 수 있다.

④ 대안 D와 대안 E가 채택되기 위해서는 을과 병이 투표거래를 해야 한다.

⑤ 대안 A와 대안 E가 채택되는 것은 전체 순편익의 차원에서 가장 바람직하지 못하다.

정답

1. 갑
→ 대안 A에서 을은 −50, 병은 −55의 순편익을 가지므로 반대하고, 200의 순편익을 가지는 갑만 찬성한다.

2. C
→ 400의 순편익을 가지는 대안 C만 찬성한다.

3. 갑과 병은 반대, 을은 찬성
→ 대안 B는 갑과 병 모두 찬성하지 않으므로 투표거래를 하더라도 둘 다 반대표를 던지고, 을은 150의 순편익을 가지므로 찬성표를 던진다.

33 다음 〈표〉는 어느 공장에서 상품을 만드는 데 필요한 작업, 작업 기간, 작업의 순서 관계를 나타낸 것이다. 작업을 A부터 H까지 모두 마치는 데 필요한 최소의 작업 기간은? (단, 이 공장에서는 여러 팀이 서로 다른 과정을 수행할 수 있다.)

작업	작업 기간(일)	선행 작업
A	2	없음
B	4	A
C	5	A
D	6	B
E	5	B, C
F	3	D, E
G	1	E
H	4	F, G

① 18일

② 19일

③ 20일

④ 21일

⑤ 22일

34 갑, 을, 병, 정 네 팀이 번갈아 겨루는 리그전을 통해 높은 승점을 거두는 두 팀이 준결승에 진출하기로 하였다. 승점은 경기에서 이기는 팀에게 3점, 비기는 팀에게 1점, 패하는 팀에게 0점을 주어지며, 모든 경기를 승리한 팀은 없다고 할 때, 다음 중 옳지 않은 것은?

> ○ A는 B에게 승리했다.
> ○ B는 C와 무승부를 기록했다.
> ○ D는 한 번도 이기지 못한 팀에게만 이겼다.
> ○ C는 1위 팀에게 졌으며 D와는 무승부를 기록했다.

① A가 1위를 차지했다.

② B는 준결승에 진출하지 못한다.

③ D의 승점은 4점이다.

④ A와 D가 준결승에 진출한다.

⑤ C는 3위를 차지했다.

📋 핵심 분석 포인트

1. A, B, C, D 네 팀으로 구성된 조에서 리그전으로 진행되는 경기의 결과를 정리하기 위한 표의 형태는 무엇인가?

2. 한 번의 경기가 펼쳐질 경우, 경기 결과를 정리하기 위한 표에서 채워지는 칸의 수는 몇 개인가?

3. 세 번째 정보에서 D가 이겼다고 한 '한 번도 이기지 못한 팀'은 어디인가?

정답

1.

주체＼객체	A	B	C	D
A				
B				
C				
D				

2. 2칸
→ 대각선을 기준으로 마주 보는 칸은 주체와 객체만을 달리할 뿐 같은 경기를 의미하므로 어떤 두 팀이 경기한 경우의 결과는 주체와 객체가 바뀐 칸 2개에 모두 표시된다. 예를 들어 A가 D를 이긴 경우 승리를 O, 패배를 X라고 표시한다면 A가 주체이고 D가 객체인 칸에 O를 표시하고, D가 주체이고 A가 객체인 칸에 X를 표시한다.

3. B
→ 네 번째 정보에 의하면 D는 C와는 무승부를 기록했고 첫 번째 정보에 의하면 A는 승리가 있음을 알 수 있으므로 D가 이겼다고 한 '한 번도 이기지 못한 팀'은 B이다.

35 다음 글을 근거로 판단할 때, 〈보기〉에서 옳은 것만을 모두 고르면?

 핵심 분석 포인트

> 맥동변광성(脈動變光星)은 팽창과 수축을 되풀이하면서 밝기가 변하는 별이다. 맥동변광성은 변광 주기가 길수록 실제 밝기가 더 밝다. 이를 '주기－광도 관계'라 한다.
>
> 세페이드 변광성은 보통 3일에서 50일 이내의 변광 주기를 갖는 맥동변광성이다. 지구에서 관찰되는 별의 밝기는 지구로부터의 거리에 따라 달라지기 때문에 실제 밝기는 측정하기 어려운데, 세페이드 변광성의 경우는 주기－광도 관계를 이용하여 실제 밝기를 알 수 있다.
>
> 별의 밝기는 등급으로 표시하기도 하는데, 지구에서 측정한 밝기인 겉보기등급과 실제 밝기를 나타낸 절대등급이 있다. 두 경우 모두 등급의 수치가 작을수록 밝은데, 그 수치가 1 줄어들 때마다 2.5배 밝아진다. 겉보기등급이 절대등급과 다른 까닭은 별의 밝기가 거리의 제곱에 반비례하기 때문이다. 한편 모든 별이 지구로부터 10파섹(1파섹＝3.26광년)의 일정한 거리에 있다고 가정하고 지구에서 관찰된 밝기를 산출한 것을 절대등급이라고 한다. 어느 성단에서 세페이드 변광성이 발견되면 주기－광도 관계에 따라 별의 절대등급을 알 수 있으므로, 겉보기등급과의 차이를 보아 그 성단까지의 거리를 계산할 수 있다.
>
> 천문학자 W. 바데는 세페이드 변광성에 두 종류가 있으며, I형 세페이드 변광성이 동일한 변광 주기를 갖는 II형 세페이드 변광성보다 1.5등급만큼 더 밝다는 것을 밝혀냈다.

───────〈보 기〉───────

ㄱ. 변광 주기가 10일인 I형 세페이드 변광성은 변광 주기가 50일인 I형 세페이드 변광성보다 어둡다.

ㄴ. 변광 주기가 동일한 두 개의 II형 세페이드 변광성의 겉보기등급 간에 수치 차이가 1이라면, 지구로부터 두 별까지의 거리의 비는 2.5이다.

ㄷ. 실제 밝기를 기준으로 비교할 때, 변광 주기가 20일인 I형 세페이드 변광성은 같은 주기의 II형 세페이드 변광성보다 2.5배 이상 밝다.

ㄹ. 지구로부터 1파섹 떨어진 별의 밝기는 절대등급과 겉보기등급이 동일하다.

① ㄱ, ㄷ

② ㄱ, ㄹ

③ ㄴ, ㄷ

④ ㄴ, ㄹ

⑤ ㄱ, ㄴ, ㄷ

36 다음 글을 근거로 판단할 때 옳지 않은 것은?

최근 공직자의 재산상태와 같은 세세한 사생활 정보까지 공개하라는 요구가 높아지고 있다. 공직자의 사생활은 일반시민의 사생활만큼 보호될 필요가 없다는 것이 그 이유다. 비슷한 맥락에서 일찍이 플라톤은 통치자는 가족과 사유재산을 갖지 말아야 한다고 주장했다.

공직자의 사생활 보호에 대한 논의는 '동등한 사생활 보호의 원칙'과 '축소된 사생활 보호의 원칙'으로 구분된다. 동등한 사생활 보호의 원칙은 공직자의 사생활도 일반시민과 동등한 정도로 보호되어야 한다고 본다. 이 원칙의 지지자들은 우선 공직자의 사생활 보호로 공적으로 활용가능한 인재가 증가한다는 점을 강조한다. 사생활이 보장되지 않으면 공직 희망자가 적어져 인재 활용이 제한되고 다양성도 줄어들게 된다는 것이다. 또한 이들은 선정적인 사생활 폭로가 난무하여 공공정책에 대한 실질적 토론과 민주적 숙고가 사라져 버릴 위험성에 대해서도 경고한다.

반면, 공직자는 일반시민보다 우월한 권력을 가지고 있다는 것과 시민을 대표한다는 것 때문에 축소된 사생활 보호의 원칙이 적용되어야 한다는 주장도 있다. 공직자는 일반시민이 아니기 때문에 동등한 사생활 보호의 원칙을 적용할 수 없다는 것이다. 이 원칙의 지지자들은 공직자들이 시민 생활에 영향을 미치는 결정을 내리기 때문에, 사적 목적을 위해 권력을 남용하지 않고 부당한 압력에 굴복하지 않으며 시민이 기대하는 정책을 추구할 가능성이 높은 사람이어야 한다고 주장한다. 즉 이러한 공직자가 행사하는 권력에 대해 책임을 묻기 위해서는 사생활 중 관련된 내용은 공개되어야 한다는 것이다. 또한 공직자는 시민을 대표하기 때문에 훌륭한 인간상으로 시민의 모범이 되어야 한다는 이유도 들고 있다.

① 축소된 사생활 보호의 원칙은 공직자와 일반시민의 사생활 보장의 정도가 달라야 한다고 본다.

② 통치자의 사생활에 대한 플라톤의 생각은 동등한 사생활 보호의 원칙보다 축소된 사생활 보호의 원칙에 더 가깝다.

③ 동등한 사생활 보호의 원칙을 지지하는 이유 중 하나는 공직자가 시민을 대표하는 훌륭한 인간상이어야 하기 때문이다.

④ 동등한 사생활 보호의 원칙을 지지하는 이유 중 하나는 사생활이 보장되지 않으면 공직 희망자가 적어질 수 있다고 보기 때문이다.

⑤ 축소된 사생활 보호의 원칙을 지지하는 이유 중 하나는 공직자가 일반시민보다 우월한 권력을 가지고 있다고 보기 때문이다.

정답

1. 제시문이 주어지는 문제의 경우 필요한 내용만 빠르게 파악하여 읽어 내려가는 것이 중요하므로 본인의 걸린 시간을 확인해 본다.

37 다음 글을 근거로 판단할 때 옳은 것은?

『규합총서(1809)』에는 생선을 조리하는 방법으로 고는 방법, 굽는 방법, 완자탕으로 만드는 방법 등이 소개되어 있다. 그런데 통째로 모양을 유지하면서 접시에 올리려면 굽거나 찌는 방법밖에 없다. 보통 생선을 구우려면 긴 꼬챙이를 생선의 입부터 꼬리까지 빗겨 질러서 화로에 얹고 간접적으로 불을 쬐게 한다. 그러나 이런 방법을 쓰면 생선의 입이 원래 상태에서 크게 벗어나 뒤틀리고 만다.

당시에는 굽기보다는 찌기가 더욱 더 일반적이었다. 먼저 생선의 비늘을 벗겨내고 내장을 제거한 후 흐르는 물에 깨끗하게 씻는다. 여기에 소금으로 간을 하여 하루쯤 채반에 받쳐 그늘진 곳에서 말린다. 이것을 솥 위에 올린 시루 속에 넣고 약한 불로 찌면 식어도 그 맛이 일품이다. 보통 제사에 올리는 생선은 이처럼 찌는 조리법을 이용했다. 이 시대에는 신분과 관계없이 유교식 제사가 집마다 퍼졌기 때문에 생선을 찌는 조리법이 널리 받아들여졌다.

한편 1830년대 중반 이후 밀입국한 신부 샤를 달레가 집필한 책에 생선을 생으로 먹는 조선 시대의 풍습이 소개되어 있다. 샤를 달레는 "조선에서는 하천만 있으면 낚시하는 남자들을 많이 볼 수 있다. 그들은 생선 중 작은 것은 비늘과 내장을 정리하지 않고 통째로 먹는다."고 했다. 아마도 하천에 인접한 고을에서는 생으로 민물고기를 먹고 간디스토마에 감염되어서 죽은 사람이 많았을 것이다. 하지만 간디스토마라는 질병의 실체를 알게 된 것은 일제 강점기에 들어오고 나서다. 결국 간디스토마에 감염되지 않도록 하기 위해 행정적으로 낚시금지령이 내려지기도 했다. 생선을 생으로 먹는 풍습은 일제 강점기에 사시미가 소개되면서 지속되었다. 그런데 실제로 일본에서는 잡은 생선을 일정 기간 숙성시켜서도 먹었다.

① 조선의 생선 조리법과 유교식 제사는 밀접한 관련이 있다.

② 일제 강점기에 일본을 통해서 생선을 생으로 먹는 풍습이 처음 도입되었다.

③ 샤를 달레의 『규합총서』에 생선을 생으로 먹는 조선의 풍습이 소개되었다.

④ 조선 시대에는 생선을 통째로 접시에 올릴 수 없었기 때문에 굽기보다는 찌기를 선호했다.

⑤ 1800년대 조선인은 간디스토마의 위험을 알면서도 민물고기를 먹었기 때문에 낚시금지령이 내려지기도 했다.

📋 **핵심 분석 포인트**

1. 규합총서를 집필한 사람은 누구인가?

2. 샤를 달레가 집필한 책의 이름은 무엇인가?

3. 조선과 일본 중 먼저 생선을 생으로 먹은 국가는 어디인가?

정답
1. 제시문으로는 알 수 없음
2. 제시문으로는 알 수 없음
3. 제시문으로는 알 수 없음

38 다음 제시문의 주장과 일치하는 것만 〈보기〉에서 고른 것은?

> 　사회에는 위법행위에 호의적인 가치와 호의적이지 않은 가치가 모두 존재한다. 사회 구성원들의 가치와 태도도 그러한 가치들로 혼합되어 나타나는데, 어떤 사람은 위법행위에 호의적인 가치를, 또 어떤 사람은 위법행위에 호의적이지 않은 가치를 더 많이 갖고 있다. 또한, 청소년들은 그러한 주변 사람들로부터 가치와 태도를 학습한다. 그들이 위법행위에 더 호의적인 주위 사람과 자주 접촉하고 상호 작용하게 되면 그만큼 위법행위에 호의적인 가치와 관대한 태도를 학습하고 내면화하여, 그러한 가치와 태도대로 행동하다 보면 비행을 하게 된다. 예컨대 청소년 주위에는 비행 청소년도 있고 모범 청소년도 있을 수 있는데, 어떤 청소년이 모범 청소년보다 비행 청소년과 자주 접촉할 경우, 그는 다른 청소년들보다 위법행위에 호의적인 가치와 관대한 태도를 더욱 많이 학습하게 되어 비행을 더 저지르게 된다.

〈보 기〉

ㄱ. 읍참마속(泣斬馬謖)
ㄴ. 바늘 가는 데 실 간다!
ㄷ. 근주자적(近朱者赤)
ㄹ. 잘되면 내 탓! 못되면 남의 탓!
ㅁ. 오월동주(吳越同舟)
ㅂ. 까마귀 노는 곳에 백로야 가지 마라!
ㅅ. 죽마고우(竹馬故友)

① ㄱ, ㄹ
② ㄷ, ㅂ
③ ㄴ, ㄷ, ㅅ
④ ㄷ, ㄹ, ㅁ
⑤ ㄹ, ㅂ, ㅅ

39 다음 제시문을 근거로 할 때 〈사례〉의 빈칸에 들어갈 점수는?

1. 누진 계급의 구분 및 진급
   ① 교도소장은 수형자에 대한 단계별 처우를 위하여 수형자의 행형(行刑)성적에 따라 누진 계급을 제1급, 제2급, 제3급, 제4급으로 구분한다.
   ② 신입 수형자는 제4급에 편입하고 행형성적에 따라 단계별로 상위계급으로 진급시킨다.
   ③ 계급의 진급은 각 계급의 책임 점수를 매월 소득점수로 모두 공제했을 때에 이루어진다. 만약 책임 점수를 공제하고 소득점수가 남아 있는 경우에는 이를 다음 계급의 소득점수로 인정한다.

2. 책임 점수 및 소득점수
   ① 각 계급의 책임 점수는 집행할 형기를 월 단위로 환산하여 이에 수형자의 개선급 유형 및 범수(犯數)별 점수를 곱하여 얻은 수로 한다. (책임 점수 = 집행할 형기의 개월 수 × 개선급 유형 및 범수별 점수)
   ② 책임 점수는 계급이 바뀔 때마다 잔여형기를 기준으로 다시 부여한다.
   ③ 개선급은 범죄성향의 강화와 개선 정도에 따라 책임 점수의 산정기준이 되는 분류급을 의미한다. 개선급 유형 및 범수별 점수는 다음과 같다.

〈개선급 유형 및 범수별 점수〉

개선급 유형		범수별 점수	
구분	판단기준	초범	2범 이상
A급	범죄성향이 강화되지 아니한 자로서 개선이 가능한 자	2점	2.5점
B급	범죄성향이 강화된 자로서 개선이 가능한 자	3점	3.5점
C급	범죄성향이 강화된 자로서 개선이 곤란한 자	4점	4.5점

   ④ 매월의 소득점수 산정은 소행 점수, 작업점수, 상훈 점수의 합산에 의한다.

〈보 기〉

초범인 갑은 법원에서 징역 5년 2개월 형을 선고받고 교도소에 수감되었다. (잔여형기 5년) 그리고 교도소 심사에서 '범죄성향이 강화되지 아니한 자로서 개선이 가능한 자'라는 판정을 받았다. 갑이 12개월 만에 129점의 소득점수를 얻어 제3급으로 진급했다면 제2급으로 진급하기 위해서는 앞으로 최소한 ( )점을 더 획득해야 한다.

① 81

② 87

③ 96

④ 111

⑤ 115

1. 갑에게 집행할 형기는 몇 개월인가?

2. A, B, C 중 갑의 개선급 유형은 무엇인가?

3. 갑이 3급에서 2급으로 진급하기 위해 필요한 책임 점수는 몇 점인가?

정답

1. 60개월
   → 잔여형기가 5년이라고 했으므로 집행할 형기는 5 × 12 = 60개월이다.

2. A급
   → '범죄 성향이 강화되지 아니한 자로서 개선이 가능한 자'이다.

3. 96점
   → 갑의 잔여형기가 48개월이고 범수별 점수는 2점이므로 책임 점수는 48 × 2 = 96점이다.

40 다음 글을 근거로 판단할 때 옳은 것은?

제○○조 ① 누구든지 법률에 의하지 아니하고는 우편물의 검열·전기통신의 감청 또는 통신사실확인자료의 제공을 하거나 공개되지 아니한 타인 상호간의 대화를 녹음 또는 청취하지 못한다.
② 다음 각호의 어느 하나에 해당하는 자는 1년 이상 10년 이하의 징역과 5년 이하의 자격정지에 처한다.
   1. 제1항에 위반하여 우편물의 검열 또는 전기통신의 감청을 하거나 공개되지 아니한 타인 상호간의 대화를 녹음 또는 청취한 자
   2. 제1호에 따라 알게 된 통신 또는 대화의 내용을 공개하거나 누설한 자
③ 누구든지 단말기기 고유번호를 제공하거나 제공받아서는 안 된다. 다만 이동전화단말기 제조업체 또는 이동통신사업자가 단말기의 개통처리 및 수리 등 정당한 업무의 이행을 위하여 제공하거나 제공받는 경우에는 그러하지 아니하다.
④ 제3항을 위반하여 단말기기 고유번호를 제공하거나 제공받은 자는 3년 이하의 징역 또는 1천만 원 이하의 벌금에 처한다.
제□□조 제○○조의 규정에 위반하여, 불법검열에 의하여 취득한 우편물이나 그 내용, 불법감청에 의하여 지득(知得) 또는 채록(採錄)된 전기통신의 내용, 공개되지 아니한 타인 상호간의 대화를 녹음 또는 청취한 내용은 재판 또는 징계절차에서 증거로 사용할 수 없다.

① 甲이 불법검열에 의하여 취득한 乙의 우편물은 징계절차에서 증거로 사용할 수 있다.

② 甲이 乙과 정책용역을 수행하면서 乙과의 대화를 녹음한 내용은 재판에서 증거로 사용할 수 없다.

③ 甲이 乙과 丙 사이의 공개되지 않은 대화를 녹음하여 공개한 경우, 1천만 원의 벌금에 처해질 수 있다.

④ 이동통신사업자 甲이 乙의 단말기를 개통하기 위하여 단말기기 고유번호를 제공받은 경우, 1년의 징역에 처해질 수 있다.

⑤ 甲이 乙과 丙 사이의 우편물을 불법으로 검열한 경우, 2년의 징역과 3년의 자격정지에 처해질 수 있다.

핵심 분석 포인트

1. 어느 경우에도 법률에 의하지 않고 공개되지 않은 타인 상호간의 대화를 녹음할 수 없다. (O/X)

2. 어느 경우에도 단말기의 고유번호를 제공하거나 제공받아서는 안 된다. (O/X)

3. 자신과 타인의 대화를 녹음한 것은 재판의 증거로 사용할 수 있다. (O/X)

정답
1. O
  → 첫 번째 조문에서 '누구든지...'라고 하고 있으므로 가능한 경우는 없다.

2. X
  → 첫 번째 조문 3항 단서에서 가능한 경우를 열거하고 있다.

3. O
  → 주어진 규정에서는 타인 상호간의 대화를 녹음하는 것만을 금지하고 있을 뿐, 자신과 타인의 대화를 녹음하는 것에 대한 금지내용은 없으므로 재판의 증거로 사용할 수 있다.

약점 보완 해설집 p.2

효과적인 접근 방법과 다양한 계산 유형 문제로 학습, NCS 자원관리능력!

NCS 자원관리능력은 세부적으로는 시간, 예산, 물적, 인적 자원에 대한 유형으로 구분이 되지만, 크게 본다면 모듈형 유형과 계산 유형으로 구분할 수 있습니다. 계산 유형 문제는 수리능력이나 문제해결능력 유형과 연관되어 출제가 되기도 하는 유형으로 비슷한 유형의 PSAT 기출문제와 기출변형문제를 포함한 다양한 문제 풀이를 통해 실전 감각을 기를 수 있습니다. 다양한 문제와 자원관리 전문가가 짚어주는 핵심 분석 포인트를 통해 효과적인 접근 방법과 효율적인 계산 방법 및 조건 활용방법을 연습한다면 정답률을 높일 수 있을 것입니다.

기출 : 20 5급공채 PSAT

01 다음 글을 근거로 판단할 때, 甲~丁 4명이 모두 외출 준비를 끝내는 데 소요되는 최소 시간은?

> 甲~丁 4명은 화장실 1개, 세면대 1개, 샤워실 2개를 갖춘 숙소에 묵었다. 다음 날 아침 이들은 화장실, 세면대, 샤워실을 이용한 후 외출을 하려고 한다.
> – 화장실, 세면대, 샤워실 이용을 마치면 외출 준비가 끝난다.
> – 화장실, 세면대, 샤워실 순서로 1번씩 이용한다.
> – 화장실, 세면대, 각 샤워실은 한 번에 한 명씩 이용한다.
>
> 〈개인별 이용시간〉
> (단위: 분)
>
> | 구분 | 화장실 | 세면대 | 샤워실 |
> |------|--------|--------|--------|
> | 甲 | 5 | 3 | 20 |
> | 乙 | 5 | 5 | 10 |
> | 丙 | 10 | 5 | 5 |
> | 丁 | 10 | 3 | 15 |

① 40분

② 42분

③ 45분

④ 48분

⑤ 50분

핵심 분석 포인트

1. 주어진 문제에서 Johnson's Rule을 활용할 수 없는 이유는?

2. 주어진 문제에서 최소 소요 시간을 구하기 위해 활용해야 하는 방법은?

정답
1. 주어진 조건에서 화장실과 세면대는 각 1개가 존재하지만 샤워실은 2개가 존재하므로, Johnson's Rule을 온전하게 활용할 수 없다.
2. PERT를 통해 최소 소요 시간을 구할 수 있다.

02 ○○회사에 근무하는 임동근 과장은 4월 3일 09시에 인천공항에서 출발하여 러시아 블라디보스토크에서 3시간 동안 바이어와의 미팅을 진행한 뒤에 곧바로 헝가리 부다페스트로 이동하여 헝가리 지사에서의 업무를 12시간 동안 진행한 뒤에 중국 광저우를 경유하여 인천으로 돌아오는 스케줄을 진행할 예정이다. 서울 기준 임동근 과장이 인천공항에 도착하는 시간으로 적절한 것은? (단, 모든 업무는 현지 시간 기준 09시~18시 사이에만 진행하고, 12시~13시는 점심시간으로 업무를 진행하지 않으며, 비행시간 외에 이동 시간은 고려하지 않는다.)

도시	그리니치	부다페스트	블라디보스토크	광저우	서울
GMT	0	+2	+8	+8	+9

출발지	도착지	소요시간
인천	블라디보스토크	2시간 10분
블라디보스토크	부다페스트	11시간 30분
블라디보스토크	광저우	4시간 10분
부다페스트	광저우	10시간
광저우	인천	3시간 40분

※ 광저우에서 경유할 경우 비행기 도착 후 환승하여 출발까지 총 1시간 30분이 소요됨

① 4월 5일 23시 30분

② 4월 6일 05시 10분

③ 4월 6일 12시 10분

④ 4월 6일 18시 40분

⑤ 4월 7일 01시 20분

핵심 분석 포인트

1. 인천과 블라디보스토크의 시차는 몇 시간인가?

2. 임동근 과장이 블라디보스토크에서 부다페스트로 출발하는 시간은 몇 시인가? (블라디보스토크 현지 시간 기준)

정답

1. 1시간
   → 그리니치 표준시 기준 서울(인천)은 +9이고, 블라디보스토크는 +8이므로 두 도시 간의 시차는 9-8=1시간이다.

2. 4월 3일 14시 10분
   → 4월 3일 09:00(인천 출발) → 2시간 10분 소요, 시차 1시간(인천이 빠름) → 4월 3일 10:10(블라디보스토크 도착) → 3시간 미팅, 점심시간 1시간 → 4월 3일 14:10(블라디보스토크 업무 종료)

03 ○○회사에 근무하는 정유나 대리는 회사의 출장비 지급 규정에 따라 출장비를 신청하려고 한다. 아래의 〈상황〉과 〈출장비 지급 규정〉을 토대로 정유나 대리가 신청할 출장비 총액은 얼마인가?

핵심 분석 포인트

1. 정유나 대리의 직급이 부장일 경우 증가하는 출장비 총액은 얼마인가?

───────〈○○회사 출장비 지급 규정〉───────

출장비 지급은 아래 명시되어 있는 교통비, 숙박비, 식비 및 기타 잡비, 출장 수당만을 지급하는 것을 원칙으로 하며, 실비 지급하는 항목의 경우 반드시 법인카드로 결제한 경우에만 지급 가능하다.

1. 출장 교통비
   ○ 항공기 이용을 제외한 일반 교통비는 직급에 따른 차등을 두지 않으며, 실비 지급한다.
   ○ 항공기 이용 금액은 직급에 따라 차등 지급한다.
      – 임원~부장: 비즈니스 클래스 이용(이용금액 실비 지급)
      – 차장~사원: 이코노미 클래스 이용(이용금액 실비 지급)
      ※ 차장~사원 직급이 비즈니스 클래스 이용 시 해당 노선의 이코노미 클래스 가격만큼만 지급함을 원칙으로 함

2. 출장 숙박비
   ○ 출장 숙박비는 실비 지급을 원칙으로 하나, 지급 금액은 직급별 최대 지급 가능 금액을 넘지 못한다.
      – 임원~부장: 300,000원/박
      – 차장~사원: 200,000원/박

3. 식비 및 기타 잡비
   ○ 식비는 기타 잡비를 포함하여 직급에 따라 실사용 금액과 상관없이 일당 비용으로 지급한다.
      – 임원~부장: 150,000원/일
      – 차장~과장: 100,000원/일
      – 대리~사원: 80,000원/일

4. 출장수당
   ○ 출장수당은 직급에 따라 차등 지급한다.
      – 임원~부장: 100,000원/일
      – 차장~과장: 80,000원/일
      – 대리~사원: 50,000원/일

〈상 황〉

　○○회사 서울 본사 원료품질 부서에 근무 중인 정유나 대리는 납품받은 원료의 품질 평가 결과가 시험성적서에 미치지 못하고, 회사에서 양품으로 활용 가능한 수준에 미달하는 것이 확인되어 부산으로 2박 3일 출장을 다녀왔다. 출장 중 사용한 비용 내역서는 아래와 같다.

〈정유나 대리 부산 출장 비용 내역서〉

일정: 20XX. 4. 19.(월) ~ 20XX. 4. 21.(수)		출장지: 부산	
성명	정유나	소속	원료품질그룹
직급	대리	출장 사유	원료 품질 검수
세부 항목			
구분	사용 목적	사용 금액	비고
1	숙박	378,000원	2박 비용 일괄 결제
2	식사	107,500원	2박 3일간 총 식비
3	항공료	95,600원	부산 왕복 비용
4	택시비	27,800원	-

※ 단, 정유나 대리는 식사 비용 결제를 제외한 모든 비용의 결제 시 법인카드를 이용했음

〈서울 ↔ 부산 왕복 항공료〉

구분	비즈니스 클래스	이코노미 클래스
서울 ↔ 부산 왕복	191,200원	95,600원

※ 주말 요금은 평일 요금의 120%로 책정함

① 608,900원　　　　② 742,400원　　　　③ 758,900원

④ 891,400원　　　　⑤ 967,500원

정답

1. 455,600원
→ 부장의 경우 항공기 이용 금액 기준이 비즈니스이므로 출장 교통비 중 항공기 이용 금액은 191,200−95,600= 95,600원이 증가한다. 출장 숙박비 또한 부장은 최대 300,000원/박이고, 차장 이하는 최대 200,000원/박이다. 하지만 정유나 대리가 숙박한 숙박시설은 1박당 189,000원이므로 직급에 따른 금액 변화는 발생하지 않는다. 식비는 기타 잡비를 포함하여 일당 비용으로 지급한다고 했고, 대리 직급과 부장 직급의 차이는 70,000원/일이다. 따라서 2박 3일 일정에 따른 지급금액 변화는 70,000×3= 210,000원이다. 출장수당은 직급에 따라 차등 지급한다고 했고, 대리 직급과 부장 직급의 차이는 50,000원/일이다. 따라서 2박 3일 일정에 따른 지급금액 변화는 50,000×3= 150,000원이다. 따라서 증가하는 출장비 총액은 95,600 +210,000+150,000= 455,600원이다.

04 무역업에 종사하는 김OO 씨는 5월 수익을 정리하고 있다. 김OO 씨의 5월 한 달 수익은 총 얼마인가?

구분	지출				매출			
	항목	구매수량(개)	구매가격($/개)	구입일	항목	판매수량(개)	판매가격($/개)	판매일
1	A	10	5	5/1	A	10	5	5/17
2	B	15	8	5/3	B	15	13	5/19
3	C	15	12	5/7	C	15	17	5/21
4	D	10	6	5/8	D	10	10	5/24
5	E	9	13	5/10	E	9	20	5/25
6	F	21	13	5/12	F	21	20	5/29

※ 1) 총 수익=총 매출액−총 지출액
　 2) 물품 구입 또는 판매가 매달 1일~15일 사이인 경우 15일에 정산을 진행하며, 16일~말일 사이인 경우 매달 말일에 정산을 진행한다. 정산은 정산하는 날 환율에 의거하여 진행함

〈일자별 환율 정보〉

일자	5/1	5/15	5/31
환율	1,250원/달러	1,220원/달러	1,200원/달러

※ 김OO 씨는 해당 은행의 우수 고객으로 환전 수수료를 면제받음

① 464,000원

② 526,000원

③ 596,000원

④ 674,000원

⑤ 726,000원

1. 항목 A의 구매와 판매에 따른 손익은 몇 원인가? (정산 기준은 문제에 제시된 기준을 따른다.)

정답
1. 1,000원 손해
　→ A 항목은 5달러에 10개 구매했으며, 판매가격 또한 5달러에 10개를 판매했다. 하지만 정산 기준을 보면 구매했을 때의 환율은 1,220원/달러였고, 판매했을 때의 환율은 1,200원/달러이다. 따라서 구매한 금액은 5×10×1,220=61,000원이고, 판매한 금액은 5×10×1,200=60,000원이므로 1,000원 손해이다.

05 다음에 주어진 〈상황〉과 표를 근거로 판단할 때, 귀하가 계약할 곳은?

───〈상 황〉───

　　○○회사의 신입사원인 귀하는 천안지사 발령을 받아 향후 2년간 천안에서 근무를 해야 하는 상황이다. 천안에서 근무하는 동안 주거할 집을 찾고 있으며, 회사까지의 출퇴근에 소요되는 시간이 편도 30분 이하인 곳으로 계약할 예정이다. 가능한 곳이 여러 곳 있다면, 2년 동안의 보증금과 월세, 관리비의 합이 가장 저렴한 곳으로 계약을 하려고 한다.

구분	보증금	월세	관리비	회사까지 거리
A 빌라	7,000만 원	20만 원	25만 원/월	13km
B 빌라	5,000만 원	40만 원	10만 원/월	20km
C 빌라	6,000만 원	18만 원	월세에 포함	17km
D 빌라	7,500만 원	31만 원	12만 원/월	10km
E 빌라	6,000만 원	48만 원	월세에 포함	15km

※ 1) 출퇴근은 회사 통근 버스를 이용함(회사 통근 버스는 제한 최고 속도를 반드시 준수함)
　 2) 시내 제한 속도는 60km/h임(출퇴근 시간에는 통행량 증가로 평균 속도가 제한 속도의 50%로 유지됨)

① A 빌라

② B 빌라

③ C 빌라

④ D 빌라

⑤ E 빌라

 핵심 분석 포인트

1. C 빌라에 거주할 경우 출근에 소요되는 시간은 몇 분이 소요되는가?

정답

1. 34분
　→ C 빌라에서 회사까지의 거리는 17km이고, 시내 제한 속도는 60km/h이지만 출퇴근 시간에는 통행량 증가로 평균 속도가 제한 속도의 50%로 유지된다고 했으므로 평균 이동 속도는 30km/h가 된다. 따라서 17÷30×60=34분이 된다.

06 자동차 판매원으로 일하고 있는 임동근 사원은 최근 3명의 고객들에게 자동차를 추천해 달라는 요청을 받았다. 아래의 각 항목별 가중치와 제품별 점수, 그리고 고객별 요청사항을 토대로 임동근 사원이 고객들에게 추천해야 하는 자동차 모델을 올바르게 짝지은 것은?

〈자동차 항목별 가중치〉

구분	구매가격	안정성	디자인	연비
가중치	0.3	0.2	0.1	0.4

〈자동차 모델별 점수〉

구분	A 자동차	B 자동차	C 자동차
구매가격	9	10	6
안정성	8	6	5
디자인	6	4	7
연비	4	10	10

※ 항목별 평가 점수는 0~10점으로 주어지며, 점수가 높을수록 소비자 만족도가 높다.

〈고객별 요청사항〉

소비자	요청사항
甲	모든 항목들을 가중치에 따라 평가하여 종합적으로 가장 점수가 좋은 차량
乙	가장 주요한 항목 순으로 가장 좋게 평가된 차량
丙	모든 항목들에 대한 수용기준(5점 이상)을 만족하는 차량

	甲	乙	丙
①	A 자동차	B 자동차	C 자동차
②	A 자동차	A 자동차	C 자동차
③	B 자동차	A 자동차	C 자동차
④	B 자동차	B 자동차	C 자동차
⑤	C 자동차	A 자동차	B 자동차

핵심 분석 포인트

1. 구매가격:안정성:연비를 3:3:4의 비율로 책정하여 총점을 산출할 경우 총점이 두 번째로 높은 자동차는 무엇인가?

정답
1. C 자동차
  →

구분	A 자동차	B 자동차	C 자동차
구매가격 (30%)	9	10	6
안정성 (30%)	8	6	5
연비 (40%)	4	10	10
총점	9×0.3 +8 ×0.3 +4 ×0.4 = 6.7	10×0.3 +8 ×0.3 +10 ×0.4 = 9.4	6×0.3 +5 ×0.3 +10 ×0.4 = 7.3

07 ○○전자 여주 지사에서 근무하는 귀하는 다음의 제품 제조일자와 생산정보를 토대로 이번에 지사에 입고될 무선마우스에 바코드 인식번호를 부여하려고 한다. 〈바코드 관리 지침〉에 따라 바코드 인식번호를 부여한다고 할 때, 귀하가 부여하기에 적합한 바코드 인식번호는?

 핵심 분석 포인트

1. 〈생산 정보〉 표 5번 항목의 바코드 번호는 무엇인가?

─────────〈바코드 관리 지침〉─────────

○ 바코드는 총 12자리로 구성된다.

MM2101010103

상품코드 생산 일자 코드 생산 장소 코드

– 상품코드: 상품에 따라 지정되는 기호

분류	유선 키보드	무선 키보드	유선 마우스	무선 마우스	노트북	모니터
상품코드	LK	BK	LM	BM	LT	MO

– 생산일자코드: 상품이 생산되어 검수가 완료된 일자에 따라 지정되는 기호
• 총 6자리로 구성
ex) 검수완료 일자가 2021년 1월 1일인 경우 → 210101

– 생산 장소 코드: 상품이 생산된 장소에 따라 지정되는 기호
• 총 4자리로 구성되며 앞의 두 자리는 생산된 지역, 뒤의 두 자리는 생산된 라인을 의미

분류	광주	구미	수원	아산	여주	천안
지역코드	01	02	03	04	05	06

ex) 광주의 1번 생산라인에서 생산된 제품 → 0101

〈생산 정보〉

구분	제품명	생산완료일자	검수완료일자	생산지	생산라인	입고 예정 지사
1	무선마우스	2021. 04. 03.	2021. 04. 05.	여주	3번 라인	여수 지사
2	유선마우스	2021. 04. 11.	2021. 04. 12.	수원	1번 라인	부산 지사
3	노트북	2021. 04. 07.	2021. 04. 09.	아산	4번 라인	제주 지사
4	무선마우스	2021. 04. 07.	2021. 04. 08.	천안	5번 라인	여주 지사
5	모니터	2021. 04. 08.	2021. 04. 11.	광주	2번 라인	창원 지사

※ 모든 물건은 생산 시점에 결정된 입고 예정 지사로 입고됨

① BM2104050503
② BM2104070605
③ LM2104120301
④ BM2104080605
⑤ BM2104080503

정답
1. MO2104110102
→ 모니터(MO) – 검수완료 일자(210411) – 광주(01) – 생산라인 2번(02), 따라서 MO2104110102가 된다.

08 아래 ○○회사 승진 규정과 A~E 5명의 평가 결과를 토대로 했을 때, 20XX년 승진 대상자를 올바르게 짝지은 것은?

〈○○회사 승진 규정〉

1. 직급별 승진에 필요한 최소 소요 연수는 다음과 같다.

사원 → 대리	대리 → 과장	과장 → 차장	차장 → 부장	부장 → 상무
3년	3년	5년	5년	-

※ 상무 이상 임원 진급에 필요한 최소 소요 연수는 없으며, 별도의 평가를 통해 승진 결정

2. 평가 점수가 최소 승진 점수 이상을 충족하고, 해당 직급 근속연수가 최소 소요 연수 이상일 경우 승진 대상자가 되어 승진 심사를 받을 수 있다.

〈최소 승진 점수〉

사원 → 대리	대리 → 과장	과장 → 차장	차장 → 부장	부장 → 상무
232점	232점	268점	268점	-

3. 아래의 평가 항목별 점수의 총합이 해당 임직원의 총 승진 점수가 된다.
   ○ 승진 대상자로 선발 시 역량 평가 점수 가중치는 0.4, 업적 평가 점수 가중치는 0.6이다.
   ○ 승진 대상자로 선발 이후 승진 심사 시 역량 평가 점수 가중치는 0.6, 업적 평가 점수 가중치는 0.4이다.

4. 역량 평가 점수와 업적 평가 점수를 가중치에 따라 환산하여 합산한 이후에 가산점을 더하여 최종 점수를 산출한다. (승진 대상자 선발, 승진 심사 동일)

5. 승진 심사 시 해당 연도 승진 가능 인원을 산출하여 승진 대상자 중 가중치에 따른 점수 합산 결과가 높은 순으로 승진을 결정한다.

〈A~E 평가 결과〉

구분	현 직급	현 직급 근속연수(년)	누적 역량 평가 점수(점)	누적 업적 평가 점수(점)	가산점(점)
A	사원	4	230	243	3
B	대리	3	228	236	0
C	대리	2	241	235	0
D	과장	4	270	260	3
E	과장	5	258	280	0

① A, B
② D, E
③ A, B, E
④ A, D, E
⑤ C, D, E

[09-10] 다음 자료를 보고 각 물음에 답하시오.

〈○○도시 호텔 및 관광지 지도〉

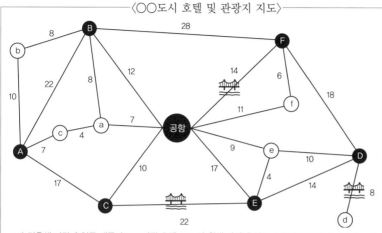

※ 1) 검은색 바탕에 영문 대문자로 표시된 호텔 A~F와 흰색 바탕에 영문 소문자로 표시된 관광지 a~f
　　가 표시되어 있는 지도
　2) 각 호텔에 숙박하고 있는 단체 관광객들은 호텔과 동일한 알파벳의 관광지만 갈 수 있음
　　예 A 호텔 숙박 단체 관광객 → a 관광지
　3) 각 지점 사이에 표시된 숫자는 각 지점별 거리를 의미함
　4) 모든 도로의 평균 주행 속도는 60km/h로 동일함
　5) 일반 도로는 통행료가 발생하지 않지만, 교량은 통과 시마다 1,000원의 통행료가 발생함

〈5월 5일 기준 유가 정보〉

구분	휘발유	경유	LPG
가격(원/L)	1,400	1,300	990

09 임동근 씨는 ○○도시에서 관광버스를 운영하면서 어린이날(5월 5일)을 맞이하여 ○○도시에 단체 관광을 온 관광객들 중 A~F 호텔에 숙박 중인 단체 관광객의 운송을 위한 계획을 수립하고 있다. A~F 호텔에 숙박 중인 단체 관광객의 인원은 아래와 같으며, 공항에서 출발하여 모든 팀을 해당하는 관광지로 운송하면서 최단 거리로 이동을 하려고 할 때, 임동근 씨가 모든 관광객들을 목적지에 운송하고 공항까지 돌아오는 데 이동한 총 거리는? (단, 운송 순서는 상관이 없으며, 임동근 씨의 버스는 기사를 제외하고 최대 45명까지 탑승 가능하다.)

호텔명	A 호텔	B 호텔	C 호텔	D 호텔	E 호텔	F 호텔
단체 관광객 인원	17	23	15	22	21	19

① 152km　② 154km　③ 156km　④ 158km　⑤ 160km

10 임동근 씨는 위와 같은 경로로 승객 운송을 마친 뒤 오늘 사용한 비용을 정산하고자 한다. 임동근 씨의 차량은 연비가 8km/L이고, 경유를 연료로 사용한다고 할 때, 임동근 씨가 오늘 하루 지출한 총 비용은 얼마인가?

① 24,300원　② 26,700원　③ 28,900원
④ 30,800원　⑤ 32,700원

정답

1. 1,900원
→ 사용한 연료의 양은 152÷8 =19L로 동일하다. 따라서 경유일 경우 19L×1,300원/L =24,700원이지만 휘발유일 경우 19L×1,400원/L= 26,600원이므로, 증가하는 금액은 26,600-24,700= 1,900원이다.

11 다음 글을 근거로 판단할 때, 창렬이가 결제할 최소 금액은?

 핵심 분석 포인트

1. 창렬이가 할인받은 금액은 총 얼마인가?

○ 창렬이는 이번 달에 인터넷 면세점에서 가방, 영양제, 목베개를 각 1개씩 구매한다. 각 물품의 정가와 이번 달 개별 물품의 할인율은 다음과 같다.

구분	정가(달러)	이번 달 할인율(%)
가방	150	10
영양제	100	30
목베개	50	10

○ 이번 달 개별 물품의 할인율은 자동 적용된다.
○ 이번 달 구매하는 모든 물품의 결제 금액에 대해 20%를 일괄적으로 할인받은 '이달의 할인 쿠폰'을 사용할 수 있다.
○ 이번 달은 쇼핑 행사가 열려, 결제해야 할 금액이 200달러를 초과할 때 '20,000원 추가 할인 쿠폰'을 사용할 수 있다.
○ 할인은 '개별 물품 할인 → 이달의 할인 쿠폰 → 20,000원 추가 할인 쿠폰' 순서로 적용된다.
○ 환율은 1달러당 1,000원이다.

① 180,000원

② 189,000원

③ 196,000원

④ 200,000원

⑤ 210,000원

정답
1. 100,000원
→ 최초 금액의 합은 300달러이고, 최종 금액의 합은 200달러이므로, 총 할인금액은 100달러이고, 환율은 1달러당 1,000원이므로 할인받은 금액은 100×1,000=100,000원이다.

12 다음 글과 〈상황〉을 근거로 판단할 때, 갑이 2019년 2월 1일에 지불한 택시요금 총액으로 옳은 것은?

핵심 분석 포인트

1. 갑이 2019년 2월 2일에도 동일한 출퇴근을 반복했다고 할 때, 갑이 2월 2일 지불한 택시요금의 총합은 얼마인가?

> 택시요금이 2019년 2월 1일 18시부터 인상되어 적용될 예정이다. 주간 기본요금은 800원, 심야 기본요금은 1,000원씩 인상되고, 거리요금도 대폭 상승되었다.

구분		현행	조정
주간 (04시~21시)	기본요금	3,000원	3,800원
	초과요금 기준거리	12m	10m
심야 (21시~익일04시)	기본요금	3,600원	4,600원
	초과요금 기준거리	10m	5m

※ 택시요금은 최초 2km까지의 기본요금과 2km를 초과한 후 기준 거리에 도달할 때마다 매번 10원씩 가산되는 초과요금의 합임
※ 단, 주간/심야요금의 구분은 출발지에서 택시에 탑승한 시각을 기준으로 함. 택시의 속력은 50km/h로 일정하다고 가정

〈상황〉

> 갑은 매일 집에서 회사까지 택시를 이용하여 출퇴근한다. 갑은 출퇴근 길 외에는 모두 업무차량으로 이동한다. 갑은 2019년 2월 1일 09시에 집에서 출발하였고, 22시에 회사에서 퇴근하였다. 갑의 집에서 회사까지의 거리는 2.6km이다.

① 8,000원

② 8,800원

③ 9,100원

④ 9,300원

⑤ 9,600원

정답

1. 10,200원
→ 출근 시 택시 요금=3,800원+{(600÷10)×10}=4,400원, 퇴근 시 택시 요금=4,600원+{(600÷5)×10}=5,800원이므로 갑이 2월 1일 지불한 택시요금의 총합은 4,400원+5,800원=10,200원이 된다.

13 다음 〈통역경비 산정기준〉과 〈상황〉을 근거로 판단할 때, A 사가 甲 시에서 개최한 설명회에 쓴 총 통역경비는?

핵심 분석 포인트

─────〈통역경비 산정기준〉─────

통역경비는 통역료와 출장비(교통비, 이동보상비)의 합으로 산정한다.

○ 통역료(통역사 1인당)

구분	기본요금 (3시간까지)	추가요금(3시간 초과 시)
영어, 아랍어, 독일어	500,000원	100,000원/시간
베트남어, 인도네시아어	600,000원	150,000원/시간

○ 출장비(통역사 1인당)
 – 교통비는 왕복으로 실비 지급
 – 이동보상비는 이동 시간당 10,000원 지급

─────〈상 황〉─────

 A 사는 2019년 3월 9일 甲 시에서 설명회를 개최하였다. 통역은 영어와 인도네시아어로 진행되었고, 영어 통역사 2명과 인도네시아어 통역사 2명이 통역하였다. 설명회에서 통역사 1인당 영어 통역은 4시간, 인도네시아어 통역은 2시간 진행되었다. 甲 시까지는 편도로 2시간이 소요되며, 개인당 교통비는 왕복으로 100,000원이 들었다.

① 244만 원

② 276만 원

③ 288만 원

④ 296만 원

⑤ 326만 원

1. 인도네시아어 통역이 기존 시간 대비 2시간 증가할 경우 증가하는 통역비용은 총 얼마인가?

정답
1. 300,000원
 → 기존 대비 2시간 증가하면, 총 4시간의 통역을 진행하게 되므로, 기본요금 + 추가 1시간에 대한 요금을 지불해야 한다. 따라서 1명당 150,000원을 추가로 지불해야 하고, 2명의 통역사이므로 총 300,000원의 통역비가 증가한다.

14 OO씨는 명절을 맞이하여 고향에 방문하려는 계획을 세우고 있다. 여러 가지 교통수단 중 아래의 〈조건〉에 따라 편익이 가장 높은 교통수단을 선택하고자 할 때, OO씨가 선택할 교통수단은?

―――――〈조 건〉―――――
○ 해당 교통수단의 예상 소요 시간이 전체 교통수단의 예상 소요 시간 평균보다 짧은 경우 +5의 편익을 얻는다.
○ 해당 교통수단의 총 소요 비용이 전체 교통수단의 소요 비용 평균보다 낮은 경우 +5의 편익을 얻는다.
○ 이용 편리성이 높은 순서대로 +5, +4, +3, +2, +1의 편익을 각각 얻는다.
○ 접근성이 낮은 순서대로 각각 편익이 −4, −3, −2, −1, 0이 된다.
○ 자율성 점수가 가장 높은 교통수단은 편익이 +2, 가장 낮은 교통수단은 편익이 −2이 된다.

〈교통수단별 평가 점수〉

구분	자가용	기차	고속버스	비행기	시외버스
예상 소요 시간(hr)	6	3	5	1.5	5.5
소요 비용(원)	64,000	107,000	52,000	270,000	43,000
이용 편리성(점)	75	93	90	98	89
접근성(점)	100	95	93	75	90
자율성(점)	95	75	83	70	83

① 자가용
② 기차
③ 고속버스
④ 비행기
⑤ 시외버스

PART 9 집중공략문제

해커스공기업 PSAT 기출로 끝내는 NCS 문제해결·자원관리 집중 공략

📑 **핵심 분석 포인트**

1. 예상 소요 시간의 편익과 소요 비용의 편익을 고려하지 않을 경우 OO씨가 선택하기에 가장 적합한 교통수단은? (단, 총 편익이 가장 높은 교통수단이 2개 이상일 경우 소요 비용이 낮은 교통수단을 선택한다.)

〔정답〕
1. 자가용
 → 예상 소요 시간과 소요 비용을 제외하고 총 편익을 구해보면 아래와 같다.

구분	이용 편리성	접근성	자율성	총 편익
자가용	+1		+2	+3
기차	+4	−1		+3
고속버스	+3	−2		+1
비행기	+5	−4	−2	−1
시외버스	+2	−3		−1

자가용과 기차의 총 편익이 동일하므로 소요 비용이 더 저렴한 자가용을 선택해야 한다.

15 다음 글을 근거로 판단할 때, 빈칸에 들어가기에 적절한 시간은?

📋 **핵심 분석 포인트**

1. 진행해야 하는 업무의 휴식 시간 및 휴일을 제외한 소요 시간은 얼마인가?

○ ☆☆회사에 근무하고 있는 A 과장, B 과장, C 과장은 현재 각각 서울 본사, 런던 지사, 뉴욕 지사에 근무하고 있으며, 프로젝트 진행을 위한 화상 회의를 진행하고 있다.

○ 회의 시각은 서울을 기준으로 4월 28일 21시에 진행하였다.

○ 프로젝트 진행에 따라 업무 시간은 07시~22시로 조정되어 진행되고 있으며, 별도의 식사 시간은 고려하지 않는다.

〈각 도시별 GMT〉

도시	뉴욕	런던	서울
GMT	−5	0	+9

〈A~C 과장의 대화〉

A 과장: 프로젝트도 이제 거의 마무리 단계입니다. 현재 잔여 업무를 완료하기까지 필요한 시간이 얼마나 남았는지 확인 부탁드립니다.

B 과장: 제가 업무를 완료해야 C 과장님께서 이어받아서 업무를 진행하실 수 있을 테니 제가 먼저 말씀드리겠습니다. 지금부터 최대한 빠른 시간 안에 업무를 진행한다면 오후 5시까지는 전달 드릴 수 있을 것 같습니다.

C 과장: B 과장님께서 그 시간에 마무리를 해 주신다면, 저는 업무를 바로 시작하긴 힘들겠네요. 저는 내일 업무 시작 시간에 맞춰 시작해서 정오에 마무리할 수 있을 것 같습니다.

A 과장: C 과장님께서 정오에 마무리하신다면 저도 어쩔 수 없이 그 다음 날까지 업무를 이어서 할 수밖에 없겠네요. C 과장님이 업무를 전달해 주신 후 제가 마무리하기까지 4시간이 필요합니다.

B 과장: 잠시만요, C 과장님께서 조금 오해가 있으신 것 같습니다. 저는 C 과장님이 계신 뉴욕 시간을 기준으로 말씀드렸습니다.

C 과장: 아! 그러셨군요? 저는 B 과장님이 서울을 기준으로 말씀하고 계시다고 생각하고 있었습니다.

A 과장: 저는 C 과장님이 뉴욕 기준 시간으로 말씀하고 계시다고 생각하고 있었습니다. 그렇다면 최종적으로 업무가 끝나는 시간은 서울을 기준으로 (   )가 되겠네요.

B 과장, C 과장: 네, 그렇겠네요.

① 4월 29일 10시

② 4월 29일 16시

③ 4월 29일 22시

④ 4월 30일 10시

⑤ 4월 30일 16시

정답

1. 19시간

16 ○○산업에 근무하는 임동근 과장은 출장 일정을 수립하고자 한다. 아래의 〈상황〉과 ○○산업의 〈출장 규정〉을 토대로 판단했을 때, 임동근 과장이 호주 출장을 마치고 호주에서 출발하는 날짜는? (단, ○○산업은 24시간 공정을 운영하는 회사로 별도의 공정 휴일은 없다.)

─〈상 황〉─

　○○산업 구매팀에서 근무하는 임동근 과장은 최근 회사로 납품하는 원재료 중 실리콘 원사의 품질 산포 증가가 ○○산업에서 제작하는 제품의 품질에 영향을 미치고 있다는 점을 파악하여 호주에 있는 실리콘 원사 납품 업체로 품질 검수를 위해 2박 3일 출장을 계획하고자 한다. 현재 회사에 남아 있는 실리콘 원사가 모두 소진되기 전날까지 품질 검수 및 개선을 완료한 원사를 납품 받을 수 있도록 출장 계획을 수립할 예정이며, 가능한 회사의 〈출장 규정〉에 의거하여 계획을 수립할 예정이다.

　오늘 날짜인 4월 27일 00시 기준 ○○산업에 남아있는 실리콘 원사의 재고는 49t이고, 1일 실리콘 원사 사용량은 2t이다. 출장 출발 다음 날 품질 검수를 시작해서 원사의 품질 검수 및 이상 발생 시 개선에 총 2일이 소요되고, 개선 종료 다음 날 원사 납품이 시작된다. 원사의 납품은 호주에서 출발하여 회사에 도착하기까지 총 10일이 소요된다.

─〈출장 규정〉─

　출장 일정은 부득이한 경우를 제외하고 출장 비용이 최소가 될 수 있도록 한다.

1. 교통비
　○ 국내 출장: 실제 주유 금액을 실비 지급한다. (직급에 따른 차등은 두지 않는다.)
　○ 해외 출장: 직급에 따라 차등 지급하며, 직급에 해당하지 않더라도 출장 일정상 부득이한 경우 상위 직급 또는 하위 직급에 해당하는 금액을 지급할 수 있다.
　　– 임원~차장: 출장 노선의 비즈니스 클래스까지 제공
　　– 과장~사원: 출장 노선의 이코노미 클래스까지 제공

2. 숙박비: 국내/국외의 구분 없이 회사에서 지역에 따라 숙소를 지정하고, 그에 따른 금액은 회사에서 지불하는 것을 원칙으로 한다. (최소 출장 출발 2일 전 신청 필수)

3. 식비: 1일 5만 원 이내 실비 지급을 원칙으로 한다.

〈달력〉

월	화	수	목	금	토	일
4/26	4/27	4/28	4/29	4/30	5/1	5/2
5/3	5/4	5/5	5/6	5/7	5/8	5/9
5/10	5/11	5/12	5/13	5/14	5/15	5/16
5/17	5/18	5/19	5/20	5/21	5/22	5/23
5/24	5/25	5/26	5/27	5/28	5/29	5/30
5/31						

※ 5/5 어린이날, 5/12 부처님 오신 날

〈호주 왕복 항공료〉

○ 인천 국제 공항 ↔ 시드니 국제 공항
　※ 출국과 귀국 일정 중 휴일(토, 일, 공휴일)이 1일 포함되어 있으면 전체 금액의 20%가 가산되고, 주말이 2일 포함되어 있으면 전체 금액의 30%가 가산됨

① 4월 28일　　　② 4월 30일　　　③ 5월 6일

④ 5월 8일　　　⑤ 5월 11일

정답

1. 4월 29일
　→ 4월 27일 현재라고 했으므로 오늘은 4월 27일이고, 숙박은 최소 출장 2일 전 신청해야 한다고 했으므로 오늘 신청하더라도 4월 29일부터 출장이 가능하다. 가장 빠른 날짜를 구하라고 했으므로 비용은 고려할 필요가 없다.

17 ○○회사 기획 부서에 근무 중인 임동근 과장은 신규 프로젝트 허가에 관련한 업무를 진행하고 있다. 아래의 〈지침〉에 근거하여 판단할 때, 임동근 과장이 허가할 수 있는 프로젝트의 수와, 그에 따른 총 비용을 올바르게 짝지은 것은?

핵심 분석 포인트

1. 총 일정이 1일 늘어나더라도 진행가능한 최대 프로젝트 수의 변화는 없다. (O, X)

2. 관리인력이 1명 늘어나면 B 프로젝트를 포함하여 4개의 프로젝트를 진행할 수 있다. (O, X)

―〈지 침〉―

○ 허가된 모든 프로젝트의 시작일은 20XX년 7월 1일로 한다.

○ 가능한 많은 프로젝트가 진행될 수 있도록 허가한다. (단, 3/4분기 안에 허가하는 모든 프로젝트가 종료되어야 한다.)

○ 프로젝트 구성 인원이 충족되는 한 여러 개의 프로젝트는 동시에 진행 가능하며, 프로젝트에 편성된 인력은 1개의 프로젝트가 종료된 후에 다른 프로젝트에 다시 편성 가능하다. (프로젝트에 필요한 모든 인력은 프로젝트 시작과 동시에 업무를 진행한다.)

〈3/4분기 가용 인력〉

구분	연구인력	생산인력	관리인력
총 인원	70	65	42

〈프로젝트별 정보〉

프로젝트명	필요 인력			예상 일정	비용(만 원)
	연구인력	생산인력	관리인력		
A	19	22	15	62	1,720
B	10	30	28	87	2,340
C	32	20	5	30	1,170
D	13	25	37	93	2,870
E	17	25	20	63	1,390
F	28	15	10	28	2,210

	허가 프로젝트 수	총 비용
①	4개	6,490만 원
②	4개	7,760만 원
③	5개	8,830만 원
④	5개	9,490만 원
⑤	6개	11,700만 원

정답

1. O
→ D를 단독으로 진행할 수 있게 변경되지만, D를 진행할 경우 동시에 A, E를 진행할 수 없고, 마찬가지로 D와 동시에 A와 F를 진행할 수 없으므로 총 일정이 1일 늘어나더라도 현재 인원으로 진행 가능한 프로젝트는 A, C, E, F 4개이다.

2. O
→ 관리인력이 1명 늘어나면 B와 A를 동시에 진행할 수 있고, B와 C, F를 동시에 진행할 수 있으므로 B를 포함하여 4개 프로젝트를 진행할 수 있다.

18 다음 글을 근거로 판단할 때 옳은 것은?

📝 **핵심 분석 포인트**

1. 4명 이상의 전문가가 반드시 참석해야 한다고 조건을 변경한다면, 회의 진행이 가능한 가장 빠른 일정은 언제인가?

전문가 6명(A~F)의 〈회의 참여 가능 시간〉과 〈회의 장소 선호도〉를 반영하여, 〈조건〉을 충족하는 회의를 월~금요일 중 개최하려 한다.

〈회의 참여 가능 시간〉

전문가＼요일	월	화	수	목	금
A	13:00~16:20	15:00~17:30	13:00~16:20	15:00~17:30	16:00~18:30
B	13:00~16:10	–	13:00~16:10	–	16:00~18:30
C	13:00~19:20	14:00~16:20	–	14:00~16:20	16:00~19:20
D	17:00~19:30	–	17:00~19:30	–	17:00~19:30
E	–	15:00~17:10	–	15:00~17:10	–
F	16:00~19:20	–	16:00~19:20	–	16:00~19:20

※ –: 참여 불가

〈회의 장소 선호도〉

(단위: 점)

장소＼전문가	A	B	C	D	E	F
가	5	4	5	6	7	5
나	6	6	8	6	8	8
다	7	8	5	6	3	4

〈조 건〉

○ 전문가 A~F 중 3명 이상이 참여할 수 있어야 회의 개최가 가능하다.
○ 회의는 1시간 동안 진행되며, 회의 참여자는 회의 시작부터 종료까지 자리를 지켜야 한다.
○ 회의 시간이 정해지면, 해당 일정에 참여 가능한 전문가들의 선호도를 합산하여 가장 높은 점수가 나온 곳을 회의 장소로 정한다.

① 월요일에는 회의를 개최할 수 없다.

② 금요일 16시에 회의를 개최할 경우 회의 장소는 '가'이다.

③ 금요일 18시에 회의를 개최할 경우 회의 장소는 '다'이다.

④ A가 반드시 참여해야 할 경우 목요일 16시에 회의를 개최할 수 있다.

⑤ C, D를 포함하여 4명 이상이 참여해야 할 경우 금요일 17시에 회의를 개최할 수 있다.

정답

1. 금요일 16:00~17:00
   → 주어진 일정에서 4명 이상의 전문가가 참석 가능한 일정은 월~목까지는 존재하지 않는다. 따라서 가장 빠른 일정은 전문가 A, B, C, F가 참석 가능한 금요일 16:00~17:00이다.

19 다음 글과 〈자료〉를 근거로 판단할 때, 甲이 여행을 다녀온 시기로 가능한 것은?

○ 甲은 선박으로 '포항 → 울릉도 → 독도 → 울릉도 → 포항' 순으로 여행을 다녀왔다.

○ '포항 → 울릉도' 선박은 매일 오전 10시, '울릉도 → 포항' 선박은 매일 오후 3시에 출발하며, 편도 운항에 3시간이 소요된다.

○ 울릉도에서 출발해 독도를 돌아보는 선박은 매주 화요일과 목요일 오전 8시에 출발하여 당일 오전 11시에 돌아온다.

○ 최대 파고가 3m 이상인 날은 모든 노선의 선박이 운항되지 않는다.

○ 甲은 매주 금요일에 술을 마시는데, 술을 마신 다음 날은 멀미가 심해 선박을 탈 수 없다.

○ 이번 여행 중 甲은 울릉도에서 호박엿 만들기 체험을 했는데, 호박엿 만들기 체험은 매주 월·금요일 오후 6시에만 할 수 있다.

〈자료〉

⑭: 최대 파고(단위: m)

일	월	화	수	목	금	토
16 ⑭ 1.0	17 ⑭ 1.4	18 ⑭ 3.2	19 ⑭ 2.7	20 ⑭ 2.8	21 ⑭ 3.7	22 ⑭ 2.0
23 ⑭ 0.7	24 ⑭ 3.3	25 ⑭ 2.8	26 ⑭ 2.7	27 ⑭ 0.5	28 ⑭ 3.7	29 ⑭ 3.3

① 16일(일)~19일(수)

② 19일(수)~22일(토)

③ 20일(목)~23일(일)

④ 23일(일)~26일(수)

⑤ 25일(화)~28일(금)

정답

1. 17일(월)~20일(목)
→ 17일~20일 일정의 경우 17일 월요일 울릉도에 14시에 도착하므로 당일 호박엿 만들기 체험을 진행할 수 있고, 20일 목요일에 독도에 갔다가 울릉도에 11시에 돌아오므로 오후 3시에 포항으로 돌아오는 배를 탑승할 수 있다.

20 제조회사인 ☆☆산업은 회사의 주력상품을 생산하기 위해서는 A~G의 모든 공정을 거쳐야 한다. 일부 공정은 특정 공정들을 완료한 이후에만 시작할 수 있으며, 개별 공정은 동시에 수행될 수 있다고 할 때, ☆☆산업이 4월 12일 월요일에 납품 의뢰를 받은 주력상품 50개의 제작 시작부터 납품까지 최소 며칠이 소요되는가? (단, 납품 의뢰를 받고 다음 날부터 제작을 시작하였으며, 토요일과 일요일은 휴무로 제작을 진행하지 않으며, 토요일과 일요일 외의 휴일은 고려하지 않는다.)

공정	선행 공정	소요 시간(일)
A	–	3
B	A	2
C	B	4
D	A	7
E	C, D	6
F	D	5
G	E, F	2

※ 1) 1회 공정당 주력상품은 양품 기준 50개가 생산됨
   2) A~G 공정이 모두 종료된 후 다시 A 공정을 시작할 수 있음

① 16일 ② 18일 ③ 20일
④ 22일 ⑤ 24일

1. C 공정의 소요 시간이 4일에서 2일로 이틀 단축될 경우 전체 소요 시간은 얼마나 단축되는가?

2. E 공정의 소요 시간이 6일에서 4일로 이틀 단축될 경우 전체 소요 시간은 얼마나 단축되는가?

정답

1. 0일(단축되지 않는다.)
   → C 공정의 소요 시간이 4일에서 2일로 이틀 단축되더라도 E 공정이 시작하는 일정은 D 공정에 의해 결정되므로 변하지 않는다. 따라서 전체 일정은 바뀌지 않는다.

2. 1일
   → E 공정의 소요 시간이 6일에서 4일로 이틀 단축될 경우 D 공정이 끝나고 G 공정이 시작하는 데 걸리는 시간은 기존 6일에서 변경 후 D 공정 끝난 후 F 공정이 5일 소요되므로 5일로 1일 단축된다. 따라서 전체 일정은 1일 단축된다.

21 A는 도시 1로부터 〈그림〉의 모든 도시들(2, 3, 4, 5, 6, 7)을 매주 한 도시씩 방문하여 홍보활동을 하려고 한다. A는 매주마다 홍보가 끝나고 다시 도시 1로 돌아와야 하고, 각 도시들은 방문함에 있어서 이동거리를 최소화하여야 한다면, 〈보기〉 중 옳지 않은 것을 모두 고른 것은?

〈그림〉 도시 사이의 거리

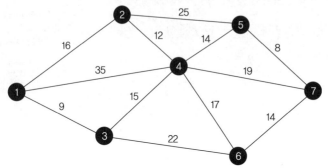

※ 도시 간 연결선상의 숫자는 거리(km)를 의미한다.

─〈보 기〉─
ㄱ. A가 6주 동안 이동한 총 거리는 161km이다.
ㄴ. A는 도시 5에 갈 때 경로 1-2-5를 이용한다. 즉, 도시 1을 출발하여 도시 2를 거쳐 도시 5에 도착한다.
ㄷ. A는 도시 7에 갈 때 경로 1-3-4-7을 이용한다.
ㄹ. A가 도시 5까지 가는 거리는 도시 6까지 가는 거리보다 길다.

① ㄴ

② ㄷ

③ ㄱ, ㄴ

④ ㄱ, ㄹ

⑤ ㄷ, ㄹ

22 다음 글과 〈상황〉을 근거로 판단할 때, 다음 중 옳지 않은 것은? (단, 주어진 조건 외에 다른 조건은 고려하지 않는다.)

〈환 율〉

○ 인천공항 환전소

구분	매매기준율	환전 수수료율
원화(KRW) → 유로화(EUR)	1,300원/유로	10%
원화(KRW) → 파운드화(GBP)	1,550원/파운드	5%

○ 런던 공항 환전소

구분	매매기준율	환전 수수료율
유로(EUR) → 파운드화(GBP)	1.15유로/파운드	0%
원화(KRW) → 파운드화(GBP)	1,600원/파운드	0%

○ 런던 시내 환전소

구분	매매기준율	환전 수수료율
유로(EUR) → 파운드화(GBP)	1.10유로/파운드	10%

〈상 황〉

○ 대학생인 유나는 여름방학을 맞이하여 프랑스와 영국으로 여행을 가려고 한다. 유나가 원화를 '파운드(GBP)'로 환전하는 방법은 여행을 출발할 때 인천공항 환전소를 이용하거나, 런던 공항에 도착하여 바로 '파운드(GBP)'로 환전하는 방법과, 인천에서 '유로(EUR)'로 환전했다가, 런던에 도착하여 공항 환전소 또는 시내 환전소에서 '유로(EUR)'를 '파운드(GBP)'로 환전하는 방법이 있다.
○ 인천공항 환전소에서는 여름방학을 맞이하여 '환전 Free!' 이벤트를 진행 중이다. '환전 Free!' 이벤트를 통해 해외에 나가는 대학생들은 최대 500만 원까지 환전 수수료율을 면제받을 수 있다.

① 유나가 인천공항 환전소에서 2,000유로를 환전하기 위해서는 260만 원이 필요하다.

② 유나가 영국에서 사용할 2,000파운드를 환전하는 방법으로 가장 유리한 것은 인천공항에서 원화를 파운드로 직접 환전하는 것이다.

③ 유나가 유로만 가지고 런던에 도착했다면 런던 공항 환전소를 이용하는 것이 유리하다.

④ 유나가 520만 원을 인천공항 환전소에서 유로로 환전한다면 수령 금액은 4,000유로 미만이다.

⑤ 유나가 인천공항 환전소에서 1,000유로와 1,000파운드를 환전하기 위해 필요한 금액은 총 2,850,000원이다.

📋 핵심 분석 포인트

1. 인천공항 환전소에서 유나가 500유로를 환전하기 위해 필요한 원화 금액은 얼마인가?

정답

1. 650,000원
   → 인천공항 환전소에서 유나가 500유로를 환전하기 위해 필요한 원화 금액 환전 수수료를 면제받을 수 있으므로 1,300원/유로×500유로＝650,000원이 된다.

23 다음 〈조건〉과 〈표〉를 근거로 판단할 때, 화령이가 만들 수 있는 도시락으로 옳은 것은?

핵심 분석 포인트

1. 두부구이, 닭불고기, 돼지불고기 중 가장 재료비가 저렴한 음식은?

─〈조 건〉─

○ 화령이는 아래의 3종류(탄수화물, 단백질, 채소)를 모두 넣어서 도시락을 만들려고 한다.
○ 열량은 500kcal 이하, 재료비는 3,000원 이하로 한다.
  (단, 양념은 집에 있는 것을 사용하여 추가 재료비가 들지 않는다.)
○ 도시락 반찬은 다음의 재료를 사용하여 만든다.
  – 두부구이: 두부 100g, 올리브유 10mL, 간장 10mL
  – 닭불고기: 닭가슴살 100g, 양파 1개, 올리브유 10mL, 고추장 15g, 설탕 5g
  – 돼지불고기: 돼지고기 100g, 양파 1개, 올리브유 10mL, 간장 15mL, 설탕 10g
○ 도시락 반찬의 열량은 재료 열량의 합이다.

〈표〉

종류	품목	양	가격(원)	열량(kcal)
탄수화물	현미밥	100g	600	150
	통밀빵	100g	850	100
	고구마	1개	500	128
단백질	돼지고기	100g	800	223
	닭가슴살	100g	1,500	109
	두부	100g	1,600	100
	우유	100mL	450	50
채소	어린잎	100g	2,000	25
	상추	100g	700	11
	토마토	1개	700	14
	양파	1개	500	20
양념	올리브유	10mL	–	80
	고추장	15g	–	30
	간장	30ml	–	15
	설탕	5g	–	20

① 현미밥 200g, 닭불고기

② 돼지불고기, 상추 100g

③ 현미밥 300g, 두부구이

④ 통밀빵 100g, 돼지불고기

⑤ 고구마 2개, 우유 200mL, 토마토 2개

정답

1. 돼지불고기
   → 두부구이(두부 100g 1,600원), 닭불고기(닭가슴살 100g 1,500원+양파 1개 500원=2,000원), 돼지불고기(돼지고기 100g 800원+양파 1개 500원=1,300원)이므로 돼지불고기가 가장 저렴하다.

24 국회사무처에서는 〈대한민국 어린이 국회 체험행사〉 때 나눠줄 기념품인 USB를 4월 17일에 주문하여 5월 2일까지 받고자 한다. 아래 〈조건〉을 바탕으로 선정될 제조업체로 옳은 것은?

─〈조 건〉─

– 구매 수량: 2,500개
– 각 제조업체별 제작 현황

제조업체	하루 생산량(개)	단가(원)	배송 소요일	휴무일
A	250	31,000	2일	매주 토요일
B	200	30,000	2일	매월 첫째, 셋째 주 토요일
C	300	34,000	3일	매주 토요일, 일요일
D	270	33,000	3일	매주 수요일
E	230	32,000	2일	매월 둘째, 넷째 주 토요일

※ 1) 제작은 주문 다음 날부터 시작한다.
2) 배송은 제작 완료 다음 날 출발하며, 배송 소요일 마지막 날 받을 수 있다. 단, 배송업체의 휴무일은 매주 일요일이다.
3) 제조업체에서는 휴무일을 제외하고는 항상 생산이 가능하다.
4) 제조업체 선정기준은 지정된 날짜까지 배송가능 여부를 1순위로 고려하며 가능한 제조업체가 여러 곳일경우 총 비용(구매수량 × 단가)이 가장 저렴한 제조업체를 선정한다.

4월						
일	월	화	수	목	금	토
1	2	3	4	5	6	7
8	9	10	11	12	13	14
15	16	17	18	19	20	21
22	23	24	25	26	27	28
29	30					

5월						
일	월	화	수	목	금	토
		1	2	3	4	5
6	7	8	9	10	11	12
13	14	15	16	17	18	19
20	21	22	23	24	25	26
27	28	29	30	31		

① A
② B
③ C
④ D
⑤ E

---

1. 배송이 가장 빠른 업체를 최종 납품 업체로 선정한다고 할 때, 선정될 업체로 가장 적절한 곳은?

정답
1. A 또는 E
→
A: 2,500÷250=10 → 10일 소요 → 매주 토 휴무(4/21, 4/28 휴무) → 4/29 제작 완료
B: 2,500÷200=12.5 → 13일 소요 → 매월 첫째, 셋째 주 토 휴무(4/21 휴무) → 5/1 제작 완료
C: 2,500÷300≒8.3 → 9일 소요 → 매주 토, 일 휴무(4/21, 4/22, 4/28, 4/29 휴무) → 4/30 제작 완료
D: 2,500÷270≒9.3 → 10일 소요 → 매주 수 휴무(4/18, 4/25 휴무) → 4/29 제작 완료
E: 2,500÷230≒10.9 → 11일 소요 → 매월 둘째, 넷째 주 토 휴무(4/28 휴무) → 4/29 제작 완료
배송은 제작 완료 다음 날부터 시작되며, 각 제조업체별 배송 소요일을 고려했을 때, 업체별 배송완료일은 A 업체: 5월 1일, B 업체: 5월 3일, C 업체: 5월 3일, D 업체: 5월 2일, E 업체: 5월 1일이 된다.
따라서 가장 배송이 빠른 업체는 A 업체와 E 업체이다.

25 다음 〈화장품의 사용 가능 기한〉과 〈화장품의 제조번호 표기 방식〉에 근 거할 때, 사용 가능 기한이 지난 화장품은? (단, 2012년 2월 1일 현재를 기준으로 한다.)

〈화장품의 사용 가능 기한〉

제품 유형	사용 가능 기한	
	개봉 전 (제조일로부터)	개봉 후 (개봉일로부터)
스킨	3년	6개월
에센스	3년	6개월
로션	3년	1년
아이크림	3년	1년
클렌저	3년	1년
립스틱	5년	1년

※ 두 가지 사용 가능 기한 중 어느 한 기한이 만료되면 사용 가능 기한이 지난 것으로 본다.

〈화장품의 제조번호 표기 방식〉

M0703520이라는 표기에서 07은 2007년을 뜻하고, 035는 2007년의 35번째 날, 즉 2월 4일 제조된 것을 뜻한다. 맨 마지막의 20은 생산라인 번호를 나타낸다.

① M1103530이라고 쓰여 있고 개봉된 립스틱

② M0903530이라고 쓰여 있고 개봉되지 않은 클렌저

③ M0902140이라고 쓰여 있고 개봉된 날짜를 알 수 없는 아이크림

④ M0904030이라고 쓰여 있고 2011년 100번째 되는 날 개봉된 로션

⑤ M0930750이라고 쓰여 있고 2011년의 325번째 되는 날 개봉된 스킨

핵심 분석 포인트

1. M0902140이라고 쓰여 있고 개 봉된 날짜를 알 수 없는 아이크 림의 사용기한이 지났다고 정확 히 판단되는 시점은 언제인가?

정답

1. 2012년 1월 21일
→ M0902140이라고 쓰여 있 고 개봉된 날짜를 알 수 없는 아이크림은 개봉되지 않았다 는 가정하에 3년 후 사용 가 능 기한이 지나게 된다. 따라 서 2009년 1월 21일로부터 3 년이 지나는 시점인 2012년 1 월 21일부터는 가용 가능 기 한이 지나게 된다.

26 A 회사에 근무하는 귀하는 4월 생산 계획을 수립 중이다. 4월 한 달 동안 1종류의 제품만 최대한 생산하고 부품 재고 소진 시 더 이상 어떠한 제품도 생산하지 않을 예정이다. 귀하가 수립한 계획에 따라 제품 생산을 진행한다고 할 때, A 회사가 4월 한 달 동안 얻을 수 있는 최대 판매 금액과 최소 판매 금액의 차이는 얼마인가? (단, 생산한 제품은 모두 판매된다고 가정한다.)

 핵심 분석 포인트

1. 4월에 가장 많은 수량을 생산할 수 있는 제품은 무엇인가?

〈제품 1개 생산 시 부품 필요 수량〉

구분	부품 가	부품 나	부품 다	부품 라	판매 금액
제품 A	2	1	1	2	11,000원
제품 B	2	3	1	2	12,500원
제품 C	1	2	1	2	14,000원
제품 D	1	4	2	0	13,000원

〈부품별 재고 현황〉

구분	부품 가	부품 나	부품 다	부품 라
재고 수량(개)	240	320	180	280

① 865,000원

② 920,000원

③ 975,000원

④ 1,060,000원

⑤ 1,115,000원

정답

1. 제품 C
→ A 제품은 부품 '가'가 Bottle neck으로 작용하여 120개까지 생산이 가능하고, B 제품은 부품 '나'가 Bottle neck으로 작용하여 106개까지 생산이 가능하고, C 제품은 부품 '라'가 Bottle neck으로 작용하여 140개까지 생산이 가능하고, D 제품은 부품 '나'가 Bottle neck으로 작용하여 80개까지 생산이 가능하다. 따라서 가장 많은 수량을 생산할 수 있는 제품은 제품 C이다.

PART 9 집중공략문제

해커스공기업 PSAT 기출로 끝내는 NCS 문제해결·자원관리 집중 공략

27 아래 〈상황〉 및 〈○○산업 근무 규정〉을 근거로 판단할 때, 서울 시간 기준 모든 업무가 종료되어 바이어에게 근거 자료를 제공할 수 있는 시간은? (단, 업무는 근무 시간 내에만 진행하며, 자료 전송에는 별도의 시간 소요가 발생하지 않는다고 가정한다.)

 핵심 분석 포인트

1. 김○○ 과장과 임△△ 대리 중 업무가 먼저 끝나는 사람은 누구인가?

〈상 황〉

4월 27일 화요일 13시 ○○산업은 신규 프로젝트를 진행하던 중 바이어로부터 프로젝트 성과 산출에 대한 근거 자료의 제공 요청을 받았다. 신규 프로젝트에 참여하고 있던 김○○ 과장과 임△△ 대리는 현재 각각 헝가리 부다페스트와 중국 광저우로 출장을 가 있는 상태이다.

프로젝트 성과 산출에 대한 근거 자료를 작성하기 위해서는 서울 본사에 있는 박□□ 부장에게 김○○ 과장은 '성과 산출 방식 신뢰성 보고서'를, 임△△ 대리는 '프로젝트 진행 기간의 타당성 보고서'를 각각 개별적으로 작성하여 송부하면, 박□□ 부장이 '프로젝트 성과 산출에 대한 근거 자료'로 취합하여 바이어에게 제공한다. '성과 산출 방식 신뢰성 보고서' 작성은 8시간이 소요되고, '프로젝트 진행 기간의 타당성 보고서'는 6시간이 소요된다. 두 보고서를 모두 전달받은 후 박□□ 부장이 '프로젝트 성과 산출에 대한 근거 자료'로 취합할 수 있으며, 취합 및 정리하는 데에는 3시간이 소요된다. 최종 자료가 완성되면 그 즉시 바이어에게 자료를 제공한다.

○○산업을 바이어로부터 자료 제공 요청을 받은 즉시 업무를 시작하여, 근무 시간은 지키되 최대한 빠른 시간 안에 바이어에게 자료를 제공하려고 하고 있다.

〈○○산업 근무 규정〉
○ ○○산업은 주 5일 근무(월요일~금요일)를 기본으로 한다.
○ ○○산업은 근무 시간: 오전 9시~오후 6시
○ 점심시간: 낮 12시~오후 1시
○ 해외 출장 시 GMT에 따른 현지 기준 시간에 따르며, 현지 시간 기준 근무 시간과 점심시간은 ○○산업 근무 규정에 명시되어 있는 시간에 준한다.

〈도시별 GMT〉

도시	그리니치	부다페스트	블라디보스토크	광저우	서울
GMT	0	+2	+8	+8	+9

① 4월 27일 18시
② 4월 28일 12시
③ 4월 28일 15시
④ 4월 28일 18시
⑤ 4월 29일 12시

정답

1. 김○○ 과장
→ 김○○ 과장은 부다페스트 기준 4월 27일 09시부터 자료 작성을 시작하여 점심시간 1시간을 제외하고 부다페스트 기준 4월 27일 18시에 자료 작성을 완료할 수 있다. 이 시간은 서울 기준 4월 28일 01시가 된다. 임△△ 대리가 있는 광저우는 현지 시간 기준 4월 27일 12시부터 업무를 시작할 수 있다. 임△△ 대리의 업무는 총 6시간이 소요되지만, 점심시간을 제외하고 4월 27일에는 총 5시간의 업무를 할 수 있다. 임△△ 대리의 업무는 광저우 기준 4월 28일 10시에 종료되고, 이 시간은 서울 기준 4월 28일 11시가 된다.
따라서 먼저 종료되는 사람은 김○○ 과장이다.

28 ○○회사에 근무 중인 귀하는 필리핀으로 출장이 예정되어 있다. 출장 시 100만 원을 필리핀 현지 돈으로 환전하여 출장을 가고자 할 때, 예산을 모두 사용하여 환전한다면 원화(KRW)에서 필리핀 페소(PHP)로 직접 환전하였을 때와 원화를 미국 달러(USD)로 환전한 뒤 필리핀 페소(PHP)로 이중 환전하였을 때, 환전한 금액의 차이는 얼마인가? (단, 9월 1일에 환전을 진행하며, 각 단계에서 소수점 이하는 절사한다.)

〈9월 1일 인천공항 ☆☆은행 환전소〉
1. 원화(KRW) → 필리핀 페소(PHP)
   ○ 매매기준율: 23.1 원/페소
   ○ 환전 수수료율 8%
2. 원화(KRW) → 미국 달러(USD)
   ○ 매매기준율: 1,175원/달러
   ○ 환전 수수료율: 2%

〈9월 1일 마닐라 국제공항 환전소〉
1. 미국 달러(USD) → 필리핀 페소(PHP)
   ○ 매매기준율: 50.0페소/달러
   ○ 환전 수수료율: 0%

---

① 약 817페소
② 약 1,217페소
③ 약 1,617페소
④ 약 2,017페소
⑤ 약 2,417페소

 핵심 분석 포인트

1. 원화에서 페소로 직접 환전하는 방법과 달러로 환전했다가 페소로 환전하는 이중 환전 방법 중 귀하가 더 많은 필리핀 페소를 얻을 수 있는 방법은 무엇인가?

정답
1. 이중 환전
   → 직접 환전하는 경우 1,000,000÷(23.1×1.08) 이고, 이중 환전하는 경우 1,000,000÷(1,175×1.02)× 50이다. 두 수식을 비슷한 형태로 바꿔보면 직접 환전하는 경우 1,000,000÷(23.1× 1.08×50)×50과 이중 환전하는 경우 1,000,000÷(1,175× 1.02)×50이 된다.
   1,000,000원은 동일하고, 뒤에 ×50 또한 동일하므로 중간의 나누어 주는 값을 비교해 보면 23.1×1.08×50=1247.4 이고, 1,175×1.02=1,198.5 이므로, 더 작은 값으로 나누어 주는 이중 환전의 경우가 최종 결괏값이 더 크다.

29 인사팀에 근무하는 귀하는 아래와 같이 파견 직원 선정 요청을 받았다. 다음 내용을 토대로 귀하가 파견 직원으로 선정하기에 가장 적합한 사람은?

〈파견 직원 선정 요청 메일(5월 1일)〉

안녕하세요. 저는 미국 시애틀 지사 인사업무를 담당하고 있는 임동근 과장입니다. 이번에 시애틀 지사에서 근무 중이던 직원 한 분께서 육아휴직을 위해 한국으로 귀국이 결정되었습니다. 2달 후에 귀국이 예정되어 있지만, 진행하시던 업무의 중요성을 감안했을 때, 함께 일하면서 인수인계를 하기 위한 시간이 최소 1달은 필요할 것으로 보입니다.

현재 진행하시는 업무의 특성상 법률 지식이 있는 분이 필요합니다. 또한 현지 정부를 상대로 업무를 진행해야 하는 만큼 영어는 매우 능통해야 합니다. 장기간 적응하면서 업무를 배울 시간이 충분하지 않으므로 기본적인 회사 업무에 능숙한 4년 차 이상의 사원이나 대리 직급 이상의 임직원으로 선발 부탁드립니다. 또한 가능하다면 회사 자체 평가 점수가 높은 분으로 선발해 주시기 바랍니다. 갑작스럽게 어려운 요청을 드리게 되어 죄송하지만, 최대한 빠른 시일 내에 부탁드립니다.

〈직원별 정보〉

구분	직급	현 직급 근속연수	전공	역량 평가	업적 평가	어학	비고
A	차장	1년	기계	93	95	영문 번역가 자격증 소지	–
B	과장	4년	법학	80	88	영어 능통 중국어 기초 회화	–
C	대리	2년	경영	92	90	영어 능통 독일어 능통	법학 복수 전공 휴직 중(6/8 복직)
D	대리	1년	법학	82	86	영어 능통 (미국 8년 거주)	–
E	사원	3년	행정	85	92	영어 능통 일본어 능통	법학 복수전공

※ 1) 회사 정책에 따라 평가 점수는 역량 평가:업적 평가 = 6:4의 비율로 최종 점수를 산출함
　 2) 귀하의 회사는 사원으로 입사하여 대리, 과장, 차장, 부장 순으로 진급이 이루어짐

① A 차장　　　　② B 과장　　　　③ C 대리
④ D 대리　　　　⑤ E 사원

핵심 분석 포인트

1. A 차장을 제외하고, B~E 4명의 직원 중 파견 직원을 선발하려고 한다. 직급이나, 어학, 전공 등 별도의 조건을 고려하지 않고 역량평가와 업적평가만 고려한다면, 파견을 보내기에 가장 적합한 사람은 누구인가?

정답

1. C 대리
→ A 차장을 제외하고 남은 직원 4명의 점수를 주어진 가중치에 따라 최종 계산해보면 아래와 같다.

구분	역량 평가	업적 평가	총점
B	80	88	$80 \times 0.6 + 88 \times 0.4 = 83.2$
C	92	90	$92 \times 0.6 + 90 \times 0.4 = 91.2$
D	82	86	$82 \times 0.6 + 86 \times 0.4 = 83.6$
E	85	92	$85 \times 0.6 + 92 \times 0.4 = 87.8$

따라서 선발해야 하는 사람은 C 대리이다.

30 ○○씨는 회사에 ERP 시스템을 새롭게 도입하는 업무를 담당하게 되었다. 아래의 내용과 〈평가 결과표〉를 근거로 판단할 때, 귀하가 선택해야 하는 시스템은?

귀하의 회사인 ○○컴퍼니는 사업 확장에 따라 새로운 ERP 시스템을 도입하려고 한다. 귀하는 해당 업무의 담당자로 선정되어 보안성, 편의성, 안정성, 월 유지비용, 초기 비용에 대한 평가 결과를 토대로 시스템을 선택하고자 한다. 각 항목들에 대한 가중치는 아래의 회의 결과에 따른다.

〈회의록 중 일부〉

A 과장: 새롭게 도입되는 ERP 시스템은 기존 시스템보다 편의성에 중점을 둔 시스템이 필요할 것으로 보입니다. 현재의 시스템은 소규모 사업장에 적합하여 세부 내용의 파악에는 적합하지만 규모가 커진다면 전반적인 내용을 파악하기엔 부적합할 것 같습니다.

B 과장: 물론 편의성도 중요하지만 아무래도 보안성을 빼놓을 순 없습니다. 회사 자원 정보가 모두 포함될 시스템인 만큼 보안성에 특별히 신경을 써야 할 것 같아요.

C 과장: 두 분의 의견에 동의합니다. 편의성과 보안성 모두 빼놓을 수 없는 항목들입니다. 그 두 가지 항목들을 동일한 가중치로 판단하여 점수를 산출하고 그 외로 안정성과 월 유지비용에 대한 내용도 고려를 하는 것은 어떨까요?

A 과장: C 과장님의 의견대로 하시죠. 안정성과 월 유지비용 또한 동일한 가중치로 판단하여 편의성, 보안성을 각각 30%, 안정성과 월 유지비용을 각각 20%의 가중치로 해서 전체 점수를 산출하면 우리 회사에 적합한 시스템을 선택할 수 있을 것 같습니다.

B 과장: 그렇게 하시죠. 다만 초기 비용이 너무 올라가면 시스템을 도입할 수 없으니, 첫해에 초기 비용과 유지 비용의 합이 1억 원을 초과하는 시스템은 배제하는 것이 어떨까요?

C 과장: 말씀하신 대로 진행하면 될 것 같습니다. ○○씨가 지금까지 논의된 내용을 토대로 새로운 ERP 시스템을 선정해 주시기 바랍니다.

〈평가 결과표〉

구분	안정성	편의성	보안성	초기비용(만 원)	월 유지비용(만 원)
가 ERP	97.23	88.73	89.25	7,000	200
나 ERP	88.75	80.34	85.19	6,000	300
다 ERP	76.43	90.32	92.65	5,000	400
라 ERP	57.63	92.47	98.65	8,500	150
마 ERP	78.97	85.75	70.35	5,000	450

※ 1) 안정성, 편의성, 보안성은 평가 점수가 가장 높은 순으로 5, 4, 3, 2, 1점을 각각 부여함
  2) 초기비용, 월 유지비용은 금액이 가장 낮은 순으로 5, 4, 3, 2, 1점을 각각 부여함
  (최초 점수 산출 시에는 특정 시스템을 배제하지 않음)

① 가 ERP ② 나 ERP ③ 다 ERP
④ 라 ERP ⑤ 마 ERP

📝 **핵심 분석 포인트**

1. '최초 점수 산출 시에는 특정 시스템을 배제하지 않는다.'라는 조건 대신 '최초 점수 산출 시 선택 불가능한 시스템은 배제하고 점수를 산출한다.'라는 조건이 생긴다면, 귀하가 선택해야 하는 시스템은 무엇인가? (단, 총점이 동일한 경우 초기비용이 저렴한 시스템을 선택한다.)

정답

1. 다 ERP
→ 선택이 불가능한 시스템을 배제하고 점수를 산출하면 라, 마 ERP는 배제하고 산출해야 하므로, 점수는 아래와 같다.

구분	가 ERP	나 ERP	다 ERP
안정성	5	4	3
편의성	4	3	5
보안성	4	3	5
월 유지비용 (만 원)	5	3	4
총점	5×0.2 $+4$ $\times 0.3$ $+4$ $\times 0.3$ $+5$ $\times 0.2$ $=4.4$	4×0.2 $+3$ $\times 0.3$ $+3$ $\times 0.3$ $+3$ $\times 0.2$ $=3.2$	3×0.2 $+5$ $\times 0.3$ $+5$ $\times 0.3$ $+4$ $\times 0.2$ $=4.4$

따라서 최종점수가 동일한 가 ERP와 다 ERP 중 초기비용이 더 저렴한 다 ERP를 선택해야 한다.

약점 보완 해설집 p.21

완벽한 실전 대비를 위한 시간 관리 연습은 필수!

실전에서는 정해진 시간 내에 가능한 많은 문제를 정확하게 풀어야 고득점을 할 수 있습니다. 따라서 평소에 문제를 풀 때에도 정해진 시간 내에 빠르고 정확하게 푸는 시간 관리 연습을 해야 합니다. 문제 중간마다 제시되는 '시간 알림 표시'를 참고하여 총 45문제를 70분 내에 푸는 연습을 해보세요.

기출 : 17 민경채 PSAT

01 다음 글과 〈상황〉을 근거로 판단할 때, A 사무관이 3월 출장 여비로 받을 수 있는 총액은?

> ○ 출장 여비 기준
> 　출장 여비는 출장 수당과 교통비의 합이다.
> 　− 세종시 출장
> 　　• 출장 수당 : 1만 원
> 　　• 교통비 : 2만 원
> 　− 세종시 이외 출장
> 　　• 출장 수당 : 2만 원(13시 이후 출장 시작 또는 15시 이전 출장 종료 시 1만 원 차감)
> 　　• 교통비 : 3만 원
> ○ 출장 수당의 경우 업무추진비 사용 시 1만 원이 차감되며, 교통비의 경우 관용차량 사용 시 1만 원이
> 　차감된다.

〈상 황〉

A 사무관 3월 출장내역	출장지	출장 시작 및 종료 시각	비고
출장 1	세종시	14시~16시	관용차량 사용
출장 2	인천시	14시~18시	
출장 3	서울시	09시~16시	업무추진비 사용

① 6만 원

② 7만 원

③ 8만 원

④ 9만 원

⑤ 10만 원

02 다음 〈조건〉과 〈상황〉을 근거로 판단할 때, 甲이 향후 1년간 자동차를 유지하는 데 소요될 총비용은?

─〈조 건〉─

1. 자동차 유지비는 연 감가상각비, 연 자동차 보험료, 연 주유비용으로 구성되며 그 외의 비용은 고려하지 않는다.

2. 연 감가상각비 계산 공식
   연 감가상각비=(자동차 구매비용−운행 가능 기간 종료 시 잔존가치)÷운행 가능 기간(년)

3. 연 자동차 보험료

(단위: 만 원)

구분		차종		
		소형차	중형차	대형차
보험 가입 시 운전 경력	1년 미만	120	150	200
	1년 이상 2년 미만	110	135	180
	2년 이상 3년 미만	100	120	160
	3년 이상	90	105	140

※ 1) 차량 구매 시 보험 가입은 필수이며 1년 단위로 가입
2) 보험 가입 시 해당 차량에 블랙박스가 설치되어 있으면 보험료 10% 할인

4. 주유비용
   1리터당 10km를 운행할 수 있으며, 리터당 비용은 연중 내내 1,500원이다.

─〈상 황〉─

○ 甲은 1,000만 원에 중형차 1대를 구매하여 바로 운행을 시작했다.
○ 차는 10년 동안 운행 가능하며, 운행 가능 기간 종료 시 잔존가치는 100만 원이다.
○ 자동차 보험 가입 시, 甲의 운전 경력은 2년 6개월이며 차에는 블랙박스가 설치되어 있다.
○ 甲은 매달 500km씩 차를 운행한다.

① 192만 원
② 288만 원
③ 298만 원
④ 300만 원
⑤ 330만 원

03 다음 전제를 읽고 반드시 참인 결론을 고르면?

선우가 좋아하지 않는 것 중에 지영이가 좋아하는 것은 없다.
새봄이 좋아하는 것 중에 선우가 좋아하는 것은 없다.
따라서 _____

① 지영이가 좋아하는 것 중에 새봄이 좋아하는 것이 있다.

② 새봄이가 좋아하는 것은 지영이도 좋아한다.

③ 지영이와 새봄이는 좋아하지 않지만 선우만 좋아하는 것이 있다.

④ 지영이, 선우, 새봄이가 모두 좋아하는 것이 있다.

⑤ 선우와 지영이는 좋아하지만 새봄이는 좋아하지 않는 것이 있다.

04 다음 글과 〈상황〉을 근거로 판단할 때 옳은 것은?

> 제○○조 ① 집합건물을 건축하여 분양한 분양자와 분양자와의 계약에 따라 건물을 건축한 시공자는 구분소유자에게 제2항 각 호의 하자에 대하여 과실이 없더라도 담보책임을 진다.
> ② 제1항의 담보책임 존속기간은 다음 각 호와 같다.
>   1. 내력벽, 주기둥, 바닥, 보, 지붕틀 및 지반공사의 하자: 10년
>   2. 대지조성공사, 철근콘크리트공사, 철골공사, 조적(組積)공사, 지붕 및 방수공사의 하자: 5년
>   3. 목공사, 창호공사 및 조경공사의 하자: 3년
> ③ 제2항의 기간은 다음 각 호의 날부터 기산한다.
>   1. 전유부분: 구분소유자에게 인도한 날
>   2. 공용부분: 사용승인일
> ④ 제2항 및 제3항에도 불구하고 제2항 각 호의 하자로 인하여 건물이 멸실(滅失)된 경우에는 담보책임 존속기간은 멸실된 날로부터 1년으로 한다.
> ⑤ 분양자와 시공자의 담보책임에 관하여 이 법에 규정된 것보다 매수인에게 불리한 특약은 효력이 없다.

※ 구분소유자: 집합건물(예: 아파트, 공동주택 등) 각 호실의 소유자
※ 담보책임: 집합건물의 하자로 인해 분양자, 시공자가 구분소유자에 대하여 지는 손해배상, 하자보수 등의 책임

〈상 황〉

> 甲은 乙이 분양하는 아파트를 매수하려고 乙과 아파트 분양계약을 체결하였다. 丙 건설사는 乙과의 계약에 따라 아파트를 시공하였고, 준공검사 후 아파트는 2020. 5. 1. 사용승인을 받았다. 甲은 아파트를 2020. 7. 1. 인도받고 등기를 완료하였다.

① 丙은 창호공사의 하자에 대해 2025. 7. 1.까지 담보책임을 진다.

② 丙은 철골공사의 하자에 과실이 없으면 담보책임을 지지 않는다.

③ 乙은 甲의 전유부분인 거실에 물이 새는 방수공사의 하자에 대해 2025. 5. 1.까지 담보책임을 진다.

④ 대지조성공사의 하자로 인하여 2023. 10. 1. 공용부분인 주차장 건물이 멸실된다면 丙은 2024. 7. 1. 이후에는 담보책임을 지지 않는다.

⑤ 乙이 甲과의 분양계약에서 지반공사의 하자에 대한 담보책임 존속기간을 5년으로 정한 경우라도, 2027. 10. 1. 그 하자가 발생한다면 담보책임을 진다.

05 다음 상황에 의할 때 다음 중 옳지 않은 것을 모두 고른 것은?

갑, 을, 병의 3가구가 사는 작은 빌라의 각 가구의 대표들이 모인 자리에서 지난해에 남은 회비로 정원 정리, 페인트칠, 방범창 설치를 하자는 의견이 나왔다. 이에 대해 편익과 비용을 분석한 후에 일주일 뒤에 찬반 투표를 하여 다수결로 결정하기로 했다. 각자 집으로 돌아간 후에 각 대안이 자신에게 어느 정도 이익인지 생각해 본 후 각각 따로 만나서 자신에게 유리한 표를 던져주면 상대에게도 유리한 표를 던져주겠다는 내용의 투표거래를 약속했다. 다음은 각자가 대안별로 느끼는 편익을 나타낸 것이며 편익이 양수일 때는 찬성표를, 음수일 때는 반대표를 던진다.

	갑	을	병
정원 정리	5	−3	−4
페인트칠	−4	6	−2
방범창 설치	−1	−1	1

〈보 기〉

ㄱ. 갑과 을이 투표거래를 할 경우 세 가구의 전체 편익의 합은 아무도 투표거래를 하지 않은 상황에 비해 증가한다.

ㄴ. 을과 병이 투표거래를 할 경우 투표거래를 하지 않은 경우보다 편익이 줄어든 가구는 2가구이다.

ㄷ. 갑과 병이 투표거래를 할 경우 갑의 편익은 4가 된다.

ㄹ. 세 사람이 모두 투표거래를 할 경우 투표거래를 하지 않은 경우에 비해 사회 전체의 편익은 증가한다.

① ㄱ, ㄷ

② ㄱ, ㄹ

③ ㄴ, ㄷ

④ ㄴ, ㄷ, ㄹ

⑤ ㄱ, ㄴ, ㄹ

06 네 개의 상자 A, B, C, D 중의 어느 하나에 두 개의 진짜 열쇠가 들어 있고, 다른 어느 한 상자에 두 개의 가짜 열쇠가 들어 있다. 또한 각 상자에는 다음과 같이 두 개의 안내문이 쓰여 있는데, 각 상자의 안내문 중 적어도 하나는 참이다. 다음 중 진위를 알 수 없는 것은?

○ A 상자
  (1) 어떤 진짜 열쇠도 순금으로 되어 있지 않다.
  (2) C 상자에는 진짜 열쇠가 들어 있다.

○ B 상자
  (1) 가짜 열쇠는 이 상자에 들어 있지 않다.
  (2) A 상자에는 진짜 열쇠가 들어 있다.

○ C 상자
  (1) 이 상자에 진짜 열쇠가 들어 있다.
  (2) 어떤 가짜 열쇠도 구리로 되어 있지 않다.

○ D 상자
  (1) 이 상자에 진짜 열쇠가 들어 있고, 모든 진짜 열쇠는 순금으로 되어 있다.
  (2) 가짜 열쇠 중 어떤 것은 구리로 되어 있다.

---

① B 상자에 가짜 열쇠가 들어 있지 않다.
② C 상자에 진짜 열쇠가 들어 있지 않다.
③ D 상자의 안내문 (1)은 거짓이다.
④ 가짜 열쇠 중 어떤 것은 구리로 되어 있다.
⑤ 어떤 진짜 열쇠도 순금으로 되어 있지 않다.

07 다음 글을 근거로 판단할 때, 〈보기〉에서 옳은 것만을 모두 고르면?

甲과 乙이 '사냥게임'을 한다. 1, 2, 3, 4의 번호가 매겨진 4개의 칸이 아래와 같이 있다.

| 1 | 2 | 3 | 4 |

여기에 甲은 네 칸 중 괴물이 위치할 연속된 두 칸을 정하고, 乙은 네 칸 중 화살이 명중할 하나의 칸을 정한다. 甲과 乙은 동시에 자신들이 정한 칸을 말한다. 그 결과 화살이 괴물이 위치하는 칸에 명중하면 乙이 승리하고, 명중하지 않으면 甲이 승리한다.

예를 들면 甲이 ⎡1⎤⎡2⎤, 乙이 ⎡1⎤ 또는 ⎡2⎤를 선택한 경우 괴물이 화살에 맞은 것으로 간주하여 乙이 승리한다. 만약 甲이 ⎡1⎤⎡2⎤, 乙이 ⎡3⎤ 또는 ⎡4⎤를 선택했다면 괴물이 화살을 피한 것으로 간주하여 甲이 승리한다.

〈보 기〉

ㄱ. 괴물이 위치할 칸을 甲이 무작위로 정할 경우 乙은 ⎡1⎤보다는 ⎡2⎤를 선택하는 것이 승리할 확률이 높다.

ㄴ. 화살이 명중할 칸을 乙이 무작위로 정할 경우 甲은 ⎡2⎤⎡3⎤보다는 ⎡3⎤⎡4⎤를 선택하는 것이 승리할 확률이 높다.

ㄷ. 이 게임에서 甲이 선택할 수 있는 대안은 3개이고 乙이 선택할 수 있는 대안은 4개이므로 乙이 이기는 경우의 수가 더 많다.

① ㄱ

② ㄴ

③ ㄷ

④ ㄱ, ㄴ

⑤ ㄱ, ㄷ

08 교육과학기술부, 행정안전부, 보건복지가족부, 농림수산식품부, 외교통상부 및 국방부에 대한 국정감사 순서를 정할 때 아래 〈조건〉을 충족해야 한다. 다음 중 국정감사 순서로 옳은 것은?

〈조 건〉

○ 행정안전부에 대한 감사는 농림수산식품부 또는 외교통상부 중 어느 한 부서에 대한 감사보다 먼저 시작되어야 한다.

○ 국방부에 대한 감사는 보건복지가족부나 농림수산식품부에 대한 감사보다 늦게 시작될 수는 있으나, 외교통상부에 대한 감사보다 나중에 시작될 수 없다.

○ 교육과학기술부에 대한 감사는 아무리 늦어도 보건복지가족부 또는 농림수산식품부 중 적어도 어느 한 부서에 대한 감사보다는 먼저 시작되어야 한다.

---

① 보건복지가족부 – 행정안전부 – 국방부 – 외교통상부 – 농림수산식품부 – 교육과학기술부

② 외교통상부 – 보건복지가족부 – 행정안전부 – 교육과학기술부 – 국방부 – 농림수산식품부

③ 농림수산식품부 – 교육과학기술부 – 행정안전부 – 외교통상부 – 국방부 – 보건복지가족부

④ 행정안전부 – 보건복지가족부 – 교육과학기술부 – 국방부 – 외교통상부 – 농림수산식품부

⑤ 교육과학기술부 – 보건복지가족부 – 외교통상부 – 행정안전부 – 농림수산식품부 – 국방부

09 다음 글을 근거로 판단할 때, 2017학년도 A 대학교 ○○학과 입학 전형 합격자는?

○ A 대학교 ○○학과 입학 전형
 – 2017학년도 대학수학능력시험의 국어, 수학, 영어 3개 과목을 반영하여 지원자 중 1명을 선발한다.
 – 3개 과목 평균 등급이 2등급(3개 과목 등급의 합이 6) 이내인 자를 선발한다. 이 조건을 만족하는 지원자가 여러 명일 경우, 3개 과목 원점수의 합산 점수가 가장 높은 자를 선발한다.

〈2017학년도 대학수학능력시험 과목별 등급-원점수 커트라인〉

(단위: 점)

등급 과목	1	2	3	4	5	6	7	8
국어	96	93	88	79	67	51	40	26
수학	89	80	71	54	42	33	22	14
영어	94	89	85	77	69	54	41	28

※ 예를 들어, 국어 1등급은 100~96점, 국어 2등급은 95~93점

〈2017학년도 A 대학교 ○○학과 지원자 원점수 성적〉

(단위: 점)

지원자	국어	수학	영어
甲	90	96	88
乙	89	89	89
丙	93	84	89
丁	79	93	92
戊	98	60	100

① 甲

② 乙

③ 丙

④ 丁

⑤ 戊

10 다음 글을 근거로 판단할 때, A에게 전달할 책의 제목과 A의 연구실 번호를 옳게 짝지은 것은?

○ 5명의 연구원(A~E)에게 책 1권씩을 전달해야 하고, 책 제목은 모두 다르다.
○ 5명은 모두 각자의 연구실에 있고, 연구실 번호는 311호부터 315호까지이다.
○ C는 315호, D는 312호, E는 311호에 있다.
○ B에게 「연구개발」, D에게 「공공정책」을 전달해야 한다.
○ 「전환이론」은 311호에, 「사회혁신」은 314호에, 「복지실천」은 315호에 전달해야 한다.

책 제목	연구실 번호
① 「전환이론」	311호
② 「공공정책」	312호
③ 「연구개발」	313호
④ 「사회혁신」	314호
⑤ 「복지실천」	315호

여기까지 16분 내에 풀어야 합니다.

11 다음 글을 근거로 판단할 때, 〈보기〉에서 옳은 것만을 모두 고르면?

○○축구대회에는 모두 32개 팀이 참가하여 한 조에 4개 팀씩 8개 조로 나누어 경기한다. 각 조의 4개 팀이 서로 한 번씩 경기하여 승점 − 골득실차 − 다득점 − 승자승 − 추첨의 순서에 의해 각 조의 1, 2위 팀이 16강에 진출한다. 각 팀은 16강에 오르기까지 총 3번의 경기를 치르게 되며, 매 경기 승리한 팀은 승점 3점을 얻게 되고, 무승부를 기록한 팀은 승점 1점, 패배한 팀은 0점을 획득한다.

그중 1조에 속한 A, B, C, D팀은 현재까지 각 2경기씩 치렀으며, 그 결과는 A : B = 4 : 1, A : D = 1 : 0, B : C = 2 : 0, C : D = 2 : 1이었다. 아래의 표는 그 결과를 정리한 것이다. 내일 각 팀은 16강에 오르기 위한 마지막 경기를 치르는데, A팀은 C팀과 경기를 갖고, B팀은 D팀과 경기를 갖는다.

〈마지막 경기를 남겨 놓은 각 팀의 전적〉

	승	무	패	득/실점	승점
A팀	2	0	0	5/1	6
B팀	1	0	1	3/4	3
C팀	1	0	1	2/3	3
D팀	0	0	2	1/3	0

〈보 기〉

ㄱ. A팀이 C팀과의 경기에서 이긴다면, A팀은 B팀과 D팀의 경기 결과에 상관없이 16강에 진출한다.

ㄴ. A팀이 C팀과 1 : 1로 비기고 B팀이 D팀과 0 : 0으로 비기면 A팀과 B팀이 16강에 진출한다.

ㄷ. C팀과 D팀이 함께 16강에 진출할 가능성은 전혀 없다.

ㄹ. D팀은 마지막 경기의 결과와 관계없이 16강에 진출할 수 없다.

① ㄱ, ㄴ

② ㄱ, ㄹ

③ ㄷ, ㄹ

④ ㄱ, ㄴ, ㄷ

⑤ ㄴ, ㄷ, ㄹ

12 ○○시는 새 청사를 신축했고, 곧 여기로 이사하려 한다. ○○시는 다음 그림과 같이 하나의 복도를 사이에 두고 8개의 사무실을 한 층에 배치하려 한다. 이 8개의 사무실 중 4개는 재정 관련 부서로 회계과, 예산기획과, 예산분석과, 세무과 사무실이다. 나머지 4개는 수도과, 홍보과, 공원녹지과 사무실 그리고 부시장실이다. 〈보기〉의 배치계획에 따를 때 잘못된 것은?

A		E
B	복 도	F
C		G
D		H

〈보 기〉

ㄱ. 사무실 D는 부시장실로 내정되어 있다.
ㄴ. 예산분석과와 예산기획과는 복도를 중심으로 같은 쪽에 위치한다.
ㄷ. 부시장실과 공원녹지과는 복도를 중심으로 같은 쪽에 위치한다.
ㄹ. 예산기획과의 정면에는 공원녹지과가 위치한다.
ㅁ. 재정 관련 모든 사무실의 정면 및 옆에는 재정 관련 부서가 들어서지 않는다.

① 홍보과와 예산분석과는 복도를 중심으로 같은 쪽에 있다.
② 수도과와 세무과는 복도를 중심으로 같은 쪽에 있다.
③ 공원녹지과 옆에는 세무과가 있다.
④ 수도과 옆에는 예산기획과가 위치한다.
⑤ 회계과 옆에는 공원녹지과가 위치한다.

13 다음 글에 근거할 때, 옳게 추론한 것을 〈보기〉에서 모두 고르면?

수원 화성(華城)은 조선의 22대 임금 정조가 강력한 왕도정치를 실현하고 수도 남쪽의 국방 요새로 활용하기 위하여 축성한 것이었다. 규장각 문신 정약용은 동서양의 기술서를 참고하여 『성화주략』(1793년)을 만들었고, 이것은 화성 축성의 지침서가 되었다. 화성은 재상을 지낸 영중추부사 채제공의 총괄 하에 조심태의 지휘로 1794년 1월에 착공에 들어가 1796년 9월에 완공되었다. 축성과정에서 거중기, 녹로 등 새로운 장비를 특수하게 고안하여 장대한 석재 등을 옮기며 쌓는 데 이용하였다. 축성 후 1801년에 발간된 『화성성역의궤』에는 축성계획, 제도, 법식뿐 아니라 동원된 인력의 인적사항, 재료의 출처 및 용도, 예산 및 임금 계산, 시공기계, 재료가공법, 공사일지 등이 상세히 기록되어 있어 건축 기록으로서 역사적 가치가 큰 것으로 평가되고 있다.

화성은 서쪽으로는 팔달산을 끼고 동쪽으로는 낮은 구릉의 평지를 따라 쌓은 평산성인데, 종래의 중화 문명권에서는 찾아볼 수 없는 형태였다. 성벽은 서쪽의 팔달산 정상에서 길게 이어져 내려와 산세를 살려 가며 쌓았는데 크게 타원을 그리면서 도시 중심부를 감싸는 형태를 띠고 있다. 화성의 둘레는 5,744m, 면적은 130ha로 동쪽 지형은 평지를 이루고 서쪽은 팔달산에 걸쳐 있다. 화성의 성곽은 문루 4개, 수문 2개, 공심돈 3개, 장대 2개, 노대 2개, 포(鋪)루 5개, 포(砲)루 5개, 각루 4개, 암문 5개, 봉돈 1개, 적대 4개, 치성 9개, 은구 2개의 시설물로 이루어져 있었으나, 이 중 수해와 전쟁으로 7개 시설물(수문 1개, 공심돈 1개, 암문 1개, 적대 2개, 은구 2개)이 소멸되었다. 화성은 축성 당시의 성곽이 거의 원형대로 보존되어 있다. 북수문을 통해 흐르던 수원천이 현재에도 그대로 흐르고 있고, 팔달문과 장안문, 화성행궁과 창룡문을 잇는 가로망이 현재에도 성안 도시의 주요 골격을 유지하고 있다. 창룡문·장안문·화서문·팔달문 등 4대문을 비롯한 각종 방어시설들을 돌과 벽돌을 섞어서 쌓은 점은 화성만의 특징이라 하겠다.

〈보 기〉

ㄱ. 화성은 축성 당시 중국에서 찾아보기 힘든 평산성의 형태로서 군사적 방어기능을 보유하고 있다.
ㄴ. 화성의 성곽 시설물 중 은구는 모두 소멸되었다.
ㄷ. 조선의 다른 성곽들의 방어시설은 돌과 벽돌을 섞어서 쌓지 않았을 것이다.
ㄹ. 화성의 축조와 관련된 기술적인 세부 사항들은 『성화주략』보다는 화성 축성의 지침이 된 『화성성역의궤』에 보다 잘 기술되어 있을 것이다.

① ㄱ, ㄴ
② ㄴ, ㄹ
③ ㄷ, ㄹ
④ ㄱ, ㄴ, ㄷ
⑤ ㄱ, ㄷ, ㄹ

14 다음 규정을 근거로 판단할 때 옳은 것은?

제○○조 중앙선거관리위원회는 비례대표 국회의원 선거에서 유효투표 총수의 100분의 3 이상을 득표하였거나 지역구 국회의원 총선거에서 5석 이상의 의석을 차지한 각 정당에 대하여 당해 의석할당정당이 비례대표 국회의원 선거에서 얻은 득표비율에 따라 비례대표 국회의원 의석을 배분한다.

제○○조 정당이 다음 각 호의 어느 하나에 해당하는 때에는 당해 선거관리위원회는 그 등록을 취소한다.
1. 최근 4년간 임기만료에 의한 국회의원 선거 또는 임기만료에 의한 지방자치단체의 장(長) 선거나 시·도의회 의원 선거에 참여하지 아니한 때
2. 임기만료에 의한 국회의원 선거에 참여하여 의석을 얻지 못하고 유효투표 총수의 100분의 2 이상을 득표하지 못한 때

제○○조 ① 의원이 의장으로 당선된 때에는 당선된 다음 날부터 그 직에 있는 동안은 당적을 가질 수 없다. 다만 국회의원 총선거에 있어서 공직선거법에 의한 정당추천후보자로 추천을 받고자 하는 경우에는 의원 임기만료일 전 90일부터 당적을 가질 수 있다.
② 제1항 본문의 규정에 의하여 당적을 이탈한 의장이 그 임기를 만료한 때에는 당적을 이탈할 당시의 소속 정당으로 복귀한다.

제○○조 비례대표 국회의원 또는 비례대표 지방의회의원이 소속 정당의 합당·해산 또는 제명 외의 사유로 당적을 이탈·변경하거나 2 이상의 당적을 가지고 있는 때에는 퇴직된다. 다만 비례대표 국회의원이 국회의장으로 당선되어 당적을 이탈한 경우에는 그러하지 아니하다.

① 비례대표 국회의원 甲은 국민들의 여론에 따라 소속 정당을 탈당하고 신생정당으로 옮겨 국회의원으로서의 활동을 계속하고 있다.

② A 정당은 지난 달 비례대표 국회의원 선거에서 유효투표 총수의 2%를 득표하고 지역구 국회의원 총선거에서 4석을 차지하여 정당등록이 취소되었다.

③ 비례대표 국회의원 乙은 자신이 속한 정당의 당론과 반대되는 의견을 제시한다는 이유로 소속 정당으로부터 제명되었으나 국회의원직을 계속 유지하고 있다.

④ 국회의장은 당적을 보유할 수 없고 비례대표 국회의원은 당적이 변경되면 퇴직하여야 하기 때문에 비례대표 국회의원 丙은 국회의장으로 당선될 수 없다.

⑤ B 정당은 비례대표 국회의원 선거에서 유효투표 총수의 3%를 획득하였으나 지역구 국회의원 선거에서 의석을 4석밖에 차지하지 못하였기 때문에 비례대표 국회의원 의석을 배분받지 못하였다.

15 S 그룹에는 A, B, C, D, E 5개의 부서가 있다. 어느 날 S 그룹에서 부서별 회의를 하려고 한다. 회의는 한 시간 동안 진행되며 회의에는 해당 부서별 기술 담당자가 꼭 참석해야 하며 회의 시간이 겹치는 경우 한 부서의 회의에만 참석할 수 있다. 부서와 담당 기술자와의 관계가 아래와 같을 때 모든 부서의 회의를 마치기 위한 최소 시간은?

	A	B	C	D	E
김철수	담당				담당
이명설			담당	담당	담당
박형수	담당	담당			
홍성현		담당	담당	담당	
황원정				담당	

① 2

② 3

③ 4

④ 5

⑤ 6

16 甲, 乙, 丙은 서울특별시(수도권 중 과밀억제권역에 해당) ○○동 소재 3층 주택 소유자와 각 층별로 임대차 계약을 체결하고 현재 거주하고 있는 임차인들이다. 이들의 보증금은 각각 5,800만 원, 2,000만 원, 1,000만 원이다. 위 주택 전체가 경매절차에서 주택가액 8,000만 원에 매각되었고, 甲, 乙, 丙 모두 주택에 대한 경매신청 등기 전에 주택의 인도와 주민등록을 마쳤다. 乙과 丙이 담보물권자보다 우선하여 변제받을 수 있는 금액의 합은? (단, 확정일자나 경매비용은 무시한다.)

제○○조 ① 임차인은 보증금 중 일정액을 다른 담보물권자(擔保物權者)보다 우선하여 변제받을 권리가 있다. 이 경우 임차인은 주택에 대한 경매신청의 등기 전에 주택의 인도와 주민등록을 마쳐야 한다.

② 제1항에 따라 우선변제를 받을 보증금 중 일정액의 범위는 다음 각 호의 구분에 의한 금액 이하로 한다.
    1. 수도권정비계획법에 따른 수도권 중 과밀억제권역: 2,000만 원
    2. 광역시(군지역과 인천광역시지역은 제외): 1,700만 원
    3. 그 밖의 지역: 1,400만 원

③ 임차인의 보증금 중 일정액이 주택가액의 2분의 1을 초과하는 경우에는 주택가액의 2분의 1에 해당하는 금액까지만 우선변제권이 있다.

④ 하나의 주택에 임차인이 2명 이상이고 그 각 보증금 중 일정액을 모두 합한 금액이 주택가액의 2분의 1을 초과하는 경우, 그 각 보증금 중 일정액을 모두 합한 금액에 대한 각 임차인의 보증금 중 일정액의 비율로 그 주택가액의 2분의 1에 해당하는 금액을 분할한 금액을 각 임차인의 보증금 중 일정액으로 본다.

제○○조 전조(前條)에 따라 우선변제를 받을 임차인은 보증금이 다음 각 호의 구분에 의한 금액 이하인 임차인으로 한다.
    1. 수도권정비계획법에 따른 수도권 중 과밀억제권역: 6,000만 원
    2. 광역시(군지역과 인천광역시지역은 제외): 5,000만 원
    3. 그 밖의 지역: 4,000만 원

① 2,200만 원

② 2,300만 원

③ 2,400만 원

④ 2,500만 원

⑤ 2,600만 원

17 다음 글과 〈표〉를 근거로 판단할 때, 백설공주의 친구 7명(A~G) 중 왕자의 부하는 누구인가?

> ○ A~G 중 2명은 왕자의 부하이다.
> ○ B~F는 모두 20대이다.
> ○ A~G 중 가장 나이가 많은 사람은 왕자의 부하가 아니다.
> ○ A~G 중 여자보다 남자가 많다.
> ○ 왕자의 두 부하는 성별이 서로 다르고, 국적은 동일하다.

〈표〉

친구	나이	성별	국적
A	37살	?	한국
B	28살	?	한국
C	22살	여자	중국
D	?	여자	일본
E	?	?	중국
F	?	?	한국
G	38살	여자	중국

① A, B

② B, F

③ C, E

④ D, F

⑤ E, G

18 다음 제시된 명제가 참일 때 추론할 수 없는 것은?

○ 요리를 잘하거나 운전을 잘하는 사람은 달리기를 잘한다.
○ 청소를 잘하는 사람은 정리도 잘한다.
○ 청소를 잘하지 못하는 사람은 달리기도 잘하지 못한다.
○ 운전을 잘하는 사람만 요리를 잘한다.

① 정리를 잘하지 못하면 달리기도 잘하지 못한다.

② 운전을 잘하면 청소도 잘한다.

③ 달리기를 잘하지 못하면 요리를 잘하지 못한다.

④ 청소를 잘하지 못하면 요리도 잘하지 못하고 운전도 잘하지 못한다.

⑤ 달리기를 잘하면 청소를 잘하고 요리를 잘한다.

19 자동차를 구매하려는 소비자들이 브랜드 A, B, C 세 가지를 고려하고 있다. 이때 소비자들이 중요하다고 생각하는 자동차의 속성들은 브랜드명성, 안전성, 경제성, 디자인의 네 가지이며, 각 속성들에 대해 부여하는 중요성의 정도(가중치)는 전체를 1.0으로 했을 경우 브랜드명성이 0.3, 안전성이 0.2, 경제성이 0.4, 디자인이 0.1이다. 각 브랜드에 대한 속성별 평가는 0부터 10까지의 점수로 주어지는데, 가장 이상적인 상태를 10점으로 하여 점수가 높을수록 소비자를 더 만족시킨다고 가정한다. 이에 따라 측정한 각 브랜드별 속성값은 〈표 1〉과 같다. 한편, 소비자 K 씨, L 씨, P 씨는 각각 〈표 2〉와 같은 기준으로 최종 구매대안을 선택한다고 할 때, 각각의 소비자들이 구매하고자 하는 자동차를 바르게 짝지은 것은? (단, 각 속성들에 대한 중요성 정도 및 각 브랜드에 대한 속성별 평가는 모든 소비자들에게 공통적으로 적용된다.)

〈표 1〉 자동차 브랜드별 속성값

속성	브랜드 A	브랜드 B	브랜드 C
브랜드명성	10	6	6
안전성	10	6	8
경제성	4	8	8
디자인	6	6	4

〈표 2〉 소비자별 구매대안 선택기준

소비자	구매대안 선택기준
K 씨	모든 속성들을 가중치에 따라 평가하여 종합적으로 가장 좋은 대안을 선택한다.
L 씨	가장 중요한 속성 순으로 가장 좋게 평가된 대안을 선택한다.
P 씨	모든 속성들에 대해 수용기준(5점 이상)을 충족하는 대안을 선택한다.

① K 씨 – 브랜드 A, L 씨 – 브랜드 B, P 씨 – 브랜드 C

② K 씨 – 브랜드 A, L 씨 – 브랜드 C, P 씨 – 브랜드 B

③ K 씨 – 브랜드 C, L 씨 – 브랜드 B, P 씨 – 브랜드 C

④ K 씨 – 브랜드 C, L 씨 – 브랜드 C, P 씨 – 브랜드 B

⑤ K 씨 – 브랜드 C, L 씨 – 브랜드 B, P 씨 – 브랜드 A

20 다음 글을 근거로 판단할 때, A팀이 최종적으로 선택하게 될 이동 수단의 종류와 그 비용으로 옳게 짝지은 것은?

4명으로 구성된 A팀은 해외 출장을 계획하고 있다. A팀은 출장지에서의 이동 수단 한 가지를 결정하려 한다. 이때 A팀은 경제성, 용이성, 안전성의 총 3가지 요소를 고려하여 최종점수가 가장 높은 이동 수단을 선택한다.

○ 각 고려 요소의 평가 결과 '상' 등급을 받으면 3점을, '중' 등급을 받으면 2점을, '하' 등급을 받으면 1점을 부여한다. 단, 안전성을 중시하여 안전성 점수는 2배로 계산한다. (예: 안전성 '하' 등급 2점)
○ 경제성은 이동 수단별 최소비용이 적은 것부터 상, 중, 하로 평가한다.
○ 각 고려 요소의 평가 점수를 합하여 최종점수를 구한다.

〈이동 수단별 평가표〉

이동 수단	경제성	용이성	안전성
렌터카	?	상	하
택시	?	중	중
대중교통	?	하	중

〈이동 수단별 비용 계산식〉

이동 수단	비용 계산식
렌터카	(렌트비 + 유류비) × 이용 일수 – 렌트비 = \$50/1일(4인승 차량) – 유류비 = \$10/1일(4인승 차량)
택시	거리 당 가격(\$1/1마일) × 이동 거리(마일) – 최대 4명까지 탑승 가능
대중교통	대중교통패스 3일권(\$40/1인) × 인원수

〈해외 출장 일정〉

출장 일정	이동 거리(마일)
11월 1일	100
11월 2일	50
11월 3일	50

	이동 수단	비용
①	렌터카	\$180
②	택시	\$200
③	택시	\$400
④	대중교통	\$140
⑤	대중교통	\$160

⏱ 여기까지 31분 내에 풀어야 합니다.

21 어느 부처의 시설과에 A, B, C, D, E, F의 총 6명의 직원이 있다. 이들 가운데 반드시 4명의 직원으로만 팀을 구성하여 부처 회의에 참석해 달라는 요청이 있었다. 만일 E가 불가피한 사정으로 그 회의에 참석할 수 없게 된 상황에서 아래의 조건을 모두 충족시켜야만 한다면 몇 개의 팀이 구성될 수 있는가?

조건 1: A 또는 B는 반드시 참석해야 한다. 하지만 A, B가 함께 참석할 수 없다.
조건 2: D 또는 E는 반드시 참석해야 한다. 하지만 D, E가 함께 참석할 수 없다.
조건 3: 만일 C가 참석하지 않게 된다면 D도 참석할 수 없다.
조건 4: 만일 B가 참석하지 않게 된다면 F도 참석할 수 없다.

① 0개
② 1개
③ 2개
④ 3개
⑤ 4개

22 여동생이 1명씩 있는 A, B, C, D, E 5명의 청년이 있다. 이 5명의 청년과 각각의 여동생을 합한 10명 모두가 아래의 〈전제 조건〉하에 단체 미팅을 하여 5쌍의 커플이 탄생했다. 〈미팅 결과〉로 볼 때, C의 여동생의 상대가 된 청년은?

〈전제 조건〉

○ 미팅에 참여한 청년은 자신의 여동생과 커플이 될 수 없다.
○ 두 사람이 서로의 여동생과 커플이 될 수 없다.
  (예 : 갑이 을의 여동생과 커플이 되었다면, 을은 갑의 여동생과 커플이 될 수 없다.)

〈미팅 결과〉

ㄱ. A의 상대는 B의 여동생도 D의 여동생도 아니었다.
ㄴ. B의 상대는 C의 여동생도 D의 여동생도 아니었다.
ㄷ. C의 상대는 B의 여동생도 E의 여동생도 아니었다.
ㄹ. D의 상대는 E의 여동생이 아니었다.
ㅁ. E의 상대는 A의 여동생도 D의 여동생도 아니었다.

① A
② B
③ C
④ D
⑤ E

23 다음 글을 근거로 판단할 때, 甲~戊 중 가장 많은 지원금을 받는 신청자는?

A국은 신재생에너지 보급 사업 활성화를 위하여 신재생에너지 설비에 대한 지원 내용을 공고했다. 〈지원 기준〉과 〈지원 신청 현황〉은 아래와 같다.

〈지원 기준〉

구분		용량(성능)	지원금 단가
태양광	단독주택	2kW 이하	kW당 80만 원
		2kW 초과 3kW 이하	kW당 60만 원
	공동주택	30kW 이하	kW당 80만 원
태양열	평판형 · 진공관형	10m² 이하	m²당 50만 원
		10m² 초과 20m² 이하	m²당 30만 원
지열	수직밀폐형	10kW 이하	kW당 60만 원
		10kW 초과	kW당 50만 원
연료전지	인산형 등	1kW 이하	kW당 2,100만 원

○ 지원금은 '용량(성능) × 지원금 단가'로 산정
○ 국가 및 지방자치단체 소유 건물은 지원 대상에서 제외
○ 전월 전력사용량이 450kWh 이상인 건물은 태양열 설비 지원 대상에서 제외
○ 용량(성능)이 〈지원 기준〉의 범위를 벗어나는 신청은 지원 대상에서 제외

〈지원 신청 현황〉

신청자	설비 종류	용량(성능)	건물 소유자	전월 전력사용량	비고
甲	태양광	8kW	개인	350kWh	공동주택
乙	태양열	15m²	개인	550kWh	진공관형
丙	태양열	5m²	국가	400kWh	평판형
丁	지열	15kW	개인	200kWh	수직밀폐형
戊	연료전지	3kW	개인	500kWh	인산형

① 甲

② 乙

③ 丙

④ 丁

⑤ 戊

24 다음 결론이 반드시 참이 되게 하는 전제를 고르면?

용기 있는 사람 중에는 행동하는 사람이 있다.

_____

따라서 모든 행동하는 사람이 외향적인 것은 아니다.

① 외향적이면서 용기 있는 사람은 없다.
② 외향적인 사람 중에 용기 있는 사람이 있다.
③ 외향적이지 않지만 용기 있는 사람이 있다.
④ 용기 있는 사람은 모두 외향적이다.
⑤ 모든 용기 있는 사람이 외향적인 것은 아니다.

25 다음 제시문의 내용과 부합하지 않는 것은?

> 영조 14년 안동에 거주하는 몇몇이 주동이 되어 노론이 내세우는 상징적 인물인 김상헌을 제향(祭享)하는 서원을 창건하려 하자, 다수의 남인파 사림이 이에 반대하여 커다란 분쟁이 일었다.
>
> 그 후 노론의 유척기는 영남감사로 부임하자 남인의 반발에도 불구하고 서원건립을 추진하여 건물이 준공되기에 이르렀다. 이에 안동좌수를 비롯한 안동 내 남인 출신들이 관령(官令)의 제지를 무릅쓰고 서원을 훼파(毀破)했다.
>
> 이에 대해 노론의 온건파를 대표하던 박사수는 김상헌 서원의 건립 필요성에서부터 훼원(毀院)에 이르기까지의 전말을 소상하게 보고하면서, 선정(先正)을 욕보이고 관장(官長)을 능멸하여 관령에 항거한 난민(亂民)으로 훼원유생을 규정하고 이러한 난민의 무리를 엄벌해야 한다고 했다.
>
> 반면, 소론인 박문수는 서원창건 문제가 유림의 의론(議論)에 따라 좌우되는 일반적 경향에 비추어 볼 때 대다수 안동사림의 반대를 무릅쓴 김상헌 서원의 건립이 잘못된 것이라 했다. 서원을 근거로 해서 전통적인 명문을 압박하고 남인당론을 강제로 바꾸게 하려는 목적으로 서원건립을 추진했기에 안동 유생과의 사이에 분쟁이 일어나지 않을 수 없었으므로, 훼원이 방자한 행위이기는 하나 온건한 처벌에 그쳐야 하며, 영남인의 불만이 이를 계기로 변란으로 확대되지 않도록 해야 한다고 주장했다.
>
> 박사수와 박문수의 이러한 의견대립이 일어나자 평소 노소론 간의 당쟁에 중도적 자세를 견지하고 있던 탕평파의 안인명은 안동서원의 분쟁이 향전(鄕戰)에 불과할 따름이므로 조정에서 간여할 문제가 아닌데도 감사가 이를 잘 처리하지 못하여 조정에까지 시끄럽게 하고 체통마저 손상했으므로 이들을 파직시키고, 명색이 선비라고 하면서 선정을 제향하는 서원을 허물었으니 이 또한 처벌해야 하며, 안동에 김상헌의 서원이 없을 수 없으므로 서원을 개건(改建)할 것을 청했다.
>
> 이에 대해 영조는 멋대로 서원건립을 허가하고, 향촌을 제대로 다스리지 못했다는 이유로 감사를 파직하고, 훼원유생을 엄벌하되, 주동자에 국한했으며, 서원개건의 문제에 대해서는 언급하지 않음으로써 이를 묵살했다.

① 박문수는 훼원의 사태가 일어나게 된 원인인 서원 창건 자체가 지닌 문제에 중점을 두고 의견을 펼쳤다.

② 박사수는 훼원의 원인보다 유생들의 훼원 행위 자체에 초점을 두어 남인 출신 훼원유생에 대한 처벌을 주장했다.

③ 노소론의 주장을 절충하면서도 왕권의 안정을 염두에 둔 영조의 처분은 당시 정치를 주도하던 노론의 주장을 더 받아들인 것이다.

④ 조선 후기에 향권을 둘러싼 향촌 내부의 분쟁인 향전(鄕戰)이 사족(士族) 간에 벌어지고 여기에 당색이 작용하고 있다는 사실을 알 수 있다.

⑤ 안인명은 노소론 간의 당쟁이 이 사건으로 인하여 격화되어서는 안 된다는 기본 전제 위에서 탕평파 본래의 자세를 고수하면서도 노론에 기우는 주장을 펼쳤다.

26 다음 글을 근거로 판단할 때, 아기 돼지 삼 형제와 각각의 집을 옳게 짝지은 것은?

○ 아기 돼지 삼 형제는 엄마 돼지로부터 독립하여 벽돌집, 나무집, 지푸라기집 중 각각 다른 한 채씩을 선택하여 짓는다.

○ 벽돌집을 지을 때에는 벽돌만 필요하지만, 나무집은 나무와 지지대가, 지푸라기집은 지푸라기와 지지대가 재료로 필요하다. 지지대에 소요되는 비용은 집의 면적과 상관없이 나무집의 경우 20만 원, 지푸라기집의 경우 5만 원이다.

○ 재료의 1개당 가격 및 집의 면적 $1m^2$당 필요 개수는 아래와 같다.

구 분	벽돌	나무	지푸라기
1개당 가격(원)	6,000	3,000	1,000
$1m^2$당 필요 개수	15	20	30

○ 첫째 돼지 집의 면적은 둘째 돼지 집의 2배이고, 셋째 돼지 집의 3배이다. 삼형제 집의 면적의 총합은 $11m^2$이다.

○ 모두 집을 짓고 나니, 둘째 돼지 집을 짓는 재료 비용이 가장 많이 들었다.

	첫째	둘째	셋째
①	벽돌집	나무집	지푸라기집
②	벽돌집	지푸라기집	나무집
③	나무집	벽돌집	지푸라기집
④	지푸라기집	벽돌집	나무집
⑤	지푸라기집	나무집	벽돌집

27 영수는 약간의 자금을 이용하여 재테크를 하려고 한다. 그런데 장래의 경기 상황에 따른 각 대안의 이득을 살펴보면 다음과 같다. 한편 의사 선택의 기준이 다음과 같을 때 〈보기〉 중 옳은 것만을 모두 고르면?

	경기침체	경기보합	경기호조
주식	90	100	110
채권	150	100	50
부동산	70	120	170
펀드	-100	0	200

○ **낙관적 기준**: 항상 모든 상황이 가장 좋게 될 것이라고 가정하고 의사결정 하는 방법이다.
○ **비관적 기준**: 항상 모든 상황이 가장 나쁘게 될 것이라고 가정하고 의사결정 하는 방법이다.
○ **후르비츠 기준**: 예상되는 낙관적 결과와 비관적 결과에 적당한 가중치 a(이를 후르비츠 계수라고 함)를 적용하고 가중 평균을 구해 이를 의사결정의 기준으로 삼는 방법, 즉 a는 0과 1 사이의 값을 가진다고 할 때, a×(낙관적 결괏값)+(1 − a)×(비관적 결괏값)을 판단의 기준으로 정한다.
○ **라플라스 기준**: 각 대안의 선택에 따른 모든 가능한 성과들의 평균값을 의사결정의 기준으로 삼는 방법이다.
○ **기회손실비용 기준**: 각각의 경우에 있어 기회손실비용을 구하고 이를 의사결정의 기준(각 대안의 상황별 기회손실비용을 구하고 그중 가장 큰 기회손실비용을 일종의 대안별 대표 기회손실비용으로 정한 다음, 그 대안별 대푯값 중 가장 적은 기회손실을 갖는 대안을 선택)으로 정하는 방법이다.
예를 들어, 위의 표에서 영수가 주식을 선택했고 실제로 경기상황이 '호조'여서 90의 이익을 얻었다고 생각해 보자. 만일 영수가 경기상황이 '호조'가 될 것을 정확히 예측할 수 있었다고 한다면, 분명 채권을 선택해 150을 벌었을 것이다. 하지만 실제로 경기상황을 예측하지 못함으로 인해 150을 벌 수 있는 것을 90만 벌게 되었으므로 150 − 90 = 60의 기회손실비용이 발생했다.

─〈보 기〉─
ㄱ. 만약 영수가 낙관적인 기준에 따른 선택을 한다면 펀드를 선택하게 된다.
ㄴ. 만약 영수가 비관적인 기준에 따른 선택을 한다면 채권을 선택하게 된다.
ㄷ. 만약 영수가 라플라스 기준에 따라 선택을 한다면 부동산을 선택하게 된다.
ㄹ. 만약 영수가 후르비츠 기준에 의한다면 펀드를 선택하게 된다. (후르비츠 계수: 0.7)
ㅁ. 만약 영수가 기회손실비용 기준에 의한다면 주식을 선택하게 된다.

① ㄱ, ㄴ
② ㄱ, ㄷ
③ ㄱ, ㄷ, ㅁ
④ ㄴ, ㄷ, ㄹ
⑤ ㄴ, ㅁ

28 A, B, C, D, E 5명이 서로의 계급에 대해서 다음과 같이 말했는데 이 중에서 1명만 거짓말을 하고 있고, 다른 4명은 진실을 말하고 있다. 이 중 거짓말을 하지 않았다고 확신할 수 있는 사람은?

> A : B는 E보다 계급이 높다.
> B : A는 D보다 계급이 높다.
> C : B는 D보다 계급이 높다.
> D : C는 E보다 계급이 높다.
> E : E는 A보다 계급이 높다.

① A   ② B   ③ C

④ D   ⑤ E

29 다음 글을 근거로 판단할 때, ㉠에 해당하는 값은? (단, 소수점 이하 반올림함)

> 한 남자가 도심 거리에서 강도를 당했다. 그는 그 강도가 흑인이라고 주장했다. 그러나 사건을 담당한 재판부가 당시와 유사한 조건을 갖추고 현장을 재연했을 때, 피해자가 강도의 인종을 정확하게 인식한 비율이 80% 정도밖에 되지 않았다. 강도가 정말로 흑인일 확률은 얼마일까?
>
> 물론 많은 사람들이 그 확률은 80%라고 말할 것이다. 그러나 실제 확률은 이보다 상당히 낮을 수 있다. 인구가 1,000명인 도시를 예로 들어 생각해보자. 이 도시 인구의 90%는 백인이고 10%만이 흑인이다. 또한 강도 짓을 할 가능성은 두 인종 모두 10%로 동일하며, 피해자가 백인을 흑인으로 잘못 보거나 흑인을 백인으로 잘못 볼 가능성은 20%로 똑같다고 가정한다. 이 같은 전제가 주어졌을 때, 실제 흑인강도 10명 가운데 (   )명만 정확히 흑인으로 인식될 수 있으며, 실제 백인강도 90명 중 (   )명은 흑인으로 오인된다. 따라서 흑인으로 인식된 (   )명 가운데 (   )명만이 흑인이므로, 피해자가 범인이 흑인이라는 진술을 했을 때 그가 실제로 흑인에게 강도를 당했을 확률은 겨우 (   )분의 (   ), 즉 약 ㉠%에 불과하다.

① 18

② 21

③ 26

④ 31

⑤ 36

30 다음 〈정보〉를 근거로 판단할 때, 사과 사탕 1개와 딸기 사탕 1개를 함께 먹은 사람과 戊가 먹은 사탕을 옳게 짝지은 것은?

사과 사탕, 포도 사탕, 딸기 사탕이 각각 2개씩 있다. 다섯 명의 사람(甲~戊) 중 한 명이 사과 사탕 1개와 딸기 사탕 1개를 함께 먹고, 다른 네 명이 남은 사탕을 각각 1개씩 먹었다. 이 사실만을 알고 甲~戊는 차례대로 다음과 같이 말했으며, 모두 진실을 말했다.

甲 : 나는 포도 사탕을 먹지 않았어.
乙 : 나는 사과 사탕만을 먹었어.
丙 : 나는 사과 사탕을 먹지 않았어.
丁 : 나는 사탕을 한 종류만 먹었어.
戊 : 너희 말을 다 듣고 아무리 생각해봐도 나는 딸기 사탕을 먹은 사람 두 명 다 알 수는 없어.

---

① 甲, 포도 사탕 1개

② 甲, 딸기 사탕 1개

③ 丙, 포도 사탕 1개

④ 丙, 딸기 사탕 1개

⑤ 戊, 사과 사탕 1개와 딸기 사탕 1개

⏱ 여기까지 45분 내에 풀어야 합니다.

31 ○○공사 관리팀은 A~D 4개의 프로젝트를 진행하는 계획을 수립하고자 한다. 프로젝트에 대한 정보와 아래의 조건을 토대로 할 때, ○○공사 관리팀의 과제 진행에 대한 설명 중 옳지 않은 것은?

〈프로젝트 정보〉

프로젝트명	필요 인원(명)	소요 기간(일)	비고
A	6	7	데이터수집 필요
B	7	8	통계분석 필요
C	4	6	현장조사 필요
D	4	8	데이터수집 필요

※ 1) 관리팀 인원은 총 12명임
2) 현장조사가 필요한 프로젝트의 경우 필요 인원의 2배를 배치할 경우 소요 기간은 1/2로 단축되지만, 2배를 초과하여 배치하더라도 소요 기간이 더 이상 단축되지 않음(2배 미만을 배치할 경우 소요 기간의 단축은 발생하지 않음)

〈조 건〉

1. 모든 프로젝트는 동시에 진행 가능하다. (프로젝트의 진행 순서는 상관하지 않는다.)
2. 모든 팀원은 A~D 프로젝트를 진행할 수 있는 역량을 갖추고 있다.
3. 투입되는 팀원이 누구인지에 따른 프로젝트 소요 기간 변경은 발생하지 않는다.
4. 하나의 프로젝트에 투입된 팀원은 해당 프로젝트가 종료될 때까지 다른 프로젝트에 참여할 수 없다.
   (프로젝트 종료 즉시 다른 프로젝트 투입은 가능하다.)
5. 휴일은 고려하지 않는다.

① 현재 조건에 따라 1일부터 프로젝트를 시작할 경우 15일에 종료된다.

② 인원이 1명 늘어나더라도 모든 프로젝트를 진행하는 데 소요되는 기간은 변하지 않는다.

③ C 프로젝트 필요 인원이 3명, 총 소요 기간이 10일이 될 경우, 총 소요 기간은 1일 증가한다.

④ 인원이 1명 줄어들더라도 모든 프로젝트를 진행하는 데 소요되는 기간은 변하지 않는다.

⑤ 최소 5명의 인원이 늘어나야 소요 기간이 줄어들 수 있다.

32 아래의 〈상황〉과 주어진 정보를 토대로 했을 때, ○○공방이 얻을 수 있는 다음 달 최대 이윤은 얼마인가? (단, 다음 달은 30일이며, ○○공방은 평일에만 근무한다.)

〈상 황〉

　가죽 제품을 제작하는 ○○공방은 현재 3명의 피공이 제품을 제작하고 있다. 피공 한 사람당 하루에 15개의 가죽 제품을 제작할 수 있으며, 인건비를 제외하고 제품 1개당 제작 원가는 12,000원이다. 평소 ○○공방의 가죽 제품을 눈여겨보던 '레더 마켓'이라는 인터넷 쇼핑몰에서는 ○○공방에 가죽 제품을 아래의 표와 같이 가격을 산출하여 납품을 요청했다.

　○○공방은 현재 근무 중인 피공 1명당 350만 원을 인건비로 책정한 상태이고 추가로 고용하는 피공들 또한 동일한 임금을 지불할 예정이다. 이번 달에 고용한 피공은 다음 달에 현재 근무 중인 피공들과 동일한 효율로 업무를 진행할 수 있으며, 다음 달에는 주말과 공휴일이 총 8일이 있는 상황이다. ○○공방은 이윤이 최대가 될 수 있도록 추가로 피공을 고용하여 제품을 제작/납품하는 계획을 세우고 있으며, 이윤은 판매 금액에서 제작 원가와 인건비를 제외한 금액이다.

〈납품 요청 기준 가격〉

납품 수량	1,000개 미만	1,000개 이상 2,000개 미만	2,000개 이상
납품 가격(원/개)	27,000	25,000	23,000

※ 1) 총 납품 수량이 1,000개 미만인 경우 개당 27,000원, 1,001개인 경우 개당 25,000원임
　 2) 최대 납품 수량은 3,000개임

① 1,170,000원

② 2,340,000원

③ 4,350,000원

④ 4,740,000원

⑤ 5,120,000원

──────〈상 황〉──────

동근이는 건강관리를 위해 주 2회 운동을 시작하고자 운동 종류별 편익을 정리하고, 집 주변에서 운동을 할 수 있는 장소의 정보를 아래와 같이 정리했다.

〈운동 종류별 편익〉

구분	PT	EMS	개인 운동	조깅	테니스
운동 효과	A	B	C	E	D
소요 시간	1시간	20분	2시간	1시간 30분	30분
자율성	C	D	B	A	E
예상 비용	B	A	D	E	C

○ 각 항목의 편익은 5점을 만점으로 한다.
   – 운동 효과: 운동 효과가 큰 순서로 5점, 4점, 3점, 2점, 1점을 차등으로 부여한다.
     • 운동 효과는 A > B > C > D > E 순서이다.
   – 소요 시간: 소요 시간이 짧은 순서로 5점, 4점, 3점, 2점, 1점을 차등으로 부여한다.
   – 자율성: 자율성이 높은 순서로 5점, 4점, 3점, 2점, 1점을 차등으로 부여한다.
     • 자율성은 A > B > C > D > E 순서이다.
   – 예상 비용: 예상 비용은 낮은 순서로 5점, 4점, 3점, 2점, 1점을 차등으로 부여한다.
     • 예상 비용은 A > B > C > D > E 순서이다.

〈집 주변 운동 가능 장소 정보〉

구분		집과의 거리(km)	기본 비용(원/회)	비고
트레이닝센터	갑	2.9	5,000	–
	을	3.7	7,000	PT, EMS 레슨비 10% 할인
	병	2.8	10,000	운동복 제공
근린체육시설	정	0.7	4,000	주차비 별도(2,000원/시간)
	무	1.2	3,500	
	기	3.2	3,000	주차비 별도(3,000원/시간)

○ PT/EMS/개인 운동은 트레이닝센터에서, 조깅/테니스는 근린체육시설에서 진행이 가능하다.
○ PT/EMS는 기본 비용 외 PT는 50,000원/시간, EMS는 50,000원/20분의 레슨 비용이 추가로 발생한다.
○ 테니스 진행 시 근린체육시설 코트 대여 비용 외 회당 50,000원의 레슨 비용이 추가로 발생한다.
○ 조깅만 하는 경우 근린체육시설 이용하는 데 별도의 비용은 발생하지 않는다.
○ 근린체육시설 주차 비용은 1시간 단위로 계산한다.

33 동근이는 항목별 편익의 총합이 가장 높은 운동을 선택하여 진행하고자 한다. 동근이가 선택하기에 가장 적절한 운동은? (단, 편익의 총합이 동일한 경우 운동 효과 > 소요 시간 > 자율성 > 예상 비용 순으로 점수가 높은 운동을 선택한다.)

① PT   ② EMS   ③ 개인 운동
④ 조깅   ⑤ 테니스

34 동근이는 선택한 운동을 진행하기 위해 금액을 산출하고자 한다. 아래의 〈기준〉에 따라 운동 장소를 선정한다고 할 때, 동근이가 1달 동안 운동을 하기 위해 지출하는 비용은 총 얼마인가? (단, 1달은 4주로 계산한다.)

〈기 준〉

○ 각 운동시설 구분별 집과의 거리가 가장 가까운 곳부터 5점, 4점, 3점을 부여한다.
○ 각 운동시설 구분별 기본 비용이 가장 저렴한 곳부터 5점, 4점, 3점을 부여한다.
○ 집과의 거리 점수에 55%의 가중치를, 기본 비용 점수에 45%의 가중치를 두어 합산한 점수를 최종 점수로 한다.
○ 할인, 운동복 제공 등 편의에 대한 혜택이 있는 경우 최종 점수에 1점을 가점하고, 별도 비용이 지출되는 경우 최종 점수에서 1점을 감점한다. (가점/감점을 포함한 최종 점수는 5점을 초과할 수 있다.)

※ 운동시설 구분: 트레이닝센터와 근린체육시설로 구분함

① 32,000원

② 48,000원

③ 416,000원

④ 440,000원

⑤ 480,000원

35 계획대로 운동을 시작한 동근이는 건강을 위한 목적 외에 개인 취미로 테니스와 조깅을 주 1회 같은 날에 동일한 장소에서 하기로 했다. 위의 문제에서 제시한 기준과 같은 기준으로 운동 장소를 선정한다고 할 때, 동근이가 테니스와 조깅을 위해 1달 동안 지출하는 비용은 총 얼마인가? (단, 1달은 4주로 계산한다.)

① 184,000원

② 194,000원

③ 204,000원

④ 214,000원

⑤ 224,000원

[36-37] ○○공사는 디지털 전환을 위한 신규 플랫폼을 구축하기 위해 용역사업 업체를 선정하고자 한다. 〈용역사업 업체 선정 기준〉과 〈업체별 평가 점수〉를 토대로 각 물음에 답하시오.

〈용역사업 업체 선정 기준〉
1. 기술 평가 점수가 만점의 80% 이하인 업체는 용역사업 업체로 선정하지 아니한다.
2. 신뢰도 평가 점수가 만점의 80% 이하인 업체는 용역사업 업체로 선정하지 아니한다.
3. 주어진 조건에 따라 산출한 최종 점수가 가장 높은 업체를 우선협상 대상업체로 선정한다.

〈업체별 평가 점수〉

업체명	기술 평가 점수	신뢰도 평가 점수	입찰 가격(원)
A	36	36	14억
B	37	32	12억 8천만
C	38	37	15억 2천만
D	32	35	12억
E	36	37	14억 1천만

○ 지원 업체는 A~E 5개 업체 외에는 없다.
○ 신규 플랫폼 구축 사업의 기준 가격: 12억 8천만 원
○ 기술 평가 점수 40점, 신뢰도 평가 점수 40점, 가격 점수 20점을 만점으로 평가하며, 가격 점수는 아래를 기준으로 산출한다.
　– 입찰 가격이 기준 가격 이하인 경우: 만점
　– 입찰 가격이 기준 가격을 초과하면서 기준 가격의 110%는 초과하지 않는 경우: 16점
　– 입찰 가격이 기준 가격의 110%는 초과하지만 120%는 초과하지 않는 경우: 12점
　– 입찰 가격이 기준 가격의 120%를 초과하는 경우 8점
　– 입찰 가격이 기준 가격 미만인 경우 만점에 4점의 추가 가산점을 부여함
○ 최종 점수는 기술 평가 점수, 신뢰도 평가 점수, 가격 점수의 합으로 산출
　– 최종 점수가 동일한 경우 기술 평가 점수 > 신뢰도 평가 점수 > 가격 점수 순으로 우선순위를 고려하여 최종 우선협상 대상업체를 선정함

36 다음 중 ○○공사가 우선협상 대상자로 선정하기에 적합한 업체는?

① A 업체　　　　　　② B 업체　　　　　　③ C 업체
④ D 업체　　　　　　⑤ E 업체

37 ○○공사가 기술 평가 점수는 반드시 40점을 만족해야 한다는 조건을 추가하여 모든 업체는 기술 평가 점수 향상을 위해 기술개발에 투자한 후 다시 한번 입찰을 진행했다. 기술개발에 투자된 금액은 모두 입찰 가격에 반영되었다고 할 때, ○○공사가 우선협상 대상자로 선정하기에 적합한 업체는? (기술 평가 점수 1점 향상을 위한 투자 금액은 2,000만 원이며, 기준 가격은 변하지 않았다.)

① A 업체　　　　　　② B 업체　　　　　　③ C 업체
④ D 업체　　　　　　⑤ E 업체

38 물적자원관리를 할 때 선입선출 방식을 원칙으로 하는 ○○업체는 상반기 매출원가를 산출하고 있다. 아래의 정보를 토대로 했을 때, ○○업체의 상반기 매출원가는 얼마인가?

○○업체는 20X2년 7월 상반기 결산작업을 진행 중이다. 20X1년 12월 31일 기존의 모든 재고를 다 정리한 ○○업체는 항상 매월 첫 번째 평일에 상품의 매입을 진행한다. 아래의 결산표는 20X2년 1월부터 입고된 모든 상품과 해당 월에 판매된 상품의 수량, 그리고 해당 시점에서의 매입 금액, 해당 월의 상품 판매 금액을 나타낸 자료이다.

〈상반기 결산표〉

구분	매입			매출		
	수량(개)	가격(원)	총 금액(원)	수량(개)	가격(원)	총 금액(원)
1월	120	1,680	201,600	90	2,020	181,800
2월	90	1,870	168,300	75	2,060	154,500
3월	140	1,430	200,200	140	1,580	221,200
4월	80	1,750	140,000	125	1,925	240,625
5월	110	1,690	185,900	80	1,860	148,800
6월	100	1,570	157,000	90	1,730	155,700
총계	640	–	1,053,000	600	–	1,102,625

※ 1) 가격은 개당 가격이며, 총 금액은 수량 × 가격으로 산출함
  2) 매출원가=해당 기간 동안 판매된 상품의 총 매입 금액

① 896,000원   ② 958,800원   ③ 990,200원

④ 1,053,000원   ⑤ 1,102,625원

[39-40] 다음 자료를 보고 각 물음에 답하시오.

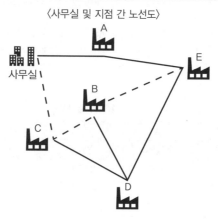

〈사무실 및 지점 간 노선도〉

- - - - : 일반도로
———— : 고속도로

※ 일반도로의 제한 속도는 50km/h, 고속도로의 제한 속도는 100km/h임

〈사무실 및 지점 간 거리〉

구분	사무실	A	B	C	D	E
사무실	–	23		26		
A	23	–				31
B			–	17	25	28
C	26		17	–	30	
D			25	30	–	42
E		31	28		42	–

※ 모든 거리의 단위는 km임

〈지점에서 임동근 과장 집까지의 거리〉

구분	A	B	C	D	E
거리	12	20	32	70	59
도로 구분	일반도로	일반도로	일반도로	고속도로	고속도로

※ 지점에서 집까지 이동 경로에서 도로 구분은 바뀌지 않는다고 가정함

39 ○○기업 환경안전그룹에 근무 중인 임동근 과장은 사무실에서 출발하여 A~E 5개 생산 공장을 모두 점검하고 사무실로 돌아오지 않고 집으로 퇴근하는 업무를 수행하려고 한다. 최단 거리로 이동한다고 할 때, 임동근 과장이 업무 수행을 위해 이동한 총 거리는 얼마인가? (단, 한 번 지나간 지사는 다시 지나지 않는다.)

① 152km

② 153km

③ 163km

④ 170km

⑤ 199km

40 임동근 과장은 앞의 문제에서 계획한대로 모든 생산 공장을 점검하기 위해 오전 09시 사무실에서 출발했다. 각 생산 공장 점검에는 1시간이 소요되었고, 2번째 생산 공장 점검 후 점심식사를 위해 1시간을 사용했다고 할 때, 임동근 과장이 집에 도착한 시간은 언제인가? (단, 평균 이동 속도는 도로별 제한 속도와 동일했으며, 이동과 점검 그리고 점심식사를 제외한 소요 시간은 없었다.)

① 17시 03분 36초

② 17시 07분 48초

③ 17시 10분 48초

④ 17시 11분 24초

⑤ 17시 16분 24초

🕐 여기까지 62분 내에 풀어야 합니다.

41 아래의 내용을 토대로 ○○회사에서 A~E까지 모든 물건을 1개씩 제작하는 데 소요되는 시간이 최소가 될 수 있는 제작 순서로 올바른 것을 고르면?

○○회사의 제품 중 A~E는 모두 원재료 가공공정을 통해 원재료를 가공하고, 성형 공정을 통해 기본적인 틀을 잡고 이후 마감 공정을 통해 세부적인 모양을 다듬는 순서로 제작되는 제품이다. ☆☆대학교에서 이번에 신입생들에게 나누어 줄 기념품 제작을 위해 A~E 제품을 각각 1개씩 Sample을 제작해 줄 것을 요청해서 최대한 빠른 시간 안에 Sample을 제작해서 제공해야 하는 상황이다.

○ ○○회사는 원재료 가공 기계 1대, 성형 기계 1대, 마감 기계 1대를 보유하고 있다.
○ 각각의 기계는 한 번에 한 가지 제품에 대한 작업밖에 진행할 수 없다.
○ 모든 제품은 원재료 가공 공정, 성형 공정, 마감 공정을 각 1회씩 거쳐야 한다.

〈제품별 공정시간〉

(단위: 시간)

구분	원재료 가공	성형	마감
A	7	2	6
B	9	4	7
C	6	3	10
D	10	5	8
E	8	6	9

① A – D – E – B – C
② C – E – D – B – A
③ A – C – D – E – B
④ C – A – E – D – B
⑤ C – B – E – D – A

42 ○○물류회사에서 근무 중인 귀하는 물류 운송을 위한 계획 수립 업무를 담당하고 있다. 귀하는 9시간 이내에 'A' 지점에서 'H' 지점까지 물건을 운송한 뒤 'H' 지점에서 새로운 물건을 수령하여 'F' 지점까지 운송을 하는 업무의 계획을 수립하고자 한다. 아래 주어진 노선 정보와 노선도를 토대로 비용이 가장 저렴한 방법으로 운송할 수 있는 계획을 수립하고자 할 때 필요한 총 경비는 얼마인가? (단, 철도를 통한 이동 시간 외에 물건 수령 및 전달에 따른 시간 손실은 없다고 가정한다.)

〈철도 정차역 정보〉

열차 구분	정차역
일반	A, B, C, D, E, F, G, H
급행	A, C, D, F, H
쾌속	A, D, F, H
특급	A, D, H

○ 일반, 급행, 쾌속, 특급 열차는 정차역만 차이가 있을 뿐 동일한 노선을 운행한다.
○ 정차역은 알파벳 순서대로 연결되어 있으며, 다음 역까지의 거리는 50km로 동일하다.
○ 모든 열차는 최초 출발역을 제외한 정차역에 도착하면 승차/하차를 위해 10분간 정차한다.

〈열차 정보〉

구분	평균 속도(km/h)	연료 정보	연비
일반열차	50	중유	2km/L
급행열차	70	벙커C유	4km/L
쾌속열차	100	디젤	7km/L
특급열차	120	전기	10km/kW

※ 유류비 공급 가격은 중유: 1,000원/L, 벙커C유: 1,200원/L, 디젤: 1,400원/L이고, 전기 연료 사용 시 1,600원/kW의 가격을 지불함

① 54,000원
② 68,000원
③ 76,000원
④ 87,000원
⑤ 94,000원

43 다음 글을 근거로 판단할 때, 〈사례〉에서 발생한 슬기의 손익은?

> ○ 甲 은행이 A 가격(원/달러)에 달러를 사고 싶다는 의사표시를 하고, 乙 은행이 B 가격(원/달러)에 달러를 팔고 싶다고 의사표시를 하면, 중개인은 달러 고시 가격을 A/B로 고시한다.
> ○ 만약 달러를 즉시 사거나 팔려면 그것을 팔거나 사려는 측이 제시하는 가격을 받아들일 수밖에 없다.
> ○ 환전수수료 등의 금융거래비용은 없다.
>
> 〈사 례〉
>
> ○ 현재 달러 고시 가격은 1204.00/1204.10이다. 슬기는 달러를 당장 사고 싶었고, 100달러를 바로 샀다.
> ○ 1시간 후 달러 고시 가격은 1205.10/1205.20으로 움직였다. 슬기는 달러를 당장 팔고 싶었고, 즉시 100달러를 팔았다.

① 100원 이익

② 120원 이익

③ 200원 이익

④ 100원 손실

⑤ 200원 손실

44 다음 〈표〉와 〈평가 기준〉을 근거로 판단할 때 관광지 비대면 지수의 총점이 가장 높은 관광지로 옳은 것은?

〈표〉 관광지 정보

평가항목 관광지명	방문객 혼잡도 지수	교통 트래픽량 지수	소셜 관심도 지수	코로나 확진자 지수
엔젤 아일랜드	1,290	201	42	0
하이드로시티	3,459	364	88	36
마블 가든	23,452	264	7	9
머쉬룸 힐	288	10	240	1
샌도폴리스	8,362	319	78	5

─〈평가기준〉─

○ 평가항목 중 방문객 혼잡도 지수, 교통 트래픽량 지수, 소셜 관심도 지수, 코로나 확진자 지수에 대해 각 항목별 지수의 값이 낮은 순으로 5, 4, 3, 2, 1점을 각각의 관광지에 부여한다.

방문객 혼잡도 지수	교통 트래픽량 지수	소셜 관심도 지수	코로나 확진자 지수
0.147	0.353	0.302	0.198

○ 평가항목의 가중치는 다음과 같다.
○ 관광지 비대면 지수의 총점은 4가지 평가항목에서 부여받은 각각의 점수에 가중치를 곱한 지수를 모두 더하여 산출한다.

① 엔젤 아일랜드
② 하이드로시티
③ 마블 가든
④ 머쉬룸 힐
⑤ 샌도폴리스

45 A 부처에서 갑, 을, 병, 정 4명의 직원으로부터 국외연수 신청을 받아 선발 가능성이 가장 높은 한 명을 추천하려는 가운데, 정부가 선발 기준 개정안을 내놓았다. 현행 기준과 개정안 기준을 적용할 때, 각각 선발 가능성이 가장 높은 사람은?

〈선발 기준안 비교〉

구분	현행	개정안
외국어 성적	30점	50점
근무 경력	40점	20점
근무 성적	20점	10점
포상	10점	20점
계	100점	100점

※ 근무 경력은 15년 이상이 만점 대비 100%, 10년 이상 15년 미만 70%, 10년 미만 50%이다.
　다만 근무 경력이 최소 5년 이상인 자만 선발 자격이 있다.
※ 포상은 3회 이상이 만점 대비 100%, 1~2회 50%, 0회 0%이다.

〈A 부처의 국외연수 신청자 현황〉

구분	갑	을	병	정
근무 경력	30년	20년	10년	3년
포상	2회	4회	0회	5회

※ 외국어 성적은 갑과 을이 만점 대비 50%이고, 병이 80%, 정이 100%이다.
※ 근무 성적은 을만 만점이고, 갑, 병, 정 셋은 서로 동점이라는 사실만 알려져 있다.

	현행	개정안
①	갑	을
②	갑	병
③	을	갑
④	을	을
⑤	을	정

⏱ 여기까지 70분 내에 풀어야 합니다.

약점 보완 해설집 p.31

변별력을 가르는 고난도 문제!

최근 NCS 문제해결능력·자원관리능력 문제의 난이도가 점점 높아지고 있으므로 고난도 문제에 대한 대비가 필요합니다. 고난도 문제를 집중적으로 풀이하면서 난이도가 높은 문제들의 정확한 풀이법을 익힌다면 실전에서도 고득점을 달성할 수 있을 것입니다.

기출 : 22 민경채 PSAT   난이도 : ★☆☆☆☆

01 다음 글의 내용이 참일 때, 반드시 참인 것만을 〈보기〉에서 모두 고르면?

> 신입사원을 대상으로 민원, 홍보, 인사, 기획 업무에 대한 선호를 조사하였다. 조사 결과 민원 업무를 선호하는 신입사원은 모두 홍보 업무를 선호하였지만, 그 역은 성립하지 않았다. 모든 업무 중 인사 업무만을 선호하는 신입사원은 있었지만, 민원 업무와 인사 업무를 모두 선호하는 신입사원은 없었다. 그리고 넷 중 세 개 이상의 업무를 선호하는 신입사원도 없었다. 신입사원 갑이 선호하는 업무에는 기획 업무가 포함되어 있었으며, 신입사원 을이 선호하는 업무에는 민원 업무가 포함되어 있었다.

〈보 기〉
ㄱ. 어떤 업무는 갑도 을도 선호하지 않는다.
ㄴ. 적어도 두 명 이상의 신입사원이 홍보 업무를 선호한다.
ㄷ. 조사 대상이 된 업무 중에, 어떤 신입사원도 선호하지 않는 업무는 없다.

① ㄱ
② ㄷ
③ ㄱ, ㄴ
④ ㄴ, ㄷ
⑤ ㄱ, ㄴ, ㄷ

02 다음 〈재난관리 평가지침〉과 〈상황〉을 근거로 판단할 때 옳은 것은?

〈재난관리 평가지침〉

1. 순위산정 기준
   ○ 최종순위 결정
     - 정량평가 점수(80점)와 정성평가 점수(20점)의 합으로 계산된 최종점수가 높은 순서대로 순위 결정
   ○ 동점 기관 처리
     - 최종점수가 동점일 경우에는 정성평가 점수가 높은 순서대로 순위 결정

2. 정성평가 기준
   ○ 지자체 및 민간분야와의 재난 안전 분야 협력(10점 만점)

평가	상	중	하
선정 비율	20%	60%	20%
배점	10점	6점	3점

   ○ 재난관리에 대한 종합평가(10점 만점)

평가	상	중	하
선정 비율	20%	60%	20%
배점	10점	5점	1점

〈상 황〉

일부 훼손된 평가표는 아래와 같다. (단, 평가대상 기관은 5개이다.)

기관 \ 평가	정량평가 (80점 만점)	정성평가 (20점 만점)
A	71	20
B	80	11
C	69	11
D	74	
E	66	

① A 기관이 2위일 수도 있다.

② B 기관이 3위일 수도 있다.

③ C 기관이 4위일 가능성은 없다.

④ D 기관이 3위일 가능성은 없다.

⑤ E 기관은 어떤 경우에도 5위일 것이다.

03 다음 글의 내용이 참일 때, 반드시 참인 것만을 〈보기〉에서 모두 고르면?

> 인접한 지방자치단체인 ○○군을 △△시에 통합하는 안건은 △△시의 5개 구인 A, B, C, D, E 중 3개 구 이상의 찬성으로 승인된다. 안건에 관한 입장은 찬성하거나 찬성하지 않거나 둘 중 하나이다. 각 구의 입장은 다음과 같다.
> ○ A가 찬성한다면 B와 C도 찬성한다.
> ○ C는 찬성하지 않는다.
> ○ D가 찬성한다면 A와 E 중 한 개 이상의 구는 찬성한다.

〈보 기〉

ㄱ. B가 찬성하지 않는다면, 안건은 승인되지 않는다.
ㄴ. B가 찬성하는 경우 E도 찬성한다면, 안건은 승인된다.
ㄷ. E가 찬성하지 않는다면, D도 찬성하지 않는다.

① ㄱ   ② ㄴ   ③ ㄱ, ㄷ
④ ㄴ, ㄷ   ⑤ ㄱ, ㄴ, ㄷ

04 어느 운송 회사는 이 회사의 차량에 무선 통신망을 설비하고 아래 그림에 있는 여덟 개의 지사에서 관리하게 하려고 한다. 지형적인 조건과 송신기의 출력을 고려하여 통신에 간섭이 일어나지 않도록 거리가 25km 이하인 지사끼리는 서로 다른 주파수를 사용해야 한다면 이 운송회사가 확보해야 할 주파수는 최소 몇 개인가?

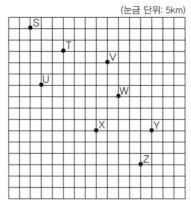

(눈금 단위: 5km)

① 2개   ② 3개   ③ 4개
④ 5개   ⑤ 6개

05 다음 글을 근거로 판단할 때, 〈보기〉에서 옳은 것만을 모두 고르면?

1부터 5까지 숫자가 하나씩 적힌 5장의 카드와 3개의 구역이 있는 다트판이 있다. 甲과 乙은 다음 방법에 따라 점수를 얻는 게임을 하기로 했다.

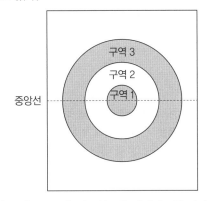

○ 우선 5장의 카드 중 1장을 임의로 뽑고, 그 후 다트를 1차 시기와 2차 시기에 각 1번씩 총 2번 던진다.
○ 뽑힌 카드에 적혀 있는 숫자가 '카드 점수'가 되며 점수를 얻는 방법은 다음과 같다.

　〈1차 시기 점수 산정 방법〉
　－ 다트가 구역 1에 꽂힐 경우: 카드 점수×3
　－ 다트가 구역 2에 꽂힐 경우: 카드 점수×2
　－ 다트가 구역 3에 꽂힐 경우: 카드 점수×1
　－ 다트가 그 외 영역에 꽂힐 경우: 카드 점수×0

　〈2차 시기 점수 산정 방법〉
　－ 다트가 다트판의 중앙선 위쪽에 꽂힐 경우: 2점
　－ 다트가 다트판의 중앙선 아래쪽에 꽂힐 경우: 0점

　〈최종점수 산정 방법〉
　－ 최종점수: 1차 시기 점수 + 2차 시기 점수

※ 다트판의 선에 꽂히는 경우 등 그 외 조건은 고려하지 않음.

〈보 기〉
ㄱ. 甲이 짝수가 적힌 카드를 뽑았다면, 최종점수는 홀수가 될 수 없다.
ㄴ. 甲이 숫자 2가 적힌 카드를 뽑았다면, 가능한 최종점수는 8가지이다.
ㄷ. 甲이 숫자 4가 적힌 카드를, 乙이 숫자 2가 적힌 카드를 뽑았다면, 가능한 甲의 최종점수 최댓값과 乙의 최종점수 최솟값의 차이는 14점이다.

① ㄱ
② ㄷ
③ ㄱ, ㄴ
④ ㄱ, ㄷ
⑤ ㄴ, ㄷ

[06-07] 어느 시에서 시립공원, 시립도서관, 시민문화센터 건설 사업을 시행하기 위하여 시민들의 선호체계를 조사했다. 시민의 선호는 A, B, C 세 그룹으로 분류되며, 각 사업 시행에 따른 그룹의 순이득·순손실은 다음과 같을 때 각 물음에 답하시오.

	A 그룹	B 그룹	C 그룹
시립공원	+300	−50	−100
시립도서관	−70	+200	−30
시민문화센터	−50	−20	+150

난이도 : ★★★☆☆

06 각 그룹에서 대표자를 뽑아 위의 세 사업에 대해 각각 찬반투표를 시행하여 과반수의 찬성을 얻은 경우 채택하고자 한다. 이때, 채택되는 사업과 그때의 시민 전체의 이득으로 바르게 연결된 것은? (단, 대표들은 자신에게 돌아오는 순이득이 0보다 클 때만 찬성표를 던진다.)

① 시립공원, +150

② 시립도서관, +100

③ 시립공원과 시민문화센터, +230

④ 모두 채택, +330

⑤ 세 사업 모두 채택되지 않는다, 0

난이도 : ★★★☆☆

07 각 그룹의 대표 간에 투표거래(Logrolling)가 자유롭게 행해질 수 있다면 각 그룹의 시민은 자신의 순이득을 극대화할 수 있는 다른 그룹과 거래하고자 할 것이다. 이렇게 각각이 투표거래를 한 후에 다수결 투표를 한다면, 채택되는 사업과 투표거래가 이루어지는 그룹을 바르게 연결한 것은? (단, 투표 거래는 2개의 그룹 간에만 일어나며, 대표들은 모든 투표거래의 가능성을 고려하여 자신에게 최대한 유리한 결정을 한다.)

① 시립공원, 투표거래는 없다.

② 시립공원과 시립도서관, A 그룹과 B 그룹

③ 시립공원과 시민문화센터, A 그룹과 C 그룹

④ 시립도서관과 시민문화센터, B 그룹과 C 그룹

⑤ 세 사업 모두 채택, 투표거래는 없다.

08 다음 제시문의 내용과 부합하는 것은?

> 천지는 사사로움이 없고, 귀신은 은밀히 움직이므로 복(福)·선(善)·화(禍)·음(淫)은 오로지 공정할 뿐이다. 사람 중에 악한 자가 있어 거짓으로 섬겨서 복을 구한다면, 그것으로 복되다고 할 수 있겠는가? 사람 중에 선한 자가 있어서 사설(邪說)에 미혹되지 않고 거짓으로 제사를 지내는 것이 아니라면, 그것이 화가 될 수 있겠는가? 일찍이 말하기를 천지귀신에게 음식으로써 아첨한다고, 사람에게 화복을 내리겠는가? 만세에 이런 이치는 없다. 사(士)와 서인(庶人)이 산천에 제사를 지내는 것은 예(禮)가 아니고, 예(禮)에 해당되지 않는 제사를 지내는 것은 곧 음사(淫祀)다. 음사로써 복을 얻은 자를 나는 아직 보지 못하였다. 너의 사람들은 귀신을 아주 좋아하여 산택천수(山澤川藪)에 모두 신사(神祠)를 만들었다. 광양당(廣陽堂)에서는 아침저녁을 공경히 제사를 지내어 지극하지 않은 바가 없으며, 그것으로 바다를 건널 때에는 마땅히 표류하여 침몰하는 우환이 없도록 한다. 그러나 오늘 어떤 배가 표류하고 내일 어떤 배가 침몰하여, 표류하고 침몰하는 배가 서로 끊이지 않으니. 이것으로 과연 신(神)에게 영험함이 있다고 하겠는가? 제사로 복을 받을 수 있다고 하겠는가? 이 배의 표류는 오로지 행장(行裝)이 뒤바뀐 것과 바람을 기다리지 않았기 때문이다. 하늘에 제사하는 것은 제후(諸侯)의 일이고 사(士), 서인(庶人)은 다만 조상에게만 제사할 뿐이다. 조금이라도 그 분수를 넘으면 예가 아니다. 예가 아닌 제사는 사람이 아첨하는 것이므로 신(神)도 이를 받아들이지 않는다.

① 제후와 사(士)는 제사를 지낼 수 있는 대상이 다르다.
② 사(士)는 천지귀신에게 제사를 지내 복을 받을 수 있다.
③ 하늘과 산천에 제사를 지낼 수 있는 자격은 제후와 사(士)의 신분이라야 한다.
④ 사(士)와 서인이 산천에 예를 갖추어 제사를 지내는 것은 음사(淫祀)에 해당하지 않는다.
⑤ 사(士) 또는 서인이 영험 있는 신사에게 제사를 지내면 배가 표류하거나 침몰하는 것을 막을 수 있다.

09 다음 글을 근거로 판단할 때, 재생된 곡의 순서로 옳은 것은?

○ 찬우는 A, B, C, D 4개의 곡으로 구성된 앨범을 감상하고 있다. A는 1분 10초, B는 1분 20초, C는 1분 00초, D는 2분 10초간 재생되며, 각각의 곡 첫 30초는 전주 부분이다.

○ 재생 순서는 처음에 설정하여 이후 변경되지 않으며, 찬우는 자신의 선호에 따라 곡당 1회씩 포함하여 설정했다.

○ 한 곡의 재생이 끝나면 시차 없이 다음 곡이 자동으로 재생된다.

○ 마지막 곡 재생이 끝나고 나면 첫 곡부터 다시 재생된다.

○ 모든 곡은 처음부터 끝까지 건너뛰지 않고 재생된다.

○ 찬우는 13시 20분 00초부터 첫 곡을 듣기 시작했다.

○ 13시 23분 00초에 C가 재생되고 있었다.

○ A를 듣고 있던 어느 한 시점부터 3분 00초가 되는 때에는 C가 재생되고 있었다.

○ 13시 45분 00초에 어떤 곡의 전주 부분이 재생되고 있었다.

---

① A – B – C – D

② B – A – C – D

③ C – A – D – B

④ D – C – A – B

⑤ D – C – B – A

10 다음 제시문을 근거로 판단할 때 〈보기〉에서 옳은 것을 모두 고른 것은?

> 체약국이 아닌 국가가 다자조약(多者條約)에 가입을 희망하면서 다자조약의 일부 규정에 대해 행한 유보선언에 대하여 모든 당사국이 전원 일치로 반대한 경우, 그 국가는 가입국이 되지 못한다. 다만 체약국 중 한 국가라도 유보에 동의하면, 유보에 동의한 국가(유보동의국)와 유보를 희망하는 국가(유보국) 사이에서 유보 내용이 조약에 반영된다.
>
> 반면 체약국 중 어떤 국가가 유보에 반대하면 유보를 반대한 국가(유보반대국)와 유보국 사이에서 조약은 일단 유보 없이 발효된다. 다만 이러한 유보반대국이 조약의 발효에도 명시적으로 반대하면, 유보국은 그 유보반대국과의 관계에서 당해 다자조약의 당사국이 되지 않는다.
>
> A 국, B 국, C 국이 체약국인 다자조약에 D 국이 새로 가입하면서 제7조를 자국에 적용하지 않는다고 유보하였다. D 국의 유보에 대하여 A 국은 동의하였고, B 국은 유보만 반대하였고, C 국은 유보를 반대하면서 동시에 조약의 발효에도 명시적으로 반대하였다.

※ 조약의 유보란 조약의 서명 · 비준 · 수락 · 승인 · 가입 시에 특정 규정의 법적 효과를 배제하거나 변경하여 자국에 적용하려는 의사표시를 말함.

─〈보 기〉─

ㄱ. D 국과 B 국, D 국과 C 국 간에는 조약이 적용된다.
ㄴ. D 국과 A 국 간에는 제7조가 적용되지 않는다.
ㄷ. A 국과 C 국 간에는 제7조가 적용되지 않는다.
ㄹ. D 국과 A 국 간에는 제7조가 적용되고, D 국과 B 국 간에는 조약이 적용되지 않는다.
ㅁ. B 국과 C 국 간에는 제7조가 적용되지 않는다.

① ㄱ
② ㄴ
③ ㄴ, ㄷ
④ ㄷ, ㄹ
⑤ ㄹ, ㅁ

11 다음 글과 〈대화〉를 근거로 판단할 때 대장 두더지는?

> 甲은 튀어나온 두더지를 뿅망치로 때리는 '두더지 게임'을 했다.
> ○ 두더지는 총 5마리(A~E)이며, 이 중 1마리는 대장 두더지이고 나머지 4마리는 부하 두더지이다.
> ○ 대장 두더지를 맞혔을 때는 2점, 부하 두더지를 맞혔을 때는 1점을 획득한다.
> ○ 두더지 게임 결과, 甲은 총 14점을 획득했다.
> ○ 두더지 게임이 끝난 후 두더지들은 아래와 같은 〈대화〉를 했다.

───〈대 화〉───

두더지 A: 나는 맞은 두더지 중에 가장 적게 맞았고, 맞은 횟수는 짝수야.
두더지 B: 나는 두더지 C와 똑같은 횟수로 맞았어.
두더지 C: 나와 두더지 A, 두더지 D가 맞은 횟수를 모두 더하면 모든 두더지가 맞은 횟수의 3/4이야.
두더지 D: 우리 중에 한 번도 맞지 않은 두더지가 1마리 있지만 나는 아니야.
두더지 E: 우리가 맞은 횟수를 모두 더하면 12번이야.

① 두더지 A
② 두더지 B
③ 두더지 C
④ 두더지 D
⑤ 두더지 E

12 다음 글을 읽고 옳지 않은 것을 고르면?

> 철수와 영희는 가위, 바위, 보를 통한 100계단 먼저 오르기 게임을 하고 있다. 가위, 바위, 보를 해서 이긴 사람은 가위로 이기면 1계단, 바위로 이기면 3계단, 보로 이기면 5계단을 올라갈 수 있다. 진 사람은 그 자리에 머물러 있기로 한다.

① 영희가 가위, 바위, 보를 낼 확률이 동일하다면 철수의 입장에서는 보를 내는 것이 바위를 내는 것보다 게임의 승리에 유리하다.

② 영희가 가위, 바위, 보를 낼 확률이 각각 1/4, 1/4, 2/4이라면 철수의 입장에서는 보를 내는 것이 바위를 내는 것보다 게임의 승리에 불리하다.

③ 영희가 가위, 바위, 보를 낼 확률이 각각 1/6, 2/6, 3/6이라면 철수의 입장에서는 바위를 내는 것이 보를 내는 것보다 게임의 승리에 불리하다.

④ 영희가 가위, 바위, 보를 낼 확률이 각각 1/6, 2/6, 3/6이라면 철수의 입장에서는 보를 내는 것이 가위를 내는 것보다 게임의 승리에 유리하다.

⑤ 영희가 가위, 바위, 보를 낼 확률이 각각 3/6, 2/6, 1/6이라면 철수의 입장에서는 가위를 내는 것이 바위를 내는 것보다 게임의 승리에 불리하다.

[13-14] 서울에서 근무하고 있는 김씨는 4월 11일에 암스테르담 지사로 출장을 가야 한다. 현재 서울은 4월 10일 오후 3시이며 다음 내용은 4월 11일에 암스테르담으로 갈 수 있는 비행기편에 대한 정보일 때 각 물음에 답하시오.

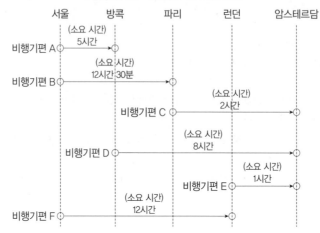

〈4월 11일 암스테르담행 비행기편 정보〉

〈현재 도시별 시각〉

서울	방콕	파리	런던	암스테르담
4월 10일 오후 3시	4월 10일 오후 1시	4월 10일 오전 7시	4월 10일 오전 6시	4월 10일 오전 7시

4월 11일 모든 비행기는 연착 없이 아래와 같이 운행되었으며, 타고 온 비행기의 도착 시각과 타야 하는 비행기의 출발 시각 사이에 30분의 여유만 있으면 비행기 환승이 가능하다.

〈비행기편 A〉 - 비용 52만 원
　서울 출발 시각: AM 06:00, AM 09:00, AM 11:00, PM 03:00

〈비행기편 B〉 - 비용 102만 원
　서울 출발 시각: AM 08:00, PM 02:00

〈비행기편 C〉 - 비용 12만 원
　파리 출발 시각: AM 06:00부터 PM 10:00까지 매 두 시간 간격으로 출발
　(AM 06:00, AM 08:00, ……, PM 08:00, PM 10:00)

〈비행기편 D〉 - 비용 58만 원
　방콕 출발 시각: AM 09:00, PM 01:00, PM 09:00

〈비행기편 E〉 - 비용 9만 원
　런던 출발 시각: AM 07:00부터 PM 11:00까지 매 두 시간 간격으로 출발
　(AM 07:00, AM 09:00, ……, PM 09:00, PM 11:00)

〈비행기편 F〉 - 비용 98만 원
　서울 출발 시각: AM 07:00, PM 01:00

13 다음 중 주어진 자료를 통해 추론한 것으로 옳지 <u>않은</u> 것은? (단, 모든 비행기는 출발 시각은 출발 도시에서의 시각이며, 도착 시각은 도착 도시에서의 시각이다.)

① 4월 11일 오전 9시에 서울에서 출발하는 비행기편 A를 이용한다면, 방콕에서 오후 1시에 출발하는 비행기편 D를 탈 수 있다.

② 4월 11일 오전 8시에 서울에서 출발하는 비행기편 B를 이용한다면, 파리에서 낮 12시에 출발하는 비행기편 C를 탈 수 없다.

③ 4월 11일 오전 11시에 서울에서 출발하는 비행기편 A를 이용하고, 방콕에서 오후 9시에 출발하는 비행기편 D를 이용한다면 암스테르담에는 4월 12일에 도착한다.

④ 4월 11일 오후 1시에 서울에서 출발하는 비행기편 F를 이용하면, 런던에서 오후 5시에 출발하는 비행기편 E를 타고 암스테르담에 오후 7시에 도착할 수 있다.

⑤ 4월 11일 오후 8시에 파리에서 출발하는 비행기편 C를 이용하기 위해서는, 서울에서 오후 2시에 출발하는 비행기편 B를 타면 가능하다.

14 김씨가 가장 저렴한 가격으로 암스테르담까지 가고자 할 때 선택하게 될 비행경로(Ⅰ)와 가장 이른 시각에 암스테르담에 도착하고자 할 때 김씨가 선택하게 되는 비행경로(Ⅱ)를 올바르게 나열한 것은?

	Ⅰ	Ⅱ
①	경로 A – D	경로 A – D
②	경로 A – D	경로 B – C
③	경로 B – C	경로 F – E
④	경로 F – E	경로 A – D
⑤	경로 F – E	경로 F – E

15 장생은 어렸을 적 공길과 함께 종살이했으며 항상 옆에서 공길을 지켜주었다. 하지만 장생은 아무래도 불안해서 무기를 사기 위해 대장간에서 일하는 오덕에게 단도를 구해달라고 했다. 아래 내용을 토대로 A에 들어갈 알맞은 말과 다음 날 장생의 행동으로 옳은 것은?

장생 : 불안해서 안 되겠네. 공길이 자고 있는 동안에는 내가 항상 잠을 자지 않고 곁에서 지키고 있지만 그래도 마음이 놓이지 않아.

오덕 : 그럼 자네가 잠을 자고 있을 땐 공길은 잠을 자지 않고 있겠군.

장생 : (A). 그건 그렇고 단도는 구할 수 있겠나?

오덕 : 내일 정오에 대장간에 오지 않으면 단도를 받을 수 없는 건 확실하네.

　하지만 장생은 다음 날 정오에 단도를 받을 수 없었다.

A	다음 날 장생의 행동
① 그렇지	정오에 대장간에 갔다.
② 그건 모르지	정오에 대장간에 가지 않았다.
③ 그렇지	정오에 대장간에 갔을 수도 있고 가지 않았을 수도 있다.
④ 그렇지 않아	정오에 대장간에 가지 않았다.
⑤ 그건 모르지	정오에 대장간에 갔을 수도 있고 가지 않았을 수도 있다.

16 다음 글에 근거할 때, 옳지 않은 것을 〈보기〉에서 모두 고르면? (단, 〈보기〉에 제시된 업종의 사업자는 현금영수증 발급 의무자이다.)

○ 사업자는 30만 원 이상 거래금액에 대하여 그 대금을 현금(대금 일부를 현금으로 지급한 경우도 포함)으로 받은 경우, 세금계산서를 발급하는 경우를 제외하고는 소비자가 요청하지 않아도 현금영수증을 발급하여야 한다. 물론 30만 원 미만의 거래금액도 소비자의 요청이 있으면 현금영수증을 발급하여야 한다.

○ 사업자가 현금영수증 발급 의무를 위반하였을 경우에는 미발급 금액의 50%를 과태료로 부과한다. 사업자가 현금영수증을 발급하지 않은 경우, 소비자가 거래사실과 거래금액이 확인되는 계약서 등 증빙서류를 첨부하여 현금 지급일로부터 1개월 이내에 신고하면, 미발급 금액에 대한 과태료의 20%를 포상금으로 지급한다.

○ 소비자가 현금영수증 발급을 원하지 않는 경우에 사업자는 국세청에서 지정한 코드로 발급할 수 있으며, 이 경우 현금영수증 발급으로 인정한다.

〈보 기〉

ㄱ. 법무 서비스를 받은 A는 대금 30만 원에 대해 20만 원은 신용카드로, 10만 원은 현금으로 결제하였다. 현금 10만 원에 대해서는 A의 요청이 있는 경우에 한하여 현금영수증이 발급된다.

ㄴ. 부동산중개인을 통해 2011년 4월 1일 집을 산 B는 중개료 70만 원에 대해 30만 원은 신용카드로, 40만 원은 현금으로 결제하였으나 부동산중개인은 현금영수증을 발급하지 않았다. B는 같은 해 4월 29일 부동산중개인이 현금영수증 발급 의무를 위반했다며 신고하였다. 부동산 중개인에게 과태료가 부과되었고, B는 포상금으로 8만 원을 받았다.

ㄷ. C는 2011년 6월 5일 장례비용 대금 100만 원을 현금으로 지불하면서 현금영수증 발급을 원하지 않는다고 말하자 업주는 국세청의 지정 코드로 자진 발급하였다. 마음이 변한 C는 업주가 현금영수증 당연 발급 의무를 위반 했다며 2011년 6월 12일 관련 증빙서류를 첨부하여 신고 했지만 신고 포상금 10만 원은 받을 수 없었다.

ㄹ. D는 2011년 7월 12일 사업자에게 전담 측량 대금으로 현금 50만 원을 지불하였고, 이에 대해 사업자는 현금영수증 대신 세금계산서를 발행하였다. D는 같은 해 8월 19일 현금영수증이 발급되지 않았다고 신고하여 사업자에게 과태료 25만 원이 부과되었다.

① ㄱ, ㄴ

② ㄱ, ㄹ

③ ㄷ, ㄹ

④ ㄱ, ㄴ, ㄹ

⑤ ㄴ, ㄷ, ㄹ

17 다음 글의 내용이 참일 때, 반드시 참인 것만을 〈보기〉에서 모두 고르면?

　　최근 두 주 동안 직원들은 다음 주에 있을 연례 정책 브리핑을 준비해 왔다. 브리핑의 내용과 진행에 관해 알려진 바는 다음과 같다. 개인건강정보 관리 방식 변경에 관한 가안이 정책제안에 포함된다면, 보건정보의 공적 관리에 관한 가안도 정책제안에 포함될 것이다. 그리고 정책제안을 위해 구성되었던 국민건강 2025팀이 재편된다면, 앞에서 언급한 두 개의 가안이 모두 정책제안에 포함될 것이다. 개인건강정보 관리 방식 변경에 관한 가안이 정책제안에 포함되고 국민건강 2025팀 리더인 최 팀장이 다음 주 정책 브리핑을 총괄한다면, 프레젠테이션은 국민건강 2025팀의 팀원인 손공정 씨가 맡게 될 것이다. 그런데 보건정보의 공적 관리에 관한 가안이 정책제안에 포함될 경우, 국민건강 2025팀이 재편되거나 다음 주 정책 브리핑을 위해 준비한 보도자료가 대폭 수정될 것이다. 한편, 직원들 사이에서는, 최 팀장이 다음 주 정책 브리핑을 총괄하면 팀원 손공정 씨가 프레젠테이션을 담당한다는 말이 돌았는데 그 말은 틀린 것으로 밝혀졌다.

〈보 기〉

ㄱ. 개인건강정보 관리 방식 변경에 관한 가안과 보건정보의 공적 관리에 관한 가안 중 어느 것도 정책제안에 포함되지 않는다.
ㄴ. 국민건강 2025팀은 재편되지 않고, 이 팀의 최 팀장이 다음 주 정책 브리핑을 총괄한다.
ㄷ. 보건정보의 공적 관리에 관한 가안이 정책제안에 포함된다면, 다음 주 정책 브리핑을 위해 준비한 보도자료가 대폭 수정될 것이다.

① ㄱ　　　　　　　　　　② ㄴ　　　　　　　　　　③ ㄱ, ㄷ
④ ㄴ, ㄷ　　　　　　　　⑤ ㄱ, ㄴ, ㄷ

18 다음 〈조건〉과 〈정보〉를 근거로 판단할 때, 곶감의 위치와 착한 호랑이, 나쁜 호랑이의 조합으로 가능한 것은?

〈조 건〉

○ 착한 호랑이는 2마리이고, 나쁜 호랑이는 3마리로 총 5마리의 호랑이(甲~戊)가 있다.
○ 착한 호랑이는 참말만 하고, 나쁜 호랑이는 거짓말만 한다.
○ 곶감은 꿀단지, 아궁이, 소쿠리 중 한 곳에만 있다.

〈정 보〉

甲 : 곶감은 아궁이에 있지.
乙 : 여기서 나만 곶감의 위치를 알아.
丙 : 甲은 나쁜 호랑이야.
丁 : 나는 곶감이 어디 있는지 알지.
戊 : 곶감은 꿀단지에 있어.

	곶감의 위치	착한 호랑이	나쁜 호랑이
①	꿀단지	戊	丙
②	소쿠리	丁	乙
③	소쿠리	乙	丙
④	아궁이	丙	戊
⑤	아궁이	甲	丁

19 다음 글을 근거로 판단할 때, ㉠에 해당하는 수는?

> 甲과 乙은 같은 층의 서로 다른 사무실에서 근무하고 있다. 각 사무실은 일직선 복도의 양쪽 끝에 위치하고 있으며, 두 사람은 복도에서 항상 자신만의 일정한 속력으로 걷는다.
>
> 甲은 약속한 시각에 乙에게 서류를 직접 전달하기 위해 자신의 사무실을 나섰다. 甲은 乙의 사무실에 도착하여 서류를 전달하고 곧바로 자신의 사무실로 돌아올 계획이었다.
>
> 한편 甲을 기다리고 있던 乙에게 甲의 사무실 쪽으로 가야 할 일이 생겼다. 그래서 乙은 甲이 도착하기로 약속한 시각보다 [㉠   ]분 일찍 자신의 사무실을 나섰다. 乙은 출발한 지 4분 뒤 복도에서 甲을 만나 서류를 받았다. 서류 전달 후 곧바로 사무실로 돌아온 甲은 원래 예상했던 시각보다 2분 일찍 사무실로 복귀한 사실을 알게 되었다.

① 2

② 3

③ 4

④ 5

⑤ 6

20 L 고등학교 축제에서 S 온라인 게임 대회를 열었는데 75명의 학생이 참가했다. 참가자들은 한 조에 5명씩 편성되어 각각 리그전을 통해 각 조의 상위 2명만 본선에 참가할 수 있다. 최종 우승자는 본선에 올라온 학생들을 대상으로 토너먼트 방식으로 경기를 하여 결정된다. 다음 보기 중 올바른 진술은?

〈진행방식〉

리그전 : 각 참가자가 경기에 참가한 다른 모든 참가자와 한 번씩 경기를 치르는 방식
토너먼트 : 경기마다 진 참가자는 탈락하고 마지막에 남은 두 참가자가 우승을 겨루는 방식

〈보 기〉

ㄱ. 예선 동안 진행된 총경기 수는 74이다.
ㄴ. 본선 1차전에서만 두 명이 부전승으로 올라간다면 본선 2차전에서는 16명이 경기를 치른다.
ㄷ. 본선 1차전에서만 두 명이 부전승으로 올라간다면 본선 3차전이 끝날 때의 총경기 수는 172이다.
ㄹ. 본선 2차전에서만 한 명이 부전승으로 올라간다면 토너먼트 경기는 최종우승자가 결정되기까지 총 5차전 동안 진행된다.
ㅁ. 본선 1차전에서만 두 명이 부전승으로 올라간 경우와 본선 2차전에서만 한 명이 부전승으로 올라간 경우 최종 우승자가 결정될 때까지 진행된 총경기 수는 같다.

① ㄴ, ㄹ   ② ㄹ, ㅁ   ③ ㄱ, ㄴ, ㄷ
④ ㄴ, ㄷ, ㄹ   ⑤ ㄴ, ㄹ, ㅁ

21 다음 글을 근거로 판단할 때, 〈보기〉에서 옳은 것만을 모두 고르면? (단, 주어진 조건 외에 다른 조건은 고려하지 않는다.)

○ 내전을 겪은 甲국은 2015년 1월 1일 평화협정을 통해 4개국(A~D)으로 분할되었다. 평화협정으로 정한 영토분할 방식은 다음과 같다.
  - 甲국의 영토는 정삼각형이다.
  - 정삼각형의 한 꼭짓점에서 마주 보는 변(이하 '밑변'이라 한다.)까지 가상의 수직이등분선을 긋고, 그 선을 4등분하는 3개의 구분점을 정한다.
  - 3개의 구분점을 각각 지나는 3개의 직선을 밑변과 평행하게 긋고, 이를 국경선으로 삼아 기존 甲국의 영토를 4개의 영역으로 나눈다.
  - 나누어진 4개의 영역 중 가장 작은 영역부터 가장 큰 영역까지 차례로 각각 A국, B국, C국, D국의 영토로 한다.
○ 모든 국가의 쌀 생산량은 영토의 면적에 비례하며, A국의 영토에서는 매년 10,000가마의 쌀이 생산된다.
○ 각국은 영토가 작을수록 국력이 강하고, 국력이 약한 국가는 자국보다 국력이 강한 모든 국가에 매년 연말에 각각 10,000가마의 쌀을 공물로 보낸다.
○ 4개국의 인구는 모두 동일하며, 변하지 않는다. 각국은 매년 10,000가마의 쌀을 소비한다.
○ 각국의 쌀 생산량은 홍수 등 자연재해가 없는 한 변하지 않으며, 2015년 1월 1일 현재 각국은 10,000가마의 쌀을 보유하고 있다.

〈보 기〉

ㄱ. 2016년 1월 1일에 1년 전보다 쌀 보유량이 줄어든 국가는 D국뿐이다.
ㄴ. 2017년 1월 1일에 4개국 중 가장 많은 쌀을 보유한 국가는 A국이다.
ㄷ. 만약 2015년 여름 홍수로 인해 모든 국가의 2015년도 쌀 생산량이 반으로 줄어든다고 하여도, 2016년 1월 1일 기준 각 국가의 쌀 보유량은 0보다 크다.

---

① ㄱ

② ㄴ

③ ㄷ

④ ㄱ, ㄷ

⑤ ㄴ, ㄷ

22 다음 〈조건〉과 같이 토핑(피자 위에 얹는 재료)을 올린 피자 10조각이 있다. 이때 5명(甲~戊)의 식성에 따라 각각 2조각씩 나누어 먹을 수 있는 방법은 총 몇 가지인가?

〈조 건〉

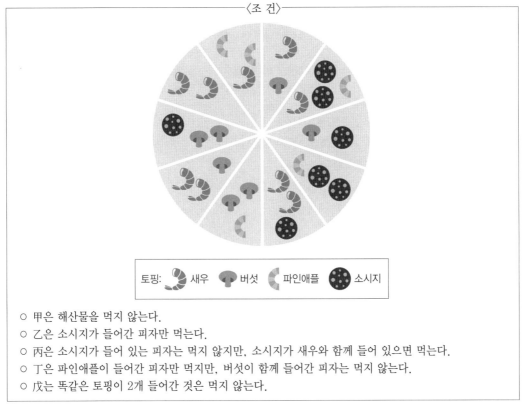

토핑: 🦐 새우   🍄 버섯   🍕 파인애플   ⬤ 소시지

○ 甲은 해산물을 먹지 않는다.
○ 乙은 소시지가 들어간 피자만 먹는다.
○ 丙은 소시지가 들어 있는 피자는 먹지 않지만, 소시지가 새우와 함께 들어 있으면 먹는다.
○ 丁은 파인애플이 들어간 피자만 먹지만, 버섯이 함께 들어간 피자는 먹지 않는다.
○ 戊는 똑같은 토핑이 2개 들어간 것은 먹지 않는다.

① 0가지   ② 1가지   ③ 2가지
④ 3가지   ⑤ 4가지

23 다음 대화 내용이 참일 때, ㉠으로 적절한 것은?

> 서희 : 우리 회사 전 직원을 대상으로 A, B, C 업무 중에서 자신이 선호하는 것을 모두 고르라는 설문 조사를 실시했는데, A와 B를 둘 다 선호한 사람은 없었어.
> 영민 : 나도 그건 알고 있어. 그뿐만 아니라 C를 선호한 사람은 A를 선호하거나 B를 선호한다는 것도 이미 알고 있지.
> 서희 : A는 선호하지 않지만 B는 선호하는 사람이 있다는 것도 이미 확인된 사실이야.
> 영민 : 그럼, ㉠종범이 말한 것이 참이라면, B만 선호한 사람이 적어도 한 명 있겠군.

① A를 선호하는 사람은 모두 C를 선호한다.

② A를 선호하는 사람은 누구도 C를 선호하지 않는다.

③ B를 선호하는 사람은 모두 C를 선호한다.

④ B를 선호하는 사람은 누구도 C를 선호하지 않는다.

⑤ C를 선호하는 사람은 모두 B를 선호한다.

24 A 사무관의 추론이 올바를 때, 다음 글의 빈칸에 들어갈 진술로 적절한 것만을 〈보기〉에서 모두 고르면?

> A 사무관은 인사과에서 인사고과를 담당하고 있다. 그는 올해 우수 직원을 선정하여 표창하기로 했으니 인사고과에서 우수한 평가를 받은 직원을 후보자로 추천하라는 과장의 지시를 받았다. 평가 항목은 대민봉사, 업무역량, 성실성, 청렴도이고 각 항목은 상(3점), 중(2점), 하(1점)로 평가한다. A 사무관이 추천한 표창 후보자는 갑돌, 을순, 병만, 정애 네 명이며, 이들이 받은 평가는 다음과 같다.
>
> | | 대민봉사 | 업무역량 | 성실성 | 청렴도 |
> |---|---|---|---|---|
> | 갑돌 | 상 | 상 | 상 | 하 |
> | 을순 | 중 | 상 | 하 | 상 |
> | 병만 | 하 | 상 | 상 | 중 |
> | 정애 | 중 | 중 | 중 | 상 |
>
> A 사무관은 네 명의 후보자에 대한 평가표를 과장에게 제출했다. 과장은 "평가 점수 총합이 높은 순으로 선발한다. 단, 동점자 사이에서는 (　　　　　　　　　　)"라고 했다. A 사무관은 과장과의 면담 후 이들 중 세 명이 표창을 받게 된다고 추론했다.

〈보 기〉

ㄱ. 두 개 이상의 항목에서 상의 평가를 받은 후보자를 선발한다.

ㄴ. 청렴도에서 하의 평가를 받은 후보자를 제외한 나머지 후보자를 선발한다.

ㄷ. 하의 평가를 받은 항목이 있는 후보자를 제외한 나머지 후보자를 선발한다.

① ㄱ　　　　　　　　　　② ㄷ　　　　　　　　　　③ ㄱ, ㄴ

④ ㄴ, ㄷ　　　　　　　　⑤ ㄱ, ㄷ

25 다음 글의 〈논증〉에 대한 분석으로 적절한 것만을 〈보기〉에서 모두 고르면?

철학자 A에 따르면, "오늘 비가 온다."와 같이 참, 거짓을 판단할 수 있는 문장만 의미가 있다. A는 이러한 문장과 달리 신의 존재에 대한 문장은 진위를 판단할 수 없고 따라서 무의미하다고 말한다. 하지만 그는 자신이 무신론자도 불가지론자도 아니라고 한다. 다음은 이와 관련된 A의 논증이다.

〈논 증〉

무신론자에 따르면 ㉠"신이 존재하지 않는다."가 참이다. 불가지론자는 신의 존재 여부를 알 수 없다고 말한다. 무신론자의 견해는 신의 존재를 주장하는 문장이 무의미하다는 것과 양립할 수 없다. ㉡"신이 존재한다."가 무의미하다면, "신이 존재하지 않는다."도 마찬가지로 무의미하다. 그 이유는 ㉢ 의미가 있는 문장이어야만 그 문장의 부정문도 의미가 있다는 것이 성립하기 때문이다. 따라서 "신이 존재한다."가 무의미하다면, "신이 존재하지 않는다."가 참이라는 무신론자의 주장은 받아들일 수 없다. 한편 불가지론자는 ㉣"신이 존재한다."가 참인지 거짓인지 알 수 없다고 주장한다. 이 주장은 "신이 존재한다."가 의미가 있다는 것을 전제하고 있다. 그러므로 불가지론자의 주장도 "신이 존재한다."가 무의미하다는 것과 양립할 수 없다.

〈보 기〉

ㄱ. ㉡과 ㉢으로부터 "신이 존재하지 않는다."가 무의미하다는 것이 도출된다.
ㄴ. ㉡의 부정으로부터 ㉠과 ㉣ 중 적어도 하나가 도출된다.
ㄷ. "의미가 없는 문장은 참인지 거짓인지 알 수 없다."라는 전제가 추가되면 ㉡으로부터 ㉣이 도출된다.

① ㄴ
② ㄷ
③ ㄱ, ㄴ
④ ㄱ, ㄷ
⑤ ㄱ, ㄴ, ㄷ

26 다음 글을 근거로 판단할 때, ⟨보기⟩에서 옳은 것만을 모두 고르면? (단, 주어진 조건 외에 다른 조건은 고려하지 않는다.)

> A 회사의 모든 직원이 매일 아침 회사에서 요일별로 제공되는 빵을 먹었다. 직원 가운데 甲, 乙, 丙, 丁 네 사람은 빵에 포함된 특정 재료로 인해 당일 알레르기 증상이 나타났다. A 회사는 요일별로 제공된 빵의 재료와 甲, 乙, 丙, 丁에게 알레르기 증상이 나타난 요일을 아래와 같이 표로 정리했으나, 화요일에 제공된 빵에 포함된 두 가지 재료가 확인되지 않았다. 甲, 乙, 丙, 丁은 각각 한 가지 재료에 대해서만 알레르기 증상을 보였다.

구분	월	화	수	목	금
재료	밀가루 우유	밀가루 (?) (?)	옥수숫가루 아몬드 달걀	밀가루 우유 달걀	밀가루 우유 달걀 식용유
알레르기 증상 발생자	甲	丁	乙, 丁	甲, 丁	甲, 丙, 丁

※ 알레르기 증상은 발생한 당일 내에 사라짐.

⟨보 기⟩
ㄱ. 甲이 알레르기 증상을 보인 것은 밀가루 때문이다.
ㄴ. 甲, 乙, 丙은 서로 다른 재료에 대하여 알레르기 증상을 보였다.
ㄷ. 화요일에 제공된 빵의 확인되지 않은 재료 중 한 가지는 달걀이다.
ㄹ. 만약 화요일에 제공된 빵에 포함된 재료 중 한 가지가 아몬드였다면, 乙의 알레르기 증상은 옥수숫가루 때문이다.

① ㄱ, ㄷ

② ㄴ, ㄹ

③ ㄷ, ㄹ

④ ㄱ, ㄴ, ㄹ

⑤ ㄴ, ㄷ, ㄹ

27 다음을 참이라고 가정할 때, 반드시 참인 것만을 〈보기〉에서 모두 고르면?

> ○ A, B, C, D 중 한 명의 근무지는 서울이다.
> ○ A, B, C, D는 각기 다른 한 도시에서 근무한다.
> ○ 갑, 을, 병 각각의 두 진술 중 하나는 참이고 다른 하나는 거짓이다.
> ○ 갑은 "A의 근무지는 광주이다."와 "D의 근무지는 서울이다."라고 진술했다.
> ○ 을은 "B의 근무지는 광주이다."와 "C의 근무지는 세종이다."라고 진술했다.
> ○ 병은 "C의 근무지는 광주이다."와 "D의 근무지는 부산이다."라고 진술했다.

〈보 기〉

> ㄱ. A의 근무지는 광주이다.
> ㄴ. B의 근무지는 서울이다.
> ㄷ. C의 근무지는 세종이다.

① ㄱ

② ㄷ

③ ㄱ, ㄴ

④ ㄴ, ㄷ

⑤ ㄱ, ㄴ, ㄷ

28 다음 규정을 근거로 판단할 때 기간제 근로자로 볼 수 있는 경우를 〈보기〉에서 모두 고르면? (단, 아래의 모든 사업장은 5인 이상의 근로자를 고용하고 있다.)

제00조 ① 이 법은 상시 5인 이상의 근로자를 사용하는 모든 사업 또는 사업장에 적용한다. 다만 동거의 친족만을 사용하는 사업 또는 사업장과 가사사용인에 대하여는 적용하지 아니한다.

② 국가 및 지방자치단체의 기관에 대하여는 상시 사용하는 근로자의 수에 관계없이 이 법을 적용한다.

제00조 ① 사용자는 2년을 초과하지 아니하는 범위 안에서 (기간제 근로계약의 반복갱신 등의 경우에는 계속 근로한 총 기간이 2년을 초과하지 아니하는 범위 안에서) 기간제 근로자※ 사용할 수 있다. 다만 다음 각 호의 어느 하나에 해당하는 경우에는 2년을 초과하여 기간제 근로자로 사용할 수 있다.

　　1. 사업의 완료 또는 특정한 업무의 완성에 필요한 기간을 정한 경우

　　2. 휴직·파견 등으로 결원이 발생하여 당해 근로자가 복귀할 때까지 그 업무를 대신할 필요가 있는 경우

　　3. 전문적 지식·기술의 활용이 필요한 경우와 박사 학위를 소지하고 해당 분야에 종사하는 경우

② 사용자가 제1항 단서의 사유가 없거나 소멸되었음에도 불구하고 2년을 초과하여 기간제 근로자로 사용하는 경우에는 그 기간제 근로자는 기간의 정함이 없는 근로계약을 체결한 근로자로 본다.

※ 기간제 근로자라 함은 기간의 정함이 있는 근로계약을 체결한 근로자를 말한다.

〈보 기〉

ㄱ. 甲 회사가 수습기간 3개월을 포함하여 1년 6개월간 A를 고용하기로 근로계약을 체결한 경우

ㄴ. 乙 회사는 근로자 E의 휴직으로 결원이 발생하여 2년간 B를 계약직으로 고용하였는데, E의 복직 후에도 B가 계속해서 현재 3년 이상 근무하고 있는 경우

ㄷ. 丙 국책연구소는 관련 분야 박사학위를 취득한 C를 계약직(기간제) 연구원으로 고용하여 C가 현재 丙 국책연구소에서 3년간 근무하고 있는 경우

ㄹ. 국가로부터 도급받은 3년간의 건설공사를 완성하기 위해 丁 건설회사가 D를 그 기간 동안 고용하기로 근로계약을 체결한 경우

① ㄱ, ㄴ

② ㄴ, ㄷ

③ ㄱ, ㄷ, ㄹ

④ ㄴ, ㄷ, ㄹ

⑤ ㄱ, ㄴ, ㄷ, ㄹ

29 다음 〈상황〉에서 철수, 영희 그리고 한국이가 〈보기〉의 주어진 선호 순위에 근거하여 합리적 선택을 한다고 할 때, 세 사람이 얻을 수 있는 점수의 합은?

〈상 황〉

철수, 영희 그리고 한국이는 같은 동네에 아주 인접한 곳에 살고 있다. 이들이 사는 동네에 공원을 조성하기 위하여 동사무소에서는 이들이 공원 조성을 위하여 기부금을 내는 만큼 동사무소에서도 같은 액수의 기부금을 조성하여 공원을 조성하기로 했다. 이러한 상황에서는 철수, 영희와 한국이의 기부 여부 결정에 따라서 4개의 경우가 발생할 수 있다. 첫째는 세 사람 모두 기부하여 큰 규모의 공원이 조성되는 것이고, 둘째는 두 사람만 기부하여 중간 규모의 공원이 조성되는 것이다. 셋째는 한 사람만 기부하여 작은 규모의 공원이 조성되는 것이고, 넷째는 아무도 기부하지 않아서 공원이 조성되지 않는 것이다. 이러한 상황에서 철수, 영희와 한국이는 모두 다음과 같은 선호 순위를 갖고 있다고 가정하고, 각 선호 순위에 따라서 다른 점수가 부여된다고 가정한다.

〈보 기〉

ㄱ. 선호 1순위 : 다른 두 사람이 기부하고, 자신은 기부하지 않아서 중간 규모의 공원이 조성되는 것(6점)

ㄴ. 선호 2순위 : 세 사람 모두가 기부하여 큰 규모의 공원이 조성되는 것(5점)

ㄷ. 선호 3순위 : 다른 두 사람 중 한 사람만 기부하고, 자신은 기부하지 않아서 작은 규모의 공원이 조성되는 것(4점)

ㄹ. 선호 4순위 : 다른 두 사람 중 한 사람만 기부하고, 자신도 기부하여 중간 규모의 공원이 조성되는 것(3점)

ㅁ. 선호 5순위 : 세 사람 모두가 기부하지 않아서 공원이 조성되지 않는 것(2점)

ㅂ. 선호 6순위 : 다른 두 사람은 모두 기부하지 않고, 자신만 기부하여 작은 규모의 공원이 조성되는 것(1점)

※ 이 경우 합리적 선택이란 다른 두 사람의 행동을 추측하여 자신에게 높은 점수를 줄 수 있는 방식으로 기부 여부를 판단하는 것임.

① 3점   ② 6점   ③ 9점

④ 15점   ⑤ 18점

30 다음 글의 내용이 참일 때, 대책회의에 참석하는 전문가의 최대 인원수는?

8명의 전문가 A~H를 대상으로 코로나19 대책회의 참석 여부에 관해 조사한 결과 다음과 같은 정보를 얻었다.

○ A, B, C 세 사람이 모두 참석하면, D나 E 가운데 적어도 한 사람은 참석한다.

○ C와 D 두 사람이 모두 참석하면, F도 참석한다.

○ E는 참석하지 않는다.

○ F나 G 가운데 적어도 한 사람이 참석하면, C와 E 두 사람도 참석한다.

○ H가 참석하면, F나 G 가운데 적어도 한 사람은 참석하지 않는다.

① 3명

② 4명

③ 5명

④ 6명

⑤ 7명

31 다음 글을 근거로 판단할 때 옳은 것은?

헌법은 국민의 기본권을 보장하고 국가의 통치조직과 통치작용의 원리를 정하는 최고법이다. '헌법'이라는 용어는 영어의 'Constitution', 'Constitutional law'를 번역한 것이다. 근대 초기에 우리나라와 중국은 이 단어를 국제(國制), 헌장(憲章), 국헌(國憲) 등으로 다양하게 번역했는데, 오늘날에는 공동체의 최고법규범을 지칭하는 용어로 사용하고 있다. 그런데 엄격히 보면 Constitution은 일정한 구성체(공동체)를 의미하고, Constitutional law는 그 구성체를 규율하는 최고의 법규범을 일컫는다. 따라서 헌법학에서 헌법이라는 용어는 문맥에 따라 이 둘 가운데 어느 하나를 지칭하기도 하고, 둘을 같이 지칭하기도 한다.

역사적으로 헌법이라는 단어의 어원은 중국 전국시대 문헌인 『국어』 진어편(篇)의 '상선벌간 국지헌법야(賞善罰姦 國之憲法也)'라는 문장에서 찾아볼 수 있다. 또한 『후한서』, 『서경』, 『예기』 등 중국의 옛 문헌에도 헌법이라는 단어가 나타나는데, 여기에서 헌법은 모든 종류의 법을 통틀어 지칭하는 법의 통칭어이다. 우리나라에서는 법령을 통칭하는 '국제(國制)'라는 용어가 조선 시대에 편찬된 『고려사』에 보이고, 헌법이라는 말은 1884년 1월 30일 한성순보에 실린 '구미입헌정체(歐美立憲政體)'라는 글에서 오늘날 의미로 사용되었다. 헌법이라는 단어가 실정법에서 처음 사용된 것은 1919년 9월 11일 공포된 대한민국 임시헌법이다. 한편 헌법은 시대 흐름에 따라 고유한 의미의 헌법, 근대 입헌주의 헌법 등으로 나눌 수 있다. 고유한 의미의 헌법은 국가의 최고기관을 조직·구성하고, 이들 기관의 권한 행사 방법, 국가기관의 상호관계 및 활동 범위를 정한 기본법이다. 이러한 의미의 헌법은 국가가 존재하는 한 어떠한 형태로든 존재한다. 근대 입헌주의 헌법이란 개인의 자유와 권리를 보장하고, 권력분립에 의하여 국가권력의 남용을 억제하는 것을 내용으로 하는 헌법을 말한다.

① 개인의 자유를 보장하지 않은 헌법도 근대 입헌주의 헌법이라 할 수 있다.

② 고려사에 기록된 국제(國制)라는 용어는 오늘날 통용되는 헌법의 의미로 사용되었다.

③ 헌법학에서 사용하는 헌법이라는 용어는 최고의 법규범이 아닌 일정한 구성체를 지칭하기도 한다.

④ 근대 입헌주의 헌법과 비교할 때, 고유한 의미의 헌법은 국가권력의 조직·구성보다는 국가권력의 제한에 그 초점을 둔다고 할 수 있다.

⑤ 중국에서 헌법이라는 용어는 처음에는 최고법규범을 의미했지만, 현재는 다양한 종류의 법이 혼합된 형태를 의미하는 용어로 사용된다.

32 甲, 乙, 丙이 다음 〈조건〉에 따라 게임을 할 때, 〈보기〉에서 옳은 것만을 모두 고르면?

─〈조 건〉─

○ 게임은 1부터 7까지의 숫자가 각각 적힌 7장의 카드 3벌(21장)을 섞어서 3명이 7장씩 나누어 가지고 시작한다.
○ 게임은 甲부터 시작하여 甲 → 乙 → 丙 → 甲 → 乙 → 丙 → …의 차례로 진행된다.
○ 차례에 따라 손에 든 카드를 1장씩 내며, 이때 바로 전 사람이 낸 카드의 숫자와 같거나 더 큰 숫자의 카드만 낼 수 있다.
○ 이미 낸 카드는 다시 가져올 수 없다.
○ 자신의 차례에 낼 카드가 손에 없으면 게임에서 빠지며, 남은 사람은 계속 이어서 게임을 진행하고, 가장 늦게까지 게임에 남아 있는 사람이 우승자가 된다.
○ 甲, 乙, 丙은 우승하기 위해 최선을 다한다.
○ 甲이 받은 카드는 ①, ①, ③, ⑤, ⑥, ⑥, ⑦이다.

─〈보 기〉─

ㄱ. 누구든 ⑦ 카드를 2장 갖고 있으면 반드시 우승할 수 있다.
ㄴ. 甲이 게임 시작과 동시에 ⑦ 카드를 냈을 때 우승할 확률은 약 33%이다.
ㄷ. 甲이 게임 시작과 동시에 ⑥ 카드를 냈을 때 우승할 확률은 약 33%이다.

① ㄱ

② ㄴ

③ ㄱ, ㄴ

④ ㄴ, ㄷ

⑤ ㄱ, ㄴ, ㄷ

33 H 부처에서 업무추진력이 높은 서기관을 ○○프로젝트의 팀장으로 발탁하려고 한다. 성취행동 경향성이 높은 사람을 업무추진력이 높은 사람을 업무추진력이 높은 사람으로 규정할 때, 아래의 정의를 활용해서 〈보기〉의 서기관들을 업무추진력이 높은 사람부터 순서대로 바르게 나열한 것은?

> 성취행동 경향성(TACH)의 강도는 성공추구 경향성(Ts)에서 실패회피 경향성(Tf)을 뺀 점수로 계산할 수 있다(TACH = Ts − Tf). 성공추구 경향성에는 성취동기(Ms)라는 잠재적 에너지의 수준이 영향을 준다. 왜냐하면 성취동기는 성과가 우수하다고 평가받고 싶어하는 것으로 어떤 사람의 포부수준, 노력 및 끈기를 결정하기 때문이다. 어떤 업무에 대해서 사람들이 제각기 다양한 방식으로 행동하는 것은 성취동기가 다른 데도 원인이 있지만, 개인이 처한 환경요인이 서로 다르기 때문이기도 하다. 이 환경요인은 성공기대확률(Ps)과 성공결과의 가치(Ins)로 이루어진다. 즉 성공추구 경향성은 이 세 요소의 곱으로 결정된다(Ts = Ms × Ps × Ins).
>
> 한편 실패회피 경향성은 실패회피동기, 실패기대확률 그리고 실패결과의 가치의 곱으로 결정된다. 이때 성공기대 확률과 실패기대확률의 합은 1이며, 성공결과의 가치와 실패결과의 가치의 합도 1이다.

〈보 기〉

○ A 서기관은 성취동기가 3이고, 실패회피동기가 1이다. 그는 국제환경협약에 대비한 공장건설환경규제안을 만들었는데, 이 규제안의 실현가능성을 0.7로 부며, 규제안이 실행될 때의 가치를 0.2로 보았다.

○ B 서기관은 성취동기가 2이고, 실패회피동기가 1이다. 그는 도시고속화도로 건설안을 기획하였는데, 이 기획안의 실패가능성을 0.7로 보며, 도로건설사업이 실패하면 0.3의 가치를 갖는다고 보았다.

○ C 서기관은 성취동기가 3이고, 실패회피동기가 2이다. 그는 △△지역의 도심재개발계획을 주도하였는데, 이 계획의 실현가능성을 0.4로 보며, 재개발사업이 실패하는 경우의 가치를 0.3으로 보았다.

① A, B, C
② B, A, C
③ B, C, A
④ C, A, B
⑤ C, B, A

34 다음 밑줄 친 결론을 이끌어내기 위해 추가해야 할 전제는 무엇인가?

> 만약 국제적으로 테러가 증가한다면, A국의 국방비 지출은 늘어날 것이다. 그런데 A국 앞에 놓인 선택은 국방비 지출을 늘리지 않거나 증세 정책을 실행하는 것이다. 그러나 A국이 증세 정책을 실행한다면, 세계 경제는 반드시 침체한다. 그러므로 <u>세계 경제는 결국 침체하고 말 것이다.</u>

① 국제적으로 테러가 증가한다.

② A국이 감세 정책을 실행한다.

③ A국의 국방비 지출이 늘어나지 않는다.

④ 만약 A국이 증세 정책을 실행한다면, A국의 국방비 지출은 늘어날 것이다.

⑤ 만약 A국의 국방비 지출이 늘어난다면, 국제적으로 테러는 증가하지 않을 것이다.

35 〈여성 권익사업 보조금 지급 기준〉과 〈여성 폭력피해자 보호시설 현황〉을 근거로 판단할 때, 지급받을 수 있는 보조금의 총액을 큰 시설부터 작은 시설 순으로 바르게 나열한 것은? (단, 4개 보호시설의 종사자에는 각 1명의 시설장(長)이 포함되어 있다.)

〈여성 권익사업 보조금 지급 기준〉

1. 여성 폭력피해자 보호시설 운영비
   ○ 종사자 1~2인 시설 : 240백만 원
   ○ 종사자 3~4인 시설 : 320백만 원
   ○ 종사자 5인 이상 시설 : 400백만 원
   ※ 단, 평가등급이 1등급인 보호시설에는 해당 지급액의 100%를 지급하지만, 2등급인 보호시설에는 80%, 3등급인 보호시설에는 60%를 지급함.

2. 여성 폭력피해자 보호시설 사업비
   ○ 종사자 1~3인 시설 : 60백만 원
   ○ 종사자 4인 이상 시설 : 80백만 원

3. 여성 폭력피해자 보호시설 종사자 장려수당
   ○ 종사자 1인당 50백만 원
   ※ 단, 종사자가 5인 이상인 보호시설의 경우 시설장에게는 장려수당을 지급하지 않음.

4. 여성 폭력피해자 보호시설 입소자 간식비
   ○ 입소자 1인당 1백만 원

〈여성 폭력피해자 보호시설 현황〉

보호시설	종사자 수(인)	입소자 수(인)	평가등급
A	4	7	1
B	2	8	1
C	4	10	2
D	5	12	3

① A – C – D – B

② A – D – C – B

③ C – A – B – D

④ D – A – C – B

⑤ D – C – A – B

36 철도 회사에 근무하는 귀하는 여행 패키지 상품을 개발하고자 한다. 아래의 조건에 부합하는 상품을 개발하려고 할 때, 귀하가 선택할 수 있는 열차의 종류와 최종 목적지를 올바르게 짝지은 것은?

〈철도 노선 정보〉

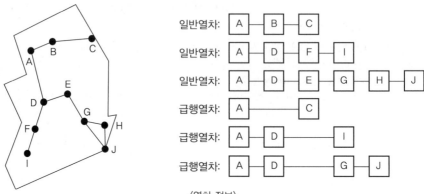

〈열차 정보〉

구분	일반열차	급행열차
평균 주행 속도	100 km/h	140km/h

※ 모든 출발역과 최종 목적지를 제외한 모든 정차역에서 일반 열차는 10분, 급행 열차는 5분 정차함

〈노선별 거리 정보〉

구분	A − B	B − C	구분	A − D	D − F	F − I
거리(km)	70	140	거리(km)	140	110	100
구분	A − D	D − E	E − G	G − H	G − J	H − J
거리(km)	140	80	110	70	90	60

※ A → J 급행 열차는 H 역을 거치지 않고 G 역에서 J 역 사이를 바로 이동함

〈관광지별 평가 점수〉

구분	A	B	C	D	E	F	G	H	I	J
관광 점수	7	4	10	5	7	8	4	10	5	7
맛집 점수	10	3	7	6	6	10	8	7	10	9

〈조 건〉
○ 총 왕복 소요 시간이 6시간 이하인 노선을 선택한다.
○ A에서 출발하여 최종 목적지의 관광지별 평가 점수가 가장 높은 노선으로 선택한다. (관광지별 평가 점수는 관광 점수 0.4, 맛집 점수 0.6의 가중치로 환산하여 합산한다.)
○ 최종 목적지의 관광지별 평가 점수가 동일할 경우 정차역이 많은 노선을 선택한다.
○ 동일 노선에 일반열차와 급행열차 모두 상품으로 편성이 가능할 경우 일반열차로 선택한다.

① C − 일반열차

② C − 급행열차

③ I − 일반열차

④ I − 급행열차

⑤ J − 급행열차

기출 : 07 5급공채 PSAT   난이도 : ★★☆☆☆

37 A 시 소재 회사에 근무하는 갑은 B 시에서 오후 3시에 개최되는 회의에 참석하고자 한다. 〈표 1〉과 〈표 2〉의 조건이 주어졌을 때, 오전 11시에 회사에서 출발하여 회의 시간에 늦지 않게 도착하기 위한 방법 중 최저운임으로 갈 수 있는 방법과 최단시간에 도착할 수 있는 방법은?

〈표 1〉 교통수단별 소요시간과 운임(도시 내)

A 시		교통수단	소요시간(분)	운임(원)	B 시		교통수단	소요시간(분)	운임(원)
출발지	도착지				출발지	도착지			
회사	공항	a	40	1,500	회의장	공항	a	35	1,500
		b	30	6,000			b	25	5,000
		c	30	1,500			c	35	2,000
	고속버스터미널	a	25	1,000		고속버스터미널	a	50	2,000
		b	15	3,000			b	30	6,000
		c	20	1,000			c	30	1,500
	역	a	30	1,000		역	a	30	1,000
		b	20	4,000			b	20	4,000
		c	15	1,000			c	35	2,000

〈표 2〉 교통수단별 소요시간과 운임(도시 간)

구간	교통수단	소요시간(분)	운임(원)	비고
A 시 → B 시	비행기	90	60,000	탑승수속시간 35분 추가 소요
	고속버스	210	40,000	–
	기차	140	50,000	–

	최저운임 도착방법	최단시간 도착방법
①	c → 기차 → a	c → 기차 → b
②	a → 고속버스 → c	c → 기차 → b
③	a → 비행기 → c	b → 비행기 → c
④	a → 기차 → a	c → 비행기 → b
⑤	c → 고속버스 → c	b → 비행기 → b

38 다음 〈상황〉 및 아래의 〈대화 내용〉을 토대로 판단했을 때, 〈대화 내용〉 중 a와 b 안에 들어가기에 적합한 금액을 올바르게 짝지은 것은?

> ─────〈상 황〉─────
>
> A 씨는 친구인 B와 C 총 세 사람이 미국 여행을 위해 서로 돈을 모아 여행을 다녀왔다. 처음 세 사람이 낸 금액은 동일했지만, 여행 도중 음식 비용이나 입장료를 개인 카드로 결제한 경우도 있어서 여행이 끝나고 정산을 위해 대화를 하고 있다.

> ─────〈대화 내용〉─────
>
> A: 여행 도중 사용한 금액을 정산해야 할 것 같아. 처음 여행 갈 때, 1인당 1,320,000원씩 모았고, 공항 환전소에서 환전했지?
>
> B: 그랬지. 5월 10일에 출국하는 길에 공항 환전소에서 다 같이 환전했지. 여행 가서 얼마나 사용했지?
>
> C: 내가 영수증을 다 가지고 있어. 각자 개인 카드로 결제한 금액까지 포함해서 총 2,730달러 사용했네. 남은 금액을 아직 환전을 하지는 않았는데, 각자 오늘 5월 25일 기준 환율로 계산해서 내가 원화로 바로 보내 줄게. 환전 수수료는 별도로 계산하지 않고 그냥 매매기준율로만 계산하지 뭐. 각자 따로 결제했던 내역만 말 해줘.
>
> A: 고마워! 그때 나는 우리가 지갑을 숙소 두고 나갔을 때, 식당에서 60달러를 내 개인 카드로 결제했어.
>
> B: 나는 내 개인카드를 쓴 적은 따로 없어.
>
> C: 그러면 내가 박물관에서 내 개인 카드로 입장료 30달러를 결제했으니, A한테는 (a), B한테는 (b)을 보내주면 되겠네.
>
> A: 내가 결제한 식당이랑 박물관 입장료를 제외하고는 전부 공금으로 지출했으니 그러면 되겠다. 잘 계산해줘서 고마워!

〈일자별 환율〉

구분	5월 5일	5월 10일	5월 15일	5월 20일	5월 25일
매매 기준율	1,210원/$	1,200원/$	1,190원/$	1,180원/$	1,170원/$

※ 5월 환전 수수료율은 한화를 팔 때와 살 때 모두 10%로 동일함

	a	b
①	140,400원	94,770원
②	157,950원	94,770원
③	157,950원	105,300원
④	175,500원	105,300원
⑤	175,500원	115,830원

39 귀하는 ○○회사의 인사담당자로 신입사원들의 부서 배치를 진행하는 업무를 담당하게 되었다. 아래의 〈조건〉과 〈신입사원 평가결과〉를 토대로 배치를 결정한다고 할 때, 각 부서별로 배치되는 신입사원을 가장 적절하게 짝지은 것은?

〈조 건〉

1. 신입사원들은 각자 원하는 부서를 2지망까지 지원하며, 별도의 결격사유가 없는 한 1지망 부서에 우선 배치한다.
   ○ 부서별 요구인원보다 지원인원이 많은 경우 평가 결과에 따른 최종 점수가 높은 신입사원 순으로 배치한다.
   ○ 부서별 최소 요구사항을 만족하지 못하는 경우 요구인원보다 지원인원이 적더라도 해당 신입사원을 배치하지 않는다. 최소 요구사항은 1지망 평가에만 반영한다.
   ○ 부서별 요구인원과 최소 요구사항은 아래와 같다.

구분	마케팅팀	관리팀	기술팀
최소 요구사항	외국어 80 이상	인사평가 80 이상	수리 80 이상
요구인원	3명	3명	4명

2. 1지망 지원부서에 배치되지 못한 신입사원은 2지망 부서의 정원이 미달된 경우 2지망 부서에 배치한다. 단, 2지망 역시 남은 인원보다 2지망 지원인원이 많은 경우 평가 결과에 따른 최종 점수가 높은 신입사원 순으로 배치한다.

3. 1, 2지망 지원부서에 배치되지 못한 신입사원은 점수에 관계없이 요구인원 정원이 미달된 부서에 강제 배치된다.

〈신입사원 평가결과 및 지원부서〉

구분	필기 시험		인사평가	1지망	2지망
	외국어 능력	수리 능력			
A	79	92	81	마케팅	기술
B	76	82	79	관리	기술
C	94	61	81	관리	마케팅
D	81	93	80	마케팅	기술
E	98	64	83	관리	기술
F	64	82	92	기술	마케팅
G	73	91	78	기술	관리
H	93	79	84	마케팅	기술
I	85	83	90	마케팅	관리
J	81	91	82	마케팅	기술

※ 단, 최종 점수는 필기 시험 60%, 인사평가 40%의 가중치로 합산한 점수이며, 필기 시험 점수는 외국어와 수리를 동일한 가중치로 합산한 점수임

	마케팅팀	관리팀	기술팀
①	B, H, J	C, E, I	A, D, F, G
②	A, H, J	B, C, E	D, F, G, I
③	H, I, J	A, B, E	C, D, F, G
④	H, I, J	B, C, E	A, D, F, G
⑤	D, H, I	C, E, J	A, B, F, G

〈□□국가 ☆☆지역 지도〉

(단위: km)

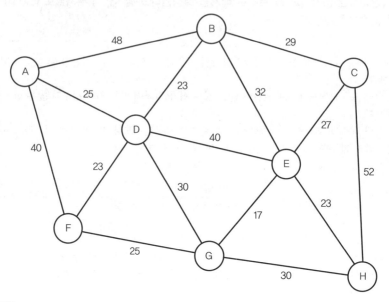

난이도 : ★★☆☆☆

40 여름 휴가를 맞이하여 □□국가 ☆☆지역으로 여행을 계획하고 있는 윤태균 씨는 ☆☆지역의 모든 도시를 한번씩 방문할 예정이다. 휴가 기간에 맞추기 위해 비행기를 타고 □□국가 A 도시로 입국하여 모든 도시를 방문하고 다시 출국을 위해 A 도시로 돌아오는 최단 거리로 여행 경로를 계획하려고 할 때, 윤태균 씨가 여행 중 이동하는 총 거리는 얼마인가? (단, 도시 내에서의 이동 거리는 고려하지 않는다.)

① 182km   ② 207km   ③ 222km

④ 243km   ⑤ 260km

난이도 : ★☆☆☆☆

41 위와 같이 여행을 계획한 윤태균 씨는 처음 A 도시에 도착하여 1박 숙박을 하고, 마지막에 출국 전 A 도시에서 1박 숙박을 하는 일정을 세웠다. 그리고 1일 최대 이동거리는 50km를 초과하지 않도록 하여 더 이상 이동이 불가능한 도시에서만 숙박하는 계획을 수립했을 때, 윤태균 씨의 여행 일정은?

① 5박 6일   ② 6박 7일   ③ 7박 8일

④ 8박 9일   ⑤ 9박 10일

42 귀하는 ○○회사 출장비 지급 업무를 담당하고 있다. 아래의 ○○회사 출장비 지급 기준을 토대로 5월에 지급해야 하는 총 체제비로 알맞은 것은? (단, 백 원 단위 이하는 절사한다.)

〈국외 출장비 지급기준〉

직급 구분	출장지 등급	체제비		
		숙박비($/박)	식비($/일)	잡비($/일)
임원~부장	A	345	90	45
	B	305	85	45
	C	285	80	45
부장 미만 과장 이상	A	310	80	35
	B	280	75	35
	C	250	70	35
과장 미만	A	300	70	30
	B	250	65	30
	C	200	60	30

※ 부장 이상 직급은 항공기 이용 시 Business Class를 이용 가능하며, 부장 미만 직급은 Economy Class 이용을 원칙으로 함

〈출장지별 등급〉

출장지 등급	해당 국가
A	유럽, 북미
B	아프리카, 오세아니아, 남미, 아시아(동남아시아, 중국, 일본 제외)
C	중국, 일본, 동남아시아

※ 등급표에 기재되어 있지 않은 모든 출장지는 C등급으로 분류함

〈5월 출장 이력〉

명단	성명	소속	직급	출장 목적	출장 국가	출장 기간
	강호동	마케팅	부장	국제 2차전지 콘퍼런스 참가	프랑스	6박 7일
	유재석	기술	과장	고객사 VOC 대응	호주	4박 5일

※ 단, 지급 기준 환율은 1,400원/달러로 함

① 4,685천 원

② 5,392천 원

③ 5,838천 원

④ 6,559천 원

⑤ 7,124천 원

43 ○○기업은 신입사원 채용을 위한 서류전형을 진행하고 있다. 아래의 〈채용 요청 사항〉과 〈지원자 이력사항〉을 토대로 한 부서의 요청사항이라도 만족한다면 서류전형 합격으로 처리하고자 한다. 아래의 내용을 근거로 판단했을 때, 서류전형 합격자는 총 몇 명인가?

〈부서별 채용 요청 사항〉

요청 부서	나이	전공계열	어학성적	인턴경험
기술팀	무관	공학 필수	B 등급 이상 필수	무관
품질보증팀	무관	(자연, 공학) 필수	C 등급 이상 필수	관련 인턴 우대
마케팅팀	24세 이상 필수	사회 우대	A 등급 이상 우대 B 등급 이상 필수	관련 인턴 필수
관리팀	무관	(사회, 인문) 필수	B 등급 이상 필수	무관

※ 1) 우대 사항: 해당 시 가산점을 부여하나, 없어도 무관
　 2) 필수 사항: 없을 경우 채용 불가

〈지원자 이력사항〉

이름	성별	나이	전공계열	전공학과	어학성적	인턴경험
가	남	27세	공학	신소재공학	B	기술직 인턴 경험 有
나	남	28세	인문	국문	C	無
다	여	23세	공학	컴퓨터공학	C	품질 인턴 경험 有
라	남	25세	인문	영문	A	無
마	여	24세	공학	기계공학	D	기술직 인턴 경험 有
바	여	24세	사회	경영	C	無
사	여	25세	사회	정치외교	A	無
아	남	26세	공학	전자전기	B	마케팅 인턴 경험 有
자	여	23세	사회	행정	A	마케팅 인턴 경험 有
차	남	27세	자연	물리학	B	無
카	남	30세	공학	생명공학	B	無
타	여	25세	자연	수학	D	품질 인턴 경험 有
파	여	24세	인문	중국어	A	無

① 7명
② 8명
③ 9명
④ 10명
⑤ 11명

44 다음 〈상황〉 및 〈시간표〉를 근거로 귀하가 출장을 출발할 수 있는 날짜는?

─〈상 황〉─

　　○○공사에 근무 중인 귀하는 지사 점검을 위해 대구 출장이 2박 3일 일정으로 예정되어 있다. 서울 본사에서 출발하여 출장 첫날 지사 담당자와 대구 지사에서 낮 12시에 점심식사 겸 미팅을 시작으로 마지막 날에 오전 10시 10분부터 1시간 동안 마무리 미팅을 마치고 서울에 있는 본사로 복귀하는 일정이다. 본사에 도착해서는 오후 4시에 출장 경과를 짧게 구두로 보고한 뒤 귀가하고, 다음날 보고서를 작성하여 서류 보고를 진행할 예정이다. 서울 고속버스 터미널은 서울 본사에서 30분 거리에 위치하고 있으며, 대구 고속버스 터미널은 대구 지사에서 20분 거리에 위치하고 있다.

〈고속버스 시간표〉

구분	요일	첫차 시간	배차 간격
서울 → 대구	월, 수	07:20	20분
	화, 목	07:50	
	금	06:50	
	토, 일	08:00	10분
대구 → 서울	월	06:30	20분
	화, 목	07:00	
	수, 금	07:30	
	토, 일	08:00	10분

※ 서울 ↔ 대구 고속버스는 평일에는 4시간이 소요되며, 주말(토, 일)에는 5시간이 소요됨

〈출장 월 달력〉

월	화	수	목	금	토	일
				1	2	3
4	5	6	7	8	9	10
11	12	13	14	15	16	17
18	19	20	21	22	23	24
25	26	27	28	29	30	

※ 1) 본사와 지사 모두 회사 내의 업무는 평일에만 진행함
　 2) 지사와 본사 모두 도착 즉시 이후 일정을 진행할 수 있다고 가정함

① 1일　　　　　　　　② 6일　　　　　　　　③ 14일

④ 19일　　　　　　　　⑤ 25일

45 귀하는 사무실에서 3년간 사용할 정수기를 임대하려고 한다. 아래의 〈기준〉에 의거하여 정수기를 선택한다고 할 때, 귀하가 선택할 수 있는 정수기는?

─〈정수기 선택 기준〉─

○ 정수기 성능 평가 점수를 기반으로 최종 점수가 80점 미만인 정수기는 선택하지 않는다.
○ 최종 점수와 상관없이 한 가지 항목이라도 60점 미만인 정수기는 선택하지 않는다.
○ 최종 점수가 80점 이상인 정수기가 2대 이상일 경우 3년간 총 비용이 가장 저렴한 정수기를 선택한다.
  (단, 비용은 보증금과 월 임대료 외의 금액은 감안하지 않는다.)

〈정수기 성능 평가 점수〉

(단위: 점)

정수기	소비 전력	필터 성능	소음	관리	비고
퓨어 정수기	75	80	83	95	−
클린 정수기	90	95	58	80	직수 정수기
순수 정수기	75	80	82	78	−
맑은 정수기	78	82	83	76	직수 정수기
청정 정수기	80	83	82	91	−

※ 1) 항목별 점수와 가산점을 제외한 최종 점수는 100점을 만점으로 함
  2) 필터 성능과 소비 전력 항목의 가중치는 서로 같으며, 소음과 관리 항목 가중치의 1.5배임(소음과 관리 항목의 가중치도 서로 같음)
  3) 단, 직수 정수기는 항목별 가중치를 감안하여 합산한 점수에 3점의 가산점을 부여함(가산점을 포함한 최종 점수는 100점을 초과할 수 있음)

〈정수기 임대 정보〉

정수기	보증금(원)	월 임대료(원/월)	비고
퓨어 정수기	300,000	14,000	1, 6, 13, 19, 25, 32번째 달 임대료 면제
클린 정수기	150,000	20,000	매년 원하는 달 3달 임대료 면제
순수 정수기	200,000	18,000	13개월 이후 월 임대료 20% 할인
맑은 정수기	250,000	16,000	임대 3년 차 짝수 월 임대료 면제
청정 정수기	300,000	15,000	−

※ 모든 정수기의 임대 정보는 3년 임대를 기준으로 함

① 퓨어 정수기

② 클린 정수기

③ 순수 정수기

④ 맑은 정수기

⑤ 청정 정수기

46 아래의 내용 및 제시된 〈상황〉과 〈스케줄 표〉를 토대로 귀하가 회의 시간으로 선택할 수 있는 시간은? (단, 근무 시간은 08시~17시이며, 점심시간은 12시~13시이다.)

―〈상 황〉―

관리 1그룹에 근무 중인 귀하는 부서장의 지시에 따라 다음 주 부서 회의 시간을 수립하고자 한다. 회의는 월요일, 수요일, 금요일에 각 1시간으로 하며 월요일에는 출장 인원을 제외한 부서원 전체를 대상으로 하고, 수요일에는 과장 이상 간부 전원을 대상으로, 금요일에는 부서장과 과장 미만 일반 사원을 대상으로 하는 회의이다. 모든 회의는 동일한 시간에 시작하여 동일한 시간에 끝날 수 있도록 하며, 근무 시간 내에 시작 및 종료될 수 있어야 한다. 또한 점심시간에는 회의를 진행해서는 안 된다.

〈다음 주 개별 스케줄 표〉

이름	직급	월	화	수	목	금
A	부장(부서장)	14~16 회의			13~17 교육	
B	차장		13~15 회의	11~12 회의	휴가	휴가
C	과장			13~14 회의	휴가	10~11 회의
D	대리	오전 출장		14~15 회의	13~17 교육	
E	대리		13~17 교육	10~11 회의		
귀하	사원		09~12 교육			오후 반차

※ 매일 08:30~09:30 팀장님 주관 관리팀 부서장 회의가 진행됨

① 10:00~11:00

② 11:00~12:00

③ 13:00~14:00

④ 14:00~15:00

⑤ 16:00~17:00

47 다음 〈조건〉과 〈관광지 운영시간 및 이동시간〉을 근거로 판단할 때, 〈보기〉에서 옳은 것만을 모두 고르면?

─〈조 건〉─

○ 하루에 4개 관광지를 모두 한 번씩 관광한다.
○ 궁궐에서는 가이드투어만 가능하다. 가이드투어는 10시와 14시에 시작하며, 시작 시각까지 도착하지 못하면 가이드 투어를 할 수 없다.
○ 각 관광에 소요되는 시간은 2시간이며, 관광지 운영시간 외에는 관광할 수 없다.

〈관광지 운영시간 및 이동시간〉

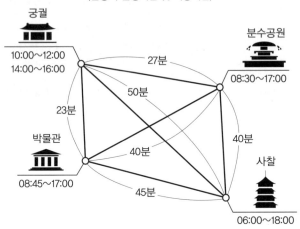

─〈보 기〉─

ㄱ. 사찰에서부터 관광을 시작해야 한다.
ㄴ. 마지막 관광을 종료하는 시각은 16시 30분 이후이다.
ㄷ. 박물관과 분수공원의 관광 순서가 바뀌어도 무방하다.

① ㄴ
② ㄷ
③ ㄱ, ㄴ
④ ㄱ, ㄷ
⑤ ㄱ, ㄴ, ㄷ

48 김○○ 씨는 4월 5일(일요일)부터 4일간 A 도시의 관광명소 관람 계획을 세우고자 한다. A 도시는 주요 관광명소를 관람할 수 있는 자유이용권인 시티 투어 패스(City Tour Pass)를 판매하고 있다. 다음 〈관광 정보〉와 〈조건〉에 근거할 때, 김○○ 씨가 아래 6곳의 관광명소(가~바)를 모두 관람하는 데 필요한 최소 금액은?

〈관광 정보〉

구분		관람료	휴관	패스 사용 가능 여부
가 박물관		11	월요일	가능
나 미술관		9	월요일	가능
다 박물관		12	화요일	가능
라 타워		8	없음	불가능
마 정원		10	수요일	가능
바 궁전	본궁	7	없음 (단, 박물관은 화요일 휴관)	가능
	정원	6		불가능(패스 소지 시 50% 할인)
	별궁	8		불가능(패스 소지 시 50% 할인)
	박물관	5		가능

〈City Tour Pass 가격〉

구분	가격($)/매
2일 패스	43
3일 패스	50
5일 패스	75

〈조 건〉

○ 하루 최대 2곳의 관광명소만 관람할 수 있다.
○ 바 궁전 관람에는 1일이 소요되며 궁전의 일부만 관람하는 경우에도 소요 시간은 동일하다.
○ 시티 투어 패스는 개시일로부터 연속적으로 사용해야 한다.
○ 바 궁전의 경우 본궁, 정원, 별궁 모두 관람해야 하며, 박물관은 관람하지 않아도 된다.
○ 바 궁전의 네 곳 모두 관람이 가능한 1일권을 별도로 판매하고 있다. (월~금: 17$, 토~일: 20$)

① 65$ ② 66$ ③ 67$
④ 68$ ⑤ 69$

49 다음 〈대화〉와 〈품질인증서번호 부여 규칙〉을 근거로 판단할 때, 乙이 발급받은 품질인증서번호는?

〈대 화〉

甲: 안녕하세요? '품질인증서' 발급을 신청하러 오셨나요?

乙: 토목분야로 예전에 품질인증서를 발급받은 적이 있어요. 재발급받으려 합니다.

甲: 인증서 유효기간은 발급일로부터 2년까지입니다. 선생님께선 2017년 11월 20일에 발급받으셨네요. 오늘 접수하시면 유효기간 만료일로부터 30일이 지난 겁니다.

乙: 그렇군요. 저희가 2019년 11월에 본사와 공장을 전부 이전해서 주소가 바뀌었어요. 본사는 대전으로 이전했고, 공장은 중동에서 베트남으로 이전해 있어요. 이러한 내용으로 발급해 주세요.

甲: 접수되었습니다. 품질인증서는 접수일로부터 3주 후에 발급됩니다.

〈품질인증서번호 부여 규칙〉

품질인증서번호는 부여 규칙(가~라)에 따라 아래와 같이 ㉠~㉣란에 숫자 또는 코드가 기재된다.

㉠	㉡	㉢	㉣

가. ㉠란에 발급연도의 3, 4번째 숫자를 기재한다.

나. ㉡란에 아래의 신청유형별 코드를 기재한다.

신청유형	코드	신청유형	코드
신규신청	1A	재발급(기간만료 후)	4B
연장신청(기간만료 전)	2A	재발급(양도)	2C
규격확인 신청	3B	재발급(공장주소변경)	6C

※ 2개 이상의 신청유형에 해당되는 경우에는 해당 코드를 모두 기재하되, 각 코드에 포함된 숫자가 큰 코드를 먼저 기재함.

다. ㉢란에 아래의 분야별 코드를 기재한다.

분야명	코드	분야명	코드
기계	AA	에너지	CC
전기 · 전자	AB	토목	CD
정보 · 통신	BB	의료기기	DD

라. ㉣란에 아래의 지역구분 코드를 기재한다. (단, 지역 구분 코드는 발급연도를 기준으로 공장소재지에 따른다.)

국내	코드	국외	코드
서울 · 인천 · 경기	DA	아시아	FA
대전 · 세종 · 충남 · 충북	DB	미주	FB
광주 · 전남 · 전북 · 제주	DC	유럽	FC
부산 · 울산 · 경남	DD	중동	FD
대구 · 경북	DE	아프리카	FE
강원	DF	기타지역	FF

① 196C4BCDFA

② 194B6CCCDB

③ 196C4BCDFD

④ 204B6CCDDB

⑤ 206C4BCDFA

50 A 국의 사용자 甲과 근로자 乙은 다음 〈근로계약 조건〉에 따라 근로계약을 체결하였다. 〈지문〉과 〈乙의 2010년 2월 근무내역〉에 근거할 때 乙의 2010년 2월 최소 임금은 얼마인가?

─────〈근로계약 조건〉─────

○ 1주 소정(所定)근로시간은 35시간이다.

○ 기본 시간급(통상임금)은 2만 원, 매주 토요일에는 주휴(週休)수당으로 14만 원을 받는다.

○ 연장근로·야간근로·휴일근로 가산임금에 관해서는 「근로기준법」의 규정을 따른다.

○ 乙은 근로일에 17시부터 근로를 시작하고, 하루에 7시간 이상 근로하여야 하며, 하루 9시간을 초과하지는 않는다.

※ '소정근로시간'이란 법정근로시간(1주 40시간)의 범위에서 근로자와 사용자 사이에 정한 근로시간을 말함.

─────〈지 문〉─────

　　A 국의 「근로기준법」에 따르면 연장근로와 야간근로, 휴일근로에 대해서는 통상임금의 100분의 50을 가산하여 지급해야 한다. 만일 가산임금을 지급해야 하는 사유가 중복되는 경우에는 각각의 사유에 따른 가산임금을 중복하여 지급해야 한다. 예를 들어 연장근로이면서 동시에 야간근로인 경우에는 기본 시간급 100퍼센트에 연장근로 가산임금 50퍼센트와 야간근로 가산임금 50퍼센트를 합하여 통상임금의 200퍼센트를 지급해야 한다.

　　연장근로수당 산정 시에 유의할 것은 법내연장근로개념이다. 법내연장근로는 당사자인 근로자와 사용자가 일하기로 약정한 소정근로시간이 법에서 정한 기준근로시간인 1주 40시간 이내인 경우 소정근로시간은 초과하나 법정근로시간 이하인 근로를 말한다. 근로자 乙과 사용자 甲이 1주 소정근로시간을 36시간이라고 정한 경우라면, 약정한 소정근로시간 36시간이 법정 기준근로시간인 40시간 이내이므로 비록 근로자가 36시간을 초과하여 연장근로를 2시간 하더라도 이는 법정근로시간인 40시간을 벗어나지 않은 것이므로, 가산임금 50퍼센트를 지급하지 않아도 된다.

　　야간근로에 대해서도 주의할 점이 있다. 예를 들어 법에서 정한 1주 40시간 내에서 당사자 간 소정근로시간을 정하기는 하였는데, 그 근무시각이 법에서 정한 야간근로 시간대인 경우가 있다. 비록 근로자와 사용자의 약정에 의하여 법정근로시간인 1주 40시간 내의 근무라도 야간근로시간대에 근무하면 가산임금으로 50퍼센트를 추가 지급해야 한다.

※ 소정근로시간을 초과하여 근무하는 것을 '연장근로', 휴일에 근무하는 것을 '휴일근로', 야간(22시에서 다음날 06시 사이의 근로)에 근무하는 것을 '야간근로'라고 함.

〈乙의 2010년 2월 근무내역〉

근무 1주 차	근무 2주 차	근무 3주 차	근무 4주 차
38시간	42시간	40시간	44시간

○ 2010년 2월은 28일까지이고 2월 1일은 월요일이다.

○ 토요일과 일요일 외의 휴일은 없다.

○ 乙은 평일에는 매일 근무하였고 휴일에는 근무하지 않았다.

① 390만 원　　　　　　② 398만 원　　　　　　③ 448만 원

④ 454만 원　　　　　　⑤ 472만 원

약점 보완 해설집 p.49

해커스공기업 PSAT 기출로 끝내는 NCS 문제해결·자원관리 집중 공략

PART 10

PSAT 기반 NCS 실전모의고사

×

실전모의고사 1회

실전모의고사 2회

실전모의고사 3회

실전모의고사 4회

문제풀이 시작과 종료 시각을 정한 후 실전처럼 모의고사를 풀어보세요. 문제를 모두 푼 뒤에 실제로 소요된 시간과 맞은 문항 수를 기록하여 자신의 실력을 점검해 보시기 바라며, 회차별 마지막 문제 밑 혹은 해설집의 바로 채점 및 성적 분석 서비스 QR코드를 스캔하여 응시 인원 대비 본인의 성적 위치를 확인해보시기 바랍니다. 본 모의고사는 문제해결·자원관리능력 문제로 구성된 시험으로 실제에서는 다른 영역도 함께 출제됩니다.

01 갑과 을이 내기를 하려고 한다. 게임의 규칙은 다음과 같다. 각 주머니에 들어 있는 숫자 카드의 합이 모두 같다고 할 때 다음 보기 중 옳은 것을 모두 고른 것은?

─────────〈규 칙〉─────────

1. A, B, C 주머니와 1부터 9까지의 숫자 카드가 한 장씩 준비되어 있다.
2. 갑이 A 주머니에 7을, 을이 B 주머니에 8을, 다시 갑이 C 주머니에 9를, 다시 을이 A 주머니에 5를 순서대로 넣었다.
3. 나머지 5장의 숫자 카드도 적당히 나누어 각 주머니에 3장의 카드가 되도록 했다.
4. 세 개의 주머니 가운데 갑이 먼저 하나를 고르면 을이 나머지를 고른다.
5. 동시에 눈을 가리고 각자 선택한 주머니에 손을 넣어 무작위로 카드 하나를 꺼내며, 이때 큰 숫자를 들고 있는 사람이 승리한다.
6. 갑과 을은 자신이 승리하기 위해 최선의 합리적인 선택을 한다.

─────────〈보 기〉─────────

ㄱ. 주머니마다 들어 있는 숫자 카드의 합은 각각 15이다.
ㄴ. 갑이 B 주머니를 골랐다면 을은 A 주머니를 고르는 것이 유리하다.
ㄷ. 갑이 C 주머니를 골랐다면 을은 B 주머니를 고르는 것이 유리하다.
ㄹ. 갑이 어떤 주머니를 고르던 을이 승리할 확률이 높다.

① ㄱ
② ㄱ, ㄹ
③ ㄴ, ㄷ
④ ㄱ, ㄷ, ㄹ
⑤ ㄱ, ㄴ, ㄹ

02 다음 글과 〈상황〉을 근거로 판단할 때, 甲의 계약 의뢰 날짜와 공고 종료 후 결과통지 날짜를 옳게 짝지은 것은?

○ A 국의 정책연구용역 계약 체결을 위한 절차는 다음과 같다.

순서	단계	소요기간
1	계약 의뢰	1일
2	서류 검토	2일
3	입찰 공고	40일(긴급계약의 경우 10일)
4	공고 종료 후 결과통지	1일
5	입찰서류 평가	10일
6	우선순위 대상자와 협상	7일

※ 소요기간은 해당 절차의 시작부터 종료까지 걸리는 기간이다. 모든 절차는 하루 단위로 주말(토, 일) 및 공휴일에도 중단이나 중복 없이 진행된다.

─〈상 황〉─

A 국 공무원인 甲은 정책연구용역 계약을 4월 30일에 체결하는 것을 목표로 계약부서에 긴급계약으로 의뢰하려 한다. 계약은 우선순위 대상자와 협상이 끝난 날의 다음 날에 체결된다.

	계약 의뢰 날짜	공고 종료 후 결과통지 날짜
①	3월 30일	4월 11일
②	3월 30일	4월 12일
③	3월 30일	4월 13일
④	3월 31일	4월 12일
⑤	3월 31일	4월 13일

03 다음 글과 〈표〉를 근거로 판단할 때, A 사무관이 선택할 4월의 광고 수단은?

○ 주어진 예산은 월 3천만 원이며, A 사무관은 월별 광고효과가 가장 큰 광고 수단 하나만을 선택한다.

○ 광고비용이 예산을 초과하면 해당 광고 수단은 선택하지 않는다.

○ 광고효과는 아래와 같이 계산한다.

$$광고효과 = \frac{총\ 광고\ 횟수 \times 회당\ 광고\ 노출자\ 수}{광고비용}$$

○광고 수단은 한 달 단위로 선택된다.

〈표〉

광고 수단	광고 횟수	회당 광고 노출자 수	월 광고비용(천 원)
TV	월 3회	100만 명	30,000
버스	일 1회	10만 명	20,000
KTX	일 70회	1만 명	35,000
지하철	일 60회	2천 명	25,000
포털사이트	일 50회	5천 명	30,000

① TV

② 버스

③ KTX

④ 지하철

⑤ 포털사이트

04 명절을 맞이하여 친척들이 집에 모였는데 아이들을 보니 모두 초등학교 1학년부터 5학년까지 각각 1명씩 이었으며 입은 옷의 색깔도 각각 달랐다. 할아버지께 인사를 드리기 위해 왼쪽의 1번 자리부터 어린 순으로 서 있으라고 했는데 제대로 듣지 않은 아이들이 뒤죽박죽 서 있었다. 다음은 아이들이 서 있는 위치에 대한 내용이다. 다음 중 반드시 옳은 것은?

	할아버지			
1	2	3	4	5

가. 파란색 옷을 입은 아이는 빨간색 옷과 녹색 옷을 입은 아이의 사이에 서 있다.
나. 주황색 옷을 입은 아이와 노란색 옷을 입은 아이는 2학년과 4학년이다.
다. 녹색 옷을 입은 아이는 3학년이며 이 아이만 자기 자리에 정확히 서 있다.
라. 빨간색 옷을 입은 아이가 학년이 가장 높으며 옆에 주황색 옷을 입은 아이가 서 있지 않다.

① 주황색 옷을 입은 아이는 4학년이다.

② 노란색 옷을 입은 아이는 5번 위치에 서 있다.

③ 파란색 옷을 입은 아이는 1학년이다.

④ 녹색 옷을 입은 아이는 파란색 옷을 입은 아이보다 학년이 낮다.

⑤ 주황색 옷을 입은 아이와 빨간색 옷을 입은 아이 사이에는 3명의 아이가 서 있다.

05 다음 명제에 의할 때 도출할 수 있는 결론으로 옳은 것은?

○ 점프력이 좋은 사람만 고기를 좋아한다.
○ 배구 선수는 키가 크다.
○ 경기에 출전하지 않는 선수는 고기를 좋아한다.
○ 열심히 훈련하지 않았거나 배구 선수가 아니라면 점프력이 좋지 않다.

① 점프력이 좋은 사람은 키가 크지 않다.

② 경기에 출전하는 선수는 점프력이 좋다.

③ 열심히 훈련했다면 고기를 좋아한다.

④ 고기를 좋아하는 사람은 키가 크다.

⑤ 키가 큰 사람은 점프력이 좋지 않다.

06 다음 전제를 읽고 반드시 참인 결론을 고르시오.

냉장고를 구매한 사람은 청소기도 구매했다.
노트북을 구매한 사람 중에는 냉장고를 구매한 사람도 있다.
_____

① 노트북, 청소기, 냉장고를 모두 구매한 사람은 없다.

② 노트북만 구매한 사람은 있을 수 없다.

③ 냉장고를 구매하지 않고 청소기와 노트북을 구매한 사람이 있다.

④ 청소기는 구매했지만 냉장고와 노트북을 구매하지 않은 사람이 있을 수 있다.

⑤ 냉장고와 청소기를 구매했지만 노트북을 구매하지 않은 사람은 있을 수 없다.

07 다음 글의 내용이 참일 때, 갑이 반드시 수강해야 할 과목은?

> 갑은 A~E 과목에 대해 수강신청을 준비하고 있다. 갑이 수강하기 위해 충족해야 하는 조건은 다음과 같다.
> ○A를 수강하면 B를 수강하지 않고, B를 수강하지 않으면 C를 수강하지 않는다.
> ○D를 수강하지 않으면 C를 수강하고, A를 수강하지 않으면 E를 수강하지 않는다.
> ○E를 수강하지 않으면 C를 수강하지 않는다.

① A

② B

③ C

④ D

⑤ E

08 다음 글과 〈상황〉을 근거로 판단할 때 옳은 것은?

○ 제○○조
　① 증인신문은 증인을 신청한 당사자가 먼저 하고, 다음에 다른 당사자가 한다.
　② 재판장은 제1항의 신문이 끝난 뒤에 신문할 수 있다.
　③ 재판장은 제1항과 제2항의 규정에 불구하고 언제든지 신문할 수 있다.
　④ 재판장은 당사자의 의견을 들어 제1항과 제2항의 규정에 따른 신문의 순서를 바꿀 수 있다.
　⑤ 당사자의 신문이 중복되거나 쟁점과 관계가 없는 때, 그 밖에 필요한 사정이 있는 때에 재판장은 당사자의 신문을 제한할 수 있다.
　⑥ 합의부원은 재판장에게 알리고 신문할 수 있다.

○ 제○○조
　① 증인은 따로따로 신문하여야 한다.
　② 신문하지 않은 증인이 법정 안에 있을 때에는 법정에서 나가도록 명하여야 한다. 다만 필요하다고 인정한 때에는 신문할 증인을 법정 안에 머무르게 할 수 있다.

○ 제○○조
　재판장은 필요하다고 인정한 때에는 증인 서로의 대질을 명할 수 있다.

○ 제○○조
　증인은 서류에 의하여 진술하지 못한다. 다만 재판장이 허가하면 그러하지 아니하다.

※ 당사자: 원고, 피고를 가리킴.

―――――〈상 황〉―――――
　원고 甲은 피고 乙을 상대로 대여금반환청구의 소를 제기했다. 이후 절차에서 甲은 丙을, 乙은 丁을 각각 증인으로 신청했으며 해당 재판부(재판장 A, 합의부원 B와 C)는 丙과 丁을 모두 증인으로 채택했다.

① 丙을 신문할 때 A는 乙보다 먼저 신문할 수 없다.
② 甲의 丙에 대한 신문이 쟁점과 관계가 없는 때, A는 甲의 신문을 제한할 수 있다.
③ A가 丁에 대한 신문을 乙보다 甲이 먼저 하게 하려면, B와 C의 의견을 들어야 한다.
④ 丙과 丁을 따로따로 신문해야 하는 것이 원칙이지만, B는 필요하다고 인정한 때 丙과 丁의 대질을 명할 수 있다.
⑤ 丙이 질병으로 인해 서류에 의해 진술하려는 경우 A의 허가를 요하지 않는다.

09 원격교육의 시범학교의 후보로 A, B, C 세 학교가 고려되었다. 시범학교 선정에 '조건 1~3'이 적용되었는데, 이 중 '조건 3'의 내용은 아직 알려지지 않았다. 선정되는 학교의 수에 상관없이 B 학교가 반드시 선정되는 데 필요한 '조건 3'으로 적절한 것은?

○ 조건 1
 A 학교가 탈락하면 B 학교가 선정된다.
○ 조건 2
 B 학교가 탈락하면 C 학교가 선정된다.

① A 학교가 선정되거나 B 학교가 선정된다.
② 두 개의 학교만 선정되는 경우는 없다.
③ B 학교나 C 학교 중 하나가 탈락한다.
④ C 학교가 탈락하면 A 학교도 탈락한다.
⑤ A 학교가 탈락하면 B 학교도 탈락한다.

10 다음 대화의 ㉠과 ㉡에 들어갈 말을 적절하게 짝지은 것은?

> 갑: 신입직원 가운데 일부가 봉사활동에 지원했습니다. 그리고 ㉠ ⬚⬚⬚⬚⬚⬚⬚⬚⬚⬚⬚⬚⬚⬚⬚⬚
>
> 을: 지금 하신 말씀에 따르자면, 제 판단으로는 하계연수에 참여하지 않은 사람 중에 신입직원이 있다는 결론이 나오는군요.
>
> 갑: 그렇게 판단하신 게 정확히 맞습니다. 아니, 잠깐만요. 아차, 제가 앞에서 말씀드린 부분 중에 오류가 있었군요. 죄송합니다. 신입직원 가운데 일부가 봉사활동에 지원했다는 것은 맞는데, 그다음이 틀렸습니다. 봉사활동 지원자는 전부 하계연수에도 참여했다고 말씀드렸어야 했습니다.
>
> 을: 알겠습니다. 그렇다면 아까와 달리 "㉡ ⬚⬚⬚⬚⬚⬚⬚⬚⬚⬚⬚"라는 결론이 나오는 것이로군요.
>
> 갑: 바로 그렇습니다.

① ㉠: 하계연수 참여자 가운데는 봉사활동에 지원했던 사람이 없습니다.
　㉡: 신입직원 가운데 하계연수 참여자가 있다.

② ㉠: 하계연수 참여자 가운데는 봉사활동에 지원했던 사람이 없습니다.
　㉡: 신입직원 가운데 하계연수 참여자는 한 명도 없다.

③ ㉠: 하계연수 참여자는 모두 봉사활동에도 지원했던 사람입니다.
　㉡: 신입직원 가운데 하계연수 참여자는 한 명도 없다.

④ ㉠: 하계연수 참여자 가운데 봉사활동에도 지원했던 사람이 있습니다.
　㉡: 신입직원 가운데 하계연수 참여자가 있다.

⑤ ㉠: 하계연수 참여자 가운데 봉사활동에도 지원했던 사람이 있습니다.
　㉡: 신입직원은 모두 하계연수 참여자이다.

11 A 회사는 연초 직원들에게 연말 최고 우수사원에 대한 평가 지침을 하달하고, 최고 우수사원에게는 특별 상여금을 지급하기로 했다. 각 평가 지침은 업무 목표와 개인 목표로 구분되어 있는데, 1차적으로는 업무 목표로 평가하나, 업무 목표 동점자가 발생했을 경우 개인 목표 점수가 높은 사람을 뽑기로 했다. 다음 중 최고 우수사원은?

평가 항목		가중치	A	B	C	D	E
업무 목표	매출 확대	40	10	9	9	7	10
	관리비 절감	30	9	9	10	8	9
	업무 혁신	30	10	8	10	9	10
개인 목표	국어 사용 능력 향상	50	8	8	9	9	8
	지식 공유	30	7	8	7	9	7
	건강 관리	40	7	7	6	8	5

① A ② B ③ C
④ D ⑤ E

12 세 형제인 가운, 나무, 다승은 각각 다른 직업을 가지고 살아가고 있다. 세 형제는 연년생이며, 둘째가 20살을 기념하기 위한 어느 날, 세 사람은 나란히 앉아서 기념사진을 촬영했다. 사진을 보고 형제들이 진술한 것들이 아래와 같을 때, 이름, 직업, 나이 등이 바르게 연결된 것은?

〈조 건〉

○ 다승은 21세가 아니고, 세 형제 중 21세인 사람은 사진의 가장 오른쪽에 있지 않으며, 가장 오른쪽에 있는 사람은 다승이 아니다.
○ 사진의 가운데에 있는 사람은 목수이지만 19세가 아니다.
○ 화가는 가운이다.
○ 나무는 19세가 아니며 사진의 가장 왼쪽에 있지 않다.
○ 가장 왼쪽에 있는 사람은 20세가 아니다.

① 다승, 화가 ② 화가, 19세 ③ 나무, 20세
④ 가운, 20세 ⑤ 목수, 20세

13 차량 탑승자 K는 〈그림〉과 같이 지점 '가'에서 '나'까지 점선을 따라 이동하며 휴대전화로 통화 중이다. CDMA 방식의 휴대전화는 이동 중에 기지국과 통신을 하며 다음 기지국으로 이동 시 통화가 원활히 이루어지도록 핸드오프(Handoff)라는 과정을 거친다. 아래 〈조건〉 하에서 지점 '가'에서 '나'까지 이동 시 핸드오프는 어떤 식으로 이루어지는가?

〈핸드오프의 종류〉

ㅇ 핸드오프 1(H1): 기지국 내 섹터 간 이동 시 통화를 원활하게 유지시키기 위한 방식
ㅇ 핸드오프 2(H2): 기지국 간 이동 시 통화에 아무런 지장이 없도록 해주는 방식
ㅇ 핸드오프 3(H3): 이동하려는 기지국 통화영역에 이미 동일한 주파수가 이용되고 있는 경우 극히 짧은 시간 동안 통화를 끊고 다른 주파수를 이용하는 방식

〈조 건〉

ㅇ K 씨는 지점 '가'에서 주파수 F1을 사용하고 있다.
ㅇ 다른 휴대폰 사용자가 기지국 B의 섹터 a에서 주파수 F1을 사용 중이다.
ㅇ 동일 기지국 내에서는 동시에 같은 주파수를 사용할 수 없다.
ㅇ 각 기지국은 주파수 F1, F2, F3을 사용할 수 있다.
ㅇ 각 기지국에는 3개의 안테나가 있어 아래 그림처럼 3개의 섹터(a, b, c)를 120°씩 통신을 담당하고 있고, 원은 각 기지국의 서비스 범위를 의미한다.

〈차량 탑승자 K의 이동경로〉

① H1 → H3 → H1 → H3 → H1

② H2 → H3 → H2 → H3 → H2

③ H1 → H3 → H1 → H2 → H1

④ H2 → H3 → H1 → H2 → H1

⑤ H1 → H2 → H1 → H2 → H1

14 가 회사는 새해 예산을 작성하려고 한다. 가 회사에는 두 개의 중요 부서인 A 부서, B 부서가 있으며, 매해 예산은 두 중요 부서의 제안에 의해 책정된다고 한다. 두 중요 부서의 제안 방법이 〈조건〉과 같고, 두 부서는 최대의 예산을 받으려고 노력한다고 할 때, A 부서가 1차에 B 부서의 합의를 받아낼 수 있는 최대 예산은?

〈조 건〉

ㄱ. A 부서와 B 부서가 예산을 제안하는 협상을 1, 2, 3차로 나누어서 실시한다.

ㄴ. 1차 협상에는 A 부서가 먼저 B 부서에 예산을 제시하여 B 부서가 승인하면 협상을 종료하고, 거절하면 2차 협상으로 넘어간다.

ㄷ. 2차 협상에서는 B 부서가 A 부서에 예산을 제시하고, A 부서가 승인하면 협상을 종료하고, 거절하면 3차 협상으로 넘어간다.

ㅁ. 3차 협상에서는 A 부서가 예산을 B 부서에 제시하는데 이때는 B 부서가 무조건 승인해야 한다.

ㅂ. 협상의 차수가 진행될수록 예산안 지연에 따른 비용이 발생하여 전체 예산은 삭감되며, 1차 협상에는 200만 원, 2차 협상에서는 100만 원, 3차 협상에서는 50만 원을 가지고 분배하게 된다.

---

① 120만 원 ② 130만 원 ③ 140만 원
④ 150만 원 ⑤ 160만 원

15 다음 글을 근거로 판단할 때, 〈사례〉에서 甲이 乙에게 지급을 청구하여 받을 수 있는 최대 손해배상액은?

> 채무자가 고의 또는 과실로 인하여 채무의 내용에 따른 이행을 하지 않으면 채권자는 채무자에게 손해배상을 청구할 수 있다. 채권자가 채무불이행을 이유로 채무자로부터 손해배상을 받으려면 손해의 발생 사실과 손해액을 증명해야 하는데, 증명의 어려움을 해소하기 위해 손해배상액을 예정하는 경우가 있다.
>
> 손해배상액의 예정은 장래의 채무불이행 시 지급해야 할 손해배상액을 사전에 정하는 약정을 말한다. 채권자와 채무자 사이에 손해배상의 예정이 있으면 채권자는 실손해액과 상관없이 예정된 배상액을 청구할 수 있지만, 실손해액이 예정액을 초과하더라도 그 초과액을 배상받을 수 없다. 그리고 손해배상액을 예정한 사유가 아닌 다른 사유로 발생한 손해에 대해서는 손해배상액 예정의 효력이 미치지 않는다. 따라서 이로 인한 손해를 배상받으려면 별도로 손해의 발생 사실과 손해액을 증명해야 한다.

〈사 례〉

> 甲과 乙은 다음과 같은 공사도급계약을 체결했다.
>
> ○ 계약당사자: 甲(X 건물 소유주)/乙(건축업자)
> ○ 계약 내용: X 건물의 리모델링
> ○ 공사대금: 1억 원
> ○ 공사 기간: 2015. 10. 1.~2016. 3. 31.
> ○ 손해배상액의 예정: 공사 기간 내에 X 건물의 리모델링을 완료하지 못할 경우, 지연 기간 1일당 위 공사대금의 0.1%를 乙이 甲에게 지급

> 그런데 乙의 과실로 인해 X 건물 리모델링의 완료가 30일이 지연되었고, 이로 인해 甲은 500만 원의 손해를 입었다. 또한 乙이 고의로 불량자재를 사용하여 부실 공사가 이루어졌고, 이로 인해 甲은 1,000만 원의 손해를 입었다. 甲은 각각의 손해 발생 사실과 손해액을 증명하여 乙에게 손해배상을 청구했다.

① 500만 원

② 800만 원

③ 1,300만 원

④ 1,500만 원

⑤ 1,800만 원

16 ○○시의 사무관 K씨는 3월 1일 자로 현 부서에 부임하자마자 새로운 환경시설 유치에 대한 주민공청회를 개최하는 업무를 시작했다. 주민공청회를 개최하기 위해서는 다음과 같은 활동들과 소요 기간(일)이 필요하다. 여기서 각 활동은 직전 활동들이 완성되어야만 시작된다. 가장 빠른 공청회 개최일은? (단, 휴일에도 근무하는 것으로 한다.)

활동	활동 내용	직전 활동	소요 기간(일)
1	공청회 개최 담당 조직 결성		2
2	예산 확보	1	4
3	공청회 장소 물색	1	3
4	공청회 장소 결정 및 계약	3	2
5	사회자, 발표자 및 토론자 선정	2	10
6	초청장 인쇄 및 발송	2, 5	5
7	공청회 자료 작성	1, 5	15
8	공청회 자료 운반	7	1
9	공청회 회의실 정비	4	1
10	공청회 개최	6, 8, 9	1

① 3월 9일

② 3월 19일

③ 3월 22일

④ 4월 2일

⑤ 4월 13일

17 다음은 X 공기업의 팀별 성과급 지급 기준이다. Y 팀의 성과평가결과가 〈보기〉와 같다면 지급되는 성과급의 1년 총액은?

〈성과급 지급 방법〉

가. 성과급 지급은 성과평가 결과와 연계함

나. 성과평가는 유용성, 안전성, 서비스 만족도의 총합으로 평가함. 단, 유용성, 안전성, 서비스 만족도의 가중치를 각각 0.4, 0.4, 0.2로 부여함

다. 성과평가 결과를 활용한 성과급 지급 기준

성과평가 점수	성과평가 등급	분기별 성과급 지급액	비고
9.0 이상	A	100만 원	
8.0 이상 9.0 미만	B	90만 원(10만 원 차감)	성과평가 등급이 A면 직전분기 차감액의 50%를 가산하여 지급
7.0 이상 8.0 미만	C	80만 원(20만 원 차감)	
7.0 미만	D	40만 원(60만 원 차감)	

〈보 기〉

구분	1/4 분기	2/4 분기	3/4 분기	4/4 분기
유용성	8	8	10	8
안전성	8	6	8	8
서비스 만족도	6	8	10	8

① 350만 원

② 360만 원

③ 370만 원

④ 380만 원

⑤ 390만 원

18 다음 글의 내용이 참일 때 반드시 참인 것만을 〈보기〉에서 모두 고르면?

교수 갑~정 중에서 적어도 한 명을 국가공무원 5급 및 7급 민간경력자 일괄채용 면접위원으로 위촉한다. 위촉 조건은 아래와 같다.
○ 갑과 을 모두 위촉되면, 병도 위촉된다.
○ 병이 위촉되면, 정도 위촉된다.
○ 정은 위촉되지 않는다.

〈보 기〉

ㄱ. 갑과 병 모두 위촉된다.
ㄴ. 정과 을 누구도 위촉되지 않는다.
ㄷ. 갑이 위촉되지 않으면, 을이 위촉된다.

---

① ㄱ

② ㄷ

③ ㄱ, ㄴ

④ ㄴ, ㄷ

⑤ ㄱ, ㄴ, ㄷ

[19-20] 다음 글을 읽고 물음에 답하시오.

'국민참여예산제도'는 국가 예산사업의 제안, 심사, 우선순위 결정과정에 국민을 참여케 함으로써 예산에 대한 국민의 관심도를 높이고 정부 재정운영의 투명성을 제고하기 위한 제도이다. 이 제도는 정부의 예산편성권과 국회의 예산심의·의결권 틀 내에서 운영된다.

국민참여예산제도는 기존 제도인 국민제안제도나 주민참여예산제도와 차이점을 지닌다. 먼저 '국민제안제도'가 국민들이 제안한 사항에 대해 관계부처가 채택 여부를 결정하는 방식이라면, 국민참여예산제도는 국민의 제안 이후 사업심사와 우선순위 결정과정에도 국민의 참여를 가능하게 함으로써 국민의 역할을 확대하는 방식이다. 또한 '주민참여예산제도'가 지방자치단체의 사무를 대상으로 하는 반면, 국민참여예산제도는 중앙정부가 재정을 지원하는 예산사업을 대상으로 한다.

국민참여예산제도에서는 3~4월에 국민사업제안과 제안사업 적격성 검사를 실시하고, 이후 5월까지 각 부처에 예산안을 요구한다. 6월에는 예산국민참여단을 발족하여 참여예산 후보사업을 압축한다. 7월에는 일반국민 설문조사와 더불어 예산국민참여단 투표를 통해 사업선호도 조사를 한다. 이러한 과정을 통해 선호순위가 높은 후보사업은 국민참여예산사업으로 결정되며, 8월에 재정정책자문회의의 논의를 거쳐 국무회의에서 정부예산안에 반영된다. 정부예산안은 국회에 제출되며, 국회는 심의·의결을 거쳐 12월까지 예산안을 확정한다.

예산국민참여단은 일반국민을 대상으로 전화를 통해 참여의사를 타진하여 구성한다. 무작위로 표본을 추출하되 성·연령·지역별 대표성을 확보하는 통계적 구성방법이 사용된다. 예산국민참여단원은 예산학교를 통해 국가 재정에 대한 교육을 이수한 후, 참여예산 후보사업을 압축하는 역할을 맡는다. 예산국민참여단이 압축한 후보사업에 대한 일반국민의 선호도는 통계적 대표성이 확보된 표본을 대상으로 한 설문을 통해, 예산국민참여단의 사업선호도는 오프라인 투표를 통해 조사한다.

정부는 2017년에 2018년도 예산을 편성하면서 국민참여예산제도를 시범 도입하였는데, 그 결과 6개의 국민참여예산사업이 선정되었다. 2019년도 예산에는 총 39개 국민참여예산사업에 대해 800억 원이 반영되었다.

19 윗글을 근거로 판단할 때 옳은 것은?

① 국민제안제도에서는 중앙정부가 재정을 지원하는 예산사업의 우선순위를 국민이 정할 수 있다.

② 국민참여예산사업은 국회 심의·의결 전에 국무회의에서 정부예산안에 반영된다.

③ 국민참여예산제도는 정부의 예산편성권 범위 밖에서 운영된다.

④ 참여예산 후보사업은 재정정책자문회의의 논의를 거쳐 제안된다.

⑤ 예산국민참여단의 사업선호도 조사는 전화설문을 통해 이루어진다.

20 윗글과 〈상황〉을 근거로 판단할 때, 甲이 보고할 수치를 옳게 짝지은 것은?

─〈상 황〉─

2019년도 국민참여예산사업 예산 가운데 688억 원이 생활밀착형사업 예산이고 나머지는 취약계층지원사업 예산이었다. 2020년도 국민참여예산사업 예산 규모는 2019년도에 비해 25% 증가했는데, 이 중 870억 원이 생활밀착형사업 예산이고 나머지는 취약계층지원사업 예산이었다. 국민참여예산제도에 관한 정부부처 담당자 甲은 2019년도와 2020년도 각각에 대해 국민참여예산사업 예산에서 취약계층지원사업 예산이 차지한 비율을 보고하려고 한다.

	2019년도	2020년도
①	13%	12%
②	13%	13%
③	14%	13%
④	14%	14%
⑤	15%	14%

약점 보완 해설집 p.69

무료 바로 채점 및 성적 분석 서비스 바로 가기
QR코드를 이용해 모바일로 간편하게 채점하고 나의 실력이 어느 정도인지, 취약 부분이 어디인지 바로 파악해 보세요!

[01-02] 극단에서 다음과 같은 작업을 필요로 하는 연극을 준비하고 있다. 이 극단에서는 여러 팀이 존재하며 서로 다른 과정을 수행할 수 있는데 필요한 작업과 선행작업 간의 관계를 정리하면 다음과 같다.

	작업	소요 시간(일)	선행작업
1	섭외	5	
2	출연료 협상	2	1
3	대본 배부	4	1
4	대본 리딩	4	2, 3
5	총연습	7	2, 4
6	리허설	1	3
7	무대 준비	5	5, 6

※ 출연료 협상과 대본 리딩 후에는 1일의 쉬는 시간이 필요하며, 섭외와 총연습 후에는 이틀의 정리 시간이 필요함.

01 섭외를 3월 1일에 시작해서 쉬는 날 없이 작업을 진행한다고 할 때 무대 준비를 마친 날짜는 언제인가?

① 3월 28일　　　　　② 3월 30일　　　　　③ 4월 2일
④ 4월 5일　　　　　⑤ 4월 9일

02 상황이 바뀌어서 '출연료 협상' 시간이 생각보다 오래 걸리고, '총연습' 시간은 하루당 300만 원의 예산을 투자하면 줄일 수 있다고 한다. 다음의 상황에서 A, B의 날짜를 순서대로 올바르게 나열한 것은?

─────〈상 황〉─────
○ 출연료 협상에 하루가 더 걸리게 되고 600만 원의 예산 투자가 가능할 경우 (A)에 무대 준비를 마치게 된다.
○ 출연료 협상에 6일이 더 걸리게 되고 예산의 투자가 불가능한 경우 (B)에 무대 준비를 마치게 된다.

	A	B
①	3월 28일	4월 5일
②	3월 30일	4월 4일
③	3월 31일	4월 3일
④	3월 28일	4월 4일
⑤	3월 28일	4월 2일

03 이번 사내 체육대회에서 기획실은 농구 경기에 출전을 하기로 했다. 기획실은 기획 1실부터 기획 5실까지 총 5개의 부서로 이루어져 있어 팀 구성을 맡은 민지는 각 실마다 포지션별로 한 명씩 차출하여 팀을 구성했다. 그런데 다음 날 모든 선수의 차출 부서, 등번호, 포지션을 기록해 놓은 파일이 삭제되어 있었고 난감해하던 민지는 어제 선수 명단을 정리하면서 남겨놓은 메모가 서랍 안에 있는 것을 확인했는데, 그 내용은 다음과 같았다.

---

1. 포인트가드 등번호는 기획 2실 대표 등번호의 절반이며, 기획 4실 대표의 등번호는 기획 5실 대표 등번호의 5배이다.
2. 기획 2실 대표의 등번호는 기획 3실 대표의 등번호의 5배이다.
3. 슈팅가드인 기획 1실 대표의 등번호는 기획 3실 대표 등번호의 4배이다.
4. 기획 3실 대표의 등번호는 센터 등번호의 2배이다.
5. 등번호는 1, 2, 5, 8, 10으로 하고 포지션은 센터(C), 파워포워드(PF), 스몰포워드(SF), 슈팅가드(SG), 포인트가드(PG)로 한다.

그런데 이것만으로는 모든 선수의 등번호와 포지션을 알 수 없었다. 하지만 쓰레기통에서 발견한 쪽지를 보고 비로소 모든 선수의 차출 부서, 등번호, 포지션을 알 수 있었다. 그렇다면 다음 중 쓰레기통에서 발견한 쪽지의 내용으로 적절하지 않은 것은?

① 스몰포워드의 등번호가 가장 큰 숫자이다.

② 슈팅가드의 등번호는 파워포워드 등번호의 4배이다.

③ 스몰포워드의 등번호보다 파워포워드의 등번호가 크다.

④ 파워포워드의 등번호는 포인트가드의 등번호보다 작다.

⑤ 스몰포워드와 파워포워드의 등번호는 짝수이다.

04 다음 글을 근거로 판단할 때, 〈보기〉에서 옳은 것만을 모두 고르면?

엘로 평점 시스템(Elo Rating System)은 체스 등 일대일 방식의 종목에서 선수들의 실력을 표현하는 방법으로 물리학자 아르파드 엘로(Arpad Elo)가 고안했다.

임의의 두 선수 X, Y의 엘로 점수를 각각 E_X, E_Y라 하고 X가 Y에게 승리할 확률을 P_{XY}, Y가 X에게 승리할 확률을 P_{YX}라고 하면, 각 선수가 승리할 확률은 다음 식과 같이 계산된다. 무승부는 고려하지 않으므로 두 선수가 승리할 확률의 합은 항상 1이 된다.

$$P_{XY} = \frac{1}{1 + 10^{-(E_X - E_Y)/400}}$$

$$P_{YX} = \frac{1}{1 + 10^{-(E_Y - E_X)/400}}$$

두 선수의 엘로 점수가 같다면, 각 선수가 승리할 확률은 0.5로 같다. 만약 한 선수가 다른 선수보다 엘로 점수가 200점 높다면, 그 선수가 승리할 확률은 약 0.76이 된다.

경기 결과에 따라 각 선수의 엘로 점수는 변화한다. 경기에서 승리한 선수는 그 경기에서 패배할 확률에 K를 곱한 만큼 점수를 얻고, 경기에서 패배한 선수는 그 경기에서 승리할 확률에 K를 곱한 만큼 점수를 잃는다. (K는 상수로, 보통 32를 사용한다.) 승리할 확률이 높은 경기보다 승리할 확률이 낮은 경기에서 승리했을 경우 더 많은 점수를 얻는다.

〈보 기〉

ㄱ. 경기에서 승리한 선수가 얻는 엘로 점수와 그 경기에서 패배한 선수가 잃는 엘로 점수는 다를 수 있다.

ㄴ. K=32라면, 한 경기에서 아무리 강한 상대에게 승리해도 얻을 수 있는 엘로 점수는 32점 이하이다.

ㄷ. A가 B에게 패배할 확률이 0.1이라면, A와 B의 엘로 점수 차이는 400점 이상이다.

ㄹ. A가 B에게 승리할 확률이 0.8, B가 C에게 승리할 확률이 0.8이라면, A가 C에게 승리할 확률은 0.9 이상이다.

① ㄱ, ㄴ

② ㄴ, ㄹ

③ ㄱ, ㄴ, ㄷ

④ ㄱ, ㄷ, ㄹ

⑤ ㄴ, ㄷ, ㄹ

05 문제 풀이 스터디를 하고 있는 갑, 을, 병, 정, 무 다섯 명이 어제 풀었던 문제 가운데 하나에 관해 토론을 하고 있다. 이 문제를 맞혔는지에 대해 다섯 명은 아래와 같이 진술했다. 각자가 말한 세 진술 가운데 하나는 진실이고 둘은 거짓이라고 할 때 다음 보기 가운데 옳은 것만을 모두 고르면? (단, A, B, C는 진술은 했지만 확실히 듣지 못한 부분이다.)

	진술 1	진술 2	진술 3
갑	나는 맞혔어.	병은 맞혔어.	정은 틀렸어.
을	나는 맞혔어.	정은 맞혔어.	(A)
병	나는 맞혔어.	(B)	정은 맞혔어.
정	나는 맞혔어.	무는 틀렸어.	갑의 3진술은 진실이야.
무	나는 맞혔어.	을은 틀렸어.	(C)

〈보 기〉

ㄱ. 갑과 을은 모두 틀렸다.
ㄴ. 정은 틀렸고 무는 맞혔다.
ㄷ. A, B는 거짓이고 C는 진실이다.
ㄹ. 위의 5명 가운데 2명이 맞혔다.

① ㄱ, ㄴ   ② ㄱ, ㄷ   ③ ㄱ, ㄴ, ㄹ
④ ㄴ, ㄹ   ⑤ ㄴ, ㄷ, ㄹ

06 다음 논증에 대한 평가로 적절한 것만을 〈보기〉에서 모두 고르면?

합리적 판단과 윤리적 판단의 관계는 무엇일까? 나는 합리적 판단만이 윤리적 판단이라고 생각한다. 즉, 어떤 판단이 합리적인 것이 아닐 경우 그 판단은 윤리적인 것도 아니라는 것이다. 그 이유는 다음과 같다. 일단 ㉠보편적으로 수용될 수 있는 판단만이 윤리적 판단이다. 즉 개인이나 사회의 특성에 따라 수용 여부에서 차이가 나는 판단은 윤리적 판단이 아니라는 것이다. 그리고 ㉡모든 이성적 판단은 보편적으로 수용될 수 있는 판단이다. 예를 들어, "모든 사람은 죽는다."와 "소크라테스는 사람이다."라는 전제들로부터 "소크라테스는 죽는다."라는 결론으로 나아가는 이성적인 판단은 보편적으로 수용될 수 있는 것이다. 이러한 판단이 나에게는 타당하면서, 너에게 타당하지 않을 수는 없다. 이것은 이성적 판단이 갖는 일반적 특징이다. 따라서 ㉢보편적으로 수용될 수 있는 판단만이 합리적 판단이다. ㉣모든 합리적 판단은 이성적 판단이다라는 것은 부정할 수 없기 때문이다. 결국 우리는 ㉤합리적 판단만이 윤리적 판단이다라는 결론에 도달할 수 있다.

〈보 기〉

ㄱ. ㉠은 받아들일 수 없는 것이다. '1+1=2'와 같은 수학적 판단은 보편적으로 수용될 수 있는 것이지만, 수학적 판단이 윤리적 판단은 아니기 때문이다.

ㄴ. ㉡과 ㉣이 참일 경우 ㉢은 반드시 참이 된다.

ㄷ. ㉠과 ㉢이 참이라고 할지라도 ㉤이 반드시 참이 되는 것은 아니다.

① ㄱ
② ㄴ
③ ㄱ, ㄷ
④ ㄴ, ㄷ
⑤ ㄱ, ㄴ, ㄷ

07 김갑돌 2등서기관은 다음과 같이 기안문을 작성하였다. 담당과장 이을순이 이 기안문에 대해 언급한 내용 중 〈공문서 작성 및 처리지침〉에 어긋나는 것을 〈보기〉에서 모두 고르면?

외교통상부

수신 주○○국 대사
경유
제목 초청장 발송 협조

　기획재정부가 「경제개발 경험공유 사업」의 일환으로 2012년 2월 1일－2012년 2월 4일 개발도상국 공무원을 초청하여 특별 연수프로그램을 실시할 예정이라고 알려오면서 협조를 요청한 바, 첨부된 초청서한 및 참가신청서(원본 외교행낭편 송부)를 ○○국 재무부에 전달 바랍니다.

　첨부: 상기 초청서한 및 참가신청서 각 1부.

기안　　　　　　　　　　　　　전결
2등서기관 김갑돌

〈공문서 작성 및 처리지침〉

○ 숫자는 아라비아 숫자로 쓴다.
○ 날짜는 숫자로 표기하되 연·월·일의 글자는 생략하고 그 자리에 온점을 찍어 표시한다.
○ 본문이 끝나면 1자(2타) 띄우고 '끝.' 표시를 한다. 단, 첨부물이 있는 경우, 첨부 표시문 끝에 1자(2타) 띄우고 '끝.' 표시를 한다.
○ 기안문 및 시행문에는 행정기관의 로고·상징·마크 또는 홍보문구 등을 표시하여 행정기관의 이미지를 높일 수 있도록 하여야 한다.
○ 행정기관의 장은 문서의 기안·검토·협조·결재·등록·시행·분류·편철·보관·이관·접수·배부·공람·검색·활용 등 문서의 모든 처리절차가 전자문서시스템 또는 업무관리시스템상에서 전자적으로 처리되도록 하여야 한다.

※ 온점: 가로쓰기에 쓰는 마침표

〈보 기〉

ㄱ. '끝.' 표시도 중요합니다. 본문 뒤에 '끝.'을 붙이세요.
ㄴ. 공문서에서 날짜 표기는 이렇게 하지 않아요. '2012년 2월 1일－2012년 2월 4일'을 '2012. 2. 1.－2012. 2. 4.'로 고치세요.
ㄷ. 오류를 수정하여 기안문을 출력해 오면 그 문서에 서명하여 결재하겠습니다.
ㄹ. 어! 로고가 빠졌네. 우리 부의 로고를 넣어주세요.

① ㄱ, ㄷ

② ㄱ, ㄹ

③ ㄴ, ㄹ

④ ㄱ, ㄴ, ㄷ

⑤ ㄴ, ㄷ, ㄹ

어떤 섬에 거짓족과 진실족만 살고 있다. 거짓족은 항상 거짓을 말하고 진실족은 항상 진실만을 말하는데 이들은 외모로는 구별할 수 없다. 길을 가던 중 다정해 보이는 한 커플을 만났는데 누가 거짓족이냐고 물었더니 남자가 "최소한 우리 둘 중 한 사람은 거짓족입니다."라고 말했다. 다음 중 이 커플에 대한 설명으로 옳은 것은?

① 남녀 모두 진실족이다.

② 남녀 모두 거짓족이다.

③ 남자는 거짓족이고 여자는 진실족이다.

④ 남자는 진실족이고 여자는 거짓족이다.

⑤ 누가 진실족이고 거짓족인지 알 수 없다.

09 세 개의 군사기지 ㉮, ㉯, ㉰에서 각각 적기의 출현여부를 레이더를 통해 감시하고 그 결과를 다음과 같이 분류하였다.

○ 실제로 적기가 출현한 경우
  1. 경보를 울림(적중)
  2. 경보를 울리지 않음(누락)
○ 실제로 적기가 출현하지 않은 경우
  1. 경보를 울림(오경보)
  2. 경보를 울리지 않음(정기각)

아래 〈그림〉은 각 군사기지의 적중 확률※과 오경보 확률※을 나타낸 것이다. 다음 〈보기〉에서 올바른 것을 모두 고른 것은?

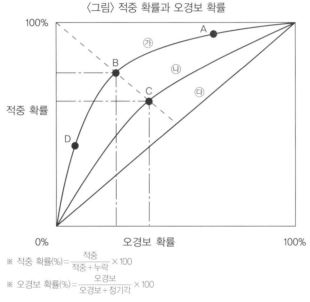

〈그림〉 적중 확률과 오경보 확률

$$\text{※ 적중 확률(\%)} = \frac{적중}{적중+누락} \times 100$$

$$\text{※ 오경보 확률(\%)} = \frac{오경보}{오경보+정기각} \times 100$$

---〈보 기〉---

ㄱ. 적기가 실제 출현했을 경우 적중 확률이 40%라면 누락 확률은 60%이다.
ㄴ. ㉮ 기지는 ㉰ 기지보다 적기 출현 여부를 더 정확하게 판단하였다.
ㄷ. ㉮ 기지의 경우 적중에 대한 보상을 강화하였더니 A에서 D로 이동하였다.
ㄹ. 다른 조건이 동일하다면 C보다는 B가 바람직한 경우이다.

---

① ㄱ, ㄴ

② ㄷ, ㄹ

③ ㄱ, ㄴ, ㄹ

④ ㄴ, ㄷ, ㄹ

⑤ ㄱ, ㄴ, ㄷ, ㄹ

10 어느 산골 중학교에서 체육대회 관련 학급 회의를 열려고 한다. 이 학교에는 전 학년을 통틀어 총 7개의 반이 있으며 각 반의 임원은 다른 학급 회의를 돕는다. 학급 회의는 해당 학급의 임원이 사회자가 되어 진행하며 서로 도움 관계에 있는 임원만 참석하도록 한다. 도움 관계에 있는 학급의 임원이 모두 참석하면서 모든 학급 회의를 끝마치기 위해서는 최소 몇 번의 회의를 열어야 하겠는가? (단, 사회자는 도움 관계에 있는 임원들이 모두 모인 경우 그들의 학급 회의의 안건을 상정할 수 있으며 한 번의 회의로 해당 학급 회의까지 끝낼 수 있다.)

	1-1	1-2	1-3	2-1	2-2	3-1	3-2
1-1		○	○	○		○	○
1-2	○			○	○		
1-3	○			○	○	○	
2-1	○	○	○		○	○	
2-2		○	○	○		○	
3-1	○		○	○	○		○
3-2	○					○	

① 2

② 3

③ 4

④ 5

⑤ 6

11 다음을 읽고 옳은 것을 〈보기〉에서 모두 고르면? (단, 〈보기〉의 내용은 甲, 乙, 丙, 丁 기업의 예로 한정한다.)

―〈재무비율 및 기업정보〉―

(가) '자기자본 순이익률'은 순이익을 자기자본으로 나눈 값으로, 1원의 자기자본으로 순이익을 얼마만큼 발생시켰는가를 나타낸다.

(나) '주당 순이익'은 발행 주식 1주당 순이익이 얼마인가를 보여주는 값이다.

기업 甲, 乙, 丙, 丁의 정보는 다음과 같다.

(단위: 천 원)

구분	甲	乙	丙	丁
자기자본	100,000	500,000	250,000	80,000
액면가	5	5	0.5	1
순이익	10,000	200,000	125,000	60,000
주식가격	10	15	8	12

※ 자기자본＝발행 주식 수×액면가

―〈보 기〉―

ㄱ. 주당 순이익은 甲 기업이 가장 낮다.

ㄴ. 주당 순이익이 높을수록 주식가격이 높다.

ㄷ. 丁 기업의 발행 주식 수는 甲 기업의 발행 주식 수의 4배이다.

ㄹ. 1원의 자기자본에 대한 순이익은 丙 기업이 가장 높고 甲 기업이 가장 낮다.

① ㄱ

② ㄴ

③ ㄱ, ㄷ

④ ㄴ, ㄷ

⑤ ㄷ, ㄹ

12 다음 글의 내용이 참일 때, 반드시 참인 것만을 〈보기〉에서 모두 고르면?

> 세 사람, 가영, 나영, 다영은 지난 회의가 열린 날짜와 요일에 대해 다음과 같이 기억을 달리하고 있다.
> ○ 가영은 회의가 5월 8일 목요일에 열렸다고 기억한다.
> ○ 나영은 회의가 5월 10일 화요일에 열렸다고 기억한다.
> ○ 다영은 회의가 6월 8일 금요일에 열렸다고 기억한다.
>
> 추가로 다음 사실이 알려졌다.
> ○ 회의는 가영, 나영, 다영이 언급한 월, 일, 요일 중에 열렸다.
> ○ 세 사람의 기억 내용 가운데, 한 사람은 월, 일, 요일의 세 가지 사항 중 하나만 맞혔고, 한 사람은 하나만 틀렸으며, 한 사람은 어느 것도 맞히지 못했다.

〈보 기〉

ㄱ. 회의는 6월 10일에 열렸다.
ㄴ. 가영은 어느 것도 맞히지 못한 사람이다.
ㄷ. 다영이 하나만 맞힌 사람이라면 회의는 화요일에 열렸다.

① ㄱ
② ㄷ
③ ㄱ, ㄴ
④ ㄴ, ㄷ
⑤ ㄱ, ㄴ, ㄷ

기출 : 21 민경채 PSAT

13 다음 글을 근거로 판단할 때, 마지막에 송편을 먹었다면 그 직전에 먹은 떡은?

> 원 쟁반의 둘레를 따라 쑥떡, 인절미, 송편, 무지개떡, 팥떡, 호박떡이 순서대로 한 개씩 시계방향으로 놓여 있다. 이 떡을 먹는 순서는 다음과 같은 규칙에 따른다. 특정한 떡을 시작점(첫 번째)으로 하여 시계방향으로 떡을 세다가 여섯 번째에 해당하는 떡을 먹는다. 떡을 먹고 나면 시계방향으로 이어지는 바로 다음 떡이 새로운 시작점이 된다. 이 과정을 반복하여 떡이 한 개 남게 되면 마지막으로 그 떡을 먹는다.

① 무지개떡

② 쑥떡

③ 인절미

④ 팥떡

⑤ 호박떡

14 A, B, C, D, E, F, G, H, I, J는 아래 〈원칙〉에 따라 각각 자리를 배정받았는데 남자들은 1~5번 자리에, 여자들은 6~10번 자리에 앉는다. 이에 의할 때 다음 중 옳지 않은 것은?

1	2	3	4	5
10	9	8	7	6

〈원 칙〉

가. A의 자리는 5번이 아니다.

나. B와 C는 같은 줄에 앉는데 둘의 사이에 두 자리가 있으며, F는 C의 맞은편 자리에 앉는다.

다. J와 D는 같은 줄에 앉는데 둘의 사이에 두 자리가 있으며, D의 자리가 중앙이 아니라면 같은 줄에 있는 E의 자리가 중앙이다.

라. F는 J의 옆자리에 앉는다.

마. G는 D의 맞은편 자리에 앉으며, G와 I는 같은 줄에 앉는데 둘의 사이에 두 자리가 있다.

바. B의 자리가 중앙이 아니라면 같은 줄에 있는 H의 자리가 중앙이다.

사. 1번 맞은편의 옆자리에 앉은 사람은 B이다.

① J는 I와 마주 보고 앉는다.

② F와 H는 성별이 다르다.

③ G와 C는 성별이 같다.

④ F와 가장 멀리 앉은 사람은 G이다.

⑤ A의 옆자리에 B가 앉는다.

15 다음 〈배드민턴 복식 경기방식〉을 따를 때, 〈경기상황〉에 이어질 서브 방향 및 선수 위치로 가능한 것은?

〈배드민턴 복식 경기방식〉

○ 점수를 획득한 팀이 서브권을 갖는다. 다만 서브권이 상대 팀으로 넘어가기 전까지는 팀 내에서 같은 선수가 연속해서 서브권을 갖는다.
○ 서브하는 팀은 자신의 팀 점수가 0이거나 짝수인 경우는 우측에서, 점수가 홀수인 경우는 좌측에서 서브한다.
○ 서브하는 선수로부터 코트의 대각선 위치에 선 선수가 서브를 받는다.
○ 서브를 받는 팀은 자신의 팀으로 서브권이 넘어오기 전까지는 팀 내에서 선수끼리 서로 코트 위치를 바꾸지 않는다.

※ 좌측, 우측은 각 팀이 네트를 바라보고 인식하는 좌, 우이다.

〈경기상황〉

○ 甲 팀(A·B)과 乙 팀(C·D) 간 복식 경기 진행
○ 3:3 동점 상황에서 A가 C에 서브하고 甲 팀(A·B)이 1점 득점

점수	서브 방향 및 선수 위치	득점한 팀
3:3	D C A B	甲

①

②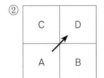

③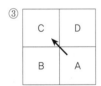

④

⑤

16 윗마을에 사는 남자는 참말만 하고 여자는 거짓말만 한다. 아랫마을에 사는 남자는 거짓말만 하고 여자는 참말만 한다. 두 마을에 사는 이는 남자이거나 여자이다. 윗마을 사람 두 명과 아랫마을 사람 두 명이 다음과 같이 대화하고 있을 때, 반드시 참인 것은?

> 갑 : 나는 아랫마을에 살아.
> 을 : 나는 아랫마을에 살아. 갑은 남자야.
> 병 : 을은 아랫마을에 살아. 을은 남자야.
> 정 : 을은 윗마을에 살아. 병은 윗마을에 살아.

① 갑은 윗마을에 산다.

② 갑과 을은 같은 마을에 산다.

③ 을과 병은 다른 마을에 산다.

④ 을, 병, 정 가운데 둘은 아랫마을에 산다.

⑤ 이 대화에 참여하고 있는 이들은 모두 여자다.

17 다음 대화를 근거로 판단할 때, 동원이 생각하고 있는 숫자는 무엇인가?

> 동원 : 내가 생각하고 있는 숫자를 맞춰 봐. 40보다는 크지 않은 수야.
> 소라 : 3의 배수야?
> 동원 : 아니, 5의 배수야. 그리고 자릿수를 더하면 4 이상 8 이하야.
> 소라 : 각 자릿수를 곱하면?
> 동원 : 0은 아니야.
> 소라 : 네가 생각하는 숫자가 10보다 커?
> 동원 : 그거 말해주면 답을 알 텐데?
> 소라 : 아! 그럼 어떤 수인지 알겠어!

① 5

② 15

③ 25

④ 35

⑤ 40

A 회사의 체육대회 중 마지막 경기는 100m 달리기이다. 이 경기에 홍보팀, 기획팀, 총무팀, 전산팀의 각 팀장이 출전했다. 경기가 끝난 후 각 팀장이 회장에게 다음과 같이 결과를 보고했는데 알고 보니 1위를 한 사람만이 진실을 말했고 나머지는 거짓을 말한 것으로 밝혀졌다. 같은 순위를 기록한 경우는 없다고 할 때 다음 중 반드시 참이라고 할 수 없는 것은?

> 전산팀장 : 홍보팀장이 3위를 했습니다.
> 총무팀장 : 기획팀장이 4위를 했습니다.
> 기획팀장 : 이번에는 전산팀장에게 졌습니다.
> 홍보팀장 : 총무팀장이 기획팀장을 이겼습니다.

① 총무팀장이 1위를 했거나 홍보팀장이 1위를 했다.
② 전산팀장은 1위를 하지 않았고 총무팀장도 1위를 하지 않았다.
③ 총무팀장이 2위를 했고 기획팀장이 3위를 했다.
④ 홍보팀장이 1위를 했거나 총무팀장이 1위를 하지 않았다.
⑤ 전산팀장은 2위를 했거나 3위를 했다.

19 다음 글을 근거로 판단할 때, 〈보기〉에서 옳은 것만을 모두 고르면?

하와이 원주민들이 사용하던 토속어는 1898년 하와이가 미국에 병합된 후 미국이 하와이 학생들에게 사용을 금지하면서 급격히 소멸되었다. 그러나 하와이 원주민들이 소멸한 토속어를 부활시키기 위해 1983년 '아하 푸나나 레오'라는 기구를 설립하여 취학 전 아동부터 중학생까지의 원주민들을 대상으로 집중적으로 토속어를 교육한 결과 언어 복원에 성공했다.

이러한 언어의 다양성을 지키려는 노력뿐만 아니라 언어의 통일성을 추구하려는 노력도 있었다. 안과의사였던 자멘호프는 유태인, 폴란드인, 독일인, 러시아인들이 서로 다른 언어를 사용함으로써 갈등과 불화가 생긴다고 판단하고 예외와 불규칙이 없는 문법과 알기 쉬운 어휘에 기초해 국제공통어 에스페란토를 만들어 1887년 발표했다. 그의 구상은 '1민족 2언어주의'에 입각하여 같은 민족끼리는 모국어를, 다른 민족과는 중립적이고 배우기 쉬운 에스페란토를 사용하자는 것이었다.

에스페란토의 문자는 영어 알파벳 26개 문자에서 Q, X, W, Y의 4개 문자를 빼고 영어 알파벳에는 없는 Ĉ, Ĝ, Ĥ, Ĵ, Ŝ, Ŭ의 6개 문자를 추가하여 만들어졌다. 문법의 경우 가급적 불규칙 변화를 없애고 각 어간에 품사 고유의 어미를 붙여 명사는 −o, 형용사는 −a, 부사는 −e, 동사원형은 −i로 끝낸다. 예를 들어 '사랑'은 amo, '사랑의'는 ama, '사랑으로'는 ame, '사랑하다'는 ami이다. 시제의 경우 어간에 과거형은 −is, 현재형은 −as, 미래형은 −os를 붙여 표현한다.

또한 1자 1음의 원칙에 따라 하나의 문자는 하나의 소리만을 내고, 소리 나지 않는 문자도 없으며, 단어의 강세는 항상 뒤에서 두 번째 모음에 있기 때문에 사전 없이도 쉽게 읽을 수 있다. 특정한 의미를 갖는 접두사와 접미사를 활용하여 많은 단어를 파생시켜 사용하므로 단어 암기를 위한 노력이 크게 줄어드는 것도 중요한 특징이다. 아버지는 patro, 어머니는 patrino, 장인은 bopatro, 장모는 bopatrino인 것이 그 예이다.

※ 에스페란토에서 모음은 A, E, I, O, U이며 반모음은 Ŭ이다.

〈가 락〉

ㄱ. 에스페란토의 문자는 모두 28개로 만들어졌다.
ㄴ. 미래형인 '사랑할 것이다'는 에스페란토로 amios이다.
ㄷ. '어머니'와 '장모'를 에스페란토로 말할 때 강세가 있는 모음은 같다.
ㄹ. 자멘호프의 구상에 따르면 동일한 언어를 사용하는 하와이 원주민끼리도 에스페란토만을 써야 한다.

① ㄱ, ㄷ

② ㄱ, ㄹ

③ ㄴ, ㄹ

④ ㄱ, ㄴ, ㄷ

⑤ ㄴ, ㄷ, ㄹ

20 다음 제시문을 읽고 추론한 내용으로 옳지 않은 것은?

하나의 공공사업에 여러 가지의 대안이 있을 때는 비용·편익분석을 통해 순편익(편익−비용)이 가장 큰 것을 선택하는 것이 바람직하다. 이때 공공사업의 편익과 비용은 일시에 발생하는 것이 아니라 수년에 걸쳐 발생한다. 공공사업에 대한 타당성 여부는 현재 시점에서 평가되어야 하므로 미래에 발생하는 편익과 비용을 모두 현재가치로 환산시켜 비교할 필요가 있다. 이때 사용되는 이자율을 할인율(r, discount rate)이라고 한다. 예를 들어 어떤 공공사업이 실시된 해부터 연간 1,000억 원의 편익이 발생하고 할인율이 15%라면, 그 공공사업의 현재가치는 사업 첫해에는 1,000억 원, 2차 년도에는 870억 원(1,000억 원×할인계수)이 되는 것이다. 다음 표는 P 자치단체가 2008년도에 S 공공사업을 실행하기 위한 세 가지 대안의 소요비용을 나타낸 것이다. 할인율은 15%이며, 세 대안의 실행 결과로 발생하는 편익은 동일하다고 가정한다.

(단위 : 억 원)

구분		연도					합계
		2008	2009	2010	2011	2012	
대안 A	시설비	−	500	500	1,500	−	
	토지비용	500	500	−	−	−	
	인건비	−	−	1,000	2,000	4,000	
	기타운영비	−	−	500	500	2,000	
	총비용	500	1,000	2,000	4,000	6,000	13,500
대안 B	시설비	1,000	3,500	−	−	−	
	인건비	1,000	500	500	500	500	
	기타운영비	3,000	−	1,000	−	−	
	총비용	5,000	4,000	1,500	500	500	11,500
대안 C	시설비	500	500	200	600	−	
	인건비	−	−	1,000	3,000	4,500	
	기타운영비	−	−	300	400	500	
	총비용	500	500	1,500	4,000	5,000	11,500

※ 할인계수＝1/(1+r), 할인율(r)이 15%일 때, 사업 시행 연도부터 미래에 발생하는 편익 및 비용의 할인계수는 다음과 같음. (t는 사업 개시 후 경과년수임)

연도	할인계수
사업 당해 연도	1.000
사업 2차 연도	0.870
사업 3차 연도	0.756
사업 4차 연도	0.658
사업 5차 연도	0.572

① 할인율을 15%보다 높인다면, 총비용의 현재가치는 떨어진다.

② 대안 A와 C를 비교하면 대안 C를 선택하는 것이 바람직하다.

③ 대안 B와 C를 비교하면 대안 C를 선택하는 것이 바람직하다.

④ 할인율을 10%로 낮출 때, 순편익의 하락 폭이 가장 작은 것은 대안 A이다.

⑤ 사업 연도가 경과할수록 연도별 총비용의 현재가치가 꾸준히 상승하는 것은 대안 A이다.

약점 보완 해설집 p.78

무료 바로 채점 및 성적 분석 서비스 바로 가기
QR코드를 이용해 모바일로 간편하게 채점하고 나의 실력이
어느 정도인지, 취약 부분이 어디인지 바로 파악해 보세요!

[01-02] 다음 자료를 보고 각 물음에 답하시오.

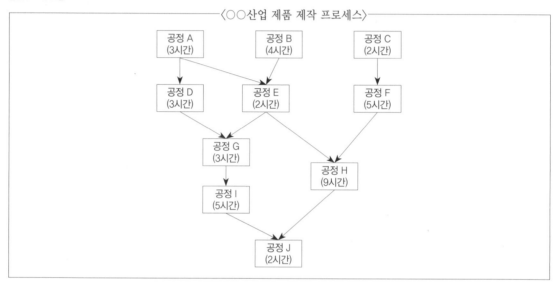

※ 1) 공정 A～공정 J까지 모든 단계를 거친 후 제품 생산이 완료됨
　 2) A, B, C 공정을 제외한 나머지 모든 공정은 프로세스상 선행 공정이 모두 완료되어야 작업을 시작할 수 있음
　 3) 모든 공정은 중간에 멈출 수 있으며, 그에 따른 불량은 발생하지 않음

01　○○산업에서 제품을 1개 생산하는 데 걸리는 최소 소요 시간은 얼마인가?

① 15시간　　　　　　② 16시간　　　　　　③ 17시간

④ 18시간　　　　　　⑤ 19시간

02 아래의 〈상황〉을 토대로 ○○산업이 고객사에 제품을 납품하기까지 최소 며칠이 소요되는가? (단, 주말 외 휴일은 고려하지 않으며, 제품 생산 요청을 받은 즉시 생산을 시작한다.)

---〈상 황〉---

PID Controller를 제작하는 ○○산업은 월요일 오전 07시에 고객사로부터 controller를 20개 제작해 달라는 요청을 받았다. Controller는 1개씩 순차적으로 제작을 할 수밖에 없는 제품으로 1개의 제품이 완성되면 다시 새로운 제품을 만들기 시작할 수 있다. ○○산업은 최대한 빠른 시간 안에 고객사로 제품을 납품하기 위해 근무 인력을 3조 3교대로 편성하여 제품이 제작이 완료될 때까지는 일요일 오전 07시~월요일 오전 07시를 제외한 24시간 동안 공정을 계속 가동할 예정이다. 생산 과정에서 불량은 발생하지 않으며, 마지막 제품을 생산한 후 납품까지는 소요되는 시간은 없다.

① 15일   ② 16일   ③ 17일

④ 18일   ⑤ 19일

[03-04] 다음 자료를 보고 각 물음에 답하시오.

〈뉴욕시 호텔 정보〉

구분	비용(달러/1박)		뉴욕 지사까지 거리 (km)	교통편
	주중	주말		
A 호텔	180	225	10	버스
B 호텔	200	200	15	지하철
C 호텔	190	205	5	버스
D 호텔	155	175	21	택시
E 호텔	160	190	18	택시

※ 주중은 일요일~목요일, 주말은 금요일, 토요일 숙박을 의미함

〈뉴욕시 교통 수단별 평균 속도〉

구분	버스	지하철	택시
평균 속도(km/h)	25km/h	50km/h	30km/h

※ 출퇴근 시간대를 기준으로 산출한 평균 속도로 러시아워에 따른 변화가 반영되어 있음

〈△△은행 원/달러 환율 기준표〉

구분	7월 5일(목)	7월 7일(토)	7월 9일(월)	7월 11일(수)
살 때(원/달러)	1,120	1,120	1,160	1,130
팔 때(원/달러)	1,080	1,090	1,120	1,090
환전 수수료율	8%	8%	7%	7%

※ 1) △△은행은 ○○기업과의 업무협약을 통해 ○○기업의 모든 임직원들에게 환전 수수료 우대율 100%를 적용함
2) 살 때는 원화 → 달러화, 팔 때는 달러화 → 원화를 의미함

03 ○○기업에 근무하는 임동근 과장은 아래의 스케줄로 미국 업무 출장 계획을 수립하고 있다. 숙소는 뉴욕 지사로의 출퇴근에 소요되는 시간이 30분 미만인 숙소 중에서 숙박비용이 가장 저렴한 호텔로 선택하려고 할 때, 임동근 과장이 선택할 호텔로 알맞은 것은? (단, 뉴욕 공항과 각 호텔 사이에 이동은 셔틀버스를 이용하여 별도의 비용은 발생하지 않는다.)

─〈임동근 과장의 출장 스케줄〉─
○ 7월 5일 목요일 09시 뉴욕행 비행기 탑승(서울 현지시각 기준)
  → 도착 직후 셔틀버스 이용하여 호텔로 이동(소요시간 30분)
  → 호텔 도착 다음 날부터 4일간 뉴욕 지사에서 업무 수행(별도의 휴일은 고려하지 않음)
○ 업무 마지막 날 뉴욕 지사에서 업무 수행 완료 후 당일 18시 인천행 비행기 탑승

※ 1) 인천 ↔ 뉴욕 비행시간은 편도 기준 17시간이 소요되며, 방향에 따른 변화는 없음
2) 시차는 GMT 기준 서울 +9, 뉴욕 −5임

① A 호텔　　　　　　② B 호텔　　　　　　③ C 호텔

④ D 호텔　　　　　　⑤ E 호텔

04 임동근 과장은 출장을 출발할 때, 인천공항에 있는 △△은행 지점에서 비상금으로 700,000원을 달러로 환전했다. 하지만 출장 업무를 진행하는 중 별다른 일이 발생하지 않아 비상금을 사용하지 않게 되었고, 인천공항에 도착하여 인천공항에 있는 △△은행 지점에서 환전했던 금액을 모두 원화로 다시 환전했다. 이 과정에서 임동근 과장이 얻은 수익 또는 손실은 얼마인가?

① 18,750원 손실

② 12,500원 손실

③ 6,250원 손실

④ 6,250원 수익

⑤ 18,750원 수익

[05-06] 다음 자료를 보고 각 물음에 답하시오.

〈☆☆회사 생산 제품별 필요 부품〉

구분	부품 A	부품 B	부품 C	개당 제작 소요시간	개당 판매 비용
가 제품	2	0	1	20분	9,000원
나 제품	1	1	1	30분	10,000원
다 제품	0	2	1	24분	11,000원

※ ☆☆회사 생산 공정은 1달에 1종류의 제품만을 생산하도록 설정됨

〈☆☆회사 부품 주문 수량 및 단가〉

구분	부품 A	부품 B	부품 C
주문 수량(개)	780	800	500
단가(원/개)	1,500원	2,000원	1,000원

※ 1) 부품은 매월 25일에 주문하여 매월 1일에 납품을 받으며, 지정 일자 외에 추가 발주는 불가능함
　2) 주문 수량 외 회사 내 재고는 없음

〈☆☆회사 근무 규정〉

○ 1일 근무 시간은 09시~18시로 하며, 점심시간 12시~13시에는 업무를 하지 않는다.
○ 주 5일 근무를 기본으로 하며 월요일~금요일 까지만 근무한다.
○ 주말 외 공휴일에도 업무를 진행하지 않는다.

〈5월 달력〉

일	월	화	수	목	금	토
1	2	3	4	5	6	7
8	9	10	11	12	13	14
15	16	17	18	19	20	21
22	23	24	25	26	27	28
29	30	31				

※ 5월 5일은 어린이날, 5월 20일은 부처님 오신 날로 공휴일임

05 귀하는 위의 부품 주문 수량과 생산 제품별 필요 부품을 토대로 ☆☆회사의 제품 생산 계획을 수립하는 업무를 담당하게 되었다. ☆☆회사에서 5월 1달간 가장 많은 수량을 제작할 수 있는 제품으로 생산 계획을 수립하려고 할 때, 귀하가 선택할 제품과 그 수량을 올바르게 짝지은 것은?

	제품	수량
①	가 제품	390개
②	가 제품	480개
③	나 제품	320개
④	나 제품	500개
⑤	다 제품	400개

06 귀하는 최대 제작 수량과 별개로 가장 많은 수익을 얻을 수 있는 제품 생산으로 계획을 변경하고자 한다. 위의 자료를 토대로 ☆☆회사가 최대한 많은 수익을 얻을 수 있는 방향으로 생산 계획을 수립하여 계획대로 제품을 생산한다고 할 때, ☆☆회사가 얻을 수 있는 총수익은? (단, 수익은 총 판매금액 − 사용한 부품 단가로 계산하며, 그 외 금액은 고려하지 않는다.)

① 1,500,000원

② 1,760,000원

③ 1,950,000원

④ 2,170,000원

⑤ 2,400,000원

[07-08] 다음 자료를 보고 각 물음에 답하시오.

　　○○회사의 전략구매팀은 회의실을 변경하면서 $6 \times 32m^2$ 크기의 새로운 회의실의 인테리어를 하기 위해 필요한 항목을 구매하려고 한다. 인테리어 업체와 미팅을 통해 받은 자료와 회의 내용을 통해 각종 물품을 구매할 예정이다.

〈카펫 및 테이블 종류별 가격정보〉

카펫			테이블		
구분	규격(가로 × 세로)	가격	구분	규격(가로 × 세로 × 높이)	가격
A 타입	2,000 × 6,000mm	250,000원	1-A	1,200 × 700 × 900mm	60,000원
B 타입	3,000 × 4,000mm	180,000원	2-A	1,400 × 600 × 900mm	58,000원
일체형	주문 제작	50,000원	일체형	주문 제작	1,000원

※ 1) 일체형 카펫은 $1 \times 1m^2$당 가격임
　2) 일체형 테이블은 $100 \times 100mm^2$당 가격임(높이에 따른 가격 변동은 없음)
　3) 1-A, 2-A 테이블 구매 시 1개당 의자 2개 제공
　　• 일체형 구매 시 할인 전 구매 금액 50,000원당 의자 2개 제공
　　• 의자 별도 구매 시 1개당 25,000원
　4) 연결형 카펫 및 테이블은 별도의 사이즈 변동은 불가능함
　5) 테이블은 회원 할인 가능 품목으로 10% 회원 할인되며, 카펫은 별도 할인이 적용되지 않음

〈카펫 무늬 및 색상에 따른 가격정보〉

구분	세부 사항	가격($1 \times 1m^2$당 추가금액)	비고
색상	베이지	–	기본 색상
	회색	1,000원	
	네이비	2,000원	
	투톤	3,000원	2가지 색상 선택
패턴	무지	–	기본 패턴
	체크	3,000원	
	도형	5,000원	

※ 1) 체크 및 도형 패턴을 선택할 경우 색상은 투톤으로만 선택 가능
　2) 투톤 선택 시 선택한 색상 종류에 따른 별도의 추가 금액은 없음

〈OO업체와의 미팅 내용 요약〉

○ 별도의 회원가입 없이도 회원 할인 및 회원 혜택을 적용 받을 수 있도록 계약을 진행합니다. (회원 가입 비용 150,000원)
○ 회원의 경우 별도의 배송비가 부과되지 않습니다.
○ 상기 모든 제품의 가격 정보는 VAT가 포함되지 않은 금액이며, 물품 구매 시 구매가의 10%만큼 VAT가 별도로 청구됩니다.

07 회의실 인테리어를 담당한 A 사원은 회의실 바닥 전체에 빈틈없이 카펫을 설치를 하려고 한다. A 사원이 카펫을 구입하는데 필요한 최소 금액은?

　① 3,168,000원

　② 4,444,000원

　③ 5,254,000원

　④ 6,467,000원

　⑤ 7,616,000원

08 다음은 귀하가 작성한 〈회의실 인테리어 견적서〉와 〈김 과장의 지시사항〉을 토대로 구매를 진행했을 때, 최초 귀하가 산출한 견적 금액과 최종 구매 금액의 비용 차이는 얼마인가?

〈회의실 인테리어 견적서〉

물품명	구분	수량 또는 규격	단가	금액	비고
카펫	B 타입	10개	180,000원	1,800,000원	
테이블	일체형	3,600 × 1,000 × 720mm	–	360,000원	
의자	–	16	25,000원	400,000원	
공급가액				2,560,000원	
세액				256,000원	
총계				2,816,000원	

──────〈김 과장의 지시사항〉──────

　귀하가 상신한 견적서를 살펴보았습니다. 카펫이나 테이블의 구매 수량이나 단순 계산 자체가 잘못된 점은 없지만 할인율이나 의자를 제공하는 부분에 대해서는 잘못된 부분이 있었습니다. 그 부분을 고려해서 다시 견적서를 작성하고 물품을 구매해야 할 것 같습니다. 그리고 카펫의 경우 베이지 색상에 무지 패턴은 관리가 어렵다는 의견이 있어서 도형 패턴에 베이지, 네이비 투톤으로 선택해서 구매를 진행해 주세요. 우선 견적 다시 작성해서 상신해 주세요.

① 236,200원

② 313,400원

③ 404,000원

④ 512,200원

⑤ 631,400원

〈제품에 따른 생산 공정별 소요 시간〉

(단위: 일)

구분	A 공정	B 공정	C 공정
가 제품	4	1	4
나 제품	5	2	3
다 제품	7	1	4
라 제품	4	1	7
마 제품	5	3	5
바 제품	4	2	6

※ 1) 공정은 A 공정 → B 공정 → C 공정 순으로 진행됨
　 2) ○○회사는 A 공정 기계, B 공정 기계, C 공정 기계를 각 1대씩 보유하고 있음
　 3) 각 공정은 독립적으로 운영 가능하지만, 공정 순서는 반드시 엄수해야 하며, 하나의 공정에서 여러 종류의 제품을 동시에 생산할 수 없음

〈5월 달력〉

일	월	화	수	목	금	토
1	2	3	4	5	6	7
8	9	10	11	12	13	14
15	16	17	18	19	20	21
22	23	24	25	26	27	28
29	30	31				

※ 5월 5일은 어린이날, 5월 20일은 부처님 오신 날로 공휴일임

09 ○○회사에서 순서에 상관없이 가 제품~바 제품을 각 1개씩 만든다고 할 때, 가장 빠른 기간 안에 모든 제품의 제작을 끝낼 수 있는 제품 제작 순서는?

① 바 – 라 – 마 – 다 – 가 – 나

② 가 – 마 – 바 – 라 – 다 – 나

③ 라 – 바 – 마 – 가 – 나 – 다

④ 다 – 라 – 바 – 가 – 나 – 마

⑤ 가 – 라 – 바 – 다 – 나 – 마

10 ○○회사는 5월 3일 화요일 고객사로부터 가 제품과 라 제품 각 1대씩을 제작하여 납품을 해 달라는 의뢰를 받았다. 의뢰를 받은 다음날부터 제품을 제작하였고, 평일에만 제작을 진행했을 때, ○○회사가 고객사에 제품을 납품할 수 있는 날짜는? (단, 제품은 완성된 다음 날 납품이 진행되며, 제품 완성 다음 날이 주말 또는 공휴일인 경우 가장 가까운 평일에 납품을 진행한다.)

① 5월 19일　　　　　② 5월 23일　　　　　③ 5월 25일

④ 5월 27일　　　　　⑤ 5월 30일

11 다음 〈메일 내용〉과 〈제품 일련번호 부여 규칙〉, 〈제품 생산 기록〉을 근거로 판단할 때, 귀하가 발급해야 하는 제품 일련번호는?

─〈메일 내용〉─

　안녕하세요, ○○○프로님. 업무 협조를 요청 드리기 위해 메일 드립니다.

　이번에 저희 부서 신입사원이 제품 생산 이후 일련번호를 부여하는 과정에서 업무 실수를 하여, 해당 일련번호를 수정해야 하는 상황입니다. 제품 생산 공장 위치에 따라 일련번호를 부여하는 과정에서 〈제품 생산 기록〉서류상 바로 위에 정리되어 있던 제품과 혼동하여 제품 일련번호 뒤 7자리가 05Y03DJ로 발급되었습니다. 기존 자료에 정리되어 있는 내용을 토대로 제품 일련번호를 수정하여 발급해 주시기를 부탁드립니다. 감사합니다.

〈제품 일련번호 부여 규칙〉

　제품 일련번호는 부여 규칙(가~라)에 따라 아래와 같이 ㉠~㉣란에 숫자 또는 코드가 기재된다.

㉠	㉡	㉢	㉣

가. ㉠란에 검수완료일자 중 연도의 3, 4번째 숫자를 기재한다. (ex. 2019년 1월 31일 검수 → 19)
나. ㉡란에 아래의 생산지역 코드를 기재한다.

분류	광주공장	구미공장	수원공장	아산공장	여주공장	천안공장
지역코드	01K	02G	03S	04A	05Y	06C

다. ㉢란에 생산라인 번호를 2자리 숫자로 기재한다. (ex. 2번 라인 → 02)
　※ 모든 생산지역의 생산라인은 1번 라인~6번 라인까지 구성되어 있음
라. ㉣란에 아래의 입고 예정 지사 코드를 기재한다.

분류	서울	부산	대구	인천	광주	대전	울산
지역코드	SE	BU	DG	IN	GW	DJ	UL

〈제품 생산 기록〉

구분	생산완료일자	검수완료일자	생산지	생산라인	입고 예정 지사
1	2021. 04. 03.	2021. 04. 05.	여주공장	3번 라인	대전 지사
2	2021. 04. 11.	2021. 04. 12.	수원공장	1번 라인	부산 지사
3	2021. 04. 07.	2021. 04. 09.	아산공장	4번 라인	인천 지사
4	2021. 04. 07.	2021. 04. 12.	여주공장	3번 라인	대구 지사
5	2021. 04. 08.	2021. 04. 11.	광주공장	2번 라인	서울 지사

① 2105Y03DJ

② 2103S01BU

③ 2104A04IN

④ 2105Y03DG

⑤ 2101K02SE

12 아래의 〈승진 규정〉과 〈상황〉을 토대로 했을 때, 김○○ 씨가 부장 직급으로 승진하기까지 올해를 포함하여 최소 몇 년이 소요되는가?

━━━━━━━━━━━━━━━━〈승진 규정〉━━━━━━━━━━━━━━━━

1. 승진 대상자 선발 기준
    ○ 대리 승진 대상자 선발 기준: 없음
        – 대리 승진의 경우 별도의 승진 대상자 선발 과정을 거치지 않음
        – 승진 요건을 만족한 모든 사원들은 대리로 승진됨을 원칙으로 함
            → 승진 요건: {(최근 3년 고과 점수 총합 ÷ 3) + 가산점}이 80점 이상
    ○ 과장 승진 대상자 선발 기준
        – 대리 직급 근속년수 최소 3년 이상
        – 대리 직급 기준 최근 4년 고과 평점 75점 이상
            → 최근 4년 고과 평점: (최근 4년 연도별 고과 점수 총합 ÷ 4)
            → 대리 직급 근속연수가 3년인 경우: (최근 3년 연도별 고과 점수 총합 ÷ 4)
    ○ 차장 승진 대상자 선발 기준
        – 과장 직급 근속연수 5년 이상
        – 최근 3년 고과 평점 80점 이상
            → 최근 3년 고과 평점: (최근 3년 연도별 고과 점수 총합 ÷ 3)
    ○ 부장 승진 대상자 선발 기준
        – 차장 직급 근속연수 5년 이상
        – 팀장 이상 직급의 추천을 통해 승진 대상자 선발

2. 승진 심사
    ○ 평가는 매년 12월 둘째 주 월요일에 진행하며 해당 평가를 바탕으로 승진 심사는 매년 1월 10일에 진행한다.
    ○ 과장 이상 모든 직급 승진 대상자 중 해당 연도 필요 인원수만큼 승진자를 결정
    ○ 승진 심사 시 자격증에 따른 가산점 부여
        – 6-Sigma Green Belt 이상 자격 취득: 2점(Green Belt → Black Belt → Master Black Belt)
        – TRIZ Level 1 이상 자격 취득: 2점(TRIZ Level 1 → Level 2 → Level 3)
        – 어학 OPIc AL 이상, 토익스피킹 Level 7 이상: 3점

3. 평가 기준
    ○ 역량 평가와 업적 평가로 구분하여 평가하며, 각 항목은 EX~UN까지 총 5단계로 구분함

구분	EX	VG	GD	NI	UN
환산점수(점)	100	80	70	60	40

4. 고과 총점 계산 방법
    ○ 연도별 고과 점수의 총합(최대 100점)
        – 연도별 고과 점수 총합 계산 시 역량 평가 6:업적 평가 4의 비율로 환산하여 합산함

━━━━━━━━━━━━━━━━〈상 황〉━━━━━━━━━━━━━━━━

　20XX년 3월 14일 입사한 김○○ 씨는 올해로 근속 5년 차이다. 회사 업무를 하면서 업무에 도움이 될 수 있는 6-Sigma Green Belt 자격과 TRIZ Level 2 자격을 작년 6월에 취득하였고, 어학을 중요시하는 회사의 요구에 맞추어 작년 10월에 OPIc AL 등급을 취득하였다. 김○○ 씨의 누적 고과 등급은 아래와 같다.

구분		1년 차	2년 차	3년 차	4년 차
등급	역량	GD	GD	GD	VG
	업적	GD	NI	GD	VG

① 10년   ② 11년   ③ 12년

④ 13년   ⑤ 14년

13 ○○회사 인사팀에 근무하는 귀하는 올해 신입사원 선발 업무를 담당하고 있다. 아래의 〈선발 기준〉을 근거로 판단했을 때, 올해 ○○회사에 입사할 수 없는 사람은?

〈선발 기준〉

○ 선발 전형은 1차 서류 전형, 2차 필기 전형, 3차 면접 전형으로 진행된다.
○ 최종 선발은 3차 면접 전형에 응시한 인원 중에서 선발한다.
○ 최종 선발은 1차~3차 각 전형의 점수를 가중치에 따라 환산하여 합산한 점수의 총합을 기준으로 선발 정원만큼 점수가 높은 순으로 선발한다.

〈면접 전형 응시자별 전형 점수〉

지원자	1차 서류 전형	2차 필기 전형		3차 면접 전형
		직업기초능력	직무수행능력	
갑	82	88	92	85
을	87	86	82	84
병	80	90	80	84
정	75	92	88	85
무	80	92	90	90

※ 1) 각 전형별 최종 점수는 100점을 만점으로 함
    2) 2차 필기 전형은 과목별 가중치를 동일하게 하여 최종 환산 점수 100점으로 계산함
    3) 최종 환산 점수 계산 시 각 전형별 가중치는 1차 서류 전형 0.2, 2차 필기 전형 0.3, 3차 면접 전형 0.5로 하여 최종 환산 점수는 100점을 만점으로 함

〈○○회사 채용 공고〉

○ 채용 인원: 4명
○ 채용 일정
  – 서류 접수: 20XX. 3. 13.~20XX. 3. 19.
  – 서류 전형 결과 발표: 20XX. 3. 26.
  – 필기 전형: 20XX. 4. 1.(응시 대상: 서류 전형 합격자)
  – 필기 전형 결과 발표: 20XX. 4. 8.
  – 면접 전형: 20XX. 4. 15.(면접 대상: 필기 전형 합격자)
  – 최종 결과 발표: 20XX. 4. 28.

---

① 갑   ② 을   ③ 병

④ 정   ⑤ 무

〈프랑스 주요 도시 간 거리〉

(단위: km)

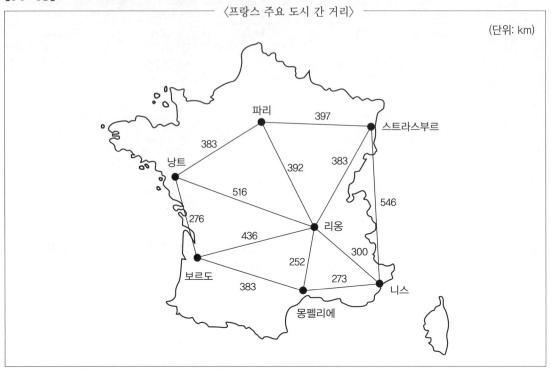

〈상 황〉

여름 방학을 맞이하여 프랑스 여행을 계획한 김○○ 씨는 인천공항에서 출발하여 파리 샤를 드골 국제공항에 입국한 뒤 자동차를 렌트하여 여행을 할 예정이다. 아직 정확한 여행 루트는 결정하지 못한 상황이다.

14 김○○ 씨는 아래와 같은 기준으로 프랑스 여행 계획을 세우려고 한다. 아래의 기준을 토대로 판단했을 때, 김○○ 씨의 최종 여행 루트는?

〈기 준〉

1. 입국과 귀국은 파리의 샤를 드골 국제공항을 이용한다.
2. 이동은 인접한 도시 중 가장 가까운 도시를 선택하여 이동한다.
3. 모든 도시를 다 돌아본 후 마지막에 도착한 도시에서 기차를 타고 파리로 돌아온다.
4. 여행을 끝내고 파리로 돌아오는 것을 제외하고는 한번 방문한 도시를 다시 방문하지 않는다.

① 파리 → 스트라스부르 → 리옹 → 낭트 → 보르도 → 몽펠리에 → 니스 → 파리

② 파리 → 낭트 → 보르도 → 몽펠리에 → 리옹 → 니스 → 스트라스부르 → 파리

③ 파리 → 스트라스부르 → 니스 → 리옹 → 몽펠리에 → 보르도 → 낭트 → 파리

④ 파리 → 낭트 → 리옹 → 보르도 → 몽펠리에 → 니스 → 스트라스부르 → 파리

⑤ 파리 → 낭트 → 보르도 → 몽펠리에 → 니스 → 리옹 → 스트라스부르 → 파리

15 다음은 김○○ 씨가 렌트한 차량의 정보와 기차 요금표이다. 김○○ 씨가 위에서 구한 경로에 따라 프랑스 여행을 했을 때, 아래의 정보를 토대로 김○○ 씨가 프랑스 여행을 위해 사용한 총 교통비는 얼마인가? (렌트비와 유류비, 기차요금을 제외한 비용은 고려하지 않는다.)

〈차량 정보〉

차종	유종	연비	경유 가격	렌트비
X1	디젤	12km/L	0.9€/L	1,120€

※ 여행 중 주유 가격은 항상 동일하다고 가정함

〈파리행 기차 요금표〉

구분	니스 → 파리	스트라스부르 → 파리	낭트 → 파리
요금	92€	48€	50€

① 1,328.5€

② 1,415€

③ 1,497.5€

④ 1,532€

⑤ 1,613.5€

16 비용을 산출해보던 김○○ 씨는 비용을 절약하기 위해 경로를 선택하는 기준을 바꾸어서 파리에서 출발해서 모든 도시를 방문하고 다시 파리로 돌아올 수 있는 최단 경로로 수정하였다. 이때 김○○ 씨의 총 이동거리는?

① 1,998km

② 2,115km

③ 2,276km

④ 2,395km

⑤ 2,484km

[17~18] 다음 자료를 보고 각 물음에 답하시오.

〈상 황〉

○○회사 마케팅팀 팀장으로 근무하고 있는 귀하는 미국지사 출장자를 선정해야 하는 상황이다. 총 5박 6일로 예정되어 있는 출장은 미국 고객사의 VOC를 확인하고 그에 대한 향후 대응 방안을 논의해야 하는 출장인 만큼 대리 직급 이상이면서 총 근속연수가 4년 이상의 임직원을 선발해야 하며 무엇보다도 공정과 제품에 대한 이해도, 영어 실력이 굉장히 중요한 출장이다. 가능하면 앞의 2가지 항목 외에 업무 평가 점수도 높은 사람을 선발하기 위해 공정과 제품에 대한 이해도 0.4, 영어 실력 0.4, 업무 평가 점수 0.2의 가중치를 가지고 합산한 점수의 총점이 가장 높은 사람을 선발하려고 한다.

※ VOC(Voice Of Customer): 고객의 목소리, 고객의 불만 사항

〈출장 대상자 평가 점수〉

구분	직급	총 근속연수	공정과 제품에 대한 이해도	영어 실력	업무 평가
갑	차장	10년	90	75	80
을	과장	8년	88	80	82
병	과장	7년	85	90	75
정	대리	5년	92	80	85
무	사원	4년	88	95	80

〈출장경비 규정〉

1. 출장경비는 항공요금, 체재비, 교통비에 한함(출장 임금은 별도의 출장비로 지급함)
2. 항공요금: 직급별 차등으로 지급함
   ○ 차장 이상: 비즈니스 클래스 이용
   ○ 과장 이하: 이코노미 클래스 이용
3. 체재비: 직급별 차등으로 지급함

직급 구분	출장지 구분	체재비		
		숙박비(원/박)	식비(원/일)	잡비(원/일)
임원~부장	국내	300,000	80,000	50,000
	해외	320,000	85,000	65,000
부장 미만 과장 이상	국내	250,000	80,000	40,000
	해외	280,000	85,000	55,000
과장 미만	국내	200,000	80,000	35,000
	해외	250,000	85,000	45,000

※ 체재비는 실사용 금액에 상관없이 일률적으로 지급함

4. 교통비: 직급별 차등 없이 1일당 50,000원을 지급함

17 위의 〈상황〉과 〈출장 대상자 평가 점수〉를 토대로 판단했을 때, 귀하가 출장자로 선발해야 하는 사람은?

① 갑 차장

② 을 과장

③ 병 과장

④ 정 대리

⑤ 무 사원

18 귀하가 선정한 임직원이 미국 출장을 다녀온 뒤 받을 수 있는 출장경비의 총합은 얼마인가?

〈미국 왕복 항공권 요금〉

구분	비즈니스 클래스	이코노미 클래스
금액	4,420,000원	1,980,000원

※ 출장 일정에 맞춰 계산된 금액임

① 4,310,000원

② 4,520,000원

③ 4,800,000원

④ 5,430,000원

⑤ 6,660,000원

〈업체별 물품 제작 관련 사항〉

업체명	제작 기간(1개당)	납품가격(1개당)	1일 작업 시간	비고
○○산업	1시간	12,000원	8시간	휴무 없음
□□산업	40분	12,000원	6시간	매주 일 휴무
△△산업	30분	13,500원	6시간	매주 토, 일 휴무
☆☆산업	1시간	11,000원	8시간	휴무 없음
♧♧산업	30분	14,000원	8시간	매주 토, 일 휴무

※ 1) 물품 발주를 받은 당일부터 제작이 가능함
　 2) 물품 제작이 완료된 다음날 A 회사로 납품이 진행됨(납품은 휴무일과 관계없이 진행됨)

19 귀하는 A 회사의 물품 구매 담당자이다. 아래 팀장의 지시에 따라 물품을 구매하려고 할 때, 귀하가 납품을 요청해야 하는 회사는?

〈팀장의 지시〉

　우선 이번 물품 구매 건은 200개를 한꺼번에 구입하는 건입니다. 평소보다 수량이 많은 계약이므로 실수 없이 진행해 주시기 바랍니다. 이번에 구매하려는 물건이 우리 회사 제품 생산에 필수적인 항목인 만큼 납품 기한이 짧은 것을 최우선으로 하여 납품 업체를 선정해 주시기 바랍니다. 다만 최근 전반적인 경기의 악화와 경쟁사 제품의 가격 경쟁력이 두드러지고 있으니 우리 회사도 가격에 신경을 쓰지 않을 수 없습니다. 납품 업체별로 비교를 해서 가격이 10% 저렴하다면 납품 기한이 1일 늘어나는 정도는 감안할 수 있을 것 같습니다. 당연히 납품 기한이 동일하다면 가격이 저렴한 업체에서 구매를 해야 하겠죠. 다시 한번 말씀드리지만 최우선 고려 항목은 납품 기한입니다. 앞서 전달했던 항목들을 고려해서 납품 업체를 선정해 주시기 바랍니다. 오늘이 금요일이니, 오늘 중으로 결정해서 다음 주 월요일에는 발주를 하도록 하세요.

① ○○산업　　　　　② □□산업　　　　　③ △△산업

④ ☆☆산업　　　　　⑤ ♧♧산업

20 귀하는 위의 내용을 바탕으로 선정한 업체에 물품 구매 대금을 지불하려고 한다. 아래의 내용을 토대로 귀하가 지불해야 하는 최소비용은?

〈물품 납품 계약〉

○ 모든 물품 구매 대금은 일시불로 지급한다.
○ 물품 배송에 따라 발생하는 물류비용은 A 회사에서 지불한다.

구분	1ton 트럭	3ton 트럭	5ton 트럭
적재 물량	70개	100개	150개
1일 대여료	150,000원	250,000원	300,000원

※ 1) 기사 인건비는 별도로 책정되며 1인당 일당 150,000원이 추가됨
  2) 차량 대여료 및 기사 인건비는 평일/휴일 구분 없이 동일함

① 3,400,000원   ② 3,450,000원   ③ 3,500,000원

④ 3,550,000원   ⑤ 3,600,000원

약점 보완 해설집 p.88

무료 바로 채점 및 성적 분석 서비스 바로 가기
QR코드를 이용해 모바일로 간편하게 채점하고 나의 실력이
어느 정도인지, 취약 부분이 어디인지 바로 파악해 보세요!

실전모의고사 4회 (문제해결 + 자원관리능력)

· 풀이 시간 : ____분/30분
· 맞은 문항 수 : ____문항/20문항

기출 : 17 민경채 PSAT

01 다음 〈상황〉을 근거로 판단할 때, 준석이가 가장 많은 식물을 재배할 수 있는 온도와 상품가치의 총합이 가장 큰 온도는? (단, 주어진 조건 외에 다른 조건은 고려하지 않는다.)

―――〈상 황〉―――

○ 준석이는 같은 온실에서 5가지 식물(A~E)을 하나씩 동시에 재배하고자 한다.
○ A~E의 재배 가능 온도와 각각의 상품가치는 다음과 같다.

식물 종류	재배 가능 온도(℃)	상품가치(원)
A	0 이상 20 이하	10,000
B	5 이상 15 이하	25,000
C	25 이상 55 이하	50,000
D	15 이상 30 이하	15,000
E	15 이상 25 이하	35,000

○ 준석이는 온도만 조절할 수 있으며, 식물의 상품가치를 결정하는 유일한 것은 온도이다.
○ 온실의 온도는 0℃를 기준으로 5℃ 간격으로 조절할 수 있고, 한 번 설정하면 변경할 수 없다.

	가장 많은 식물을 재배할 수 있는 온도	상품가치의 총합이 가장 큰 온도
①	15℃	15℃
②	15℃	20℃
③	15℃	25℃
④	20℃	20℃
⑤	20℃	25℃

02 다음 〈상황〉을 근거로 판단할 때 〈보기〉의 내용 중 옳은 것을 모두 고르면?

─〈상 황〉─

　라디오 음악 프로그램 진행자인 희망이는 오늘 방송에서 내보낼 6개 노래들을 다음과 같이 선정했다. 청취자들을 위해 솔로 가수 노래와 남녀 그룹 노래를 동일하게 배분했다.

솔로 가수 노래	남녀 그룹 노래
• 먼저 말해줘(태연) • 너였다면(정승환) • 답장(김동률)	• The War(EXO) • 빨간 맛(레드벨벳) • 뿜뿜(모모랜드)

※ 괄호 안은 가수명 또는 그룹명임.

　희망이는 PD의 요청으로 다음 조건에 따라 노래 순서를 결정해야 한다.
(가) '빨간 맛'과 '뿜뿜'은 연속으로 선곡되면 안 된다.
(나) '먼저 말해줘'는 1번째 곡으로 선곡되지 않는다.
(다) 3번째와 4번째 곡으로 선곡되는 노래는 솔로 가수의 노래이다.
(라) 'The War'는 '빨간 맛' 바로 앞 곡이며 또한 '너였다면'의 바로 다음 곡으로 선곡된다.
(마) '답장'과 '뿜뿜'은 연속으로 선곡되면 안 된다.

─〈보 기〉─

ㄱ. '너였다면'은 1번째 곡이다.
ㄴ. '뿜뿜'은 6번째 곡이다.
ㄷ. '답장'은 3번째 곡이다.
ㄹ. '먼저 말해줘'는 2번째 곡이다.
ㅁ. '빨간 맛'은 5번째 곡이다.

① ㄱ, ㄴ

② ㄱ, ㅁ

③ ㄴ, ㄷ

④ ㄴ, ㄹ

⑤ ㄷ, ㄹ

03 다음 〈상황〉을 근거로 판단할 때 〈보기〉의 내용 중 옳은 것을 모두 고르면?

> ㅁㅁ부서는 매년 △△사업에 대해 사업자 자격 요건 재허가 심사를 실시한다.
> ○ 기본 심사 점수에서 감점 점수를 뺀 최종 심사 점수가 70점 이상이면 '재허가', 60점 이상 70점 미만이면 '허가 정지', 60점 미만이면 '허가 취소'로 판정한다.
> – 기본 심사 점수: 100점 만점으로, ㉮~㉱의 4가지 항목(각 25점 만점) 점수의 합으로 한다. 단, 점수는 자연수이다.
> – 감점 점수: 과태료 부과의 경우 1회당 2점, 제재 조치의 경우 경고 1회당 3점, 주의 1회당 1.5점, 권고 1회당 0.5점으로 한다.

〈상 황〉

2020년 사업자 A~C의 기본 심사 점수 및 감점 사항은 아래와 같다.

사업자	기본 심사 항목별 점수			
	㉮	㉯	㉰	㉱
A	20	23	17	?
B	18	21	18	?
C	23	18	21	16

사업자	과태료 부과횟수	제재 조치 횟수		
		경고	주의	권고
A	3	–	–	6
B	5	–	3	2
C	4	1	2	–

〈보 기〉

ㄱ. A의 ㉱ 항목 점수가 15점이라면 A는 재허가를 받을 수 있다.
ㄴ. B의 허가가 취소되지 않으려면 B의 ㉱ 항목 점수가 19점 이상이어야 한다.
ㄷ. C가 2020년에 과태료를 부과받은 적이 없다면 판정결과가 달라진다.
ㄹ. 기본 심사 점수와 최종 심사 점수 간의 차이가 가장 큰 사업자는 C이다.

① ㄱ

② ㄴ

③ ㄱ, ㄴ

④ ㄴ, ㄷ

⑤ ㄷ, ㄹ

04 다음 글을 읽고 수가 큰 순서대로 〈보기〉의 바코드를 나열한 것은?

바코드는 1948년 미국 필라델피아 드렉셀 공과대학의 대학원생인 버나드 실버(Bernard Silver)에 의해 시작되었다. 그는 우연히 식품 체인점 업계에서 자동으로 상품정보를 읽을 수 있는 시스템을 필요로 한다는 소식을 들었다. 실버는 이 소식을 친구 우드랜드(Norman Joseph Woodland)에게 이야기하면서 결국 현재의 바코드를 발명하고, 1952년 '분류 장치와 방법'이란 특허를 냈다. 그들이 생각해낸 바코드 체계의 핵심은 일종의 이진법 표시체계였다. 아래 '네 줄로 된 바코드' 그림은 검은 바탕에 4개의 흰 줄이 그어져 있다. 이 중 1번 줄은 기준선이 되고 나머지 2, 3, 4번 줄은 위치가 고정되어 있어 흰 줄이 있는 경우 1, 그렇지 않은 것은 0을 나타낸다.

1번 선–기준, 5번 선–검정 바탕의 띠를 의미
2번 선이 나타내는 값은 이진수 세 번째 자리(2^2)임.
3번 선이 나타내는 값은 이진수 두 번째 자리(2^1)임.
4번 선이 나타내는 값은 이진수 첫 번째 자리(2^0)임.

〈보 기〉

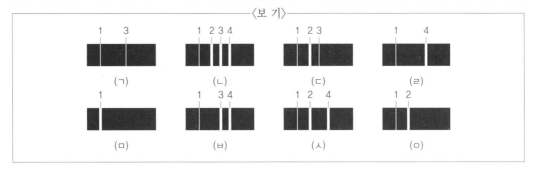

① (ㄴ) > (ㄷ) > (ㅅ) > (ㅂ) > (ㅇ)

② (ㄴ) > (ㅅ) > (ㄷ) > (ㄱ) > (ㄹ)

③ (ㄷ) > (ㅅ) > (ㅇ) > (ㅂ) > (ㄱ)

④ (ㄷ) > (ㅇ) > (ㅂ) > (ㄹ) > (ㄱ)

⑤ (ㅂ) > (ㅇ) > (ㄱ) > (ㄹ) > (ㅁ)

05 다음 글에 부합하는 설명을 〈보기〉에서 모두 고르면?

통제영 귀선(龜船)은 뱃머리에 거북머리를 설치하였는데, 길이는 4자 3치, 너비는 3자이고 그 속에서 유황·염초를 태워 벌어진 입으로 연기를 안개같이 토하여 적을 혼미케 하였다. 좌우의 노는 각각 10개씩이고 좌우 방패판에는 각각 22개씩의 포구멍을 뚫었으며 12개의 문을 설치하였다. 거북머리 위에도 2개의 포구멍을 뚫었고 아래에 2개의 문을 설치했으며 그 옆에는 각각 포구멍을 1개씩 내었다. 좌우 복판(覆板)에도 또한 각각 12개의 포구멍을 뚫었으며 귀(龜)자가 쓰여진 기를 꽂았다. 좌우 포판(鋪板) 아래 방이 각각 12간인데, 2간은 철물을 차곡차곡 쌓았고 3간은 화포·궁시·창검을 갈라두며 19간은 군사들이 쉬는 곳으로 사용했다. 왼쪽 포판 위의 방 한 간은 선장이 쓰고 오른쪽 포판 위의 방 한 간은 장령들이 거처하였다. 군사들이 쉴 때에는 포판 아래에 있고 싸울 때에는 포판 위로 올라와 모든 포구멍에 포를 걸어 놓고 쉴 새 없이 쏘아댔다.

전라좌수영 귀선의 치수, 길이, 너비 등은 통제영 귀선과 거의 같다. 다만 거북머리 아래에 또 귀두(鬼頭)를 붙였고 복판 위에 거북무늬를 그렸으며 좌우에 각각 2개씩의 문을 두었다. 거북머리 아래에 2개의 포구멍을 내었고 현판 좌우에 각각 10개씩의 포구멍을 내었다. 복판 좌우에 각각 6개씩의 포구멍을 내었고 좌우에 노는 각각 8개씩을 두었다.

〈보 기〉

ㄱ. 통제영 귀선의 포구멍은 총 72개이며 전라좌수영 귀선의 포구멍은 총 34개이다.

ㄴ. 통제영 귀선은 포판 아래 총 24간의 방을 두어 그 중 한 간을 선장이 사용하였다.

ㄷ. 두 귀선 모두 포판 위에는 쇠못을 박아두어 적군의 귀선 접근을 막았다.

ㄹ. 포를 쏘는 용머리는 두 귀선의 공통점으로 귀선만의 자랑이다.

ㅁ. 1인당 하나의 노를 담당할 경우 통제영 귀선은 20명, 전라좌수영 귀선은 16명의 노 담당 군사를 필요로 한다.

---

① ㄱ, ㄷ

② ㄱ, ㅁ

③ ㄷ, ㅁ

④ ㄱ, ㄴ, ㅁ

⑤ ㄴ, ㄷ, ㄹ

06 다음 글과 〈상황〉을 근거로 판단할 때 옳은 것은?

민사소송에서 판결은 다음의 어느 하나에 해당하면 확정되며, 확정된 판결에 대해서 당사자는 더는 상급심 법원에 상소를 제기할 수 없게 된다.

첫째, 판결은 선고와 동시에 확정되는 경우가 있다. 예컨대 대법원판결에 대해서는 더는 상소할 수 없기 때문에 그 판결은 선고 시에 확정된다. 그리고 하급심 판결이라도 선고 전에 당사자들이 상소하지 않기로 합의하고 이 합의서를 법원에 제출할 경우, 판결은 선고 시에 확정된다.

둘째, 상소기간이 만료된 때에 판결이 확정되는 경우가 있다. 상소는 패소한 당사자가 제기하는 것으로, 상소를 하고자 하는 자는 판결문을 송달받은 날부터 2주 이내에 상소를 제기해야 한다. 이 기간에 상소를 제기하지 않으면 더는 상소할 수 없게 되므로, 판결은 상소기간 만료 시에 확정된다. 또한 상소기간에 상소를 제기했더라도 그 후 상소를 취하하면 상소기간 만료 시에 판결은 확정된다.

셋째, 상소기간이 경과되기 전에 패소한 당사자가 법원에 상소포기서를 제출하면, 제출 시에 판결은 확정된다.

〈상 황〉

원고 甲은 피고 乙을 상대로 ○○지방법원에 매매대금지급청구소송을 제기했다. ○○지방법원은 甲에게 매매대금지급청구권이 없다고 판단하여 2016년 11월 1일 원고 패소 판결을 선고했다. 이 판결문은 甲에게는 2016년 11월 10일 송달되었고, 乙에게는 2016년 11월 14일 송달되었다.

① 乙은 2016년 11월 28일까지 상소할 수 있다.

② 甲이 2016년 11월 28일까지 상소하지 않으면, 같은 날 판결은 확정된다.

③ 甲이 2016년 11월 11일 상소한 후 2016년 12월 1일 상소를 취하했다면, 취하한 때 판결은 확정된다.

④ 甲과 乙이 상소하지 않기로 하는 내용의 합의서를 2016년 10월 25일 법원에 제출했다면, 판결은 2016년 11월 1일 확정된다.

⑤ 甲이 2016년 11월 21일 법원에 상소포기서를 제출하면, 판결은 2016년 11월 1일 확정된 것으로 본다.

07 다음은 근로장려금 신청 자격요건에 대한 정부제출안과 국회통과안의 내용이다. 이에 근거하여 〈보기〉에서 옳지 않은 것을 모두 고르면?

요건	정부제출안	국회통과안
총소득	부부의 연간 총소득이 1,700만 원 미만일 것(총소득은 근로소득과 사업소득 등 다른 소득을 합산한 소득)	좌동
부양 자녀	다음 항목을 모두 갖춘 자녀를 2인 이상 부양할 것 (1) 거주자의 자녀이거나 동거하는 입양자일 것 (2) 18세 미만일 것(단, 중증장애인은 연령 제한을 받지 않음) (3) 연간 소득금액의 합계액이 100만 원 이하일 것	다음 항목을 모두 갖춘 자녀를 1인 이상 부양할 것 (1)~(3) 좌동
주택	세대원 전원이 무주택자일 것	세대원 전원이 무주택자이거나 기준시가 5천만 원 이하의 주택을 한 채 소유할 것
재산	세대원 전원이 소유하고 있는 재산 합계액이 1억 원 미만일 것	좌동
신청 제외자	(1) 3개월 이상 국민기초생활 보장급여 수급자 (2) 외국인(단, 내국인과 혼인한 외국인은 신청 가능)	좌동

〈보 기〉

ㄱ. 정부제출안보다 국회통과안에 의할 때 근로장려금 신청 자격을 갖춘 대상자의 수가 더 줄어들 것이다.

ㄴ. 두 안의 총소득요건과 부양자녀요건을 충족하고, 소유재산이 주택(5천만 원), 토지(3천만 원), 자동차(2천만 원)인 A는 정부제출안에 따르면 근로장려금을 신청할 수 없지만 국회통과안에 따르면 신청할 수 있다.

ㄷ. 소득이 없는 20세 중증장애인 자녀 한 명만을 부양하는 B가 국회통과안에서의 다른 요건들을 모두 충족하고 있다면 B는 국회통과안에 의해 근로장려금을 신청할 수 있다.

ㄹ. 총소득, 부양자녀, 주택, 재산 요건을 모두 갖춘 한국인과 혼인한 외국인은 정부제출안에 따르면 근로장려금을 신청할 수 없지만 국회통과안에 따르면 신청할 수 있다.

① ㄱ, ㄴ

② ㄱ, ㄷ

③ ㄷ, ㄹ

④ ㄱ, ㄴ, ㄹ

⑤ ㄴ, ㄷ, ㄹ

08 다음 글과 〈상황〉을 근거로 판단할 때 옳은 것은?

　형사소송절차에서 화해는 형사사건의 심리 도중 피고인과 피해자 사이에 민사상 다툼에 관하여 합의가 성립한 경우, 신청에 의하여 그 합의 내용을 공판조서에 기재하면 민사소송상 확정판결과 동일한 효력을 부여하는 제도이다. 예컨대 사기를 당한 피해자는 사기범이 형사처벌을 받더라도 사기로 인한 피해를 배상받으려면 그를 피고로 하여 민사소송절차를 밟아야 하는 것이 원칙이다. 이는 민사소송절차와 형사소송절차가 분리되어 있기 때문이다. 그런데 만약 형사소송절차 도중 피해자가 피고인과 피해배상에 관하여 합의한 경우, 별도의 민사소송을 거치지 않고 피해를 구제받을 수 있게 한다면 범죄 피해자는 신속하고 간편하게 범죄로 인한 피해 배상을 받을 수 있게 된다. 이것이 바로 형사소송절차상 화해 제도의 취지이다.

　합의의 대상은 형사사건 피고인과 피해자 사이의 해당 사건과 관련된 피해에 관한 다툼을 포함하는 민사상 다툼으로 한정된다. 피고인과 피해자가 합의를 하면 그 형사사건이 계속 중인 1심 또는 2심 법원의 변론 종결 전까지 피해자와 피고인이 공동으로 합의 내용을 공판조서에 기재하여 줄 것을 서면으로 신청할 수 있다. 합의가 피고인의 피해자에 대한 금전 지급을 내용으로 하는 경우에는 피고인 외의 자(이하 '보증인'이라 한다)가 피해자에 대하여 그 지급을 보증할 수 있다. 이때에는 위 신청과 함께 보증인은 그 취지를 공판조서에 기재하여 줄 것을 신청할 수 있다. 이와 같은 합의가 기재된 공판조서는 민사소송상 확정판결과 동일한 효력이 있으므로, 피해자는 그 공판조서에 근거하여 강제 집행을 할 수 있다.

※ 공판조서: 법원사무관 등이 공판기일에 진행된 소송절차의 경과를 기재한 조서

〈보 기〉

　甲은 친구 乙이 丙에게 빌려준 500만 원을 변제받지 못하고 있다는 이야기를 듣고 대신 받아주려고 丙을 만났는데, 丙이 격분하여 甲을 폭행하였다. 그로 인해 甲은 병원 치료비 200만 원을 지출하게 되었다. 이후 甲은 丙을 폭행죄로 고소하여 현재 丙을 피고인으로 한 형사소송절차가 진행 중이다.

① 甲과 丙이 피해배상을 합의하면 그 합의는 공판조서에 기재되지 않더라도 민사소송상의 확정판결과 동일한 효력이 있다.

② 형사소송 2심 법원의 변론 종결 후에 甲과 丙이 피해배상에 대해 합의하면, 그 합의 내용을 공판조서에 기재해 줄 것을 구술로 신청할 수 있다.

③ 丙이 乙에게 변제할 500만 원과 甲의 치료비 200만 원을 丙이 지급한다는 합의 내용을 알게 된 법관은 신청이 없어도 이를 공판조서에 기재할 수 있다.

④ 공판조서에 기재된 합의금에 대해 甲이 강제집행을 하기 위해서는 별도의 민사소송상 확정판결이 있어야 한다.

⑤ 丙이 甲에게 지급할 금액을 丁이 보증한다는 내용이 공판조서에 기재된 경우, 甲은 그 공판조서에 근거하여 丁의 재산에 대해서 강제집행할 수 있다.

[09-10] A, B, C, D, E의 다섯 팀이 리그전으로 시합을 펼친다. 승점은 승, 무, 패의 순서대로 각각 3, 1, 0점이며 승점이 같을 때는 동 순위로 하며 승점이 가장 높은 두 팀이 동점일 경우에는 두 팀이 1위가 되고 다음 팀은 3위가 된다. 다음은 각 팀의 성적이다.

〈상 황〉

○ A 팀은 C 팀을 이겼다.
○ B 팀과 D 팀은 비겼다.
○ C 팀은 E 팀에게 졌다.
○ A 팀과 E 팀은 비겼다.
○ B 팀은 E 팀을 이겼다.
○ C 팀과 D 팀은 비겼다.

09 이들의 최종 승점에 대한 설명으로 옳지 않은 것은?

① A 팀의 승점이 9점일 수는 없다.

② B 팀의 승점은 4점일 수도 있다.

③ C 팀의 승점은 4점일 수도 있다.

④ D 팀의 승점이 7점일 수는 없다.

⑤ E 팀이 승점이 7점일 수는 없다.

10 한편 위의 상황에서 다음의 두 경우가 발생했다고 가정할 때 다음 〈보기〉 중 옳은 것만을 모두 고르면?

○ 경우 1
　A 팀이 B 팀을 이기고 D 팀이 모든 경기를 비겼으며 C 팀은 무승부가 1번밖에 없는 경우

○ 경우 2
　C 팀과 D 팀은 이긴 경기가 없으며 E 팀이 단독 1위를 한 경우

〈보 기〉

ㄱ. 경우 1에서 나타날 수 있는 상황은 2가지이다.
ㄴ. 경우 1에서 공동순위를 포함하여 A 팀의 순위가 가장 높고 C 팀의 순위가 가장 낮다.
ㄷ. 경우 2에서 나타날 수 있는 상황은 2가지이다.
ㄹ. 경우 2에서 D 팀은 3위를 차지한다.
ㅁ. A 팀은 경우 2보다 경우 1에서의 순위가 더 높다.

① ㄱ, ㄴ　　　　　　　　② ㄱ, ㄴ, ㅁ　　　　　　　　③ ㄱ, ㄹ, ㅁ

④ ㄴ, ㄷ, ㄹ　　　　　　⑤ ㄷ, ㅁ

11 ○○회사는 전기자동차 부품을 제작하는 회사이다. 아래의 〈상황〉과 〈작업 일정표〉를 토대로 판단했을 때, ○○회사가 HK 자동차회사에 부품을 납품 완료할 수 있는 가장 빠른 날짜는?

―〈상 황〉―

HK 자동차의 협력업체인 ○○회사는 이번에 HK 자동차에서 새롭게 개발하는 전기자동차의 핵심 부품 중 하나인 EV Relay를 생산하는 업체이다. 공정 가동 시간은 휴일 없이 오전 7시~오후 5시로 공정 가동을 위해 2조 2교대를 운영하고 있다. 공정 가동 시간 동안은 쉼 없이 제품을 생산하고 있으며, 이번에 HK 자동차에서 제품 테스트를 위해 100개의 EV Relay를 최대한 빠른 시일 내에 납품해 달라는 요청을 받았다. 5월 6일 목요일에 요청을 받은 ○○회사는 바로 생산계획을 수립하여 다음 날 업무를 시작하는 시점부터 제품 생산을 시작했다.

〈작업 일정표〉

구분	공정	소요시간(min)	선행작업
A	부품 선별	10	–
B	부품 조립	10	A
C	1차 검수	5	B
D	배선 연결	20	B
E	Packaging	18	D
F	Sample Test	17	E

※ 1) 1회 공정당 1개의 EV Relay를 생산 가능함
   2) 단, 현재는 대량 양산 체제가 구축되어 있지 않아서 1회 공정이 종료된 후에 다음 공정을 시작할 수 있음
   3) 제품 생산이 완료된 다음 날 HK 자동차에 납품을 시작하며, 배송은 당일 완료됨
   4) 제품 생산 중 불량은 발생하지 않는다고 가정함

① 5월 19일

② 5월 20일

③ 5월 21일

④ 5월 22일

⑤ 5월 23일

⟨5월 1일 ○○전자 천안 A/S 센터 A/S 접수 현황⟩

구분	담당 제품	접수 수량	총 작업 소요일	전체 수리 시 필요 부품
엔지니어 1팀	노트북	10대	5일	SSD 2개, RAM 4개
엔지니어 2팀	스마트폰	15대	3일	액정 3개, 이미지 센서 4개
엔지니어 3팀	무선 청소기	6대	6일	모터 2개
엔지니어 4팀	태블릿 PC	12대	4일	이미지 센서 3개, 터치 펜 2개

⟨5월 1일 ○○전자 천안 A/S 센터 부품 재고 현황⟩

부품명	재고 수량	비고
SSD	1	
RAM	2	
노트북용 액정	3	
스마트폰용 액정	1	
무선 청소기 모터	2	
무선 청소기 필터	5	
이미지 센서	1	노트북, 스마트폰, 태블릿 PC 겸용

⟨부품 구매 관련 사항⟩

부품명	단가(원/개)	납기	최소 주문 가능 수량
SSD	105,000	5일	10
RAM	32,000		20
노트북용 액정	230,000	3일	5
스마트폰용 액정	92,000		10
태블릿 PC용 액정	115,000		10
무선 청소기 필터	15,000	3일	10
무선 청소기 모터	175,000		제한 없음
이미지 센서	227,000	5일	제한 없음
터치 펜	47,500	7일	5

※ 1) 납기는 주문일을 포함한 일정을 의미함(ex. 납기 3일 → 납기일 포함 3일째 되는 날 수령)
　　2) 부품의 납품은 평일과 주말의 제한이 별도로 존재하지 않음

12 ○○전자 천안 A/S 센터에서 현재 접수되어 있는 모든 A/S를 처리하기 위해 구매해야 할 부품의 총 구매 비용은?

① 3,810,000원　　　　② 3,927,000원　　　　③ 4,050,500원

④ 4,209,500원　　　　⑤ 4,417,500원

13 ○○전자 천안 A/S 센터에서는 필요한 부품을 아래와 같이 주문하였다. 현재까지 접수된 A/S가 모두 마무리되는 날짜는? (단, 모든 수리 업무는 평일에만 진행하며, 부품을 수령한 다음 날부터 수리 업무를 진행한다.)

〈부품 주문 일정〉

부품명	SSD	RAM	스마트폰용 액정	이미지 센서	터치 펜
주문일	5월 6일	5월 5일	5월 6일	5월 7일	5월 5일

〈5월 달력〉

월	화	수	목	금	토	일
				1	2	3
4	5	6	7	8	9	10
11	12	13	14	15	16	17
18	19	20	21	22	23	24
25	26	27	28	29	30	

※ 단, 5월 5일은 어린이날로 휴일임

① 5월 14일

② 5월 15일

③ 5월 16일

④ 5월 17일

⑤ 5월 18일

14 A 시에서 부동산 중개업을 하고 있는 OO씨는 아래의 〈표〉와 같이 이번 달 2건의 거래를 성사시켰다. 다음 부동산 중개수수료 요율표를 참고할 때, OO씨가 이번 달 중개수수료로 받을 수 있는 최대 금액은?

〈표〉

구분	거래 형태	거래 금액	비고
1	전세	1억 7천만 원(보증금)	☆☆오피스텔
2	매매	3억 8천만 원(매매가)	△△아파트

〈부동산 중개수수료 요율표〉

구분	거래금액	상한요율	한도액
매매 거래	1억 원 미만	1천분의 7	40만 원
	1억 원~3억 원	1천분의 6	100만 원
	3억 원~6억 원	1천분의 5	180만 원
	6억 원 이상	1천분의 4	300만 원
임대차 거래	1억 원 미만	1천분의 5	40만 원
	1억 원~3억 원	1천분의 4	80만 원
	3억 원~6억 원	1천분의 3	150만 원
	6억 원 이상	1천분의 2	250만 원

※ 1) 중개 수수료＝거래 금액 × 상한요율
　 2) 수수료 지불 대상
　　　• 임대차 거래: 임대인, 임차인
　　　• 매매 거래: 매도자, 매수자
　 3) 위의 표는 임대인 또는 임차인, 매도자 또는 매수자 1인에 대한 수수료를 의미함
　 4) 임대차 거래 시 거래 금액 기준
　　　• 전세: 보증금
　　　• 월세: 보증금＋월세×12
　 5) 1인당 중개수수료는 한도액을 초과할 수 없음

① 2,480,000원

② 3,250,000원

③ 3,570,000원

④ 4,380,000원

⑤ 4,960,000원

15 인사팀에 근무하고 있는 귀하는 인사평가 시즌을 맞이하여 부서 내 진급 대상 직원들의 최종 평가 점수를 산출하는 업무를 진행하고 있다. 아래의 업무평가를 토대로 했을 때, B 대리의 최종 평가 점수는?

〈항목별 업무평가〉

(단위: 점)

구분	업무 실적 및 성과 평가	외국어 능력	역량 평가	근무 태도
A 과장	17	16	16	10
B 대리	16	17	18	15
평균	16.5	16.5	17	12.5

※ 각 항목은 20점 만점을 기준으로 평가함

〈최종 평가점수 산출 기준〉

○ 업무 실적 및 성과 평가와 역량 평가 부문의 가중치는 각각 1.5로 한다.
○ 외국어 능력 또는 역량 평가 부문은 해당 부문의 점수가 17점 이상일 경우 각각 3점씩 가산점을 부여한다.
○ 최종 평가 점수는 100점을 초과할 수 있다.
  – 가산점을 제외한 최종 평가점수는 100점 만점을 기준으로 한다.

① 83점   ② 89점   ③ 95점
④ 100점   ⑤ 106점

16 ○○공사 해외사업부에 근무하고 있는 임동근 과장은 지사 점검을 위해 바르셀로나로 출장을 가게 되었다. 인천공항에서 5월 7일 토요일 오후 11시에 출발하여 이스탄불을 경유하여 바르셀로나 공항에 도착했다. 임동근 과장이 바르셀로나 공항에 도착한 현지 시각은?

〈이용 항공편 정보〉

노선	소요 시간	비고
인천 ↔ 바르셀로나	14시간 25분	주 3회 운항(월, 수, 금)
인천 ↔ 이스탄불	11시간 15분	주 5회 운항(월, 화, 목, 금, 토)
이스탄불 ↔ 바르셀로나	3시간 40분	−

※ 1) 이스탄불 공항에서 바르셀로나행 환승 시 1시간 30분이 소요됨
　 2) 비행기 연착 및 지연은 없는 것으로 가정함
　 3) 환승 및 비행 탑승 시간 외 소요되는 시간은 없다고 가정함

〈GMT〉

구분	그리니치	바르셀로나	이스탄불	서울
GMT	0	+1	+3	+9

① 5월 8일 오전 3시 25분

② 5월 8일 오전 7시 25분

③ 5월 8일 오전 11시 25분

④ 5월 8일 오후 3시 25분

⑤ 5월 8일 오후 7시 25분

17 다음의 〈근태기록〉과 〈근무규정〉을 토대로 했을 때, 관리팀 A 사원이 받을 시간 외 근무수당은?

〈근무규정〉

- 정상 근무 시간은 08:00~17:00이며, 평일에 한함
  - 12:00~13:00은 점심시간으로 근무 시간에서 제함
- 주당 근무 시간은 정상 근무 시간, 시간 외 근무, 주말 근무를 포함하여 52시간을 초과할 수 없음
  - 1주일은 일요일~토요일을 기준으로 함
  - 1회 초과 시 해당 부서장 경고
  - 2회 초과 시 해당 부서장 사유서 작성
○ 시간 외 근무수당
  - 시간 외 근무는 1일 최대 6시간을 초과할 수 없음
    - 1일은 07시에서 익일 07시를 기준으로 함
    - 1회 초과 시 해당 부서장 경고
    - 2회 초과 시 해당 부서장 사유서 작성
  - 시간 외 근무수당은 정상 근무 시간 외 1일 1시간 이상 시간 외 근무를 한 경우에 발생함
    - 시간 외 근무는 1시간 단위로 계산/지급함
    - 일별 시간외근무 시간은 서로 합산하지 아니하고, 일별 지급 금액을 별도로 계산하여 합산함
    - 시간 외 근무 시간 중 저녁식사 기록이 있을 시 1시간을 제함
    - 시간 외 근무수당 지급단가: 15,000원(직급 무관)
○ 주말 근무수당
  - 주말 근무는 주말 및 공휴일에 1일 1시간 이상 근무를 한 경우에 발생함
    - 1시간 단위로 계산/지급함
    - 주말 근무수당 지급단가: 개인별 기본급에 50%를 가산한 금액

〈관리팀 A 사원 4월 근태기록〉

4월 5일(월)	4월 7일(수)	4월 10일(토)	4월 15일(목)	4월 20일(화)
07:20~18:30	07:40~17:30	07:40~12:45	07:30~17:35	07:50~17:30
4월 22일(목)	4월 25일(일)	4월 27일(화)	4월 29일(목)	4월 30일(금)
06:55~18:40	07:00~13:00	07:10~17:30	07:40~19:05	07:45~20:10

※ A 사원은 4월 중 회사에서 저녁식사를 한 기록이 없음

〈관리팀 A 사원 연봉 계약사항〉

구분	계약 연봉	명절 상여금	1일 기준급
금액(원)	47,824,000	3,416,000	112,000

※ 기본급=1일 기준급÷8

① 110,000원

② 145,000원

③ 165,000원

④ 180,000원

⑤ 205,000원

[18~19] 다음 자료를 보고 각 물음에 답하시오.

─〈상 황〉─

A 회사는 다년간 축적된 데이터를 기반으로 사업구조에 대한 분석을 진행하였다. 경쟁사인 B 회사와의 수익에 대한 정보를 분석하였고, 이를 토대로 내년 홍보 전략을 수립하고자 한다.

〈수익체계표〉

(단위: 억 원)

B 회사 \ A 회사	가 제품	나 제품	다 제품	라 제품
가 제품	(3, 4)	(−1, 2)	(4, 8)	(10, 4)
나 제품	(−2, 10)	(−7, 10)	(12, 4)	(8, 7)
다 제품	(10, 12)	(10, −4)	(3, 7)	(10, 6)
라 제품	(8, 16)	(10, 1)	(6, 4)	(−2, −4)

※ (A 회사의 한 분기 수익, B 회사의 한 분기 수익)을 의미함

〈분기별 제품 홍보에 따른 예상 수익 변화 트렌드〉

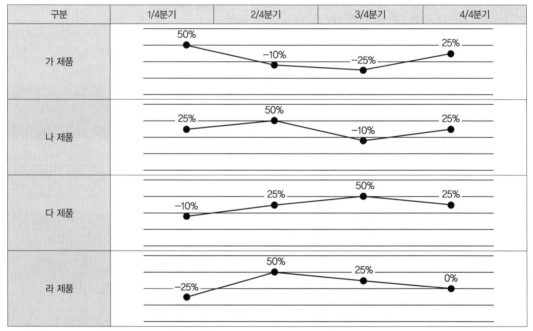

구분	1/4분기	2/4분기	3/4분기	4/4분기
가 제품	50%	−10%	−25%	25%
나 제품	25%	50%	−10%	25%
다 제품	−10%	25%	50%	25%
라 제품	−25%	50%	25%	0%

※ 해당 분기 제품 홍보에 따른 회사 예상 수익 변화를 나타냄

18 다음 중 시기를 고려하지 않고, A 회사와 B 회사 각각 하나의 제품을 홍보할 때, A 회사와 B 회사의 수익의 합이 가장 적을 경우로 옳은 것은?

① A 회사: 가 제품, B 회사: 다 제품

② A 회사: 다 제품, B 회사: 가 제품

③ A 회사: 가 제품, B 회사: 라 제품

④ A 회사: 라 제품, B 회사: 가 제품

⑤ A 회사: 라 제품, B 회사: 라 제품

19 A 회사는 B 회사가 내년 1년간 가 제품을 홍보할 계획이라는 정보를 입수한 후 매 분기별 홍보 전략을 수립하고자 한다. A 회사가 B 회사보다 분기별 수익이 더 많고, B 회사와의 수익 격차를 최대화하기 위한 홍보 전략을 수립한다고 할 때, A 회사가 분기별 홍보해야 하는 제품과, 그에 따른 B 회사와의 수익 격차를 올바르게 연결한 것은?

	분기	홍보 제품	수익 격차
①	1분기	라 제품	1.5억 원
②	2분기	나 제품	2.3억 원
③	3분기	나 제품	2.6억 원
④	3분기	라 제품	6억 원
⑤	4분기	다 제품	5억 원

20 ○○회사 마케팅팀에 근무하고 있는 귀하는 1/4분기 평가를 위한 2박 3일 워크숍을 기획하는 업무를 담당하게 되었다. 아래의 미세먼지 및 날씨 예보, 그리고 〈조건〉을 근거로 판단할 때, 다음 중 귀하가 워크숍 시작일로 선택할 수 있는 가장 적합한 날짜는?

〈미세먼지 등급〉

(단위: μg/m³)

좋음	보통	나쁨	매우 나쁨
0~30	31~80	81~150	151~

〈날씨 예보 표시〉

맑음	흐림	비
☀	⛅	🌧

〈4월 미세먼지 및 날씨 예보〉

(단위: μg/m³)

월	화	수	목	금	토	일
1 ⛅ 105	2 ☀ 82	3 ☀ 123	4 ⛅ 107	5 ☀ 151	6 ⛅ 110	7 ☀ 73
8 🌧 15	9 🌧 48	10 ☀ 170	11 ☀ 162	12 ⛅ 103	13 ⛅ 100	14 ☀ 125
15 ⛅ 75	16 ⛅ 48	17 🌧 30	18 ⛅ 68	19 ☀ 72	20 🌧 13	21 ☀ 28
22 ⛅ 68	23 ☀ 113	24 ☀ 128	25 ☀ 168	26 ☀ 170	27 ☀ 125	28 ☀ 105
29 ⛅ 101	30 ☀ 107	31 ☀ 156				

<조 건>

1. 워크숍 첫째 날과 둘째 날은 야외활동이 많으므로 비가 와서는 안 되고, 미세먼지도 보통 이하여야 한다.
2. 워크숍 일정은 가능한 월요일~토요일에 하되, 불가피한 경우 일요일을 포함할 수 있다.
3. 선택 가능한 일정이 2개 이상일 경우 워크숍 3일간 평균 미세먼지 농도가 가장 낮은 기간으로 선정한다.
4. 평균 미세먼지 농도도 동일한 경우 더 빠른 일정으로 선정한다.

① 4월 8일

② 4월 15일

③ 4월 18일

④ 4월 21일

⑤ 4월 28일

약점 보완 해설집 p.94

 무료 바로 채점 및 성적 분석 서비스 바로 가기
QR코드를 이용해 모바일로 간편하게 채점하고 나의 실력이
어느 정도인지, 취약 부분이 어디인지 바로 파악해 보세요!

해커스공기업 PSAT 기출로 끝내는 NCS 문제해결·자원관리 집중 공략

해커스공기업 PSAT 기출로 끝내는 NCS 문제해결·자원관리 집중 공략

NCS 고득점을 위한
LEET 엄선 문제

* 본 특별부록은 실제 NCS 문제해결능력 시험과 유사한 LEET 기출문제로 실전 감각을 키워 NCS 고득점을 대비하는 코너입니다.
  엄선된 LEET 기출문제를 학습해보며, 고득점을 꼭 달성하시기 바랍니다.

추리논증

기출 : 14 LEET

01 다음으로부터 추론한 것으로 〈보기〉에서 옳은 것만을 모두 고르면?

> 수리 센터에서 A, B, C, D, E 5가지 부품의 불량에 대해 조사한 결과 다음 사실이 밝혀졌다.
> ○ A가 불량인 제품은 B, D, E도 불량이다.
> ○ C와 D가 함께 불량인 제품은 없다.
> ○ E가 불량이 아닌 제품은 B나 D도 불량이 아니다.

〈보 기〉
ㄱ. E가 불량인 제품은 C도 불량이다.
ㄴ. C가 불량인 제품 중에 A도 불량인 제품은 없다.
ㄷ. D는 불량이 아니면서 B가 불량인 제품은, C도 불량이다.

① ㄱ   ② ㄴ   ③ ㄱ, ㄷ
④ ㄴ, ㄷ   ⑤ ㄱ, ㄴ, ㄷ

기출 : 08 예비시험 LEET

02 다음의 논증이 타당하기 위해서 보충되어야 할 전제는?

> 참을 깨달은 자는 배움이 있는 자이다. 책임의 소중함을 느끼는 자가 아니라면 겨레를 위해 희생을 각오한 자가 아니다. 진정한 지도자는 겨레를 위해 희생을 각오한 자이다. 그러므로 진정한 지도자는 배움이 있는 자이다.

① 참을 깨달은 자는 책임의 소중함을 느끼는 자이다.
② 책임의 소중함을 느끼는 자는 참을 깨달은 자이다.
③ 배움이 있는 자는 책임의 소중함을 느끼는 자이다.
④ 참을 깨달은 자는 겨레를 위해 희생을 각오한 자이다.
⑤ 참을 깨달은 자는 책임의 소중함을 느끼는 자가 아니다.

03 〈보기〉의 논증이 타당해지기 위해서 반드시 보충되어야 할 전제는?

—————〈보 기〉—————

석이가 영이를 사랑하지 않는다면, 철이가 영이를 사랑한다. 철이와 돌이가 동시에 영이를 사랑하는 일은 있을 수 없다. 그러므로 석이가 영이를 사랑한다.

① 돌이가 영이를 사랑하거나 철이가 영이를 사랑한다.

② 돌이가 영이를 사랑한다면 철이는 영이를 사랑하지 않는다.

③ 석이가 영이를 사랑한다면 돌이는 영이를 사랑하지 않는다.

④ 석이가 영이를 사랑하거나 돌이가 영이를 사랑한다.

⑤ 철이가 영이를 사랑하지 않는다면 돌이가 영이를 사랑한다.

04 다음으로부터 추론한 것으로 옳지 않은 것은?

어느 회사가 새로 충원한 경력사원들에 대해 다음과 같은 정보가 알려져 있다.
○ 변호사나 회계사는 모두 경영학 전공자이다.
○ 경영학 전공자 중 남자는 모두 변호사이다.
○ 경영학 전공자 중 여자는 아무도 회계사가 아니다.
○ 회계사이면서 변호사인 사람이 적어도 한 명 있다.

① 여자 회계사는 없다.

② 회계사 중 남자가 있다.

③ 회계사는 모두 변호사이다.

④ 회계사이면서 변호사인 사람은 모두 남자이다.

⑤ 경영학을 전공한 남자는 회계사이면서 변호사이다.

05 갑, 을, 병, 정의 네 나라에 대한 다음의 〈조건〉으로부터 추론할 수 있는 것은?

---〈조 건〉---

○ 이들 나라는 시대순으로 연이어 존재했다.
○ 네 나라의 수도는 각각 달랐는데 관주, 금주, 평주, 한주 중 어느 하나였다.
○ 한주가 수도인 나라는 평주가 수도인 나라의 바로 전 시기에 있었다.
○ 금주가 수도인 나라는 관주가 수도인 나라의 바로 다음 시기에 있었으나, 정보다는 이전 시기에 있었다.
○ 병은 가장 먼저 있었던 나라는 아니지만, 갑보다는 이전 시기에 있었다.
○ 병과 정은 시대순으로 볼 때 연이어 존재하지 않았다.

① 금주는 갑의 수도이다.

② 관주는 병의 수도이다.

③ 평주는 정의 수도이다.

④ 을은 갑의 다음 시기에 존재했다.

⑤ 한주가 수도인 나라가 가장 오래되었다.

06 A, B, C 삼국이 모여서 협상을 한다고 가정할 때, A국과 B국은 서로 적국이고, C국은 양국을 중재하고자 하는 중립국이다. 각국은 각기 네 명의 대표단을 파견했고, 그 명단과 서열은 다음과 같다.

> A국 : 앨리스 – 밥 – 캐롤 – 데이빗
> B국 : 알레프 – 베쓰 – 기멜 – 달레쓰
> C국 : 갑수 – 을수 – 병수 – 정수

각국 대표들이 앉을 협상 테이블은 정육각형 모양이며, 각 면에 의자가 두 개씩 전체적으로 균등하게 배치되어 있고, 각국 대표들은 다음의 조건에 따라 의자에 앉아야 한다.

> (가) 같은 나라 대표들끼리 세 명 이상 인접해 앉아서는 안 된다.
> (나) A와 C국 대표들이 앉는 순서는 서열의 순서와 시계 방향이 일치해야 한다. 예컨대 앨리스 다음에 시계 방향으로 밥, 캐롤, 데이빗의 순서로 앉아야 한다.
> (다) A와 B국의 대표들은 자신과 서열이 동등한 적국 대표와 정면으로 바로 마주 보고 앉아야 한다.
> (라) 앨리스와 밥은 협상 테이블의 같은 면에 앉아야 한다.
> (마) 캐롤과 밥, 그리고 캐롤과 알레프 사이에 동일한 수의 대표가 앉아야 한다.
> (바) 데이빗은 B국 대표와 인접해서 앉아서는 안 된다.

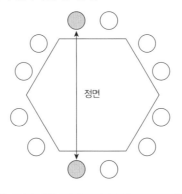

이 경우 밥의 입장에서 바로 왼쪽에 앉아 있는 사람은 누구인가?

① 갑수

② 을수

③ 병수

④ 데이빗

⑤ 달레쓰

07 다음으로부터 추론한 것으로 옳지 않은 것은?

아래 배치도에 나와 있는 10개의 방을 A, B, C, D, E, F, G 7명에게 하나씩 배정하고, 3개의 방은 비워두었다. 다음 〈정보〉가 알려져 있다.

1호		6호
2호		7호
3호		8호
4호		9호
5호		10호

〈정보〉

○ 빈방은 마주 보고 있지 않다.
○ 5호와 10호는 비어 있지 않다.
○ A의 방 양옆에는 B와 C의 방이 있다.
○ B와 마주 보는 방은 비어 있다.
○ C의 옆방 가운데 하나는 비어 있다.
○ D의 방은 E의 방과 마주 보고 있다.
○ G의 방은 6호이고 그 옆방은 비어 있다.

① 1호는 비어 있다.

② A의 방은 F의 방과 마주 보고 있다.

③ B의 방은 4호이다.

④ C와 마주 보는 방은 비어 있다.

⑤ D의 방은 10호이다.

08 다음에서 추론한 것으로 옳은 것만을 〈보기〉에서 있는 대로 고른 것은?

> 컴퓨터 사용자 갑, 을, 병, 정의 아이디와 패스워드를 다음 규칙으로 정하고자 한다.
> ○ 아이디는 apple, banana, cherry, durian 중 하나이다.
> ○ 패스워드는 apple, banana, cherry, durian 중 하나이다.
> ○ 하나의 아이디를 두 명 이상이 같이 쓸 수 없다.
> ○ 하나의 패스워드를 두 명 이상이 같이 쓸 수 없다.
> ○ 사용자의 아이디와 패스워드는 같을 수 없다.
> ○ 을의 아이디는 cherry이다.
> ○ 정의 패스워드는 durian이다.
> ○ 병의 아이디는 아이디가 banana인 사용자의 패스워드와 같다.

〈보 기〉

ㄱ. 정의 아이디는 apple이다.
ㄴ. 갑의 패스워드가 cherry라면 을과 병의 패스워드를 확정할 수 있다.
ㄷ. 아이디가 durian인 사용자의 패스워드로 banana를 쓸 수 있다.

① ㄱ

② ㄷ

③ ㄱ, ㄴ

④ ㄴ, ㄷ

⑤ ㄱ, ㄴ, ㄷ

기출 : 15 LEET

09 다음에서 추론한 것으로 옳은 것만을 〈보기〉에서 있는 대로 고른 것은?

> 일렬로 위치한 5개 사무실에 회사 A, B, C, D, E가 입주해 있다. 각 회사는 로고 색이 한 가지 색으로 되어 있고, 음료와 과자를 하나씩 생산하며, 수출대상국이 한 국가씩 있다. 5개 회사의 로고 색, 음료, 과자, 수출대상국은 모두 다르다.
>
> > ○ 로고 색 : 연두색, 회색, 보라색, 하늘색, 검은색
> > ○ 음료 : 생수, 커피, 이온 음료, 녹차, 주스
> > ○ 과자 : 와플, 전병, 비스킷, 마카롱, 쌀과자
> > ○ 수출대상 : 싱가포르, 중국, 태국, 일본, 대만
>
> ○ 생수를 생산하는 회사의 사무실은 정 가운데 위치한다.
> ○ C 회사의 사무실은 가장 왼쪽에 위치하고, 보라색 로고의 회사 사무실 옆에 위치한다.
> ○ 연두색 로고의 회사는 커피를 생산하고, 그 사무실은 회색 로고의 회사 사무실 왼쪽에 붙어 있다.
> ○ A 회사의 로고는 하늘색이다.
> ○ 검은색 로고의 회사는 싱가포르로 수출하며, 와플을 생산하는 회사 사무실 옆에 위치한다.
> ○ 태국에 수출하는 회사의 사무실은 주스를 생산하는 회사의 사무실 오른쪽에 붙어 있다.

─〈보 기〉─

ㄱ. A 회사는 생수를 생산한다.
ㄴ. 싱가포르에 수출하는 회사는 주스를 생산한다.
ㄷ. 보라색 로고의 회사는 중국에 수출한다.

① ㄱ

② ㄴ

③ ㄷ

④ ㄱ, ㄴ

⑤ ㄴ, ㄷ

기출 : 17 LEET

10 다음에서 추론한 것으로 옳은 것만을 〈보기〉에서 있는 대로 고른 것은?

> A반 4명, B반 3명, C반 3명, D반 2명으로 구성된 동아리를 세 개의 팀으로 나누는데, 다음 조건을 만족한다.
> ○ 각 학생은 어느 한 팀에만 포함된다.
> ○ 각 팀은 최소한 3개의 반의 학생을 포함한다.
> ○ 특정 반의 학생 전체를 포함한 팀은 없다.

---〈보 기〉---

> ㄱ. 각 팀의 학생 수가 모두 같을 수 있다.
> ㄴ. A반, B반, C반으로만 구성된 6명인 팀이 있을 수 있다.
> ㄷ. B반, C반, D반으로만 구성된 5명인 팀이 있을 수 없다.

① ㄱ ② ㄷ ③ ㄱ, ㄴ

④ ㄴ, ㄷ ⑤ ㄱ, ㄴ, ㄷ

기출 : 14 LEET

11 다음으로부터 추론한 것으로 옳은 것은?

> 어떤 회사가 A, B, C, D 네 부서에 한 명씩 신입 사원을 선발했다. 지원자는 총 5명이었으며, 선발 결과에 대해 다음과 같이 진술했다. 이 중 1명의 진술만 거짓으로 밝혀졌다.
>
> 지원자 1: 지원자 2가 A 부서에 선발되었다.
> 지원자 2: 지원자 3은 A 또는 D 부서에 선발되었다.
> 지원자 3: 지원자 4는 C 부서가 아닌 다른 부서에 선발되었다.
> 지원자 4: 지원자 5는 D 부서에 선발되었다.
> 지원자 5: 나는 D 부서에 선발되었는데, 지원자 1은 선발되지 않았다.

① 지원자 1은 B 부서에 선발되었다.

② 지원자 2는 A 부서에 선발되었다.

③ 지원자 3은 D 부서에 선발되었다.

④ 지원자 4는 B 부서에 선발되었다.

⑤ 지원자 5는 C 부서에 선발되었다.

12 다음 글로부터 추론한 것으로 옳은 것만을 〈보기〉에서 있는 대로 고른 것은?

세 명의 위원 갑, 을, 병으로 구성된 위원회에서 세 명의 후보 a1, a2, b 중 한 사람을 선발하는 상황을 고려해 보자. a1과 a2는 동일한 A당(黨)에 속한 사람이고, b는 다른 B당 사람이다. 각 위원의 후보에 대한 선호는 다음과 같이 알려져 있다. (예를 들어, a1 > b는 a1을 b보다 선호한다는 의미이다.)

위원	선호
갑	a1 > a2 > b
을	a2 > a1 > b
병	b > a1 > a2

위원회의 결정은 다수결 투표에 따른다. 각 위원은 자신의 선호에 따라 정직하게 투표에 임할 수도 있고, 전략적으로 투표에 임할 수도 있다. 전략적 투표란 자신이 더 선호하는 후보가 선발되게 만들기 위해 정직하지 않게 투표하는 행위이다. 예를 들어 위원 갑이 a1이 최종 선발될 가능성이 없다고 판단하여 자신이 가장 싫어하는 b가 당선되는 경우를 막기 위해 a2에게 투표하는 것이 이에 해당한다.

〈보 기〉

ㄱ. 1차 투표에서 후보 세 명을 대상으로 투표한 후 만약 승자가 없다면 갑이 최종적으로 결정한다고 하자. 이 경우 전략적 투표를 허용하더라도 정직하게 투표한 결과와 같다.

ㄴ. A당의 두 후보 중 한 사람을 1차 선발하고, 그 승자를 b와 결선하여 최종 승자를 결정하는 방식을 고려하자. 이 경우 위원 을은 전략적 투표를 할 유인이 있다.

ㄷ. A당과 B당 중 하나를 1차 투표로 결정하고, 만약 A당이 선택되면 a1과 a2의 결선 승자를, 만약 B당이 선택되면 b를 최종 승자로 결정하는 방식을 고려하자. 이 경우 전략적 투표를 허용하면 b가 선발될 것이다.

① ㄱ

② ㄷ

③ ㄱ, ㄴ

④ ㄴ, ㄷ

⑤ ㄱ, ㄴ, ㄷ

13 다음 글로부터 제품 X와 Y에 대해서 추론한 것으로 옳은 것만을 〈보기〉에서 있는 대로 고른 것은?

제품 X와 Y는 원료 a, b, c, d 중에서 한 가지 이상의 원료를 1g 단위로 사용하여 전체가 10g이 되도록 섞어서 만들었다. 원료들이 섞이면 a와 b는 질량비 1:1로 반응하고 c와 d도 질량비 1:1로 반응하는데, 반응하는 물질 중에서 어느 한쪽 원료가 완전히 소진될 때까지 이 반응이 일어난다. 이 외의 경우에는 어떤 원료들 사이에도 반응이 일어나지 않는다. 제품의 부피는 반응 전 원료들의 총부피에서 반응한 원료 2g 당 1mL씩 감소한 값이 된다. 제품의 이익은 사용된 원료에 따라 1g당 a는 10원, b는 20원, c는 100원, d는 200원 발생한다.

○ X의 부피는 사용된 원료의 총부피보다 5mL 작고, 이익은 150원 발생했다.
○ Y의 부피는 사용된 원료의 총부피보다 2mL 작고, 이익은 690원 발생했다.

───────〈보 기〉───────

ㄱ. X에 a가 사용되었다.
ㄴ. X에 세 가지 원료만이 사용되었다.
ㄷ. Y에 a는 3g만 사용되었다.

① ㄱ

② ㄴ

③ ㄱ, ㄷ

④ ㄴ, ㄷ

⑤ ㄱ, ㄴ, ㄷ

14 다음 글로부터 추론할 수 있는 것으로 적절하지 않은 것은?

어떤 종의 개체들은 싸움 전략에 따라, 매파든 비둘기파든 어느 한 편에 속한다고 생각해 보자. 매파의 개체는 항상 맹렬히 싸우고 심하게 다쳤을 때가 아니면 굴복하지 않는다. 비둘기파의 개체는 그저 품위 있는 전통적인 방법으로 위협을 줄 뿐 누구에게도 상처를 주지 않는다. 매파의 개체와 비둘기파의 개체가 싸우면 비둘기파는 그냥 도망치므로 다치는 일이 없다. 매파의 개체끼리 싸우면 그들은 한 편이 중상을 입을 때까지 싸운다. 비둘기파끼리 부딪칠 때는 장기전에 의한 시간 낭비는 있을 수 있어도 어느 편이든 다치는 경우가 없다. 그들은 오랫동안 서로 자세를 취하기만 하다가 결국은 싫증이 나거나 더는 버틸 필요가 없다고 생각되어 싸움을 포기하는 쪽이 진다. 또한 특정 경쟁자가 매파인지 비둘기파인지를 미리 알 수 없는 것으로 가정해 놓자. 그는 경쟁자와 싸워 본 뒤에야 비로소 그것을 알 뿐, 특정 개체와의 과거의 싸움을 기억하지 못하는 것으로 한다.

이제 싸우는 양쪽에게 '점수'를 주기로 한다. 예컨대 승자에게는 50점, 패자에게는 0점, 중상자에게는 −100점, 장기전에 의한 시간 낭비에는 −10점의 점수를 부여하는 방식이다. 이들 '점수'는 유전자의 생존이라는 가치로 환산된다고 볼 수 있다. 높은 점수를 얻은 개체, 즉 높은 평균 '득점'을 받는 개체는 유전자 풀 속에 다수의 유전자를 남기는 개체이다.

① 매파와 비둘기파의 싸움에서 매파는 평균 +50점을 얻어 비둘기파보다 막대한 이익을 누린다.

② 전원 비둘기파인 개체군에서의 싸움은 반은 이기고 반은 지는 것으로 예상할 때 그 평균 득점은 +15점이다.

③ 매파와 비둘기파의 싸움 전략 그 자체만으로는 한 개체가 다수의 유전자를 남기는 데 유리할지 불리할지 결정하기 어렵다.

④ 만일 매파의 유전자가 순조롭게 퍼져서 개체군 전체가 매파로 됐을 때 이때의 모든 싸움은 매파끼리의 싸움이 될 것이므로, 싸움당 평균 득점은 −25점이 된다.

⑤ 매파의 개체군 내에 비둘기파의 한 개체가 있을 때, 비둘기파의 평균 득점은 매파 개체군 내의 평균 득점보다 낮기 때문에 비둘기파의 유전자는 그 개체군 내에 퍼지지 못한다.

15 다음 '상황'과 '가정'으로부터 추론한 것으로 옳은 것은?

─〈상 황〉─

○ 총유권자가 60만 명인 어떤 나라에서 대통령 선출 방식으로 단순 다수제와 결선(투표)제를 두고 토론을 진행 중인데, 투표 방식이 결정되면 ○일 후 대통령 선거가 실시된다.
○ 단순 다수제는 1회 투표에서 최다 득표자가 당선되는 방식이고, 결선제는 1차 투표에서 과반수 득표자가 없을 경우, 상위 1, 2위 득표자를 놓고 2차 투표를 시행하여 다득표자가 당선되는 방식이다. (각 투표 시 유권자는 1명에게만 기표한다.)

─〈후보 선호도 및 연합의 가정〉─

○ 후보 A~F가 출마할 경우, 4개 계층으로 나뉜 유권자의 선호도는 표와 같다. 투표율은 항상 100%이다.

계층	인원 수 (만 명)	1순위			
		1순위	2순위	……	6순위
1계층	10	F	D	……	A
2계층	26	C	B	……	F
3계층	18	D	E	……	F
4계층	6	A	D	……	F

○ 단순 다수제나 결선제 1차 투표에서 후보 간 연합이 이루어질 경우, 유권자의 후보에 대한 충성도가 높아 각 후보 지지자는 연합 후보를 100% 지지한다.
○ 결선제 1차 투표에서 후보 연합을 통해서도 당선자를 결정하지 못할 경우, 2차 투표에서 후보들이 연합하더라도 유권자는 이를 고려하지 않고 선호도 표의 순위에 따라 투표한다. 예를 들면 4계층은 A가 후보에서 탈락하면 D를 선택하는 방식이다.
○ 투표 전 이루어진 연합이 선거에서 최종 승리할 경우, 이 승리 연합은 연합 정부를 구성한다.

① 결선제를 채택하면 C-A 연합 정부는 나타날 수 없다.
② 단순 다수제나 결선제 중 어느 것을 채택하든 D-F 연합 정부가 나타날 수 있다.
③ 결선제 1차 투표에서 당선자를 결정하지 못할 경우 D-F-A 연합 정부가 탄생할 수밖에 없다.
④ 단순 다수제에서 D, A, B가 연합하고 F와 C는 독자 출마한 채 투표가 실시되는 경우, D-A-B 연합 정부가 나타날 수 있다.
⑤ 결선제를 채택하면 이번 선거에서 2차 투표를 시행할 수밖에 없을 것이고, 또한 이로 인해 단순 다수제보다 선거 비용이 증대될 것이다.

16 어느 과학자가 간염을 치료하기 위한 신약을 개발했다. 이 약의 효과를 검증하고자 60명의 간염 환자 중 40명을 무작위로 선택하여 신약을 투여하고, 나머지 20명에게는 위약(Placebo)을 투여하는 임상시험을 했다. 표는 임상시험 결과를 나타낸 것이며, A, B, C, D는 사람 수이다. 표에 대한 설명으로 옳은 것을 〈보기〉에서 모두 고른 것은?

	호전됨	호전되지 않음	합
신약	A	B	40
위약	C	D	20
합	48	12	60

〈보 기〉

ㄱ. D가 클수록 신약을 투여받은 사람 중 호전된 사람의 비율이 높아진다.
ㄴ. A와 C의 차이가 작을수록 신약을 투여받은 사람 중 호전된 사람의 비율이 낮아진다.
ㄷ. A : B가 4 : 1이면 신약을 투여받은 사람 중 호전된 사람의 비율이 위약을 투여받은 사람 중 호전된 사람의 비율과 같다.

① ㄱ

② ㄴ

③ ㄱ, ㄷ

④ ㄴ, ㄷ

⑤ ㄱ, ㄴ, ㄷ

17 빨간색, 노란색, 파란색의 물감을 다양한 비율로 혼합하여 여러 가지 색의 물감을 만든다. 혼합된 물감에서 빨간색, 노란색, 파란색 물감이 차지하는 비율을 각각 x%, y%, z%라고 한다. 그림에서 점 P, Q, R, S는 빨간색, 노란색, 파란색 물감을 혼합하여 만든 4가지 물감의 x값과 y값을 각각 나타낸 것이다. 이에 대한 설명으로 옳은 것을 〈보기〉에서 모두 고르면?

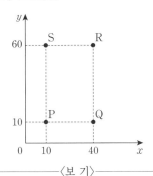

〈보 기〉

ㄱ. S가 나타내는 색의 물감에 포함된 파란색 물감의 비율은 20%이다.
ㄴ. R이 나타내는 색은 P, Q, S가 나타내는 색의 물감을 어떠한 비율로 혼합하여도 만들 수 없다.
ㄷ. Q가 나타내는 색의 물감 10g과 S가 나타내는 색의 물감 10g을 혼합한 물감에 포함된 파란색 물감의 비율은 40%이다.

① ㄱ
② ㄴ
③ ㄷ
④ ㄱ, ㄴ
⑤ ㄴ, ㄷ

18 〈사실 관계〉의 (가)와 (나)에 들어갈 방법으로 옳은 것은?

> 채무자가 채무를 이행할 수 있는데도 하지 않을 경우, 채권자가 직접 돈을 뺏어오거나 할 수 없고 법원에 신청하여 강제적으로 채무를 이행하게 할 수밖에 없다. 이렇게 강제로 이행하게 하는 방법은 상황에 따라 다른데, K국에서 법으로 인정하고 있는 방법은 세 가지이다. 'A 방법'은 채무자가 어떤 행위를 해야 하는데 하지 않는 경우, 채무자의 비용으로 채권자 또는 제3자에게 하도록 하여 채권의 내용을 실현하는 방법이다. 'B 방법'은 목적물을 채무자로부터 빼앗아 채권자에게 주거나 채무자의 재산을 경매하여 그 대금을 채권자에게 주는 것과 같이, 국가 기관이 직접 실력을 행사해서 채권의 내용을 실현하는 방법이다. 이 방법은 금전·물건 등을 주어야 하는 채무에서 인정되며, 어떤 행위를 해야 하는 채무에 대하여는 인정되지 않는다. 'C 방법'은 채무자만이 채무를 이행할 수 있는데 하지 않을 경우에 손해배상을 명하거나 벌금을 과하는 등의 수단을 써서 채무자를 심리적으로 압박하여 채무를 강제로 이행하도록 만드는 방법이다. 'C 방법'은 채무자를 강제하여 자유의사에 반하는 결과에 이르게 하는 것이므로 다른 강제 수단이 없는 경우에 인정되는 최후의 수단이다.

〈사실 관계〉

○ K국은 통신회사가 X 회사 하나였는데 최근 통신서비스 시장 개방에 따라 다수의 다른 통신회사가 설립되어 공급을 개시했다.
○ K국의 X 회사는 소비자 Y에게 계약에 따라 통신서비스를 제공할 의무가 있는데 요금 인상을 주장하며 이행하지 않았다. Y가 X 회사의 강제 이행을 실현할 수 있는 방법은 통신서비스 시장 개방 전에는 (가) 방법, 시장 개방 후에는 (나) 방법이다.

	(가)	(나)
①	A	C
②	B	A
③	B	B
④	C	A
⑤	C	C

19 다음 글에 언급된 2월의 소비자 기대 지수 조사 결과로부터 추리할 수 있는 것으로 반드시 참인 것은?

> 소비자 기대 지수는 소비자가 향후 경기를 어떻게 전망하고 있는지를 측정하는 지수이다. 그 값이 100이면 향후 경기를 긍정적으로 보는 소비자 가구 비중이 부정적으로 보는 소비자 가구 비중과 같다는 것을 의미한다. 그리고 이 값이 클수록 향후 경기를 긍정적으로 보는 소비자 가구 비중이 커진다는 것을 의미한다. 소비자 기대 지수는 모든 소득 계층(매 100만 원 단위)과 모든 연령대(매 10세 단위)별로 발표되고 있다.
>
> 2월의 조사에 의하면, 모든 소득 계층과 모든 연령대에서 예외 없이 1월보다 소비자 기대 지수가 하락한 것으로 나타났다. 1월 대비 하락에도 불구하고 월평균 소득 300만 원대인 계층에서는 소비자 기대 지수가 여전히 100보다 큰 것으로 나타났다. 그러나 이 계층을 제외한 다른 모든 소득 계층에서 소비자 기대 지수가 100에 미치지 못했다. 또한 30대 연령에서도 소비자 기대 지수가 100보다 큰 것으로 나타났지만, 이 연령대를 제외한 다른 모든 연령대에서 소비자 기대 지수가 100보다 작았다고 한다. 그런데 ○○지역에는 월평균 소득이 300만 원대인 가구가 훨씬 높은 비율로 거주하고 있다. 그러므로 ○○지역에 거주하는 소비자는 향후 경기를 긍정적으로 보고 있을 가능성이 있다.

① 소득 계층별 소비자 기대 지수의 평균은 100을 넘지 못한다.

② 40대 이상 연령의 소비자는 다른 연령대에 비하여 향후 경기를 부정적으로 본다.

③ 월평균 소득액이 300만 원대에 속하는 각각의 연령대 소비자는 모두 향후 경기를 긍정적으로 본다.

④ 월평균 소득이 300만 원대인 소비자가 ○○지역보다 많은 지역이 있다면, 그 지역의 소비자는 ○○지역의 소비자보다 향후 경기를 긍정적으로 본다.

⑤ 40대 연령의 1월 소비자 기대 지수가 30대 연령의 1월 소비자 기대 지수보다 높았다면, 1월 대비 2월 소비자 기대 지수의 하락 폭은 30대 연령보다 40대 연령에서 더 크다.

20 다음 글로부터 추론한 것으로 옳지 않은 것은?

> 민사소송에서는 원칙적으로 당사자가 절차의 개시와 종결을 주도하고, 심판의 대상과 범위를 정한다. 그리하여 법원은 당사자가 판결을 신청한 사항에 대하여 그 신청 범위 내에서만 판단해야 한다. 따라서 당사자가 신청한 사항과 별개의 사항에 대해서 판결해서는 안 된다. 예컨대, 원고가 불법행위를 이유로 손해배상을 청구한 경우에 계약불이행과 같이 그와 다른 이유를 근거로 하여 손해배상을 명할 수는 없다. 또 당사자가 신청한 것보다 적게 판결하는 것은 허용되지만, 신청의 범위를 넘어서 판결해서는 안 된다.
>
> 이와 관련하여 신체상해로 인한 손해배상을 청구하는 경우에 심판대상을 어떻게 볼지 견해가 엇갈린다. A 견해는 치료비 등의 적극적인 손해와 치료 기간에 얻지 못한 수입 등의 소극적인 손해, 그리고 정신적 손해를 구별하여 서로 다른 세 개의 심판대상으로 보고, B 견해는 그 전체가 하나의 심판대상이라고 본다.

〈사 례〉

○ 갑은 을에게 1,000만 원을 빌려주었다.
○ 병은 정의 잘못으로 교통사고를 당했고, 정에게 치료비 2,000만 원, 치료 기간에 얻지 못한 임금 7,000만 원, 정신적 손해 1,000만 원의 손해에 대한 배상을 청구했다. 법원은 병이 입은 손해를 치료비 3,000만 원, 치료 기간에 얻지 못한 임금 4,000만 원, 정신적 손해 3,000만 원으로 평가했다.

---

① 갑은 을에게 빌려준 돈 1,000만 원을 지급하라고 청구했지만 법원이 판단하기에 빌려준 돈은 500만 원이고 을에게 받을 매매대금이 500만 원이라면, 법원은 500만 원을 한도로 하여 갑의 청구를 받아들이는 판결을 할 수 있다.

② 갑이 을에게 빌려준 돈 500만 원을 지급하라고 청구했다면, 법원이 판단하기에 빌려준 돈이 1,000만 원이라도 법원은 500만 원을 한도로 하여 갑을 청구를 받아들이는 판결을 할 수 있다.

③ A 견해에 따르면, 법원은 치료비의 경우 2,000만 원을 한도로 하여 병의 청구를 받아들이는 판결을 할 수 있다.

④ B 견해에 따르면, 법원은 1억 원을 한도로 하여 병의 청구를 받아들이는 판결을 할 수 있다.

⑤ 어떤 견해에 따르든, 원고가 신청한 교통사고 손해배상액의 총액이 법원이 인정한 손해배상액의 총액보다 적은 경우에 원고가 신청한 액수보다 적은 금액을 배상하라고 판결할 수는 없다.

약점 보완 해설집 p.101

해커스공기업
PSAT
기출로 끝내는
NCS

문제해결·자원관리
집중 공략

개정 2판 3쇄 발행 2024년 8월 19일
개정 2판 1쇄 발행 2023년 1월 3일

지은이	복지훈, 김동민 공저
펴낸곳	㈜챔프스터디
펴낸이	챔프스터디 출판팀

주소	서울특별시 서초구 강남대로61길 23 ㈜챔프스터디
고객센터	02-537-5000
교재 관련 문의	publishing@hackers.com
	해커스잡 사이트(ejob.Hackers.com) 교재 Q&A 게시판
학원 강의 및 동영상강의	ejob.Hackers.com

ISBN	978-89-6965-310-9 (13320)
Serial Number	02-03-01

취업강의 1위,
해커스잡(ejob.Hackers.com)
해커스잡

· NCS 온라인 모의고사 및 해설강의(교재 내 응시권 및 할인쿠폰 수록)
· 인적성&NCS 추리/문제해결 입문 강의(교재 내 할인쿠폰 수록)
· 내 점수와 석차를 확인하는 무료 바로 채점 및 성적 분석 서비스
· 해커스 스타강사의 본 교재 인강(교재 내 할인쿠폰 수록)

헤럴드 선정 2018 대학생 선호 브랜드 대상 '취업강의' 부문 1위

해커스공기업

PSAT
기출로 끝내는
NCS

최신판

문제해결·자원관리
집중 공략

약점 보완 해설집

ㅐㅐ 해커스잡

해커스공기업
PSAT
기출로 끝내는
NCS

문제해결·자원관리
집중 공략

약점 보완 해설집

해커스

01 | 문제해결능력 집중공략문제

p.178

01	02	03	04	05	06	07	08	09	10
⑤	④	②	④	②	④	③	④	③	③
11	12	13	14	15	16	17	18	19	20
②	④	④	③	④	⑤	②	④	①	③
21	22	23	24	25	26	27	28	29	30
④	②	④	②	④	②	②	①	④	⑤
31	32	33	34	35	36	37	38	39	40
②	③	②	③	①	③	①	②	②	⑤

01 조건명제 정답 ⑤

정답 체크

제시된 내용을 기호화하여 정리하면 다음과 같다.
a. 월요일 O → 화요일 O
b. 월요일 O → 수요일 O
c. 화요일 O → 목요일 O
d. 화요일 O → 금요일 O
e. 수요일 O → 금요일 O
c의 대우와 a의 대우를 차례대로 연결하면 '목요일에 근무하지 않으면 월요일에 근무하지 않는다.'는 결론의 도출이 가능하다.

오답 체크

① 월요일 X로 시작하는 명제를 만들 수 없으므로 도출이 불가능하다.
② 금요일 X로 끝나는 명제를 만들 수 없으므로 도출이 불가능하다.
③ 월요일 O로 끝나는 명제를 만들 수 없으므로 도출이 불가능하다.
④ e에서 수요일 O로 시작하는 명제를 만들 수 있고 c, d에서 화요일 X로 끝나는 명제도 만들 수 있지만 이 둘을 연결할 수 없으므로 도출이 불가능하다.

02 조건명제 정답 ④

정답 체크

각각의 논증을 기호화하여 정리하면 다음과 같다.
· 영희

전제 1	갑 A 부처 발령O → 을 B 부처 발령O
전제 2	을 B 부처 발령X
결론	갑 A 부처 발령X

이는 전제 1의 대우로 도출이 가능하다.
· 현주

전제 1	갑 A 부처 발령X or 을, 병 모두 C 부처 발령O
전제 2	갑 A 부처 발령O
결론	을, 병 모두 C 부처 발령O

이는 선언명제에서 선언지 가운데 하나가 부정되면 나머지 하나는 긍정되어야 한다는 선언지 부정식이므로 도출이 가능하다.

오답 체크

· 철수

전제 1	갑 A 부처 발령O → 을 A 부처 발령O
전제 2	을 A 부처 발령O
결론	갑 A 부처 발령O

이는 전제 1의 역을 이용한 결론이며 후건긍정의 오류로 도출이 불가능하다.

03 조건명제

정답 ②

정답 체크

주어진 내용을 기호화하여 정리하면 다음과 같다.
ㄱ. ~(AO and BO)
ㄴ. AO → CO
ㄷ. AX → BO or CO
ㄹ. CX
ㅁ. DO → BX
ㅂ. DX → EX

이를 토대로 보기를 살펴보도록 한다.

ㄹ 조건에서 C가 문을 열지 않았다는 것을 알 수 있고 ㄴ의 대우와 연결하면 A도 문을 열지 않았다는 것을 알 수 있으므로 이를 정리하면 다음과 같다.

A	B	C	D	E
X		X		

A가 문을 열지 않았으므로 ㄷ에 의하면 B와 C 가운데 최소 한 곳이 열어야 하는데 이미 C는 열지 않았다는 것을 알 수 있으므로 B가 문을 열었다는 것을 알 수 있다. 이를 ㅁ의 대우와 연결하면 D도 열지 않았다는 것을 알 수 있다.

A	B	C	D	E
X	O	X	X	

D가 문을 열지 않았으므로 ㅂ에 의해 E도 문을 열지 않았다는 것을 알 수 있다.

A	B	C	D	E
X	O	X	X	X

따라서 문을 연 약국은 B 하나임을 알 수 있다.

04 조건명제

정답 ④

정답 체크

우선 각각의 진술을 기호화하여 정리하면 다음과 같다.
ㄱ. A와 B 중에 최소 하나는 전시되지 않는다는 의미이므로 AX or BX
ㄴ. BO or CO → DO
ㄷ. CX and DX

이제 각각의 진술을 거짓으로 놓으면 다음과 같다.

ㄱ. AO and BO
ㄴ. {BO or CO} and DX
ㄷ. CO or DO

ㄱ에서 A와 B가 모두 전시된다는 것을 알 수 있다.

A	B	C	D
O	O		

ㄴ에 따를 때 이미 B가 전시되므로 D는 전시되지 않는다는 것을 알 수 있다.

A	B	C	D
O	O		X

ㄷ에 따를 때 이미 D가 전시되지 않으므로 C가 전시된다는 것을 알 수 있다.

A	B	C	D
O	O	O	X

따라서 전시되는 유물의 개수는 3개이다.

05 정언명제

정답 ②

정답 체크

아래와 같이 영역을 설정한 후 각 전제가 의미하는 바를 정리해 보면 다음과 같다.

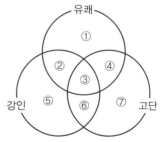

첫 번째 전제인 '유쾌한 사람 중에는 강인한 사람도 있다.'는 유쾌한 사람 중에 강인한 사람인 2, 3번 영역 가운데 최소 하나 존재한다는 의미이다. 한편 두 번째 전제인 '고단하면서 유쾌한 사람은 없다.'는 고단한 사람 중에 유쾌한 사람인 3, 4번 영역은 존재하지 않는다는 의미이다. 이를 그림으로 정리하면 다음과 같다.

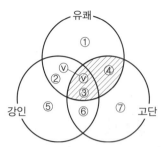

'고단하지 않은 어떤 사람은 강인한 사람이다.'는 고단하지 않은 사람 중에 강인한 사람이 있다는 의미이고 그림에서는 2, 5번 영역 가운데 최소 한군데는 존재한다는 의미인데 주어진 그림에서는 2번 영역이 존재하므로 도출이 가능하다.

[오답 체크]

① '강인하면서 고단한 사람이 있다.'는 것은 3, 6번 영역 가운데 최소 한군데가 존재한다는 의미인데 주어진 그림에서는 3번 영역은 존재하지 않고 6번 영역은 존재하는지 여부가 불분명하므로 도출이 불가능하다.

③ '강인한 사람은 모두 고단하다.'는 것은 강인한 사람 중에 고단하지 않은 사람이 없다는 의미이므로 2, 5번 영역이 존재하지 않는다는 의미인데 2번 영역이 존재하고 있으므로 도출이 불가능하다.

④ '유쾌하지 않으면서 강인한 사람이 있다.'는 것은 5, 6번 영역 가운데 최소 한군데가 존재한다는 의미인데 주어진 그림에서는 5, 6번 영역 모두 존재하는지 여부가 불분명하므로 도출이 불가능하다.

⑤ '고단한 사람 중에 강인하지 않은 사람은 없다.'는 것은 4, 7번 영역이 존재하지 않는다는 의미인데 4번 영역은 존재하지 않지만 7번 영역이 존재하는지 여부가 불분명하므로 도출이 불가능하다.

06 정언명제
정답 ④

[정답 체크]

아래와 같이 영역을 설정한 후 각 전제가 의미하는 바를 정리해 보면 다음과 같다.

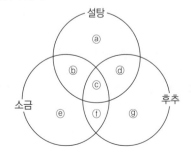

첫 번째 전제인 '설탕을 좋아하는 사람은 소금을 좋아한다.'는 설탕을 좋아하는 사람 중에 소금을 좋아하지 않는 사람은 없다는 의미이므로 ⓐ와 ⓓ가 모두 존재하지 않는다는 의미이다. 한편 두 번째 전제인 '소금을 좋아하는 사람 중에 후추를 좋아하는 사람이 있다.'는 ⓒ와 ⓕ 가운데 최소 하나는 존재한다는 의미이다. 이를 그림으로 정리하면 다음과 같다.

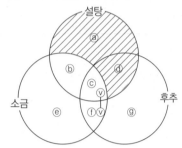

설탕, 소금, 후추를 모두 좋아하는 사람은 ⓒ를 의미하는데 ⓒ는 존재 여부를 알 수 없다. 존재 여부를 알 수 없다는 것은 있을 가능성도 없을 가능성도 있다는 의미이므로 '설탕, 소금, 후추를 모두 좋아하는 사람이 있을 수 있다.'는 도출이 가능하다.

[오답 체크]

① 설탕과 후추를 모두 좋아하지만 소금을 좋아하지 않는 사람은 ⓓ를 의미하는데 ⓓ는 존재하지 않으므로 '설탕과 후추를 모두 좋아하지만 소금을 좋아하지 않는 사람은 있을 수 있다.'는 도출이 불가능하다.

② 소금과 설탕을 모두 좋아하지만 후추를 좋아하지 않는 사람은 ⓑ를 의미하는데 ⓑ는 존재 여부를 알 수 없기 때문에 해당 부분이 있다고 확정할 수 없으므로 '소금과 설탕을 모두 좋아하지만 후추를 좋아하지 않는 사람이 있다.'는 명확한 도출이 불가능하다.

③ 설탕을 좋아하지 않지만 소금과 후추를 모두 좋아하는 사람은 ⓕ를 의미하는데 ⓕ는 존재 여부를 알 수 없기 때문에 해당 부분이 있다고 확정할 수 없으므로 '설탕을 좋아하지 않지만 소금과 후추를 모두 좋아하는 사람이 있다.'는 명확한 도출이 불가능하다.

⑤ 설탕과 후추는 좋아하지 않지만 소금을 좋아하는 사람은 ⓔ를 의미하는데 ⓔ는 존재 여부를 알 수 없기 때문에 해당 부분이 없다고 확정할 수 없으므로 '설탕과 후추는 좋아하지 않지만 소금을 좋아하는 사람은 없다.'는 명확한 도출이 불가능하다.

07 정언명제

정답 체크

첫 번째 전제인 '인사팀장은 도시락을 가지고 다닌다.'는 인사팀장 중에 도시락을 가지고 다니지 않는 사람은 없다는 의미이므로 아래와 같이 영역을 설정한 후 첫 번째 전제가 의미하는 바를 정리해보면 다음과 같다.

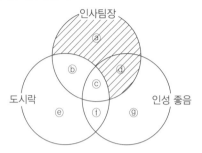

한편 결론인 '인성이 좋은 사람은 인사팀장이 아니다.'는 인성이 좋은 사람 중에 인사팀장은 없다는 의미인데 이는 그림에서 ⓒ와 ⓓ가 존재하지 않는다는 것이다. 그런데 현재 ⓓ는 첫 번째 전제로 인해 지워져 있으므로 추가되는 전제는 ⓒ를 지워줄 수 있는 내용이 필요하다.
'인성이 좋으면서 도시락을 가지고 다니는 사람은 없다.'는 그림에서 ⓒ와 ⓕ가 존재하지 않는다는 의미인데 이 그림이 추가되면 ⓒ가 지워지므로 결론 도출이 가능한 전제가 될 수 있다.

오답 체크

① '인성이 좋으면서 도시락을 가지고 다니는 사람이 있다.'는 ⓒ와 ⓕ 중에 최소 한 군데가 존재한다는 의미인데 이 그림이 추가되더라도 ⓒ가 여전히 지워지지 않으므로 결론 도출이 가능한 전제가 될 수 없다.

② '인성이 좋은 사람은 도시락을 가지고 다닌다.'는 인성이 좋은 사람 중에 도시락을 가지고 다니지 않는 사람은 없다는 의미이고 그림에서는 ⓓ와 ⓖ가 존재하지 않는다는 의미이다. 그런데 이 그림이 추가되더라도 ⓒ가 여전히 지워지지 않으므로 결론 도출이 가능한 전제가 될 수 없다.

④ '도시락을 가지고 다니는 사람은 인성이 좋다.'는 도시락을 가지고 다니는 사람 중에 인성이 좋지 않은 사람은 없다는 의미이고 그림에서는 ⓑ와 ⓔ가 존재하지 않는다는 의미이다. 그런데 이 그림이 추가되더라도 ⓒ가 여전히 지워지지 않으므로 결론 도출이 가능한 전제가 될 수 없다.

⑤ '어떤 인사팀장은 도시락을 가지고 다니지 않는다.'는 인사팀장 가운데 도시락을 가지고 다니지 않는 사람이 존재한다는 의미이고 그림에서는 ⓐ와 ⓓ 가운데 최소 한 군데는 존재한다는 의미인데 이는 이미 첫 번째 전제와 모순되므로 결론 도출이 가능한 전제가 될 수 없다.

08 나열하기

정답 체크

제시된 내용을 정리하면 다음과 같다.

1. $E > \dfrac{G}{F}$

2. C > D

3. G ≠ 7

4. A _ _ _ E

1번 조건에서 E의 뒤에 2명이 있음을 알 수 있는데 이를 4번 조건과 결합하면 A는 1위, E는 5위일 수밖에 없다. 한편 3번 조건에서 G가 7위일 수 없다고 하였으므로 이를 정리하면 다음과 같다.

A − ( ) − ( ) − ( ) − E − G − F

2번 조건에서 C가 D의 앞에 있어야 하므로 가능한 경우의 수는 다음의 3가지이다.

경우 1. A C D B E G F

경우 2. A C B D E G F

경우 3. A B C D E G F

이를 토대로 선택지를 살펴보면, A의 바로 뒤에 입장하는 것이 C가 아니라면 가능한 경우는 경우 3뿐이므로 입장 순서를 정확히 정할 수 있는 조건이 된다.

오답 체크

① E의 바로 앞에 D가 입장한다고 하더라도 경우 2, 3이 가능하므로 입장 순서를 정확히 정할 수 없다.

② C와 D가 연이어 입장한다고 하더라도 경우 1, 3이 가능하므로 입장 순서를 정확히 정할 수 없다.

③ B가 세 번째로 입장하지 않는다고 하더라도 경우 1, 3이 가능하므로 입장 순서를 정확히 정할 수 없다.

⑤ D가 4위로 입장한다고 하더라도 경우 2, 3이 가능하므로 입장 순서를 정확히 정할 수 없다.

09 조건명제

정답 체크

제시된 명제의 내용을 정리하면 다음과 같다.

1. A O → B O

2. ~(B O and C O)

3. B O or D O

4. C X → B X

이를 토대로 가능한 경우를 살펴보면, 우선 1번 조건에 의해 A가 선정되면 B가 선정되고 4번 조건의 대우에 의해 B가 선정되면 C도 선정된다. 그런데 이는 2번 조건에 어긋나므로 A는 선정되지 않는다. 그런데 A가 선정되지 않은 경우 B, C, D가 선정되

PART 9 집중공략문제

해커스공기업 PSAT 기출로 끝내는 NCS 문제해결·자원관리 집중공략

는지는 알 수 없으므로 우선 B가 선정되는 경우와 선정되지 않는 경우로 나눠본다.

[경우 1] B가 선정되는 경우
B가 선정되면 2번 조건에 의해 C는 선정되지 않아야 하는데 C가 선정되지 않으면 4번 조건에 의해 B가 선정되지 않아야 한다. 그런데 이는 모순이므로 B는 선정될 수 없다.

[경우 2] B가 선정되지 않는 경우
B가 선정되지 않으면 3번 조건에 의해 D는 선정되어야 한다. 이때 C가 선정되는지 여부는 더 이상 알 수 없으므로 조건에 의할 때 가능한 경우는 다음의 2가지이다.

구분	A	B	C	D
〈1〉	X	X	O	O
〈2〉	X	X	X	O

ㄱ. A와 B가 모두 선정되지 않으므로 'A와 B 가운데 적어도 한 도시는 선정되지 않는다.'는 내용은 반드시 참이라고 할 수 있다.
ㄷ. 어떤 경우든 D는 반드시 선정되므로 반드시 참이라고 할 수 있다.

오답 체크

ㄴ. B는 선정되지 않지만 C는 선정되는지 알 수 없으므로 반드시 참이라고 할 수 없다.

⏱ 빠른 문제 풀이 Tip
주어진 명제를 정리하되 모순되는 경우를 빠르게 찾아내어 경우의 수를 줄여나가는 것이 좋다.

10 나열하기 　　　　　　　　정답 ③

정답 체크

바순은 1번 자리에 놓일 수 없고, 플루트와 클라리넷, 플루트와 오보에가 서로 잘 어울리며, 오보에와 클라리넷이 어울리지 않으므로, 플루트가 가운데 있고 그 양옆에 클라리넷과 오보에가 위치해야 한다. 따라서 클라리넷, 플루트, 오보에가 서로 인접해야 하므로 바순은 3번에 위치할 수 없다.

1	2	3	4	5
바순X		바순X		

그렇다면 바순은 2, 3, 5번에 위치할 수 있으며 각 경우를 살펴보면 다음과 같다.

[경우 1] 바순이 2번에 위치하는 경우

1	2	3	4	5
호른	바순	클라리넷	플루트	오보에
호른	바순	오보에	플루트	클라리넷

[경우 2] 바순이 4번에 위치하는 경우

1	2	3	4	5
클라리넷	플루트	오보에	바순	호른
오보에	플루트	클라리넷	바순	호른

[경우 3] 바순이 5번에 위치하는 경우

1	2	3	4	5
호른	클라리넷	플루트	오보에	바순
오보에	플루트	클라리넷	호른	바순

따라서 오보에는 어떠한 경우에도 2번 자리에 놓일 수 없으므로 옳지 않은 설명이다.

오답 체크

① 바순이 5번에 위치하는 경우 플루트는 3번 자리에 놓일 수 있으므로 옳은 설명이다.
② 바순이 2번에 위치하는 경우 클라리넷은 5번 자리에 놓일 수 있으므로 옳은 설명이다.
④ 어떤 경우에도 바순은 3번 자리에 놓일 수 없으므로 옳은 설명이다.
⑤ 어떤 경우에도 호른은 2번 자리에 놓일 수 없으므로 옳은 설명이다.

11 나열하기 　　　　　　　　정답 ②

정답 체크

각각의 대화에서 제시된 내용을 정리하면 다음과 같다.
· 甲: 甲 > 丁
· 乙: 乙이 1위
· 丙: $\frac{甲}{乙}$ > 丙 > 丁
· 丁: 丁 = 4점

이에 따라 각 순서를 정하면 乙 > 甲 > 丙 > 丁의 순서가 된다. 한편 丁은 4점, 전체 점수는 30점, 각각의 점수는 모두 다른 자연수라는 점을 감안하여 丙이 받을 수 있는 점수에 관해 생각해보면 다음과 같다.

[경우 1] 丙이 8점인 경우
丙이 8점인 경우에는 甲은 최소 9점, 乙은 최소 10점이 된다. 그러면 乙, 甲, 丙의 점수가 최소 27점이 되고 丁의 점수인 4점과 합치면 최소 31점이 되어 총점 30점을 넘게 된다.
따라서 丙의 점수가 8점 이상일 수는 없다.

[경우 2] 丙이 7점인 경우
丙이 7점인 경우에는 甲은 최소 8점, 乙은 최소 9점이 된다. 그러면 乙, 甲, 丙의 점수가 최소 24점이 되는데 丁의 점수인 4점과 합치면 최소 28점이 되어 2점이 남는다. 이 남은 2점을 乙에

게 1점, 甲에게 1점을 주어 순서대로 10, 9, 7, 4점을 만들거나 乙에게 2점을 전부 주어 순서대로 11, 8, 7, 4점을 만드는 등, 조건에 어긋나지 않게 배분할 수 있으므로 丙의 점수가 7점인 경우는 가능하다.

따라서 丙이 얻을 수 있는 최대 점수는 7점이다.

> ⏱️ **빠른 문제 풀이 Tip**
>
> 조건에 맞게 甲, 乙, 丙, 丁에게 부여될 점수의 순서를 먼저 정한 후, 문제에서 묻는 것이 丙의 최대 점수이므로 丙의 점수를 높은 점수부터 낮은 점수로 차례대로 검토하는 것이 바람직하다.

12 나열하기
정답 ④

정답 체크

제시된 조건을 정리하면 다음과 같다.
1. B: 가나다 > A: 가나다 X
2. A: 라마바 > B: 라마바 X
3. B: 가나다 연속 X
4. A: 4주 차 — 라
5. 같은 주에 A ≠ B

선택지 중에 ④가 위의 모든 조건에 어긋나지 않는다.

오답 체크

① A가 4주 차에 바를 검토하고 있으므로 A 위원회는 4주 차에 라 법안을 검토해야 한다는 4번 조건에 어긋난다.
② 민생 법안인 가를 B가 2주, A가 3주에 검토하므로 B 위원회는 A 위원회가 먼저 검토하지 않은 민생 법안은 검토할 수 없다는 1번 조건에 어긋난다.
③ B가 민생 법안인 나와 다를 2주와 3주에 연이어 검토하고 있으므로 B 위원회는 민생 법안 2개를 연속으로 검토할 수 없다는 3번 조건에 어긋난다.
⑤ 사법부 법안인 마를 A가 2주, B가 5주에 검토하므로 A 위원회는 B 위원회가 먼저 검토하지 않은 사법부 법안은 검토할 수 없다는 2번 조건에 어긋난다.

13 나열하기
정답 ④

정답 체크

선택지를 먼저 살펴보면 모든 선택지가 첫 번째, 두 번째 조건에는 부합하므로 세 번째부터 여섯 번째까지 조건에 어긋나는 선택지를 지워나가는 방식으로 정리하면 ABCE의 사무실로 통폐합하는 것은 모든 조건에 부합한다.

오답 체크

① A의 사무실을 뺐는데 G의 사무실은 빠지 않았으므로 세 번째 조건에 어긋난다.
② E의 사무실을 뺐는데 B의 사무실도 뺐으므로 다섯 번째 조건에 어긋난다.
③ C의 사무실을 뺐는데 F 사무실도 뺐으므로 네 번째 조건에 어긋난다.
⑤ B, D, F 중 F 한 부서만 뺐으므로 여섯 번째 조건에 어긋난다.

> ⏱️ **빠른 문제 풀이 Tip**
>
> 선택지가 결과물로 구성되어 있으므로 조건을 정리하여 가능한 경우의 수를 도출하기보다는 조건에 어긋나는 선택지를 지워가는 방식으로 해결하는 것이 좋다.

14 연결하기
정답 ③

정답 체크

문제를 간단히 정리하면 인원은 총 8명이고 보트는 3개이며 노란색 보트가 한 자리가 비어 있고 영미가 녹색 보트에 타고 있어야 한다.

파란색	노란색	녹색
		영미
	▨	

두 번째 조건에서 진희는 반드시 노란색 보트에 타야 한다고 했다. 또한 한 자리가 비어 있는 보트는 노란색 보트이므로 네 번째 조건에 따라 은숙도 노란색 보트에 타야 한다.

파란색	노란색	녹색
	진희	영미
	은숙	
	▨	

마지막 조건에 따라 강현은 노란색 혹은 녹색 보트에 타야 하는데 이미 노란색 보트는 찼으므로 녹색 보트에 타야 한다. 또한 세 번째 조건에 따라 영철은 녹색 보트에는 탈 수 없는데 노란색 보트도 이미 찼으므로 파란색 보트에 타야 한다.

파란색	노란색	녹색
영철	진희	영미
	은숙	강현
	▨	

첫 번째 조건에서 철수와 영희는 반드시 같은 보트에 타야 하는데 이것이 가능한 경우는 파란색에 탈 때뿐이다.

파란색	노란색	녹색
영철	진희	영미
철수	은숙	강현
영희	▨	

남은 희영은 자연스럽게 녹색 보트에 타야 한다.

파란색	노란색	녹색
영철	진희	영미
철수	은숙	강현
영희	▨	희영

따라서 희영은 녹색 보트에 타고 있다는 내용만이 옳은 설명이다.

오답 체크

① 철수는 파란색 보트에 타고 있으므로 옳지 않은 설명이다.

② 희영은 녹색 보트에 타고 있으므로 옳지 않은 설명이다.

④, ⑤ 강현은 녹색 보트에 타고 있으므로 옳지 않은 설명이다.

15 연결하기   정답 ④

정답 체크

세 번째 조건에서 농부와 의사의 집은 서로 이웃해 있지 않다고 했으므로 양 끝이라는 것을 알 수 있다. 그러면 가운데 집에 사는 사람은 광부가 되는데 첫 번째 조건에서 광수는 광부라고 했고 두 번째 조건에서 가운데 집에 사는 사람은 개를 키우지 않는다고 했으므로 이를 정리하면 다음과 같다.

집 위치	왼쪽 집	가운데 집	오른쪽 집
이름		광수	
지붕 색깔			
애완동물		캐	
직업		광부	

다음으로 네 번째 조건에서 노란 지붕 집은 의사의 집과 이웃해 있다고 했는데 의사의 집과 이웃하는 경우는 가운데 집밖에 없다.

집 위치	왼쪽 집	가운데 집	오른쪽 집
이름		광수	
지붕 색깔		노란색	
애완동물		캐	
직업		광부	

다섯 번째 조건에서 파란 지붕 집에 사는 사람은 고양이를 키운다고 했고 여섯 번째 조건에서 원태는 빨간 지붕 집에 산다고 했으므로 이를 표에 정리하면 다음 두 가지 경우를 가정해 볼 수 있다.

[경우 1] 파란 지붕 집이 왼쪽 집인 경우

파란 지붕 집이 왼쪽이므로 오른쪽 집은 빨간 지붕 집이 되고 그곳에는 원태가 산다.

집 위치	왼쪽 집	가운데 집	오른쪽 집
이름		광수	원태
지붕 색깔	파란색	노란색	빨간색
애완동물	고양이	캐	
직업		광부	

이름과 애완동물의 나머지 부분을 정리하면 다음과 같다.

집 위치	왼쪽 집	가운데 집	오른쪽 집
이름	수덕	광수	원태
지붕 색깔	파란색	노란색	빨간색
애완동물	고양이	원숭이	개
직업		광부	

[경우 2] 파란 지붕 집이 오른쪽 집인 경우

파란 지붕 집이 오른쪽이므로 왼쪽 집은 빨간 지붕 집이 되고 그곳에는 원태가 산다.

집 위치	왼쪽 집	가운데 집	오른쪽 집
이름	원태	광수	
지붕 색깔	빨간색	노란색	파란색
애완동물		캐	고양이
직업		광부	

이름과 애완동물의 나머지 부분을 정리하면 다음과 같다.

집 위치	왼쪽 집	가운데 집	오른쪽 집
이름	원태	광수	수덕
지붕 색깔	빨간색	노란색	파란색
애완동물	개	원숭이	고양이
직업		광부	

이를 토대로 보기를 살펴보도록 한다.

ㄱ. and로 연결된 명제인데 앞부분인 수덕은 빨간 지붕 집에 살지 않는다는 내용이 틀렸다. and로 연결된 문장은 일부라도 틀리면 전체가 틀리므로 ㄱ은 틀린 문장이다. 따라서 ㄱ은 반드시 참이라고 할 수 없다.

ㄴ. 노란 지붕 집에 사는 사람은 반드시 원숭이를 키우므로 틀린 문장이다. 따라서 ㄴ은 반드시 참이라고 할 수 없다.

ㄷ. 위의 두 경우 모두 원태의 정확한 직업을 알 수 없으므로 ㄷ은 반드시 참이라고 할 수 없다.

ㄷ. or로 연결된 명제인데 뒷부분인 수덕은 파란 지붕 집에 산
다는 내용이 옳다. or로 연결된 문장은 일부라도 옳으면 전
체가 옳으므로 ㄷ은 옳은 문장이다. 결국 ㄷ은 반드시 참이
라고 할 수 있다.

ㄹ. 위의 두 경우 모두 수덕은 고양이를 키우므로 반드시 참이다.

16 진실 혹은 거짓
정답 ⑤

정답 체크

문제에서 한 사람만이 거짓말을 하고 있다는 단서를 주고 있다.
따라서 각 진술의 진실 여부를 가정하여 문제를 해결하는 것이
바람직하다. 조건을 살펴보면 결정적인 역할을 하는 진술이 있
는데 이 문제에서는 C이다. C와 같이 '다른 누군가가 거짓이다.'
라는 진술은 진술자와 대상자의 진실 여부가 모순되는 관계를
가지게 된다. 만약 진술자의 말이 진실이라면 대상자의 말은 거
짓이 되고 진술자의 말이 거짓이라면 대상자의 말은 진실이 되
기 때문이다. 이 문제에서는 C가 'E는 거짓이다.'라고 하고 있기
때문에 C가 진실이라면 E가 거짓이 되고 C가 거짓이면 E가 진
실이 된다. 따라서 거짓을 말하는 사람은 C나 E 가운데 한 명이
라는 것을 알 수 있다.

[경우 1] C가 거짓인 경우
C가 거짓이라면 A, B, D, E의 진술은 참이 된다. 그런데 E의
진술을 보면 A가 참이면 D가 거짓이라고 하고 있는데 이미 A
가 참이므로 D가 거짓이 되어야 한다. 그런데 C만이 거짓이고
D는 참이어야 하므로 이는 조건에 위배된다. 따라서 C는 거짓
일 수 없다.

[경우 2] E가 거짓인 경우
E가 거짓이라면 A, B, C, D의 진술은 참이 된다. 각각의 진술
을 살펴보면 A, B, C는 무리 없이 참이 됨을 알 수 있다. 문제
는 D인데 D는 '이미 B의 말이 거짓이다.'라는 가정이 틀렸으므
로 문장 전체를 거짓이라고 할 수 없다. 따라서 D도 조건에 위
배되지 않는다.
따라서 거짓말을 하고 있는 사람은 E이다.

⏱ 빠른 문제 풀이 Tip
일일이 한 사람씩 거짓인지 가정하기보다는 모순되는 관계를 찾
아 내 각각 하나씩 거짓인지 가정하면 2번의 가정으로 문제를 해결할
수 있다.

17 진실 혹은 거짓
정답 ②

정답 체크

각각 당직을 서는 사람이라고 가정한 후 각 진술의 진실여부를
정리하면 다음과 같다.

진술 \ 당직 서는 사람 가정	갑이 당직을 선다고 가정	을이 당직을 선다고 가정	병이 당직을 선다고 가정	정이 당직을 선다고 가정	무가 당직을 선다고 가정
갑: 정 X	T	T	T	F	T
을: 갑 X and 정 X	F	T	T	F	T
병: 병 O or 무 O	F	F	T	F	T
정: 을 X	T	F	T	T	T
무: 정 F	F	T	F	F	F
F의 개수	3	2	1	4	1

각각의 가정 중 문제의 조건과 같이 거짓이 2명인 경우는 을이
당직을 선다고 가정할 때뿐이므로 당직을 서는 사람은 을이다.

18 진실 혹은 거짓
정답 ④

정답 체크

문제 해결을 위해 진술들 간의 관계를 정리해 보면 우선 A와 B의
관계를 보아야 한다. B는 A가 거짓을 말하고 있다고 했다. 따라
서 B의 말이 진실일 경우에는 A의 말은 거짓이 되고, B의 말이
거짓일 경우에는 A의 말이 진실이 된다. 결국 이 둘은 모순 관계
이므로 A와 B 가운데 한 사람만이 범인일 수밖에 없다.
다음으로 C, D, E의 관계를 파악하기 위해 다음과 같이 E의 진
술이 진실인 경우와 거짓인 경우로 나누어 생각해 볼 수 있다.

[경우 1] E의 진술이 진실인 경우
E의 진술이 진실이라면 C와 D의 진술이 모두 거짓이 된다. C는
차가 흰색이라고 했고 D는 차가 검은색이라고 했는데 차가 노란
색인 경우와 같이 두 진술이 모두 거짓이 될 수 있는 상황이 존
재할 수 있다. 따라서 이 경우에는 C와 D, 2명이 범인이 된다.

[경우 2] E의 진술이 거짓인 경우
E의 진술이 거짓이라면 두 가지 가능성이 있다. 첫 번째는 C와
D의 진술이 모두 참인 경우이고 두 번째는 C와 D의 진술 가운
데 하나만 참인 경우이다. 그런데 첫 번째의 경우는 차의 색깔이
흰색이면서 동시에 검은색일 수는 없기 때문에 불가능하다. 따
라서 두 번째의 경우인 C와 D의 진술 가운데 한 사람만이 거짓
을 말하는 것이 가능하다. 결국 E 1명과 C와 D 가운데 1명, 즉
2명이 범인이 된다.
따라서 A, B 가운데 1명, C, D, E 가운데 2명이 범인이므로 총
3명이 범인임을 알 수 있다. 물론 누가 정확한 범인인지는 가정
에 따라 변경될 수 있지만 3명이 범인이라는 것은 변함이 없다.

이를 토대로 보기를 살펴볼 때 주의할 것은 문제에서 반드시 거짓인 경우를 묻고 있다는 것이다. 따라서 참이 될 가능성이 있는 보기는 답이 될 수 없으며 어느 경우라도 거짓이 되는 것을 찾아야 한다.

ㄴ. A와 B는 모순관계에 있으므로 둘이 동시에 거짓을 말하는 경우는 있을 수 없으므로 둘이 동시에 범인일 수 없기 때문에 'A와 B는 동시에 범인이 될 수 있다.'는 반드시 거짓인 설명이다.

ㄹ. 누가 범인인지 단정 지을 수는 없지만 범인이 총 3명이라는 것은 확실하므로 '범인이 2명이다.'는 반드시 거짓인 설명이다.

오답 체크

ㄱ. 만약 E가 진실을 말하고 있다고 가정하면 C와 라가 모두 범인일 수 있으므로 반드시 거짓이라고 할 수는 없다.

ㄷ. B가 거짓을 말한다고 가정하고 E가 진실을 말한다고 가정하면 B, C, D가 거짓을 말한 것이 된다. 따라서 B와 C는 동시에 범인이 될 수 있다. 따라서 반드시 거짓이라고 할 수는 없다.

ㅁ. E가 거짓을 말한다고 가정하고 C와 D 가운데 D가 거짓을 말하는 경우 예를 들어 차가 흰색인 경우에는 D도 거짓이고 E도 거짓이 된다. 따라서 동시에 범인이 될 수 있으므로 반드시 거짓이라고 할 수는 없다.

19 진실 혹은 거짓

정답 ①

정답 체크

이들의 진술을 정리하면 다음과 같다.

	진술 1	진술 2	진술 3
A	AX	DO	CX
B	AO	DX	BO
C	BO	A의 'DO'는 F	CO
D	CX	B의 'AO'는 F	DO

이 진술들 가운데 D에 관한 내용이 많으므로 D가 범인인 경우와 그렇지 않은 경우를 가정해 볼 수 있는데 D가 범인인 경우를 가정해 보면 다음과 같다.

D가 범인이라고 가정하면 A의 진술 2는 진실, B의 진술 2는 거짓, C의 진술 2는 진실, D의 진술 3은 진실이 되며 이를 정리하면 다음과 같다.

	진술 1	진술 2	진술 3	정보
A		T		
B		F		
C		F		
D				T

각각의 진술 가운데 하나만 거짓이므로 B와 C의 진술 1, 3은 진실이 되며 이를 정리하면 다음과 같다.

	진술 1	진술 2	진술 3	정보
A		T		
B	T	F	T	AO, BO
C	T	F	T	BO, CO
D				T

C는 범인이므로 A의 진술 3과 D의 진술 1은 거짓이 되며 자연스럽게 A의 진술 1과 D의 진술 2는 진실이 된다. 이를 정리하면 다음과 같다.

	진술 1	진술 2	진술 3	정보
A	T	T	F	AX
B	T	F	T	AO, BO
C	T	F	T	BO, CO
D	F	T	T	B의 'AO'는 진실

그런데 A의 진술 1과 B의 진술 1은 동시에 진실일 수 없으므로 처음에 D가 범인이라고 했던 가정이 틀렸음을 알 수 있다. 따라서 D는 범인이 아니다.

이를 토대로 제시문을 살펴보면 다음과 같이 빈칸을 채울 수 있다.

> 일단 어떤 진술이 진실인지 모르기 때문에 12개의 진술 가운데 어느 하나의 진술을 정해 이 진술이 진실일 때와 거짓일 때를 가정해서 생각해야 한다. 이때 어떤 진술을 가정할 것인가는 본인의 자유지만 되도록 원활한 문제의 해결을 위해 가장 자주 언급되는 내용을 가정하는 것이 바람직하다.
> 이 문제에서 D에 관한 언급이 가장 많으므로 D에 관하여 가정하기로 하자. 우선 D가 범인이라고 가정해 보자. 그렇다면 A의 두 번째, B의 두 번째, C의 두 번째, D의 세 번째 진술의 진실 여부가 밝혀진다. 그렇다면 문제에서 각각의 진술 가운데 하나는 거짓이고 둘은 진실이라고 했기 때문에 자연스럽게 (B와 C)의 나머지 진술의 진실 여부도 알 수 있게 된다.
> 다음은 B의 첫 번째 진술과 A의 첫 번째 진술이 반대되므로 (A)의 첫 번째 진술이 거짓임을 알 수 있고 자연스럽게 (A)의 세 번째 진술은 진실이 된다. 그런데 이는 (C)의 세 번째 진술과 모순된다. 즉 처음에 D가 범인이라고 가정했던 내용이 틀렸음을 알 수 있으며 결국 D는 범인이 아니라는 것이 밝혀진다. 그렇다면 D가 범인이 아니라는 정보를 토대로 다른 진술들의 진실 여부를 알 수 있고 모든 정보를 파악할 수 있게 된다.

따라서 ㄱ은 B와 C, ㄴ은 A, ㄷ은 C이다.

20 진실 혹은 거짓

정답 체크

이들의 진술을 정리하면 다음과 같다.

	진술 1	진술 2	진술 3
A	AX	DO	CX
B	AO	DX	BO
C	BO	A의 'DO'는 F	CO
D	CX	B의 'AO'는 F	DO

이 진술들 가운데 D에 관한 내용이 많으므로 D가 범인인 경우와 그렇지 않은 경우를 가정해 볼 수 있는데 D가 범인인 경우를 가정해 보면 다음과 같다.

[경우 1] D가 범인인 경우

D가 범인이라고 가정하면 A의 진술 2는 진실, B의 진술 2는 거짓, C의 진술 2는 진실, D의 진술 3은 진실이 되며 이를 정리하면 다음과 같다.

	진술 1	진술 2	진술 3	정보
A		T		
B		F		
C		F		
D			T	

각각의 진술 가운데 하나만 거짓이므로 B와 C의 진술 1, 3은 진실이 되며 이를 정리하면 다음과 같다.

	진술 1	진술 2	진술 3	정보
A		T		
B	T	F	T	AO, BO
C	T	F	T	BO, CO
D			T	

C는 범인이므로 A의 진술 3과 D의 진술 1은 거짓이 되며 자연스럽게 A의 진술 1과 D의 진술 2는 진실이 된다. 이를 정리하면 다음과 같다.

	진술 1	진술 2	진술 3	정보
A	T	T	F	AX
B	T	F	T	AO, BO
C	T	F	T	BO, CO
D	F	T	T	B의 'AO'는 T

그런데 A의 진술 1과 B의 진술 1은 동시에 진실일 수 없으므로 처음에 D가 범인이라고 했던 가정이 틀렸음을 알 수 있다. 따라서 D는 범인이 아니다.

[경우 2] D가 범인이 아닌 경우

D가 범인이 아니므로 A의 진술 2는 거짓, B의 진술 2는 진실, C의 진술 2는 거짓, D의 진술 3은 거짓이 되며 이를 정리하면 다음과 같다.

	진술 1	진술 2	진술 3	정보
A		F		
B		T		
C		T		
D			F	

각각의 진술 가운데 하나만 거짓이므로 A의 진술 1, 3과 D의 진술 1, 2는 진실이 되며 이를 정리하면 다음과 같다.

	진술 1	진술 2	진술 3	정보
A	T	F	T	AX, CX
B		T		
C		T		
D	T	T	F	CX, B의 'AO'는 F

A는 범인이 아니므로 B의 진술 1은 거짓이 되고 C는 범인이 아니므로 C의 진술 3도 거짓이 된다. 자연스럽게 B의 진술 3은 진실, C의 진술 1도 진실이 된다.

	진술 1	진술 2	진술 3	정보
A	T	F	T	AX, CX
B	F	T	T	BO
C	T	T	F	BO
D	T	T	F	CX, B의 'AO'는 F

따라서 B가 범인이므로 세 번째 진술에서 거짓을 말한 사람은 C와 D이므로 옳지 않은 설명이다.

오답 체크

① A는 두 번째 진술만 거짓을 말했고 첫 번째와 세 번째 진술은 진실이므로 옳은 설명이다.

② A, C, D는 첫 번째 진술에서는 진실을 말했고 B만이 첫 번째 진술에서 거짓을 말했으므로 옳은 설명이다.

④ B와 D는 두 번째 진술에서 진실을 말했으므로 옳은 설명이다.

⑤ 두 번째 진술에서 B, C, D는 진실을 말했고 A만이 거짓을 말했으므로 옳은 설명이다.

21 제시된 방법 활용

정답 ④

정답 체크

상황의 마지막 조건에서 나이가 가장 적은 배우는 23세이고 세 번째 조건에서 각 배우의 오디션 점수에 각자의 나이를 더한 값은 모두 같다고 했으므로 가장 오디션 점수가 높은 사람이 23세이며 오디션 점수와 나이의 합은 108이라는 것을 알 수 있다. 따라서 이를 토대로 각 배우의 상황을 정리하면 다음과 같다.

	오디션 점수	나이	나이 점수	군의관 역할 경험	사극 경험
甲	76	32			
乙	78	30			
丙	80	28			
丁	82	26			
戊	85	23			

한편 감독의 말과 상황에 따라 나이 점수, 군의관 역할 경험 여부, 사극 경험 유무 등을 적용하여 총점을 정리하면 다음과 같다.

	오디션 점수	나이	나이 점수	군의관 역할 경험	사극 경험	총점
甲	76	32	−8	0	10	78
乙	78	30	−4	0	0	74
丙	80	28	0	−5	0	75
丁	82	26	−4	0	0	78
戊	85	23	−10	0	0	75

이때 甲과 丙의 점수가 동일한데 감독의 말에서 최종 점수가 높은 사람이 여럿인 경우에는 기본 점수가 가장 높은 한 사람을 캐스팅한다고 했으므로 드라마에 캐스팅되는 배우는 丁이다.

22 제시된 방법 활용

정답 ②

정답 체크

제시된 내용에 따라 각 국가의 수출액, 수입액을 정리하면 다음과 같다.

수입국 \ 수출국	A	B	C	총수출액
A	−	200억 달러	100억 달러	300억 달러
B	150억 달러	−	100억 달러	250억 달러
C	150억달러	50억 달러	−	200억 달러
총수입액	300억 달러	250억 달러	200억 달러	

위의 내용을 정리해서 각 국가의 총수출액, 총수입액을 정리하면 다음과 같다.

- A국가의 총수출액=200+100=300억 달러, 총수입액=150+150=300억 달러
- B가국의 총수출액=150+100=250억 달러, 총수입액=200+50=250억 달러
- C국가의 총수출액=150+50=200억 달러, 총수입액=100+100=200억 달러

한편 2019년 국내총생산액은 A국가가 1,000억 달러, B국가가 3,000억 달러, C국가가 2,000억 달러였고 무역의존도를 산출하는 공식에 따라 각 국가의 무역의존도를 정리하면 다음과 같다.

- A국가 무역의존도 $=\dfrac{300+300}{1000}=\dfrac{600}{1000}=\dfrac{3}{5}=0.6$
- B국가 무역의존도 $=\dfrac{250+250}{3000}=\dfrac{500}{3000}=\dfrac{1}{6}=0.1666\cdots$
- C국가 무역의존도 $=\dfrac{200+200}{2000}=\dfrac{400}{2000}=\dfrac{1}{5}=0.3$

따라서 A>C>B의 순서가 된다.

⏱ 빠른 문제 풀이 Tip

국가별 총수출액과 수입액을 표로 정리하면 수치를 간단히 구할 수 있다. 한편 분수의 대소를 비교할 때는 각 수치를 소수로 나타내어 비교할 수도 있지만 분수의 성질을 이용하여 비교할 수도 있다. 예를 들어 $\dfrac{3}{5}$과 $\dfrac{1}{5}$을 비교하면 분모는 같은데 분자가 차이나기 때문에 분자만 비교하여 분자가 큰 $\dfrac{3}{5}$이 더 크고, $\dfrac{1}{5}$과 $\dfrac{1}{6}$을 비교하면 분자는 같은데 분모가 차이나기 때문에 분모만 비교하여 분모가 작은 $\dfrac{1}{5}$이 더 크다고 판단할 수 있다.

23 제시된 방법 활용

정답 ④

정답 체크

상황을 정리하면 다음과 같다.

- 항의 수: 3개 항
- 서면: 27면=기본 20면+추가 7면
- 특허심사도 함께 청구

		국어	외국어
특허 출원		1. 나에 의해 • 기본: 66,000원 • 20면 초과분: 7면×1,000원 =7,000원 합계: 73,000원	1. 라에 의해 • 기본: 93,000원 • 20면 초과분: 7면×1,000원 =7,000원 합계: 100,000원
특허 심사		2.에 의해 • 기본: 143,000원 • 3개항: 44,000×3 =132,000원 합계: 275,000원	좌동
총합		73,000+275,000=348,000원	100,000+275,000=375,000원

⏱ 빠른 문제 풀이 Tip

특허출원료 이외에 특허심사 성구료가 추가된다는 점, 특허심사 청구료의 경우 기본 1개 항에 추가 2개 항이 아니라 기본 금액에 1항당 44,000원이 추가된다는 점들을 착각하지 않도록 한다.

24 제시된 방법 활용

정답 ②

정답 체크

후보 도시 평가표의 내용을 점수로 환산하여 정리하면 다음과 같다.

구분	서울	인천	대전	부산	제주
1) 회의 시설 (1,500명 이상 수용 가능한 대회의장 보유 등)	A 10	A 10	C 3	B 7	C 3
2) 숙박 시설 (도보 거리에 특급 호텔 보유 등)	A 10	B 7	A 10	A 10	C 3
3) 교통 (공항 접근성 등)	B 7	A 10	C 3	B 7	B 7
4) 개최 역량 (대규모 국제행사 개최 경험 등)	A 10	C 3	C 3	A 10	B 7
합계	37	30	19	34	20

국제해양기구의 의견에 영향을 받는 도시를 정리하면 다음과 같다.

· '교통'에서 A를 받은 도시에 5점 추가 – 인천
· 바다를 끼고 있는 도시에 5점 추가 – 인천, 부산, 제주
· '회의 시설'에서 C를 받은 도시는 제외 – 대전, 제주 제외

위의 국제해양기구의 의견을 순서대로 적용한 후 평가표를 다시 정리하면 다음과 같다.

구분	서울	인천	대전	부산	제주
1) 회의 시설 (1,500명 이상 수용 가능한 대회의장 보유 등)	A 10	A 10	C 3	B 7	C 3
2) 숙박 시설 (도보 거리에 특급 호텔 보유 등)	A 10	B 7	A 10	A 10	C 3
3) 교통 (공항 접근성 등)	B 7	A 10	C 3	B 7	B 7
4) 개최 역량 (대규모 국제행사 개최 경험 등)	A 10	C 3	C 3	A 10	B 7
합계	37	30+10 =40	제외	34+5 =39	제외

따라서 개최도시로 선정될 곳은 인천이다.

⏱ 빠른 문제 풀이 Tip

주어진 평가표에 숫자를 적어놓은 후 제외될 도시부터 먼저 삭제하고 나머지 도시만의 총점을 계산하는 것이 좋다.

25 제시된 방법 활용

정답 ④

정답 체크

제시된 내용을 정리하면 사슴으로 살 때의 1년당 효용은 40이며, 다른 맹수로 살 경우 1년당 효용 및 포기해야 하는 수명은 다음과 같다.

맹수	1년당 효용	포기해야 하는 수명(년)
사자	250	14
호랑이	200	?
곰	170	11
악어	70	?
독수리	50	5

이를 토대로 보기를 살펴보도록 한다.

ㄴ. 사슴의 남은 수명이 20년일 때 남은 수명을 그대로 사는 경우와 독수리를 선택하는 경우의 효용을 계산해보면 다음과 같다.

[경우 1] 남은 수명을 그대로 사는 경우
사슴 그대로 사는 기간×40=20×40=800

[경우 2] 독수리를 선택하는 경우
독수리로 사는 기간×50=(사슴의 남은 수명−독수리 선택 시 포기해야 하는 수명)×50
=(20−5)×50=750

독수리를 선택할 경우의 효용이 남은 수명을 그대로 사는 경우의 효용보다 작다. 따라서 사슴은 독수리를 선택하지는 않을 것이므로 옳은 설명이다.

ㄷ. 호랑이로 살기 위해 포기해야 하는 수명이 13년이고 사슴의 남은 수명을 a라고 볼 때, 사자를 선택하는 경우와 호랑이를 선택하는 경우의 효용을 각각 방정식으로 정리하면 다음과 같다.

[경우 1] 사자를 선택하는 경우
(사슴의 남은 수명−14)×250=(a−14)×250=250a−3500

[경우 2] 호랑이를 선택하는 경우
(사슴의 남은 수명−13)×200=(a−13)×200=200a−2600
이 둘의 효용이 같은 경우는 250a−3500=200a−2600을 의미하고 이를 계산하면 50a=9000이므로 a는 18이 된다. 따라서 사슴의 남은 수명이 18년인 경우 사자를 선택했을 때와 호랑이를 선택했을 때 여생의 총 효용이 같게 되므로 옳은 설명이다.

오답 체크

ㄱ. 사슴의 남은 수명이 13년일 때 남은 수명을 그대로 사는 경우와 곰을 선택하는 경우의 효용을 계산해보면 다음과 같다.

[경우 1] 남은 수명을 그대로 사는 경우
사슴 그대로 사는 기간×40=13×40=520

[경우 2] 곰을 선택하는 경우

곰으로 사는 기간×170=(사슴의 수명−곰 선택 시 포기해야
하는 수명)×170
=(13−11)×170=340

곰을 선택하는 경우의 효용이 남은 수명을 그대로 사는 경우
의 효용보다 작다.

따라서 사슴은 곰을 선택하지 않을 것이므로 옳지 않은 설명
이다.

빠른 문제 풀이 **Tip**
주어진 내용을 빠르게 방정식으로 정리하여 문제를 해결하는 것이
좋다.

26 제시된 방법 활용
정답 ②

정답 체크

작업을 각각 맡기는 경우 1시간에 얼마의 면적을 작업할 수 있
는지 살펴보면 A는 2m², B는 1m², C는 1.5m²이라는 것을 알
수 있다. 한편 시간×능력=일의 양이므로 작업에 걸리는 시간
=일의 양/능력이 됨을 알 수 있다. 이를 토대로 보기를 살펴보
도록 한다.

ㄴ. B와 C에 작업을 맡기는 경우 1시간 동안 작업할 수 있는 면
적은 2.5인데 이들이 작업해야 하는 총면적은 60이다. 따라
서 작업에 걸리는 시간=60/2.5=120/5=24시간이 되므
로 옳은 설명이다.

오답 체크

ㄱ. A와 C만 작업하는 경우에는 시간당 3.5를 작업할 수 있지만
A, B, C 모두 같이 작업하는 경우에는 시간당 4.5를 작업할
수 있다. 따라서 작업을 가장 빠르게 끝내기 위해서는 A, B,
C에 작업을 맡겨야 하므로 옳지 않은 설명이다.

ㄷ. A, B, C에 작업을 맡기는 경우 시간당 4.5를 작업할 수 있
으므로 소요되는 시간은 60/4.5시간이다. 이때 A, B, C
가 받게 되는 비용은 (10×60/4.5)+(9×60/4.5)+(8×
60/4.5)이고 60/4.5를 a로 놓으면 10a+9a+8a=27a
가 된다. 다시 a를 60/4.5로 계산하면 전체 비용은
27×60/4.5=27×120/9=3×120=360만 원이 된다.
반면 B와 C에 작업을 맡기는 경우 시간당 2.5를 작업
할 수 있으므로 소요되는 시간은 앞서 ㄴ에서 살펴본 대
로 24시간이다. 이때 B, C가 받게 되는 비용은 (8×24)+
(9×24)=408만 원이 된다.
따라서 A, B, C에 작업을 맡기는 경우 B, C에 작업을 맡기는
경우보다 작은 비용이 들므로 옳지 않은 설명이다.

빠른 문제 풀이 **Tip**
각 업체의 작업 시간을 기준으로 수식을 정리하기보다 각 업체가 시
간당 작업할 수 있는 면적을 기준으로 놓고 수식을 정리하면 더 수월
하게 문제를 해결할 수 있다.

27 의사결정
정답 ②

정답 체크

제시된 생존 가능성을 정리하면 다음과 같다.

구분	생존 가능성 높음	생존 가능성 낮음
비상구 기준	가, 나, 라, 마	다
복도 기준	나, 다, 라, 마	가
기내 가운데 열 기준	가, 나, 다	라, 마

따라서 모든 기준에서 생존 가능성이 높은 경우에 해당하는 것은
'나'이므로 나 좌석의 생존 가능성이 가장 높다.

빠른 문제 풀이 **Tip**
해설의 표와 같이 문제를 해결하는 것도 좋고 각 설명에서 생존 가능
성이 낮은 경우를 하나씩 지워가는 것도 방법일 수 있다.

28 제시된 방법 활용
정답 ①

정답 체크

ㄱ. A 시설은 모든 항목에서 1등급이므로 가중치를 고려하더라
도 1등급이 된다. 따라서 A 시설에 대해서는 특별한 조치를
취하지 않아도 되므로 옳은 설명이다.

ㄴ. B 시설은 전체적으로 1등급을 받을 수 없는 상황이기 때문
에 관리 정원을 감축해야 하지만 모든 항목에서 최소 3등급
은 받고 있어 정부의 재정지원은 받을 수 있으므로 옳은 설
명이다.

오답 체크

ㄷ. 가중치가 바뀌었을 때 C 시설은 환경개선에서 24점, 복지
관리에서 13점, 복지지원에서 11점, 복지성과에서 6점, 중
장기 발전계획에서 10점을 얻어 도합 64점을 얻게 된다. 이
는 4등급이므로 정부의 재정지원도 받을 수 없으므로 옳지
않은 설명이다.

ㄹ. D 시설은 1등급을 받을 수 없는 상황이므로 관리 정원은 감축해야 한다. 한편 정부의 재정지원도 받지 못하는 상황이려면 전체적으로 4등급을 받아야 하는데 4등급에 해당하는 항목은 복지 성과와 중장기 발전계획이다. 이때 복지 성과는 복지 지원의 점수와 합산하고, 중장기 발전계획은 환경개선의 점수와 합산하면 전체적으로 4등급에 해당하는 항목이 사라지게 된다. 결국 D 시설은 4등급에 해당하지 않아 정부의 재정지원은 받을 수 있으므로 옳지 않은 설명이다.

⏱ 빠른 문제 풀이 Tip

주어진 표를 그대로 계산하는 것이 아니라 그 의미에 따라 계산해야 하는 수치가 달라질 수 있으므로 표에서 주어진 수치 가운데 변경해서 적용해야 하는 수치는 미리 적어두고 접근하는 것이 바람직하다. 현재 평가결과에서는 모든 항목의 가중치가 일정하므로 가중치에 대해서는 보기에서 특별한 언급이 없는 한 고려하지 않아도 된다.

29 THEME
정답 ④

정답 체크

7개 행정구역이 서로 인접해 있는지를 그림으로 나타내는 것이 좋은데 이때 인접한 행정구역은 선으로 연결하고 그렇지 않은 경우는 선으로 연결하지 않는 방법으로 그리는 것이 좋다. 이를 토대로 제시된 인접 여부를 정리하면 다음과 같다.

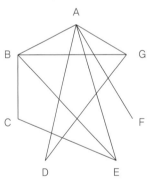

이제 조건에 주어진 대로 A, B, C가 추진하는 정책인 a, b, c를 차례대로 적용하면 다음과 같다.

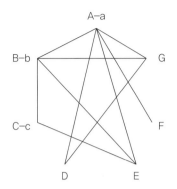

선으로 연결된 건은 인접한 행정구역이고 이들은 서로 같은 정책을 추진할 수 없다는 것을 주의하도록 한다. E가 d를 추진하면 G가 접한 구역은 a를 추진하는 A, b를 추진하는 B, 추진하는 정책이 정해져 있지 않은 D이다.
따라서 c 이외에 d 정책도 추진할 수 있으므로 옳지 않은 설명이다.

오답 체크

① E는 A, B, C와 접하고 있으므로 그들이 추진하는 정책은 a, b, c는 추진할 수 없다. 따라서 나머지 d 정책만을 추진해야 하므로 옳은 설명이다.

② F는 A와 접하고 있으므로 a 정책은 추진할 수 없지만 그 외에 인접하고 있는 주가 없다. 따라서 b, c, d 중 하나의 정책을 추진하면 되므로 옳은 설명이다.

③ D가 d 정책을 추진하면 G가 접한 구역은 a를 추진하는 A, b를 추진하는 B, d를 추진하는 D이다. 따라서 나머지 c 정책만을 추진할 수 있으므로 옳은 설명이다.

⑤ G가 d 정책을 추진하면 D가 접한 구역은 a를 추진하는 A, d를 추진하는 D이다. 따라서 나머지 b, c만을 추진할 수 있으므로 옳은 설명이다.

⏱ 빠른 문제 풀이 Tip

인접한 구역을 그림으로 쉽게 정리한 후에 선택지에서 주어진 조건들을 추가해 가면서 옳고 그름을 파악하는 것이 좋다.

30 THEME
정답 ⑤

정답 체크

제시된 표의 각 축제 규모(대안별)별 최댓값과 최솟값을 정리하면 다음과 같다.

축제 방문객 규모 축제 규모 (대안)	많음	보통	적음	대안별 최상의 결과	대안별 최악의 결과	후르위츠 기준	라플 라스 기준
대규모 A	100 억 원	50 억 원	−80 억 원	100 억 원	−80 억 원	100×0.6+ (−80)×0.4=28	$\frac{70}{3}$
중간 규모 B	60 억 원	30 억 원	−10 억 원	60 억 원	−10 억 원	60×0.6+ (−10)×0.4=32	$\frac{80}{3}$
소규모 C	30 억 원	20 억 원	10 억 원	30 억 원	10 억 원	30×0.6+10 ×0.4=22	$\frac{60}{3}$

ㄷ. 후르위츠 기준에 의하면 32로 가장 높은 수치를 보이는 B
를 선택할 것이다.

ㄹ. 라플라스 기준에 의하면 $\frac{80}{3}$으로 가장 높은 수치를 보이는
B를 선택할 것이다.

따라서 동일한 선택이 이루어지는 경우는 ㄷ, ㄹ이다.

오답 체크

ㄱ. 낙관주의 기준에 의하면 대안별 최상의 결과 가운데 100
억 원으로 가장 큰 수익을 내는 대규모 A를 선택할 것이다.

ㄴ. 비관주의 기준에 의하면 대안별 최악의 결과 가운데 10억 원
으로 가장 큰 수익을 내는 소규모 C를 선택할 것이다.

⏱️ **빠른 문제 풀이 Tip**

라플라스 기준의 경우 모두 똑같이 1/3을 곱해주어야 하므로 일일
이 계산하기보다는 각 규모별로 예상 가능한 수익을 전부 더한 값만
을 비교해 주어도 중간규모가 가장 높다는 것을 알 수 있다. 즉, 70,
80, 60 가운데 가장 큰 것이 80이므로 중간규모가 선택되는 것이다.

31 THEME

정답 ②

정답 체크

각 경우 가장 상황이 좋게 될 때의 손익과 가장 상황이 나쁘게 될
때의 손익을 정리하면 다음과 같다.

구분	경기상황			상황이 좋을 때	상황이 나쁠 때
	경기침체	경기보합	경기호조		
대안 1(예금)	3	4	5	5	3
대안 2(채권)	8	4	1	8	1
대안 3(증권)	9	4	−1	9	−1

ㄱ. 모든 상황이 가장 좋게 될 것이라고 가정하면 상황이 좋을 때
가운데 가장 큰 이익을 보는 대안을 선택할 것이므로 대안 3
을 선택하게 된다.

ㄴ. 모든 상황이 가장 나쁘게 될 것이라고 가정하면 상황이 나쁠
때 가운데 그나마 큰 이익을 보는 대안을 선택할 것이므로 대
안 1을 선택하게 된다.

ㄷ. 대한 산업의 후르비츠 계수는 0.7이므로 0.7×낙관적 결괏
값+0.3×비관적 결괏값을 구하면 다음과 같다.

구분	낙관적 결과의 가중치	비관적 결과의 가중치	합
대안 1	3.5(=5×0.7)	0.9(=3×0.3)	4.4
대안 2	5.6(=8×0.7)	0.3(=1×0.3)	5.9
대안 3	6.3(=9×0.7)	−0.3(=−1×0.3)	6

따라서 대안 3을 선택하게 된다.

ㄹ. 모든 상황에서 가능한 성과의 평균값을 구하면, 대안 1은
4, 대안 2는 약 4.333, 대안 3은 4 이므로 대안 2를 선택
하게 된다.

ㅁ. 기회손실비용은 특정 대안을 선택하였을 경우 그 상황에서
가장 좋은 대안과의 차이를 의미하므로 각 대안에 따른 기회
손실비용을 구하면 다음과 같다.

구분	경기침체	경기보합	경기호조
대안 1	6	0	0
대안 2	1	0	4
대안 3	0	0	6

이 기회손실비용 중 가장 큰 것을 대표 기회손실 비용으로 정한
다고 하였으므로 대안 1은 6, 대안 2는 4, 대안 3은 6이 된다. 이
대푯값들 중 가장 적은 손실인 대안은 대안 2이다.

32 THEME

정답 ③

정답 체크

A, B, C, D, E 대안이 모두 채택될 경우 갑의 순편익은 양(+),
을의 순편익은 음(−), 병의 순편익은 양(+)이 된다. 전체 세
사람 중 두 사람의 순편익이 양(+)이므로 갑, 을, 병이 투표거
래를 한다면 A, B, C, D, E 대안이 모두 채택될 수 있으므로 옳
은 설명이다.

오답 체크

① 제시문에서 하나의 대안을 대상으로 과반수 투표를 하는 경
우 갑, 을, 병 세 사람은 모두 자신에게 돌아오는 순편익이 양
(+)의 값을 갖는 대안에만 찬성한다고 했다. 따라서 대안 A,
B, C에 대하여 순편익이 모두 양(+)의 값을 갖는 사람은 한
명이고, 음(−)의 값을 갖는 사람은 두 명이므로 투표거래를
하지 않는다면 대안 A, B, C 모두 채택될 수 없다. 따라서 옳
지 않은 설명이다.

② 갑은 자신이 선호하는 대안을 찬성해 준 을에게 그 대가로 자신은 선호하지 않으나 을이 찬성하는 대안을 찬성해 주는 것이 투표거래이다. 따라서 투표거래가 이루어지기 위해서는 각 대안에 있어서 순편익이 양(+)인 경우와 음(-)인 경우가 갑과 을에게 반대로 존재해야 한다. 대안 A의 경우에는 갑의 순편익은 양(+), 을의 순편익은 음(-)이다. 대안 C의 경우에는 갑의 순편익은 음(-), 을의 순편익은 양(+)이어야 투표거래가 가능한데 위의 표를 살펴보면 갑과 을의 순편익이 모두 음(-)이므로 갑과 을의 투표거래는 성사되지 않는다. 대안 A와 대안 C가 모두 채택되기 위해서는 갑과 병이 투표거래를 해야 하므로 옳지 않은 설명이다.

④ 대안 D와 대안 E가 채택되기 위해서는 갑과 을이 투표거래를 해야 하므로 옳지 않은 설명이다.

⑤ 대안 A, B, C의 각각의 전체순이익은 양(+)이고 대안 D, E의 전체순이익은 음(-)이다. 따라서 전체 순편익의 차원에서 가장 바람직하지 못한 것은 대안 D, E가 채택되는 경우이므로 옳지 않은 설명이다.

33 THEME
정답 ②

[정답 체크]

최단 작업 일수를 구하는 문제이므로 이는 FLOW CHART를 이용하면 어렵지 않게 해결할 수 있다. 우선 각 작업과 선행 작업 간의 관계를 FLOW CHART로 그려 보면 다음과 같다.

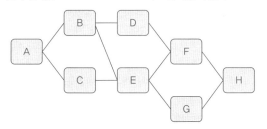

다음으로 개별 작업 시간을 정리하면 다음과 같다.

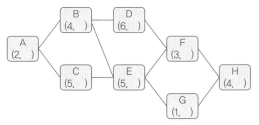

한편 괄호의 뒤쪽에는 각각의 누적 시간을 적는다. 여기서 주의할 점은 선으로 연결된 선행 작업 가운데 가장 오래 걸리는 시간과 자신의 작업 시간을 더해야 한다는 것이다. 이를 정리하면 다음과 같다.

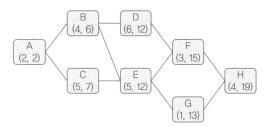

따라서 가장 마지막 작업인 H를 마칠 때까지 걸리는 총 시간은 19일이 된다.

34 리그, 토너먼트
정답 ③

[정답 체크]

첫 번째 조건에서 A가 B에게 승리했고 두 번째 조건과 네 번째 조건에서 B와 C, C와 D가 무승부임을 알 수 있다. 이를 정리하면 다음과 같다.

객체\주체	A	B	C	D
A		O		
B	X		△	
C		△		△
D			△	

네 번째 조건에서 C는 1위 팀에게 졌다고 하였는데 C가 질 수 있는 팀은 A뿐이므로 자연히 A가 1위 팀이 된다.

객체\주체	A	B	C	D
A(1위)		O	O	
B	X		△	
C	X	△		△
D			△	

세 번째 조건에서 D는 한 번도 이기지 못한 팀에게만 이겼다고 하였는데 D의 남은 두 상대 중 A는 이미 두 번을 이겼으므로 D가 이긴 팀은 B이다.

객체\주체	A	B	C	D
A(1위)		O	O	
B	X		△	X
C	X	△		△
D		O	△	

A가 1위가 되어야 하므로 A는 D와의 경기에서 질 수 없다. 한편, 문제에서 모든 경기를 승리한 팀은 없다고 하였으므로 A와 D와의 경기에서 이길 수도 없다.
따라서 A와 D는 무승부만이 가능하다.

객체 주체	A	B	C	D	승점
A(1위)		O	O	△	7
B	X		△	X	1
C	X	△		△	2
D	△	O	△		5

이를 토대로 선택지를 살펴보면, D는 1승 2무로 승점은 5점이다.

오답 체크

① A가 승점 7점으로 1위를 차지했다.

② B는 4위이므로 준결승에 진출하지 못한다.

④ A가 승점 7점으로 1위, D가 승점 5점으로 2위이므로 A와 D가 준결승에 진출한다.

⑤ C는 승점 2점으로 3위를 차지했다.

35 정보 찾기
정답 ①

정답 체크

ㄱ. 맥동변광성은 변광 주기가 길수록 실제 밝기가 더 밝다고 하였으므로 변광 주기가 짧으면 실제 밝기가 더 어둡다.
따라서 같은 세페이드 I형 변광성끼리는 변광 주기가 10일인 경우가 50일인 경우보다 더 어둡다.

ㄷ. 변광 주기가 동일할 때 I형은 II형보다 1.5등급 밝다고 하였고 1등급 밝은 것은 수치상으로 2.5배 밝다고 하였으므로 1.5등급 밝은 것은 2.5배보다 더 높은 수치로 밝음을 알 수 있다.

오답 체크

ㄴ. 별의 밝기가 거리의 제곱에 반비례한다고 하였으므로 이를 식으로 나타내면 별의 밝기 $= \frac{1}{거리^2}$이 된다. 한편, A의 밝기가 1이고 B의 밝기가 2라면 A 밝기 = B 밝기×2.5가 되며 A 밝기를 $\frac{1}{\text{A까지의 거리}^2}$, B의 밝기를 $\frac{1}{\text{B까지의 거리}^2}$로 치환하면 다음과 같은 식이 된다.

· $\frac{1}{\text{A까지의 거리}^2} = \frac{1}{\text{B까지의 거리}^2} \times 2.5$

여기 양변에 B까지의 거리^{2}을 곱하면 $\frac{\text{B까지의 거리}^2}{\text{A까지의 거리}^2} = 2.5$가 되므로 A까지의 거리와 B까지의 거리의 비는 $\sqrt{2.5}$가 됨을 알 수 있다.

ㄹ. 절대등급은 별을 10파섹의 거리에 놓았을 때의 밝기를 산출한 것이다.
따라서 1파섹 거리에 있는 별의 밝기는 10파섹의 거리에 놓았을 때의 밝기와 다를 수 있으므로 1파섹 떨어진 별의 밝기는 절대등급과 겉보기등급이 동일하다는 것은 옳지 않다.

36 정보 찾기
정답 ③

정답 체크

마지막 문단에서 '또한 공직자는 시민을 대표하기 때문에 훌륭한 인간상으로 시민의 모범이 되어야 한다는 이유도 들고 있다.'고 되어 있는데 이는 '동등한 사생활 보호의 원칙' 지지자들의 근거가 아니라 동등한 사생활 보호의 원칙을 적용할 수 없다는 '축소된 사생활 보호의 원칙' 지지자들의 근거이므로 옳지 않은 설명이다.

오답 체크

① 마지막 문단에서 '공직자는 일반시민보다 우월한 권력을 가지고 있다는 것과 시민을 대표한다는 것 때문에 축소된 사생활 보호의 원칙이 적용되어야 한다는 주장도 있다. 공직자는 일반시민이 아니기 때문에 동등한 사생활 보호의 원칙을 적용할 수 없다는 것이다.'고 되어 있어 축소된 사생활 보호의 원칙은 공직자와 일반시민의 사생활 보장의 정도가 달라야 한다고 보는 것임을 알 수 있으므로 옳은 설명이다.

② 첫 번째 문단에서 '공직자의 사생활은 일반시민의 사생활만큼 보호될 필요가 없다는 것이 그 이유다. 비슷한 맥락에서 일찍이 플라톤은 통치자는 가족과 사유재산을 갖지 말아야 한다고 주장했다.'고 되어 있어 통치자의 사생활에 대한 플라톤의 생각은 동등한 사생활 보호의 원칙보다 축소된 사생활 보호의 원칙에 더 가깝다고 할 수 있으므로 옳은 설명이다.

④ 두 번째 문단의 '동등한 사생활 보호의 원칙은 공직자의 사생활도 일반시민과 동등한 정도로 보호되어야 한다고 본다. 이 원칙의 지지자들은 우선 공직자의 사생활 보호로 공적으로 활용가능한 인재가 증가한다는 점을 강조한다.'는 내용에서 알 수 있으므로 옳은 설명이다.

⑤ 마지막 문단의 '반면, 공직자는 일반시민보다 우월한 권력을 가지고 있다는 것과 시민을 대표한다는 것 때문에 축소된 사생활 보호의 원칙이 적용되어야 한다는 주장도 있다.'는 내용에서 알 수 있으므로 옳은 설명이다.

37 정보 찾기   정답 ①

정답 체크

두 번째 문단 마지막 문장을 통해 조선 시대의 생선 조리법과 유교식 제사가 밀접한 관련이 있었음을 알 수 있으므로 옳은 설명이다.

오답 체크

② 세 번째 문단 첫 번째 문장을 통해 생선을 생으로 먹는 풍습이 일제 강점기 전에 이미 있었음을 알 수 있으므로 옳지 않은 설명이다.

③ 샤를 달레는 1830년대 중반 이후 밀입국한 사람이라 『규합총서』의 저자가 될 수 없으므로 옳지 않은 설명이다.

④ 첫 번째 문단 마지막 문장에서 생선을 구울 경우 입이 뒤틀린다고 하고 있다. 따라서 조선 시대에 굽기보다는 찌기를 선호했음을 추론할 수 있는 것은 이와 같은 이유이므로 옳지 않은 설명이다.

⑤ 마지막 문단 다섯 번째 문장에서 일제 강점기에서야 간디스토마의 정체를 알게 되어 낚시금지령이 내려지기도 했다고 하고 있으므로 옳지 않은 설명이다.

38 정보 찾기   정답 ②

정답 체크

ㄷ. 근주자적(近朱者赤)은 붉은 것을 가까이하면 붉어진다는 뜻으로 같은 말로는 근묵자흑(近墨者黑)이 있다. 결국 환경의 영향을 받는다는 것을 뜻하므로 제시문의 주장과 일치한다.

ㅂ. '까마귀 노는 곳에 백로야 가지 마라!'라는 속담도 ㄷ과 같은 내용이므로 제시문의 주장과 일치한다.

오답 체크

ㄱ. 읍참마속(泣斬馬謖)은 '울며 마속을 베다.'라는 한자성어로 사적인 감정보다는 법의 기강을 바로 세운다는 뜻이므로 제시문의 주장과 거리가 멀다.

ㄴ. '바늘 가는 데 실 간다!'라는 속담은 바늘이 가는 데 실이 항상 뒤따른다는 의미이며 사람의 긴밀한 관계를 뜻하므로 제시문의 주장과 거리가 멀다.

ㄹ. '잘되면 내 탓! 못되면 남의 탓!'은 어떤 일이 잘되거나 못되는 것을 자기에게 유리한 방향으로 해석한다는 뜻이므로 제시문의 주장과 거리가 멀다.

ㅁ. 오월동주(吳越同舟)란 과거 오나라와 월나라 사람이 같은 배를 탔다는 뜻으로 서로 대립하는 사이라도 같은 목표를 위해 손을 잡는다는 것을 뜻하므로 제시문의 주장과 거리가 멀다.

ㅅ. 죽마고우(竹馬故友)란 어릴 때부터 사귄 벗이라는 뜻이므로 제시문의 내용과 거리가 멀다.

⏱ 빠른 문제 풀이 Tip

혼동하기 쉬운 어휘들을 사용하여 내용의 이해를 방해하고 있다. 결국 지문의 내용은 위법행위에 대해 호의적이라면 위법행위를 자주 저지르게 될 것이고, 그런 사람들과 자주 접촉하면 마찬가지로 위법행위를 자주 저지르게 될 가능성이 크다는 것이다. 결국 환경이 인간의 행동에 큰 영향을 끼친다는 내용을 담고 있다는 점을 이해한다.

39 법률 해석   정답 ②

정답 체크

수형자분류처우규칙의 내용인데 사례를 풀어가면서 하나씩 살펴보도록 한다.

우선 갑의 상황을 살펴보면 다음과 같다.
· 초범
· 징역 5년 2개월 선고(잔여형기 5년)
· 범죄성향이 강화되지 아니한 자로서 개선이 가능한 자
· 12개월 만에 129점을 얻어 3급으로 진급

첫 번째 조문 3항에서 계급의 진급은 각 계급의 책임 점수를 매월 소득점수로 모두 공제한 때 이루어진다고 했다. 따라서 갑의 책임 점수와 소득점수를 알 필요가 있다.

우선 갑의 책임 점수를 계산하기 위해 두 번째 조문의 1항을 살펴보면 '책임 점수＝집행할 형기의 개월 수×개선급 유형 및 범수별 점수'라고 했다. 갑에게 집행할 형기의 개월 수는 잔여형기가 5년이므로 60개월이고 개선급 유형은 '범죄성향이 강화되지 아니한 자로서 개선이 가능한 자'이므로 A급인데 초범이므로 범수별 점수는 2점이 된다. 따라서 갑의 책임 점수를 계산해 보면 60개월×2점＝120이 된다.

한편 갑은 12개월 만에 129점을 얻어 3급으로 진급했다. 그렇다면 3급에서 2급으로 진급하기 위한 책임 점수를 다시 산정해야 하는데 12개월이 지났으므로 갑의 잔여형기는 48개월, 개선급 유형 및 범수별 점수는 2점이다. 따라서 갑이 2급으로 진급하기 위한 책임 점수는 96점이다.

그런데 첫 번째 조문의 3항에서 책임 점수를 공제하고 소득점수가 남아 있는 경우에는 이를 다음 계급의 소득점수로 인정한다고 했다. 따라서 4급에서 3급으로 진급하는 데 소요된 120점 외에 남은 9점은 현재의 소득점수로 인정되므로 갑이 2급으로 진급하기 위해 필요한 소득점수는 96－9=87점이 된다.

40 법률 해석

제○○조 1항에 의하면 법률에 의하지 아니하고는 우편물의 검열은 금지되어 있는데 같은 조 2항 1호에서 이에 위반하여 우편물을 검열한 경우에는 1년 이상 10년 이하의 징역과 5년 이하의 자격정지에 처해진다고 되어 있다.

따라서 甲이 乙과 丙 사이의 우편물을 불법으로 검열한 경우, 2년의 징역과 3년의 자격정지에 처해지는 것이 가능하므로 옳은 설명이다.

① 제□□조에서 불법검열에 의하여 취득한 우편물…은 재판 또는 징계절차에서 증거로 사용할 수 없다고 하였다.

따라서 甲이 불법검열에 의하여 취득한 乙의 우편물은 징계절차에서 증거로 사용할 수 없으므로 옳지 않은 설명이다.

② 제□□조에서 증거로 사용할 수 없는 녹음은 공개되지 아니한 타인 상호간의 대화인데 甲이 乙과의 대화를 녹음한 내용은 타인 상호간의 대화가 아닌 자신과 타인과의 대화이기 때문에 증거로 사용할 수 없는 것에 해당하지 않으므로 옳지 않은 설명이다.

③ 제○○조 2항에 의하면 공개되지 아니한 타인 상호간의 대화를 녹음하여 공개하는 경우 1년 이상 10년 이하의 징역과 5년 이하의 자격정지에 처해진다고 규정되어 있을 뿐 벌금형에 대한 내용은 없으므로 1천만 원의 벌금에 처해질 수 있다는 내용은 옳지 않은 설명이다.

④ 제○○조 3항에 의하면 단말기기 고유번호를 제공하거나 제공받아서는 안 되지만 단서에서 단말기의 개통처리를 위하여 제공하는 경우는 그러하지 아니하다고 되어 있다.

따라서 이동통신사업자 甲이 乙의 단말기를 개통하기 위하여 단말기기 고유번호를 제공받은 경우는 처벌되는 행위가 되지 않으므로 옳지 않은 설명이다.

p.218

01	02	03	04	05	06	07	08	09	10
①	③	④	①	⑤	④	④	③	①	②
11	12	13	14	15	16	17	18	19	20
④	④	④	②	②	③	①	⑤	④	⑤
21	22	23	24	25	26	27	28	29	30
③	②	④	①	③	②	①	③	④	①

01 최소 소요 시간　　　　정답 ①

정답 체크

우선 문제에서 화장실과 세면대는 각각 1개가 갖춰져 있지만, 샤워실은 2개가 있기 때문에 Johnson's rule을 바로 활용할 수는 없다. 이 경우 시설이 2개가 갖춰진 작업의 소요시간이 유사한 항목들끼리 묶어서 우선순위를 산출한다.

甲과 丁의 샤워실 사용 시간이 20분과 15분으로 유사하고, 乙과 丙의 샤워실 사용 시간이 10분과 5분으로 유사하므로 둘을 묶어서 각각의 경우에서 화장실과 세면대 사용에 대해 Johnson's rule을 적용하여 우선순위를 산출한다. 甲과 丁의 경우 세면대 사용 시간은 동일하지만, 화장실 사용시간이 더 짧은 甲이 우선순위가 더 높다. 乙과 丙의 경우도 역시 세면대 사용 시간은 동일 하지만 화장실 사용 시간이 더 짧은 乙의 우선순위가 더 높다.

이렇게 화장실과 세면대를 통해 甲 → 丁, 乙 → 丙 이 정해졌으면 마지막 작업인 샤워실 사용 평균시간을 Johnson's rule에 따라 배치하여 샤워실 사용 평균시간이 더 짧은 乙 → 丙이 甲 → 丁의 다음 순서로 배치되므로 甲 → 丁 → 乙 → 丙의 순서가 된다. 이 순서로 준비를 할 때 소요 시간을 구해보면 다음과 같다.

甲	화장실 (0~5분)	세면대 (5~8분)	샤워실 1 (8~28분)			
乙			화장실 (15~20분)	세면대 (20~25분)	샤워실 1 (28~38분)	
丙				화장실 (20~30분)	세면대 (30~35분)	샤워실 2 (35~40분)
丁		화장실 (5~15분)	세면대 (15~18분)	샤워실 2 (18~33분)		

따라서 甲~丁 4명이 모두 준비를 끝내는 데 소요되는 최소 시간은 40분이다.

02 시차　　　　정답 ③

정답 체크

임동근 과장이 4월 3일 09시에 인천공항에서 출발하여 러시아 블라디보스토크로 이동하므로, 블라디보스토크에 도착한 시간은 서울 기준 11시 10분이다. 서울과 블라디보스토크의 시차가 1시간이고 서울이 더 빠르므로, 블라디보스토크에 도착한 시간을 현지 시간 기준으로 환산하면 10시 10분이 된다.

총 3시간 동안 바이어와 미팅을 진행하는데, 12시~13시는 점심시간으로 업무를 진행하지 않는다고 했으므로, 블라디보스토크에서 업무가 끝난 시간은 현지 시간 기준 14시 10분이 된다. 비행시간 외에 이동 시간은 고려하지 않으므로 블라디보스토크 업무가 끝난 14시 10분에 곧바로 부다페스트로 출발하여 도착 시간은 11시간 30분 후인 4월 4일 01시 40분이 된다.

이는 블라디보스토크 기준 시간이므로 부다페스트 현지 시간으로 변환하면 블라디보스토크와 부다페스트의 시차가 6시간이고 블라디보스토크가 더 빠르므로, 4월 3일 19시 40분이 된다. 업무는 09시~18시 사이에만 진행된다고 했으므로, 부다페스트에서의 업무는 현지 시간 기준 4월 4일 09시에 시작하게 된다.

1일 업무 시간이 점심시간을 제외하고 8시간이므로, 현지 업무는 4월 5일 14시에 종료된다. 업무 종료 후 부다페스트에서 광저우까지 이동 시간은 10시간이 소요되고 광저우를 경유하는 데 1시간 30분, 인천으로 돌아오는 이동 시간은 3시간 40분으로 광저우에서 총 이동 시간은 경유 시간을 포함하여 15시간 10분이 소요되므로 인천 도착 시간은 부다페스트 현지 시간 기준 4월 6일 05시 10분이며, 이는 서울 시각 기준 4월 6일 12시 10분이 된다.

03 비용 산출　　　　정답 ④

정답 체크

정유나 대리는 부산으로 2박 3일 출장을 다녀왔다. 교통비와 숙박비는 실비 지급 항목으로 법인카드로 결제 시에만 지급이 가능한데, 정유나 대리는 식사 비용을 제외한 모든 항목을 법인 카드로 결제했으므로 교통비와 숙박비를 지급받을 수 있다. 교통비를 살펴보면 부산 왕복 항공료가 95,600원으로 항공 요금표를 봤을 때, 이코노미 클래스 금액에 해당함을 알 수 있으므로 모든 비용을 실비 지급받을 수 있으며, 택시 27,800원 또한 지급받을 수 있어 교통비 지급 총액은 95,600＋27,800원＝123,400원이 된다. 숙박비는 2박에 378,000원이고 최대 지급 가능 금액 400,000원을 초과하지 않았으므로 모든 금액이 실비 지급 가능하다.

따라서 교통비와 숙박비의 합은 123,400원＋378,000원＝501,400원이 된다.

식비 및 기타 잡비는 직급에 따라 실사용 금액과 상관없이 지급되며, 대리 직급의 경우 80,000원/일이므로, 총 3일 출장에 따른 식비 및 기타 잡비는 80,000×3＝240,000원이 된다. 또한 출장 수당 역시 일당 지급되므로, 대리 직급 50,000×3＝150,000원을 지급받을 수 있으므로 총 금액은 501,400원＋240,000원＋150,000원＝891,400원이다.

04 비용 산출 　　　정답 ①

정답 체크

김OO 씨의 5월 한 달 총 지출 금액을 구해보면 10×5 ＋ 15×8 ＋ 15×12 ＋ 10×6 ＋ 9×13 ＋ 21×13 ＝ 800$이고, 김OO 씨의 5월 한 달 총 매출 금액을 구해보면 10×5 ＋ 15×13 ＋ 15×17 ＋ 10×10＋9×20 ＋ 21×20＝1,200$이다. 김OO 씨의 모든 지출은 5월 1일~5월 15일 사이에 이루어졌으며, 모든 매출은 5월 17일~5월 31일 사이에 이루어졌으므로, 지출 금액의 정산은 5월 15일 환율을 기준으로 하며, 매출 금액의 정산은 5월 31일 환율을 기준으로 하여 총 지출 금액과 총 매출 금액을 살펴보면 다음과 같다.

· 총 지출 금액: 800$×1,220원/$＝976,000원
· 총 매출 금액: 1,200$×1,200원/$＝1,440,000원

따라서 김OO 씨의 5월 총 수익은 1,440,000－976,000＝464,000원이 된다.

05 물적자원의 선택 　　　정답 ⑤

정답 체크

회사까지의 출퇴근 시간이 30분 이하인 곳으로 계약할 예정이므로 이동 시간을 구하기 위해 거리와 속도를 살펴보면 시내 제한 속도는 60km/h이고, 출퇴근 시간에는 통행량 증가로 평균 속도가 제한 속도의 50%로 유지된다고 했으므로 회사 통근 버스의 평균 속도는 30km/h가 된다. 이를 통해 출퇴근 소요 시간을 계산하면 다음과 같다.

· A 빌라: 13÷30×60＝26분
· B 빌라: 20÷30×60＝40분
· C 빌라: 17÷30×60＝34분
· D 빌라: 10÷30×60＝20분
· E 빌라: 15÷30×60＝30분

출퇴근 시간이 30분 이하인 곳으로 계약한다고 했으므로 30분을 초과하는 B 빌라와 C 빌라는 대상에서 제외된다. 나머지 A 빌라, D 빌라, E 빌라 중 2년 동안의 보증금, 월세, 관리비의 합이 가장 적은 곳을 찾아보면 다음과 같다.

· A 빌라: 7,000만 원＋(20만 원＋25만 원)×24개월
　　　　＝8,080만 원
· D 빌라: 7,500만 원＋(31만 원＋12만 원)×24개월
　　　　＝8,532만 원
· E 빌라: 6,000만 원＋48만 원×24개월＝7,152만 원

따라서 E 빌라의 가격이 가장 저렴하다.

06 물적자원의 선택 　　　정답 ④

정답 체크

소비자 甲은 모든 항목들을 가중치에 따라 평가하여 종합 점수가 가장 좋은 차량의 추천을 요청했으므로 가중치의 자연수 변환 및 기준에 따른 편차를 사용하여 순위를 구해보면 다음과 같다.

구분	A 자동차	B 자동차	C 자동차
구매가격(0.3 → 3)	9 → −1	10 → 0(기준)	6 → −4
안정성(0.2 → 2)	8 → 0(기준)	6 → −2	5 → −3
디자인(0.1 → 1)	6 → −1	4 → −3	7 → 0(기준)
연비(0.4 → 4)	4 → −6	10 → 0(기준)	10 → 0(기준)
총합	−28	−7	−18

따라서 점수가 가장 높은 자동차는 B 자동차이다.

소비자 乙은 가장 주요한 항목 순으로 가장 좋게 평가된 차량의 추천을 요청했으므로 가중치가 가장 높은 연비의 점수가 가장 높은 자동차를 찾아보면 B 자동차와 C 자동차가 10점으로 동일하다. 다음으로 가중치가 높은 구매가격 점수를 살펴보면 B 자동차가 10점으로 6점인 C 자동차보다 높으므로 소비자 乙에게는 B 자동차를 추천해 준다.

소비자 丙은 모든 항목들에 대한 수용기준(5점 이상)을 만족하는 차량의 추천을 요청했으므로 모든 항목 점수가 5점 이상인 C 자동차를 추천해 준다.

07 바코드
정답 ④

정답 체크

귀하는 여주 지사에 근무하고 있으므로 여주 지사에 입고되는 무선마우스에 대해서 바코드를 부여해야 한다. 주어진 상품 중 여주 지사로 입고되는 무선마우스는 4번 항목이다.

따라서 해당 상품에 대해 바코드 관리 지침에 따라 번호를 부여해 보면 무선마우스(BM), 검수완료일자: 2021. 04. 08. (210408), 생산지역: 천안(06), 생산라인: 5번 라인(05)이므로, 이를 연결해 보면 BM21040806005가 된다.

08 인적자원의 배치
정답 ③

정답 체크

문제에서 승진 대상자를 묻고 있으며, 승진 대상자의 조건이 해당 직급 근속연수가 최소 소요 연수 이상이며, 평가 점수가 최소 승진 점수 이상이어야 하므로, 평가 결과의 표에서 현 직급 근속연수가 최소 소요 연수 미만인 C 대리와 D 과장은 승진 대상자로 선정될 수 없다. 승진 대상자를 선정할 때 가중치는 역량 평가점수 0.4, 업적 평가 점수 0.6이므로 C 대리와 D 과장을 제외한 나머지 3명의 점수를 산출해 보면 아래와 같다.

· A 사원: 230×0.4+243×0.6+3=240.8점
· B 대리: 228×0.4+236×0.6=232.8점
· E 과장: 258×0.4+280×0.6=271.2점

사원과 대리의 최소 승진 점수는 232점이고, 과장의 최소 승진 점수는 268점이므로, A 사원, B 대리, E 과장이 최소 승진 점수 이상이다.

따라서 승진 대상자로 선발될 수 있는 사람은 A 사원, B 대리, E 과장 세 사람이다.

09 경로 찾기
정답 ①

정답 체크

임동근 씨의 차량은 45인승이고, 각 호텔에 숙박 중인 단체 관광객의 인원수를 보았을 때, 어떤 경우에도 2개 호텔에 숙박 중인 단체 관광객은 동시에 탑승이 가능하지만 3개 이상의 단체는 탑승이 불가능하다. 이렇게 정보를 정리한 뒤 문제의 지도를 보고 삼각형 비교를 통해 불필요한 길을 삭제한다.

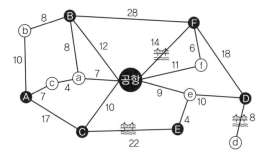

이렇게 일차적으로 단순화된 지도를 보면서 반드시 지나야만 하는 각 호텔에서 해당 알파벳 소문자로 표시된 관광지로 이동하는 경로에 표시를 한다.

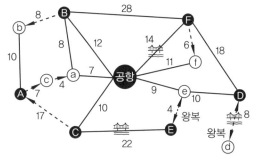

이후 남아 있는 경로를 최단 경로로 이어준다.

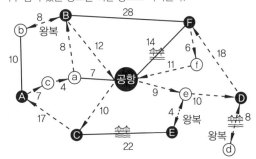

위와 같이 완성된 경로의 거리를 합산하여 정답을 구하면 10+17+7+4+8+8+8+12+9+4+4+10+8+8+18+6+11=152km이다.

10 비용 산출
정답 ②

정답 체크

임동근 씨가 이동한 거리는 152km이며, 임동근 씨가 운행 중 교량을 이용한 횟수는 총 2회이다. 임동근 씨의 차량 연비가 8km/L이므로 사용한 연료는 152÷8=19L이다. 경유는 1L당 1,300원이므로, 임동근 씨가 하루 동안 사용한 연료비는 19L×1,300원/L=24,700원이 된다. 여기에 교량 이용에 따른 추가 비용 2회×1,000원/회=2,000원을 더하면 26,700원이 된다.

11 비용 산출 정답 ④

가방, 영양제, 목베개를 각 1개씩 구매한다. 개별 물품 할인이 가장 먼저 적용되므로 가방의 가격은 150달러에서 10% 할인된 가격인 150×0.9=135달러, 영양제는 100달러에서 30% 할인된 가격인 100×0.7=70달러, 목베개는 50달러에서 10% 할인된 가격인 50×0.9=45달러가 된다.

따라서 개별 물품 할인을 적용한 금액은 총 135+70+45=250달러가 된다. 이후 이달의 할인 쿠폰을 통해 20%를 할인 받을 수 있으므로 250×0.8=200달러가 된다.

결제해야 할 금액이 200달러를 초과할 때 20,000원 추가 할인 쿠폰을 사용할 수 있다고 했으나, 결제해야 하는 금액이 정확히 200달러로 200달러를 초과하지는 않기 때문에 추가 할인 쿠폰은 사용이 불가능하므로 최종 결제금액은 200달러이고, 환율이 1달러당 1,000원이므로 200달러는 200×1,000=200,000원이 된다.

12 비용 산출 정답 ④

갑은 2019년 2월 1일 09시에 집에서 출발하였고, 2019년 2월 1일 22시에 회사에서 퇴근하였다. 택시요금의 조정 기준 시간이 2019년 2월 1일 18시이므로 회사로 출근할 때의 택시요금은 현행 택시요금에 따르고, 퇴근할 때의 택시요금은 조정 택시요금에 따르게 된다. 택시 요금은 기본요금에 초과요금을 합산하여 계산 가능한데, 집에서 회사까지의 거리가 2.6km이고, 초과요금은 최초 2km를 초과한 거리에 대해서 가산되므로 총 600m에 대한 초과요금을 구하여 합산하면 구할 수 있다.

· 출근 시 택시 요금=3,000원+{(600÷12)×10}=3,500원
· 퇴근 시 택시 요금=4,600원+{(600÷5)×10}=5,800원

따라서 갑이 2월 1일 지불한 택시요금의 총합은 3,500원+5,800원=9,300원이 된다.

13 비용 산출 정답 ④

A 사의 설명회에서 통역업무를 진행한 통역사는 영어 통역사 2명, 인도네시아어 통역사 2명이다. 영어 통역사는 1인당 4시간 통역업무를 진행했고, 인도네시아어 통역사는 1인당 2시간의 통역업무를 진행했으므로 통역료를 계산해 보면 영어 통역사 1인당 기본요금 500,000원+초과 1시간에 따른 추가요금 100,000원=600,000원이 되고, 인도네시아어 통역사는 1인당 기본요금 600,000원이 된다.

따라서 총 통역 요금은 600,000×4=2,400,000원이 된다.

교통비는 실비 지급된다고 했으므로, 개인당 교통비 100,000원은 4명에게 모두 지급되어 교통비로 총 400,000원이 지급된다.

이동보상비는 이동 시간당 10,000원이 지급되고, 이동 시간은 편도 2시간이므로 왕복 4시간이 되며, 1인당 40,000원이 지급되어 총 40,000×4=160,000원이 된다.

따라서 총 경비는 통역 요금 2,400,000원+교통비 400,000원+이동보상비 160,000=2,960,000원이 된다.

14 편익 정답 ②

조건에 따르면 해당 교통수단의 예상 소요 시간이 전체 교통수단의 예상 소요 시간 평균보다 짧은 경우 +5의 편익을 얻는다고 했으므로 전체 교통수단의 예상 소요 시간 평균을 구해보면 (6+3+5+1.5+5.5)÷5=4.2이다.

따라서 기차와 비행기는 각각 +5의 편익을 얻는다.

또한 조건에 따르면 해당 교통수단의 총 소요 비용이 전체 교통수단의 소요 비용 평균보다 낮은 경우 +5의 편익을 얻는다고 했으므로 전체 교통수단의 소요 비용 평균을 구해보면 (64,000+107,000+52,000+270,000+43,000)÷5=107,200원이 된다.

따라서 비행기를 제외한 자가용, 기차, 고속버스, 시외버스 모두 +5의 편익을 얻는다.

이용 편리성이 높은 순서대로 비행기는 +5, 기차는 +4, 고속버스는 +3, 시외버스는 +2, 자가용은 +1의 편익을 얻을 수 있으며, 접근성이 낮은 순서대로 비행기의 편익은 −4, 시외버스의 편익은 −3, 고속버스의 편익은 −2, 기차의 편익은 −1이 된다. 마지막으로 자율성이 가장 높은 자가용은 편익이 +2, 가장 낮은 비행기는 편익이 −2가 된다. 위의 내용들을 표로 정리해 보면 다음과 같다.

24 온/오프라인 취업강의·무료 취업자료 ejob.Hackers.com

구분	자가용	기차	고속버스	비행기	시외버스
예상 소요 시간		+5		+5	
소요 비용	+5	+5	+5		+5
이용 편리성	+1	+4	+3	+5	+2
접근성		−1	−2	−4	−3
자율성	+2			−2	
총 편익	+8	+13	+6	+4	+4

따라서 총 편익이 가장 높은 기차를 선택하게 된다.

15 시차　　　　　　　　　　　　정답 ②

정답 체크

회의가 진행되는 시간은 서울 기준 4월 28일 21시이며, 이 시간은 런던 기준 4월 28일 12시, 뉴욕 기준 4월 28일 07시이다. B 과장은 오후 5시에 업무가 종료될 것이라고 했고, 이는 뉴욕 현지 시간을 기준으로 말하고 있으므로, C 과장은 뉴욕 현지 시간 기준 17시에 업무를 시작할 수 있다. 처음 C 과장은 B 과장이 서울의 현지 시간을 기준으로 얘기하는 것으로 오해하여 당일 업무를 진행할 수 없다고 했으며, 다음 날 07시에 시작하여 정오(12시)까지 업무를 마무리할 수 있다고 했으므로 C 과장의 업무는 총 5시간이 소요됨을 알 수 있다.
따라서 C 과장의 업무는 뉴욕 현지 시간 기준 4월 28일 22시에 업무가 종료된다. 뉴욕 현지 시간 기준 4월 28일 22시는 서울 기준 4월 29일 12시이고, A 과장의 업무는 4시간이 필요하다고 했으므로 최종적으로 업무가 종료되는 시간은 서울 기준 4월 29일 16시가 된다.

16 일정 수립　　　　　　　　　　정답 ③

정답 체크

4월 27일 현재 남아있는 원사 재고가 49t이고, 1일 사용량이 2t이므로 49÷2＝24.5일 사용 가능한 재고가 남아있는 상태이다. 따라서 현재 원사 재고는 5월 21일에 소진이 완료되므로 늦어도 5월 20일까지는 품질 검수 및 개선이 완료된 원사가 입고될 수 있도록 출장 계획을 수립해야 하고, 원료 검수 및 개선에 2일, 이후 납품에 10일이 소요되므로 5월 9일 이전에 출장을 출발해야 한다.
4월 27일 현재 출장 계획을 수립하고 있으므로 숙박비 규정에 따라 아무리 빨라도 4월 29일 이후에 출장을 출발할 수 있다.
따라서 출장을 출발할 수 있는 날은 4월 29일 ~ 5월 8일이 된다. 총 출장 일정은 2박 3일이고, 가능한 출장비용을 최소화해야 한다고 했으므로, 해당 일정 중 출국과 귀국에 주말(토, 일)이 포함되지 않은 일정을 찾아보면 5월 4일 출국 5월 6일 귀국 일정

이 유일하다.
따라서 임동근 과장이 호주에서 출발하는 날짜는 5월 6일이 된다.

월	화	수	목	금	토	일
4/26	4/27	4/28	4/29	4/30	5/1	5/2
	출장 준비		출국가능 시점			
5/3	5/4	5/5	5/6	5/7	5/8	5/9
	출국일		귀국일		출국가능 기한	검수 시작 기한
5/10	5/11	5/12	5/13	5/14	5/15	5/16
	납품 시작 기한					
5/17	5/18	5/19	5/20	5/21	5/22	5/23
			원사 입고 기한	재고 소진		

17 최소 소요 시간　　　　　　　　정답 ①

정답 체크

허가하는 프로젝트의 시작일은 7월 1일이고 3/4분기에 모든 프로젝트가 종료되어야 하므로, 총 일정은 92일이 되어, 92일 안에 진행 가능하도록 프로젝트의 일정을 수립해야 한다.
A와 C는 연달아서 진행하면 총 소요 기간이 92일이 되고, E와 F 또한 연달아서 진행하면 총 소요 기간이 91일이 되므로 A, C, E, F 프로젝트 중 2개의 프로젝트를 동시에 진행하는 경우 필요한 인력을 계산해 보면 연구인력은 최대 32＋28＝60명, 생산인력은 최대 25＋22＝47명, 관리인력은 최대 20＋15＝35명으로 3/4 가용 인력으로 모두 진행이 가능하다.
따라서 총 A, C, E, F 4개의 프로젝트는 3/4분기 안에 완료가 가능하다.
D의 경우 단독으로 진행을 하더라도 93일이 소요되어 3/4분기에 종료가 될 수 없다. B의 경우 필요한 관리인력이 28명으로 B를 포함하여 3개 이상의 프로젝트는 동시 진행이 불가능하고, A와 B, B와 E의 동시 진행도 불가능하므로 B를 포함한다면 B와 C를 진행한 후 C가 종료되면 F를 진행하여 3/4분기에는 B, C, F 총 3개의 프로젝트만 진행할 수 있다.
따라서 가능한 많은 프로젝트가 진행될 수 있도록 하기 위해서 허가해야 하는 프로젝트는 A, C, E, F 4개이고, 총 비용은 1,720만 원＋1,170만 원＋1,390만 원＋2,210만 원＝6,490만 원이다.

18 물적자원의 선택 정답 ⑤

금요일 17시는 E를 제외한 모든 사람이 참여가 가능한 시간이므로 C, D를 포함하여 4명 이상이 참여하는 회의를 진행할 수 있으므로 옳은 설명이다.

① 월요일 13:00~16:00 사이에는 A, B, C 전문가가 참석하는 회의 진행이 가능하고, 17:00~19:00 사이에는 C, D, F 전문가가 참석하는 회의 진행이 가능하므로 옳지 않은 설명이다.
② 금요일 16시에 회의를 개최할 경우 참석 가능한 전문가는 A, B, C, F이고, A, B, C, F 전문가의 장소별 선호도 합이 가장 높은 곳은 '나'이므로 옳지 않은 설명이다.
　・가: 5+4+5+5=19점
　・나: 6+6+8+8=28점
　・다: 7+8+5+4=24점
③ 금요일 18시에 회의를 개최할 경우 참석 가능한 전문가는 C, D, F이고, C, D, F 전문가의 장소별 선호도 합이 가장 높은 곳은 '나'이므로 옳지 않은 설명이다.
　・가: 5+6+5=16점
　・나: 8+6+8=22점
　・다: 5+6+4=15점
④ A는 목요일 16시에 참여가 가능하지만, 최소 참여 인원인 3명을 만족할 수 없으므로 목요일 16시에는 회의 진행이 불가능하므로 옳지 않은 설명이다.

19 일정 수립 정답 ④

최대 파고가 3m 이상인 날은 모든 노선의 선박이 운항되지 않고, 甲은 매주 금요일 술을 마신 뒤 그다음 날은 멀미가 심해 선박을 탈 수 없으므로 18일, 21일, 22일, 24일, 28일, 29일에 甲은 이동할 수 없다. 또한 '포항 → 울릉도' 선박이 오전 10시에 출발해서 3시간이 소요되고, 울릉도에서 출발해 독도를 돌아보는 선박은 매주 화요일과 목요일 오전 8시에 출발하여 오전 11시에 돌아오므로 포항에서 울릉도로 이동한 당일 독도까지 돌아보는 일정은 불가능하다.
위의 조건을 토대로 살펴보면 23일~26일 일정의 경우 24일에 호박엿 만들기 체험을 하고 25일에 울릉도 → 독도 → 울릉도 노선 이용도 가능하며 23일과 26일 각각 '포항 → 울릉도', '울릉도 → 포항' 노선을 이용하기에도 문제가 없으므로 甲의 여행시기로 가능하다.

① 16일~19일 일정은 화요일에 파고가 3m 이상으로 울릉도 → 독도→ 울릉도 노선의 운항이 불가능하므로 甲의 여행시기로 가능하지 않다.
② 19일~22일 일정의 경우 22일에 甲이 멀미로 인해 '울릉도 → 포항'노선을 이용할 수 없으므로 甲의 여행시기로 가능하지 않다.
③ 20일~23일 일정의 경우 20일 목요일에 '포항 → 울릉도' 이동을 하기 때문에 울릉도 → 독도 → 울릉도 노선을 이용할 수 없으므로 甲의 여행시기로 가능하지 않다.
⑤ 25일~28일 일정의 경우 28일 파고가 3m 이상으로 '울릉도 → 포항' 노선을 이용할 수 없으므로 甲의 여행시기로 가능하지 않다.

20 최소 소요 시간 정답 ⑤

주어진 표를 토대로 PERT를 작성해 보면 아래와 같다.

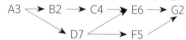

주어진 경로 중 기간이 더 오래 걸리는 경로는 A → D → E → G 경로이므로, 1회 공정당 소요되는 최소 기간은 3+7+6+2 = 18일이 된다. 1회 공정당 제작 가능한 제품 수량은 50개이므로 1회 공정만으로 모든 제품을 제작할 수 있고, 화요일에 상품 제작을 시작한다고 했으므로, 토요일과 일요일은 각 3번씩 포함되어 휴일은 총 6일이 포함된다.
따라서 물품 제작이 완료되기까지 소요되는 기간은 총 24일이 된다.

21 경로 찾기 정답 ③

A가 1에서 각 도시로 이동할 때 최단 경로로 이동한다고 했으므로, 각 최단 노선을 살펴보면 다음과 같다.

구분	세부 경로	왕복 거리
1 ↔ 2	1 ↔ 2	16 × 2=32km
1 ↔ 3	1 ↔ 3	9 × 2=18km
1 ↔ 4	1 ↔ 2 ↔ 4	(16+12) × 2=56km
	1 ↔ 3 ↔ 4	(9 + 15) × 2=48km
	1 ↔ 4	35 × 2=70km

	1↔2↔5	$(16+25)\times2=82km$
1↔5	1↔3↔4↔5	$(9+15+14)\times2=76km$
	※ 1↔4 경로 중 가장 짧은 경로가 1↔3↔4이므로 위의 두개 경로 외 확인하지 않음	
1↔6	1↔3↔6	$(9+22)\times2=62km$
	1↔3↔4↔6	$(9+15+17)\times2=82km$
	※ 1↔4 경로 중 가장 짧은 경로가 1↔3↔4이므로 위의 두개 경로 외 확인하지 않음	
1↔7	1↔2↔5↔7	$(16+25+8)\times2=98km$
	1↔3↔4↔7	$(9+15+19)\times2=86km$
	1↔3↔6↔7	$(9+22+14)\times2=90km$

ㄱ. 위의 표에서 살펴본 바를 토대로 모든 도시를 왕복하기 위해 A가 이동한 거리를 구해보면 $32+18+48+76+62+86=322km$가 되므로 옳지 않은 설명이다.

ㄴ. 위의 표를 토대로 5 도시를 왕복하기 위한 최단 경로는 1↔3↔4↔5이므로 옳지 않은 설명이다.

오답 체크

ㄷ. 위의 표를 토대로 7 도시를 왕복하기 위한 최단 경로는 1↔3↔4↔7이므로 옳은 설명이다.

ㄹ. A가 도시 5까지 가는 최단 거리는 편도 38km이고, 도시 6까지 가는 최단 거리는 편도 31km이므로 옳은 설명이다.

22 환율
정답 ②

정답 체크

유나가 환전하고자 하는 금액은 2,000파운드로 인천공항 환전소에서 환전할 경우 환전 수수료는 면제된다. 따라서 수수료를 감안하여 1,550원/파운드로 환전이 가능하다.

인천공항에서 유로로 환전한 후 런던에서 파운드로 환전할 경우 인천공항에서의 환전 수수료는 면제되고 런던 공항에서는 매매기준율이 1.15유로/파운드이고 수수료율이 0%이므로 실질 환율은 1.15유로/파운드, 런던 시내에서는 매매기준율이 1.10유로/파운드이고 수수료율이 10%이므로 실질 환율은 $1.10\times1.1=1.21$ 유로/파운드가 된다.

따라서 '인천공항 – 런던 공항' 환전의 경우 $1,300\times1.15=1,495$원/파운드의 환율로 계산되고, '인천공항 – 런던 시내' 환전의 경우 $1,300\times1.21=1,573$원/파운드의 환율로 계산되므로 가장 유리한 방법은 인천공항에서 유로로 환전하고 런던 공항에서 파운드로 환전하는 경우이다.

오답 체크

① '환전 Free!' 이벤트를 통해 대학생인 유나는 환전 수수료를 최대 500만 원까지 면제받을 수 있으므로 유나가 인천공항

환전소에서 2,000유로를 환전하기 위해서는 필요한 금액은 $2,000\times1,300=2,600,000$원이 된다.

③ 런던 공항에서는 매매기준율이 1.15유로/파운드이고 수수료율이 0%이므로 실질 환율은 1.15유로/파운드, 런던 시내에서는 매매기준율이 1.10유로/파운드이고 수수료율이 10%이므로 실질 환율은 $1.10\times1.1=1.21$ 유로/파운드가 된다. 따라서 런던 공항에서의 환전이 런던 시내에서의 환전보다 유리하다.

④ 500만 원을 초과하게 되면 인천공항 환전소에서 500만 원을 초과하는 금액에 대해서는 환전 수수료율을 면제받을 수 없으므로 유나가 520만 원을 인천공항 환전소에서 유로로 환전한다면 수령 금액은 4,000유로 미만이다. 정확한 금액을 구해보면 500만 원 까지는 환전 수수료가 면제되어 $5,000,000\div1,300 \fallingdotseq 3,846.15$유로가 되고 초과하는 20만 원에 대해서는 환전 수수료율 10%가 부가되어 $200,000\div(1,300\times1.1) \fallingdotseq 139.86$유로가 된다.

따라서 받을 수 있는 금액은 약 $3,846.15+139.86=3,986.01$유로가 된다.

⑤ 환전 수수료를 감안하지 않고 유나가 인천공항 환전소에서 1,000유로와 1,000파운드를 환전하기 위해 필요한 금액은 $1,000\times1,300+1,000\times1,550=2,850,000$원이다. 총 환전 금액이 500만 원을 초과하지 않으므로 별도의 수수료율에 따른 계산은 필요치 않고 유나가 인천공항 환전소에서 1,000유로와 1,000파운드를 환전하기 위해 필요한 금액은 2,850,000원이 된다.

23 물적자원의 선택
정답 ④

정답 체크

통밀빵 100g, 돼지불고기: 탄수화물, 단백질, 채소가 모두 포함되어 있으며, 통밀빵 100g: 850원, 돼지불고기: 돼지고기 100g 800원+양파 1개 500원=1,300원으로 총합이 2,150원으로 재료비 3,000원을 초과하지 않는다. 열량은 통밀빵 100g: 100kcal, 돼지불고기: 돼지고기 100g 223kcal+양파 1개 20kcal+올리브유 10mL 80kcal+간장 15mL 7.5kcal+설탕 10g 40kcal=370.5kcal이므로, 총합이 470.5kcal가 된다. 따라서 500kcal를 초과하지 않으므로 화령이가 만들 수 있는 도시락으로 옳은 내용이다.

오답 체크

① 현미밥 200g, 닭불고기는 탄수화물, 단백질, 채소가 모두 포함되어 있는 식단이지만, 현미밥 200g: 1,200원, 닭불고기: 닭가슴살 100g 1,500원+양파 1개 500원=2,000원으로 총합이 3,200원이 되어 재료비가 3,000원을 초과하므로 화령이가 만들 수 있는 도시락으로 옳지 않다.

② 돼지불고기, 상추 100g은 탄수화물이 포함되지 않았으므로 화령이가 만들 수 있는 도시락으로 옳지 않다.
③ 현미밥 300g, 두부구이는 채소가 포함되지 않았으므로 화령이가 만들 수 있는 도시락으로 옳지 않다.
⑤ 고구마 2개, 우유 200mL, 토마토 2개는 탄수화물, 단백질, 채소가 모두 포함되어 있는 식단이지만, 고구마 2개는 1,000원, 우유 200mL는 900원, 토마토 2개는 1,400원으로 총합이 3,300원이 되어 재료비가 3,000원을 초과하므로 화령이가 만들 수 있는 도시락으로 옳지 않다.

24 물적자원의 선택

정답 ①

정답 체크

모든 업체는 제작을 주문 다음 날 시작한다고 했으므로 4월 18일부터 제작을 시작한다. 각 업체별 제작에 소요되는 기간을 계산해 보면 아래와 같다.

- A: 2,500÷250=10 → 10일 소요
  → 매주 토요일 휴무 (4월 21일, 4월 28일 휴무) → 4월 29일 제작 완료
- B: 2,500÷200=12.5 → 13일 소요
  → 매월 첫째, 셋째 주 토요일 휴무 (4월 21일 휴무) → 5월 1일 제작 완료
- C: 2,500÷300≒8.3 → 9일 소요
  → 매주 토요일, 일요일 휴무 (4월 21일, 4월 22일, 4월 28일, 4월 29일 휴무) → 4월 30일 제작 완료
- D: 2,500÷270≒9.3 → 10일 소요
  → 매주 수요일 휴무 (4월 18일, 4월 25일 휴무) → 4월 29일 제작 완료
- E: 2,500÷230≒10.9 → 11일 소요
  → 매월 둘째, 넷째 주 토요일 휴무 (4월 28일 휴무) → 4월 29일 제작 완료

배송은 제작 완료 다음 날부터 시작되며, 각 제조업체별 배송 소요일을 고려했을 때, 업체별 배송완료일은 A 업체: 5월 1일, B 업체: 5월 3일, C 업체: 5월 3일, D 업체: 5월 2일, E 업체: 5월 1일이 된다.
따라서 5월 2일까지 배송이 가능한 업체는 A, D, E 업체 3곳이다. 이 중 총 금액이 가장 저렴한 업체를 확인해 보면 총 수량이 2,500개로 동일하므로, 개별 단가가 가장 저렴한 A 업체가 선정된다.

25 바코드

정답 ③

정답 체크

M0902140이라고 쓰여 있고 개봉된 날짜를 알 수 없는 아이크림: 2009년의 21번째 날인 1월 21일 제조된 아이크림으로 개봉된 날짜는 알 수 없지만, 2012년 2월 1일 기준 제조일로부터 3년이 초과되었으므로 사용 가능 기한이 지났음을 알 수 있다.

오답 체크

① M11035530이라고 쓰여 있고 개봉된 립스틱은 2011년의 35번째 날인 2월 4일에 제조된 립스틱으로 개봉된 날짜는 알 수 없지만, 제조 당일 개봉되었다고 가정하더라도 2012년 2월 1일 기준 1년이 지나지 않았으므로 사용 가능 기한이 지나지 않았다.
② M09035530이라고 쓰여 있고 개봉되지 않은 클렌저는 2009년의 35번째 날인 2월 4일 제조된 클렌저로 개봉되지 않았으므로 2012년 2월 1일 기준 사용 가능 기한이 지나지 않았다.
④ M09040030이라고 쓰여 있고 2011년 100번째 되는 날 개봉된 로션은 2009년의 40번째 날인 2월 9일 제조되어 2011년 100번째 되는 날인 4월 10일에 개봉된 로션으로 2012년 2월 1일 기준 제조일로부터 3년이 초과되지 않았고, 개봉일로부터 1년이 초과되지 않았으므로 사용 가능 기한이 지나지 않았다.
⑤ M09307750이라고 쓰여 있고 2011년의 325번째 되는 날 개봉된 스킨은 2009년의 307번째 날인 11월 3일 제조되어 2011년의 325번째 되는 날인 11월 21일 개봉된 스킨으로 2012년 2월 1일 기준 제조일로부터 3년이 초과되지 않았고, 개봉일로부터 6개월이 초과되지 않았으므로 사용 가능 기한이 지나지 않았다.

26 생산량

정답 ②

정답 체크

각 제품에 필요한 부품 수량으로 부품별 재고 수량을 나눈 값을 통해 제작 가능 수량을 확인할 수 있다.

구분	부품 가	부품 나	부품 다	부품 라
제품 A	2	1	1	2
재고 수량(개)	240	320	180	280
재고 수량/필요 부품 수	120	320	180	140

따라서 제품 A는 재고 수량/필요 부품 수의 값이 가장 작은 120개만큼 생산이 가능하다.

구분	부품 가	부품 나	부품 다	부품 라
제품 B	2	3	1	2
재고 수량(개)	240	320	180	280
재고 수량/필요 부품 수	120	106.7	180	140

따라서 제품 B는 재고 수량/필요 부품 수의 값이 가장 작은 106 개만큼 생산이 가능하다. (결과 값이 소수점이 나왔으나 완성품의 수량에 소수점은 나올 수 없다.)

구분	부품 가	부품 나	부품 다	부품 라
제품 C	1	2	1	2
재고 수량(개)	240	320	180	280
재고 수량/필요 부품 수	240	160	180	140

따라서 제품 C는 재고 수량/필요 부품 수의 값이 가장 작은 140 개만큼 생산이 가능하다.

구분	부품 가	부품 나	부품 다	부품 라
제품 D	1	4	2	0
재고 수량(개)	240	320	180	280
재고 수량/필요 부품 수	240	80	90	-

따라서 제품 D는 재고 수량/필요 부품 수의 값이 가장 작은 80 개만큼 생산이 가능하다.

위의 결과를 토대로 계산해 보면 제품 A의 총 판매 금액은 11,000 × 120 = 1,320,000원, 제품 B의 총 판매 금액은 12,500 × 106 = 1,325,000원, 제품 C의 총 판매 금액은 14,000 × 140 = 1,960,000원, 제품 D의 총 판매 금액은 13,000 × 80 = 1,040,000원이다. 그러므로 최대 판매 금액과 최소 판매 금액의 차이는 1,960,000 - 1,040,000 = 920,000 원이다.

27 시차   정답 ③

정답 체크

바이어가 자료 제공을 요청한 시간은 4월 27일 화요일 13시이다. 김OO 과장과 임△△ 대리의 업무는 개별적으로 진행이 가능하므로 김OO 과장과 임△△ 대리는 이 시간부터 각각 자료 작성을 시작할 수 있다.

서울 기준 4월 27일 13시는 서울과의 시차가 7시간인 부다페스트의 4월 27일 06시가 되고, 서울과의 시차가 1시간인 광저우의 4월 27일 12시가 된다.

따라서 김OO 과장은 3시간 뒤인 부다페스트 기준 4월 27일 09시부터 자료 작성을 시작하여 점심시간 1시간을 제외하고 부다페스트 기준 4월 27일 18시에 자료 작성을 완료할 수 있다. 이 시간은 서울 기준 4월 28일 01시가 된다.

임△△ 대리가 있는 광저우는 현지 시간 기준 4월 27일 12시부터 업무를 시작할 수 있다. 임△△ 대리의 업무는 총 6시간이 소

요되지만, 점심시간을 제외하고 4월 27일에는 총 5시간의 업무를 할 수 있다. 임△△ 대리의 업무는 광저우 기준 4월 28일 10시에 종료되고, 이 시간은 서울 기준 4월 28일 11시가 된다. 김OO 과장과 임△△ 대리에게 모두 자료를 전달받은 후 박□□ 부장이 자료를 취합 및 정리할 수 있으므로, 박□□ 부장이 취합 및 정리 업무를 시작하는 시간은 서울 기준 4월 28일 11시가 된다. 박□□ 부장이 업무를 진행하는 데 소요되는 시간은 3시간이므로, 점심시간 1시간을 제외하고 최종적으로 박□□ 부장이 '성과 산출 근거 보고서'를 바이어에게 제공할 수 있는 시간은 4월 28일 15시가 된다.

28 환율   정답 ③

정답 체크

계산 과정 중간에 발생되는 소수점을 모두 절사하며 계산을 진행하면 직접 환전하는 경우 1,000,000 ÷ (23.1 × 1.08) = 약 40,083페소이고, 이중 환전하는 경우 1,000,000 ÷ (1,175 × 1.02) = 약 834달러이며, 1달러당 50페소이므로 834 × 50 = 41,700페소가 된다.

따라서 환전한 금액의 차이는 41,700 - 40,083 = 1,617페소가 된다.

29 인적자원의 배치   정답 ④

정답 체크

시애틀 지사에서 요청한 조건을 살펴보면 업무 인수인계를 위한 시간이 최소 1달 필요하다고 했으므로 늦어도 6월 1일에는 파견을 갈 수 있는 임직원이어야 한다. 또한 법학 지식이 있어야 하고 4년 차 이상의 사원 또는 대리 이상의 직급이어야 한다.

C 대리는 대리 이상의 직급이며, 영어에 능통하고, 법학 복수 전공을 통해 법학 지식이 있다고 판단할 수 있다. 하지만 현재 휴직 중이고, 복직이 6월 8일로 예정되어 있기 때문에 6월 1일 이전에 파견을 갈 수 없다.

A 차장은 대리 이상의 직급이며, 영어에 능통하지만 법학 지식이 없으므로 파견에 부적합하다.

E 사원은 영어에 능통하고 법학 복수 전공을 통해 법학 지식이 있다고 판단할 수 있지만, 4년 차 이상의 사원이 아니기 때문에 파견에 부적합하다.

B 과장은 법학을 전공하였으며 대리 이상의 직급이고, 영어에도 능통하다. 또한 D 대리 역시 법학을 전공하였으며, 대리 이상의 직급이고 영어에도 능통하여 B 과장과 D 대리 2명 중 평가 점수가 높은 사람을 파견 대상 직원으로 선발할 수 있다.

역량 평가 점수와 업적 평가 점수의 가중치는 역량 평가가 6, 업적 평가가 4이므로 B 과장의 평가 점수를 산출해 보면 80 × 0.6

+88×0.4=83.2점이고, D 대리의 평가 점수를 산출해 보면 82×0.6+86×0.4=83.6점이므로 D 대리의 평가 점수가 더 높으므로 파견 대상 직원으로 선발할 수 있는 직원은 D 대리이다.

30 물적자원의 선택   정답 ①

정답 체크

주어진 평가 결과표를 조건에 따라 점수를 부여하면 아래와 같이 변환 가능하다.

구분	안정성	편의성	보안성	초기비용 (만원)	월 유지비용 (만원)
가 ERP	97.23 (5점)	88.73 (3점)	89.25 (3점)	7,000	200 (4점)
나 ERP	88.75 (4점)	80.34 (1점)	85.19 (2점)	6,000	300 (3점)
다 ERP	76.43 (2점)	90.32 (4점)	92.65 (4점)	5,000	400 (2점)
라 ERP	57.63 (1점)	92.47 (5점)	98.65 (5점)	8,500	150 (5점)
마 ERP	78.97 (3점)	85.75 (2점)	70.35 (1점)	5,000	450 (1점)

이 중 첫 해 초기비용과 유지비용의 합이 1억 원을 초과하는 시스템은 배제해야 한다.
가 ERP: 7,000만 원+200만 원×12개월=9,400만 원,
나 ERP: 6,000만 원+300만 원×12개월=9,600만 원,
다 ERP: 5,000만 원+400만 원×12개월=9,800만 원,
라 ERP: 8,500만 원+150만 원×12개월=10,300만 원,
마 ERP: 5,000만 원+450만 원×12개월=10,400만 원이므로, 라 ERP와 마 ERP는 배제한다.
남은 3개의 시스템 중 가중치에 따른 점수가 가장 높은 시스템을 선택한다. 가중치가 동일한 편의성과 보안성, 안정성과 월 유지비용 점수를 각각 합산하여 가중치를 곱하는 방식으로 점수를 산출해 보면 아래와 같다.
· 가 ERP: (3+3)×0.3+(5+4)×0.2=3.6점
· 나 ERP: (1+2)×0.3+(4+3)×0.2=2.3점
· 다 ERP: (4+4)×0.3+(2+2)×0.2=3.2점
따라서 점수가 가장 높은 시스템은 가 ERP 시스템이다.

03 | 시간 단축 집중공략문제

p.248

01	02	03	04	05	06	07	08	09	10
⑤	②	⑤	⑤	②	⑤	①	④	②	④
11	12	13	14	15	16	17	18	19	20
④	②	④	③	②	③	③	⑤	③	⑤
21	22	23	24	25	26	27	28	29	30
②	⑤	④	①	③	⑤	②	③	④	①
31	32	33	34	35	36	37	38	39	40
③	④	①	⑤	④	①	④	③	①	③
41	42	43	44	45					
②	③	①	①	④					

01 의사결정   정답 ⑤

정답 체크

주어진 표에 맞추어 제시문의 내용을 정리하면 다음과 같다.

A 사무관 3월 출장내역		출장지	출장 시작 및 종료 시각	비고	합계
출장 1	내용	세종시	14시~16시	관용차량 사용	2만 원
	금액	출장 수당 1 교통비 2		교통비 −1	
출장 2	내용	인천시	14시~18시		4만 원
	금액	출장 수당 2 교통비 3	13시 이후 출장 시작 출장 수당 −1		
출장 3	내용	서울시	09시~16시	업무추진비 사용	4만 원
	금액	출장 수당 2 교통비 3		출장 수당 −1	

출장 1로 2만 원, 출장 2로 4만 원, 출장 3으로 4만 원을 받을 수 있으므로 A 사무관이 3월 출장 여비로 받을 수 있는 총액은 10만 원이다.

⏱ 빠른 문제 풀이 Tip

시간이 없다고 급하게 읽어 내려가지 말고 숫자들을 중심으로 내용을 정확히 파악한 후에 필요한 숫자들을 정리해서 문제를 해결하는 것이 오히려 빠른 문제풀이에 도움이 된다. 각 출장 내역에 따라 해당되는 내용을 주어진 표에 정리하면서 문제를 해결하는 것도 좋다.

02 의사결정   정답 ②

정답 체크

조건 1에서 유지비계산을 위해 연 감가상각비, 연 자동차 보험료, 연 주유비용을 산출해야 함을 알 수 있다.

연 감가상각비는 조건 2에 계산공식이 있는데 계산을 위해 알아야 하는 항목은 자동차 구매비용, 운행 가능 기간 종료 시 잔존가치, 운행 가능 기간이다.

<상황> 첫 번째에서 자동차 구매비용은 1,000만 원이라고 되어 있고, <상황> 두 번째에서 운행 가능 기간 종료 시 잔존가치는 100만 원, 운행 가능 기간은 10년이라고 되어 있으므로 조건 2의 공식에 대입하면 연 감가상각비는 (1,000−100)÷10=90만 원이 된다.

연 자동차 보험료를 알기 위해서는 차종과 보험 가입 시 운전 경력을 알아야 한다. 한편 블랙박스 설치 여부도 보험료 계산에 영향을 미치므로 파악해야 한다.

<상황> 첫 번째에서 차종은 중형차라고 되어 있고 세 번째에서 운전경력은 2년 6개월, 블랙박스 설치라고 되어 있으므로 이에 따라 적용되는 보험료를 살펴보면 표에서 120만 원에 해당하며 블랙박스가 설치된 것을 고려하면 보험료는 108만 원이 된다.

연 주유비용을 계산하기 위해서는 운행기간과 1년간 주유비를 알아야 한다.

<상황> 네 번째에서 매달 500km씩 차를 운행한다고 되어 있고, 조건 4에서 주유비용은 1리터당 10km 운행할 수 있는데 1리터당 비용은 1,500원이라고 되어 있다.

매달 500km를 운행하면 총 50리터의 주유가 필요하므로 1년간 필요한 주유의 양은 600리터이다. 주유비용이 1리터당 1,500원이므로 결과적으로 필요한 주유비용은 600×1,500=90만 원이 된다.

따라서 전체 비용을 계산하면 90＋108＋90＝288만 원이 된다.

🕐 **빠른 문제 풀이 Tip**

시간이 없다고 급하게 읽어 내려가지 말고 숫자들을 중심으로 내용을 정확히 파악한 후에 필요한 숫자들을 정리해서 문제를 해결하는 것이 오히려 빠른 문제풀이에 도움이 된다. 공식이 등장하는 경우에는 해당되는 항목을 혼동하지 않도록 정리하고 표가 등장하는 경우에는 어떤 숫자의 적용을 받는지 파악한다. 한편 ※표시 등의 내용은 놓치기 쉬우므로 주의해서 살펴봐야 한다.

03 정언명제

정답 ⑤

정답 체크

아래와 같이 영역을 설정한 후 각 전제가 의미하는 바를 정리해 보면 다음과 같다.

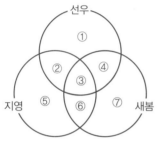

첫 번째 전제인 '선우가 좋아하지 않는 것 중에 지영이가 좋아하는 것은 없다.'는 것은 5, 6번 영역이 모두 존재하지 않는다는 의미이고 두 번째 전제인 '새봄이 좋아하는 것 중에 선우가 좋아하는 것은 없다.'는 것은 3, 4번 영역이 모두 존재하지 않는다는 의미이다. 이를 그림으로 정리하면 다음과 같다.

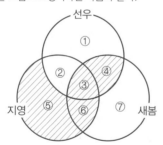

이때 지영이가 좋아하는 것이라는 개념을 보면 2, 3, 5, 6번 영역 중에 3, 5, 6번이 지워지고 2번 영역만 남아있게 된다. 그런데 명제에서 언급된 개념은 반드시 존재해야 하기 때문에 지영이가 좋아하는 것이라는 개념은 반드시 존재해야 하고 2번 영역에 대해서는 그림에서 아무런 표시가 없다고 하더라도 존재 여부를 알 수 없다고 해서는 안 되며, 반드시 존재한다고 해석해야 한다. 7번 영역도 마찬가지 원리가 적용되므로 이를 반영하여 그림으로 나타내면 다음과 같다.

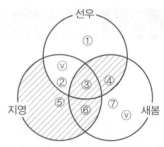

선우와 지영이는 좋아하지만 새봄이는 좋아하지 않는 것은 2번 영역이 존재한다는 의미인데 그림에서 2번 영역이 존재하고 있으므로 도출이 가능하다.

오답 체크

① 지영이가 좋아하는 것 중에 새봄이가 좋아하는 것은 3, 6번 영역인데 두 영역 모두 존재하지 않으므로 도출이 불가능하다.

② '새봄이가 좋아하는 것은 지영이도 좋아한다.'는 것은 새봄이가 좋아하는 것 중에 지영이가 좋아하지 않는 것은 없다는 의미이므로 4, 7번 영역이 존재하지 않는다는 의미이다. 그런데 그림에서 4번 영역은 존재하지 않지만 7번 영역이 반드시 존재하므로 도출이 불가능하다.

③ '지영이와 새봄이는 좋아하지 않지만 선우만 좋아하는 것이 있다.'는 것은 1번 영역이 존재한다는 의미인데 그림에서 1번 영역은 존재하는지 여부가 불분명하므로 도출이 불가능하다.

④ '지영이, 선우, 새봄이가 모두 좋아하는 것이 있다.'는 것은 3번 영역이 존재한다는 의미인데 그림에서 3번 영역은 존재하지 않으므로 도출이 불가능하다.

04 법률해석

정답 ⑤

정답 체크

2항 1호에 의하면 지반공사의 하자에 대한 담보책임 기간은 10년이고, 5항에 의하면 이 규정보다 매수인에게 불리한 특약은 효력이 없다고 하였으므로 지반공사의 하자에 대한 담보책임을 5년으로 정한 경우라도 이는 효력이 없고 규정대로 10년으로 보아야 한다. 한편, 지반공사는 공용부분으로 보아야 하고 3항 2호에 의하면 공용부분의 담보책임은 사용승인일로부터 기산하므로 2020. 5. 1.부터 기산하여 10년 후까지 담보책임이 존재하기 때문에 2027. 10. 1.에 발생한 하자에도 담보책임이 있으므로 옳은 설명이다.

오답 체크

① 2항 3호에 의하면 창호공사의 하자에 대한 담보책임 존속기간은 3년이다. 한편, 창호부분은 전유부분으로 보아야 하고 3항 1호에 의하면 전유부분의 담보책임은 구분소유자에게

인도한 날로부터 기산하므로 2020. 7. 1.부터 기산하여 3년 후까지 담보책임이 존재하기 때문에 2025. 7. 1.까지 담보책임을 진다는 내용은 옳지 않은 설명이다.

② 1항에 의하면 하자에 대하여 과실이 없더라도 담보책임을 진다고 하였으므로 철골공사에 하자가 생긴 경우에는 그 하자에 과실이 없더라도 담보책임을 져야 하므로 옳지 않은 설명이다.

③ 2항 2호에 의하면 방수공사의 하자에 대한 담보책임 존속기간은 5년이다. 한편, 3항 1호에 의하면 전유부분의 담보책임은 구분소유자에게 인도한 날로부터 기산하므로 2020. 7. 1.부터 기산하여 5년 후까지 담보책임이 존재하기 때문에 2025. 5. 1.이 아니라 2025. 7. 1.까지 담보책임을 지므로 옳지 않은 설명이다.

④ 2항 2호에 의하면 대지조성공사 하자에 대한 담보책임 존속기간은 5년이지만, 4항에서 멸실된 경우에는 담보책임 존속기간은 멸실된 날로부터 1년이다.
따라서 2023. 10. 1. 주차장 건물이 멸실된 경우에는 이로부터 1년간 담보책임을 져야 하므로 2024. 7. 1. 이후에는 담보책임을 지지 않는다는 내용은 옳지 않은 설명이다.

05 THEME
정답 ②

정답 체크

투표거래를 하지 않는 경우 모든 안이 부결될 것이므로 갑, 을, 병의 편익은 모두 0이 된다. 한편 각각이 투표거래를 하는 경우 나타나는 결과를 생각해 보면 다음과 같다.

ㄱ. 갑과 을이 투표거래를 할 경우

	갑	을	병	결과
정원 정리	찬성	찬성	반대	가결
페인트칠	찬성	찬성	반대	가결
방범창 설치	반대	반대	찬성	부결

이 경우에는 정원 정리와 페인트칠을 하게 될 것이다. 정원 정리를 하게 될 경우 갑, 을, 병의 편익은 순서대로, 5, -3, -4이고 페인트칠을 하게 될 경우 -4, 6, -2가 되므로 이를 더하면 갑은 1, 을은 3, 병은 -6의 편익을 갖는다.
따라서 세 가구의 전체의 편익의 합은 1+3-6=-2로, 아무도 투표거래를 하지 않은 상황에 비해 감소하므로 옳지 않은 설명이다.

ㄹ. 갑, 을, 병이 모두 투표거래를 할 경우

	갑	을	병	결과
정원 정리	찬성	찬성	찬성	가결
페인트칠	찬성	찬성	찬성	가결
방범창 설치	찬성	찬성	찬성	가결

이 경우에는 정원 정리, 페인트칠, 방범창 설치를 모두 하게 된다. 갑, 을, 병의 편익은 순서대로 0, 2, -5가 된다. 따라서 사회 전체의 편익은 -3으로 오히려 감소하므로 옳지 않은 설명이다.

오답 체크

ㄴ. 을과 병이 투표거래를 할 경우

	갑	을	병	결과
정원 정리	찬성	반대	반대	부결
페인트칠	반대	찬성	찬성	가결
방범창 설치	반대	찬성	찬성	가결

이 경우에는 페인트칠과 방범창 설치를 하게 될 것이다. 페인트칠을 하게 될 경우 갑, 을, 병의 편익은 순서대로, -4, 6, -2이고 방범창 설치를 하게 될 경우 -1, -1, 1이 되므로 이를 더하면 갑은 -5, 을은 5, 병은 -1의 편익을 갖는다. 따라서 투표거래를 하지 않은 경우보다 편익이 줄어든 가구는 갑, 병 2가구이므로 옳은 설명이다.

ㄷ. 갑과 병이 투표거래를 할 경우

	갑	을	병	결과
정원 정리	찬성	반대	찬성	가결
페인트칠	반대	찬성	반대	부결
방범창 설치	찬성	반대	찬성	가결

이 경우에는 정원 정리와 방범창 설치를 하게 될 것이다. 정원 정리를 하게 될 경우 갑, 을, 병의 편익은 순서대로, 5, -3, -4이고 방범창 설치를 하게 될 경우 -1, -1, 1이 되므로 이를 더하면 갑은 4, 을은 -4, 병은 -3의 편익을 가지므로 옳은 설명이다.

06 진실 혹은 거짓
정답 ⑤

정답 체크

A의 (2)와 C의 (1)이 'C 상자에 진짜 열쇠가 들어 있다.'로 동일하므로 이 명제를 진실인 경우와 거짓인 경우로 나누어 생각해보면 다음과 같다.

[경우 1] C 상자에 진짜 열쇠가 들어 있지 않은 경우
각 상자의 안내문 중 적어도 하나는 참이므로 하나가 거짓이면 다른 하나는 반드시 참이 된다. C에 진짜 열쇠가 들어 있지 않다면 A-(2)와 C-(1)은 거짓이 되고 자연스럽게 A-(1)과 C-(2)는 참이 된다.

A		B		C		D	
(1)	(2)	(1)	(2)	(1)	(2)	(1)	(2)
T	F			F	T		

PART 9 집중공략문제 03 시간 단축 집중공략문제 **33**

C−(2)가 참이므로 어떤 가짜 열쇠도 구리로 되어 있지 않다. 그런데 D−(2)에서 가짜 열쇠 중 어떤 것은 구리로 되어 있다고 했으므로 D−(2)는 거짓이 되고 자연스럽게 D−(1)은 참이 된다.

A		B		C		D	
(1)	(2)	(1)	(2)	(1)	(2)	(1)	(2)
T	F			F	T	T	F

D−(1)이 참이므로 D에 진짜 열쇠가 들어 있고, 모든 진짜 열쇠는 순금으로 되어 있다. 그런데 A−(1)에서 어떤 진짜 열쇠도 순금으로 되어 있지 않다고 했으므로 A−(1)은 거짓이 되어야 하는데 이는 앞의 결과와 모순이 된다. 따라서 C에는 진짜 열쇠가 들어 있다.

[경우 2] C 상자에 진짜 열쇠가 들어있는 경우
C에 진짜 열쇠가 들어 있으므로 A−(2)와 C−(1)은 참이 되고 A 상자에 진짜 열쇠가 들어 있다고 한 B−(2)와 D 상자에 진짜 열쇠가 들어 있다고 한 D−(1)은 거짓이 되므로 자연스럽게 B−(1)과 D−(2)는 참이 된다.

A		B		C		D	
(1)	(2)	(1)	(2)	(1)	(2)	(1)	(2)
	T	T	F	T		F	T

D−(2)가 참이므로 가짜 열쇠 중 어떤 것은 구리로 되어 있다. 그런데 C−(2)에서 어떤 가짜 열쇠도 구리로 되어 있지 않다고 했으므로 C−(2)는 거짓이 된다.

A		B		C		D	
(1)	(2)	(1)	(2)	(1)	(2)	(1)	(2)
	T	T	F	T	F	F	T

따라서 A−(1)의 진위 여부는 알 수 없으므로 '어떤 진짜 열쇠도 순금으로 되어 있지 않다.'는 진위 여부를 알 수 없다.

07 의사결정
정답 ①

정답 체크

甲은 연속된 2칸을 선택해야 하므로 경우의 수는 3가지이고 乙은 4칸 가운데 하나의 칸을 정하는 것이므로 경우의 수는 4가지이다. 결국 甲과 乙이 선택 가능한 조합은 12가지가 되며 각각의 경우에 승패를 표로 나타내면 다음과 같다.

을의 선택 / 갑의 선택	1	2	3	4
1−2	을	을	갑	갑
2−3	갑	을	을	갑
3−4	갑	갑	을	을

ㄱ. 甲이 무작위로 정할 경우 乙이 1을 선택하게 되면 이길 수 있는 확률이 1/3인 반면 2를 선택하게 되면 이길 수 있는 확률이 2/3가 된다. 따라서 을은 1보다는 2를 선택하는 것이 승리할 확률이 높으므로 옳은 설명이다.

오답 체크

ㄴ. 乙이 무작위로 정할 경우 갑은 어떤 선택을 하든, 이길 수 있는 확률이 1/2로 동일하므로 옳지 않은 설명이다.

ㄷ. 전체 12개 경우의 수 가운데 甲이 이기는 경우와 乙이 이기는 경우는 6개씩으로 동일하므로 옳지 않은 설명이다.

⏱ **빠른 문제 풀이 Tip**
甲과 乙의 선택에 따라 승패가 결정되는 경우를 정리한 후에 보기를 살펴보는 것이 빠른 문제풀이에 도움이 된다.

08 나열하기
정답 ④

정답 체크

조건과 어긋나는 부분이 없는 선택지를 가려내는 방법으로 문제에 접근하면 행정안전부 − 보건복지가족부 − 교육과학기술부 − 국방부 − 외교통상부 − 농림수산식품부만이 모든 조건을 만족하는 순서이다.

오답 체크

① 세 번째 조건에 의하면 교육과학기술부는 보건복지부 또는 농림수산부 중 어느 한 부서에 대한 감사보다 먼저 시작되어야 한다. 그러나 교육기술과학부의 감사가 보건복지부, 농림수산부의 감사보다 늦게 하고 있으므로 옳지 않은 순서이다.

② 두 번째 조건에 의하면 국방부에 대한 감사는 외교통상부의 감사보다 늦게 시작될 수 없으므로 옳지 않은 순서이다.

③ 두 번째 조건에 의하면 국방부에 대한 감사는 외교통상부의 감사보다 늦게 시작될 수 없으므로 옳지 않은 순서이다.

⑤ 두 번째 조건에 의하면 국방부에 대한 감사는 외교통상부의 감사보다 늦게 시작될 수 없으므로 옳지 않은 순서이다.

⏱ **빠른 문제 풀이 Tip**
이 문제와 같이 선택지의 구성이 결과물로 구성된 경우에는 조건에 모순되지 않아 답이 될 수 있는 선택지를 찾아내는 것보다 조건과 모순되어 정답이 될 수 없는 선택지를 소거하여 남은 선택지를 답으로 판단하는 것이 더 빠르고 편한 방법이라 할 수 있다.

09 의사결정 정답 ②

정답 체크

각 지원자의 과목별 등급을 정리하면 다음과 같다.

지원자	국어	수학	영어	등급 총합
甲	3	1	3	7
乙	3	1	2	6
丙	2	2	2	6
丁	4	1	2	7
戊	1	4	1	6

제시문에서 3개 과목 평균 등급이 2등급(3개 과목 등급의 합이 6) 이내인 자를 선발한다고 했으므로 甲과 丁은 탈락이다. 한편 이 조건을 만족하는 지원자가 여러 명일 경우, 3개 과목 원점수의 합산 점수가 가장 높은 자를 선발한다고 했으므로 乙, 丙, 戊의 원점수 합을 계산하면 다음과 같다.

지원자	국어	수학	영어	등급 총합	원점수 합산
甲	3	1	3	7	—
乙	3	1	2	6	267
丙	2	2	2	6	266
丁	4	1	2	7	—
戊	1	4	1	6	258

따라서 입학 전형 합격자는 乙이다.

⏱ 빠른 문제 풀이 Tip

시간이 없다고 급하게 읽어 내려가지 말고 숫자들을 중심으로 내용을 정확히 파악한 후에 필요한 숫자들을 정리해서 문제를 해결하는 것이 오히려 빠른 문제풀이에 도움이 된다. 지원자별로 과목의 원점수로 되어 있는 것을 등급으로 환산한 수치를 표에 정리하면서 문제를 해결하는 것도 좋다.

10 나열하기 정답 ④

정답 체크

세 번째 조건과 다섯 번째 조건을 정리하면 다음과 같다.

호수	311	312	313	314	315
연구원	E	D			C
책	「전환이론」			「사회혁신」	「복지실천」

네 번째 조건에서 B에게 「연구개발」을 전달해야 한다고 하였는데 그것이 가능한 것은 313호밖에 없고 D에게 「공공정책」을 전달해야 한다고 하였으므로 「공공정책」은 312호에 전달한다.

호수	311	312	313	314	315
연구원	E	D	B		C
책	「전환이론」	「공공정책」	「연구개발」	「사회혁신」	「복지실천」

자연히 남은 A는 314호에 있음을 알 수 있다.

호수	311	312	313	314	315
연구원	E	D	B	A	C
책	「전환이론」	「공공정책」	「연구개발」	「사회혁신」	「복지실천」

⏱ 빠른 문제 풀이 Tip

호수, 연구원, 책의 위치를 묻고 있으므로 이를 표로 나타내고, 세 번째 조건과 다섯 번째 조건에 자리가 정확히 정해지는 조건이 주어져 있으므로 이를 먼저 정리한 후에 네 번째 조건을 정리하면 간단히 표를 정리할 수 있다.

11 리그, 토너먼트 정답 ④

정답 체크

제시문에 나타난 현재까지의 경기 결과를 정리하면 다음과 같다.

	A	B	C	D	승	무	패	득/실	승점
A		4:1		1:0	2	0	0	5/1	6
B	1:4		2:0		1	0	1	3/4	3
C		0:2		2:1	1	0	1	2/3	3
D	0:1		1:2		0	0	2	1/3	0

ㄱ. A팀이 C팀과의 경기에서 이긴다면 A팀의 승점은 9점, C팀의 승점은 3점이 된다. 이때 B팀과 D팀 가운데 어떤 팀이 이기더라도 두 팀 중에 A팀의 승점과 동률이거나 넘는 경우는 나올 수 없으므로 A팀은 3승으로 무조건 16강에 진출한다.

ㄴ. A팀과 C팀이 1:1로 비기고 B팀이 D팀과 0:0으로 비기는 경우를 정리하면 다음과 같다.

	A	B	C	D	승	무	패	득/실	승점
A		4:1	1:1	1:0	2	1	0	6/2	7
B	1:4		2:0	0:0	1	1	1	3/4	4
C	1:1	0:2		2:1	1	1	1	3/4	4
D	0:1	0:0	1:2		0	1	2	1/3	1

이때 A팀은 무조건 16강에 올라가고 B팀과 C팀의 승점이 같으므로 둘 중에 누가 올라가는지 살펴봐야 하는데 이 경우 첫 번째 문단에 의하면 승점 – 골득실차 – 다득점 – 승자승 – 추첨의 순서에 의해 순위를 결정하게 된다. 그런데 이 두 팀은 승점, 골득실차, 다득점까지 같은 상황이므로 승자승에 따라 순위가 결정되고 B팀이 C팀에게 2:0으로 이겼으므로 B팀이 2위가 된다. 따라서 A팀과 B팀이 16강에 진출한다.

ㄷ. 현재 A팀의 승점이 6점인데 C팀의 승점은 3점, D팀의 승점은 0점이고 A:C 경기와 B:D 경기가 남은 상황이다. 이때 C팀과 D팀이 동시에 16강에 올라가려면 두 팀 모두 현재 1위인 A팀의 승점보다 높거나 같아져야 하는데 C팀과 D팀이 각각의 경기에서 어떤 결과를 거두더라도 두 팀이 동시에 A팀의 승점보다 높거나 같아지는 경우는 있을 수 없다. 따라서 C팀과 D팀이 동시에 16강에 진출할 가능성은 전혀 없다.

ㄹ. D팀이 B팀에게 승리하고 A팀이 C팀에게 승리하는 경우, A팀은 3승으로 1위가 확정되고 B, C, D팀은 1승 2패로 승점은 동률이 되어 골득실차에 의해 2위를 결정하게 된다. 이때 D팀은 B팀에게 승리했으므로 D의 골득실차는 −1 보다 많아지고 B팀의 골득실차는 −2보다 적어지고 C팀은 A팀에게 패배했으므로 C팀의 골득실차 −2보다 적어진다. 따라서 이 경우에는 D팀이 16강에 진출할 수도 있으므로 옳지 않은 설명이다.

⏱ 빠른 문제 풀이 Tip

리그전은 기본적인 형태가 정해져있으므로 그 제시된 내용을 그 형태에 맞게 다시 정리한 후에 결정되지 않은 부분을 고려해가면서 문제를 푸는 것이 좋다.

12 연결하기   정답 ②

ㅁ에 의하면 재정 관련 사무실이 위치할 수 있는 것은, A, C, F, H나 B, D, E, G만 가능하다. 그런데 ㄱ에서 사무실 D는 부시장실이라고 하였으므로 재정 관련 사무실은 A, C, F, H만 가능하다.

A. (재정)	복도	E.
B.		F. (재정)
C. (재정)		G.
D. 부시장		H. (재정)

한편 ㄴ에서 예산분석과와 예산기획과는 복도를 중심으로 같은 쪽에 위치하였고, ㄷ에서 부시장실과 공원녹지과는 복도를 중심으로 같은 쪽에 위치한다고 하였으며 ㄹ에서 예산기획과의 정면에는 공원녹지과가 위치한다고 하였으므로 이를 반영하면 다음과 같다.

A. 재정	복도	E.
B. 공원녹지과		F. 예산기획과
C. 재정		G.
D. 부시장		H. 예산분석과

남은 A와 C에는 회계과와 세무과가 자리하고 E와 G에는 수도과와 홍보과가 자리하게 되므로 이를 정리하면 다음과 같다.

A. 회계 or 세무	복도	E. 수도 or 홍보
B. 공원녹지과		F. 예산기획과
C. 회계 or 세무		G. 수도 or 홍보
D. 부시장		H. 예산분석과

이를 토대로 선택지를 살펴보면, 복도를 기준으로 수도과는 부시장실과 다른 편에, 세무과는 부시장실과 같은 쪽으로 다른 쪽에 위치하므로 옳지 않은 설명이다.

① 복도를 기준으로 홍보과와 예산분석과는 모두 부시장실과 다른 쪽으로 같은 쪽에 위치하므로 옳은 설명이다.

③ 세무과가 A나 C 가운데 어디에 위치하더라도 모두 공원녹지과 옆에 위치하므로 옳은 설명이다.

④ 수도과가 E나 G 가운데 어디에 위치하더라도 모두 예산기획과 옆에 위치하므로 옳은 설명이다.

⑤ 회계과가 A나 C 가운데 어디에 위치하더라도 모두 공원녹지과 옆에 위치하므로 옳은 설명이다.

13 정보찾기   정답 ④

ㄱ. 지문 첫 번째 문단 위에서 첫 번째 줄에서 수원 화성은 '국방 요새'로 활용하기 위해 축성하였음을 알 수 있고, 두 번째 문단 위에서 첫~두 번째 줄에서 '종래의 중화 문명권에서는 찾아볼 수 없는 형태였다.'고 하고 있으므로 올바른 추론이다.

ㄴ. 지문 두 번째 문단 여섯 번째 줄에서 화성에 근구 2개의 시설물이 있었으나, 이후 2개 모두 소멸되었음을 알 수 있으므로 올바른 추론이다.

ㄷ. 지문 마지막 문장에서 돌과 벽돌을 섞어서 쌓은 점은 화성만의 특징이라고 하고 있으므로 올바른 추론이다.

오답 체크

ㄹ. 지문 첫 번째 문단 위에서 둘~셋째 줄에서 동서양의 기술서를 참고하여 만든 『성화주략』이 화성 축성의 지침서가 되었다고 하고 있으나, 첫 번째 문단 마지막 문장에서 『화성성역의궤』는 축성계획, 제도, 법식, 인력 등 축성에 관한 전체적인 사항을 기록하였으므로, 기술적인 세부 사항은 『성화주략』에 보다 잘 기술되어 있을 것임을 추론할 수 있다.

14 법률해석   정답 ③

정답 체크

네 번째 조문에서 '비례대표 국회의원···이 소속 정당의 합당, 해산 또는 제명 외의 사유로 당적일 이탈, 변경하거나 2 이상의 당적을 가지고 있는 때에는 퇴직된다.'고 하였는데 乙은 제명의 사유가 있으므로 퇴직되지 않는다.

오답 체크

① 네 번째 조문에서 '비례대표 국회의원···이 소속 정당의 합당, 해산 또는 제명 외의 사유로 당적일 이탈, 변경하거나 2 이상의 당적을 가지고 있는 때에는 퇴직된다.'고 하였는데 비례대표 국회의원 甲이 소속 정당을 탈당하였다면 퇴직되었을 것이므로 국회의원으로서의 활동을 계속할 수 없다.

② 두 번째 조문 제2호에서 '임기만료에 의한 국회의원 선거에 참여하여 의석을 얻지 못하고 유효투표 총수의 100분의 2 이상을 득표하지 못한 때'라고 되어 있는데 A 정당은 비례대표 국회의원 선거에서 유효투표 총수의 2%를 득표하였으므로 정당등록이 취소되지 않는다. 다만, 지역구 국회의원 총선거에서 4석을 차지한 것은 첫 번째 조문인 비례대표 국회의원 의석의 배분에 영향을 미칠 뿐 정당등록의 취소 여부에 영향을 미치지는 않는다.

④ 네 번째 조문의 단서에서 '다만 비례대표 국회의원이 국회의장으로 당선되어 당적을 이탈한 경우에는 그러하지 아니하다.'라고 되어 있으므로 丙은 비례대표 국회의원이라도 국회의장으로 당선될 수 있다.

⑤ 첫 번째 조문에서 '···유효투표 총수의 100분의 3 이상을 득표하였거나 지역구 국회의원 총선거에서 5석 이상의 의석을 차지한 각 정당에 대하여···비례대표 국회의원 의석을 배분한다.'라고 되어 있다. 즉, '3% 이상의 득표'와 '5석 이상의 의석' 가운데 하나만 충족하여도 의석을 배분받을 수 있는 것이다. B 정당은 지역구 국회의원 선거에서는 4석밖에 차지하지 못했지만 비례대표 국회의원 선거에서 3% 이상을 획득하였으므로 비례대표 국회의원 의석을 배분받을 수 있다.

15 THEME   정답 ②

정답 체크

각 부서를 꼭짓점으로 잡고 담당자별로 해당하는 부서를 선으로 연결해 그래프를 그려 보면 김철수는 다음과 같이 그릴 수 있다.

또한 A~E에서 각 꼭짓점이 연결된 꼭짓점과 중복되지 않게 가능한 최소의 숫자로 표시하여 다른 담당자들에 대해서도 그래프를 그려보면 다음과 같이 완성된다.

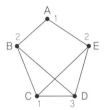

각 꼭짓점에 기재한 숫자끼리 묶으면 가능한 회의 시간대의 수를 구할 수 있다. 숫자를 최소가 되는 방법으로 그래프를 그렸다면 가능한 회의 시간대의 최솟값을 구할 수 있다. 위의 그래프에서는 총 3개의 숫자로 그래프를 표시할 수 있었다.

따라서 가능한 회의 시간대의 최솟값은 3이 된다. (각 부서를 A, C/B, E/D로 나눈다면 모든 담당자가 참석하여 회의를 할 수 있다.)

> ⏱ **빠른 문제 풀이 Tip**
>
> 이와 같은 문제는 표를 이용하여 답을 찾을 수도 있지만 그래프의 성질을 이용하면 쉽게 풀 수 있다.

16 법률해석   정답 ③

정답 체크

문제에서 주택에 대한 경매 신청 등기 전에 주택의 인도와 주민등록을 모두 마쳤다고 하였으므로 첫 번째 조문 1항에 따라 甲, 乙, 丙은 보증금 중 일정액을 다른 담보물권자보다 우선하여 변제받을 권리가 있다.

또한 두 번째 조문에서 다음 조항에서 우선변제를 받을 임차인의 보증금 크기의 한도를 6,000만 원이라고 하였는데 甲, 乙, 丙은 모두 6,000만 원 이하에 해당한다.

서울특별시는 수도권 중 과밀억제권역에 해당하는데 첫 번째 조문 2항 1호에 의하면 이 경우 우선변제를 받을 보증금 중 일정액의 범위는 2,000만 원 이하이므로 甲, 乙, 丙의 우선변제를 받을 보증금 중 일정액은 甲: 2,000만원, 乙: 2,000만원, 丙: 1,000만 원이다.

한편 임차인이 3명이고 각 보증금 중 일정액을 모두 합한 금액이 5,000만 원으로서 주택가격 8,000만 원의 2분의 1인 4,000만 원을 초과하는 경우이므로 첫 번째 조문 4항에 따라 우선변제되는 보증금 중 일정액은 甲: 2,000/5,000×4,000만 원 =1,600만 원, 乙: 2,000/5,000×4,000만 원 =1,600만 원, 丙: 1,000/5,000×4,000만 원 =800만 원이다.

따라서 을, 병의 금액의 합은 2,400만 원이다.

17 연결하기
정답 ③

정답 체크

두 번째 조건에서 B~F는 모두 20대라고 했으므로 D, E, F는 20~29살이 된다. 한편 네 번째 조건에서 여자가 남자보다 많다고 했으므로 '?'로 되어 있는 나머지 성별은 모두 남자임을 알 수 있다. 이를 정리하면 다음과 같다.

친구	나이	성별	국적
A	37살	남자	한국
B	28살	남자	한국
C	22살	여자	중국
D	20~29살	여자	일본
E	20~29살	남자	중국
F	20~29살	남자	한국
G	38살	여자	중국

한편 세 번째 조건에 따라 가장 나이가 많은 사람은 왕자의 부하가 될 수 없고 마지막 조건에 따라 성별이 다르면서 국적은 동일해야 한다. 이 조건을 정리하여 선택지에 대입하면 다음과 같다. A와 B, B와 F는 성별이 같으며 D와 F는 국적이 동일하지 않고 E와 G는 가장 나이 많은 G가 포함되어 있으므로 이 조건에 어긋남을 알 수 있다. 이렇게 어긋나는 선택지를 제거하면 C, E만 남는다. C와 E는 성별이 다르면서 국적은 동일하고 가장 나이가 많은 G가 포함되어 있지 않으므로 왕자의 부하는 C와 E이다.

> ⏱ **빠른 문제 풀이 Tip**
>
> 주어진 조건을 고려하면서 '?' 부분을 채워가며 문제를 해결해야 한다. 특히 주어진 조건을 모두 정리해서 2명의 왕자의 부하를 찾아내기보다는 선택지에서 왕자의 부하가 될 수 없는 사람을 지워가면서 정답을 찾는 것이 빠르고 정확하게 문제를 해결할 수 있다.

18 조건명제
정답 ⑤

정답 체크

제시된 내용을 기호화하여 정리하면 다음과 같다.
· 요리 O → 달리기 O … ⓐ
· 운전 O → 달리기 O … ⓑ
· 청소 O → 정리 O … ⓒ
· 청소 X → 달리기 X … ⓓ
· 요리 O → 운전 O … ⓔ

'달리기를 잘하면 청소를 잘하고 요리를 잘한다.'가 참이 되기 위해서는 '달리기를 잘하면 청소를 잘한다.'와 '달리기를 잘하면 요리를 잘한다.'가 모두 참이어야 한다. 그런데 '달리기를 잘하면 청소를 잘한다.'는 ⓓ의 대우로 도출이 가능하지만 '달리기를 잘하면 요리를 잘한다.'는 요리로 끝나는 명제를 만들 수 없으므로 도출이 불가능하다.

따라서 '달리기를 잘하면 청소를 잘하고 요리를 잘한다.'는 도출이 불가능하다.

오답 체크

① ⓒ의 대우와 ⓓ를 연결하면 도출이 가능하다.
② ⓑ와 ⓓ의 대우를 연결하면 도출이 가능하다.
③ ⓐ의 대우로 도출이 가능하다.
④ '청소를 잘하지 못하면 요리도 잘하지 못하고 운전도 잘하지 못한다.'가 참이 되기 위해서는 '청소를 잘하지 못하면 요리를 잘한다.'와 '청소를 잘하지 못하면 운전도 잘하지 못한다.'가 모두 참이어야 한다. 그런데 '청소를 잘하지 못하면 요리를 잘한다.'는 ⓓ와 ⓐ의 대우를 연결하면 도출 가능하고 '청소를 잘하지 못하면 운전도 잘하지 못한다.'는 ⓓ와 ⓑ의 대우를 연결하면 도출 가능하다. 따라서 '청소를 잘하지 못하면 요리도 잘하지 못하고 운전도 잘하지 못한다.'는 도출이 가능하다.

19 의사결정
정답 ②

정답 체크

K 씨는 모든 속성을 가중치로 평가하여 종합적으로 가장 좋은 대안을 선택한다. 각 브랜드를 가중치를 적용하여 합을 구해보면 다음과 같다.

속성	브랜드 A	브랜드 B	브랜드 C
브랜드명성 (0.3)	3	1.8	1.8
안전성(0.2)	2	1.2	1.6
경제성(0.4)	1.6	3.2	3.2

디자인(0.1)	0.6	0.6	0.4
합계	7.2	6.8	7.0

브랜드 A가 가중치를 고려한 합이 가장 크므로, K 씨는 브랜드 A를 선택할 것이다.

L 씨는 가장 중요한 속성 순으로 좋은 대안을 선택한다. 가장 가중치가 높은 경제성을 기준으로 보면 브랜드 B와 브랜드 C가 좋은 대안이 된다. 그 다음으로 가중치가 높은 브랜드명성을 기준으로 보아도 브랜드 B와 브랜드 C가 좋은 대안이 된다. 다음으로 안전성을 기준으로 보면 브랜드 C가 브랜드 B보다 좋은 대안이므로 L 씨는 브랜드 C를 선택할 것이다.

P 씨는 모든 속성에 대하여 5점 이상인 대안을 선택한다. 브랜드 A는 경제성에서, 브랜드 C는 디자인 속성에서 5점 미만의 값을 가지므로 기준에 충족하는 대안은 브랜드 B로 P 씨는 브랜드 B를 선택할 것이다.

20 의사결정
정답 ⑤

정답 체크

우선 이동 수단별 비용을 계산하면 다음과 같다.

· 렌터카 비용
= (렌트비+유류비)×이용일수
= ($50+$10)×3
= $180

· 택시 비용
= 거리당 가격×이동 거리
= 1$×(100+50+50)
= $200

· 대중교통 비용
= 대중교통패스 3일권×인원수
= $40×4
= $160

이 내용과 고려 요소의 점수를 포함하여 이동 수단별 평가표를 정리하면 다음과 같다.

이동 수단	경제성	용이성	안전성
렌터카	중	상	하
택시	하	중	중
대중교통	상	하	중

안전성 점수를 2배로 계산하여 점수를 합산하면 다음과 같다.

이동 수단	경제성	용이성	안전성	합계
렌터카	2점	3점	2점	7점
택시	1점	2점	4점	7점
대중교통	3점	1점	4점	8점

따라서 대중교통을 이용하게 되며 그 비용은 $160이다.

21 조건명제
정답 ②

정답 체크

6명의 직원들 중에 E는 불참하게 된다고 하였으므로 A, B, C, D, F만이 회의 참석자가 될 수 있다. 우선 조건 2에 의해서 D 또는 E는 반드시 참석해야 하므로 D는 반드시 참석해야 한다.

A	B	C	D	E	F
			O	X	

조건 3의 대우를 취하면 D가 참석하게 되면 C도 참석하게 된다.

A	B	C	D	E	F
		O	O	X	

조건 4에서 B가 불참하면 F도 불참한다고 하였다. 만일 B가 불참하게 되어서 이 두 명이 모두 불참하게 되면 참석자가 최대 3명이 될 수밖에 없으므로 문제에서 주어진 조건과 모순이 된다. 그러므로 B는 반드시 참석해야 한다.

A	B	C	D	E	F
	O	O	O	X	

조건 1에 의해 B가 참석하였으므로 A는 불참하여야 한다. 또한 회의 참석자는 반드시 4명이라고 하였으므로 F는 반드시 참석하여야 한다.

A	B	C	D	E	F
X	O	O	O	X	O

그러므로 최종 참석자는 B, C, D, F의 1가지 경우만이 가능하다.

22 연결하기
정답 ⑤

정답 체크

우선 미팅 결과만을 해석해 보면 'A의 상대는 B의 여동생도 D의 여동생도 아니었다.'는 A의 상대로 A, C, E의 여동생이 가능하다는 결과를 추론해낼 수 있다. 미팅 결과들을 고려해서 표로 정리해 보면 다음과 같다.

청년 \ 여동생	A	B	C	D	E
A		X		X	
B			X	X	
C		X			X
D					X
E	X			X	

다음으로 '미팅에 참여한 청년은 자신의 여동생과 커플이 될 수 없다.'는 첫 번째 전제 조건을 고려하여 표를 나타내 보면 다음과 같은 결과를 얻을 수 있다.

청년＼여동생	A	B	C	D	E
A	X	X		X	
B		X	X	X	
C		X	X		X
D				X	X
E	X			X	X

청년＼여동생	A	B	C	D	E
A	X	X	X	X	O
B	O	X	X	X	X
C	X	X	X	O	X
D	X	O	X	X	X
E	X	X	O	X	X

우선 D의 여동생은 무조건 C와 커플이 될 수밖에 없다. '두 사람이 서로의 여동생과 커플이 될 수 없다.'는 두 번째 전제 조건을 고려해 보면 C의 여동생은 D와 커플이 될 수 없다. 따라서 다음과 같은 결과를 얻을 수 있다.

청년＼여동생	A	B	C	D	E
A	X	X		X	
B		X	X	X	
C	X	X	X	O	X
D				X	X
E	X			X	X

C의 여동생은 A 또는 E와 커플이 된다. 정확히 누구와 될 수 있는지 알 수 없으므로 다음 두 가지 경우를 가정해 볼 수 있다.

[경우 1] C의 여동생이 A와 커플이 되는 경우
A는 C의 여동생과 커플이 되므로 E의 여동생은 무조건 B와 커플이 될 수밖에 없다. 따라서 A의 여동생은 D와 커플이 될 수밖에 없고 B의 여동생은 자연스럽게 E와 커플이 된다. 이러한 결과는 다음과 같은 표로 나타낼 수 있다.

청년＼여동생	A	B	C	D	E
A	X	X	O	X	X
B	X	X	X	X	O
C	X	X	X	O	X
D	O	X	X	X	X
E	X	O	X	X	X

B의 여동생과 E는 커플이 되고, E의 여동생과 B는 커플이 되므로 두 번째 전제 조건에 위배된다. 따라서 C의 여동생은 A와 커플이 될 수 없다.

[경우 2] C의 여동생이 E와 커플이 되는 경우
A는 무조건 E의 여동생과 커플이 될 수밖에 없고, 이에 따라 B는 A의 여동생과 커플이 될 수밖에 없다. 남은 D는 B의 여동생과 커플이 될 수밖에 없으므로 다음과 같은 표로 나타낼 수 있다.

이 경우는 두 번째 전제 조건을 위배하지 않으므로 C의 여동생은 상대가 된 청년은 E이다.

23 의사결정 정답 ④

[정답 체크]

지원 기준에 따를 때 지원 신청 현황에서 제외되는 것을 정리하면 다음과 같다.
두 번째 기준에서 국가 및 지방자치단체 소유 건물은 지원 대상에서 제외한다고 했으므로 丙이 제외된다.
세 번째 기준에서 전월 전력 사용량이 450kWh 이상인 건물은 태양열 설비 지원 대상에서 제외한다고 했으므로 乙이 제외된다.
용량(성능)이 <지원 기준>의 범위를 벗어나는 신청은 지원 대상에서 제외한다고 했으므로 戊가 제외된다.
그러면 남게 되는 것이 甲과 丁인데 甲이 신청한 것은 태양광이고 용량(성능)이 8kW이며 공동주택에 해당하므로 kW당 80만 원의 지원을 받게 된다. 따라서 甲이 받는 지원금은 640만 원이다.
한편 丁이 신청한 것은 지열이고 용량(성능)이 15kW이므로 10kW 초과의 적용을 받아 kW당 50만 원의 지원을 받게 된다. 따라서 丁이 받는 지원금은 750만 원으로 가장 많은 지원금을 받는 신청자는 丁이다.

⏱ 빠른 문제 풀이 Tip
지원 기준에 제외되는 요건이 세 가지나 있으므로 이를 기준으로 제외되는 경우를 먼저 고려한 후에 남는 신청자를 기준으로 해당 사항을 정리하여 계산하는 것이 좋다.

24 정언명제 정답 ①

[정답 체크]

첫 번째 전제인 '용기 있는 사람 중에는 행동하는 사람이 있다.'를 영역을 설정하여 표시하면 다음과 같다.

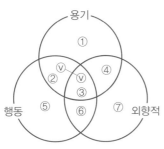

한편, 결론인 '모든 행동하는 사람이 외향적인 것은 아니다.'는 행동하는 사람 중에 외향적이지 않은 사람이 존재한다는 의미이고 이는 2, 5번 중에 최소 한 군데가 존재한다는 의미인데 현재 2, 5번 영역 중에 반드시 존재하는 곳은 존재하지 않으므로 추가되는 전제는 2번이나 5번 영역 중에 최소 한 군데가 존재하게 할 수 있는 내용이 필요하다.

'외향적이면서 용기 있는 사람은 없다.'는 3, 4번 영역이 존재하지 않는다는 의미가 되므로 이를 그림으로 나타내면 다음과 같다.

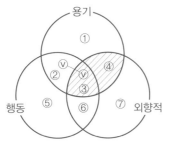

이에 의하면 2번 영역이 반드시 존재하게 되므로 결론이 올바르게 도출된다.

오답 체크

② '외향적인 사람 중에 용기 있는 사람이 있다.'는 것은 3, 4번 영역 중에 최소 한 군데가 존재한다는 의미인데 이를 그림으로 나타내면 다음과 같다.

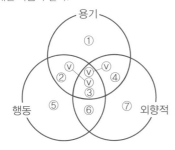

이에 의하더라도 2번 영역이나 5번 영역 중에 최소 한 군데 존재한다는 정보는 얻을 수 없다.
따라서 결론을 도출하는 전제가 될 수 없다.

③ '외향적이지 않지만 용기 있는 사람이 있다.'는 것은 1, 2번 영역 중에 최소 한 군데가 존재한다는 의미인데 이를 그림으로 나타내면 다음과 같다.

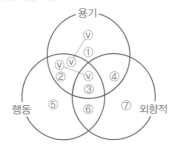

이에 의하더라도 2번 영역이나 5번 영역 중에 최소 한 군데 존재한다는 정보는 얻을 수 없다.
따라서 결론을 도출하는 전제가 될 수 없다.

④ '용기 있는 사람은 모두 외향적이다.'라는 것은 용기 있는 사람 중에 외향적이지 않은 사람이 없다는 의미이므로 1, 2번 영역이 존재하지 않는다는 의미이다. 이를 그림으로 나타내면 다음과 같다.

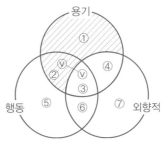

이에 의하면 3번 영역이 확실히 존재하기는 하지만 여전히 2번 영역이나 5번 영역 중에 최소 한 군데 존재한다는 정보는 얻을 수 없으므로 결론을 도출하는 전제가 될 수 없다.

⑤ '모든 용기 있는 사람이 외향적인 것은 아니다.'는 것은 용기 있는 사람 중에 외향적이지 않은 사람이 있다는 의미이므로 1, 2번 영역 중에 최소 한 군데가 존재한다는 의미인데 이를 그림으로 나타내면 다음과 같다.

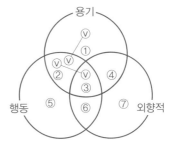

이에 의하더라도 2번 영역이나 5번 영역 중에 최소 한 군데 존재한다는 정보는 얻을 수 없으므로 결론을 도출하는 전제가 될 수 없다.

해커스공기업 PSAT 기출로 끝내는 NCS 문제해결 · 자원관리 집중 공략

25 정보찾기

노론과 남인의 입장을 정리하면 다음과 같다.

- 노론의 입장
  → 서원 건립에 찬성
- 남인의 입장
  → 서원 건립을 반대하며 서원을 훼파

영조는 서원 건립 자체에 대해서도 감사파직의 조치를 취했고, 훼원유생들의 엄벌은 주동자에 국한했으며, 서원개건의 문제를 묵살했으므로 반드시 노론의 주장을 더 받아들였다고 볼 수는 없다.

오답 체크

① '반면, 소론인 박문수는 … 김상헌 서원의 건립이 잘못된 것이라 했다. … 서원건립을 추진했기에 … 분쟁이 일어나지 않을 수 없었으므로 …'라고 제시되어 있으므로 박문수는 서원 창건 자체가 지닌 문제에 중점을 두고 의견을 펼쳤다.

② '노론의 온건파를 대표하던 박사수는 … 전말을 소상하게 보고하면서 …난민으로 훼원유생을 규정하고 이러한 난민의 무리를 엄벌해야 한다고 했다.'라고 제시되어 있으므로 박사수는 유생들의 훼원행위 자체에 초점을 두어 남인출신 훼원 유생에 대한 처벌을 주장했다.

④ 훼원의 사태를 향전(鄕戰)이라고 표현한 것을 보아 조선 후기에 향전이라는 것이 존재하고 있었음을 알 수 있다. 또한 제시문과 같이 노론과 남인이 주도되는 것을 보아 향전이라는 것이 이 경우와 같이 꼭 노론과 남인간은 아니더라도 어떤 정파와 관련되었을 것임을 짐작할 수 있으므로 정치색을 띠고 있었음을 알 수 있다.

⑤ 안인명은 감사를 파직해야 한다는 점에서는 남인의 입장을, 서원을 허문 것을 처벌해야 한다는 점에서는 노론의 입장이므로 탕평을 고수하면서도 결국 김상헌의 서원을 개건해야 한다고 했으므로 노론에 기우는 주장을 펼쳤다고 볼 수 있다.

26 의사결정

네 번째 조건에서 첫째 돼지 집의 면적을 6a로 놓으면 둘째 돼지 집의 면적은 3a, 셋째 돼지 집의 면적은 2a가 되어 전체 11a가 된다. 그런데 삼 형제 집의 면적의 총합이 $11m^2$라고 하였으므로 첫째 돼지 집의 면적은 6, 둘째 돼지 집의 면적은 3, 셋째 돼지 집의 면적은 2가 된다. 한편 $1m^2$당 재료비를 보면 벽돌집은 6,000×15=9만 원, 나무집은 3,000×20=6만 원, 지푸라기집은 1,000×30=3만 원이고 나무집은 지지대 비용으로 20만 원, 지푸라기 집은 지지대 비용으로 5만 원이 추가된다. 이를 반영하여 각 선택지에 제시되어 있는 대로 비용을 정리하면 다음과 같다.

구분	첫째=면적 6		둘째=면적 3		셋째=면적 2	
①	벽돌집	6×9만 =54만	나무집	3×6만 =18만 지지대 20만 총합 38만	지푸라기 집	2×3만 =6만 지지대 5만 총합 11만
②	벽돌집	6×9만 =54만	지푸라기 집	3×3만 =9만 지지대 5만 총합 14만	나무집	2×6만 =12만 지지대 20만 총합 32만
③	나무집	6×6만 =36만 지지대 20만 총합 56만	벽돌집	3×9만 =27만	지푸라기 집	2×3만 =6만 지지대 5만 총합 11만
④	지푸라기 집	6×3만 =18만 지지대 5만 총합 23만	벽돌집	3×9만 =27만	나무집	2×6만 =12만 지지대 20만 총합 32만
⑤	지푸라기 집	6×3만 =18만 지지대 5만 총합 23만	나무집	3×6만 =18만 지지대 20만 총합 38만	벽돌집	2×9만 =18만

그런데 마지막 조건에서 둘째 돼지 집을 짓는 재료 비용이 가장 많이 들었다고 하였는데 이 조건에 맞는 것은 ⑤밖에 없으므로 정답은 ⑤이다.

⏱ **빠른 문제 풀이 Tip**

문제에서 둘째 돼지 집을 짓는 재료 비용이 가장 많이 들었다고 하였으므로 선택지별로 첫째의 비용과 둘째의 비용을 계산한 후에 셋째 돼지 집의 비용을 계산할 때에는 첫째 돼지 집의 비용보다 둘째 돼지 집의 비용이 더 적은 ①, ②, ③은 제외하고 ④와 ⑤만을 살펴보는 것이 좋다.

42 온/오프라인 취업강의·무료 취업자료 ejob.Hackers.com

27 TMEME

정답 체크

우선 대안별로 최대 수익과 최소 수익을 정리한 후 경기 상황에 따른 기준별 선택을 살펴보도록 한다.

	경기침체	경기보합	경기호조	최대	최소
주식	90	100	110	110	90
채권	150	100	50	150	50
부동산	70	120	170	170	70
펀드	−100	0	200	200	−100

ㄱ. 낙관적 기준은 최댓값 중에 가장 큰 값을 갖는 대안을 선택하는 것이므로 이 경우 펀드에 투자하게 된다. 따라서 옳은 설명이다.

ㄷ. 라플라스 기준은 모든 상황이 발생할 가능성이 동일하다는 전제하에 그 기댓값을 산출하는 것으로 주식, 채권, 부동산, 펀드의 순서대로 300/3, 300/3, 360/3, 100/3이 된다. 따라서 부동산에 투자하게 되므로 옳은 설명이다.

오답 체크

ㄴ. 비관적 기준은 최솟값 중에 가장 큰 값을 갖는 대안을 선택하는 것이므로 이 경우 주식에 투자하게 된다. 따라서 옳지 않은 설명이다.

ㄹ. 후르비츠 기준에 의한다면 대안별로 최댓값에 0.7을 곱한 후, 최솟값에 0.3(=1−0.7)을 곱한 값을 더해서 구해야 한다. 이를 구하면 주식, 채권, 부동산, 펀드의 순서대로 104, 120, 140, 110이 된다. 따라서 부동산에 투자하게 되므로 옳지 않은 설명이다.

ㅁ. 기회손실비용 기준에 의한다면 대안별로 기회손실비용을 구해야 한다. 이를 구하면 다음과 같다.

	경기호조	경기보합	경기침체
주식	60	20	90
채권	0	20	150
부동산	80	0	30
펀드	250	120	0

한편 이 가운데 가장 큰 값이 대푯값이고 대푯값 가운데 가장 작은 수치를 갖는 대안을 선택하는 것이다.

	경기호조	경기보합	경기침체	대푯값
주식	60	20	90	90
채권	0	20	150	150
부동산	80	0	30	80
펀드	250	120	0	250

따라서 대푯값 가운데 가장 작은 값을 가지는 부동산을 선택하게 되므로 옳지 않은 설명이다.

28 진실 혹은 거짓

정답 체크

P라는 진술을 참이라고 가정했을 때 주어진 조건에 모순이 생긴 경우 처음의 가정은 틀렸으며 따라서 P는 거짓이라고 할 수 있게 된다. 이를 귀류법이라고 하는데 이 경우에도 같은 논리를 적용할 수 있다. 우선 각각의 진술을 정리하면 다음과 같다.

· A : B>E
· B : A>D
· C : B>D
· D : C>E
· E : E>A

예를 들어 A의 진술을 거짓이라고 가정하면 다른 4명은 반드시 참을 말하는 것이 된다. 그러면 이 4명의 진술로 어떤 순서를 만들 수 있을 텐데 그 순서와 A의 진술이 일치하게 되면 5명의 진술이 모두 참이 되는 결과가 되어 모순이 생긴다. 그러면 A의 진술이 거짓이었다는 가정이 틀린 것이므로 A의 진술은 반드시 참이라고 말할 수 있을 것이다. 따라서 각 진술이 거짓이라는 가정하에 나머지 4명의 진술로 순서를 만들어서 처음 진술과 일치하는지 살펴봐야 한다. C의 진술을 거짓이라고 가정하는 경우 $\frac{B}{C}$>E>A>D가 된다. 이 순서로 보면 B와 D와의 관계가 명확하고 C의 진술인 B>D와 위의 순서가 반드시 일치하게 된다. 따라서 처음 C의 진술이 거짓이라고 했던 가정이 틀린 것이라는 것을 알 수 있으므로 C는 거짓말을 하지 않았다고 확신할 수 있다.

오답 체크

① A의 진술을 거짓이라고 가정하는 경우 $\frac{C>E>A}{B}$>D가 된다. 이 순서만으로는 B와 E의 관계가 명확하지 않으므로 A의 진술인 B>E가 위의 순서와 반드시 일치한다고 할 수는 없다.

② B의 진술을 거짓이라고 가정하는 경우 A, C, E의 진술을 종합하면 B>$\frac{E>A}{D}$가 되고 남은 D의 진술은 C>E이므로 A와 D의 관계를 밝히는 조건이 될 수 없다. 결국 이 순서만으로는 A와 D의 관계가 명확하지 않으므로 B의 진술인 A>D와 위의 순서와 반드시 일치한다고 할 수는 없다.

④ D의 진술을 거짓이라고 가정하는 경우 B>E>A>D가 된다. 이 순서로 보면 C의 위치를 정확히 알 수 없으므로 D의 진술인 C>E와 위의 순서가 반드시 일치한다고 할 수는 없다.

⑤ E의 진술을 거짓이라고 가정하는 경우 A와 D의 진술을 종합하면 $\frac{C}{B}$>E가 되고, B와 C의 진술을 종합하면 $\frac{B}{A}$>D가 된다. 이 순서로 보면 E와 A의 관계가 명확하지 않으므로 E의 진술인 E>A와 위의 순서가 반드시 일치한다고 할 수는 없다.

이 문제는 주어진 조건 가운데 거짓말이 섞여 있으므로 주어진 조건을 정리하여 순서를 나타내는 것은 의미가 없다. 어떤 가정을 한 후 논리를 전개했을 때 모순이 발생하는 경우 처음의 가정을 F라고 판단하는 방법을 귀류법이라고 하는데 이 문제는 각각의 선택지를 하나씩 가정하여 귀류법으로 문제를 해결하는 것이 좋다.

29 정보찾기
정답 ④

정답 체크

제시문의 빈칸을 채우면 다음과 같다.

한 남자가 도심 거리에서 강도를 당했다. 그는 그 강도가 흑인이라고 주장했다. 그러나 사건을 담당한 재판부가 당시와 유사한 조건을 갖추고 현장을 재연했을 때, 피해자가 강도의 인종을 정확하게 인식한 비율이 80% 정도밖에 되지 않았다. 강도가 정말로 흑인일 확률은 얼마일까 물론 많은 사람들이 그 확률은 80%라고 말할 것이다. 그러나 실제 확률은 이보다 상당히 낮을 수 있다. 인구가 1,000명인 도시를 예로 들어 생각해보자. 이 도시 인구의 90%는 백인이고 10%만이 흑인이다. 또한 강도 짓을 할 가능성은 두 인종 모두 10%로 동일하며, 피해자가 백인을 흑인으로 잘못 보거나 흑인을 백인으로 잘못 볼 가능성은 20%로 똑같다고 가정한다. 이 같은 전제가 주어졌을 때, 실제 흑인강도 10명 가운데 (8)명만 정확히 흑인으로 인식될 수 있으며, 실제 백인강도 90명 중 (18)명은 흑인으로 오인된다. 따라서 흑인으로 인식된 (26)명 가운데 (8)명만이 흑인이므로, 피해자가 범인이 흑인이라는 진술을 했을 때 그가 실제로 흑인에게 강도를 당했을 확률은 겨우 (26)분의 (8), 즉 약 30.8%에 불과하다. 따라서 ㉠에 해당하는 값은 소수점 이하 반올림하여 31이다.

30 진실 혹은 거짓
정답 ①

정답 체크

각각의 진술을 정리하면 다음과 같다.

	사과	사과	포도	포도	딸기	딸기	비고
甲	X		X	X			
乙	O	X	X	X	X	X	
丙	X	X					
丁	X						한 종류만 먹음
戊	X						딸기 사탕 먹은 2명 알 수 없음

문제에서 한 명이 사과 사탕 1개와 딸기 사탕 1개를 함께 먹은 사람이 있다고 했는데 이를 A라고 할 때 위 표에 의하면 乙, 丙, 丁은 A가 될 수 없다.

한편 戊가 A라고 하면 다음과 같이 정리할 수 있다.

	사과	사과	포도	포도	딸기	딸기	비고
甲	X	X	X	X		X	
乙	O	X	X	X	X	X	
丙	X	X			X		
丁	X	X				X	한 종류만 먹음
戊	X	O				O	딸기 사탕 먹은 2명 알 수 없음

이 경우 甲은 딸기 사탕을 먹을 수밖에 없는데 그러면 戊는 딸기 사탕 먹은 2명이 甲과 戊라는 것을 알 수 있다. 그런데 戊는 딸기 사탕 먹은 2명을 모른다고 했으므로 戊가 A일 수는 없다. 결국 A는 甲만이 가능하다.

	사과	사과	포도	포도	딸기	딸기	비고
甲	X	O	X	X	O	X	
乙	O	X	X	X	X	X	
丙	X	X			X		
丁	X	X			X		한 종류만 먹음
戊	X	X			X		딸기 사탕 먹은 2명 알 수 없음

이때 戊가 딸기 사탕을 먹게 되면 딸기 사탕 먹은 2명이 甲과 戊라는 것을 알 수 있으므로 戊는 딸기 사탕을 먹을 수 없고 자연스럽게 포도 사탕만을 먹을 수 있게 된다.

따라서 사과 사탕 1개와 딸기 사탕 1개를 함께 먹은 사람은 甲이고 戊가 먹은 사탕은 포도 사탕 1개임을 알 수 있다.

31 최소 소요 시간
정답 ③

정답 체크

C 프로젝트 필요 인원이 3명, 총 소요 기간이 10일이 되는 경우 현장조사가 필요한 프로젝트이므로 총 인원을 6명 배치하면 소요 기간이 5일로 감소한다. 이 경우에도 A와 C 프로젝트는 동시에 진행 가능하므로 총 소요 기간은 변하지 않아 옳지 않은 설명이다.

오답 체크

① 현재 조건에서 A와 B는 동시에 진행할 수 없으므로 최소 7일 + 8일의 소요 기간은 필요로 하게 되고, A와 B를 연달아 진행하면서 동시에 진행 가능한 프로젝트를 편성하면 아래와 같다.

1	2	3	4	5	6	7	8	9	10	11	12	13	14	15
A	A	A	A	A	A	A	B	B	B	B	B	B	B	B
C	C	C	C	C	C	D	D	D	D	D	D	D	D	

A와 C를 동시에 진행하다가 C가 종료되면 D를 진행하고, A가 종료되고 B를 진행한다면 총 15일이 소요된다.

따라서 1일부터 프로젝트를 시작할 경우 15일에 종료 되므로 옳은 설명이다.

② 인원이 1명 늘어나서 13명이 될 경우 A와 B를 동시에 진행할 수 있지만, 그렇다 하더라도 A 다음 D를 순차적으로 진행하게 되므로 총 소요 기간은 변하지 않으므로 옳은 설명이다.

④ 인원이 1명 줄어들어서 11명이 되더라도 A와 C, A와 D, B와 D는 모두 동시에 진행 가능하므로 총 소요 기간은 변하지 않으므로 옳은 설명이다.

⑤ A, B, D 프로젝트를 동시에 수행할 수 없는 한 총 프로젝트 소요 기간은 바뀌지 않는다.

따라서 6명+7명+4명=17명의 인원이 되어야 총 소요 기간은 감소하고, 그러기 위해서는 최소 5명의 인원이 늘어나야 하므로 옳은 설명이다.

32 비용 산출
정답 ④

정답 체크

피공을 추가로 고용하지 않는 경우 3명의 피공이 근무를 한다. 이 경우 하루에 3×15=45개씩 가죽 제품을 제작할 수 있으며, 다음 달은 30일이고 주말과 공휴일이 총 8일이므로 22일 동안 45×22=990개를 제작할 수 있다. 990개는 1,000개 미만이므로 1개당 27,000원에 판매할 수 있는데, 이때 인건비를 제외한 제작 원가는 12,000원이므로 제작 원가를 제외하고 (27,000−12,000)×990=14,850,000원의 판매 수익을 얻을 수 있고 여기서 피공 3명의 인건비에 해당하는 3,500,000 ×3=10,500,000원을 빼면 14,850,000−10,500,000= 4,350,000원이 이윤이 된다.

피공을 추가로 고용하는 경우 납품 수량이 1,000개를 초과하게 되고, 2,000개 미만까지는 납품 가격이 변하지 않으므로 최대한 많은 피공을 고용하는 편이 유리하다. 피공 3명당 990개의 제품을 제작할 수 있으므로 3명의 피공을 추가로 고용한다면 다음 달에 제작/납품 가능한 가죽제품의 수량은 총 1,980개가 된다. 이때 인건비를 제외한 제작 원가는 12,000원이므로 제작 원가를 제외하고 (25,000−12,000)×1,980=25,740,000원의 판매 수익을 얻을 수 있고 여기서 피공 6명의 인건비에 해당하는 3,500,000×6=21,000,000원을 빼면 25,740,000− 21,000,000=4,740,000원이 이윤이 된다.

납품 수량이 2,000개가 초과하는 경우에도 최대 3,000개에 가깝도록 최대한 많은 피공을 고용하는 편이 유리하다. 피공 3명당 990개의 제품을 제작할 수 있으므로 6명의 피공을 추가로 고용한다면 다음 달에 제작/납품 가능한 가죽제품의 수량은 총 2,970개가 된다. 이때 인건비를 제외한 제작 원가는 12,000원이므로 제작 원가를 제외하고 (23,000−12,000)×2,970=

32,670,000원의 판매 수익을 얻을 수 있고 여기서 피공 9명의 인건비에 해당하는 3,500,000×9=31,500,000원을 빼면 32,670,000 − 31,500,000=1,170,000원이 이윤이 된다.

따라서 얻을 수 있는 최대 이윤은 4,740,000원이다.

33 편익
정답 ①

정답 체크

주어진 조건에 따라 점수를 산출해 보면 아래와 같다.

구분	PT	EMS	개인 운동	조깅	테니스
운동 효과	5	4	3	1	2
소요 시간	3	5	1	2	4
자율성	3	2	4	5	1
예상 비용	2	1	4	5	3
총점	13	12	12	13	10

따라서 총점이 가장 높은 PT와 조깅 중 운동 효과 점수가 더 높은 PT를 선택해야 한다.

34 편익
정답 ⑤

정답 체크

동근이가 선택해야 하는 운동은 PT이므로 트레이닝센터에 해당하는 갑, 을, 병 세 곳의 점수를 기준에 따라 나타내면 다음과 같다.

구분		집과의 거리 점수	기본 비용 점수	가점/감점
트레이닝 센터	갑	4	5	−
	을	3	4	+1
	병	5	3	+1

각 항목의 가중치와 가점과 감점을 포함하여 최종 점수를 산출해 보면 다음과 같다.

구분		최종 점수
트레이닝 센터	갑	4×0.55+5×0.45=4.45
	을	3×0.55+4×0.45+1=4.45
	병	5×0.55+3×0.45+1=5.1

따라서 동근이가 선택할 트레이닝센터는 '병' 트레이닝 센터이다. '병' 트레이닝 센터는 기본 비용이 회당 10,000원이고, 동근이는 주 2회 운동을 한다고 했으며, PT운동을 할 예정이므로 1회당 비용은 레슨비를 포함하여 60,000원이 된다. 주 2회, 4주 동안 운동할 경우 최종 비용은 60,000×2×4=480,000원이다.

35 비용 산출
정답 ④

정답 체크

위의 문제에서 제시한 기준과 동일한 기준으로 운동 장소를 선정한다고 했으므로 점수를 구하면 다음과 같다.

구분		집과의 거리 점수	기본 비용 점수	가점/감점
근린 체육시설	정	5	3	−1
	무	4	4	−
	기	3	5	−1

이를 토대로 최종 점수를 산출해 보면 다음과 같다.

구분		최종 점수
근린 체육시설	정	$5×0.55+3×0.45−1=3.1$
	무	$4×0.55+4×0.45=4$
	기	$3×0.55+5×0.45−1=2.9$

따라서 동근이가 선정하는 근린체육시설은 '무'이고, 비용은 $53,500×4=214,000$원이 된다.

36 물적자원의 선택
정답 ①

정답 체크

주어진 조건에 따라 기술 평가 점수와 신뢰도 평가 점수가 만점인 40점의 80%(32점) 이하인 B 업체와 D 업체는 용역사업 업체로 선정하지 못한다. 남은 4곳의 입찰 가격 점수를 산출하여 표를 구성하면 아래와 같다.

업체명	기술 평가 점수	신뢰도 평가 점수	입찰 가격 점수	총점
A	36	36	16	88
C	38	37	12	87
E	36	37	12	85

따라서 총점이 가장 높은 업체인 A 업체를 우선협상 대상업체로 선정해야 한다.

37 물적자원의 선택
정답 ④

정답 체크

모든 업체가 기술 평가 점수 40점이 되도록 기술개발에 투자를 했으므로 그에 따른 비용을 살펴보면 A 업체는 4점×2,000만 원/점=8,000 원, B 업체는 3점×2,000만 원/점=6,000 원, C 업체는 2점×2,000만 원/점=4,000만 원, D 업체는 8점×2,000만 원/점=1억 6,000만 원, E 업체는 4점×2,000만 원/점=8,000만 원이 입찰 가격에 추가된다. 이를 토대로 표를 다시 구성해 보면 다음과 같다.

업체명	기술 평가 점수	신뢰도 평가 점수	입찰 가격(원)
A	40	36	14억 8천만
B	40	32	13억 4천만
C	40	37	15억 6천만
D	40	35	13억 6천만
E	40	37	14억 9천만

이때 B 업체는 신뢰도 평가 점수가 32점이므로 용역사업 업체로 선정할 수 없으며 입찰 가격을 점수로 환산해 보면 아래와 같다.

업체명	기술 평가 점수	신뢰도 평가 점수	입찰 가격 점수	총점
A	40	36	12	88
C	40	37	8	85
D	40	35	16	91
E	40	37	12	89

따라서 우선협상 대상업체로 선정해야 하는 업체는 D 업체이다.

38 비용 산출
정답 ③

정답 체크

상반기 매출원가를 구하라고 했으므로 상반기에 판매된 600개에 대한 매입가격의 합을 구하면 된다. 선입선출 방식을 원칙으로 한다고 했으므로 ○○업체는 1월부터 매입한 물품을 차례대로 판매를 했다.

1월~5월에 매입한 총 540개의 상품은 모두 판매를 했고, 추가로 6월에 매입한 100개의 상품 중 60개를 판매했다.

따라서 총 매입 금액은 1월~5월 매입 금액의 합 $201,600+168,300+200,200+140,000+185,900=896,000$원이 되고, 6월에 개당 1,570원에 매입한 상품 60개의 매입 금액은 $1,570×60=94,200$원이 되므로 총 매입 금액은 $896,000+94,200=990,200$원이 된다.

39 경로 찾기
정답 ①

정답 체크

한 번 지나간 지사는 다시 지나지 않는다는 조건이 있으므로 가능한 경로는 다음과 같다.

· 사무실−A−E−D−B−C−집＝23＋31＋42＋25＋17＋32 ＝170km
· 사무실−A−E−D−C−B−집＝23＋31＋42＋30＋17＋20 ＝163km
· 사무실−A−E−B−C−D−집＝23＋31＋28＋17＋30＋70 ＝199km

- 사무실-A-E-B-D-C-집=23+31+28+25+30+32
  =169km
- 사무실-C-D-B-E-A-집=26+30+25+28+31+12
  =152km
- 사무실-C-B-D-E-A-집=26+17+25+42+31+12
  =153km

따라서 최단 거리는 152km이다.

40 최소 소요 시간

정답 ③

정답 체크

위의 문제에서 계획한 사무실 - C - D - B - E - A - 집의 경로로 점검을 진행한다고 했으므로, 이때 일반도로 사용 거리는 사무실 - C 경로의 26km와 B - E 경로의 28km, 그리고 A - 집 경로의 12km까지 총 66km이다. 총 152km 중 66km를 일반도로로 이동했으므로 고속도로 이동 거리는 152-66=86km이다. 소요된 시간을 산출해 보면 $66/50 \times 60 + 86/100 \times 60 = 130.8$분=2시간 10분 48초가 소요된다.

생산 공장 1곳당 점검에 1시간, 중간에 점심시간 1시간을 소요했으므로 점검과 점심식사에 총 6시간을 사용했고, 이동에 2시간 10분 48초가 소요되므로, 총 소요 시간은 8시간 10분 48초가 된다.

따라서 임동근 과장이 집에 도착한 시간은 17시 10분 48초가 된다.

41 최소 소요 시간

정답 ②

정답 체크

Johnson's rule 중 2번째 경우인 n개의 작업을 3개의 공정으로 진행하는 문제이다. 이러한 유형의 문제가 나왔을 경우 첫 번째 공정을 M1, 두 번째 공정을 M2, 세 번째 공정을 M3라고 했을 때, M1의 최소 소요 시간이 M2의 최대 소요 시간보다 크거나 같은 경우 또는 M3의 최소 소요 시간이 M2의 최대 소요 시간보다 크거나 같은 경우에 Johnson's rule을 활용할 수 있다. 이 문제의 경우 첫 번째 공정인 원재료 가공 공정의 최소 소요 시간인 6시간과 두 번째 공정인 성형 공정의 최대 소요 시간인 6시간이 같으므로 Johnson's rule을 활용할 수 있다.

이 경우 원재료 가공 공정과 성형 공정을 하나의 공정으로 보고 두 공정의 소요 시간의 합을 구한다.

구분	원재료 가공+성형	성형+마감
A	9	8
B	13	11
C	9	13
D	15	13
E	14	15

이렇게 구해진 표를 토대로 Johnson's Rule을 활용하여 문제를 풀이한다.

- 공정에 상관없이 처리 시간이 가장 짧은 작업 선택 → A 제품 성형+마감 작업
- 선택된 작업이 후행 공정이므로 나중에 진행할 작업으로 우선순위 결정: _ - _ - _ - _ - A
- 우선순위 결정 완료된 물품을 제외하고 공정에 상관없이 처리 시간이 가장 짧은 작업 선택 → C 제품 원재료 가공+성형 작업
- 선택된 작업이 후행 공정이므로 나중에 진행할 작업으로 우선순위 결정: C - _ - _ - _ - A
- 우선순위 결정 완료된 물품을 제외하고 공정에 상관없이 처리 시간이 가장 짧은 작업 선택 → B 제품 성형+마감 작업
- 선택된 작업이 후행 공정이므로 나중에 진행할 작업으로 우선순위 결정: C - _ - _ - B - A
- 우선순위 결정 완료된 물품을 제외하고 공정에 상관없이 처리 시간이 가장 짧은 작업 선택 → D 제품 성형+마감 작업
- 선택된 작업이 후행 공정이므로 나중에 진행할 작업으로 우선순위 결정: C - _ - D - B - A
- 남은 공정의 자리 결정: C - E - D - B - A

42 비용 산출

정답 ③

정답 체크

각 열차별 연료 정보와 연비, 공급 가격을 토대로 km당 연료비를 계산해 보면 다음과 같다.

- 일반열차(중유): 1,000원/L ÷ 2km/L=500원/km
- 급행열차(벙커C유): 1,200원/L ÷ 4km/L=300원/km
- 쾌속열차(디젤): 1,400원/L ÷ 7km/L=200원/km
- 특급열차(전기): 1,600원/kW ÷ 10km/kW=160원/km

따라서 km당 연료비는 특급열차가 가장 저렴하고, 쾌속열차, 급행열차, 일반열차의 순서이다. 열차의 속도 또한 특급열차가 가장 빠르고, 쾌속열차, 급행열차, 일반열차 순서이므로, 가능한 특급열차를 이용하고, 특급열차 이용이 불가능한 노선의 경우 쾌속열차, 쾌속열차도 이용이 불가능한 노선의 경우 급행열차, 급행열차도 이용이 불가능한 노선의 경우 일반열차를 이용하는 계획을 수립하면 가장 빠른 시간 안에 가장 저렴한 비용으로 물건의 운송이 가능하다.

따라서 A 지점에서 H 지점까지 특급열차를 이용하고, H 지점에서 F 지점까지 쾌속열차를 이용하는 계획을 수립하면 가장 저렴한 비용으로 운송이 가능하다. A 지점에서 H 지점까지, 모든 역간 거리가 50km로 동일하므로 총 거리는 350km가 되고 특급열차를 이용함에 따른 비용은 350×160=56,000원이 된다. H 지점에서 F 지점까지의 거리는 100km이고, 쾌속열차를 이용함에 따른 비용은 100×200=20,000원이 된다.
따라서 총 비용은 56,000+20,000=76,000원이 된다.

43 환율

정답 ①

정답 체크

슬기가 달러를 구매했을 때, 乙 은행이 달러를 팔고 싶다고 제시한 가격은 1204.10원/달러이다. 100달러를 구매했으므로, 슬기가 지불한 비용은 1204.10×100=120,410원이 된다. 1시간 뒤 슬기는 100달러를 판매했고, 그 당시 甲 은행이 달러를 구매에 제시한 가격은 1205.10원/달러이므로 슬기가 100달러를 판매하고 받은 금액은 1205.10×100=120,510원이 된다. 이에 따라 슬기는 최초 120,410원을 지출하고 후에 120,510원을 판매 대금으로 받았으므로 총 100원의 이익을 얻게 되었다.

44 물적자원의 선택

정답 ①

정답 체크

각 평가 항목에 대해 지수의 값이 낮은 순으로 5, 4, 3, 2, 1점을 각각 부여한다고 했으므로, 주어진 표는 아래와 같이 변형이 가능하다.

평가항목 관광지명	방문객 혼잡도 지수	교통 트래픽량 지수	소셜 관심도 지수	코로나 확진자 지수
엔젤 아일랜드	4	4	4	5
하이드로시티	3	1	2	1
마블 가든	1	3	5	2
머쉬룸 힐	5	5	1	4
샌도폴리스	2	2	3	3

변형된 표를 토대로 가중치에 따른 점수를 구해보면 다음과 같다.
· 엔젤 아일랜드: 4×0.147+4×0.353+4×0.302+5×0.198
　　　　　　　　=4.198
· 하이드로시티: 3×0.147+1×0.353+2×0.302+1×0.198
　　　　　　　　=1.596
· 마블 가든: 1×0.147+3×0.353+5×0.302+2×0.198
　　　　　　=3.112

· 머쉬룸 힐: 5×0.147+5×0.353+1×0.302+4×0.198
　　　　　　=3.594
· 샌도폴리스: 2×0.147+2×0.353+3×0.302+3×0.198
　　　　　　　=2.5
따라서 점수가 가장 높은 관광지는 엔젤 아일랜드이다.

45 인적자원의 배치

정답 ④

정답 체크

선발 기준안의 조건을 살펴보면 근무 경력이 최소 5년 이상인 자만 선발 자격이 있다고 했으므로 정은 선발 자격이 없다.
따라서 갑, 을, 병 세 사람에 대해서만 점수를 비교할 필요가 있다.
위에 주어진 내용을 토대로 갑, 을, 병 세 사람의 만점 대비 점수가 몇 %인지를 표로 나타내면 아래와 같다.

구분	갑	을	병
외국어 성적	50%	50%	80%
근무 경력	100%	100%	70%
근무 성적	? %	100%	? %
포상	50%	100%	0%

갑과 을을 비교해 보면 외국어 성적의 비율은 50%로 동일하지만, 근무 성적이나 포상 점수가 을보다 낮으므로 현행과 개정안 모두 을보다 점수가 높을 수 없다.
또한 병의 경우 현행 기준으로 감점을 계산해 보면 30×0.2+40×0.3+10=28점이고, 근무 성적은 정확히 알 수 없지만 만점은 아니므로, 총 감점 점수는 28점을 초과한다. 반면 을은 외국어 성적에서만 감점이 있으므로 30×0.5=15점만 감점이 되어 총점은 을이 가장 높다.
개정안에서도 을과 병을 살펴보면 을은 외국어 성적에서만 감점이 있으므로 50×0.5=25점 감점이지만, 병은 50×0.2+20×0.3+20=36점이고, 알 수 없는 근무 성적 점수에 따른 감점까지 감안한다면 36점을 초과하므로 개정안에서도 점수가 가장 높은 사람은 을이다.

01	02	03	04	05	06	07	08	09	10
④	⑤	③	②	④	⑤	④	①	⑤	②
11	12	13	14	15	16	17	18	19	20
①	②	③	⑤	③	④	④	②	④	⑤
21	22	23	24	25	26	27	28	29	30
③	④	④	①	④	⑤	⑤	③	②	②
31	32	33	34	35	36	37	38	39	40
③	①	⑤	①	①	①	①	④	④	③
41	42	43	44	45	46	47	48	49	50
③	④	③	⑤	①	①	④	①	⑤	④

01 논리추론

정답 ④

정답 체크

제시된 내용을 기호화하면 다음과 같다.
· 조건 1: 민원 O → 홍보 O
· 조건 2: (홍보 O → 민원 O) X
· 조건 3: 인사만 O
· 조건 4: (민원 O and 인사 O) X
· 조건 5: 세 개 이상 선호 X
· 조건 6: 갑-기획 O
· 조건 7: 을-민원 O

조건 7에 따르면 을이 선호하는 업무에는 민원 업무가 포함된다. 이때 조건 1은 '민원 O → 홍보 O'이고, 조건 4는 '(민원 O and 인사 O) X'이므로 을은 민원 업무와 홍보 업무를 선호하고, 인사 업무는 선호하지 않음을 알 수 있다. 또한 조건 5는 '세 개 이상 선호 X'이므로 을은 기획 업무를 선호하지 않는다. 한편 조건 6은 '갑-기획 O'이므로 이를 정리하면 다음과 같다.

	민원	홍보	인사	기획
갑				O
을	O	O	X	X

조건 3은 '인사만 O'이고, 갑과 을 모두 인사 업무만 선호하는 사원일 수는 없으므로 인사 업무만 선호하는 사원은 갑과 을이 아닌 다른 사원임을 알 수 있다. 이 다른 사원을 A라고 가정하여 정리하면 다음과 같다.

	민원	홍보	인사	기획
갑				O
을	O	O	X	X
A	X	X	O	X

조건 2는 '(홍보 O → 민원 O) X'이므로 홍보 업무를 선호하면서 민원 업무를 선호하지 않는 사원이 존재함을 알 수 있다. 이 사원을 B라고 가정하여 정리하면 다음과 같다.

	민원	홍보	인사	기획
갑				O
을	O	O	X	X
A	X	X	O	X
B	X	O		

이때 B는 을이나 A는 될 수 없지만, 갑이 될 가능성이 있다는 점을 고려하여 <보기>를 검토하면 다음과 같다.
ㄴ. B는 을과 다른 사원이므로 홍보 업무를 선호하는 사원은 을과 A로 최소 두 명이 존재한다. 따라서 적어도 두 명 이상의 신입사원이 홍보 업무를 선호한다는 것은 반드시 참이다.
ㄷ. 민원 업무와 홍보 업무는 을이 선호하고, 인사 업무는 A가 선호하고, 기획 업무는 갑이 선호한다. 따라서 조사 대상이 된 업무 중에, 어떤 신입사원도 선호하지 않는 업무는 없다는 것은 반드시 참이다.

오답 체크

ㄱ. 갑이 인사 업무를 선호하게 되면 갑도 을도 선호하지 않는 업무는 존재하지 않을 수도 있으므로 반드시 참은 아니다.

02 의사결정

정답 ⑤

정답 체크

정성평가 기준에는 첫째, 지자체 및 민간분야와의 재난 안전 분야 협력, 둘째, 재난관리에 대한 종합평가 두 항목이 있는데 두 항목 모두 상, 중, 하의 선정 비율이 20 : 60 : 20이다. 이를 5개 평가기관이라는 점에 대입하면 상, 중, 하의 선정대상기관의 수는 1 : 3 : 1임을 알 수 있다. 한편, 평가표는 정량평가와 정성평가로 이루어져 있는데 정량평가는 수치가 모두 주어져 있지만 정성평가는 일부 누락되어 있다. 하지만 주어진 내용에서 파악할 수 있는 것을 추려보면 다음과 같다.

A의 정성평가는 20점인데 이는 10 + 10인 경우이므로 정성평가기준 두 항목 모두 '상'이고 다른 기업들은 '상'을 받지 못했음을 알 수 있다.

B와 C의 정성평가는 11점인데 이미 '상'은 A가 모두 차지했으므로 11점이 가능한 것은 첫 번째 항목에서 중으로 6점, 두 번째 항목에서 중으로 5점을 받는 경우만 가능하다.

이를 정리하면 정성평가 첫 번째 항목에서 A가 상, B와 C가 중을 차지했으므로 D, E 가운데 하나가 중, 나머지 하나가 하임을 알 수 있고 이는 두 번째 항목에서도 마찬가지가 된다.

이를 토대로 가능한 경우의 수를 정리하면 다음과 같다.

평가 기관	정량 평가	(1) D가 중중		(2) D가 중하		(3) D가 하중		(4) D가 하하	
		정성	합계	정성	합계	정성	합계	정성	합계
A	71	20	91	20	91	20	91	20	91
B	80	11	91	11	91	11	91	11	91
C	69	11	80	11	80	11	80	11	80
D	74	11	85	7	81	8	82	4	78
E	66	4	70	8	74	7	73	11	77

따라서 4가지 경우 중 어떤 경우에도 E의 순위가 가장 낮으므로 옳은 설명이다.

오답 체크

①, ② 모든 경우 A와 B는 91점으로 동일한데 최종 점수가 동점일 경우에는 정성평가 점수가 높은 순서대로 순위가 결정되어 A는 항상 1위, B는 항상 2위이므로 옳지 않은 설명이다.

③, ④ (1) D가 중중인 경우와 (2) D가 중하인 경우와 같이 C보다 D가 높아 D가 3위, C가 4위가 되는 경우도 존재하므로 옳지 않은 설명이다.

03 조건명제

정답 ③

정답 체크

제시된 정보를 기호화하면 다음과 같다.

1. A O → B O and C O
2. C X
3. D O → A O or E O

두 번째 정보와 첫 번째 정보의 대우를 연결하면 C와 A가 모두 찬성하지 않음을 알 수 있다. 이를 표로 나타내면 다음과 같다.

A	B	C	D	E
X		X		

3개 구 이상의 찬성으로 승인된다고 하였는데 B가 찬성하지 않으면 이미 3개 구가 찬성하지 않는 상황이므로 안건은 승인되지 않으므로 ㄱ은 참이 된다.

B가 찬성하는 경우 E도 찬성한다는 것을 나타내면 다음과 같다.

A	B	C	D	E
X	O	X		O

하지만 이때 D가 찬성하는지 여부는 정해지지 않으므로 반드시 안건이 승인된다는 결론은 도출되지 않으므로 ㄴ은 참이 되지 않는다.

E가 찬성하지 않으면 다음과 같은 표가 완성되므로 참이 된다.

A	B	C	D	E
X		X		X

세 번째 정보의 대우는 A X and E X → D X인데 위에서 A X와 E X가 모두 성립되었으므로 D X도 성립함을 알 수 있다.

따라서 D는 찬성하지 않으므로 ㄷ은 참이 된다.

04 THEME

정답 ②

정답 체크

제시된 문제를 그래프로 해결하는 것이 가장 빠르고 정확한 방법이다. 지사끼리의 거리에만 집착한 나머지 문제에서 요구하는 바를 놓치면 안 된다. 각 지사끼리의 위치 관계를 개략적으로 표현하면 다음과 같다.

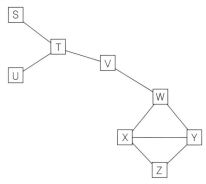

위의 그림은 각 지사를 점으로 두고 거리가 25km 이하인 지사끼리 변으로 연결하는 그래프를 그린 것이다. 25km 이하인 지사끼리만 연결한 이유는 문제에서 이들 지사끼리는 같은 주파수를 사용할 수 없다고 했기 때문이다. 25km를 초과한 지사끼리는 같은 주파수를 사용할 수 있으므로 선으로 연결할 필요가 없다. 이 그림의 선으로 이어진 지사들끼리는 다른 주파수를 사용해야 한다는 점을 고려해서 이어진 점들끼리는 다른 색을 칠해 주면 된다. 예를 들어 A, B, C … 등으로 색을 표시해 보면 다음과 같은 결과가 나온다.

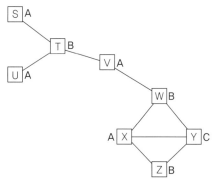

위의 굵은 글씨로 표시된 A, B, C는 특정한 색을 의미하는데, 각각의 문자는 서로 다른 색을 의미한다. 따라서 세 가지 문자 A, B, C로 이들 관계는 표시되므로 운송회사가 확보해야 할 주파수는 최소 3개이다.

05 의사결정

정답 ④

오답 체크 ▸ 정답 체크

ㄱ. 甲이 짝수가 적힌 카드를 뽑은 경우 1차 시기에서 산정되는 점수는 카드 점수에 3, 2, 1, 0 가운데 하나를 곱한 값인데 짝수에는 어떤 수를 곱해도 짝수가 나오므로 1차 시기 점수는 무조건 짝수이다. 다음 2차 시기에서 얻을 수 있는 점수는 2점이나 0점이므로 이 역시 모두 짝수이다. 따라서 최종점수는 짝수＋짝수＝짝수이므로 옳은 설명이다.

ㄷ. 甲이 숫자 4가 적힌 카드를, 乙이 숫자 2가 적힌 카드를 뽑았다면 가능한 甲의 최종점수 최댓값은 1차 시기 12점과 2차 시기 2점을 더한 14점이고 乙의 최종점수 최솟값은 1차 시기 0점과 2차 시기 0점을 더한 0점이다. 따라서 이 둘의 차이는 14점이므로 옳은 설명이다.

오답 체크

ㄴ. 甲이 숫자 2가 적힌 카드를 뽑았을 때 1차 시기에서 나올 수 있는 경우의 수는 순서대로 3, 2, 1, 0을 곱했을 때의 점수인 6, 4, 2, 0 네 가지이고, 2차 시기에서 나올 수 있는 경우의 수는 2, 0 두 가지이며 이를 정리하면 다음과 같다.

1차 시기 / 2차 시기	6	4	2	0
2	8	6	4	2
0	6	4	2	0

이때 최종점수로 나올 수 있는 경우의 수를 정리하면 다음과 같이 8, 6, 4, 2, 0 다섯 가지이므로 옳지 않은 설명이다.

⏱ 빠른 문제 풀이 Tip

상황별 나올 수 있는 최종점수의 경우를 파악할 때는 머리로 계산하는 것보다 1차 시기와 2차 시기에서 나올 수 있는 점수를 적어 놓은 후 이 둘을 더한 값을 정리하는 것이 좋으며, 짝수는 어떤 수를 곱해도 짝수가 된다는 점도 고려하는 것이 좋다.

06 THEME

정답 ⑤

정답 체크

그룹별 시민의 수는 동일하므로, 과반수의 찬성을 얻어 사업이 시행되기 위해서는 2개 이상의 그룹이 찬성해야만 한다. 시립공원에 대해서는 A 그룹만 찬성하고, 시립도서관은 B 그룹만 찬성하며, 시민문화센터는 C 그룹만 찬성하게 되어, 결국 2개 그룹 이상의 찬성을 얻는 사업안은 없다. 따라서 어떤 사업도 실시될 수 없고, 시민 사회 전체의 이득은 0이 된다.

07 THEME

정답 ④

정답 체크

먼저 A 그룹의 입장에서 보면 A 그룹은 B 그룹과 투표거래 시 시립공원과 시립도서관이 건설되고, 이때 A 그룹의 순이득은 300＋(−70)＝＋230이 된다. 반면 A 그룹이 C 그룹과 투표거래를 하는 경우는 시립공원과 시민문화센터가 건설되고, 이때 A 그룹의 순이득은 300＋(−50)＝＋250이 된다. 따라서 A 그룹은 자신의 순이득을 극대화할 수 있는 C 그룹과 투표거래를 하고자 한다.

이와 같은 방법으로 B 그룹은 A 그룹과 투표거래 시 +150, C 그룹과 투표거래 시 +180의 순이득을 얻으므로 C 그룹과 투표 거래를 하고자 한다.

C 그룹은 A 그룹과 투표거래 시 +50, B 그룹과 투표거래 시 +120의 순이득을 얻으므로 B 그룹과 투표거래를 하고자 한다. 따라서 투표 거래는 B 그룹과 C 그룹 사이에서 이루어지고, 이때 시립도서관과 시민문화센터가 건설된다.

08 정보찾기   정답 ①

정답 체크

'하늘에 제사하는 것은 제후(諸侯)의 일이고 사(士), 서인(庶人)은 다만 조상에게만 제사할 뿐이다.'라고 되어 있으므로 제후와 사(士)는 제사를 지낼 수 있는 대상이 다르다는 것을 알 수 있다.

오답 체크

② '천지귀신에게 음식으로써 아첨한다고, 사람에게 화복을 내리겠는가?', '사(士), 서인(庶人)은 다만 조상에게만 제사할 뿐이다. 조금이라고 그 분수를 넘으면 예가 아니다. 예가 아닌 제사는 사람이 아첨하는 것이므로 신(神)도 이를 받아들이지 않는다.' 등의 문구에서 사(士)가 천지귀신에게 제사를 지낸다고 해도 복을 받을 수 없을 것임을 알 수 있다.

③ '사(士)와 서인(庶人)이 산천에 제사를 지내는 것은 예(禮)가 아니고, 예(禮)에 해당되지 않는 제사를 지내는 것은 곧 음사(淫祀)다.', '하늘에 제사하는 것은 제후(諸侯)의 일이고 사(士), 서인(庶人)은 다만 조상에게만 제사할 뿐이다.'라고 되어 있으므로 사(士)는 하늘과 산천에 제사를 지낼 수 없을 것임을 알 수 있다.

④ '사(士)와 서인(庶人)이 산천에 제사를 지내는 것은 예(禮)가 아니고, 예(禮)에 해당되지 않는 제사를 지내는 것은 곧 음사(淫祀)다.'라고 되어 있으므로 사(士)와 서인이 산천에 예를 갖추어 제사를 지내는 것은 음사(淫祀)에 해당하게 된다는 것을 알 수 있다.

⑤ '광양당(廣陽堂)에서는 아침저녁으로 공경히 제사를 지내어 지극히 하지 않은 바가 없으며…그러나 오늘 어떤 배가 표류하고 내일 어떤 배가 침몰하여, 표류하고 침몰하는 배가 서로 끊이지 않으니…'라고 되어 있으므로 사(士)또는 서인이 영험 있는 신사에서 제사를 지낸다고 하더라도 배가 표류하거나 침몰하는 것을 막을 수는 없을 것임을 알 수 있다.

09 나열하기   정답 ⑤

정답 체크

각 곡의 시간을 초로 정리하면 A는 70초, B는 80초, C는 60초, D는 130초이며 각각의 곡 첫 30초는 전주라고 했으므로 이를 적용해서 각 곡을 정리하면 A(30+40), B(30+50), C(30+30), D(30+100)가 된다. 한편 이 네 곡이 전부 재생되는 데는 340초가 걸린다. 문제해결을 위해 필요한 조건을 정리하면 다음과 같다.

· 13시 20분 00초 − 곡 시작   ··· ⓐ
· 13시 23분 00초 − C 재생   ··· ⓑ
· A를 듣고 있던 한 시점부터 180초(3분) 후 C 재생   ··· ⓒ
· 13시 45분 00초 − 어떤 곡의 전주 재생   ··· ⓓ

한편 각 선택지에 시간을 적용해서 순서를 정리하면 다음과 같다.

①	A 30+40	B 30+50	C 30+30	D 30+100	A 30+40	B 30+50	···
②	B 30+50	A 30+40	C 30+30	D 30+100	B 30+50	A 30+40	···
③	C 30+30	A 30+40	D 30+100	B 30+50	C 30+30	A 30+40	···
④	D 30+100	C 30+30	A 30+40	B 30+50	D 30+100	C 30+30	···
⑤	D 30+100	C 30+30	B 30+50	A 30+40	D 30+100	C 30+30	···

이제 조건과 어긋나는 선택지를 지워나가면 다음과 같다. ⓑ에 의하면 C가 180초에 재생되고 있어야 하는데 ③은 C가 너무 빨리 등장한다. ⓒ에 의하면 A가 재생된 후 180초 후에 C가 재생되고 있어야 하는데 ②는 그 간격이 너무 짧고 ④는 그 간격이 너무 길다. ⓓ에 의하면 시작한 후 1,500초(25분) 후에 어떤 곡의 전주 부분이 재생되어야 한다. 그런데 네 곡이 전부 재생되는 데 340초가 걸리므로 1,360초 동안에는 네 곡이 네 번 순환하게 된다. 따라서 1,500−1,360=140초에 전주가 재생되고 있어야 하는데 ①은 그 시간에 B의 전주 이후 부분이 재생되고 있다. 따라서 ①, ②, ③, ④는 답이 될 수 없고 재생 순서로 가능한 것은 ⑤뿐이다.

⏱ 빠른 문제 풀이 Tip

이 문제와 같이 선택지가 결과물로 구성되어 있는 경우에는 조건을 정리해서 순서를 찾아내기보다는 각 선택지가 조건에 맞는지 판단하면서 문제를 해결하는 것이 빠르고 정확하다. 한편 주어진 시간이 분과 초로 이루어져 있지만 이를 초로 통일하여 문제를 해결하는 것도 도움이 된다.

10 의사결정　　　　　　　　　　　정답 ②

정답 체크

다자조약에 가입하기를 희망하면서 어떤 조항을 유보했을 경우 이를 어떤 식으로 적용할 것인가를 묻고 있다. 여기서 주의할 점은 조약이 발효된다는 것은 조약이 적용된다는 것을 의미하지만 어떤 조문의 유보가 적용된다는 것은 해당 조문은 조약의 내용에서 제외된다는 것이므로 이를 혼동하지 않도록 해야 한다. 이에 따라 각국의 상황을 살펴보면 다음과 같다.

[A 국의 경우]
체약국 중 한 국가라도 유보에 동의하면, 유보에 동의한 국가(유보동의국)와 유보를 희망하는 국가(유보국) 사이에서 유보 내용이 조약에 반영된다고 하였으므로 D 국의 유보에 대하여 A 국이 동의를 한 경우, A 국과 D 국 사이에서는 유보한 제7조를 제외한 조약 전체가 적용된다.

[B 국의 경우]
체약국 중 어떤 국가가 유보에 반대하면 유보를 반대한 국가(유보반대국)와 유보국 사이에서 조약은 일단 유보 없이 발효된다고 하였으므로 B 국이 유보만 반대한 경우에 있어서는 B 국과 D 국 사이에서는 조약 전체가 적용된다.

[C 국의 경우]
유보반대국이 조약의 발효에도 명시적으로 반대하면, 유보국은 그 유보반대국과의 관계에서 당해 다자조약의 당사자가 되지 않는다고 하였으므로 C 국이 유보를 반대하면서 동시에 조약의 발효에도 명시적으로 반대하는 경우, C 국과 D 국 사이에서는 조약 전체가 적용되지 않는다.
따라서 A 국과 D 국 간에는 제7조가 유보되었으므로 제7조가 적용되지 않으므로 옳은 설명이다.

오답 체크

ㄱ. D 국과 C 국 간에는 조약이 적용되지 않으므로 옳지 않은 설명이다.

ㄷ. A 국과 C 국 간에는 제7조를 유보하였다는 내용이 제시문에 없으므로 이를 판단할 수 없어 옳지 않은 설명이다.

ㄹ. A 국과 D 국 사이에서는 유보한 제7조를 제외한 조약 전체가 적용되고 B 국과 D 국 사이에서는 조약 전체가 적용되므로 옳지 않은 설명이다.

ㅁ. B 국과 C 국 간에는 제7조를 유보하였다는 내용이 제시문에 없으므로 이를 판단할 수 없어 옳지 않은 설명이다.

11 연결하기　　　　　　　　　　　정답 ①

정답 체크

제시문과 두더지의 대화를 정리하여 각 두더지가 맞은 횟수를 정리하면 다음과 같다.

· 두더지 A: 맞은 두더지 중 A가 가장 적게 맞았고, A가 맞은 횟수는 짝수
· 두더지 B: B=C
· 두더지 C: $A+C+D=\frac{3}{4}(A+B+C+D+E)$
· 두더지 D: 0번 맞은 두더지 1마리, D≠0
· 두더지 E: A+B+C+D+E=12

우선 두더지 E와 두더지 C의 식을 정리하면 A+C+D=9임을 알 수 있다. 다음으로 두더지 D에 의하면 0번 맞은 두더지가 있는데 두더지 A는 맞은 두더지이므로 해당하지 않고 두더지 B와 C는 같은 횟수를 맞았는데 B가 0번이면 C도 0번이어서 0번 맞은 두더지가 둘이 되므로 B와 C도 해당하지 않으며 두더지 D도 아니라고 했으므로 0번 맞은 두더지는 E가 된다. 이를 두더지 E에 적용하면 A+B+C+D=12가 되는데 앞에서 도출한 A+C+D=9와 결합하면 B가 3이 되고 B=C이므로 자연스럽게 C도 3임을 알 수 있다.

두더지	A	B	C	D	E
맞은 횟수		3	3		0

그런데 두더지 A는 맞은 두더지 중에 가장 적게 맞았으며 짝수만큼 맞았다고 했으므로 A가 맞은 횟수는 2가 된다. 그러면 전체 맞은 횟수가 12라는 두더지 D의 말에 의해 마지막 남은 두더지 D의 맞은 횟수는 자연스럽게 4임을 알 수 있다.

두더지	A	B	C	D	E
맞은 횟수	2	3	3	4	0

문제에서 전체 점수는 14점인데 대장 두더지를 맞혔을 때는 2점, 나머지 두더지를 맞혔을 때는 1점을 획득한다고 했으므로 2대 맞은 두더지가 대장 두더지임을 알 수 있다.
따라서 대장 두더지는 A이다.

⏱ 빠른 문제 풀이 **Tip**

대화에 나타난 정보를 간단한 수식으로 나타내면 정리하기 수월하며, 하나의 대화에서 얻을 수 있는 정보가 둘 이상일 수도 있음을 유의하면서 문제를 해결한다.

12 의사결정　　　　　　　　　　　정답 ②

정답 체크

철수의 입장에서 철수와 영희의 선택에 따른 손실을 정리하면 다음과 같다.

철수＼영희	가위	바위	보
가위	0	−3	1
바위	3	0	−5
보	−1	5	0

영희가 가위, 바위, 보를 낼 확률이 1/4, 1/4, 2/4라면 철수의 기댓값은 보를 낼 경우 $\frac{-1+5-0}{4}=\frac{4}{4}$ 이고 바위를 낼 경우 $\frac{3+0-10}{4}=\frac{-7}{4}$ 이 되므로 보를 내는 것이 바위를 내는 것보다 게임의 승리에 유리하다.

오답 체크

① 영희가 가위, 바위, 보를 낼 확률이 동일하다면 철수의 기댓값은 보를 낼 경우 4/3, 바위를 낼 경우 −2/3가 되므로 보를 내는 것이 바위를 내는 것보다 게임의 승리에 유리하다.

③ 영희가 가위, 바위, 보를 낼 확률이 1/6, 2/6, 3/6이라면 철수의 기댓값은 보를 낼 경우 $\frac{-1+10-0}{6}=\frac{9}{6}$ 이고 바위를 낼 경우 $\frac{3+0-15}{6}=-\frac{12}{6}$ 가 되므로 바위를 내는 것이 보를 내는 것보다 게임의 승리에 불리하다.

④ 영희가 가위, 바위, 보를 낼 확률이 1/6, 2/6, 3/6이라면 철수의 기댓값은 보를 낼 경우 $\frac{-1+10-0}{6}=\frac{9}{6}$ 이고 가위를 낼 경우 $\frac{0-6+3}{6}=-\frac{3}{6}$ 이 되므로 보를 내는 것이 가위를 내는 것보다 게임의 승리에 유리하다.

⑤ 영희가 가위, 바위, 보를 낼 확률이 3/6, 2/6, 1/6이라면 철수의 기댓값은 가위를 낼 경우 $\frac{0-6+1}{6}=-\frac{5}{6}$ 이고 바위를 낼 경우 $\frac{9+0-5}{6}=\frac{4}{6}$ 가 되므로 가위를 내는 것이 바위를 내는 것보다 게임의 승리에 불리하다.

13 의사결정

정답 ③

정답 체크

4월 11일 오전 11시에 서울에서 출발하는 비행기편 A를 이용하면, 방콕 시각으로 오후 2시에 도착한다. 그런 다음 방콕에서 오후 9시에 출발하는 비행기편 D를 이용한다면 암스테르담에는 방콕 시각으로 4월 12일 오전 5시에 도착하지만, 암스테르담 시각으로는 4월 11일 오후 11시가 된다.
따라서 암스테르담에는 4월 11일에 도착하므로 옳지 않은 설명이다.

오답 체크

① 4월 11일 오전 9시에 서울에서 출발하는 비행기편 A를 이용한다면, 서울 시각으로 오후 2시에 방콕에 도착하므로 방콕 시각으로 낮 12시가 된다. 따라서 1시에 출발하는 비행기편 D를 탈 수 있으므로 옳은 설명이다.

② 4월 11일 오전 8시에 서울에서 출발하는 비행기편 B를 이용한다면, 서울 시각으로 오후 8시 30분에 파리에 도착하므로 파리 시각으로 낮 12시 30분이 된다. 따라서 파리에서 낮 12시에 출발하는 비행기편 C를 탈 수 없으므로 옳은 설명이다.

④ 4월 11일 오후 1시에 서울에서 출발하는 비행기편 F를 이용하면, 런던 시각으로 오후 4시(서울 시각 4월 12일 오전 1시)에 도착하므로 런던에서 오후 5시에 출발하는 비행기편 E를 탈 수 있다. 따라서 암스테르담에 오후 7시(런던시각 오후 6시)에 도착할 수 있으므로 옳은 설명이다.

⑤ 서울에서 오후 2시에 출발하는 비행기편 B를 타면, 파리 시각으로 오후 6시 30분(서울 시각 4월 12일 오전 2시 30분)에 도착한다. 따라서 4월 11일 오후 8시에 파리에서 출발하는 비행기편 C를 이용할 수 있으므로 옳은 설명이다.

14 의사결정

정답 ⑤

정답 체크

김씨가 선택할 수 있는 비행기 편은 A−D, B−C, F−E 3가지이며, 각 경우의 비용을 계산해 보면 다음과 같다.

경로 A−D	52만 원＋58만 원＝110만 원
경로 B−C	102만 원＋12만 원＝114만 원
경로 F−E	98만 원＋9만 원＝107만 원

또한, 경로별 암스테르담에 도착할 수 있는 시각을 구해 보면 다음과 같다.

경로 A−D	비행기편 A, 서울, AM 06 : 00 → 방콕 AM 09 : 00 도착 → 비행기편 D, 방콕, PM 01 : 00(30분의 여유가 없으므로 오전 9시 비행기는 탈 수 없다.) → 암스테르담 PM 03 : 00 도착
경로 B−C	비행기편 B, 서울, AM 08 : 00 → 파리 PM 00 : 30 도착 → 비행기편 C, 파리, PM 02 : 00 → 암스테르담 PM 04 : 00 도착
경로 F−E	비행기편 F, 서울발, AM 07 : 00 → 런던 AM 10 : 00 도착 → 비행기편 E, 런던, AM 11 : 00 → 암스테르담 PM 01 : 00 도착

따라서 가장 저렴한 가격의 비행경로와 가장 이른 시각에 암스테르담에 도착할 수 있는 비행경로 모두 F−E이다.

15 조건명제 정답 ③

정답 체크

우선 A에 들어갈 말을 살펴보면 장생의 첫 번째 대화에서 공길이 자고 있는 동안 장생은 잠을 자지 않는다고 했다. 이를 대우로 나타내보면 '장생이 잠을 잔다면 공길은 자고 있지 않은 것이다.'가 된다. 따라서 A에는 '그렇지'가 들어가야 한다.

다음으로, 오덕이 다음 날 정오에 대장간에 오지 않으면 단도를 받을 수 없다고 했는데 이를 역으로 나타내 보면 '단도를 받을 수 없었다면 다음 날 정오에 대장간에 가지 않은 것이다.'가 된다. 그런데 문제에서 다음 날 장생은 단도를 받을 수 없었다고 했다. 이 경우는 오덕의 말의 역에 해당하고 기본명제로 역의 진실 여부를 알 수는 없으므로 장생은 정오에 대장간에 갔을 수도 있고 가지 않았을 수도 있다.

따라서 A에는 '그렇지'가 들어가고, 다음 날 장생의 행동은 '정오에 대장간에 갔을 수도 있고 가지 않았을 수도 있다.'이다.

16 법률해석 정답 ④

정답 체크

ㄱ. 첫 번째 지문에서 사업자는 대금 일부를 현금으로 지급하더라도 30만 원 이상 거래 시에는 소비자가 요청하지 않아도 현금영수증을 발급하여야 함을 알 수 있으므로 옳지 않은 설명이다.

ㄴ. 첫 번째 지문에서 30만 원 이상 거래 시 현금영수증을 지급하여야 하므로, 부동산 중개인은 현금영수증을 발급하여야 한다. 두 번째 지문에서 현금영수증 발급 의무 위반 시 미발급 금액의 50%를 과태료로 부과한다고 하고 있으므로, 부동산 중개인에게 부과되는 과태료는 미발급 금액의 40만 원의 50%인 20만 원이다. 이때 1개월 이내에 소비자가 신고하면 과태료의 20%를 포상금으로 지급받으므로, 보기에서 소비자는 1개월이 지나지 않은 4월 29일에 신고하였으므로 20만 원의 20%인 4만 원을 포상금으로 받게 되므로 8만 원을 포상금으로 받는다는 내용은 옳지 않은 설명이다.

ㄹ. 첫 번째 지문에서 현금영수증 대신 세금계산서를 발급한 경우 현금영수증을 발급하지 않아도 된다.

따라서 사업자는 세금계산서를 발행하였으므로 과태료가 부과되지 않기 때문에 옳지 않은 설명이다.

오답 체크

ㄷ. 첫 번째 지문을 근거로 업주는 현금영수증을 발급하여야 한다. 그런데 세 번째 지문에서 소비자가 현금영수증을 발급을 원하지 않는 경우 사업자가 국세청에서 지정한 코드로 발급할 수 있고, 이 경우 현금영수증을 발급한 것으로 인정하므로, 업주는 이에 해당하여 현금영수증을 발급한 것으로 인정

되어, C가 현금영수증 미발급을 이유로 신고하더라도 포상금을 받을 수 없기 때문에 옳은 설명이다.

17 조건명제 정답 ④

정답 체크

제시된 내용을 정리하면 다음과 같다.
1. 개인 가안 포함 → 보건 가안 포함
2. 2025팀 재편 → 개인 가안 포함 and 보건 가안 포함
3. 개인 가안 포함 and 최 팀장 총괄 → 손공정 씨 브리핑
4. 보건 가안 포함 → 2025팀 재편 or 보도자료 수정
5. '최 팀장 총괄 → 손공정 씨 브리핑'은 거짓

조건 명제가 거짓이 되는 경우는 전건이 진실인데 후건이 거짓이 되는 경우뿐이다.

따라서 '최 팀장 총괄 → 손공정 씨 브리핑'은 거짓이라는 것은 최 팀장이 브리핑을 총괄한다는 것은 사실이지만 손공정 씨가 브리핑한다는 것은 거짓이라는 것을 알 수 있으므로 최 팀장 총괄 O, 손공정 씨 브리핑 X라는 정보를 추가로 알 수 있다.

ㄴ. 최 팀장은 브리핑을 총괄하므로 뒷부분은 옳다.

한편, 손공정 씨는 브리핑을 하지 않으므로 3의 대우에 의해 개인 가안 포함 X or 최 팀장 총괄 X임을 알 수 있는데 현재 최 팀장이 브리핑을 총괄하고 있으므로 개인 가안은 포함되지 않는다는 것을 알 수 있다. 그런데 2번 명제의 대우에 의해 개인 가안이 포함되지 않거나 보건 가안이 포함되지 않으면 2025팀이 재편되지 않는다는 것을 알 수 있는데 개인 가안은 포함되지 않으므로 2025팀이 재편되지 않는다는 것을 알 수 있어 앞부분도 옳다.

ㄷ. 보건 가안이 포함되면 2025팀이 재편되거나 보도자료가 수정되어야 하는데 위에서 2025팀은 재편되지 않는다고 하였으므로 보도자료가 수정된다는 것을 알 수 있다.

오답 체크

ㄱ. 개인 가안이 포함되지 않는다는 것은 앞에서 살펴본 바에 의해 확인할 수 있다. 한편, 2025팀이 재편되지 않으므로 2번 명제에 의한 '보건 가안이 포함된다.'는 결론은 도출되지 않고, 나머지 명제에서도 보건 가안이 포함된다는 내용의 후건은 존재하지 않으므로 보건 가안이 포함되는지에 대한 정보는 알 수 없다.

18 진실 혹은 거짓 정답 ②

정답 체크

곶감이 꿀단지, 아궁이, 소쿠리 중 한 곳에만 있다고 가정하고 甲~戊 호랑이의 진술의 참·거짓 여부를 살펴보면 다음과 같다.

	꿀단지	아궁이	소쿠리
甲 (아궁이에)	F	T	F
乙 (乙만 알고 있음)			
丙 (甲 F)			
丁 (丁 알고 있음)			
戊 (꿀단지에)	T	F	F

만약 꿀단지에 곶감이 있다면 甲은 거짓을 말한 것이 되고 자연스럽게 丙은 진실을 말한 것이 된다. 그리고 戊가 곶감이 있는 곳을 알고 있으므로 乙은 거짓을 말한 것이 된다. 결국 丙과 戊가 진실을 말한 것이 되므로 나머지는 전부 거짓을 말한 것이 되어야 한다.

만약 아궁이에 곶감이 있다면 甲은 진실을 말한 것이 되고 자연스럽게 丙은 거짓을 말한 것이 된다. 그리고 甲이 곶감이 있는 곳을 알고 있으므로 乙은 거짓을 말한 것이 된다. 결국 乙, 丙, 戊가 거짓을 말한 것이 되므로 甲, 丁이 진실을 말한 것이 된다.

만약 소쿠리에 곶감이 있다면 甲은 거짓을 말한 것이 되고 丙은 자연스럽게 진실을 말한 것이 된다. 그리고 甲, 戊가 거짓을 말했으므로 乙과 丁 가운데 한 명이 거짓을 말해야 하므로 乙이 참인 경우 丁은 거짓이 되고 乙이 거짓인 경우 丁은 참이 되어야 한다. 이를 정리하면 다음과 같다.

	꿀단지	아궁이		소쿠리
甲 (아궁이에)	F	T	F	F
乙 (乙만 알고 있음)	F	F	T	F
丙 (甲 F)	T	F	T	T
丁 (丁 알고 있음)	F	T	F	T
戊 (꿀단지에)	T	F	F	F

따라서 이 내용과 맞아떨어지는 선택지는 ②뿐이다.

⏱ 빠른 문제 풀이 Tip

진실을 말하는 호랑이가 둘, 거짓을 말하는 호랑이가 셋이므로 진실 여부를 가정하면 경우의 수가 너무 많게 된다. 반면 곶감이 들어 있을 수 있는 경우의 수는 세 가지뿐이므로 곶감이 들어 있을 수 있는 곳을 가정하여 각 호랑이가 진실을 말했는지 판단하는 것이 좋다.

19 논리퍼즐 정답 ④

정답 체크

乙에게 서류를 전달한 후 곧바로 사무실로 돌아온 甲이 원래 예상했던 시각보다 2분 일찍 사무실로 복귀했다면 왕복 시간에서 2분이 덜 걸렸다는 의미이므로 乙은 원래 도착하려던 시각보다 1분 일찍 도착했다는 것을 알 수 있다.

한편 乙은 甲이 원래 도착했을 시각보다 일찍 출발하여 4분 뒤에 甲을 만났다고 하였는데, 甲을 만난 시각이 甲이 원래 도착하기로 한 시각보다 1분 이르므로 乙은 사무실 출발 후 甲을 만나는 데 걸린 시간인 4분에 甲이 원래 도착하기로 한 시간보다 이른 시간인 1분을 더한 5분 일찍 출발했다는 것을 알 수 있다.

따라서 ⊙에 해당하는 수는 5이다.

⏱ 빠른 문제 풀이 Tip

甲이 도착하기로 한 시각을 기준으로 놓고 생각한다. 예를 들어 甲이 12시 정각에 도착하기로 하고 출발하였는데 乙을 1분 일찍 만난 것이라면, 甲과 乙이 만난 시각은 11시 59분이다. 한편 乙은 甲이 도착하기로 한 12시 정각보다 일찍 출발해서 4분이 지나 甲을 만났고, 甲을 만난 시각이 11시 59분이므로 乙이 출발한 시각은 11시 59분의 4분 전인 11시 55분이다. 따라서 도착하기로 한 시각인 12시 정각보다 5분 일찍 출발했음을 알 수 있다.

20 리그, 토너먼트 정답 ⑤

정답 체크

참가자들은 예선전에서 5명씩 한 조가 되어 총 15개의 조로 나뉘게 된다. 참가자들은 자신이 속한 조 내에서 리그전을 치르고 조별로 1등과 2등이 되어야만 본선에 진출한다. 따라서 하나의 조에서는 총 10번의 경기를 갖기 때문에 예선 동안 진행된 총 경기 수는 15×10=150이다.

본선 1차전에서만 두 명이 부전승으로 올라간다면 다음과 같이 진행된다.

본선 1차전에 올라온 참가자는 30명이다. 만약 본선 1차전에서만 두 명이 부전승으로 올라간다면 본선 2차전에 올라간 참가자 수는 부전승 2명+부전승 아닌 본선 진출자 14명=16명이 된다. 이렇게 본선 3차전이 끝날 때까지 총경기 수는 150+14+8+4=176이다. 또한, 최종 우승자가 결정되기까지의 총경기 수는 150+14+8+4+2+1=179이다.

본선 2차전에서만 한 명이 부전승으로 올라간다면 다음과 같이 진행된다.

본선 1차전에 올라온 참가자는 30명이다. 본선부터는 토너먼트로 경기가 진행되기 때문에 본선 2차전에 올라가는 참가자는 15명이 된다. 본선 2차전에서 한 명이 부전승으로 본선 3차전에 올라가면 나머지 14명은 7번의 경기를 거쳐서 본선 3차전에 올라

가게 된다. 토너먼트 본선 3차전에 올라간 사람은 8명, 본선 4차전에 올라가는 사람은 4명, 본선 5차전에 올라가는 사람은 2명이 되고 본선 5차전이 끝나면 최종 우승자가 결정된다. 그러므로 예선을 포함하여 총 6차전 동안 경기가 진행된다. 이 경우 총 경기 수는 150(예선)＋15(본선 1차전)＋7(본선 2차전)＋4(본선 3차전)＋2(본선 4차전)＋1(본선 5차전)＝179이다.

ㄴ. 본선 1차전에서만 두 명이 부전승으로 올라간다면 본선 2차전에서는 16명이 경기를 치르므로 옳은 진술이다.

ㄹ. 토너먼트만 놓고 보면 본선 2차전에서만 한 명이 부전승으로 올라간다면 경기는 최종 우승자가 결정되기까지 총 5차전 동안 진행되므로 옳은 진술이다.

ㅁ. 본선 1차전에서만 두 명이 부전승으로 올라간 경우와 본선 2차전에서만 한 명이 부전승으로 올라간 경우 최종 우승자가 결정될 때까지 진행된 총 경기 수는 179로 같으므로 옳은 진술이다.

오답 체크

ㄱ. 예선 동안 진행된 총경기 수는 150이므로 옳지 않은 진술이다.

ㄷ. 본선 1차전에서만 두 명이 부전승으로 올라간다면 본선 3차전이 끝날 때의 총경기 수는 176이므로 옳지 않은 진술이다.

21 의사결정 정답 ③

정답 체크

제시된 내용에 따라 국경을 나타내면 다음과 같이 정삼각형을 평행으로 분할한 4개의 조각이 된다.

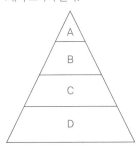

이때 각국의 면적은 A를 1이라고 할 때 B, C, D 순서대로 3, 5, 7이 됨을 알 수 있고 제시된 내용에 따라 1년 후의 쌀의 변화량을 정리하면 다음과 같다.

	2015년 보유	생산	공물 수입	공물 지출	소비	2016년 합
A	1만	1만	＋3만	0	−1만	4만
B	1만	3만	＋2만	−1만	−1만	4만
C	1만	5만	＋1만	−2만	−1만	4만
D	1만	7만	0	−3만	−1만	4만

한편 2017년의 쌀의 변화량은 다음과 같다.

	2016년 보유	생산	공물 수입	공물 지출	소비	2017년 합
A	4만	1만	＋3만	0	−1만	7만
B	4만	3만	＋2만	−1만	−1만	7만
C	4만	5만	＋1만	−2만	−1만	7만
D	4만	7만	0	−3만	−1만	7만

ㄷ. 만약 2015년 여름 홍수로 인해 모든 국가의 2015년도 쌀 생산량이 반으로 줄어든다고 하여도, 아래 표와 같이 2016년 1월 1일 기준 각 국가의 쌀 보유량은 0보다 크므로 옳은 설명이다.

	2015년 보유	생산	공물 수입	공물 지출	소비	2016년 합
A	1만	0.5만	＋3만	0	−1만	3.5만
B	1만	1.5만	＋2만	−1만	−1만	2.5만
C	1만	2.5만	＋1만	−2만	−1만	1.5만
D	1만	3.5만	0	−3만	−1만	0.5만

오답 체크

ㄱ. 2016년 1월 1일에 1년 전보다 쌀 보유량이 줄어든 국가는 없으므로 옳지 않은 설명이다.

ㄴ. 2017년 1월 1일에 4개국은 모두 같은 양의 쌀을 보유하고 있으므로 옳지 않은 설명이다.

22 연결하기 정답 ④

정답 체크

<조건>의 피자 그림을 시계 방향 순서로 나열하여 조건에 맞게 표로 나타내면 다음과 같다.

	토핑	甲	乙	丙	丁	戊
1	새우 1, 버섯 1	X	X	O	X	O
2	새우 1, 소시지 2, 파인애플 1	X	O	O	O	X
3	버섯 1, 소시지 1	O	O	X	X	O
4	파인애플 1, 소시지 2	O	O	X	O	X
5	새우 2, 소시지 1	X	O	X	X	O
6	버섯 2, 파인애플 1	O	O	X	O	X
7	새우 2, 버섯 1	X	X	O	X	X
8	소시지 1, 버섯 2	O	O	X	X	X
9	새우 2	X	X	O	X	X
10	파인애플 2, 새우 1	X	X	O	O	X

7번 조각과 9번 조각은 丙만 먹을 수 있다. 따라서 丙은 7번, 9번 조각을 먹는다.

	토핑	甲	乙	丙	丁	戊
1	새우 1, 버섯 1	X	X	O	X	O
2	새우 1, 소시지 2, 파인애플 1	X	O	O	O	X
3	버섯 1, 소시지 1	O	O	X	X	O
4	파인애플 1, 소시지 2	O	O	X	O	X
5	새우 2, 소시지 1	X	O	X	X	X
6	버섯 2, 파인애플 1	O	X	X	X	X
7丙	새우 2, 버섯 1	X	X	O	X	X
8	소시지 1, 버섯 2	O	O	X	X	X
9丙	새우 2	X	X	O	X	X
10	파인애플 2, 새우 1	X	X	O	O	X

丙은 7번, 9번 조각을 먹으므로 나머지를 모두 X로 처리하여 보면 1번 조각은 戊만 먹을 수 있고, 10번 조각은 丙만 먹을 수 있고, 5번 조각은 乙만 먹을 수 있다. 그리고 6번 조각은 甲만 먹을 수 있다. 또한 戊는 1번과 3번 조각만 먹을 수 있으므로 3번 조각도 戊가 먹는다.

	토핑	甲	乙	丙	丁	戊
1戊	새우 1, 버섯 1	X	X	X	X	O
2	새우 1, 소시지 2, 파인애플 1	X	O	X	O	X
3戊	버섯 1, 소시지 1	O	O	X	X	O
4	파인애플 1, 소시지 2	O	O	X	O	X
5乙	새우 2, 소시지 1	X	O	X	X	X
6甲	버섯 2, 파인애플 1	O	X	X	X	X
7丙	새우 2, 버섯 1	X	X	O	X	X
8	소시지 1, 버섯 2	O	O	X	X	X
9丙	새우 2	X	X	O	X	X
10丁	파인애플 2, 새우 1	X	X	X	O	X

표를 다시 정리하면 甲은 6번 조각을, 乙은 5번 조각을, 丙은 7번과 9번 조각을, 丁은 10번 조각을, 戊는 1번과 3번 조각을 먹을 수 있으므로 丙, 戊는 모두 정해졌고 甲, 乙, 丁은 한 조각씩만 정해졌다. 이를 정리하면 다음과 같다.

	토핑	甲	乙	丁
2	새우 1, 소시지 2, 파인애플 1	X	O	O
4	파인애플 1, 소시지 2	O	O	O
8	소시지 1, 버섯 2	O	O	X

이때 가능한 경우를 생각해 보면 甲이 4번 조각일 때 丁은 2번 조각, 乙은 8번 조각으로 정해지고, 甲이 8번 조각이고 丁이 2번 조각일 때, 乙은 4번 조각으로 정해지고, 甲이 8번 조각이고 丁이 4번 조각일 때, 乙은 2번 조각으로 정해진다.
따라서 경우의 수는 3가지이다.

⏱ 빠른 문제 풀이 Tip

이 문제와 같이 변수와 조건이 많은 경우에는 주어진 조건을 간단히 표기하기만 하는 것으로는 조건 간의 연관을 보기 힘들기 때문에 큰 틀을 갖춘 표를 그려놓고 각 조건에서 알 수 있는 정보를 최대한 표시하여 각 변수 간의 연관을 한 눈에 보기 쉽게 정리하는 것이 좋다.

23 연결하기
정답 ④

정답 체크

대화에서 알 수 있는 내용을 정리하면 다음과 같다.

전제 1	~(AO and BO)
전제 2	CO → AO or BO
전제 3	AX and BO가 존재함
전제 4	㉠ 종범이 말한 것
결론	AX, BO, CX가 적어도 한 명 존재

우선 A, B, C 선호 여부에 대해 모든 경우의 수를 정리하면 다음의 8가지 경우를 고려해 볼 수 있다.

경우	1	2	3	4	5	6	7	8
A	O	O	O	O	X	X	X	X
B	O	O	X	X	O	O	X	X
C	O	X	O	X	O	X	O	X

전제 1에서 경우 1, 2는 존재하지 않는다는 것을 알 수 있고, 전제 2에서 경우 7은 존재하지 않는다는 것을 알 수 있다. 한편 전제 3에서 경우 5, 6 중에 최소 하나는 존재한다는 것을 알 수 있다. 이를 정리하면 다음과 같다.

경우	~~1~~	~~2~~	3	4	5	6	~~7~~	8
A	O	O	O	O	X	X	X	X
B	O	O	X	X	O	O	X	X
C	O	X	O	X	O	X	O	X
존재 여부	존재 X	존재 X			최소 1개 존재		존재 X	

그런데 결론에서 경우 6이 반드시 존재한다고 했다. 따라서 종범이 말한 것에는 경우 5를 존재하지 않게 할 수 있는 내용이 필요하다.
따라서 B를 선호하는 사람은 누구도 C를 선호하지 않는다는 내용은 경우 5를 존재하지 않게 하므로 경우 6이 반드시 존재한다는 결론을 도출할 수 있다.

오답 체크

① A를 선호하는 사람은 모두 C를 선호한다는 내용은 경우 4를 존재하지 않게 할 뿐이므로 결론을 도출할 수 없다.

② A를 선호하는 사람은 누구도 C를 선호하지 않는다는 내용은 경우 3을 존재하지 않게 할 뿐이므로 결론을 도출할 수 없다.

③ B를 선호하는 사람은 모두 C를 선호한다는 내용은 경우 6을 존재하지 않게 할 뿐이므로 결론을 도출할 수 없다.

⑤ C를 선호하는 사람은 모두 B를 선호한다는 내용은 경우 3을 존재하지 않게 할 뿐이므로 결론을 도출할 수 없다.

⏱ 빠른 문제 풀이 Tip

우선 A, B, C 선호 여부에 대해 모든 경우의 수를 나타낸 후 주어진 조건에 맞지 않은 것을 지워내거나 조건에 맞는 경우를 파악하는 방법으로 문제를 해결하는 것이 좋다.

---

24 연결하기
정답 ①

[정답 체크]

각각의 평가에 대해 점수를 부여한 내용을 정리하면 다음과 같다.

	대민봉사	업무역량	성실성	청렴도	합계
갑돌	3	3	3	1	10
을순	2	3	1	3	9
병만	1	3	3	2	9
정애	2	2	2	3	9

평가 점수 총합이 높은 순으로 선발한다고 했으므로 갑돌은 선발된다. 한편, 나머지 을순, 병만, 정애 중에 누가 선발되는지에 대해 ㄱ, ㄴ, ㄷ의 기준을 각각 적용했을 때를 정리해 보면 ㄱ만 세 명이 표창을 받게 됨을 알 수 있다.

ㄱ. 두 개 이상의 항목에서 상의 평가를 받은 후보자를 선발하게 되면 정애는 제외된다. 따라서 을순과 병만이 선정되며 이미 선정된 갑돌을 포함한 3명이 선발되므로 적절한 진술이다.

[오답 체크]

ㄴ. 청렴도에서 하의 평가를 받은 후보자를 제외한다고 하면 을순, 병만, 정애 중에 청렴도에서 하의 평가를 받은 사람이 없으므로 제외되는 사람은 없다. 따라서 을순, 병만, 정애 모두 선정되며 이미 선정된 갑돌을 포함한 4명이 선정되므로 적절하지 않은 진술이다.

ㄷ. 하의 평가를 받은 항목이 있는 후보자를 제외한다고 하면 을순과 병만이 제외된다. 따라서 정애만 선정되며 이미 선정된 갑돌을 포함한 2명이 선정되므로 적절하지 않은 진술이다.

⏱ 빠른 문제 풀이 Tip

제시된 표를 분석해서 세 명이 표창을 받게 되는 경우를 추론하기보다는 보기의 내용을 하나씩 적용해서 세 명이 표창을 받게 되는 경우인 것이 어떤 것인지 가려내는 것이 바람직하다.

---

25 조건명제
정답 ④

[정답 체크]

제시된 ㉠, ㉡, ㉢, ㉣을 정리하면 다음과 같다.

㉠ '신이 존재하지 않는다.'는 문장은 진실

㉡ '신이 존재한다.'는 문장은 의미가 없다.

㉢ 어떤 문장의 부정문이 의미가 있으면 그 문장도 의미가 있다.

㉣ '신이 존재한다.'는 문장은 참, 거짓을 알 수 없다.

ㄱ. ㉢의 대우에서 어떤 문장이 의미가 없으면 그 문장의 부정문도 의미가 없다는 것을 알 수 있는데 ㉡에서 '신은 존재한다.'는 문장은 의미가 없다고 하였으므로 '신은 존재한다.'는 문장의 부정문인 '신은 존재하지 않는다.'는 문장도 의미가 없음을 알 수 있다.

ㄷ. ㉡은 '신은 존재한다.'는 문장이 의미가 없다는 것인데 '의미가 없는 문장은 참인지 거짓인지 알 수 없다.'는 전제가 추가되면 신은 존재한다는 문장이 참인지 거짓인지 알 수 없게 된다는 ㉣ 문장이 도출된다.

[오답 체크]

ㄴ. ㉡을 부정하면 '신이 존재한다.'는 문장은 의미가 있다는 것이 되는데 그렇다고 하더라도 '신이 존재하지 않는다.'는 것이 도출될 수 없기 때문에 ㉠은 도출되지 않는다. 그리고 신이 존재한다는 문장의 의미가 있다는 것을 안다고 해서 신이 존재한다는 것이 참인지 거짓인지를 알 수는 없기 때문에 ㉣ 역시 도출되지 않는다.

---

26 연결하기
정답 ⑤

[정답 체크]

월요일에 알레르기 증상을 보인 사람은 甲뿐이므로 乙, 丙, 丁은 밀가루와 우유에 대해 알레르기 증상을 보이지 않으며, 이들은 각각 한 가지 재료에 대해서만 알레르기 증상을 보였다고 했으므로 甲은 나머지 재료에 대해서 알레르기 증상을 보이지 않는다. 이를 표로 정리하면 다음과 같다.

	밀가루	우유	옥수수	아몬드	달걀	식용유
甲			X	X	X	X
乙	X	X				
丙	X	X				
丁	X	X				

화요일에 알레르기 증상을 보인 사람은 丁뿐이므로 '?'로 표시된 것이 어떤 것인지에 상관없이 甲, 乙, 丙은 밀가루에 대해 알레르기 증상은 보이지 않는다는 것을 알 수 있다.

	밀가루	우유	옥수수	아몬드	달걀	식용유
甲	X		X	X	X	X
乙	X	X				
丙	X	X				
丁	X	X				

수요일에 알레르기 증상을 보인 사람은 乙과 丁뿐이므로 甲과 丙은 옥수숫가루, 아몬드, 달걀에 대해서는 알레르기 증상을 보이지 않고, 乙과 丁은 나머지 재료에 대해 알레르기 증상을 보이지 않는다는 것을 알 수 있다. 이와 같은 방식으로 표를 채워나가면 아래와 같은 결과를 얻을 수 있다.

	밀가루	우유	옥수수	아몬드	달걀	식용유
甲	X	O	X	X	X	X
乙	X	X			X	X
丙	X	X	X	X	X	O
丁	X	X	X	X	O	X

이를 토대로 보기를 살펴보도록 한다.

ㄴ. 乙이 알레르기 증상을 보인 것이 옥수숫가루 때문이건, 아몬드 때문이건 甲, 乙, 丙이 서로 다른 재료에 대해 알레르기 증상을 보인 점에는 틀림없으므로 옳은 설명이다.

ㄷ. 화요일에는 丁이 알레르기 증상을 보였는데 丁은 달걀에 대해 알레르기 증상을 보이므로 '?' 중 하나는 달걀이 되어야 한다. 따라서 옳은 설명이다.

ㄹ. 만약 화요일에 제공된 방에 포함된 재료 중 하나가 아몬드라면 화요일에 알레르기 반응을 보이지 않은 을은 아몬드에 대해 알레르기 반응을 보이지 않는다. 그런데 을은 옥수숫가루와 아몬드 가운데 하나로 인해 알레르기 반응을 보인 것이므로 아몬드를 제외한 나머지인 옥수숫가루에 대해 알레르기 반응을 보인다는 것을 알 수 있다. 따라서 옳은 설명이다.

오답 체크

ㄱ. 甲이 알레르기 증상을 보인 것은 밀가루가 아니라 우유 때문이므로 옳지 않은 설명이다.

27 진실 혹은 거짓
정답 ⑤

정답 체크

각각의 진술을 정리하면 다음과 같다.

	진술 1	진술 2
갑	A 광주	D 서울
을	B 광주	C 세종
병	C 광주	D 부산

문제의 조건에서 각각의 두 진술 중 하나는 참이고 다른 하나는 거짓이라고 했는데 이 가운데 어떤 진술이 참인지 거짓인지를 알 수 없으므로 하나의 진술을 정해 진실인 경우와 거짓인 경우로 나눠서 생각해 보도록 한다.

[경우 1] 갑의 진술 1이 참인 경우
갑의 진술 1이 참이면 A의 근무지는 광주이고 A, B, C, D는 각기 다른 한 도시에서 근무한다고 했으므로 나머지는 광주가 아니게 되므로 을의 진술 1과 병의 진술 1은 거짓이 된다. 한편 각각의 진술 1의 진실 여부가 정해지면 나머지 한 진술은 그와 반대가 되므로 이를 정리하면 다음과 같다.

	진술 1	진술 2
갑	A 광주(T)	D 서울(F)
을	B 광주(F)	C 세종(T)
병	C 광주(F)	D 부산(T)

위의 내용에 의할 때 A는 광주, C는 세종, D는 부산에 근무하게 되므로 B는 자연스럽게 나머지 하나인 서울에 근무함을 알 수 있다.

[경우 2] 갑의 진술 1이 거짓인 경우
갑의 진술 1이 거짓이면 A의 근무지는 광주가 아니고, 갑의 진술 2가 진실이 되므로 D의 근무지는 서울이 된다. 그러면 D의 근무지를 부산이라고 한 병의 진술 2는 거짓이 되고 병의 진술 1이 진실이 되어 C의 근무지가 광주가 된다. 그러면 B의 근무지가 광주라고 한 을의 진술 1은 거짓이 되고 을의 진술 2는 진실이 되며 이를 정리하면 다음과 같다.

	진술 1	진술 2
갑	A 광주(F)	D 서울(T)
을	B 광주(F)	C 세종(T)
병	C 광주(T)	D 부산(F)

그런데 이에 의하면 C의 근무지가 광주이면서 동시에 세종이 되므로 문제의 조건에 어긋난다. 따라서 갑의 진술 1은 반드시 진실이 되어 경우 1만 옳게 되며 다시 한번 순서대로 정리하면 A는 광주, B는 서울, C는 세종, D는 부산이 근무지라는 것을 알 수 있다.

ㄱ. A의 근무지는 광주이므로 옳은 설명이다.

ㄴ. B의 근무지는 서울이므로 옳은 설명이다.

ㄷ. C의 근무지는 세종이므로 옳은 설명이다.

⏱ **빠른 문제 풀이 Tip**

하나의 진술을 진실인 경우와 거짓인 경우 2가지로 나누어 고려한 후에 그중 모순되는 경우는 제외하고 나머지 경우에 대한 정보로 문제를 해결하면 된다.

28 법률해석

정답 ③

정답 체크

ㄱ. 甲 회사가 A를 수습기간 포함해서 2년을 넘지 아니하는 근로계약을 체결하였으므로 A를 기간제 근로자로 볼 수 있다.

ㄷ. C는 두 번째 조문 1항 3호에 해당하므로 기간제 근로자로 볼 수 있다.

ㄹ. D는 두 번째 조문 1항 1호에 해당하므로 기간제 근로자로 볼 수 있다.

오답 체크

ㄴ. B는 두 번째 조문 1항 2호에 해당하는 경우인데, 그 사유가 소멸하여 2항의 경우에 해당하게 되었으므로 기간의 정함이 없는 근로계약을 체결한 근로자로 보아 기간제 근로자로 볼 수 없다.

29 의사결정

정답 ②

정답 체크

만약 상호 의사교환이 있었다면 세 사람이 모두가 기부하여 큰 규모의 공원이 조성되어 세 명 모두 5점을 얻어 총 15점이 되는 것이 가장 좋은 결과가 될 것이다. 그러나 여기서의 합리적 선택은 다른 두 사람의 행동을 '추측'하여 기부 여부를 판단하는 것이므로 결과는 다를 수 있다. 한 사람이 다른 두 사람의 기부 여부에 대해 다음의 세 가지 경우를 가정해 볼 수 있다.

[경우 1] 다른 두 사람이 모두 기부하는 경우
자신이 기부하면 선호 2순위로 5점을 얻지만 자신이 기부하지 않으면 선호 1순위로 6점을 얻는다. 따라서 기부하지 않는 선택을 할 것이다.

[경우 2] 다른 두 사람 가운데 한 사람이 기부하는 경우
자신이 기부하면 선호 4순위로 3점을 얻지만 자신이 기부하지 않으면 선호 3순위로 4점을 얻는다. 따라서 기부하지 않는 선택을 할 것이다.

[경우 3] 다른 두 사람 모두 기부하지 않는 경우
자신이 기부하면 선호 6순위로 2점을 얻지만 자신이 기부하지 않으면 선호 5순위로 1점을 얻는다. 따라서 기부하지 않는 선택을 할 것이다.
결국 위의 세 경우 모두 기부하지 않는 선택을 하게 되고 세 사람은 전부 기부하지 않는 결과를 낳게 된다. 따라서 세 사람 모두 2점의 점수를 얻으므로 세 사람이 얻을 수 있는 점수의 합은 6점이다.

30 조건명제

정답 ②

정답 체크

제시된 내용을 정리하면 다음과 같다.
1. A O and B O and C O → D O or E O
2. C O and D O → F O
3. E X
4. F O or G O → C O and E O
5. H O → F X or G X

3번에서 E는 참석하지 않는다고 하였는데 4번의 대우에 의하면 E가 참석하지 않으면 F와 G 모두 참석하지 않는다는 것을 알 수 있다. 이를 정리하면 다음과 같다.

전문가	A	B	C	D	E	F	G	H
참석 여부					X	X	X	

2번 대우에서 F가 참석하지 않으면 C가 참석하지 않거나 D가 참석하지 않음을 알 수 있다. 이를 경우에 따라 정리해보면 다음과 같이 3가지 경우가 나타난다.

전문가	A	B	C	D	E	F	G	H
경우 1			O	X	X	X	X	
경우 2			X	O	X	X	X	
경우 3			X	X	X	X	X	

한편 1번과 5번 정보에 의해서 참석 여부가 확정되는 전문가는 더 이상 존재하지 않으므로 위 3가지 경우를 놓고 볼 때 참석하는 전문가의 최대 인원수는 경우 1이나 경우 2에서 A, B, H가 모두 참석하는 경우인 4명이다.

🕐 **빠른 문제 풀이 Tip**

확실한 정보로부터 도출되는 정보들만 정리한 후 확실하게 참석 여부가 결정되지 않는 경우를 빈칸으로 두어 최대한의 참석자가 존재하는 경우를 산정하면 된다.

31 정보찾기

정답 ③

정답 체크

헌법이라는 용어는 문맥에 따라 Constitution의 구성체(공동체)나 Constitutional law의 구성체를 규율하는 최고의 법규범 가운데 하나를 지칭하기도 하고 둘을 같이 지칭하기도 하므로 옳은 설명이다.

오답 체크

① 근대입헌주의 헌법은 개인의 자유와 권리를 보장하고 권력분립에 의하여 국가권력의 남용을 억제하는 것을 내용으로 하는 헌법을 말한다고 했으므로 개인의 자유를 보장하지 않는

헌법은 근대입헌주의 헌법이라고 할 수 없다. 따라서 옳지 않은 설명이다.

② 고려사에 기록된 국제라는 용어는 법령을 통칭하는 용어였을 뿐 오늘날 통용되는 헌법의 의미라고 보기는 힘들다. 오히려 오늘날 통용되는 헌법의 의미는 한성순보에 실린 구미입헌정체라는 글에서 사용되었으므로 옳지 않은 설명이다.

④ 근대 입헌주의 헌법은 개인의 자유와 권리를 보장하고 권력 분립에 의하여 국가권력의 남용을 억제하는 것을 내용으로 하는 헌법을 말한다고 했으므로 국가권력의 조직, 구성보다는 제한에 그 초점을 두는 것은 근대 입헌주의 헌법이다. 따라서 옳지 않은 설명이다.

⑤ 중국의 옛 문헌에서도 헌법이라는 단어가 나타나는데 여기에서 헌법은 모든 종류의 법을 통틀어 지칭하는 법의 통칭어라고 했으므로 처음에는 다양한 종류의 법이 혼합된 형태를 의미하는 용어였을 것이다. 한편 근대 초기에 우리나라와 중국은 Constitution, Constitutional law를 국제, 헌장, 국헌 등으로 다양하게 번역했는데 오늘날에는 공동체의 최고법규범을 지칭하는 용어로 사용하고 있다. 따라서 처음에는 다양한 고유의 법이 혼합된 형태를 의미하는 용어였으나 오늘날에는 최고법규범을 의미한다고 볼 수 있으므로 옳지 않은 설명이다.

32 의사결정 정답 ①

정답 체크

ㄱ. 7 카드는 3장인데 한 사람이 7 카드를 2장 갖고 있으면 나머지 7 카드를 가진 사람은 나머지 두 사람 중 한 사람뿐이다. 따라서 2장 가운데 1장의 7 카드를 내면 7 카드를 가지지 않은 한 사람은 탈락하고 나머지 한 사람이 7 카드를 내게 되는데 이때 2장 중 나머지 1장을 마저 내면 우승할 수 있으므로 옳은 설명이다.

오답 체크

ㄴ. 甲이 7 카드를 1장 가지고 있는데 甲을 제외한 두 사람이 7 카드를 가지고 있을 수 있는 경우는 (1장 / 1장), (없음 / 2장) 두 가지이다.

[경우 1] 甲을 제외한 두 명이 7 카드를 각각 1장씩 가진 경우
甲이 7 카드를 낸다면 乙, 丙이 받아서 7 카드를 1장씩 내므로 甲이 다시 받을 수가 없다. 따라서 甲이 우승할 수 없다.

[경우 2] 甲을 제외한 한 명이 7 카드를 2장 가진 경우
甲이 7 카드를 낸다면 7 카드가 없는 사람은 탈락하고 7 카드를 2장 가진 사람이 7 카드를 받게 되는데 이때 甲은 이를 다시 받을 수가 없다. 따라서 甲이 우승할 수 없다. 어떤 경우든 甲은 우승할 수 없으므로 우승할 확률은 33%가 아니라 0%이다. 따라서 옳지 않은 설명이다.

ㄷ. 甲이 6 카드 2장과 7 카드 1장을 가지고 있으므로 다른 두 사람을 편의상 A, B라고 할 때 6, 7 카드를 가지고 있을 수 있는 상황을 정리하면 다음의 6가지 경우를 생각해 볼 수 있다.

경우	갑	A	B
1	6, 6, 7	6, 7, 7	없음
2	6, 6, 7	6, 7	7
3	6, 6, 7	7, 7	6
4	6, 6, 7	6	7, 7
5	6, 6, 7	7	6, 7
6	6, 6, 7	없음	6, 7, 7

그런데 ㄱ에서 살펴보았듯이 7 카드를 2장 가진 사람은 반드시 우승할 수 있는데 경우 1, 3, 4, 6은 A나 B가 7 카드를 2장 가지고 있으므로 甲은 우승할 수 없다.
한편 경우 2에서 갑이 6 카드를 낸 경우를 가정해서 진행하면 甲 6 → A 6 → B 7 → 甲 7 → A 7 → B 탈락 → 甲 탈락의 순서로 진행되므로 甲이 우승할 수 없다.
마지막으로 경우 5에서 甲이 6 카드를 낸 경우를 가정해서 진행하면 甲 6 → A 7 → B 7 → 甲 7 → A 탈락 → B 탈락의 순서로 진행되므로 甲이 우승할 수 있다.
따라서 위의 6가지 경우 중 甲이 우승할 수 있는 경우는 1가지뿐이므로 우승할 확률은 33%가 아니라 16.67%가 된다. 따라서 옳지 않은 설명이다.

33 의사결정 정답 ⑤

정답 체크

지문의 내용을 정리하면 아래와 같다.
성취행동 경향성 = 성공추구 경향성－실패회피 경향성
= (성취동기×성공기대확률×성공결과의 가치)－(실패회피동기×실패기대확률×실패결과의 가치)
단, 성공기대확률＋실패기대확률＝성공결과의 가치＋실패결과의 가치＝1
이를 문제에서 주어진 기호로 나타내면 다음과 같다.

TACH＝Ts－Tf＝Ms×Ps×Ins－Mf×Pf×Inf

단, Ps＋Pf＝1, Ins＋Inf＝1

성공추구 경향성이 Ts이고 그와 대비되는 실패회피 경향성이 Tf
이므로 실패회피동기, 실패기대확률, 실패결과의 가치는 각각
Ms, Ps, Ins에 대비되도록 Mf, Pf, Inf로 나타낼 수 있을 것이
다. 보기에서는 위 요소들 가운데 특히 성공기대확률과 실패기
대확률 가운데 하나, 성공결과의 가치와 실패결과의 가치 가운
데 하나만을 제공하고 다른 하나를 추론하게 하는 방법을 사
용하고 있다. 게다가 어떤 보기에서는 성공기대확률을 제공하
고 다른 보기에서는 실패기대확률을 제공하는 등 문제해결에 혼
동을 주고 있으므로 주의해야 한다. A, B, C의 TACH를 구하
기 위한 각각의 요소를 정리하면 다음과 같다. 음영으로 표시된
부분은 문제에서 구체적으로 주어지지는 않았지만 Ps＋Pf＝1,
Ins＋Inf＝1을 이용하여 산출해낸 수치이다.

구분	A	B	C
성취동기(Ms)	3	2	3
성공기대확률(Ps)	0.7	0.3	0.4
성공결과의 가치(Ins)	0.2	0.7	0.7
실패회피동기(Mf)	1	1	2
실패기대확률(Pf)	0.3	0.7	0.6
실패결과의 가치(Inf)	0.8	0.3	0.3

A의 성취행동 경향성은 3×0.7×0.2－1×0.3×0.8＝0.42－
0.24＝0.18,

B의 성취행동 경향성은 2×0.3×0.7－1×0.7×0.3＝0.42－
0.21＝0.21,

C의 성취행동 경향성은 3×0.4×0.7－2×0.6×0.3＝0.84－
0.36＝0.48이 된다.

따라서 C, B, A의 순으로 업무추진력이 높음을 알 수 있다.

34 조건명제 정답 ①

[정답 체크]

제시된 내용을 정리하면 다음과 같다.

전제 1	테러 증가 → A국의 국방비 지출 증가O
전제 2	A국의 국방비 지출 증가X or 증세 정책 실행
전제 3	증세 정책 실행 → 세계 경제 침체
전제 4	( )
결론	세계 경제 침체

위의 전제 1, 2, 3은 '테러 증가 → A국의 국방비 지출 증가O →
증세 정책 실행 → 세계 경제 침체'로 연결될 수 있다.

따라서 '세계 경제 침체'라는 결론이 도출되기 위해서는 '테러
증가' 또는 'A국의 국방비 지출 증가O'라는 전제가 필요하다.

[오답 체크]

② '감세 정책 실시'를 '증세 정책 실행X'라고 보더라도 증세 정
책을 실행하지 않는다고 해서 결론이 도출된다고 볼 수는 없다.

③ 'A국의 국방비 지출 증가O'인 경우에 결론이 도출되므로 'A
국의 국방비 지출이 증가X'는 결론을 도출할 수 있는 전제가
아니다.

④ '테러 증가'나 'A국의 국방비 지출 증가O'라는 내용을 확정할
수 있는 명제가 아니므로 결론을 도출할 수 있는 전제가 아니
다.

⑤ '테러 증가'나 'A국의 국방비 지출 증가O'라는 내용을 확정할
수 있는 명제가 아니므로 결론을 도출할 수 있는 전제가 아니
다.

⏱ 빠른 문제 풀이 Tip

제시된 논증을 기호화한 후에 결론이 포함된 전제를 역으로 찾아나
가면서 연결한 후, 그 가운데 내용을 확정할 수 있는 전제가 어떤 것
인지 살펴보는 것이 좋다.

35 의사결정 정답 ①

[정답 체크]

보호시설	종사자 수(인)	입소자 수(인)	평가등급	운영비	사업비	장려수당	간식비	총계
A	4	7	1	320×100%	80	4명×50＝200	7	607
B	2	8	1	240×100%	60	2명×50＝100	8	408
C	4	10	2	320×80% ＝256	80	4명×50＝200	10	546
D	5	12	3	400×60% ＝240	80	4명×50＝200 *시설장 제외	12	532

위의 표를 토대로 각 보호시설의 지급받을 수 있는 보조금 총액
은 A는 320＋80＋200＋7＝607, B는 240＋60＋100＋8＝
408, C는 256＋80＋200＋10＝546, D는 240＋80＋200
＋12＝532이다.

따라서 지급받을 수 있는 보조금이 큰 시설부터 작은 시설순으로
바르게 나열하면 A－C－D－B이다.

36 물적자원의 선택 정답 ①

[정답 체크]

조건에 따르면 총 왕복 소요 시간이 6시간 이하인 노선을 선택한
다고 되어 있다. A~C 노선의 경우 총 노선 길이가 70＋140＝
210km이다. 일반열차를 이용할 경우 평균 속도가 100km/h

이므로 210÷100×2＝4.2시간이며, 이는 4시간 12분으로 환산할 수 있다. 일반열차이므로 중간에 B 역 하나에 정차하고, 일반열차는 모든 정차역에서 10분간 정차하므로 왕복 시 20분이 추가되어 총 왕복 소요 시간은 4시간 32분이 된다. 급행열차를 이용할 경우 평균 속도가 140km/h이므로 210÷140×2＝3시간이 소요된다. 이 경우 중간에 정차하는 역이 없으므로 별도의 추가 시간은 없다.

A~I 노선의 경우 총 노선 길이가 140＋110＋100＝350km이다. 일반열차를 이용할 경우 평균 속도가 100km/h이므로 350÷100×2＝7시간이 소요된다.

따라서 별도로 정차역에 정차하는 시간을 합산하지 않더라도 왕복 6시간이 초과하므로 선택할 수 없는 노선이 된다.

급행열차를 이용할 경우 평균 속도가 140km/h이므로 350÷140×2＝5시간이 된다. 급행열차의 경우 중간 정차역이 D 하나밖에 없고, 급행열차는 각 정차역마다 5분 정차하므로, 10분이 추가되어 5시간 10분이 소요된다.

따라서 A~I 노선 급행열차는 첫 번째 조건을 만족한다.

A~J 노선의 경우 일반열차와 급행열차의 노선길이가 서로 다르다. 일반열차의 경우 140＋80＋110＋70＋60＝460km이고, 급행열차는 140＋80＋110＋90＝420km이다. 일반열차를 이용할 경우 평균 속도가 100km/h이므로 460÷100×2＝9.2시간이 소요된다.

따라서 별도로 정차역에 정차하는 시간을 합산하지 않더라도 왕복 6시간이 초과하므로 선택할 수 없는 노선이 된다.

급행열차를 이용할 경우 평균 속도가 140km/h이므로 420÷140×2＝6시간이 소요된다. 이 경우 중간 정차역이 총 2개 있고, 급행열차는 모든 정차역에서 5분간 정차하므로 왕복 시 총 20분이 추가되어 총 왕복 소요 시간은 6시간 20분이 된다.

따라서 A~J 노선은 일반열차와 급행열차 모두 선택할 수 없다. 첫 번째 조건에 따라 선택된 두 개의 최종 목적지 중 두 번째 조건을 확인해 보면 C: 10×0.4＋7×0.6＝8.2점, I: 8×0.4＋8×0.6＝8점이 된다.

따라서 최종 목적지는 C가 되고, A~C 노선의 경우 일반열차 노선과 급행열차 노선이 모두 가능하므로 우선순위에 따라 일반열차를 상품 개발 노선으로 선택할 수 있다.

37 물적자원의 선택

정답 ①

정답 체크

A 시에서 오전 11시에 출발하여 회의 장소에 오후 3시까지 도착해야 하는 일정이다. 총 이동시간은 4시간을 초과해서는 안 된다.

최저운임과 최단시간에 대해 살펴보기 전에 먼저 고속버스를 살펴보면 도시 간 이동에 총 210분이 소요가 되는 것을 알 수 있다. 또한 A 시 회사에서 터미널까지의 이동은 최소 15분이 소요

되며, B 시 터미널에서 회의 장소까지의 이동은 최소 30분이 소요되므로 고속버스를 이용하면 최소한 210＋15＋30＝255분이 소요되며 이는 4시간을 초과하여 어떠한 경우에도 고속버스는 이용할 수 없다.

따라서 최저비용과 최단시간 모두 기차와 비행기 2가지 경우만 비교를 통해 정답을 구할 수 있다.

우선 최저운임 도착 방법을 살펴보면 비행기와 기차 중 기차의 운임이 더 저렴하므로 기차를 이용하면서 도시 내에서의 이동 또한 최저운임으로 했을 때, 회의 장소에 오후 3시까지 도착이 가능한지를 살펴본다. A 시 회사에서 역까지 이동하는 데 최저 운임은 c 교통수단이고, B 시 역에서 회의장소까지 이동하는 데 최저 운임은 a 교통수단이다. 두 교통수단 모두 운임이 1,000원으로 시내 교통수단 중 가장 저렴하다.

따라서 기차와 비행기를 이용한 이동 중 'c → 기차 → a'보다 저렴한 경우의 수는 없다. 이 경우 소요시간은 c: 15분, 기차 140분, a 30분으로 총 185분이 소요되며, 이는 4시간을 초과하지 않으므로 최저운임으로 도착할 수 있는 방법은 'c → 기차 → a'이다.

최단시간으로 도착할 수 있는 방법을 산출하기 위해 비행기와 기차의 이동 시간을 비교해 보면 비행기는 탑승수속시간 35분이 추가되어, 총 125분이고, 기차는 140분으로 15분밖에 차이가 발생하지 않는다. 이후 시내 이동 교통수단별 시간을 비교해 보면 A 시 회사에서 공항까지 이동하는데 가장 빠른 교통수단은 30분이 소요되고, A 시 회사에서 역까지 이동하는데 가장 빠른 교통수단은 15분이 소요된다.

따라서 회사에서 출발하여 B 시 공항에 도착하는 시간과 회사에서 출발하여 B 시 역에 도착하는 시간은 서로 같다. 이후 B 시 공항에서 회의 장소까지 이동하는 데 가장 빠른 교통수단은 25분이 소요되고, B 시 역에서 회의 장소까지 이동하는 데 가장 빠른 교통수단은 20분이 소요되므로, 최단시간으로 도착할 수 있는 방법은 'c → 기차 → b'가 된다.

38 환율

정답 ④

정답 체크

A, B, C 세 명은 각자 1,320,000원을 공금으로 모금하였으며, 5월 10일 환율은 매매기준율 1,200원/$, 환전 수수료율 10%였으므로 A, B, C 세 명이 각자 공금으로 지불한 금액을 달러화로 환전하면 1,320,000원÷(1,200×1.1)원/$ ＝ 1,320,000원÷1,320원/$ ＝ 1,000$가 된다. 세 명이 각각 1,000$를 공금으로 지불했으므로 처음 공금으로 모금된 금액은 3,000$이다. 여행이 끝나고 5월 25일 현재 정산을 하는 과정에서 남아있는 금액은 총 360$이고, A는 개인 카드로 60$, C는 개인 카드로 30$를 추가 결제했으므로, A가 추가로 60$를 모금하고, C가 추가로 30$를 모금한 것과 같다. 이를 표로 표현하면 다음과 같다.

구분	A	B	C
최초 모금액	1,000$	1,000$	1,000$
추가 결제액	60$	0	30$
개인별 총 모금액	1,060$	1,000$	1,030$

따라서 총 모금액은 3,090$가 되고 총 사용 금액이 2,730$이므로, 현재 남아있는 금액은 3,090$ − 2,730$ = 360$가 된다. 남은 360$는 개인 추가 결제액이 없다면 개인별로 120$씩 배분이 되어야 하지만, A는 60$를 개인 카드로 결제했으므로 그중 1/3인 20$씩을 B와 C에게 각각 받아야 하며, C 또한 30$를 개인 카드로 결제했으므로 그중 1/3인 10$씩을 A와 B에게 각각 받아야 한다. 이를 표로 나타내면 아래와 같다.

구분	기본 배분 금액	A 카드 결제에 따른 배분	C 카드 결제에 따른 배분	최종 배분 금액
A	120$	+40	−10	150$
B	120$	−20	−10	90$
C	120$	−20	+20	120$

A가 최종적으로 받아야 하는 금액은 150$이고, B가 받아야 하는 금액은 90$가 된다. 정산 당일인 5월 25일 환율을 기준으로 하고, 별도의 환전 수수료율을 적용하지 않는다고 했으므로, A는 150$×1,170원/$=175,500원, B는 90$×1,170원/$=105,300원을 받아야 한다.

39 인적자원의 배치 　　　　정답 ④

정답 체크

조건에 따르면 별도의 결격사유가 없는 한 1지망 부서에 우선 배치된다고 되어 있고, 여기서 결격사유는 각 부서별 최소 요구사항이다.
마케팅팀을 우선 살펴보면 마케팅팀의 최소 요구사항은 외국어 80점 이상이고, 요구 인원은 3명이다. 신입사원 평가결과를 토대로 1지망으로 마케팅팀을 선택한 신입사원은 A, D, H, I, J이다. 여기서 최소 요구사항인 외국어 80점 이상을 만족하지 못하는 A는 1지망으로 마케팅팀에 배치될 수 없다. 남은 마케팅팀 1지망 지원자는 D, H, I, J 네 명이고 마케팅팀의 요구인원 정원은 3명이므로, D, H, I, J 네 명 중 최종 점수가 높은 3명만 마케팅팀에 배치될 수 있다. 최종 점수는 외국어 능력과 수리 능력 점수를 동일한 비중으로 합산한 필기 시험 점수를 60%, 인사평가 점수를 40%로 하여 합산한 점수이므로 아래와 같다.
· D: {(81+93)÷2}×0.6+80×0.4=84.2점
· H: {(93+79)÷2}×0.6+84×0.4=85.2점
· I: {(85+83)÷2}×0.6+90×0.4=86.4점
· J: {(81+91)÷2}×0.6+82×0.4=84.4점
따라서 마케팅팀에 배치되는 신입사원은 H, I, J 세 명이 된다.

다음으로 관리팀을 살펴보면 관리팀의 최소 요구사항은 인사평가 80점 이상이고, 요구 인원은 3명이다. 신입사원 평가결과를 토대로 1지망으로 관리팀을 선택한 신입사원은 B, C, E 세 사람이다. 세 사람 모두 관리팀의 최소 요구사항을 만족한다면 모두 관리팀에 배치될 수 있으나, B는 인사평가 점수가 79점으로 1지망으로 관리팀에 배치될 수 없으며, C와 E는 관리팀에 배치되고, 요구인원 정원은 1명이 남게 된다.
다음으로 기술팀을 살펴보면 기술팀의 최소 요구사항은 수리 능력 80점 이상이고, 요구 인원은 4명이다. 신입사원 평가결과를 토대로 1지망으로 기술팀을 선택한 신입사원은 F, G 두 사람이고, 모두 수리 능력 점수 80점 이상이므로, 기술팀에 배치되며, 기술팀 요구인원 정원은 2명이 남게 된다.
아직 부서가 결정되지 않은 A, B, D 세 사람의 2지망을 살펴보면 모두 기술팀임을 확인할 수 있다. 기술팀의 요구인원 정원은 2명이 남아 있는 상태이므로, 세 사람 중 2명만 기술팀에 배치될 수 있으며, 남는 1명은 강제로 관리팀에 배치된다.
· A: {(79+92)÷2}×0.6+81×0.4=83.7점
· B: {(76+82)÷2}×0.6+79×0.4=79.0점
· D: {(81+93)÷2}×0.6+80×0.4=84.2점
따라서 A와 D는 기술팀에 배치되고 B는 요구인원 정원이 충족되지 않은 관리팀에 배치된다.

40 경로 찾기 　　　　정답 ③

정답 체크

☆☆지역 지도상에서 삼각형법을 활용하여 불필요한 경로를 삭제하면 아래와 같이 지도를 변경할 수 있다.

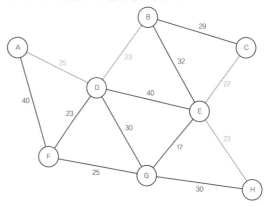

이 경로를 토대로 '한 번 지나간 길은 다시 지나가지 않는다.'는 전제와, '최외각을 기준으로 경로를 찾는다.'는 전제를 활용하여 최단 경로를 찾아보면 A → D → B → C → E → H → G → F → A가 된다.
따라서 총 이동거리는 25+23+29+27+23+30+25+40 = 222km이다.

41 경로 찾기
정답 ③

정답 체크

윤태균 씨의 여행 경로가 A → D → B → C → E → H → G → F → A임을 알았다면, 1일 최대 이동 거리는 50km를 초과하지 않는다고 했으므로, 윤태균 씨가 숙박하는 도시는 처음 A 도시에 도착했을 때 1박, D 도시를 거쳐 B 도시까지 이동한 뒤 1박, C 도시에 도착해서 1박, E 도시를 거쳐 H 도시까지 이동한 뒤 1박, 이후 G, F, A 도시에서 각 1박씩 하여 총 7박을 하게 된다.
따라서 윤태균 씨의 총 여행 일정은 7박 8일이 된다.

42 비용 산출
정답 ④

정답 체크

5월에 지급해야 하는 총 체제비를 묻는 문제이므로 강호동, 유재석 2명에 대한 체제비를 계산해야 한다.
강호동의 직급은 부장이고, 프랑스로 출장을 다녀왔다. 프랑스는 유럽에 속한 국가이므로 A 등급에 기준하여 비용을 산출해야 한다. 총 6박 7일 일정이었으므로 6박에 대한 숙박비와 7일에 대한 식비와 잡비를 계산해 보면 345×6+(90+45)×7=3,015$ 이다.
유재석의 직급은 과장이고, 호주로 출장을 다녀왔다. 호주는 오세아니아에 속한 국가이므로 B 등급에 기준하여 비용을 산출해야 한다. 총 4박 5일 일정이었으므로 4박에 대한 숙박비와 5일에 대한 식비와 잡비를 계산해 보면 280×4+(75+35)×5=1,670$ 이다.
따라서 두 명에게 지급해야 하는 체제비의 합은 3,015+1,670=4,685$이다. 체제비의 지급 기준 환율은 1,400원/$이므로 4,685×1,400=6,559,000원이 된다.

43 인적자원의 배치
정답 ③

정답 체크

기술팀의 요청 사항은 나이는 무관하고 공학 전공에 어학성적이 B 등급 이상이며, 인턴 경험은 무관하다. 이 요청 사항에 맞는 인원을 찾아보면 가, 아, 카 3명이 있다.
다음으로 품질보증팀의 요청 사항은 나이는 무관하고 전공은 자연 또는 공학 전공에 어학성적이 C 등급 이상에 관련 인턴은 '우대'이므로 없어도 무관하다.
따라서 자연 및 공학 전공에 어학성적이 C 등급 이상인 사람을 찾으면 가, 다, 아, 차, 카 5명이 있다.
다음으로 마케팅팀의 요청 사항은 24세 이상에 전공은 무관하며 어학성적은 B 등급 이상이면서 관련 인턴 경험이 있는 사람을 찾아야 한다. 조건에 해당하는 사람은 아 1명이다.

마지막으로 관리팀의 요청 사항은 사회 또는 인문을 전공한 사람으로 어학성적은 B 등급 이상이어야 한다. 해당하는 지원자를 찾아보면 라, 사, 자, 파 4명이다.
따라서 서류전형 합격자는 가, 다, 라, 사, 아, 자, 차, 카, 파 총 9명이다.

44 일정 수립
정답 ⑤

정답 체크

상황을 살펴보면 출장은 2박 3일로 예정되어 있으며, 출장 첫날은 지사 담당자와 대구에서 낮 12시에 점심식사가 예정되어 있으므로 해당 시간 전에 대구 지사에 도착할 수 있어야 한다. 출장 첫날 서울 본사에서 출발하여 대구 지사로 이동한다고 했으므로, 서울 고속버스 터미널에서부터 총 이동시간을 고려하면 서울 고속버스 터미널 → 대구 고속버스 터미널 4시간, 대구 고속버스 터미널 → 대구 지사 20분으로 총 4시간 20분이 소요된다.
따라서 최소 오전 07시 40분 이전에 서울에서 고속버스를 타고 출발해야 하므로 첫차가 오전 07시 50분인 화요일과 목요일에는 출발이 불가능하다.
마지막 날에는 10시 10분부터 1시간 동안 마무리 미팅을 진행한 뒤 대구지사에서 출발하므로, 11시 10분에 대구지사에서 출발이 가능하다. 서울 본사에서 오후 4시에 출장 경과를 짧게 구두 보고한다고 했으므로 서울 고속버스 터미널에 늦어도 오후 3시 30분까지는 도착해야 하며, 대구 고속버스 터미널에서 서울 고속버스 터미널까지 4시간이 소요되므로 대구 고속버스 터미널에서는 늦어도 오전 11시 30분 이전에는 버스에 탑승해야 하고, 대구 지사에서 마무리 회의가 오전 10시 10분부터 오전 11시 10분까지 1시간 동안 진행되고, 이후 대구 고속버스 터미널까지 이동에 20분이 소요되므로, 대구 고속버스 터미널에서는 정확히 11시 30분 버스만 탑승이 가능하다.
따라서 11시 30분에 배차가 되지 않는 화요일과 목요일을 출장 종료일로 계획할 수 없다.
마지막으로 출장 마지막 날 본사에 도착하여 구두보고를 한 뒤 다음 날 보고서를 작성하여 서류 보고를 한다고 했으므로, 출장에서 돌아온 다음 날은 주말이 될 수 없다.
따라서 금요일 또한 출장 종료일로 계획할 수 없다.
위의 내용을 종합해 보면 목요일에는 출발이 불가능하고, 화요일, 목요일, 금요일에는 출장 종료일로 선정이 불가능하므로, 2박 3일 일정이 가능한 요일 구성은 월요일 출발 수요일 종료밖에 없다. 이를 근거로 문제를 살펴보면 문제에서 출장을 출발할 수 있는 날짜를 묻고 있으므로, 선택지 중 월요일인 25일이 정답이 된다.

45 물적자원의 선택   정답 ①

정답 체크

정수기 성능 평가 점수를 기반으로 최종점수가 80점 미만이거나, 한 가지 항목이라도 60점 미만인 정수기는 선택하지 않으므로 소음 점수가 58점인 클린 정수기는 선택하지 않는다. 각 항목별 가중치를 보면 필터 성능과 소비 전력 항목의 가중치는 서로 같고, 소음과 관리 항목의 가중치도 서로 같으며, 필터 성능과 소비 전력 항목의 가중치가 소음과 관리 항목 가중치의 1.5배이다. 따라서 소음과 관리항목의 가중치를 x라 하면 $1.5x + 1.5x + x + x = 1$이므로, $x = 0.2$가 된다. 클린 정수기를 제외한 4개 항목의 가중치 및 직수 정수기 가산점을 감안한 최종 점수를 구하면 아래와 같다.

정수기	소비전력	필터성능	소음	관리	가산점	총점
퓨어정수기	75×0.3 =22.5	80×0.3 =24	83×0.2 =16.6	95×0.2 =19	—	22.5+24 +16.6+19 =82.1
순수정수기	75×0.3 =22.5	80×0.3 =24	82×0.2 =16.4	78×0.2 =15.6	—	22.5+24+ 16.4+15.6 =78.5
맑은정수기	78×0.3 =23.4	82×0.3 =24.6	83×0.2 =16.6	76×0.2 =15.2	직수정수기 (+3)	23.4+24.6 +16.6+15.2 +3=82.8
청정정수기	80×0.3 =24	83×0.3 =24.9	82×0.2 =16.4	91×0.2 =18.2		24+24.9+ 16.4+18.2 = 83.5

따라서 기준에 따라 선택이 가능한 정수기는 퓨어 정수기, 맑은 정수기, 청정 정수기 3종류이다.

이 중 3년간 임대 비용이 가장 저렴한 정수기를 찾아보면 퓨어 정수기는 3년 중 6개월 임대료가 면제되므로 300,000원+14,000×30=720,000원이다.

맑은 정수기는 임대 3년 차 짝수 월 임대료가 면제되므로 총 6개월의 임대료가 면제되어 250,000원+16,000×30=730,000원이다.

마지막으로 청정 정수기는 별도의 임대료 면제가 없으므로 300,000원+15,000×36=840,000원이다. 그러므로 3종류의 정수기 중 가장 임대료가 저렴한 퓨어 정수기를 선택해야 한다.

46 일정 수립   정답 ①

정답 체크

매일 08:30~09:30 팀장님 주관 회의에 A 부장(부서장)이 참석해야 하므로, 08:30~09:30은 회의 시간으로 선정할 수 없다. 월요일의 경우 출장자를 제외한 전원이 참석할 수 있어야 하므로, 회의 시간으로 14시~16시는 선정할 수 없다. 수요일의 경우

과장 이상 간부 대상 회의이므로, A 부장(부서장), B 차장, C 과장이 참석 대상이다.

따라서 B 차장의 회의가 예정되어 있는 11시~12시와, C 과장의 회의가 예정되어 있는 14시~15시는 회의 시간으로 선정할 수 없다.

금요일은 부서장과 과장 미만 일반 사원 대상 회의이므로, A 부장(부서장), D 대리, E 대리, 귀하가 참석 대상이지만, 귀하가 오후에 휴가가 예정되어 있으므로, 오후 시간은 회의 시간으로 선정할 수 없다.

따라서 회의 시간으로 선정 가능한 시간은 09:30~11:00이 되므로 선택지 중 회의 시간으로 선택할 수 있는 시간은 10:00~11:00이다.

47 경로 찾기   정답 ④

정답 체크

주어진 문제에서 '기준'으로 잡을 수 있는 사항을 찾아보면 시간이 정해져 있는 궁궐의 가이드 투어가 있으므로 가이드 투어가 가능한 시간을 통해 순서를 정해보면 10시 가이드 투어에 참여하기 위해서는 반드시 '궁궐'을 가장 먼저 투어해야 한다는 것을 알 수 있다. 하지만 이 경우 어떠한 코스로 관광을 하더라도 4군데를 모두 투어할 수가 없게 된다.

따라서 궁궐은 14시 가이드 투어에 참여해야 하고, 궁궐에서의 관광이 16시에 종료되므로, 이동시간을 고려하면 궁궐에서의 관광이 마지막 코스가 되어야 한다는 것을 알 수 있고, 최종 관광이 종료되는 시간은 16시이므로 'ㄴ'은 옳지 않다.

14시에 궁궐 가이드 투어를 하기 위해서는 사찰, 분수공원, 박물관의 관광을 마치고 14시까지 궁궐에 도착해야 하므로, 관광에 소요되는 시간 6시간만을 고려하더라도 반드시 사찰에서 관광을 시작해야 함을 알 수 있어 'ㄱ'은 옳은 내용이다.

사찰에서 06시에 관광을 시작해서 14시까지 궁궐로 가는 경로를 살펴보면 '사찰 → 박물관 → 분수공원 → 궁궐'의 경로와 '사찰 → 분수공원 → 박물관 → 궁궐'의 경로가 있는데, 첫 번째 경로로 관광을 하면 궁궐에 도착하기까지 관광에 소요되는 6시간과 이동에 소요되는 45분+40분+27분=112분을 포함하여 13시 52분에 궁궐에 도착하게 되고, 두 번째 경로로 관광을 하면 궁궐에 도착하기까지 관광에 소요되는 6시간과 이동에 소요되는 40분+40분+23분=103분을 포함하여 13시 43분에 궁궐에 도착하게 되므로, 분수공원과 박물관의 관광 순서는 바뀌어도 무방하다.

따라서 'ㄷ'은 옳은 내용이므로 보기에서 옳은 것을 모두 고르면 ㄱ, ㄷ이다.

48 비용 산출 정답 ①

정답 체크

패스를 이용하여 갈 수 있는 관광명소는 총 5곳이다. 하루 최대 2개 관광명소만 관광할 수 있으므로 패스를 구매한다면 3일 패스의 구매가 필요하다. 하지만 '바 궁전' 관람의 경우 '바 궁전'에서만 활용 가능한 1일권이 별도로 판매되므로, 패스를 구매하는 금액과의 비교가 필요하다. '바 궁전'의 관람에 필요한 금액은 패스를 소지하고 있더라도 정원: 6$×0.5=3$, 별궁: 8$×0.5=4$로 총 7$가 추가로 필요하다. 2일 패스와 3일 패스의 가격 차이는 50$−43$=7$이다.

따라서 2일 패스+'바 궁전 1일권' 가격인 43$+17$=60$보다 3일 패스+'바 궁전' 별도 관람료 지불 가격인 50$+7$=57$가 더 저렴하다.

'바 궁전'의 박물관은 필수 관람 코스가 아니므로, 화요일에 휴관을 하더라도 관람에 지장이 생기지 않는다. 그러므로 일요일 − '가 박물관', '나 미술관' / 월요일 − '다 박물관', '라 정원' / 화요일 − '바 궁전'의 관광을 3일 패스로 진행하면 총 금액은 57$가 된다. 여기에 패스 사용이 불가능한 '라 타워' 관람료인 8$를 더하면 총 65$가 된다.

49 바코드 정답 ⑤

정답 체크

乙이 품질인증서 재발급을 요청했고, 요청한 일자는 2017년 11월 20일에 발급받은 유효기간 2년의 품질인증서가 만료된 후 30일이 경과된 시점이다. 그리고 품질인증서는 신청일로부터 3주 후 발급된다고 했으므로 乙이 품질인증서 재발급을 받는 날짜는 2020년 1월 10일이다.

따라서 품질인증서의 ㉠에 들어갈 숫자는 '20'이 된다.

乙은 토목분야로 품질인증서를 재발급 받기를 요청하고 있으며, 유효기간이 지난 상태이다. 또한 공장 주소도 변경되었으므로, 품질인증서의 ㉡에 기입되어야 하는 코드는 재발급(기간만료 후) − '4B'와 재발급(공장주소변경) − '6C'가 기입되어야 한다. 이 중 숫자가 큰 코드부터 우선 기입한다고 했으므로 '6C4B'가 된다.

분야별 코드는 토목 분야이므로 ㉢에는 'CD'가 기입되어야 하며, 지역 코드는 발급 시점의 공장 소재지이므로 베트남을 기준으로 기입되어야 한다.

따라서 아시아에 해당하는 'FA'가 ㉣에 기입되어야 하고, 최종 품질인증서 번호는 206C4BCDFA이다.

50 근무조건의 해석 정답 ④

정답 체크

우선 간단히 계산이 가능한 주휴수당부터 살펴보면 2월 1일이 월요일이며 28일까지 있으므로, 해당 월에는 주말(토요일, 일요일)이 4번씩 존재한다.

따라서 주휴수당은 총 4일에 해당하는 금액을 지급받으므로 140,000×4=560,000원이 된다.

다음으로는 근로 수당을 살펴본다. 1주 소정근로시간은 35시간이지만, 아래의 「근로기준법」을 살펴보면 1주 소정근로시간을 초과하더라도 1주 법정근로시간인 40시간을 초과하지 않으면 별도의 가산임금을 지급하지 않아도 된다고 되어 있으므로 연장근로는 근무 2주 차에 2시간, 근무 4주 차에 4시간으로 총 6시간이 된다.

여기에 야간근로를 살펴보면 乙은 17시부터 근무를 시작한다고 되어 있으므로 야간근로의 기준인 22시를 넘는 순간부터는 야간근로로 분류되어 가산임금을 받을 수 있게 된다.

따라서 하루에 17시~22시까지의 근무는 정상근로, 22시 이후의 근무는 모두 야간근로가 되어 50%의 가산 임금을 받을 수 있다. 또한, 위에서 살펴본 연장근무는 22시 ~ 다음 날 06시 사이에 한 근무이므로 야간근로에 따른 가산 임금을 추가하여 6시간에 대해서는 총 100%의 가산 임금을 지급받을 수 있다. 그러므로 1주일에 하루 5시간씩 총 25시간은 정상근로, 25시간 초과 40시간 이하에 해당하는 시간은 야간근로, 40시간 초과에 해당하는 시간은 야간근로 + 연장근로가 된다. 이를 근무 주차별로 표로 구분하여 나타내면 아래와 같다.

구분	근무 1주 차	근무 2주 차	근무 3주 차	근무 4주 차
정상근로	25시간	25시간	25시간	25시간
야간근로	13시간	15시간	15시간	15시간
야간근로+ 연장근로	0시간	2시간	0시간	4시간

정상근로 시 통상 임금은 20,000원이고, 야간근로에 따른 가산 임금을 포함하면 20,000×1.5 = 30,000원이며, 야간근로에 연장근로에 따른 임금까지 포함하면 20,000×2 = 40,000원이므로 乙이 지급받을 수 있는 금액은 다음과 같다.

· 정상근로: 100시간×20,000원=2,000,000원
· 야간근로: 58시간×30,000원=1,740,000원
· 야간근로+연장근로: 6시간×40,000원=240,000원

따라서 총 3,980,000원이 된다. 여기에 앞서 구해 둔 주휴수당 560,000원을 더하면 4,540,000원이 된다.

PART 10 PSAT 기반 NCS 실전모의고사

실전모의고사 1회

p.340

01	02	03	04	05	06	07	08	09	10
②	②	⑤	③	④	④	④	②	②	①
11	12	13	14	15	16	17	18	19	20
①	④	③	④	③	④	②	②	②	③

01 의사결정

정답 ②

정답 체크

ㄱ. 문제에서 1부터 9까지의 숫자 카드가 한 장씩 준비되어 있다고 했으므로 숫자 카드에 적힌 숫자의 합은 45가 된다. 문제에서 각 주머니에 들어 있는 숫자 카드의 합이 모두 같다고 했으므로 각 주머니에 들어 있는 숫자 카드의 합은 45/3=15가 된다. 따라서 옳은 설명이다.

ㄹ. 갑이 A 주머니를 고를 경우 을은 B나 C 가운데 하나를 골라야 한다.

[경우 1] 을이 B 주머니를 고를 경우

갑＼을	1	6	8
3	갑	을	을
5	갑	을	을
7	갑	갑	을

[경우 2] 을이 C 주머니를 고를 경우

갑＼을	2	4	9
3	갑	을	을
5	갑	갑	을
7	갑	갑	을

이 경우에 을은 B 주머니를 고르는 것이 현명하다. 결국 모든 상황을 살펴보더라도 갑이 먼저 주머니를 선택하는 한 을은 그에 맞춰 자신이 이길 확률이 높은 주머니를 선택할 수 있게 된다. 따라서 갑이 어떤 주머니를 선택하더라도 을이 이길 확률이 높을 수밖에 없으므로 옳은 설명이다.

오답 체크

ㄴ. 우선 각 주머니에 들어 있는 숫자 카드가 어떤 것인지 파악하는 것이 선행되어야 한다. 2번 조건에 따를 때 A 주머니에는 7과 5가, B 주머니에는 8이, C 주머니에는 9가 들어 있다.

A		B	C
7	5	8	9

문제에서 각 주머니에 들어 있는 숫자 카드의 합이 모두 같다고 했다. 그런데 숫자 카드는 1부터 9까지이고 1부터 9까지의 합은 45이므로 각 주머니에 들어 있는 숫자 카드의 합은 15가 될 것이다. 따라서 A 주머니에 들어 있는 나머지 숫자는 3이 된다.

A			B	C
7	5	3	8	9

한편 남은 숫자 카드는 1, 2, 4, 6이고 B에 남은 두 숫자의 합은 7이, C는 6이 되어야 한다. 이를 만족시킬 수 있는 조합은 B 주머니에 1, 6이 들어가고 C 주머니에 2, 4가 들어가는 것 뿐이다. 이를 순서대로 정리하면 다음과 같다.

A			B			C		
3	5	7	1	6	8	2	4	9

한편 갑이 B 주머니를 고를 경우 을은 A나 C 주머니 가운데 하나를 골라야 한다. 만약 을이 A 주머니를 고를 때 각 경우의 수마다 이기는 사람을 나타내면 다음과 같다.

[경우 1] 을이 A 주머니를 고를 경우

갑＼을	3	5	7
1	을	을	을
6	갑	갑	을
8	갑	갑	갑

[경우 2] 을이 C 주머니를 고를 경우

갑＼을	2	4	9
1	을	을	을
6	갑	갑	을
8	갑	갑	을

을이 A 주머니를 고를 경우 을이 이길 확률은 $\frac{4}{9}$가 되고 C

주머니를 고를 경우 을이 이길 확률은 $\frac{5}{9}$가 된다. 따라서 을

은 C 주머니를 고르는 것이 유리하므로 옳지 않은 설명이다.

ㄷ. 갑이 C 주머니를 고를 경우 을의 선택에 따른 승패를 따져

보면 다음과 같다.

[경우 1] 을이 A 주머니를 고를 경우

갑＼을	3	5	7
2	을	을	을
4	갑	을	을
9	갑	갑	갑

[경우 2] 을이 B 주머니를 고를 경우

갑＼을	1	6	8
2	갑	을	을
4	갑	을	을
9	갑	갑	갑

을이 A 주머니를 고를 경우 을이 이길 확률은 $\frac{5}{9}$가 되고 B

주머니를 고를 경우 $\frac{4}{9}$가 된다. 따라서 을은 A 주머니를 고

르는 것이 유리하므로 옳지 않은 설명이다.

02 의사결정
정답 ②

정답 체크

기간을 순서대로 정리하면 계약 의뢰 1일, 서류 검토 2일, 입찰
공고는 긴급 계약이므로 10일, 공고 종료 후 결과 통지는 1일, 입
찰 서류 평가는 10일, 우선순위 대상자와 협상은 7일이 걸리므
로 전체 소요기간은 $1+2+10+1+10+7=31$일이고 이 기
간이 끝난 날의 다음 날 계약이 체결된다.

따라서 3월 30일에 계약을 의뢰해야 31일 뒤인 4월 29일에 마
지막 순서인 우선순위 대상자와의 협상이 종료되고 그다음 날인
4월 30일에 계약을 체결할 수 있다.

한편, 공고 종료 후 결과통지는 $1+2+10+1=14$일째에 이루
어지므로 공고 종료 후 결과통지 날짜는 3월 30일부터 14일째
인 4월 12일이 된다.

03 의사결정
정답 ⑤

정답 체크

광고 횟수가 월 단위와 일 단위가 모두 제시되어 있으므로 한
단위로 통일하는 것이 좋은데 일 단위로 통일하면 4월이 30일
까지 있으므로 30을 곱하면 된다. 한편 KTX는 예산을 초과하
므로 제외하고 각 광고 수단의 광고효과를 식으로 정리하면 다
음과 같다.

광고 수단	1달 광고효과$\left(=\dfrac{\text{총 광고 횟수}\times\text{회당 광고 노출자 수}}{\text{광고비용}}\right)$
TV	$\dfrac{3회\times100만 명}{3,000만 원}=0.1$
버스	$\dfrac{1회\times30일\times10만 명}{2,000만 원}=0.15$
KTX	예산 초과로 고려하지 않음
지하철	$\dfrac{60회\times30일\times2천 명}{2,500만 원}=0.144$
포털 사이트	$\dfrac{50회\times30일\times5천 명}{3,000만 원}=0.25$

광고효과가 가장 좋은 수단은 포털사이트이므로 A 사무관이 선
택할 4월의 광고 수단은 포털사이트이다.

⏱ 빠른 문제 풀이 Tip

광고 수단별 광고효과를 일일이 계산하여 문제를 해결할 수도 있지만
분수비교법 등으로 문제를 해결할 수도 있다. 예를 들어 TV는 광고효

과가 $\dfrac{300}{3000}$이고 버스는 광고효과가 $\dfrac{300}{2000}$인데 이 둘은 분자는 같

지만 버스의 분모가 작으므로 버스의 광고효과가 크기 때문에 TV
는 답이 될 수 없게 된다. 이처럼 분수비교법으로 접근하는 경우에
도 포털사이트의 광고효과가 가장 크다는 것을 어렵지 않게 파악할
수 있다.

04 나열하기
정답 ③

정답 체크

우선 가, 다, 라의 내용을 고려하여 입은 옷의 색깔별로 서 있는
경우를 생각해 보면 다음과 같이 4가지 경우가 가능하다.

빨간색	파란색	녹색(3)	노란색	주황색
빨간색	파란색	녹색(3)	주황색	노란색
주황색	노란색	녹색(3)	파란색	빨간색
노란색	주황색	녹색(3)	파란색	빨간색

라에서 빨간색 옷을 입은 아이는 학년이 가장 높다고 했는데 그
렇게 되면 위의 3, 4번째 경우에는 자기 자리에 정확히 서 있는
아이가 2명이 된다. 이는 다에 어긋나므로 옳지 않다. 따라서 1,

2번째 경우만이 가능하다. 한편 나에서 주황색 옷을 입은 아이와 노란색 옷을 입은 아이가 2학년과 4학년이라고 했고 4번째에 서 있는 아이는 4학년이 될 수 없으므로 가능한 경우를 정리하면 다음과 같다.

빨간색(5)	파란색(1)	녹색(3)	노란색(2)	주황색(4)
빨간색(5)	파란색(1)	녹색(3)	주황색(2)	노란색(4)

따라서 파란색 옷을 입은 아이는 1학년이므로 옳은 설명이다.

오답 체크

① 주황색 옷을 입은 아이는 2학년일 수도 있으므로 옳지 않은 설명이다.

② 노란색 옷을 입은 아이는 4번 위치에 서 있을 수도 있으므로 옳지 않은 설명이다.

④ 녹색 옷을 입은 아이는 3학년으로 파란색 옷을 입은 1학년 아이보다 학년이 높으므로 옳지 않은 설명이다.

⑤ 주황색 옷을 입은 아이와 빨간색 옷을 입은 아이 사이에는 2명의 아이가 서 있을 수도 있으므로 옳지 않은 설명이다.

05 조건명제   정답 ④

정답 체크

제시된 내용을 기호로 정리하면 다음과 같다.
· 고기 ○ → 점프 ○   … ⓐ
· 배구 ○ → 키 ○   … ⓑ
· 출전 X → 고기 ○   … ⓒ
· 훈련 X → 점프 X   … ⓓ
· 배구 ○ → 점프 X   … ⓔ

'고기를 좋아하는 사람은 키가 크다.'라는 결론은 ⓐ와 ⓔ의 대우와 ⓑ를 연결하면 도출이 가능하다.

오답 체크

① '키 X'가 후건인 명제는 도출할 수 없다.

② '출전 ○'가 전건인 명제는 도출할 수 없다.

③ '훈련 ○'가 전건인 명제는 도출할 수 없다.

⑤ '키 ○'가 전건인 명제는 도출할 수 없다.

06 정언명제   정답 ④

정답 체크

아래와 같이 영역을 설정한 후 각 전제가 의미하는 바를 정리해 보도록 한다.

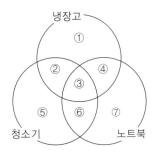

첫 번째 전제인 '냉장고를 구매한 사람은 청소기도 구매했다.'는 냉장고를 구매한 사람 중에 청소기를 구매하지 않은 사람은 없다는 의미이므로 1번 영역과 4번 영역이 모두 존재하지 않는다는 의미이다. 한편 두 번째 전제인 '노트북을 구매한 사람 중에는 냉장고를 구매한 사람도 있다.'는 3번 영역과 4번 영역 가운데 최소 하나는 존재한다는 의미이다. 그런데 4번 영역은 존재하지 않으므로 3번 영역이 확실히 존재한다는 것을 알 수 있다. 이를 그림으로 정리하면 다음과 같다.

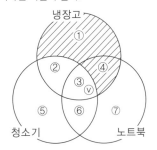

청소기는 구매했지만 냉장고와 노트북을 구매하지 않은 사람은 5번 영역을 의미하는데 이 영역에는 아무 표시가 없으므로 존재할 수도 있고 그렇지 않을 수도 있다. 그런데 '청소기는 구매했지만 냉장고와 노트북을 구매하지 않은 사람이 있을 수 있다.'라는 말은 이 영역이 존재할 수도 있다는 의미이므로 옳은 설명이다.

오답 체크

① 노트북, 청소기, 냉장고를 모두 구매한 사람은 3번 영역을 의미하는데 이 영역은 반드시 존재하므로 '노트북, 청소기, 냉장고를 모두 구매한 사람이 없다.'라는 말은 옳지 않은 설명이다.

② 노트북만 구매한 사람은 7번 영역을 의미하는데 이 영역에는 아무 표시가 없으므로 존재할 수도 있고 그렇지 않을 수도 있다. 그런데 '노트북만 구매한 사람은 있을 수 없다.'라는 말은 이 영역이 존재할 가능성이 없다는 의미이므로 옳지 않은 설명이다.

③ 냉장고를 구매하지 않고 청소기와 노트북을 구매한 사람은 6번 영역을 의미하는데 이 영역에는 아무 표시가 없으므로 존재할 수도 있고 그렇지 않을 수도 있다. 따라서 '냉장고를 구매하지 않고 청소기와 노트북을 구매한 사람이 있다.'라는 말은 옳지 않은 설명이다.

⑤ 냉장고와 청소기를 구매했지만 노트북을 구매하지 않은 사람은 2번 영역을 의미하는데 이 영역에는 아무 표시가 없으므로 존재할 수도 있고 그렇지 않을 수도 있다. 그런데 '냉장고와 청소기를 구매했지만 노트북을 구매하지 않은 사람은 있을 수 없다.'라는 말은 이 영역이 존재할 가능성이 없다는 의미이므로 옳지 않은 설명이다.

07 조건명제

정답 ④

정답 체크

제시된 내용을 정리하면 다음과 같다.
1. A O → B X
2. B X → C X
3. D X → C O
4. A X → E X
5. E X → C X

1번 조건과 4번 조건에서 A가 수강하는 경우와 그렇지 않은 경우를 모두 언급하고 있으므로 A가 수강하는 경우와 그렇지 않은 경우로 나누어 조건을 살펴보자.

구분	A	B	C	D	E
경우 1	O				
경우 2	X				

A가 수강하는 경우 조건 1에 따라 B는 수강하지 않고 B가 수강하지 않는 경우 조건 2에 따라 C도 수강하지 않는다. C가 수강하지 않는 경우 조건 3의 대우에 의해 D가 수강하게 된다. 이를 정리하면 다음과 같다.

구분	A	B	C	D	E
경우 1	O	X	X	O	
경우 2	X				

A가 수강하지 않는 경우 조건 4에 따라 E는 수강하지 않게 되고 E가 수강하지 않는 경우 조건 5에 따라 C가 수강하지 않게 되고 C가 수강하지 않는 경우 조건 3의 대우에 따라 D가 수강하게 된다. 이를 정리하면 다음과 같다.

구분	A	B	C	D	E
경우 1	O	X	X	O	
경우 2	X		X	O	X

두 경우 모두 D는 반드시 수강한다는 것을 알 수 있다.

08 법률해석

정답 ②

정답 체크

상황에서 등장하는 사람들을 정리하면 다음과 같다.
· 甲, 乙: 당사자
· 丙, 丁: 증인
· A: 재판장
· B, C: 합의부원

첫 번째 조문 5항에 의해 甲의 丙에 대한 신문이 쟁점과 관계가 없는 때, 재판장 A는 甲의 신문을 제한할 수 있으므로 옳은 설명이다.

오답 체크

① 첫 번째 조문 3항에 의해 재판장은 언제든지 신문할 수 있으므로 丙을 신문할 때 재판장인 A는 乙보다 먼저 신문할 수 있다. 따라서 옳지 않은 설명이다.

③ 첫 번째 조문 4항에 따르면 신문의 순서를 바꿀 때는 재판장이 당사자의 의견을 들어야 하는데 재판장 A가 丁에 대한 신문을 乙보다 甲이 먼저 하게 하려면, 합의부원인 B와 C의 의견이 아닌 당사자인 甲과 乙의 의견을 들어야 하므로 옳지 않은 설명이다.

④ 두 번째 조문 1항에 의해 증인 丙과 증인 丁을 따로따로 신문해야 하는 것이 원칙이지만, 세 번째 조문에 의해 합의부원인 B가 아닌 재판장 A가 필요하다고 인정하면 丙과 丁의 대질을 명할 수 있으므로 옳지 않은 설명이다.

⑤ 마지막 조문 단서에 따르면 丙이 질병으로 인해 서류에 의해 진술하려는 경우 A의 허가가 필요함을 알 수 있으므로 옳지 않은 설명이다.

09 조건명제

정답 ②

정답 체크

세 학교가 선정되는지에 대한 모든 상황을 나타내보면 다음과 같다.

상황	A	B	C
1	O	O	O
2	O	O	X
3	O	X	O
4	O	X	X
5	X	O	O
6	X	O	X
7	X	X	O
8	X	X	X

한편 보기에 제시된 조건을 정리하면 다음과 같다.

조건 1	AX → BO
조건 2	BX → CO

위의 상황 가운데 조건 1에 의하면 7, 8번 상황은 존재할 수 없고, 조건 2에 의하면 4번 상황은 존재할 수 없다. 이를 정리하면 다음과 같다.

상황	A	B	C
1	O	O	O
2	O	O	X
3	O	X	O
5	X	O	O
6	X	O	X

그런데 문제에서 B 학교가 반드시 선정된다는 결론이 도출되어야 한다고 했으므로 보충되어야 할 조건은 3번 상황을 삭제할 수 있는 내용이어야 한다. '두 개의 학교만 선정되는 경우는 없다.'라는 내용이 추가되면 2, 3, 5번 상황이 삭제되고 1, 6번 상황만 존재하게 된다. 이때 1, 6번 상황을 살펴보면 B 학교가 반드시 선정된다는 것을 알 수 있다.
따라서 해당 내용이 '조건 3'으로 적절하다.

오답 체크

① 'A 학교가 선정되거나 B 학교가 선정된다.'라는 내용으로는 삭제할 수 있는 상황이 없다. 따라서 해당 내용이 '조건 3'이라고 하더라도 B 학교가 반드시 선정된다는 보장은 없다.

③ 'B 학교나 C 학교 중 하나가 탈락한다.'라는 내용은 B 학교와 C 학교가 동시에 선정될 수는 없다는 의미이므로 1, 5번 상황만을 삭제할 뿐 3번 상황은 삭제할 수 없다. 따라서 해당 내용이 '조건 3'이라고 하더라도 B 학교가 반드시 선정된다는 보장은 없다.

④ 'C 학교가 탈락하면 A 학교도 탈락한다.'라는 내용은 C 학교가 탈락했음에도 A 학교가 탈락하지 않는 2번 상황을 삭제할 뿐 3번 상황을 삭제할 수 없다. 따라서 해당 내용이 '조건 3'이라고 하더라도 B 학교가 반드시 선정된다는 보장은 없다.

⑤ 'A 학교가 탈락하면 B 학교도 탈락한다.'라는 내용은 A 학교가 탈락했음에도 B 학교가 탈락하지 않는 5, 6번 상황을 삭제할 뿐 3번 상황을 삭제할 수 없다. 따라서 해당 내용이 '조건 3'이라고 하더라도 B 학교가 반드시 선정된다는 보장은 없다.

⏱ 빠른 문제 풀이 Tip

이처럼 문제에서 제시된 조건으로 나타날 수 있는 경우의 수가 많은 경우에는 문제에서 제시된 명제 간의 상관관계를 생각해서 나타날 수 있는 경우의 수를 정리하기보다는 우선 모든 경우의 수를 나타낸 다음에 문제에 제시된 내용에 어긋나는 것을 삭제하여 경우의 수를 나타내는 방법을 사용하는 것도 좋다.

10 정언명제

정답 체크

㉠을 판단하기 위해 제시된 정보를 정리하면 다음과 같다.

전제 1	신입직원 가운데 일부가 봉사활동에 지원했다.
전제 2	( )
결론	하계연수에 참여하지 않은 사람 중에 신입직원이 있다.

'신입직원', '봉사활동에 지원한 사람', '하계연수에 참여한 사람' 간의 상관관계를 파악해야 하므로 이 셋의 관계를 다음과 같이 설정한 후 정리해보면 다음과 같다.

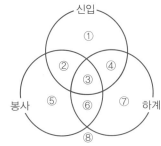

첫 번째 전제에서 신입직원 가운데 일부가 봉사활동에 지원했다고 하였으므로 2, 3번 영역 가운데 최소 한 군데가 존재한다는 것을 알 수 있다.

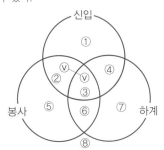

한편 결론에서 '하계연수에 참여하지 않은 사람 중에 신입직원이 있다.'고 하였는데 이는 그림에서 1번 영역과 2번 영역 가운데 최소 한 군데가 존재한다는 의미이므로 선택지의 내용 가운데 ㉠에 어떤 전제가 들어갔을 때 1번 영역이나 2번 영역에 최소 한 군데가 존재한다는 결론이 도출되는지 살펴봐야 한다.
선택지에 있는 내용은 ①, ②에 '하계연수 참여자 가운데에는 봉사활동에 지원했던 사람이 없습니다.', ③에 '하계연수 참여자는 모두 봉사활동에도 지원했던 사람입니다.', ④, ⑤에 '하계연수 참여자 가운데 봉사활동에도 지원했던 사람이 있습니다.' 이 세 가지이다. 이 세 가지를 하나씩 살펴보면 다음과 같다.

[경우 1] 선택지 ①, ② 하계연수 참여자 가운데에는 봉사활동에 지원했던 사람이 없습니다.

이 내용은 하계연수 참여자와 봉사활동에 지원한 사람의 교집합은 없다는 의미이므로 위 그림에서 3번 영역과 6번 영역은 존재하지 않는다는 의미이다. 이를 포함한 그림을 그려보면 다음과 같다.

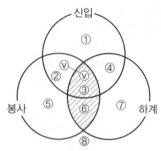

이 그림에 의하면 3번 영역이 삭제되었으므로 2번 영역이 반드시 존재한다는 것을 알 수 있고, 그러면 결론인 1번 영역이나 2번 영역에 최소 한 군데가 존재한다는 내용이 도출된다. 따라서 ㉠에 들어갈 말이 될 수 있다.

[경우 2] 선택지 ③ 하계 연수 참여자는 모두 봉사활동에도 지원했던 사람입니다.

이 내용은 하계연수 참여자 중에 봉사활동에 지원하지 않은 사람은 없다는 의미이므로 4번 영역과 7번 영역은 존재하지 않는다는 의미이다. 이를 포함한 그림을 그려보면 다음과 같다.

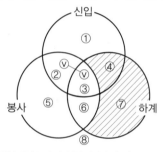

이 그림에 의하더라도 1번 영역이나 2번 영역 중에 최소 한 군데가 반드시 존재한다는 결론은 도출되지 않으므로 ㉠에 들어갈 말이 될 수 없다.

[경우 3] 선택지 ④, ⑤ 하계연수 참여자 가운데 봉사활동에도 지원했던 사람이 있습니다.

이 내용은 하계 연수 참여자와 봉사활동에 지원한 사람이 교차하는 지점 가운데 최소 한 군데가 존재한다는 의미이다. 이를 그림으로 나타내면 다음과 같다.

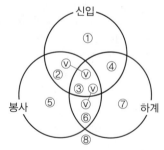

이 그림에 의하더라도 1번 영역이나 2번 영역 중에 최소 한 군데가 반드시 존재한다는 결론은 도출되지 않으므로 ㉠에 들어갈 말이 될 수 없다.

따라서 ㉠에 들어갈 말은 '하계연수 참여자 가운데에는 봉사활동에 지원했던 사람이 없습니다.'만이 가능하다.

한편 ㉡을 판단하기 위해 제시된 정보를 정리하면 다음과 같다.

전제 1	신입직원 가운데 일부가 봉사활동에 지원했다.
전제 2	봉사활동 지원자는 전부 하계연수에도 참여했다.

이에 따라 어떤 결론이 도출되는지 살펴봐야 한다. 이 역시 위와 같이 그림을 해결하는 것이 좋은데 전제 1은 2번 영역과 3번 영역 가운데 최소 한 군데가 존재한다는 의미이고 전제 2는 봉사활동 지원자 중에 하계연수에 참여하지 않은 사람은 없다는 의미이므로 2번 영역과 5번 영역은 존재하지 않는다는 의미이다. 이를 그림으로 나타내면 다음과 같다.

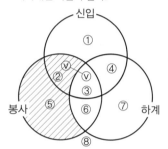

이를 토대로 선택지 ①, ②번의 ㉡을 살펴보면 다음과 같다

[경우 1] 선택지 ① '신입직원 가운데 하계연수 참여자가 있다.'
이 내용은 3번 영역과 4번 영역 가운데 최소 한 군데가 있다는 의미인데 위 그림에서 3번 영역이 존재하므로 옳은 결론이 된다.

[경우 2] 선택지 ② '신입직원 가운데 하계연수 참여자는 한 명도 없다.'
이 내용은 3번 영역과 4번 영역은 모두 존재하지 않는다는 의미인데 위 그림에서는 3번 영역이 존재하므로 옳지 않은 결론이 된다.

위 내용을 종합하면 정답은 ①이 된다.

11 의사결정   정답 ①

정답 체크

제시문의 내용을 토대로 업무 목표의 점수를 산출하면 다음과 같다.

평가 항목		가중치	A	B	C	D	E
업무 목표	매출 확대	40	10	9	9	7	10
	관리비 절감	30	9	9	10	8	9
	업무 혁신	30	10	8	10	9	10
합계			970	870	960	790	970

이 가운데 A와 E가 동점이므로 이 둘의 개인 목표를 정리하면 다음과 같다.

평가 항목		가중치	A	E
개인 목표	국어 사용 능력 향상	50	8	8
	지식 공유	30	7	7
	건강 관리	40	7	5
합계			740	680

따라서 최고 우수사원은 A이다.

⏱ 빠른 문제 풀이 Tip

이 문제에서는 업무 목표와 개인 목표 전부를 계산하여 순위를 결정하는 것이 아니라 일차적으로는 업무 목표로 순위를 결정하고 동순위가 있을 때만 개인 목표를 살펴보는 것이므로 필요한 정도까지만 계산하는 것이 필요하다.

12 연결하기
정답 ④

정답 체크

우선 조건들을 모두 정리하여 표를 만들면 아래와 같다.

구분 \ 사진 속 위치	왼쪽	가운데	오른쪽
이름	나무		다승
직업		목수	
나이	20세	19세	21세

다승은 21세가 아니며 나무는 19세가 아니고, 화가는 가운이라는 조건이 있으므로 가운이 들어갈 수 있는 자리는 가장 왼쪽 혹은 가장 오른쪽이다.

[경우 1] 가운이 가장 왼쪽에 있는 경우

구분 \ 사진 속 위치	왼쪽	가운데	오른쪽
이름	가운	다승	나무
직업	화가	목수	
나이	20세	19세	21세

나무는 19세가 아니라고 했으므로 나무의 나이는 20세가 되어야 한다. 그러나 이 경우 목수가 19세가 아니라고 했으므로 다승은 21세가 될 수밖에 없다. 그러나 주어진 조건에서 다승은 21세가 아니라고 했으므로, 주어진 조건과 모순되는 결과이다. 따라서 화가인 가운이 들어갈 수 있는 자리는 가장 오른쪽이다.

[경우 2] 가운이 가장 오른쪽에 있는 경우

구분 \ 사진 속 위치	왼쪽	가운데	오른쪽
이름	다승	나무	가운
직업		목수	화가
나이	20세	19세	21세

여기서 다승은 21세가 아니라고 했으므로 다승은 19세가 되어야 한다. 여기서부터 다른 형제들의 나이가 결정될 수 있으며 아래와 같이 완성된다.

구분 \ 사진 속 위치	왼쪽	가운데	오른쪽
이름	다승	나무	가운
직업		목수	화가
나이	19세	21세	20세

따라서 이름, 직업, 나이 등이 바르게 연결된 것은 가운과 20세이다.

13 의사결정
정답 ③

정답 체크

차량 탑승자 K가 이동하면서의 섹터와 그에 따른 핸드오프 방식을 표로 작성하면 다음과 같다.

A	A → B	B	B → C	C
H1	H3	H1	H2	H1
	주파수 겹침		겹치는 주파수 없음	

기지국 A에서 기지국 B로 전환하는 구간에서, 즉 기지국 B의 섹터 a에서는 다른 사용자가 주파수 F1을 쓰고 있으므로 핸드오프 3 방식이 사용되어야 한다.
따라서 답은 ③이 된다.

14 의사결정
정답 ④

정답 체크

우선 3차까지 협상이 진행된다면, A 부서는 최대 이익을 취하려고 할 것이므로, 50만 원을 가지려고 할 것이다. 그렇다면 B 부서는 0원을 가지게 된다. 따라서 B 부서는 자신이 결정권이 있는 2차에서 게임을 종료시키는 안을 선택할 것이다. A 부서가 2차에서 50만 원의 예산을 가진다면 A 부서는 3차까지 가려고 하지 않을 것이다. 따라서 2차에서 B 부서가 제안할 수 있는 최대 금액은 50만 원이다.

전체 협상에서 볼 때, B 부서가 가질 수 있는 최대 예산은 50만 원이다. 그러므로 A 부서가 1차에서 협상을 종료시키기 위해서는 B 부서의 조건을 만족시켜 주어야 한다. 따라서 A 부서는 1차에서 B 부서의 50만 원을 보장해 주고 스스로는 150만 원을 가질 때 최대의 예산을 가질 수 있다.

15 법률해석

정답 ③

[정답 체크]

채권자와 채무자 사이에 손해배상액의 예정이 있는 경우의 손해배상액에 대해서는 다음과 같이 정리할 수 있다.
· 실손해액과 상관없이 예정된 배상액 청구 가능
· 단, 실손해액이 예정액을 초과하더라도 초과액을 배상받을 수는 없음
· 다른 사유로 발생한 손해는 손해배상액 예정의 효력이 없으므로 따로 받을 수 있음
· 이 경우 별도로 손해 발생 사실과 손해액을 증명해야 함
사례에서 나타난 손해는 다음의 두 가지이다.
1. 공사 기간의 30일 지연
   손해배상액의 예정에 관한 내용이므로 지연 기간 1일당 공사대금의 0.1%를 산정하여 받으면 된다.
   → 해당 손해에 대한 배상액＝공사대금×0.1%×지연 기간
                        ＝1억 원×0.1%×30
                        ＝300만 원
2. 불량자재 사용으로 인한 1,000만 원의 손해
   손해배상액 예정의 효력과 관련이 없으므로 따로 입증해서 받을 수 있는데 사례에서는 각각의 손해 발생 사실과 손해액을 증명했다고 되어 있으므로 따로 받을 수 있다.
   → 해당 손해에 대한 배상액＝불량자재로 인한 손해 1,000만 원
   따라서 甲이 받을 수 있는 최대 손해배상액은 총 1,300만 원이다.

⏱ 빠른 문제 풀이 Tip

사례에 주어진 내용을 참고한 후 제시문 가운데 사례에 적용되는 내용을 정확히 파악하여 계산에 적용한다. 계산은 해당하는 내용이 등장할 때마다 일일이 하는 것보다는 전체적인 내용을 파악한 후 나중에 모아서 한 번에 하는 것이 바람직하다.

16 THEME

정답 ④

[정답 체크]

제시된 상황을 FLOW CHART로 정리하면 다음과 같다.

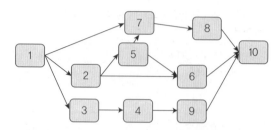

한편 각 활동의 소요 기간을 정리하면 다음과 같다.

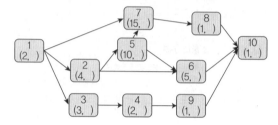

끝으로 각 활동이 끝나는 누적 시간을 정리하면 다음과 같다.

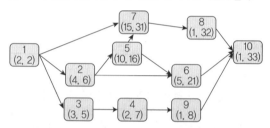

이에 따라 모든 활동이 끝나는 데 총 33일 걸린다는 것을 알 수 있으며 3월은 31일까지 있다는 것을 알 수 있다. 또한 문제에서 공청회를 개최하는 업무는 3월 1일부터 시작해서 휴일 없이 진행한다고 했다.
따라서 모든 활동이 끝나고 공청회가 개최되는 날짜는 3월 1일을 포함하여 33일째인 4월 2일이 된다.

17 의사결정

정답 ②

[정답 체크]

문제에서 주어진 대로 표로 정리하여 계산하면 아래와 같다.

구분	1분기	2분기	3분기	4분기
유용성	8	8	10	8
	3.2	3.2	4	3.2
안정성	8	6	8	8
	3.2	2.4	3.2	3.2
서비스 만족도	6	8	10	8
	1.2	1.6	2	1.6
계	7.6	7.2	9.2	8.0
성과평가	C	C	A	B
지급액	80	80	100＋10	90

따라서 1년 지급의 총액은 360만 원이 된다.

18 조건명제 정답 ②

주어진 정보를 기호화하면 다음과 같다.
1. 갑 O and 을 O → 병 O
2. 병 O → 정 O
3. 정 X
우선 정이 위촉되지 않는다고 하였으므로 2번 명제의 대우에 의해 병도 위촉되지 않는다는 것을 알 수 있다.

갑	을	병	정
		X	X

1번 명제의 대우를 보면 '병 X → 갑 X or 을 X'이다. 그런데 문제에서 적어도 한 명을 위촉한다고 되어 있으므로 갑이나 을이 모두 위촉되지 않는 상황은 없다. 결국 다음의 두 가지 경우가 가능하다.

[경우 1]

갑	을	병	정
O	X	X	X

[경우 2]

갑	을	병	정
X	O	X	X

ㄷ. 갑이 위촉되지 않는 경우는 [경우 2]인데 이 경우 을은 위촉될 수밖에 없으므로 옳은 설명이다.

ㄱ. 병은 무조건 위촉되지 않으므로 옳지 않은 설명이다.
ㄴ. 을은 위촉될 수도 있고 아닐 수도 있으므로 정과 을 누구도 위촉되지 않는다는 말이 반드시 참이라고 볼 수 없으므로 옳지 않은 설명이다.

19 의사결정 정답 ②

3문단에 따르면 선호순위가 높은 후보사업은 국민참여예산사업으로 결정되고, 8월에 재정정책자문회의의 논의를 거쳐 국무회의에서 정부예산안에 반영되며, 정부예산안이 국회에 제출되면 국회의 심의·의결을 거쳐 12월까지 예산안을 확정한다. 따라서 국민참여예산사업은 국회 심의·의결 전에 국무회의에서 정부예산안에 반영됨을 알 수 있다.

① 2문단에서 국민제안제도가 국민들이 제안한 사항에 대해 관계부처가 채택 여부를 결정하는 방식이라면, 국민참여예산제도는 국민의 제안 이후 사업심사와 우선순위 결정과정에도 국민의 참여를 가능하게 한다고 하였으므로 국민제안제도가 우선순위를 정하는 것은 아님을 알 수 있다.
③ 1문단에서 국민참여예산제도는 정부의 예산편성권과 국회의 예산심의·의결권 틀 내에서 운영됨을 알 수 있다.
④ 세 번째 문단에서 선호순위가 높은 후보사업은 국민참여예산사업으로 결정된 후에 8월에 재정정책자문회의의 논의를 거친다고 하였으므로 참여예산 후보사업이 재정정책자문회의의 논의를 거쳐 제안되는 것은 아님을 알 수 있다.
⑤ 네 번째 문단에서 예산국민참여단의 사업선호도는 오프라인 투표를 통해 조사한다고 하였으므로 예산국민참여단의 사업선호도 조사가 전화설문을 통해 이루어지는 것은 아님을 알 수 있다.

20 정보추론 정답 ③

수치 계산에 필요한 내용을 정리하면 다음과 같다.
· 2019년 국민참여예산사업에 800억 원이 반영(5문단)
· 2019년 국민참여예산사업 가운데 688억 원이 생활밀착형사업 예산, 나머지는 취약계층지원사업 예산
· 2020년 국민참여예산사업은 2019년도에 비해 25% 증가
  → 800억 원 × 1.25 = 1,000억 원
· 2020년 국민참여예산사업 가운데 870억 원이 생활밀착형사업 예산, 나머지는 취약계층지원 사업 예산
이를 표로 정리하면 다음과 같다.

구분	생활밀착형	취약계층지원	합계
2019년	688억 원	112억 원	800억 원
2020년	870억 원	130억 원	1,000억 원

따라서 국민참여예산사업 예산에서 취약계층지원사업 예산이 차지하는 비율은 2019년이 (112 / 800) × 100 = 14%이고, 2020년이 (130 / 1,000) × 100 = 13%이다.

p.358

01	02	03	04	05	06	07	08	09	10
②	④	⑤	②	④	④	①	④	③	③
11	12	13	14	15	16	17	18	19	20
④	⑤	①	⑤	⑤	⑤	①	⑤	①	④

01 THEME

정답 ②

정답 체크

제시된 상황을 FLOW CHART로 정리하면 다음과 같다.

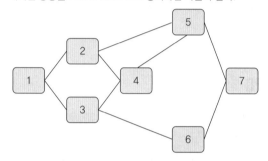

한편 각 작업의 걸리는 시간을 정리하면 다음과 같다. 단 1, 2, 4, 5번 작업에는 쉬는 시간과 정리 시간을 작업 번호의 오른쪽에 따로 표시한다.

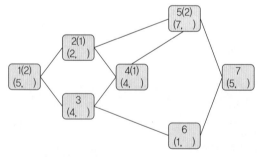

다음으로 해당 작업이 끝나는 누적을 정리하면 다음과 같다. 다만 앞에서 살펴본 대로 2, 4번 작업에는 +1을, 1, 5번 작업에는 +2를 해야 한다.

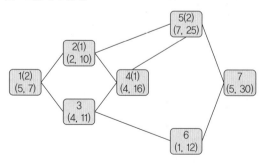

따라서 작업이 모두 끝나는 데 30일이 걸리므로 무대 준비를 마친 날짜는 3월 30일이다.

02 THEME

정답 ④

정답 체크

A의 상황을 정리하면 2번 작업과 5번 작업이 걸리는 시간은 다음과 같이 변경된다.

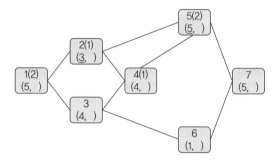

이에 따라 총 걸리는 시간을 살펴보면 다음과 같다.

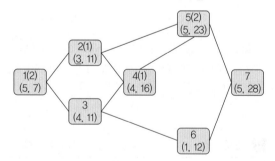

따라서 3월 28일에 무대 준비를 마치게 된다. 다음으로 B의 상황을 정리하면 2번 작업과 5번 작업이 걸리는 시간은 다음과 같이 변형된다.

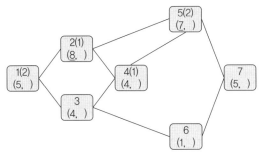

이에 따라 총 걸리는 시간을 살펴보면 다음과 같다.

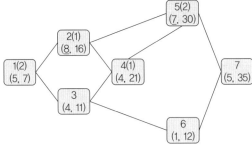

따라서 총 35일이 걸리게 되고 3월은 31일까지 있으므로 무대 준비를 마치게 되는 날짜는 4월 4일이다.

03 나열하기 정답 ⑤

정답 체크

등번호가 1, 2, 5, 8, 10이므로 3번 내용에 따르면 기획 1실 대표의 등번호는 8만이 가능하고 자연스럽게 기획 3실 대표의 등번호는 2가 된다. 한편 기획 1실 대표의 포지션은 슈팅가드이다.

부서	기획 1실	기획 2실	기획 3실	기획 4실	기획 5실
등번호	8		2		
포지션	SG				

2번 내용에 따르면 기획 2실 대표의 등번호는 10이 된다.

부서	기획 1실	기획 2실	기획 3실	기획 4실	기획 5실
등번호	8	10	2		
포지션	SG				

남은 등번호는 1, 5인데 1번 내용 후반에 따르면 기획 4실 대표의 등번호는 5이고 기획 5실 대표의 등번호는 1이 된다.

부서	기획 1실	기획 2실	기획 3실	기획 4실	기획 5실
등번호	8	10	2	5	1
포지션	SG				

1번 내용의 전반에 따르면 포인트가드는 기획 4실 대표임을 알 수 있고 4번 내용에 따르면 센터는 기획 5실 대표임을 알 수 있다.

부서	기획 1실	기획 2실	기획 3실	기획 4실	기획 5실
등번호	8	10	2	5	1
포지션	SG			PG	C

기획 2실과 기획 3실 대표의 포지션이 확정되지 않았으므로 선택지의 내용이 보충되어야 하며 이때 남은 등번호는 2와 10으로 모두 짝수이다.

따라서 스몰포워드와 파워포워드의 등번호가 짝수라는 내용이 보충되더라도 모든 선수의 차출 부서, 등번호, 포지션을 알 수는 없다.

오답 체크

① 스몰포워드의 등번호가 가장 큰 숫자라면 스몰포워드가 10이 되고 자연스럽게 파워포워드가 2가 된다.

② 슈팅가드의 등번호가 파워포워드 등번호의 4배라면 파워포워드가 2가 되고 자연스럽게 스몰포워드가 10이 된다.

③ 스몰포워드의 등번호보다 파워포워드의 등번호가 크다면 스몰포워드가 2가 되고 자연스럽게 파워포워드가 10이 된다.

④ 파워포워드의 등번호가 포인트가드의 등번호보다 작다면 파워포워드의 등번호는 2가 되고 자연스럽게 스몰포워드의 등번호는 10번이 된다.

04 의사결정 정답 ②

정답 체크

ㄴ. 마지막 문단에서 '경기에서 승리한 선수는 그 경기에서 패배할 확률에 K를 곱한 만큼 점수를 얻고'라고 되어 있는데 패배할 확률이 가장 높은 경우는 1이므로 K를 32로 놓으면 최댓값은 32점이다. 따라서 한 경기에서 최대한 얻을 수 있는 엘로 점수는 32점 이하임을 알 수 있으므로 옳은 설명이다.

ㄹ. 세 번째 문단에서 '두 선수의 엘로 점수가 같다면, 각 선수가 승리할 확률은 0.5로 같다. 만약 한 선수가 다른 선수보다 엘로 점수가 200점 높다면 그 선수가 승리할 확률은 약 0.76이 된다.'라고 되어 있으므로 엘로 점수 차이와 엘로 점수가 높은 선수가 승리할 확률은 비례관계라는 것을 알 수 있다. 따라서 A가 B에게 승리할 확률이 0.8이라면 0.76보다 높은 수치이므로 A의 엘로 점수는 B의 엘로 점수에 비해 한 선수가 승리할 확률이 0.76일 때의 엘로 점수인 200점보다 큰 수치로 높을 것이다. 이는 B와 C의 관계에서도 마찬가지이므로 A의 엘로 점수는 C의 엘로 점수보다 400점 이상으로 수치가 높다. 그런데 엘로 점수 차이가 정확히 400인 경우를 제시문의 식에 대입해 보면 다음과 같은 방식으로 계산된다.

$$P_{XY} = \frac{1}{1+10^{-(400-0)/400}} = \frac{1}{1+10^{-1}} = \frac{1}{1+\frac{1}{10}} = \frac{1}{\frac{11}{10}} = \frac{11}{10}$$

≒0.91

이는 엘로 점수가 정확히 400점 높은 사람은 이길 확률이 0.91이라는 의미인데 A는 C보다 400 이상으로 수치가 높으므로 확률도 이보다 더 높을 것이다. 따라서 A가 C에게 승리할 확률은 0.9 이상임을 알 수 있으므로 옳은 설명이다.

[오답 체크]

ㄱ. 두 번째 문단에서 '두 선수가 승리할 확률의 합은 항상 1이 된다.'고 했다. 따라서 두 선수가 경기할 때 한 선수가 승리할 확률을 x라고 하면 패배할 확률은 $1-x$가 되고 상대 선수가 승리할 확률은 $1-x$, 상대 선수가 패배할 확률은 x가 된다. 다시 말해 한 선수가 승리할 확률은 다른 선수가 패배할 확률과 같다는 것이다. 한편 마지막 문단에서 엘로 점수에 대해 '경기에서 승리한 선수는 그 경기에서 패배할 확률에 K를 곱한 만큼 점수를 얻고, 경기에서 패배한 선수는 그 경기에서 승리할 확률에 K를 곱한 만큼 점수를 잃는다.'고 했는데 앞서 살펴본 바대로 한 선수가 승리할 확률은 다른 선수가 패배할 확률과 같으므로 승리한 선수의 엘로 점수와 패배한 점수의 엘로 점수는 결국 같은 확률에 같은 K를 곱하는 것이다. 따라서 경기에서 승리한 선수가 얻는 엘로 점수와 그 경기에서 패배한 선수가 잃는 엘로 점수는 같을 수밖에 없다.

ㄷ. 앞서 ㄹ에서 살펴본 대로 엘로 점수 차이와 엘로 점수가 높은 선수가 승리할 확률은 비례관계이고 엘로 점수가 정확히 400점 높은 사람이 이길 확률은 0.91이다. 따라서 A가 B에게 패배할 확률이 0.1이라는 것은 B가 A에게 이길 확률이 0.9라는 것이고 이는 0.91보다 작은 수치이므로 두 선수의 엘로 점수의 차이도 400점보다 작은 수치일 것이라고 추론할 수 있다.

⏱ 빠른 문제 풀이 Tip

주어진 수치와 관련된 내용을 이해하여 엘로 점수 차이와 이길 확률의 비례관계를 파악하는 것이 필요하다. 한편 제시문과 보기에서 0.76, 200점, 0.9, 0.1, 400점과 같은 숫자가 나오므로 주어진 공식을 여러 번 활용하기보다는 제시된 수치와 관련된 계산만을 하는 방향으로 문제를 해결하는 것이 좋다.

05 진실 혹은 거짓

정답 ④

[정답 체크]

이러한 복합 진실 혹은 거짓의 문제는 어느 하나를 가정하여 다른 진술들의 참·거짓 관계를 밝혀내는 것이 바람직하다. 우선 제시된 내용을 간단히 정리하면 다음과 같다.

	진술 1	진술 2	진술 3
갑	갑O	병O	정X
을	을O	정O	A
병	병O	B	정O
정	정O	무X	갑의 진술 3은 T
무	무O	을X	C

이 문제의 경우 갑, 을, 병, 정 모두 정에 대해 진술하고 있으므로 그 내용이 참인 경우와 거짓인 경우로 나누어 살펴보는 것이 좋다.

[경우 1] 정이 맞혔다고 가정하는 경우(정O인 경우)

정이 맞혔다고 가정하면 갑의 진술 3, 을의 진술 2, 병의 진술 3, 정의 진술 1의 진위가 아래와 같이 밝혀진다.

	진술 1	진술 2	진술 3
갑			F
을		T	
병			T
정	T		
무			

문제에서 각자가 말한 세 진술 가운데 하나는 진실이고 두 가지는 거짓이라고 했으므로 을의 진술 1과 3, 병의 진술 1과 2, 정의 진술 2와 3은 거짓이 된다.

	진술 1	진술 2	진술 3
갑			F
을	F	T	F
병	F	F	T
정	T	F	F
무			

그러면 을의 진술 1이 거짓이므로 을은 틀린 것이 되고 정의 진술 2가 거짓이므로 무는 맞힌 것이 된다. 그런데 이렇게 되면 무의 진술 1도 참이 되고 진술 2도 참이 되어 문제의 조건에 모순된다.

결국 처음 가정한 '정O'는 틀린 셈이 된다.

[경우 2] 정이 틀렸다고 가정하는 경우(정X인 경우)

정이 틀렸다고 가정하면 위와 반대로 아래와 같은 결과를 얻는다.

	진술 1	진술 2	진술 3
갑			T
을		F	
병			F
정	F		
무			

그러면 갑의 진술 1과 2는 모두 거짓이 되며 갑X, 병X라는 것을 알 수 있다. 갑X, 병X를 다른 사람의 진술에 대입하면 다음과 같이 정리된다.

	진술 1	진술 2	진술 3
갑	F	F	T
을		F	
병	F		F
정	F		T
무			

그러면 병의 진술 2는 참이 되고 정의 진술 2는 거짓이 된다. 따라서 무는 맞힌 것이 되고 무의 진술 1은 진실이 된다. 자연스럽게 무의 나머지 두 진술은 거짓이 된다.

	진술 1	진술 2	진술 3
갑	F	F	T
을		F	
병	F	T	F
정	F	F	T
무	T	F	F

무의 진술 2가 거짓이므로 을은 맞힌 것이 되고 따라서 을의 진술 1은 진실이 된다. 자연스럽게 을의 진술 3은 거짓이 된다.

	진술 1	진술 2	진술 3
갑	F	F	T
을	T	F	F
병	F	T	F
정	F	F	T
무	T	F	F

결국 내용을 정리하면 갑X, 을O, 병X, 정X, 무O이고, A는 거짓, B는 진실, C는 거짓이 된다. 이에 따라 보기를 살펴보도록 한다.
ㄴ. 정은 틀렸고 무는 맞혔으므로 옳은 설명이다.
ㄹ. 위의 5명 가운데 을, 무 2명이 맞혔으므로 옳은 설명이다.

오답 체크

ㄱ. 갑은 틀렸고 을은 맞혔으므로 옳지 않은 설명이다.
ㄷ. A, C가 거짓이고 B는 진실이므로 옳지 않은 설명이다.

06 조건명제 정답 ④

정답 체크

㉠, ㉡, ㉢, ㉣, ㉤을 기호화하면 다음과 같다.
㉠ 윤리적 O → 보편적 O
㉡ 이성적 O → 보편적 O
㉢ 합리적 O → 보편적 O
㉣ 합리적 O → 이성적 O

㉤ 윤리적 O → 합리적 O

ㄴ. ㉡과 ㉣이 참이라면 '합리적 O → 이성적 O → 보편적 O'로 연결되므로 '㉢ 합리적 O → 보편적 O'는 참이 되므로 적절하다.
ㄷ. ㉠과 ㉢이 참이라고 하더라도 후건이 같다는 것으로는 두 명제를 연결시킬 수는 없어 ㉤이 도출된다고 할 수는 없으므로 적절하다.

오답 체크

ㄱ. ㉠이 받아들일 수 없으려면 윤리적이지만 보편적으로 수용되지 않는 것(윤리적 O and 보편적 X)의 예를 들어야 한다. 그런데 ㉠에서는 윤리적이지만 보편적으로 수용되지 않는 것(윤리적 O and 보편적 X)이 아니라 보편적으로 수용되지만 윤리적이지 않은 것(보편적 X and 윤리적 X)의 예를 들고 있으므로 이 예로는 ㉠을 받아들일 수 없다고 말할 수 없으므로 적절하지 않다.

07 정보추론 정답 ①

정답 체크

ㄱ. 세 번째 처리지침에서 첨부물이 있는 경우 첨부 표시 문 끝에 '끝.'자 표시를 하도록 하고 있으므로, 본문 뒤에 '끝.'자를 붙이라는 언급은 공문서 작성 및 처리지침에 어긋난다.
ㄷ. 마지막 처리지침에서 문서의 모든 처리절차가 전자적으로 처리되도록 하고 있으므로 출력한 문서에 서명하여 결재하도록 하는 것은 공문서 작성 및 처리지침에 어긋난다.

오답 체크

ㄴ. 두 번째 처리지침에 맞게 언급하였다.
ㄹ. 네 번째 처리지침에 맞게 언급하였다.

08 진실 혹은 거짓 정답 ④

정답 체크

이 커플의 상황으로 가능한 것은 남, 여 순서대로 진실족−진실족, 진실족−거짓족, 거짓족−진실족, 거짓족−거짓족 이렇게 4가지 경우이다. 만약 순서대로 진실족−진실족이라면 남자의 진술인 '최소한 우리 둘 중 한 사람은 거짓족입니다.'라는 말은 거짓이 된다. 이를 위의 표에 적용하면 다음과 같다.

결과 가정 진술	경우 1		경우 2		경우 3		경우 4	
	남	진실족	남	진실족	남	거짓족	남	거짓족
	여	진실족	여	거짓족	여	진실족	여	거짓족
최소 1명 거짓족	거짓							

그런데 경우 1은 남자가 진실족이므로 진실을 말해야 하는데 거짓을 말한 셈이 되므로 경우 1은 불가능하다.

한편, 남, 여 순서대로 진실족-거짓족, 거짓족-진실족, 거짓족-거짓족인 나머지 경우는 모두 '최소한 우리 둘 중 한 사람은 거짓족입니다.'라는 말은 진실이 된다. 이를 표로 정리하면 다음과 같다.

결과 가정 진술	경우 1		경우 2		경우 3		경우 4	
	남	진실족	남	진실족	남	거짓족	남	거짓족
	여	진실족	여	거짓족	여	진실족	여	거짓족
최소 1명 거짓족	거짓		진실		진실		진실	

그런데 경우 3과 경우 4는 남자가 거짓족인데 진실을 말한 셈이 되므로 모두 불가능하다. 반면 경우 2는 남자가 진실족인데 진실을 말하고 있으므로 가능한 경우가 된다. 결국 가능한 경우는 경우 2뿐이므로 남자는 진실족, 여자는 거짓족임을 알 수 있다.

09 의사결정

정답 ③

정답 체크

ㄱ. 적기가 실제 출현했을 경우에는 적중되거나 누락되는 경우만이 가능하다. 그런데 적중되는 확률이 40%라면 자연히 누락되는 확률은 60%가 된다.

ㄴ. ㉮ 기지는 언제나 적중 확률이 오경보 확률보다 높다. 반면 ㉯ 기지는 적중확률과 오경보 확률이 항상 같다.

ㄹ. C는 B보다 적중 확률은 낮고 오경보 확률은 높은 위치이므로 B가 C보다 바람직한 경우임을 알 수 있다.

오답 체크

ㄷ. ㉮ 기지의 경우 적중에 대한 보상을 강화한다면 오경보 확률이 올라가는 한이 있더라도 적중 확률을 올리려고 할 것이므로 D보다 위쪽에 자리한 A로 옮겨갈 것이다.

10 THEME

정답 ③

정답 체크

이와 같은 문제는 표를 이용하여 답을 찾을 수도 있지만 그래프의 성질을 이용하면 쉽게 풀 수 있다. 먼저, 서로 도움을 주는 학급의 임원들을 꼭짓점으로 두고 해당하는 학급끼리 선으로 연결해 보도록 한다.

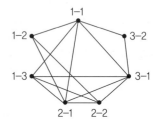

다음으로 모든 꼭짓점에 선으로 연결된 학급끼리 중복되지 않게 숫자를 기재한다. 이때 사용되는 숫자를 최소로 하여 기재해야지만 최소 회의 수를 구할 수 있다. 이 방법을 위의 그래프에 적용하면 다음과 같다.

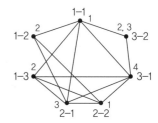

그래프가 1, 2, 3, 4의 4가지 숫자를 사용하여 표현되었다. 같은 숫자로 표현된 꼭짓점들끼리는 한 그룹으로 묶을 수 있다. 즉 같은 숫자로 묶인 그룹의 학급들은 사회자와 다른 학급이라고 할지라도 그들의 안건을 동시에 상정할 수 있기 때문에 한 번으로 회의를 끝마칠 수 있다. 따라서 총 4번의 회의로 도움관계에 있는 임원들이 모두 참여하면서 모든 학급의 회의를 끝마칠 수 있다.

11 의사결정

정답 ④

정답 체크

구분	甲	乙	丙	丁
자기자본	100,000	500,000	250,000	80,000
액면가	5	5	0.5	1
발행 주식 수	20,000	100,000	500,000	80,000
순이익	10,000	200,000	125,000	60,000
주식가격	10	15	8	12
자기자본 순이익률	0.1	0.4	0.5	0.75
주당 순이익	0.5	2	0.25	0.75

ㄴ. 주당 순이익은 乙 – 丁 – 甲 – 丙 순이고, 주식가격은 乙 – 丁 – 甲 – 丙 순이므로 주당 순이익이 높을수록 주식가격이 높다.

ㄷ. 丁 기업의 발행 주식 수는 80,000이고 甲 기업의 발행 주식 수는 20,000으로 丁 기업의 발행 주식 수가 甲 기업의 발행 주식 수의 4배이다.

오답 체크

ㄱ. 주당 순이익은 丙이 가장 낮다.

ㄹ. 1원의 자기자본에 대한 순이익은 자기자본 순이익률을 의미하므로 자기자본 순이익률은 丁이 가장 높고 甲이 가장 낮다.

12 진실 혹은 거짓   정답 ⑤

정답 체크

회의는 가영, 나영, 다영이 언급한 월, 일, 요일 중에 열렸다고 했는데, 가영, 나영, 다영의 기억을 정리하면 다음과 같다.

구분	월(5월/6월)	일(8일/10일)	요일(화/목/금)
가영	5	8	목
나영	5	10	화
다영	6	8	금

세 사람의 기억 내용 가운데, 한 사람은 월, 일, 요일의 세 가지 사항 중 하나만 맞혔고, 한 사람은 하나만 틀렸으며, 한 사람은 어느 것도 맞히지 못했다고 했으므로 이를 F의 개수로 나타내면 3, 2, 1이 된다. 이 가운데 F가 3개인 사람이 각각 가영, 나영, 다영인 경우를 가정해 보면 다음과 같다.

[경우 1] 가영의 F가 3개인 경우
그러면 가영이 기억하는 월, 일, 요일이 모두 틀렸으므로 회의는 6월 10일이고 목요일은 아님을 알 수 있다. 이에 따라 나영과 다영의 기억의 진위를 정리하면 다음과 같다.

구분	월(5월/6월)	일(8일/10일)	요일(화/목/금)
가영	F	F	F
나영	F	T	
다영	T	F	

이때 회의가 열렸던 요일이 화요일이라면 나영의 F가 1개, 다영의 F가 2개가 되므로 조건에 어긋나지 않고, 회의가 열렸던 요일이 금요일이라면 나영의 F가 2개, 다영의 F가 1개가 되므로 역시 조건에 어긋나지 않는다. 따라서 가영의 F가 3개인 경우 회의는 6월 10일 화요일 혹은 금요일에 열렸음을 알 수 있다.

[경우 2] 나영의 F가 3개인 경우
그러면 나영이 기억하는 월, 일, 요일이 모두 틀렸으므로 회의는 6월 8일이고 화요일은 아님을 알 수 있다. 이에 따라 가영과 다영의 기억의 진위를 정리하면 다음과 같다.

구분	월(5월/6월)	일(8일/10일)	요일(화/목/금)
가영	F	T	
나영	F	F	F
다영	T	T	

이때 회의가 열렸던 요일이 목요일이라면 나영과 다영의 F가 모두 1개가 되므로 조건에 어긋나고, 회의가 열렸던 요일이 금요일이라면 다영의 F가 0개가 되므로 역시 조건에 어긋난다. 따라서 나영의 F가 3개인 경우는 불가능하다.

[경우 3] 다영의 F가 3개인 경우
그러면 다영이 기억하는 월, 일, 요일이 모두 틀렸으므로 회의는 5월 10일이고 금요일은 아님을 알 수 있다. 이에 따라 가영과 다영의 기억의 진위를 정리하면 다음과 같다.

구분	월(5월/6월)	일(8일/10일)	요일(화/목/금)
가영	5	8	목
나영	5	10	화
다영	6	8	금

구분	월(5월/6월)	일(8일/10일)	요일(화/목/금)
가영	T	F	
나영	T	T	
다영	F	F	F

이때 회의가 열렸던 요일이 화요일이라면 나영의 F가 0개가 되므로 조건에 어긋나고, 회의가 열렸던 요일이 목요일이라면 가영과 나영의 F가 모두 1개가 되므로 역시 조건에 어긋난다. 따라서 다영의 F가 3개인 경우도 불가능하다. 결국 F가 3개인 경우로 가능한 사람은 가영뿐이고 이때 회의 날짜는 6월 10일 화요일, 혹은 금요일이라는 것을 알 수 있다. 이를 토대로 보기를 살펴보도록 한다.

ㄱ. 회의의 요일은 알 수 없으나 날짜가 6월 10일인 것은 확실하므로 옳은 설명이다.

ㄴ. 어느 것도 맞히지 못한 사람이 가영인 경우에만 조건에 어긋나지 않으므로 옳은 설명이다.

ㄷ. 다영이 하나만 맞힌 사람이라는 것은 다영의 F가 2개인 경우를 의미하는데 이는 회의가 열렸던 요일이 화요일인 경우이므로 옳은 설명이다.

⏱ 빠른 문제 풀이 Tip

F의 개수가 1개인 경우나 2개인 경우는 어떤 것이 F인지 경우의 수를 고려해야 하는 반면 F의 개수가 3개인 경우는 모두 F라고 생각하면 될 뿐 어떤 것이 F인지 경우의 수를 고려할 필요가 없으므로 F의 개수가 3개인 경우를 기준으로 문제를 해결하는 것이 좋다.

13 연결하기 정답 ①

정답 체크

편의상 시계방향으로 1번부터 6번 자리로 정한 후 문제의 규칙에 따라 1번 자리를 시작으로 회차마다 먹는 자리를 정리하면 다음과 같다.

회차	자리						시작	삭제
1회	1	2	3	4	5	6	1	6
2회	1	2	3	4	5		1	1
3회		2	3	4	5		2	3
4회		2		4	5		4	2
5회				4	5		4	5
6회				4			4	4

마지막에 송편을 먹었다고 하였으므로 4번 자리가 송편이 되고 이를 기준으로 시계방향으로 떡의 순서를 정리하면 다음과 같다.

회차	자리						시작	삭제
1회	1	2	3	4	5	6	1	6
2회	1	2	3	4	5		1	1
3회		2	3	4	5		2	3
4회		2		4	5		4	2
5회				4	5		4	5
6회				4			4	4
떡	호박떡	쑥떡	인절미	송편	무지개떡	팥떡		

따라서 마지막 6회차에 먹은 떡을 4번 자리인 송편으로 하면 바로 전인 5회차에 먹은 떡은 5번 자리인 무지개떡이 된다.

14 나열하기 정답 ⑤

정답 체크

(사)에 의하면 1번 맞은편의 옆자리는 9번밖에 없으므로 9번에는 B가 앉는다.

1	2	3	4	5
	B			
10	9	8	7	6

(나)에 의하면 B와 C 사이에 두 자리가 있어야 하는데 이것이 가능한 경우는 C가 6번에 앉는 경우뿐이고, F는 C의 맞은편 자리에 앉으므로 5번에 앉는다.

1	2	3	4	5
				F
	B			C
10	9	8	7	6

(라)에 의하면 F는 J의 옆자리에 앉는데 F의 옆 자리는 4번밖에 없으므로 J는 4번에 앉는다.

1	2	3	4	5
			J	F
	B			C
10	9	8	7	6

(다)에 의하면 J와 D 사이에 두 자리가 있어야 하는데 이것이 가능한 경우는 D가 1번에 앉는 경우뿐이다. 또한 D의 자리가 중앙이 아니므로 E가 같은 줄의 중앙 자리인 3번에 앉는다.

1	2	3	4	5
D		E	J	F
	B			C
10	9	8	7	6

(마)에 의하면 G는 D의 맞은편 자리에 앉아 있고 G와 I 사이에 두 자리가 있어야 하므로 G는 10번에, I는 7번에 앉는다.

1	2	3	4	5
D		E	J	F
G	B		I	C
10	9	8	7	6

(바)에 의하면 B의 자리는 중앙이 아니므로 H가 중앙 자리에 앉게 되는데 3번과 8번 가운데 중앙으로 남은 것은 8번뿐이므로 H는 8번에 앉게 되고 남은 자리인 2번에 A가 앉게 된다.

1	2	3	4	5
D	A	E	J	F
G	B	H	I	C
10	9	8	7	6

A의 양옆에는 D와 E가 앉으므로 B가 앉을 수는 없다. 따라서 옳지 않은 설명이다.

오답 체크

① J는 4번에 앉으므로 7번에 앉는 I와 마주 보고 앉는다. 따라서 옳은 설명이다.

② F는 남성, H는 여성이므로 성별이 다르다. 따라서 옳은 설명이다.

③ G와 C는 모두 여성이므로 성별이 같다. 따라서 옳은 설명이다.

④ 5번 자리에 앉은 F와 가장 멀리 앉은 사람은 10번 자리에 앉은 G이므로 옳은 설명이다.

15 의사결정　　　　　　　　정답 ⑤

정답 체크

- 서브권이 상대 팀으로 넘어가기 전까지는 팀 내에서 같은 선수가 연속해서 서브권을 가지므로 A가 서브하게 된다.
- 서브하는 팀은 점수가 0이거나 짝수인 경우에는 우측에서, 점수가 홀수인 경우에는 좌측에서 서브하는데 현재 3:3에서 甲팀이 1점 득점하여 4점이 되었으므로 우측에서 서브한다.
- 서브하는 선수로부터 코트의 대각선 위치에 선 선수가 서브를 받으므로 A가 우측에서 좌측으로 서브한다.
- 서브를 받는 팀은 자신의 팀으로 서브권이 넘어오기 전까지는 팀 내에서 선수끼리 서로 코트 위치를 바꾸지 않으므로 3:3 상황의 선수위치에서 변동이 없다.

따라서 이 내용을 전부 제대로 적용한 그림은 ⑤가 된다.

16 진실 혹은 거짓　　　　　　정답 ⑤

정답 체크

문제에서 윗마을에 사는 남자는 참말만 하고 여자는 거짓말만 하며, 아랫마을에 사는 남자는 거짓말만 하고 여자는 참말만 한다고 했다. 갑, 을, 병, 정은 각각 이 네 경우 중 하나에 해당하는데 각자의 진술과 등장인물 성향 간의 관계를 파악하기 위해 표로 정리하면 다음과 같다.

	윗마을		아랫마을	
	남자(T)	여자(F)	남자(F)	여자(T)
갑: 갑 아랫				
을: 을 아랫, 갑 남				
병: 을 아랫, 을 남				
정: 을 윗, 병 윗				

갑은 자신이 아랫마을에 산다고 했는데 만약 갑이 윗마을 남자거나 여자라면 이 말은 거짓이 되고 아랫마을 남자거나 여자라면 이 말은 진실이 된다. 이를 정리하면 다음과 같다.

	윗마을		아랫마을	
	남자(T)	여자(F)	남자(F)	여자(T)
갑: 갑 아랫	F	F	T	T
을: 을 아랫, 갑 남자				
병: 을 아랫, 을 남자				
정: 을 윗, 병 윗				

그런데 갑이 윗마을 남자라면 진실을 말했어야 하는 사람이 거짓을 말한 셈이 되므로 불가능하다. 마찬가지로 아랫마을 남자라면 거짓을 말했어야 하는 사람이 진실을 말한 셈이 되므로 역시 불가능하다. 반면 윗마을 여자라면 거짓을 말했어야 하는 사람이 거짓을 말했고, 아랫마을 여자라면 진실을 말했어야 하는 사람이 진실을 말했으므로 가능한 경우가 된다. 따라서 갑은 윗

마을 사람인지 아랫마을 사람인지는 모르지만 여자인 것은 확실하다.

	윗마을		아랫마을		정보
	남자(T)	여자(F)	남자(F)	여자(T)	
갑: 갑 아랫	F̶	F	T̶	T	갑 여자
을: 을 아랫, 갑 남자					
병: 을 아랫, 을 남자					
정: 을 윗, 병 윗					

한편 을은 갑이 남자라고 했으므로 거짓만을 말하는 사람임을 알 수 있는데 자신을 아랫마을에 사는 사람이라고 했으므로 을은 윗마을 사람임을 알 수 있다. 결국 을은 윗마을 사람이며 거짓을 말하는 사람이므로 윗마을 여자임을 알 수 있다.

	윗마을		아랫마을		정보
	남자(T)	여자(F)	남자(F)	여자(T)	
갑: 갑 아랫	F̶	F	T̶	T	갑 여자
을: 을 아랫, 갑 남자		F			을 윗 여자
병: 을 아랫, 을 남자					
정: 을 윗, 병 윗					

병은 을이 아랫마을 사람이라고 했으므로 거짓만을 말하는 사람임을 알 수 있는데 그 외의 정보는 없으므로 윗마을 여자이거나 아랫마을 남자임을 알 수 있다.

	윗마을		아랫마을		정보
	남자(T)	여자(F)	남자(F)	여자(T)	
갑: 갑 아랫	F̶	F	T̶	T	갑 여자
을: 을 아랫, 갑 남자		F			을 윗 여자
병: 을 아랫, 을 남자		F	F		병 윗 여자 or 아랫 남자
정: 을 윗, 병 윗					

정은 을이 윗마을 사람이라고 했으므로 진실만을 말하는 사람임을 알 수 있는데 병도 윗마을 사람이라고 했으므로 병은 윗마을 여자라는 것을 알 수 있다. 을과 병이 모두 윗마을 여자인데 문제에서는 윗마을 사람 2명, 아랫마을 사람 2명이 대화를 했다고 제시되어 있으므로 갑과 정은 모두 아랫마을 사람이 된다. 따라서 갑은 아랫마을 여자가 된다. 한편 정은 아랫마을 사람인데 진실을 말하는 사람이므로 아랫마을 여자라는 것을 알 수 있다.

	윗마을		아랫마을		정보
	남자(T)	여자(F)	남자(F)	여자(T)	
갑: 갑 아랫	F̶	F̶	T̶	T	갑 아랫 여자
을: 을 아랫, 갑 남자		F			을 윗 여자
병: 을 아랫, 을 남자		F			병 윗 여자
정: 을 윗, 병 윗				T	정 아랫 여자

갑과 정은 아랫마을 여자이고 을과 병은 윗마을 여자이므로 이 대화에 참여하고 있는 이들은 모두 여자다.

따라서 옳은 설명이다.

① 갑은 아랫마을 여자이므로 옳지 않은 설명이다.

② 갑은 아랫마을 여자이고 을은 윗마을 여자이므로 다른 마을에 산다. 따라서 옳지 않은 설명이다.

③ 을과 병은 모두 윗마을 여자이므로 같은 마을에 산다. 따라서 옳지 않은 설명이다.

④ 을, 병, 정 가운데 정 한 명만 아랫마을에 산다. 따라서 옳지 않은 설명이다.

17 의사결정 정답 ①

정답 체크

동원이 한 말을 토대로 판단할 수 있는 숫자를 정리하면 다음과 같다.

· 40보다 크지 않고, 5의 배수이다.
→ 0, 5, 10, 15, 20, 25, 30, 35, 40

· 2, 3의 배수는 아니다.
→ 5, 10, 20, 25, 35, 40(0, 15, 30은 제외)

· 각 자릿수의 합이 4 이상 8 이하이다.
→ 5, 25, 35, 40(10, 20은 제외)

· 각 자릿수의 곱이 0은 아니다.
→ 5, 25, 35(40은 제외)

· 10보다 큰지를 알려주면 답을 안다.
→ 5(만약 10보다 크다고 할 경우에는 25, 35 가운데 어떤 것이 답인지 명확히 알 수 없으나, 작다고 할 경우에는 답이 될 수 있는 수가 5뿐이므로 25, 35는 제외)

따라서 동원이 생각하고 있는 숫자는 5이다.

18 진실 혹은 거짓 정답 ⑤

정답 체크

이와 같은 문제는 한 사람씩 1위를 했다는 가정을 하여 모순을 찾아내는 방법으로 문제를 해결하는 것이 좋다.

[경우 1] 전산팀장이 1위인 경우
전산팀장이 1위라면 기획팀장은 거짓을 말한 것이 된다. 그런데 기획팀장이 거짓을 말했다면 전산팀장을 이겼다는 결과가 나오는데 1위를 이길 수는 없으므로 모순된다. 따라서 전산팀장은 1위가 아니다.

[경우 2] 총무팀장이 1위인 경우
총무팀장이 1위라면 기획팀장이 4위를 한 것이 되고 기획팀장은 거짓을 말한 것이 된다. 그런데 기획팀장이 거짓을 말했다면 기획팀장은 전산팀장을 이겼다는 결과가 나오는데 기획팀장은 4위이므로 누군가를 이길 수 없다. 따라서 모순되어 총무팀장은 1위가 아니다.

[경우 3] 기획팀장이 1위인 경우
기획팀장이 1위라면 전산팀장에게 졌다는 말이 진실이어야 하는데 1위가 누군가에게 질 수는 없다. 따라서 모순되어 기획팀장은 1위가 아니다.

[경우 4] 홍보팀장이 1위인 경우
홍보팀장이 1위라면 총무팀장이 기획팀장을 이겼다는 진술이 참이 된다. 또한 총무팀장은 기획팀장이 4위를 했다고 진술했는데 이는 거짓이므로 기획팀장은 4위가 아니다. 따라서 기획팀장은 4위가 아니면서 총무팀장에게는 져야 하므로 3위임을 알 수 있다. 그러면 자연스럽게 총무팀장이 2위, 전산팀장이 4위가 된다.

1위	2위	3위	4위
홍보팀장	총무팀장	기획팀장	전산팀장

따라서 '~거나'로 연결된 문장인데 지문의 전반부와 후반부가 모두 참이 아니므로 옳지 않은 설명이다.

① '~거나'로 연결된 문장인데 지문의 전반부는 거짓이나 후반부가 참이므로 옳은 설명이다.

② '~고'로 연결된 문장인데 지문의 전반부와 후반부가 모두 참이므로 옳은 설명이다.

③ '~고'로 연결된 문장인데 지문의 전반부와 후반부가 모두 참이므로 옳은 설명이다.

④ '~거나'로 연결된 문장인데 지문의 전반부도 참이고 후반부도 참이므로 옳은 설명이다.

19 의사결정 정답 ①

정답 체크

ㄱ. 세 번째 문단에서 에스페란토의 문자는 알파벳 26문자에서 4개 문자를 빼고 6개 문자를 추가하여 만들었다고 하였으므로 모두 28개로 만들어졌음을 알 수 있어 옳은 내용이다.

ㄷ. 마지막 문단에서 '단어의 강세는 항상 뒤에서 두 번째 모음에 있기 때문에…'라고 되어 있으므로 어머니인 patrino의 강세는 i에, 장모인 bopatrino의 강세도 i에 있을 것이다.

따라서 에스페란토로 말할 때 두 단어의 강세가 있는 모음은 같으므로 옳은 내용이다.

은 설명이다.

③ 위의 ②와 같은 이유로 대안 B보다 C를 선택하는 것이 바람직하므로 옳은 설명이다.

⑤ 총비용의 현재가치가 꾸준히 상승하려면 각 연도의 비용에 할인계수를 곱한 값이 꾸준히 상승해야 한다. 그런데 연도가 경과할수록 할인계수는 줄어들고 있으므로 각 연도의 비용은 그 정도는 나중에 생각하더라도 일단 전년도보다는 높은 수치를 보여야 한다. 그런데 B는 계속해서 하락하거나 전년과 같은 수준이고 C는 2009년이 2008년과 같은 수준이다. 따라서 B와 C는 총비용의 현재가치가 꾸준히 상승하고 있다고 할 수 없다. 반면 A의 경우 이 조건은 만족하나 실제로 할인계수를 곱한 값이 지속해서 증가하는지는 다시 한번 살펴봐야 한다. 그런데 실제 할인계수에다가 각 연도의 비용을 곱하는 것은 계산도 복잡하고 시간도 오래 걸리는 등 효율적이지 못하다. 이럴 땐 다음과 같은 사고를 거치는 것이 바람직하다. 각 연도의 비용이 현재의 총비용보다 높으려면 2009년의 경우 할인계수가 0.5(=500/1,000)보다 커야 하고, 2010년은 0.25(=500/2,000), 2011년은 0.125(=500/4,000), 2012년은 약 0.084(=500/6,000)보다 커야 한다. 그런데 각 연도의 할인계수는 모두 위의 수치보다는 높은 수치를 나타내고 있다. 따라서 대안 A의 총비용의 현재가치가 지속해서 증가한다고 볼 수 있으므로 옳은 설명이다.

ㄴ. 세 번째 문단에서 '문법의 경우 가급적 불규칙 변화를 없애고 각 어간에 품사 고유의 어미를 붙여 명사는 −o, 형용사는 −a, 부사는 −e, 동사원형은 −i로 끝낸다. 예를 들어 '사랑'은 amo, '사랑의'는 ama, '사랑으로'는 ame, '사랑하다'는 ami이다.'라고 되어 있다. 이에 의할 때 '사랑'이라는 단어의 어간은 'am'이 됨을 알 수 있다. 한편 '시제의 경우 어간에 과거형은 −is, 현재형은 −as, 미래형은 −os를 붙여 표현한다.'고 되어 있는데 이에 따라 사랑이라는 단어의 미래형인 '사랑할 것이다.'를 에스페란토로 나타내면 어간인 'am'에 미래형인 '−os'를 붙인 amos가 되므로 옳지 않은 내용이다.

ㄹ. 두 번째 문단에서 같은 민족끼리는 모국어를 사용하자는 것이 자멘호프의 구상이므로 자멘호프의 구상에 따르면 동일한 언어를 사용하는 하와이 원주민끼리는 에스페란토가 아니라 하와이 원주민의 토속어를 써야 하므로 옳지 않은 내용이다.

20 의사결정   정답 ④

정답 체크

할인율을 10%로 낮추면 할인계수의 분모가 작아지므로 할인계수는 증가하게 된다. 할인계수가 증가하게 되었을 때 순편익의 하락 폭이 가장 작은 것을 찾으려면 순비용의 상승 폭이 가장 작은 것을 찾아야 한다. 순비용의 상승 폭이 작으려면 할인계수의 영향을 되도록 적게 받아야 하고 그러려면 늦은 연도보다 이른 연도에 비용이 집중되어야 한다. 따라서 대안 B가 할인계수의 영향을 가장 적게 받게 되므로 옳지 않은 설명이다.

오답 체크

① 현재 할인율 r은 15%이고 할인계수는 $\frac{1}{(1+r)^t}$이다. 따라서 할인율이 커지면 분모가 커지므로 할인계수는 줄어들게 된다. 따라서 옳은 설명이다.

② 대안 A, B, C 가운데 어떤 것이 바람직한가를 파악하기 위해서는 주어진 식대로 아래와 같이 정리할 필요가 있다.

연도	2008	2009	2010	2011	2012	합계
할인계수	1,000	0.870	0.756	0.658	0.572	
A 비용	500	1,000	2,000	4,000	6,000	8,946
B 비용	5,000	4,000	1,500	500	500	10,229
C 비용	500	500	1,500	4,000	5,000	7,561

제시문에서 세 대안의 실행 결과로 발생하는 편익은 동일하다고 했고 오른쪽의 합계는 비용을 나타내고 있으므로 비용이 가장 적은 순서대로 C>A>B순으로 바람직한 대안이 된다. 따라서 대안 A보다 C를 선택하는 것이 바람직하므로 옳

p.376

01	02	03	04	05	06	07	08	09	10
④	③	③	①	⑤	⑤	①	⑤	③	⑤
11	**12**	**13**	**14**	**15**	**16**	**17**	**18**	**19**	**20**
②	⑤	③	②	①	④	④	①	⑤	④

01 최소 소요 시간   정답 ④

정답 체크

PERT가 주어진 문제로 제품 생산을 완료하기까지 걸리는 최소 소요 시간을 묻는 문제이다. A, B, C 공정은 동시에 시작되며, 중간 과정을 거쳐 공정 I가 완료되기까지 걸리는 최소 소요 시간을 구하기 위해서는 역으로 공정 I가 끝나기까지 가장 오래 걸리는 프로세스의 시간을 확인할 필요가 있다.

처음부터 살펴보면 공정 D는 공정 A가 완료되면 바로 시작할 수 있으므로 공정 D가 종료되는 시간은 3시간+3시간=6시간 후이다. 공정 E는 공정 A와 공정 B가 모두 완료되어야 시작할 수 있으므로 공정 B가 종료되는 4시간 후에 시작이 가능하다.

따라서 공정 E가 종료되는 시간은 4시간+2시간=6시간 후이다. 공정 D와 공정 E가 모두 6시간 후에 종료되므로 공정 G는 6시간 후에 시작할 수 있고, 공정 I가 종료되는 시간은 6시간+3시간+5시간=14시간 후이다.

공정 C 또한 공정 A, B와 동시에 시작되므로 공정 F가 종료되기까지 소요되는 시간은 2시간+5시간=7시간 후이다. 공정 H가 시작되기 위해서는 공정 E와 공정 F가 모두 종료되어야 하는데, 공정 E가 종료되는 시간은 위에서 구한 바와 같이 6시간 후이고, 공정 F가 종료되는 시간은 7시간 후이므로, 공정 H는 공정 F가 종료된 후인 7시간 후에 시작할 수 있게 된다.

따라서 공정 H가 종료되는 시간은 7시간+9시간=16시간 후이다.

위의 두 과정을 통해 공정 J의 선행 공정인 공정 I와 공정 H가 종료되는 시간이 각각 14시간 후, 16시간 후임을 확인했다.

따라서 공정 J는 최종적으로 16시간 후에 시작될 수 있으며, 2시간이 소요되므로, 제품 제작에 소요되는 시간은 총 16시간+2시간=18시간이다.

02 최소 소요 시간   정답 ③

정답 체크

제품 1개를 생산하는 데 18시간이 소모됨을 알았고, 상황을 통해 일요일을 제외하고 주 6일 24시간 근무를 진행함을 알

수 있다. 총 20개의 제품을 생산해야 하므로 제품 생산에 소요되는 시간은 18×20=360시간이 소요되고, 이는 360÷24=15일이다. 업무일 기준 15일이 소요되므로, 중간에 있는 2번의 일요일을 포함하면 총 17일이 소요된다.

03 물적자원의 선택   정답 ③

정답 체크

뉴욕 지사로의 출퇴근에 소요되는 시간이 30분 미만인 숙소 중에서 선택한다고 했으므로, 각 호텔별로 출퇴근 시간을 계산해보면 아래와 같다.

구분	뉴욕 지사까지 거리	교통편	교통수단 평균 속도	출퇴근 소요시간(분)
A 호텔	10km	버스	25km/h	(10÷25)×60=24
B 호텔	15km	지하철	50km/h	(15÷50)×60=18
C 호텔	5km	버스	25km/h	(5÷25)×60=12
D 호텔	21km	택시	30km/h	(21÷30)×60=42
E 호텔	18km	택시	30km/h	(18÷30)×60=36

따라서 D 호텔과 E 호텔은 선택할 수 없다. 7월 5일 목요일 09시에 뉴욕행 비행기에 탑승하고, 비행 소요시간은 17시간이며, 시차는 서울이 뉴욕보다 14시간 빠르므로, 뉴욕에 도착하는 시간은 뉴욕 현지시간 기준 7월 5일 목요일 12시가 된다. 도착 직후 호텔로 이동하여 다음 날부터 4일간 업무를 수행하고 4일째 업무 종료 직후 인천행 비행기에 탑승한다고 했으므로, 호텔 숙박 기간은 7월 5일 목요일~7월 9일 월요일까지 4박 5일이 된다. 따라서 기준에 따라 주중 2일, 주말 2일의 숙박 비용을 지불해야 하며 A~C 호텔의 해당 기간 숙박에 따른 비용은 아래와 같다.

구분	비용(달러/1박)		
	주중	주말	총 비용
A 호텔	180	225	180×2+225×2=810
B 호텔	200	200	200×4=800
C 호텔	190	205	190×2+205×2=790

따라서 가장 저렴한 호텔은 C 호텔이다.

04 환율

                                               정답 ①

정답 체크

출장을 출발할 때 인천공항에 있는 △△은행 지점에서 700,000 원을 달러로 환전했으므로, 7월 5일 목요일 환율은 살 때의 환율을 적용 받으므로 1,120원/달러이다. ○○기업과 △△은행의 업무협약에 따라 ○○기업의 임직원인 임동근 과장에게는 수수료 우대율 100%를 적용하므로 별도의 환전 수수료는 발생하지 않는다.

따라서 임동근 과장의 환전 금액은 700,000÷1,120=625달러이다.

임동근 과장은 출장 중 해당 비상금을 전혀 사용하지 않았으므로, 돌아왔을 때의 금액 역시 625달러이며, 7월 9일 월요일 18시에 뉴욕에서 출발했고, 총 17시간이 소요되며 뉴욕과 서울의 시차는 15시간이므로, 인천 공항에 도착하는 시간은 7월 11일 오전 01시가 된다.

따라서 인천공항에서 원화로 다시 환전할 때에는 팔 때의 환율인 1,090원/달러를 적용 받는다. 이 경우에도 별도의 수수료는 발생하지 않으므로 임동근 과장이 받을 금액은 625×1,090= 681,250원이다.

따라서 임동근 과장이 얻은 손실은 700,000원에서 681,250 원으로 700,000−681,250=18,750원의 손실이 발생되었다.

05 생산량

                                               정답 ⑤

정답 체크

제작 소요시간을 고려하지 않고 부품 수량에 따른 생산가능 개수를 계산해 보면 가 제품은 부품 A의 개수 780÷2=390, 부품 C의 개수 500÷1=500이므로 최대 390개의 제품을 생산할 수 있다. 여기서 제작 소요시간을 고려해 보면 개당 제작 소요시간이 20분이므로 1시간에 3개, 1일 24개를 제작할 수 있고, 5월 근무일은 총 31일−주말 9일−공휴일 2일=20일이다.

따라서 부품의 수량만 충분하다면 20일×24개/일=480개를 제작할 수 있음을 알 수 있으므로 제작 소요시간과 부품 수량을 모두 고려했을 때, 가 제품은 최대 390개를 생산할 수 있다.

제작 소요시간을 고려하지 않고 부품 수량에 따른 생산가능 개수를 계산해 보면 나 제품은 모든 부품의 필요수량이 1개이므로, 주문 수량이 가장 적은 부품 C의 주문 수량만큼 제품을 제작할 수 있다. 여기에 제작 소요시간을 고려해 보면 개당 제작 소요시간이 30분이므로 1시간에 2개, 1일 16개를 제작할 수 있고, 5월 근무일은 20일이므로 부품의 수량만 충분하다면 20일×16개/일=320개를 제작할 수 있음을 알 수 있다.

따라서 제작 소요시간과 부품 수량을 모두 고려했을 때, 나 제품은 최대 320개를 생산할 수 있다.

제작 소요시간을 고려하지 않고 부품 수량에 따른 생산가능 개

수를 계산해 보면 다 제품은 부품 B의 개수 800÷2=400, 부품 C의 개수 500÷1=500이므로 최대 400개의 제품을 생산할 수 있다. 여기서 제작 소요시간을 고려해 보면 개당 제작 소요시간이 24분이므로 240분에 10개를 제작할 수 있고, 240분은 4시간이다.

따라서 1일에 20개를 제작할 수 있으며, 5월 근무일은 총 20일이므로 부품의 수량만 충분하다면 20일×20개/일 = 400개를 제작할 수 있음을 알 수 있다.

따라서 제작 소요시간과 부품 수량을 모두 고려했을 때, 다 제품은 최대 400개를 생산할 수 있으므로 가장 많이 생산이 가능한 제품은 다 제품이며, 수량은 400개이다.

06 비용 산출

                                               정답 ⑤

정답 체크

가 제품의 최대 생산 수량은 390개, 나 제품의 최대 생산 수량은 320개, 다 제품의 최대 생산 수량은 400개이다.

또한 표에서 가 제품의 개당 판매 단가는 9,000원이고, 필요 부품은 A 부품 2개, C 부품 1개이므로 가 제품 1개당 판매 수익은 9,000−(1,500×2+1,000)=5,000원이 된다.

따라서 가 제품의 판매를 통해 얻을 수 있는 수익은 390×5,000 =1,950,000원이다.

나 제품의 개당 판매 단가는 10,000원이고, 필요 부품은 A 부품 1개, B 부품 1개, C 부품 1개이므로 나 제품 1개당 판매 수익은 10,000−(1,500+2,000+1,000)=5,500원이 되므로 나 제품의 판매를 통해 얻을 수 있는 수익은 320×5,500=1,760,000원이다.

다 제품의 개당 판매 단가는 11,000원이고, 필요 부품은 B 부품 2개, C 부품 1개이므로 다 제품 1개당 판매 수익은 11,000− (2,000×2+1,000)=6,000원이 되므로 나 제품의 판매를 통해 얻을 수 있는 수익은 400×6,000=2,400,000원이다.

07 비용 산출

                                               정답 ①

정답 체크

회의실 사이즈는 6 × 32m²이고, 별도의 카펫 패턴이나 색상에 대한 조건이 없으므로 추가 금액이 없는 베이지 색상에 무지 패턴으로 계산을 진행한다.

A 타입으로 회의실 전체에 설치를 하는 경우 총 필요 카펫의 수량은 아래와 같이 16개이다.

개당 금액은 250,000원이므로 총 비용은 250,000×16＝4,000,000원이다. 여기에 부가세 10%가 별도로 부가되므로 4,000,000×1.1＝4,400,000원이다.

B 타입으로 회의실 전체에 설치를 하는 경우 총 필요 카펫의 수량은 아래와 같이 16개이다.

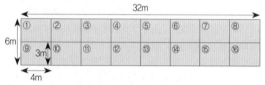

개당 금액은 180,000원이므로 총 비용은 180,000×16＝2,880,000원이다. 부가세 10%가 별도로 부가되므로 2,880,000×1.1＝3,168,000원이다.

일체형으로 회의실 전체에 설치를 하는 경우 회의실 전체 면적 6×32＝192m^2에 설치를 해야 한다. 1×1m^2당 가격이 50,000원이므로, 금액은 192×50,000＝9,600,000원이고, 부가세 10%가 별도로 부가되므로 9,600,000×1.1＝10,560,000원이다.

따라서 최소 금액은 B 타입으로 베이지 색상, 무지 패턴을 선택하는 경우인 3,168,000원이다.

08 비용 산출
정답 ⑤

정답 체크

김 과장의 지시에 따라 새롭게 견적을 산출하면 카펫은 B 타입으로 10개를 구매하므로 총 면적 (3,000×4,000)mm×10＝120m^2이다. 투톤 색상과 도형 패턴으로 변경에 따른 추가 금액은 각각 1×1m^2당 3,000원과 5,000원이므로 총 8,000원의 추가 금액이 발생한다.

따라서 원래 카펫의 가격 1,800,000원에 추가 금액 120×8,000＝960,000원을 더하면 1,800,000＋960,000＝2,760,000원이 되고 별도의 할인은 없다.

테이블의 경우 일체형이고, 3,600×1,000mm^{2}이고, 단가는 100×100mm^{2}당 1,000원이므로 계산 금액이 360,000원이지만 10% 할인이 되는 품목이다.

따라서 할인을 감안하면 테이블의 총 구매 금액은 360,000×0.9＝324,000원이 된다.

의자의 경우 총 16개가 필요한 상태이고, 일체형 구매 시 할인 전 구매 금액 50,000원 당 2개의 의자를 제공한다고 했으므로 총 14개의 의자를 제공받을 수 있다. 필요 수량 16개 중 14개를 제공받고 2개를 별도로 구매해야 하므로 총금액은 25,000×2＝50,000원이 된다.

따라서 총 공급가액은 2,760,000＋324,000＋50,000＝3,134,000원이고, 부가세 10%를 감안하면 3,134,000×1.1＝3,447,400원이다. 기존에 산출된 가격 2,816,000원과의 차이를 살펴보면 3,447,400−2,816,000＝631,400원이다.

09 최소 소요 시간
정답 ③

정답 체크

총 3개의 연속적이고 단독 공정이 주어져 있으며, A 공정의 최소 소요 시간인 4일보다 B 공정의 최대 소요시간인 3일이 작으므로 Johnson's Rule을 활용할 수 있다.

Johnson's Rule을 활용하기 위해 주어진 표를 아래와 같이 1차로 변환한다.

구분	A 공정＋B 공정	B 공정＋C 공정
가 제품	5	5
나 제품	7	5
다 제품	8	5
라 제품	5	8
마 제품	8	8
바 제품	6	8

변형된 작업 시간표를 토대로 Johnson's Rule을 사용해 보면 다음과 같이 작업 일정을 구할 수 있다.
- 가장 작은 숫자 '5'
  : 가 제품의 전 공정, 후 공정 / 나 제품과 다 제품의 후 공정 / 라 제품의 전 공정
  → 가 제품과 라 제품의 후 공정 시간 비교 → 가 제품의 공정 시간이 더 짧음: 라 − 가 − ＿ − ＿ − ＿ − ＿
  → 나 제품과 다 제품의 전 공정 시간 비교 → 나 제품의 공정 시간이 더 짧음: 라 − 가 − ＿ − ＿ − 나 − 다 또는 → 가, 나, 다 제품의 전 공정 시간 비교: 다 > 나 > 가 → 라 − ＿ − ＿ − 가 − 나 − 다
- 그다음 작은 숫자 '6': 바 제품 전 공정
  → 라 − 가 − 바 − ＿ − 나 − 다 또는 → 라 − 바 − ＿ − 가 − 나 − 다
- 마지막 빈칸에 마 제품을 채워 넣으면 '라 − 가 − 바 − 마 − 나 − 다' 또는 '라 − 바 − 마 − 가 − 나 − 다'로 제품 생산 순서를 구할 수 있다.

10 최소 소요 시간
정답 ⑤

정답 체크

가 제품과 라 제품 각 1대씩 제작을 해야 하므로, 가 제품과 라 제품 2대의 제품 제작 순서를 Johnson's rule을 토대로 결정하기 위해 표를 변환해 보면 아래와 같다.

구분	A 공정＋B 공정	B 공정＋C 공정
가 제품	5	5
라 제품	5	8

따라서 제품은 라 제품을 먼저 생산한 뒤 가 제품을 생산해야 하며, 생산 일정으로 도표로 나타내면 아래와 같다.

	라 제품		가 제품											
A공정														
B공정														
C공정														

따라서 라 제품과 가 제품을 모두 생산하는 데 소요되는 시간은 총 16일이 소요된다.

5월 3일 의뢰를 받았고, 다음 날부터 제작을 한다고 했으므로, 5월 4일부터 제품 제작을 시작하여, 평일에만 제품 제작을 진행한다고 했으므로, 평일 기준 16일 후는 5월 27일이다. 제품 제작이 완료된 다음 날 납품을 진행한다고 했으나, 5월 28일은 토요일로 주말이다.

따라서 제품의 납품은 가장 가까운 평일인 5월 30일에 진행할 수 있다.

11 바코드   정답 ②

정답 체크

메일의 내용을 보면 실수로 잘못 발급한 제품 일련번호의 뒤 7자리는 05Y03DJ이고, 이 제품은 <제품 생산 기록>상에서 원래 제품 일련번호를 부여해야 하는 제품 바로 위에 정리되어 있는 제품이다. 제품 일련번호 부여 규정을 토대로 살펴보면 제품 일련번호는 총 9자리로 구성되며, 뒤 7자리에 포함되는 항목은 생산지역코드, 생산라인코드, 입고 예정지사 코드이다. 05Y03DJ에서 05Y는 여주공장에서 생산되었음을 의미하며 그 뒤의 03은 3번 라인에서 생산되었음을 의미한다. 그리고 마지막 DJ는 대전지사로 입고가 예정되어 있음을 의미하므로, 해당 일련번호가 의미하는 제품은 <제품 생산 기록>상 1번 제품이다. 처음 일련번호를 부여할 때 <제품 생산 기록>상 바로 위에 정리된 제품과 혼동을 했다고 했으므로, 현재 발급해야 하는 제품은 <제품 생산 기록>상 1번 제품의 바로 아래에 있는 2번 제품임을 알 수 있다. 2번 제품의 일련번호를 규칙에 따라 발급하면 검수완료 일자의 연도 뒤 2자리는 21, 생산지역은 수원공장이므로 03S, 생산라인은 1번 라인이므로 01, 입고 예정 지사는 부산이므로 BU이다. 따라서 발급해야 하는 제품 일련번호는 2103S01BU이다.

12 근무조건의 해석   정답 ⑤

정답 체크

현재 김OO 씨는 근속 5년 차라고 했으며 직급에 대한 언급은 별도로 나와있지 않으므로 1년 차~4년 차 평가 등급을 토대로 현재의 직급을 살펴보면 다음과 같다.

· 1년 차 평가 등급 총점: 역량평가 GD(70점)×0.6+업적평가 GD(70점)×0.4=70점

· 2년 차 평가 등급 총점: 역량평가 GD(70점)×0.6+업적평가 NI(60점)×0.4=66점

· 3년 차 평가 등급 총점: 역량평가 GD(70점)×0.6+업적평가 GD(70점)×0.4=70점

· 4년 차 평가 등급 총점: 역량평가 VG(80점)×0.6+업적평가 VG(80점)×0.4=80점

이므로 3년 차 평가 이후 (70+66+70)/3≒68.7점으로 진급하지 못했으며, 4년 차에 6-Sigma 자격증, TRIZ 자격증, OPIc AL을 취득하여 총 7점의 가산점을 획득했다. 4년 차 평가 이후 점수는 (66+70+80)/3+7=79점으로 진급하지 못했으므로 김OO 씨는 현재 사원 직급이고 내년에 대리 직급으로 승진할 수 있다. 이후 부장까지 진급하는 데 필요한 최소 소요 기간은 대리 → 과장: 3년, 과장 → 차장: 5년, 차장 → 부장: 5년이다. 따라서 현재로부터 김OO 씨가 부장 직급으로 승진하기까지 필요한 기간은 최소 1+3+5+5=14년이다.

13 인적자원의 선택   정답 ③

정답 체크

총 채용인원이 4명이므로 면접 전형에 응시한 4명 중 1명은 탈락하게 된다. 합격 기준은 최종 환산 점수이므로, 항목별 가중치를 감안하여 각 지원자 별 최종 환산 점수를 계산해 보면 아래와 같다.

· 갑: 82×0.2+{(88+92)÷2}×0.3+85×0.5=85.9점
· 을: 87×0.2+{(86+82)÷2}×0.3+84×0.5=84.6점
· 병: 80×0.2+{(90+80)÷2}×0.3+84×0.5=83.5점
· 정: 75×0.2+{(92+88)÷2}×0.3+85×0.5=84.5점
· 무: 80×0.2+{(92+90)÷2}×0.3+90×0.5=88.3점

따라서 점수가 가장 낮은 병은 입사할 수 없다.

14 경로 찾기   정답 ②

정답 체크

주어진 조건에서 출발지는 파리이고 다음 행선지는 인접한 도시 중 가장 가까운 도시이며, 마지막에 파리로 이동하는 것을 제외하고는 방문했던 도시를 다시 방문하지 않는다고 되어있다. 따라서 처음 파리에서 출발하여 이동할 도시는 파리에서 가장 가까운 낭트이다. 낭트에서 가장 가까운 도시는 보르도이므로, 경로는 파리 → 낭트 → 보르도가 된다. 보르도에서 제일 가까운 도시는 낭트이지만, 낭트는 이미 방문했던 도시이므로 낭트를 제외하고 가장 가까운 도시인 몽펠리에로 이동한다. 몽펠리에에서 가장 가까운 도시는 리옹이고, 리옹에서 가장 가까운 도시는 몽펠리에지만 몽펠리에는 방문했던 도시이므로 그다음으로 가까운 니스로 이동한다. 니스에서 이동 가능한 도시 중 방문하지 않

해커스공기업 PSAT 기출로 끝내는 NCS 문제해결·자원관리 집중 공략

았던 도시는 스트라스부르밖에 없으므로 파리로 가기 전 마지막 도시는 스트라스부르가 된다.

따라서 최종 경로는 '파리 → 낭트 → 보르도 → 몽펠리에 → 리옹 → 니스 → 스트라스부르 → 파리'가 된다.

15 비용 산출

정답 ①

정답 체크

최종 경로는 파리 → 낭트 → 보르도 → 몽펠리에 → 리옹 → 니스 → 스트라스부르 → 파리이고, 이 중 차량을 이용한 이동 경로는 파리에서 스트라스부르까지이므로 총 이동 거리를 구해보면 $383+276+383+252+300+546=2,140$km이다. 렌트한 차량의 연비는 12km/L이고 경유 가격은 여행 중 0.9€/L로 일정했으므로 총 유류비용은 $2,140÷12×0.9 ≒ 160.5$이다. 여기에 렌트비 1,120€와 스트라스부르에서 파리로 이동하기 위한 기차 요금 48€를 합산하면 $160.5+1,120+48=1,328.5$€가 된다.

16 경로 찾기

정답 ④

정답 체크

최단 경로를 구하기 위해서 대전제 중 '왔던 길을 되돌아 가지 않는다.', '가장 바깥쪽 둘레를 기준으로 잡는다.'라는 기준과 삼각형 법을 활용하여 최단 거리를 찾기 시작한다. 가장 바깥쪽 둘레를 기준으로 중간에 있는 리옹을 경유할 때 이동거리가 가장 적게 늘어나는 경로를 찾아보면 다음과 같다.

경로	거리	리옹 경유 경로	거리	증가 거리
파리 → 낭트	383km	파리 → 리옹 → 낭트	908km	525km
낭트 → 보르도	276km	낭트 → 리옹 → 보르도	952km	676km
보르도 → 몽펠리에	383km	보르도 → 리옹 → 몽펠리에	688km	305km
몽펠리에 → 니스	273km	몽펠리에 → 리옹 → 니스	552km	279km
니스 → 스트라스부르	546km	니스 → 리옹 → 스트라스부르	683km	137km
스트라스부르 → 파리	397km	스트라스부르 → 리옹 → 파리	775km	378km

리옹 경유에 따른 거리 증가가 가장 적게 나타나는 경우는 니스 → 리옹 → 스트라스부르이므로 최종 경로는 파리 → 낭트 → 보르도 → 몽펠리에 → 니스 → 리옹 → 스트라스부르 → 파리가 된다. 이 경우 총 이동거리는 $383+276+383+273+300+383+397=2,395$km이다.

17 인적자원의 배치

정답 ④

정답 체크

대리 직급 이상의 임직원 중 공정과 제품에 대한 이해도 0.4, 영어 실력 0.4, 업무 평가 점수 0.2의 가중치를 가지고 합산한 점수의 총점이 가장 높은 사람을 선발한다고 했으므로 기준에 따라 살펴보면 무 사원은 대상자가 될 수 없다.

따라서 무 사원을 제외한 모든 임직원들의 가중치에 따라 합산한 점수를 살펴보면 아래와 같다.

구분	공정과 제품에 대한 이해도	영어 실력	업무 평가	총점
갑	90	75	80	$90×0.4+75×0.4+80×0.2=82$점
을	88	80	82	$88×0.4+80×0.4+82×0.2=83.6$점
병	85	90	75	$85×0.4+90×0.4+75×0.2=85$점
정	92	80	85	$92×0.4+80×0.4+85×0.2=85.8$점
무	88	95	80	$88×0.4+95×0.4+80×0.2=89.2$점

따라서 출장자로 선발해야 하는 사람은 정 대리이다.

18 비용 산출

정답 ①

정답 체크

출장자는 정 대리이며, 출장경비 규정에 따라 탑승할 수 있는 비행기는 이코노미 클래스이므로 1,980,000원이다. 체재비는 대리 직급의 해외 출장에 해당하므로 총 5박 6일 출장 일정에 따라 계산해 보면 숙박비: $250,000×5=1,250,000$원, 식비: $85,000×6=510,000$원, 잡비: $45,000×6=270,000$원으로 총 체재비는 $1,250,000+510,000+270,000=2,030,000$원이다. 여기에 추가로 교통비 $50,000×6=300,000$원을 더하면 총 출장경비는 $1,980,000+2,030,000+300,000=4,310,000$원이 된다.

19 생산량

정답 ⑤

정답 체크

○○산업은 물품 1개를 제작하는 데 1시간이 소요되고 1일 작업 시간이 8시간이므로 하루에 8개의 물품 제작이 가능하고 □□산업은 물품 1개를 제작하는 데 40분이 소요되고 1일 작업 시간이 6시간이므로 하루에 9개의 물품을 제작할 수 있다. △△산업은 물품 1개를 제작하는 데 30분이 소요되고 1일 작업 시간이 6시간이므로 하루에 12개의 물품 제작이 가능하고 ☆☆산업은 ○○산업과 마찬가지로 8개, ♧♧산업은 물품 1개를 제

작하는 데 걸리는 시간이 △△산업과 동일하지만 1일 작업 시간이 8시간이므로 하루에 16개의 물품을 제작할 수 있으므로 월요일부터 200개를 제작하는 데 걸리는 소요시간을 계산해 보면 다음과 같다.

· ○○산업: 200개÷8개=25일 → 휴무 없음 → 다음 날 납품 → 총 26일
· □□산업: 200개÷9개≒22.2일 → 23일 → 매주 일 휴무 → 26일 → 다음 날 납품 → 총 27일
· △△산업: 200개÷12개≒16.7일 → 17일 → 매주 토, 일 휴무 → 23일 → 다음 날 납품 → 총 24일
· ☆☆산업: 200개÷8개=25일 → 휴무 없음 → 다음 날 납품 → 총 26일
· ♣♣산업: 200개÷16개=12.5일 → 13일 → 매주 토, 일 휴무 → 17일 → 다음 날 납품 → 총 18일

가장 납품 기한이 짧은 곳은 ♣♣산업이다. 업체별 단가를 비교해 보면 ♣♣산업보다 10% 이상 20% 미만 저렴한 업체는 ○○산업, □□산업이 있지만, 납품 기한이 26일, 27일로 ♣♣산업보다 각각 8일, 9일이 길다. 단가가 ♣♣산업보다 20% 이상 30% 미만 저렴한 업체는 ☆☆산업이 있지만, 납품 기한이 26일로 ♣♣산업보다 8일이 길다.

따라서 선택해야 하는 납품 업체는 ♣♣산업이다.

20 비용 산출

정답 ④

정답 체크

물품은 ♣♣산업에서 구매를 하고, ♣♣산업의 납품 가격은 14,000원이고 200개를 구매하므로, 물류비를 제외한 물품 구매 금액은 14,000원×200개 = 2,800,000원이다. 트럭 1대당 기사 인건비를 포함한 물류비용을 계산해 보면 다음과 같다.

· 5ton 트럭 2대=300,000×2+150,000 ×2=900,000원
· 5ton 트럭 1대+3ton 트럭 1대
  =300,000+250,000+150,000×2=850,000원
· 5ton 트럭 1대+1ton 트럭 1대
  =300,000+150,000+150,000×2=750,000원
· 3ton 트럭 2대=250,000×2+150,000×2=800,000원
· 3ton 트럭 2대+1ton 트럭 1대
  =250,000×2+150,000+150,000×3=1,100,000원
· 3ton 트럭 1대+1ton 트럭 2대
  =250,000+150,000×2+150,000×3=1,000,000원
· 1ton 트럭 3대=150,000×3+150,000×3=900,000원

따라서 가장 저렴한 비용은 750,000원이고 구매 금액과의 합은 2,800,000+750,000=3,550,000원이다.

실전모의고사 4회

p.394

01	02	03	04	05	06	07	08	09	10
③	⑤	④	③	②	④	④	⑤	⑤	②
11	12	13	14	15	16	17	18	19	20
②	④	②	⑤	②	②	③	⑤	①	②

01 의사결정 정답 ③

정답 체크

가장 많은 식물을 재배할 수 있는 온도에 대해서 선택지에는 15℃, 20℃만이 등장하므로 이 두 온도에 따른 결과만을 정리하면 다음과 같다.

온도	재배 가능 식물
15℃	A, B, D, E
20℃	A, D, E

따라서 ④, ⑤는 제외된다. 한편, 상품가치의 총합이 가장 큰 온도에 대해서는 선택지에서 15℃, 20℃, 25℃를 묻고 있지만 이미 앞서 살펴본 바와 같이 15℃가 20℃보다 B가 하나 더 많으므로 20℃는 고려할 필요가 없다. 따라서 15℃와 25℃만을 비교하여 상품가치까지 정리하면 다음과 같다.

온도	재배 가능 식물	상품가치
15℃	A, B, D, E	90,000
25℃	C, D, E	100,000

따라서 상품가치의 총합이 가장 큰 온도는 25℃이다. 이 경우 15℃와 25℃의 비교에서 전체 상품가치의 합을 계산하는 것도 좋지만 이 두 온도에서 D와 E는 공통이므로 계산에서 생략하고 A, B의 합과 C를 비교해서 25℃의 상품가치가 크다고 판단하는 것도 좋다.

⏱ 빠른 문제 풀이 Tip

선택지에 주어진 내용을 토대로 표를 그려 정리하면 한눈에 보기 쉽게 해결할 수 있다. 문제에서는 2가지를 묻고 있으므로 하나를 먼저 해결해서 선택지를 지워낸 후에 다른 질문에 대해 답을 하는 것이 좋다. 한편, 비교할 때에는 일일이 계산하여 비교하기보다는 공통인 부분은 생략하고 다른 부분만을 비교해서 답을 찾아내는 것이 빠른 문제해결에 도움이 된다.

02 나열하기 정답 ⑤

정답 체크

제시된 조건을 정리하면 다음과 같다.
(가) 빨간 맛 − 뿜뿜 (X) / 뿜뿜 − 빨간 맛 (X)
(나) 먼저 말해줘 ≠ 1
(다) 3, 4번째는 그룹X
(라) 너였다면 − The War − 빨간 맛
(마) 답장 − 뿜뿜 (X) / 뿜뿜 − 답장 (X)
이 가운데 (라)의 경우의 수가 적으므로 (라)의 경우의 수를 정리하면 다음과 같다.

경우	1	2	3	4	5	6
1	너였다면	The War	빨간 맛			
2		너였다면	The War	빨간 맛		
3			너였다면	The War	빨간 맛	
4				너였다면	The War	빨간 맛

(다)에 의하면 3, 4번째는 그룹 노래가 불가능한데 The War와 빨간 맛은 그룹의 노래이므로 경우 1, 2, 3은 불가능하다. 한편 먼저 말해줘는 1번째가 불가능하므로 2, 3번째만 가능하다. 이를 정리하면 다음과 같다.

경우	1	2	3	4	5	6
4−1		먼저 말해줘		너였다면	The War	빨간 맛
4−2			먼저 말해줘	너였다면	The War	빨간 맛

남은 노래는 답장과 뿜뿜인데 (마)에서 답장과 뿜뿜은 연속으로 선곡되면 안 된다고 했으므로 4−2는 불가능하다. 그리고 뿜뿜은 그룹 노래이므로 3번째 곡으로 불가능하므로 1번째만이 가능하다. 이를 적용하면 다음과 같이 정리된다.

1	2	3	4	5	6
뿜뿜	먼저 말해줘	답장	너였다면	The War	빨간 맛

이를 토대로 보기를 살펴보면 다음과 같다.

ㄷ. '답장'은 3번째 곡이므로 옳은 설명이다.

ㄹ. '먼저 말해줘'는 2번째 곡이므로 옳은 설명이다.

오답 체크

ㄱ. '너였다면'은 1번째 곡이 아니라 4번째 곡이므로 옳지 않은 설명이다.

ㄴ. '뿜뿜'은 6번째 곡이 아니라 1번째 곡이므로 옳지 않은 설명이다.

ㅁ. '빨간 맛'은 5번째 곡이 아니라 6번째 곡이므로 옳지 않은 설명이다.

03 의사결정

정답 ④

정답 체크

상황의 감점 부분을 정리하면 다음과 같다.

사업자	과태료 부과횟수	과태료 부과횟수에 의한 감점	제재 조치 횟수 및 감점						감점 합계
			경고	감점	주의	감점	권고	감점	
A	3	−6	−	0	−	0	6	−3	−9
B	5	−10	−	0	3	−4.5	2	−1	−15.5
C	4	−8	1	−3	2	−3	−	0	−14

감점 점수를 포함하여 상황을 정리하면 다음과 같다.

사업자	기본심사 항목별 점수				감점	총점
	㉮	㉯	㉰	㉱		
A	20	23	17	?	−9	51+㉱
B	18	21	18	?	−15.5	41.5+㉱
C	23	18	21	16	−14	64

ㄴ. 허가가 취소되는 것은 60점 미만인 경우인데 현재 B의 점수는 41.5이므로 B의 허가가 취소되지 않으려면 18.5점 이상이 필요하다. 그런데 문제에서 점수는 자연수라고 하였으므로 ㉱ 항목의 점수는 19점 이상이어야 한다.

ㄷ. C가 2020년에 과태료를 부과 받은 적이 없다면 과태료 부과횟수에 의한 감점인 −8점이 삭제되어 감점 합계가 6점으로 줄어들고 총점은 8점이 증가한 72점이 된다. C의 현재 점수에 의한 심사 판정은 60점 이상 70점 미만에 해당하는 '허가 정지'인데 72점이 되면 70점 이상에 해당하는 '재허가'가 되므로 판정결과가 달라진다.

오답 체크

ㄱ. A의 ㉱항목 점수가 15점이 되면 66점이 되는데 이 점수는 60점 이상 70점 미만에 해당하는 '허가 정지' 판정을 받게 되므로 재허가를 받을 수는 없다.

ㄹ. 기본 심사 점수와 최종 심사 점수 간의 차이는 감점으로 인해 발생하므로 기본 심사 점수와 최종 심사 점수 간의 차이가 가장 큰 사업자는 감점이 가장 큰 사업자를 의미한다. 그런데 감점이 가장 큰 사업자는 15.5점을 감점 당한 B이다.

04 의사결정

정답 ③

정답 체크

설문에 1은 기준선이고, 2, 3, 4 는 이진수 세 번째, 두 번째, 첫 번째 자리의 수를 나타낸다.

이에 따라 <보기>를 해석하면 다음과 같다.

ㄱ. 010, ㄴ. 111, ㄷ. 110, ㄹ. 001, ㅁ. 000, ㅂ. 011, ㅅ. 101, ㅇ. 100

그러므로 이를 큰 순서대로 나열하면

ㄴ. 111 - ㄷ. 110 - ㅅ. 101 - ㅇ. 100 - ㅂ. 011 - ㄱ. 010 - ㄹ. 001 - ㅁ. 000이 된다.

따라서 (ㄷ) > (ㅅ) > (ㅇ) > (ㅂ) > (ㄱ)로 잘못된 부분이 없는 것은 ③이다.

오답 체크

① (ㄴ) > (ㄷ) > (ㅅ) > (ㅇ) > (ㅂ)이 옳다.

② (ㄴ) > (ㄷ) > (ㅅ) > (ㄱ) > (ㄹ)이 옳다.

④ (ㄷ) > (ㅇ) > (ㅂ) > (ㄱ) > (ㄹ)이 옳다.

⑤ (ㅇ) > (ㅂ) > (ㄱ) > (ㄹ) > (ㅁ)이 옳다.

05 정보찾기

정답 ②

정답 체크

첫 문단이 통제영 귀선에 대한 설명이고, 두 번째 문단이 전라좌수영 귀선에 대한 설명이다.

ㄱ. 통제영 귀선의 포구멍은 첫째 문단에서 좌우 방패판에는 각각 22개씩, 거북머리 위에도 2개의 포구멍, 그 아래에 2개의 문 옆에 각각 포구멍 1개씩, 좌우 복판에 각각 12개 포구멍, 이렇게 해서 $22×2+2+2+12×2=72$개이다.

전라좌수영 귀선의 포구멍은 두 번째 문단에서 거북머리 아래 2개, 현판 좌우에 각각 10개, 복판 좌우에 각각 6개이므로 $2+10×2+6×2=34$개이다.

ㅁ. 위에서 둘째 줄에서 좌우의 노는 각각 10개씩, 마지막 줄에서 좌우에 노는 각각 8개씩이므로 1인당 하나의 노를 담당할 경우 통제영 귀선은 20명, 전라좌수영 귀선은 16명이 필요하다.

06 법률규정   정답 ④

정답 체크

선고 전에 당사자들이 상소하지 않기로 합의하고 이 합의서를 법원에 제출할 경우에는 판결은 선고 시에 확정된다고 했고 <상황>에서는 판결 선고는 2016년 11월 1일에 있었으므로 판결은 11월 1일에 확정된다. 따라서 옳은 설명이다.

오답 체크

① 상소는 패소한 당사자가 제기하는 것이므로 승소한 乙은 상소할 수 없다. 따라서 옳지 않은 설명이다.

② 상소는 판결문을 송달받은 날부터 2주 이내에 제기해야 하는데 甲이 판결문을 송달받은 날은 11월 10일이므로 11월 28일은 2주가 경과한 후이다. 따라서 11월 28일이 아닌 11월 10일부터 2주가 경과한 때인 상소기간 만료 시에 확정되므로 옳지 않은 설명이다.

③ 상소를 제기했더라도 상소를 취하하면 상소기간 만료 시에 판결은 확정되는 것이므로 12월 1일에 취하한 경우 판결 확정 시점은 취하한 때가 아니라 상소기간 만료 시가 된다. 따라서 옳지 않은 설명이다.

⑤ 상소포기서는 상소기간이 경과되기 전에 제출하면 제출 시에 판결이 확정되며, 甲이 제출한 2016년 11월 21일은 甲에게 판결문이 송달된 11월 10일을 기준으로 할 때 2주 이내인 시점이므로 제때 상소포기서를 제출한 것이 된다. 따라서 상소포기서 제출 시점인 2016년 11월 21일에 판결이 확정되므로 옳지 않은 설명이다.

07 의사결정   정답 ④

정답 체크

ㄱ. 부양자녀와 주택 요건을 완화했으므로 신청 자격을 갖춘 대상자의 수가 줄어든다고 보기 힘들다. 따라서 옳지 않은 설명이다.

ㄴ. 재산 총액이 1억 원인데 정부제출안이나 국회통과안 모두 재산 합계액이 1억 원 미만일 것이라는 재산 요건이 충족되어야 하므로 국회통과안에 의해서도 신청할 수 없다. 따라서 옳지 않은 설명이다.

ㄹ. 신청제외자요건은 동일하므로 모두 신청 가능하다. 따라서 옳지 않은 설명이다.

오답 체크

ㄷ. 중증장애인은 연령에 제한을 받지 않고 부양자녀에 포함되며 국회통과안에 의하면 1인 이상 부양으로 요건이 충족되므로 신청할 수 있다. 따라서 옳은 설명이다.

08 법률규정   정답 ⑤

정답 체크

합의가 피고인의 피해자에 대한 금전 지급을 내용으로 하는 경우에는 보증인이 피해자에 대하여 그 지급을 보증할 수 있고 이에 따라 합의가 기재된 공판조서에 근거하여 강제집행을 할 수 있으므로 丙이 甲에게 지급할 금액을 丁이 보증한다는 내용이 공판 조서에 기재된 경우에는, 甲은 그 공판조서에 근거하여 보증인 丁의 재산에 대해서 강제집행을 할 수도 있어 옳은 설명이다.

오답 체크

① 甲과 丙이 피해배상을 합의하더라도 그 합의는 공판조서에 기재되어야 민사소송상의 확정판결과 동일한 효력이 있으므로 옳지 않은 설명이다.

② 피고인과 피해자가 합의를 하면 그 형사사건이 계속 중인 1심 또는 2심 법원의 변론 종결 전까지 서면으로 신청하여야 하므로 형사소송 2심 법원의 변론 종결 후에 甲과 丙이 피해배상에 대해 합의한 경우에는 그 합의 내용을 공판조서에 기재해 줄 것을 신청할 수 없어 옳지 않은 설명이다.

③ 형사소송절차에서 화해는 피고인과 피해자의 신청에 의하여 그 합의 내용을 공판조서에 기재하여 민사소송상 확정판결과 동일한 효력을 부여하는 제도이므로 丙이 乙에게 변제할 500만 원과 甲의 치료비 200만 원을 丙이 지급한다는 합의 내용을 알게 되었다 하더라도 법관은 신청이 없이는 이를 공판조서에 기재할 수 없어 옳지 않은 설명이다.

④ 피해자는 그 공판조서에 근거하여 강제집행을 할 수 있어 공판조서에 기재된 합의금에 대해 甲이 강제집행을 하기 위해서는 별도의 민사소송상 확정판결이 있어야 하는 것은 아니므로 옳지 않은 설명이다.

09 리그, 토너먼트

정답 ⑤

정답 체크

제시된 내용을 정리하면 다음과 같다.

	A	B	C	D	E	승점
A			O		△	4
B				△	O	4
C	X			△	X	1
D		△	△			2
E	△	X	O			4

따라서 E 팀의 현재 승점은 4점인데 남은 1경기에서 승리할 경우 7점이 될 수 있으므로 옳지 않은 설명이다.

오답 체크

① A 팀의 현재 승점은 4점이므로 9점이 되게 하기 위해서는 남은 두 게임에서 5점을 얻어야 하는데 어떤 경우든 두 게임으로는 5점을 얻을 수 없으므로 옳은 설명이다.

② B 팀의 현재 승점은 4점인데 남은 두 게임을 모두 진다면 4점이 될 수 있으므로 옳은 설명이다.

③ C 팀의 현재 승점은 1점인데 남은 1경기에서 승리를 한다면 4점이 될 수 있으므로 옳은 설명이다.

④ D 팀의 현재 승점이 2점이므로 7점이 되게 하기 위해서는 남은 두 경기에서 5점을 얻어야 하는데 어떤 경우든 두 게임으로는 5점을 얻을 수 없으므로 옳은 설명이다.

10 리그, 토너먼트

정답 ②

정답 체크

각 경우에 대하여 가능한 상황을 살펴보도록 한다.

[경우 1] A 팀이 B 팀을 이기고 D 팀과 E 팀이 비기는 경우
다음과 같은 대진표가 완성된다.

	A	B	C	D	E	승점
A		O	O	△	△	8
B	X			△	O	4
C	X			△	X	1
D	△	△	△		△	4
E	△	X	O	△		5

A, B, C, D, E 팀의 승점을 따져 보면 순서대로 8, 4, 1, 4, 5점이다. 그런데 C 팀은 무승부가 1번밖에 없으므로 B 팀은 C 팀을 이기거나 C 팀에게 진 것이 된다. 만일 B 팀이 C 팀을 이긴다면 순서대로 8, 7, 1, 4, 5점이 되고, B 팀이 C 팀에게 진다면 순서대로 8, 4, 4, 4, 5점이 된다.

이를 정리하면 다음과 같다.

경우	A	B	C	D	E
B 팀이 C 팀을 이기는 경우	1위	2위	5위	4위	3위
B 팀이 C 팀에게 지는 경우	1위	3위	3위	3위	2위

[경우 2] 만약 E 팀이 남은 D 팀과의 경기에서 비기거나 지는 경우
E 팀은 단독 1위는 될 수 없다. 따라서 E 팀은 D 팀을 이겨야 한다.

	A	B	C	D	E	승점
A			O		△	4
B				△	O	4
C	X			△	X	1
D		△	△		X	2
E	△	X	O	O		7

한편 A 팀과 B 팀의 경기에서 한 사람이 이긴다면 이들은 승점이 최소 7점이 되어 E 팀이 단독 1위를 할 수 없다. 따라서 A 팀과 B 팀은 비겨야 한다. 한편 C 팀은 승이 없다고 했는데 만약 B 팀과의 경기에서 패하게 되면 B 팀은 7점이 되어 E 팀과 공동선두가 된다. 따라서 B 팀은 C 팀과 비겨야 한다. 마찬가지 이유로 A 팀도 남은 경기인 D 팀과의 경기에서 비겨야 한다. 이를 정리하면 다음과 같다.

	A	B	C	D	E	승점
A		△	O	△	△	6
B	△		△	△	△	6
C	X	△		△	X	2
D	△	△	△		X	3
E	△	X	O	O		7

따라서 각 팀의 순위를 나타내면 다음과 같다.

A	B	C	D	E
2위	2위	5위	4위	1위

이를 토대로 보기를 살펴보도록 한다.

ㄱ. 경우 1에서 나타날 수 있는 상황은 위에서 살펴본 2가지이므로 옳은 설명이다.

ㄴ. 경우 1에서 나타날 수 있는 두 경우에 대하여 A 팀은 모두 1위이며 C 팀은 5위 혹은 공동 3위로 순위가 가장 낮으므로 옳은 설명이다.

ㅁ. A 팀은 경우 2에서 2위이고 경우 1에서는 이보다 순위가 높은 1위이므로 옳은 설명이다.

오답 체크

ㄷ. 경우 2에서 나타날 수 있는 상황은 위에서 살펴본 1가지이므로 옳지 않은 설명이다.

ㄹ. 경우 2에서 D 팀은 4위를 차지하므로 옳지 않은 설명이다.

11 최소 소요 시간   정답 ②

정답 체크

○○회사에서 생산해야 하는 EV Relay는 총 100개이고, 5월 6일 목요일에 요청을 받아서 5월 7일 금요일 07시부터 제품 생산을 시작한다. ○○회사의 1일 공정 시간은 오전 7시~오후 5시이므로 1일당 10시간의 공정 가동을 하며, 휴일은 별도로 가지지 않는다. 주어진 조건을 정리해 보면 이와 같고, <공정 일정표>를 PERT 형식으로 변형하면 아래와 같다.

A10 ⟶ B10 ⟶ C5
              ↘
               D20 ⟶ E18 ⟶ F17

따라서 A 공정 시작부터 F 공정이 끝나기까지 최소 소요 시간은 10+10+20+18+17=75분이 소요되므로 1일 10시간 600분 동안 생산 가능한 제품 수량은 600÷75=8개이다.

하루에 8개의 제품을 생산할 수 있고, 총 생산해야 하는 제품의 수량은 100개이므로, 모든 제품을 생산하기까지 걸리는 소요 일수는 100÷8=12.5일이 소요된다. 5월 7일부터 생산을 시작하므로 모든 제품 생산을 완료할 수 있는 날짜는 5월 19일이 된다. 따라서 배송을 시작하는 날짜는 다음날인 5월 20일이고, 배송은 당일에 완료된다고 했으므로 배송이 완료되는 날 또한 5월 20일이다.

12 비용 산출   정답 ④

정답 체크

주어진 A/S 접수 현황을 토대로 현재 필요한 부품의 필요수량과 재고 수량을 정리해 보면 아래의 표와 같다.

부품명	SSD	RAM	스마트폰용 액정	무선 청소기 모터	이미지 센서	터치 펜
재고 수량	1	2	1	2	1	0
필요 수량	2	4	3	2	7	2

구매가 필요한 수량은 (필요 수량 – 재고 수량)으로 구할 수 있으므로 구매 필요 수량을 구하고 최소 구매 가능 수량과 비교해 보면 실제 구매해야 하는 수량을 구할 수 있다.

부품명	SSD	RAM	스마트폰용 액정	이미지 센서	터치 펜
구매 필요 수량	1	2	2	6	2
최소 구매 가능 수량	10	20	10	제한 없음	5

따라서 SSD 10개, RAM 20개, 스마트폰용 액정 10개, 이미지 센서 6개, 터치 펜 5개를 구매해야 하고, 해당 금액을 계산해 보

면 105,000×10+32,000×20+92,000×10+227,000×6 +47,500×5=4,209,500원이 된다.

13 최소 소요 시간   정답 ②

정답 체크

엔지니어 1팀이 노트북을 수리하기 위해 필요한 부품은 SSD와 RAM이다. SSD와 RAM 모두 납기가 5일이므로, 5월 6일에 주문한 SSD는 5월 10일에 수령 가능하고, 5월 5일에 주문한 RAM은 5월 9일에 수령 가능하다. 모든 부품이 준비된 후에 수리를 시작할 수 있다고 했으며, 부품 수령 다음 날부터 작업이 가능하다고 했으므로 노트북 수리가 시작될 수 있는 날은 5월 11일부터이다.

따라서 노트북 수리는 5월 11일부터 시작해서 5월 15일에 종료된다.

엔지니어 2팀이 스마트폰을 수리하기 위해 필요한 부품은 스마트폰용 액정과 이미지 센서이다. 스마트폰용 액정과 이미지 센서의 납기는 각각 3일과 5일이므로, 5월 6일에 주문한 스마트폰용 액정은 5월 8일에 수령 가능하고, 5월 7일에 주문한 이미지 센서는 5월 11일에 수령 가능하다. 모든 부품이 준비된 후에 수리를 시작할 수 있다고 했으며, 부품 수령 다음 날부터 작업이 가능하다고 했으므로 스마트폰 수리가 시작될 수 있는 날은 5월 12일부터이다. 5월 12일은 화요일이므로 바로 수리 업무의 시작이 가능하고 총 작업 소요일은 3일이므로 5월 14일에 종료된다.

엔지니어 3팀이 무선 청소기를 수리하기 위해 필요한 부품은 무선 청소기 모터이다. 무선 청소기 모터는 재고가 있으므로 5월 1일 현재 바로 수리 시작이 가능하다. 총 작업 소요일은 6일이고 평일에만 수리 업무를 진행한다고 했으므로 5월 9일에 종료된다.

엔지니어 4팀이 태블릿 PC를 수리하기 위해 필요한 부품은 이미지 센서와 터치 펜이다. 이미지 센서와 터치 펜의 납기는 각각 5일과 7일이므로, 5월 7일에 주문한 이미지 센서는 5월 11일에 수령 가능하고, 5월 5일에 주문한 터치 펜도 역시 5월 11일에 수령 가능하다. 모든 부품이 준비된 후에 수리를 시작할 수 있다고 했으며, 부품 수령 다음 날부터 작업이 가능하다고 했으므로 스마트폰 수리가 시작될 수 있는 날은 5월 12일부터이다. 5월 12일은 화요일이므로 바로 수리 업무의 시작이 가능하고 총 작업 소요일은 4일이므로 5월 15일에 종료된다.

14 비용 산출   정답 ⑤

정답 체크

전세 거래와 매매 거래 각 1건씩 성사되었으므로, 각각의 중개 수수료를 계산해야 한다.

전세 거래를 먼저 확인해 보면 전세 거래는 임대차 거래에 해당하고 금액은 1억 7천만 원으로 거래금액 1억 원~3억 원에 해당하므로 상한요율은 1천분의 4를 적용하고, 1인당 최대 중개수수료는 80만 원이다. 위의 조건을 토대로 계산해 보면 1억 7천만 원×4/1000＝680,000원이 된다. 임대인과 임차인 1인당 중개수수료가 680,000원이므로, 전세 거래 성사에 따라 OO씨가 받을 중개 수수료는 총 680,000×2＝1,360,000원이다.

다음으로 매매 거래를 확인해 보면 거래 금액은 3억 8천만 원으로 거래금액 3억 원~6억 원에 해당하므로 상한요율은 1천분의 5를 적용하고, 1인당 최대 중개 수수료는 180만 원이다. 위의 조건을 토대로 계산해 보면 3억 8천만 원×5/1000＝1,900,000원이 된다. 이는 1인당 최대 중개 수수료 180만 원을 초과하므로, 매매 거래에 따른 1인당 중개 수수료는 180만 원이 된다. 따라서 매도인과 매수인 1인당 중개 수수료가 180만 원이므로, 매매 거래 성사에 따라 OO씨가 받을 중개 수수료는 총 180만 원×2＝360만 원이다.

그러므로 OO씨가 전세 거래와 매매 거래를 통해 받을 수 있는 중개 수수료의 최대 금액은 136만 원＋360만 원＝496만 원＝4,960,000원이다.

15 인적자원의 배치

정답 ②

[정답 체크]

문제에서 B 대리의 최종 평가점수를 묻고 있으므로, B 대리의 점수에 대해서만 계산을 진행한다. 각 항목은 20점 만점을 기준으로 평가되었고, 가산점을 제외한 최종 평가 점수는 100점이 만점이며, 업무 실적과 성과 평가 점수와 역량 평가 점수의 가중치는 1.5이다.

따라서 가산점을 제외한 최종 평가 점수를 구해보면 16×1.5＋17＋18×1.5＋15＝83점이다. 여기에 외국어 능력과 역량 평가 모두 17점 이상이므로, 부문별 3점씩 가산점을 부여해야 한다. 따라서 총 6점이 가산되어, 최종 평가 점수는 83＋6＝89점이 된다.

16 시차

정답 ②

[정답 체크]

인천공항에서 5월 7일 오후 11시에 출발했고, 이스탄불을 경유하여 바르셀로나로 이동하는 경로이므로 총 소요 시간은 인천 → 이스탄불 11시간 15분＋이스탄불 공항 경유 소요 시간 1시간 30분＋이스탄불 → 바르셀로나 3시간 40분＝16시간 25분이 된다.

따라서 바르셀로나 공항에 도착하는 시간은 서울 기준 5월 8일 15시 25분이고, 바르셀로나와 서울의 시차는 8시간이므로 바

르셀로나에 도착했을 때, 바르셀로나의 현지 시각은 07시 25분이다.

17 근무조건의 해석

정답 ③

[정답 체크]

관리팀 A 사원이 받을 시간 외 근무수당을 묻는 문제이므로, 평일 시간 외 근무 시간을 토대로 계산을 진행한다. 정상근무시간은 08:00~17:00이고, 시간 외 근무는 1시간 단위로 직급에 무관하게 15,000원을 지급한다.

근무 시간을 살펴보면 4월 5일(월)은 07:20~18:30 근무를 했으므로 08:00 이전 40분, 17:00 이후 1시간 30분 총 2시간 10분의 시간 외 근무를 하였다. 하지만 시간 외 근무는 1시간 단위로만 계산하고, 일별 시간 외 근무 시간은 합산하지 않으므로 총 2시간의 시간 외 근무를 인정받을 수 있다.

이와 같은 방법으로 전체 요일별 시간 외 근무 시간과 수당을 계산해 보면 아래 표와 같다.

구분	4월 5일 (월)	4월 7일 (수)	4월 10일 (토)	4월 15일 (목)	4월 20일 (화)
근무시간	07:20~ 18:30	07:40~ 17:30	07:40~ 12:45	07:30~ 17:35	07:50~ 17:30
시간 외 근무 시간	2시간	0시간	주말 근무	1시간	0시간
지급 금액	30,000원	0원	주말 근무	15,000원	0원
구분	4월 22일 (목)	4월 25일 (일)	4월 27일 (화)	4월 29일 (목)	4월 30일 (금)
근무시간	06:55~ 18:40	07:00~ 13:00	07:10~ 17:30	07:40~ 19:05	07:45~ 20:10
시간 외 근무 시간	2시간	주말 근무	1시간	2시간	3시간
지급 금액	30,000원	주말 근무	15,000원	30,000원	45,000원

따라서 관리팀 A 사원이 받을 시간 외 근무수당은 총 30,000＋15,000＋30,000＋15,000＋30,000＋45,000＝165,000원이다.

18 수익체계표

정답 ⑤

[정답 체크]

시기를 고려하지 않는다고 했으므로, A 회사와 B 회사의 홍보제품에 따른 수익의 합을 구해보면 아래의 표와 같다.

A 회사 B 회사	가 제품	나 제품	다 제품	라 제품
가 제품	3+4=7	−1+2=1	4+8=12	10+4=14
나 제품	−2+10=8	−7+10=3	12+4=16	8+7=15
다 제품	10+12=22	10+(−4) =6	3+7=10	10+6=16
라 제품	8+16=24	10+1=11	6+4=10	−2+(−4) =−6

따라서 A 회사와 B 회사 수익의 합이 가장 적어지는 경우는 A 회사가 라 제품을 홍보하고, B 회사도 라 제품을 홍보하는 경우이다.

19 수익체계표   정답 ①

정답 체크

B 회사는 내년 1년 동안 가 제품만을 홍보한다고 했으므로, 문제의 수익 구조표는 아래와 같이 단순화할 수 있다.

A 회사 B 회사	가 제품	나 제품	다 제품	라 제품
가 제품	(3, 4)	(−1, 2)	(4, 8)	(10, 4)

1/4분기 가 제품을 홍보하면 수익이 50% 증가하고, 나 제품을 홍보하면 수익이 25% 증가하고, 다 제품을 홍보하면 수익이 10% 감소하고, 라 제품을 홍보하면 수익이 25% 감소하므로 위의 표는 아래와 같이 변경된다.

A 회사 B 회사	가 제품	나 제품	다 제품	라 제품
가 제품	(4.5, 6)	(−0.75, 3)	(3.6, 12)	(7.5, 6)

따라서 B 회사의 수익보다 A 회사의 수익이 큰 경우는 A 회사가 라 제품을 홍보하는 경우밖에 없고, 그 경우 A 회사의 수익과 B 회사 수익의 격차는 1.5억 원이 된다.
2/4분기 가 제품을 홍보하면 수익이 10% 감소하고, 나 제품을 홍보하면 수익이 50% 증가하고, 다 제품을 홍보하면 수익이 25% 증가하고, 라 제품을 홍보하면 수익이 50% 증가한다. 따라서 첫 번째 표는 다음과 같이 변경된다.

A 회사 B 회사	가 제품	나 제품	다 제품	라 제품
가 제품	(2.7, 3.6)	(−0.5, 1.8)	(5, 7.2)	(15, 3.6)

따라서 B 회사의 수익보다 A 회사의 수익이 큰 경우는 A 회사가 라 제품을 홍보하는 경우밖에 없고, 그 경우 A 회사의 수익과 B 회사 수익의 격차는 11.4억 원이 된다.
3/4분기 가 제품을 홍보하면 수익이 25% 감소하고, 나 제품을 홍보하면 수익이 10% 감소하고, 다 제품을 홍보하면 수익이 50% 증가하고, 라 제품을 홍보하면 수익이 25% 증가하므로 위의 표는 아래와 같이 변경된다.

A 회사 B 회사	가 제품	나 제품	다 제품	라 제품
가 제품	(2.25, 3)	(−1.1, 1.5)	(6, 6)	(12.5, 3)

따라서 B 회사의 수익보다 A 회사의 수익이 큰 경우는 A 회사가 라 제품을 홍보하는 경우밖에 없고, 그 경우 A 회사의 수익과 B 회사 수익의 격차는 9.5억 원이 된다.
4/4분기 가 제품을 홍보하면 수익이 25% 증가하고, 나 제품을 홍보하면 수익이 25% 증가하고, 다 제품을 홍보하면 수익이 25% 증가하고, 라 제품을 홍보하면 수익의 변화가 없으므로 위의 표는 아래와 같이 변경된다.

A 회사 B 회사	가 제품	나 제품	다 제품	라 제품
가 제품	(3.75, 5)	(−0.75, 2.5)	(5, 10)	(10, 5)

따라서 B 회사의 수익보다 A 회사의 수익이 큰 경우는 A 회사가 라 제품을 홍보하는 경우밖에 없고, 그 경우 A 회사의 수익과 B 회사 수익의 격차는 5억 원이 된다.

20 일정 수립   정답 ②

정답 체크

2박 3일 워크숍 중 첫째 날과 둘째 날은 미세먼지 농도도 보통 이하, 비가 와서도 안 되므로, 가능한 일정은 4월 15일~4월 17일, 4월 18일~4월 20일, 4월 21일~4월 23일이 있다. 월요일~토요일에 가능한 일정이 있으므로 일요일이 포함되는 4월 21일 ~ 4월 23일 일정은 선택할 수 없고, 남아있는 2개의 일정인 4월 15일~4월 17일, 4월 18일~4월 20일 중 평균 미세먼지 농도가 더 낮은 기간으로 선택하면, 4월 15일~4월 17일의 평균 미세먼지 농도는 (75+48+30)÷3=51μg/m^{3}이고, 4월 18일~4월 20일의 평균 미세먼지 농도는 (68+72+13)÷3=51μg/m^{3}이다. 두 기간의 평균 미세먼지 농도도 동일하므로, 둘 중 더 빠른 일정인 4월 15일~4월 17일로 선정해야 하므로 선택지 중에서는 '4월 15일'이 적합하다.

p.416

01	02	03	04	05	06	07	08	09	10
②	②	④	⑤	③	⑤	⑤	②	①	⑤
11	**12**	**13**	**14**	**15**	**16**	**17**	**18**	**19**	**20**
④	①	①	⑤	②	⑤	⑤	④	⑤	⑤

01 조건명제
정답 ②

[정답 체크]

주어진 정보를 도식화하여 정리하면 다음과 같다.
· A → (B and D and E)   … ⓐ
· ~(C and D) ≡ (~C or ~D) ≡ (C → ~D)   … ⓑ
· ~E → (~B and ~D)   … ⓒ

ㄴ. ⓑ에서 C가 불량이면 D는 불량이 아니라는 것을 알 수 있다. 이를 도식화하면 C → ~D가 된다. 그런데 ⓐ의 대우를 취하면 (~B or ~D or ~E) → ~A가 되고 여기서 ~D → ~A라는 것을 알 수 있다. 이 둘을 결합하면 C → ~D → ~A가 되므로 'C가 불량인 제품 중에 A도 불량인 제품은 없다.'라는 결과가 도출 가능하다.

[오답 체크]

ㄱ. 'E'가 전건인 명제는 찾을 수 없으므로 ㄱ은 도출 불가능하다.

ㄷ. ㄷ의 내용을 도식화하면 (~D and B) → C이고 이것의 대우는 ~C → (D or ~B)가 된다. 그런데 ~C가 전건인 명제는 찾을 수 없으므로 ㄷ은 도출 불가능하다.

02 조건명제
정답 ②

[정답 체크]

제시문의 내용을 도식화하면 다음과 같다.

전제 1	참 깨달음O → 배움O
전제 2	책임 소중함X → 희생 각오X
전제 3	진정한 지도자O → 희생 각오O
결론	진정한 지도자O → 배움O

전제 3에 전제 2의 대우를 연결하면 진정한 지도자O → 책임 소중함O가 도출되는데 이를 전제 3+2라고 하면 전제 3+2에서 결론의 진정한 지도자O의 전건을 도출할 수 있고 전제 1에서 결론의 후건인 배움O가 도출되어 있다. 이를 정리하면 다음과 같다.

전제 3+2	진정한 지도자O → 희생 각오O → 책임 소중함O
전제 1	참 깨달음O → 배움O

그런데 결론은 전제 3+2의 전건과 전제 1의 후건이 연결되어 있다. 따라서 우리에게 필요한 전제는 전제 3+2에 있는 개념인 진정한 지도자O, 희생 각오O, 책임 소중함O 중에 하나로 시작해서 전제 1에 있는 개념인 참 깨달음O, 배움O 중에 하나로 끝나는 것이면 무엇이든 가능하다. 한편 조건명제는 대우를 취해도 같은 명제라는 것을 고려하면 전제 1에 있는 개념이 부정된 참 깨달음X, 배움X 중에 하나로 시작해서 전제 3+2에 있는 개념인 진정한 지도자X, 희생 각오X, 책임 소중함X 중에 하나로 끝나는 것도 가능하다.

따라서 '책임의 소중함을 느끼는 자는 참을 깨달은 자이다.'는 '책임 소중함O'로 시작하고 '참 깨달음O'로 끝나고 있으므로 전제 3+2의 전건과 전제 1의 후건을 연결할 수 있는 명제이다.

[오답 체크]

① '참을 깨달은 자는 책임의 소중함을 느끼는 자이다.'는 '참 깨달음O'로 시작하는 명제이므로 전제 3+2의 전건과 전제 1의 후건을 연결할 수 있는 명제가 아니다.

③ '배움이 있는 자는 책임의 소중함을 느끼는 자이다.'는 '배움O'로 시작하는 명제이므로 전제 3+2의 전건과 전제 1의 후건을 연결할 수 있는 명제가 아니다.

④ '참을 깨달은 자는 겨레를 위해 희생을 각오한 자이다.'는 '참 깨달음O'로 시작하는 명제이므로 전제 3+2의 전건과 전제 1의 후건을 연결할 수 있는 명제가 아니다.

⑤ '참을 깨달은 자는 책임의 소중함을 느끼는 자가 아니다.'는 '참 깨달음O'로 시작하는 명제이므로 전제 3+2의 전건과 전제 1의 후건을 연결할 수 있는 명제가 아니다.

03 조건명제

정답 ④

정답 체크

영이를 사랑하는지 사랑하지 않는지 판단해야 하는 사람은 3명인데 이들이 영이를 사랑하는지 사랑하지 않는지에 대한 모든 상황을 나타내 보면 다음과 같다.

상황	석이	철이	돌이
1	O	O	O
2	O	O	X
3	O	X	O
4	O	X	X
5	X	O	O
6	X	O	X
7	X	X	O
8	X	X	X

한편 보기에 제시된 전제를 정리하면 다음과 같다.

전제 1	석이X → 철이O
전제 2	~(철이O and 돌이O)

위의 상황 가운데 전제 1에 의하면 7, 8번 상황은 존재할 수 없고, 전제 2에 의하면 1, 5번 상황은 존재할 수 없으며 이를 정리하면 다음과 같다.

상황	석이	철이	돌이
2	O	O	X
3	O	X	O
4	O	X	X
6	X	O	X

그런데 문제에서 석이가 영이를 사랑한다는 결론이 도출되어야 한다고 했으므로 보충되어야 할 전제는 6번 상황을 삭제할 수 있는 내용이어야 한다. '석이가 영이를 사랑하거나 돌이가 영이를 사랑한다.'는 내용은 2, 3, 4번 상황만을 의미하므로 6번 상황은 성립하지 않음을 의미한다.

따라서 이 전제가 보충되면 석이가 영이를 사랑한다는 결론이 반드시 도출된다.

오답 체크

① '돌이가 영이를 사랑하거나 철이가 영이를 사랑한다.'는 내용은 2, 3, 6번 상황을 의미하므로 6번 상황을 삭제할 수 없다. 따라서 이 전제가 보충된다고 하더라도 석이가 영이를 사랑한다는 결론이 반드시 도출된다고 할 수는 없다.

② '돌이가 영이를 사랑한다면 철이는 영이를 사랑하지 않는다.'는 내용으로는 삭제할 수 있는 상황이 없다. 따라서 이 전제가 보충된다고 하더라도 석이가 영이를 사랑한다는 결론이 반드시 도출된다고 할 수는 없다.

③ '석이가 영이를 사랑한다면 돌이는 영이를 사랑하지 않는다.'는 내용은 3번 상황이 존재할 수 없음을 의미할 뿐이므로 6번 상황을 삭제할 수 없다. 따라서 이 전제가 보충된다고 하더라도 석이가 영이를 사랑한다는 결론이 반드시 도출된다고 할 수는 없다.

⑤ '철이가 영이를 사랑하지 않는다면 돌이가 영이를 사랑한다.'는 내용은 4번 상황이 존재할 수 없음을 의미할 뿐이므로 6번 상황을 삭제할 수 없다. 따라서 이 전제가 보충된다고 하더라도 석이가 영이를 사랑한다는 결론이 반드시 도출된다고 할 수는 없다.

> ⏱ **빠른 문제 풀이 Tip**
> 이와 같이 문제에서 제시된 전제로 나타날 수 있는 경우의 수가 많은 경우에는 문제에서 제시된 명제 간의 상관관계를 생각해서 나타날 수 있는 경우의 수를 정리하기보다는 우선 모든 경우의 수를 나타낸 다음에 문제에 제시된 내용에 어긋나는 것을 삭제하여 경우의 수를 나타내는 방법을 사용하는 것도 좋다.

04 정언명제

정답 ⑤

정답 체크

이와 같이 조건명제만으로 설명되지 않는 문제는 벤다이어그램으로 해결하는 것이 정확하다. 각 명제들을 벤다이어그램으로 표현해 보면 다음과 같다.
변호사나 회계사는 모두 경영학 전공자라고 했으므로 다음과 같이 표현할 수 있다.

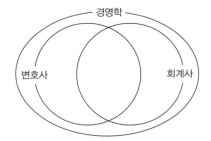

그런데 다음 명제에서 남자라는 개념이 등장하므로 남자를 우선 겹치게 그린 후 경영학 전공자 중 남자는 모두 변호사라는 명제를 적용하면, 경영학 전공자이면서 남자인 사람 가운데 변호사가 아닌 부분은 존재하지 않는다는 의미이므로 그 부분을 지워내면 다음과 같이 나타낼 수 있다.

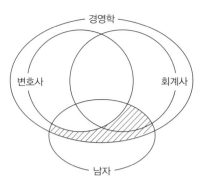

한편 경영학 전공자 중 여자는 아무도 회계사가 아니라고 했으므로 경영학 전공자 중에서 남자와 겹치지 않는 부분 중에서 회계사와 겹치는 부분이 없어야 하므로 이를 나타내면 다음과 같다.

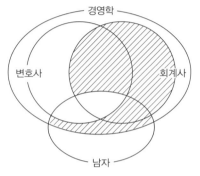

한편 회계사이면서 변호사인 사람이 적어도 한 명 있다고 했으므로 회계사와 변호사가 겹치는 영역이 존재해야 한다. 그런데 변호사이면서 회계사인 사람 중에 여자인 부분은 없어졌으므로 남자인 부분만 존재할 것이다. 따라서 이 부분에 ⓥ 표시를 하면 다음과 같다.

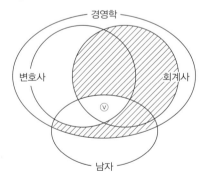

경영학과 남자가 겹치는 영역 중에 회계사가 아니면서 변호사인 영역은 아무 표시가 없으므로 경영학을 전공한 남자가 변호사라는 것은 확신할 수 없다.

따라서 경영학을 전공한 남자는 회계사이면서 변호사라는 내용은 옳지 않은 설명이다.

오답 체크

① 남자의 바깥 영역 중에 회계사인 부분은 모두 지워졌다. 따라서 여자 회계사는 없으므로 옳은 설명이다.

② 회계사와 남자가 겹치는 부분에 ⓥ 표시가 되어 있다. 따라서 회계사 중 남자가 있으므로 옳은 설명이다.

③ 회계사의 남은 영역이 모두 변호사에 포함되어 있다. 따라서 회계사는 모두 변호사이므로 옳은 설명이다.

④ 회계사와 변호사가 겹치는 영역은 모두 남자에 포함되어 있다. 따라서 회계사이면서 변호사인 사람은 모두 남자이므로 옳은 설명이다.

05 나열하기
정답 ③

정답 체크

문제에서 주어진 조건 중 가장 중요하다고 판단되는 조건은 세 번째와 네 번째인 아래의 조건이다.
· 한주가 수도인 나라는 평주가 수도인 나라의 바로 전 시기에 있었다.
· 금주가 수도인 나라는 관주가 수도인 나라의 바로 다음 시기에 있었으나, 정보다는 이전 시기에 있었다.

이 조건들로부터 (한주, 평주)와 (관주, 금주)는 항상 이 순서대로 움직인다는 것을 알 수 있다. 또한 네 번째 조건에서 정은 (관주, 금주) 두 나라 중 어느 나라도 아니라는 것을 알 수 있다. 따라서 정은 한주와 평주 중의 한 나라이다. 또한, 정보다는 이전 시기에 있었으므로 정이 속한 (한주, 평주)가 (관주, 금주) 그룹보다 나중에 존재한다는 것을 알 수 있다.

정의 위치는 아래 표에서 3 혹은 4의 위치에 있을 수 있으므로 각각의 경우를 정리하면 다음과 같다.

	1	2	3	4
수도	관주	금주	한주	평주
나라				

[경우 1] 정이 3의 위치에 있는 경우
정이 3의 위치에 있다면 병과 정은 연이어 존재할 수 없으므로 병이 존재할 수 있는 시기는 최초의 시기인 1번밖에 없다. 그러나 조건에서 병이 1의 위치에 있을 수 없다고 했으므로 정은 반드시 4의 위치에 있어야 한다.

[경우 2] 정이 4의 위치에 있는 경우
나머지 조건을 고려하면 아래와 같이 표가 완성될 수 있다.

	1	2	3	4
수도	관주	금주	한주	평주
나라	을	병	갑	정

따라서 평주는 4번째 위치하며 '정의 수도이다.'는 도출이 가능하다.

오답 체크

① 금주는 병의 수도이므로 도출이 불가능하다.

② 관주는 을의 수도이므로 도출이 불가능하다.

④ 갑의 다음 시기에 존재한 것은 정이므로 도출이 불가능하다.

⑤ 가장 오래된 나라는 관주가 수도인 을이므로 도출이 불가능하다.

06 나열하기 정답 ⑤

정답 체크

이러한 배치하기 문제의 경우 우선 자리를 그린 후, 가장 확실한 조건부터 적용하여 자리를 채워나가는 것이 중요하다. 이 문제의 경우 부정문이나, 여러 국가가 조건 내에 끼어 있어 복잡한 조건을 제외하고 가장 간단한 (라), (다), (나)를 적용하면 앨리스와 밥은 서로 같은 면에 앉고 서열순으로 시계 방향으로 앉아야 하므로 임의로 위 좌석에 앨리스 – 밥 순서로 배치하고 (다)에 따라 B국의 대표를 배치하면 오른쪽 그림처럼 좌석을 배치할 수 있다.

또한, (마)를 적용하면 위의 a나 b에 캐롤이 위치할 수 있으나, a에 캐롤이 위치하면 데이빗이 앨리스와 캐롤의 사이에 위치하게 되고 이는 (가)에 위배된다. 따라서 캐롤의 위치는 b가 된다.

다음으로 A국의 남은 사람인 데이빗의 위치를 보면 (나)에 따라 캐롤보다 시계 방향으로 뒤에 위치하고 (가)와 (바)로 인해 데이빗은 c나 d에 위치할 수밖에 없다. 이때, 데이빗이 c에 위치하게 되면 상대국인 B국의 달레쓰가 e에 위치하게 되어 (가)에 위배되므로 결국 데이빗은 d에 위치하고 달레쓰가 f에 위치하게 된다.

따라서 밥의 왼쪽에 앉은 사람은 달레쓰이다.

⏱ 빠른 문제 풀이 Tip

이 문제와 같이 원형 탁자 등에 둘러앉는 경우에는 각 변수의 위치를 적당히 판단하기보다는 위치를 파악하기 편한 형태의 그림을 그려놓은 후 변수 간의 관계를 판단하는 것이 좋다.

07 연결하기 정답 ⑤

정답 체크

세 번째 정보와 다섯 번째 정보를 연결하면 다음과 같다.

B	X
A	C
C	A
X	B

그런데 마지막 정보에서 G의 방은 6호라고 했고 그 옆방은 비었다고 했으므로 위의 내용과 결합해서 정리하면 다음과 같이 다섯 가지 경우를 가정해 볼 수 있다.

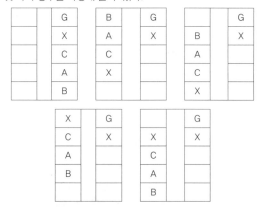

그런데 두 번째 정보에서 5호와 10호는 비어 있지 않다고 했고 B와 마주 보는 방은 비어 있다고 했으므로 첫 번째, 두 번째, 다섯 번째 경우는 불가능하다. 그리고 D와 E가 마주 보고 있어야 하는데 세 번째 경우는 마주 보고 있을 자리도 없으므로 불가능하다. 결국 D와 E의 자리를 포함해서 정리하면 다음 두 가지 경우만 가능하다.

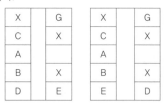

마지막으로 남은 F는 두 경우 모두 빈자리에 들어갈 수 있으므로 가능한 경우는 다음의 두 가지 경우로 정리할 수 있다.

X	G
C	X
A	F
B	X
D	E

X	G
C	X
A	F
B	X
E	D

따라서 D의 방은 5호가 될 수도 있으므로 옳지 않은 설명이다.

오답 체크

① 위의 두 경우 모두 1호는 비어 있으므로 옳은 설명이다.

② A의 방은 3호이고 F의 방은 8호이므로 이 둘은 마주 보고 있으므로 옳은 설명이다.

③ 위의 두 경우 모두 B의 방은 4호이므로 옳은 설명이다.

④ C의 방은 2호인데 그와 마주 보는 7호 방은 비어 있으므로 옳은 설명이다.

08 연결하기

정답 ②

오답 체크

을의 아이디는 cherry, 정의 패스워드는 durian이라고 했으므로 제시된 내용을 표를 그려 정리하면 다음과 같다.

사용자	갑	을	병	정
아이디		cherry		
패스워드				durian

병의 아이디는 아이디가 banana인 사용자의 패스워드와 같다고 했으므로 이를 정리하면 다음과 같다.

사용자	갑	을	병	정	?
아이디		cherry	ⓐ		banana
패스워드				durian	ⓐ

이때 banana를 아이디로 사용하는 사람으로 가능한 경우는 갑과 정뿐이다. 각각의 경우를 살펴보면 다음과 같다.

[경우 1] banana를 아이디로 사용하는 사람이 갑인 경우

사용자	갑	을	병	정
아이디	banana	cherry	ⓐ	
패스워드	ⓐ			durian

우선 ⓐ는 병의 아이디이므로 이미 갑과 을이 사용하고 있는 banana와 cherry는 될 수 없다. 한편 ⓐ는 정의 패스워드이기도 하므로 durian도 될 수 없다. 따라서 ⓐ는 apple이 될 수밖에 없는데 그러면 정의 아이디가 durian이 될 수밖에 없어 문제의 조건에 어긋난다. 따라서 banana를 아이디로 사용하는 사람은 갑이 아니라 정이다.

[경우 2] banana를 아이디로 사용하는 사람이 정인 경우

사용자	갑	을	병	정
아이디		cherry	ⓐ	banana
패스워드				durian(ⓐ)

ⓐ는 durian이 되므로 병의 아이디도 durian이 되고 남은 apple은 자연스럽게 갑의 아이디가 된다.

사용자	갑	을	병	정
아이디	apple	cherry	durian	banana
패스워드				durian

ㄷ. 나머지에 대한 정보는 알 수 없어 이 상태로 보기를 판단해 볼 때, 아이디가 durian인 병의 패스워드는 durian만 아니면 되기 때문에 패스워드로 banana를 쓸 수 있으므로 옳은 설명이다.

오답 체크

ㄱ. 정의 아이디는 banana이므로 옳지 않은 설명이다.

ㄴ. 갑의 패스워드가 cherry라고 하더라도 나머지 패스워드인 apple과 banana를 을과 병 가운데 누가 사용할지는 알 수 없으므로 옳지 않은 설명이다.

09 연결하기

정답 ①

정답 체크

문제의 조건을 순서대로 조건 1~6이라고 하고 다음의 표를 채우며 해결해 본다.

	1	2	3	4	5
회사	C				
로고		보라색			
음료			생수		
과자					
수출국					

조건 1에서 생수를 생산하는 회사의 사무실은 정 가운데라고 했으므로 3번 자리에 위치하고 조건 2에서 C 회사의 사무실은 가장 왼쪽에 위치하므로 1번 자리에 위치한다. 또한 C 회사가 보라색 로고의 회사 사무실 옆이라고 했으므로 보라색 로고 사무실은 2번 자리에 위치한다.

	1	2	3	4	5
회사	C				
로고		보라색			
음료			생수		
과자					
수출국					

한편 각 조건의 내용을 표에 맞게 정리하면 다음과 같다.

조건 3

회사		
로고	연두색	회색
음료	커피	
과자		
수출국		

조건 4

회사	A
로고	하늘색
음료	
과자	
수출국	

조건 5

회사			
로고	검은색	와플	
음료		혹은	
과자			
수출국	싱가폴		

	와플	검은색
		싱가폴

조건 6

회사		
로고		
음료	주스	
과자		
수출국		태국

이 가운데 조건 3이 들어갈 수 있는 자리는 4, 5번 자리밖에 없고 이에 따라 조건 4는 3번 자리만 가능하다.

	1	2	3	4	5
회사	C		A		
로고		보라색	하늘색	연두색	회색
음료			생수	커피	
과자					
수출국					

여기에 조건 5가 들어갈 수 있는 경우는 다음 1, 2번 자리만 가능하다.

	1	2	3	4	5
회사	C		A		
로고	검은색	보라색	하늘색	연두색	회색
음료			생수	커피	
과자		와플			
수출국	싱가폴				

조건 6이 들어갈 수 있는 자리에 대해 다음의 두 가지 경우를 가정해 볼 수 있다.

[경우 1] 태국이 2번 자리에 들어가는 경우

	1	2	3	4	5
회사	C		A		
로고	검은색	보라색	하늘색	연두색	회색
음료	주스		생수	커피	
과자		와플			
수출국	싱가폴	태국			

[경우 2] 태국이 3번 자리에 들어가는 경우

	1	2	3	4	5
회사	C		A		
로고	검은색	보라색	하늘색	연두색	회색
음료		주스	생수	커피	
과자		와플			
수출국	싱가폴		태국		

두 가지 모두 가능한 상황이므로 이 둘을 토대로 선택지를 살펴보도록 한다.

ㄱ. A 회사는 생수를 생산하므로 옳은 설명이다.

오답 체크

ㄴ. [경우 1]에서는 싱가포르에 수출하는 회사는 주스를 생산하지만 [경우 2]에서는 주스를 생산하지 않으므로 옳지 않은 설명이다.

ㄷ. 보라색 로고의 회사가 어느 나라에 수출하는지는 알 수 없으므로 옳지 않은 설명이다.

⏱ **빠른 문제 풀이 Tip**

각 조건에서 언급하고 있는 속성들이 다르기 때문에 큰 표를 그려 놓은 후 그 표에 적용할 수 있도록 조건을 정리하는 것이 필요하다. 한편 문제의 조건을 충분히 정리하더라도 표가 완전히 채워지지 않는 경우도 있을 수 있으므로, 표가 완전히 채워지지 않더라도 조건을 더 이상 적용할 수 없는 경우라고 판단되면 선택지를 검토하는 것이 좋다.

10 연결하기

정답 ⑤

정답 체크

보기에 주어진 경우를 적절히 만들어내면서 문제를 해결해 나가는 것이 바람직하다.

ㄱ.

	1번 팀	2번 팀	3번 팀
A반	1	1	2
B반	1	1	1
C반	1	1	1
D반	1	1	

위와 같은 경우도 성립할 수 있으므로 각 팀의 학생의 수가 모두 같을 수 있다. 따라서 옳은 설명이다.

ㄴ.

	1번 팀	2번 팀	3번 팀
A반	2	1	
B반	2	1	
C반	2		1
D반		1	1

위와 같은 경우도 성립할 수 있으므로 A반, B반, C반으로만 구성된 6명인 팀이 있을 수 있다. 따라서 옳은 설명이다.

ㄷ. B반, C반, D반으로만 구성된 5명인 팀을 구성하려면 B반 2명, C반 2명, D반 1명으로 구성되는 수밖에 없다. 이를 3번팀으로 구성해 보도록 한다.

	1번 팀	2번 팀	3번 팀
A반			
B반			2
C반			2
D반			1

이렇게 되면 남은 인원은 A반 4명, B반 1명, C반 1명, D반 1명뿐인데 어느 한 팀을 3개의 반의 학생을 포함한 팀으로 만들고 나면 남은 인원은 많아야 2팀의 인원밖에 없게 된다. 예를 들어 1번 팀을 A반, B반, C반으로 구성하게 되면 남은 인원은 A반, D반 2팀의 인원밖에 없게 되고, 1번 팀을 B반, C반, D반으로 구성하게 되면 남은 인원은 A반 1팀의 인원밖에 없게 된다. 그러면 나머지 2번 팀은 3개의 반의 학생을 포함할 수 없는 상황이 되므로 B반, C반, D반으로만 구성된 5명인 팀이 있을 수 없다. 따라서 옳은 설명이다.

11 진실 혹은 거짓
정답 ④

[정답 체크]

각각의 진술을 정리하면 다음과 같다.

지원자 1	지원자 2	지원자 3	지원자 4	지원자 5
2=A	3=A or D	4≠C	5=D	5=D and 1=선발X

거짓을 말하는 사람이 1명이라고 했으므로 각 1명씩 거짓을 말했다고 가정한 경우를 정리해 보면 다음과 같다.

[경우 1] 지원자 1이 거짓을 말할 경우
지원자 1이 거짓을 진술하므로 2는 A에 선발되지 않았다. 이외의 나머지 지원자의 내용을 정리하면 다음과 같다.

지원자 1	지원자 2	지원자 3	지원자 4	지원자 5
선발X	A 아님	A or D	C 아님	D

지원자 1, 3, 4, 5가 모두 C에 선발되지 않았으므로 지원자 2가 C에 선발되어야 한다. 그리고 지원자 5가 D에 선발되었으므로 지원자 3은 A에 선발될 수밖에 없다. 자연스럽게 B에는 지원자 4가 선발되게 된다.

지원자 1	지원자 2	지원자 3	지원자 4	지원자 5
선발X	C	A	B	D

모순인 내용이 없으므로 이 경우는 가능한 경우이다.

[경우 2] 지원자 2가 거짓을 말할 경우
지원자 2가 거짓을 진술하므로 지원자 3은 A와 D에 선발되지 않았다. 이외의 나머지 지원자의 내용을 정리하면 다음과 같다.

지원자 1	지원자 2	지원자 3	지원자 4	지원자 5
선발X	A	A 아님, D 아님	C 아님	D

지원자 1, 2, 4, 5가 C에 선발되지 않았으므로 지원자 3이 C에 선발되어야 한다. 자연스럽게 지원자 4는 남은 B에 선발되어야 한다.

지원자 1	지원자 2	지원자 3	지원자 4	지원자 5
선발X	A	C	B	D

모순인 내용이 없으므로 이 경우도 가능한 경우이다.

[경우 3] 지원자 3이 거짓을 말할 경우
지원자 3이 거짓을 진술하므로 지원자 4는 C에 선발되었다. 이외의 나머지 지원자의 내용을 정리하면 다음과 같다.

지원자 1	지원자 2	지원자 3	지원자 4	지원자 5
선발X	A	A or D	C	D

지원자 5가 D에 선발되었으므로 지원자 3은 A에 선발되어야 하는데 그러면 지원자 2와 중복된다. 따라서 모순인 내용이 생기게 되므로 지원자 3이 거짓을 진술하는 경우는 있을 수 없다.

[경우 4] 지원자 4가 거짓을 말할 경우
지원자 4가 거짓을 진술하므로 지원자 5는 D에 선발되지 않았다. 그런데 이렇게 되면 지원자 5의 진술과 모순된다. 결국 모순인 내용이 생기게 되므로 지원자 4가 거짓을 진술하는 경우는 있을 수 없다.

[경우 5] 지원자 5가 거짓을 말할 경우
지원자 5가 거짓을 진술하므로 지원자 5가 D에 선발되지 않았거나 지원자 1은 선발되었다. 그런데 지원자 4의 진술에서 지원자 5는 D에 선발되었다고 했으므로 지원자 1이 선발되었다는 것을 알 수 있다. 이외의 나머지 지원자의 내용을 정리하면 다음과 같다.

지원자 1	지원자 2	지원자 3	지원자 4	지원자 5
선발	A	A or D	C 아님	D

지원자 5가 D에 선발되었으므로 지원자 3은 A에 선발되어야 하는데 그러면 지원자 2와 중복된다. 따라서 모순인 내용이 생기게 되므로 지원자 5가 거짓을 진술하는 경우는 있을 수 없다. 정리하면 지원자 1이나 2가 거짓을 말했다는 것을 알 수 있고 각각의 경우에 있을 수 있는 상황은 다음과 같다.

[경우 1] 지원자 1이 거짓을 말할 경우

지원자 1	지원자 2	지원자 3	지원자 4	지원자 5
선발X	C	A	B	D

[경우 2] 지원자 2가 거짓을 말할 경우

지원자 1	지원자 2	지원자 3	지원자 4	지원자 5
선발X	A	C	B	D

따라서 두 경우 모두 지원자 4는 B 부서에 선발되었으므로 옳은 설명이다.

오답 체크

① 어느 경우에도 지원자 1은 선발되지 않았으므로 옳지 않은 설명이다.

② 지원자 2가 C 부서에 선발되는 경우도 가능하므로 반드시 옳다고 할 수 없다. 따라서 옳지 않은 설명이다.

③ 지원자 3은 A 혹은 C 부서에 선발되므로 D 부서에 선발되는 경우는 없다. 따라서 옳지 않은 설명이다.

⑤ 두 경우 모두 지원자 5는 C 부서가 아니라 D 부서에 선발되었으므로 옳지 않은 설명이다.

⏱ 빠른 문제 풀이 **Tip**

문제의 성격상 범인을 찾는 형태도 아니고 문제의 조건에서 모순되는 진술을 찾기 어렵기 때문에 거짓말을 하는 사람이 누구인지를 가정해서 문제를 푸는 것이 좋다. 1명이 거짓을 말하고 있다고 했는데 이들의 진술 가운데 확연히 어긋나거나 모순되는 진술을 찾는 것이 까다로운 경우에는 문제를 빠르게 푸는 방법을 생각하려다가 오히려 시간이 오래 걸릴 수 있으므로 각 1명씩 거짓을 말한 경우를 가정한 후 모순인 내용이 있는지 없는지를 살펴보는 것이 가장 바람직하다.

12 의사결정

정답 ①

정답 체크

ㄱ. 1차 투표에서 후보 세 명을 대상으로 투표할 때 정직하게 투표를 한다면 각각 1표씩을 얻게 되어 승자가 없게 되며, 이때 갑이 최종적으로 결정한다면 결국 a1이 선발될 것이다. 그런데 전략적 투표를 허용하는 경우 을과 병의 선택이 어떻게 되는지 살펴보도록 한다.

우선 을의 입장에서 전략적 투표를 하지 않으면 a1이 선발되므로 자신이 더 선호하는 a2를 선발시키기 위해 다른 후보에게 투표하는 전략적 투표를 다음과 같이 두 가지 경우로 고려해 볼 수 있다.

[경우 1] 을이 a1에 투표하는 경우
1차 투표에서 a1이 선발되어 결과가 달라지지 않으므로 전략적 투표를 할 이유가 없다.

[경우 2] 을이 b에 투표하는 경우
1차 투표에서 자신의 선호보다 낮은 b가 선택되므로 전략적 투표를 할 이유가 없다.

결국 을은 전략적 투표를 하지 않고 자신의 선호대로 a2에 투표할 것이다.

한편 병의 입장에서 전략적 투표를 하지 않으면 a1이 선발되므로 자신이 더 선호하는 b를 선발시키기 위해 다른 후보에게 투표하는, 다음 두 가지 경우의 전략적 투표를 고려해 볼 수 있다.

[경우 1] 병이 a1을 선택하는 경우
1차 투표에서 a1이 선발되어 결과가 달라지지 않으므로 전략적 투표를 할 이유가 없다.

[경우 2] 병이 a2를 선택하는 경우
1차 투표에서 자신의 선호보다 낮은 a2가 선발되므로 전략적 투표를 할 이유가 없다.

결국 병도 전략적 투표를 하지 않고 자신의 선호대로 b에 투표할 것이다.

따라서 전략적 투표를 하는 사람이 없으므로 전략적 투표를 허용하더라도 정직하게 투표한 결과와 같게 될 것이다.

오답 체크

ㄴ. A당의 두 후보 중 한 사람을 1차 선발하고, 그 승자를 b와 결선하여 최종 승자를 결정하는 방식을 고려하면 1차 선발에서 갑은 a1에, 을은 a2에, 병은 그나마 선호가 높은 a1에 투표하므로 a1이 선발되고, a1과 b가 맞붙는 결선에서는 갑과 을은 a1에, 병은 b에 투표하므로 a1이 선발된다. 이 경우 위원 을이 전략적 투표를 한다면 다음 두 가지 경우를 고려해 볼 수 있다.

[경우 1] 을이 1차 선발에서 a1에 투표하는 경우
이 경우 1차 선발에서 a1이 선발되므로 결과가 달라지지 않기 때문에 전략적 투표를 할 이유가 없다.

[경우 2] 을이 2차 선발에서 b에 투표하는 경우
이 경우 자신의 선호인 a2보다 낮은 b가 선발되기 때문에 전략적 투표를 할 이유가 없다.

따라서 을은 전략적 투표를 할 이유가 없다.

ㄷ. A당과 B당 중 하나를 1차 투표로 결정하고, 만약 A당이 선택되면 a1과 a2의 결선 승자를, 만약 B당이 선택되면 b를 최종 승자로 결정하는 방식을 고려하면 1차 투표에서 갑, 을은 A당에, 병은 B당에 투표하므로 A당이 선택되고 a1과 a2가 맞붙는 결선에서는 갑은 a1에, 을은 a2에, 병은 그나마 선호가 높은 a1에 투표할 것이므로 a1이 선발된다. 이 경우 전략적 투표를 허용하는 경우 을과 병의 선택이 어떻게 되는지 살펴보도록 한다.

우선 을의 입장에서 전략적 투표를 하지 않으면 a1이 선발되므로 자신이 더 선호하는 a2를 선발시키기 위해 다른 후보에게 투표하는 전략적 투표에 대해 다음 두 가지 경우를 고려해 볼 수 있다.

[경우 1] 을이 1차 투표에서 B당에 투표하는 경우

1차 투표에서 B당이 선택되어 b가 최종 승자가 되는데 b는 자신의 선호인 a2보다 낮으므로 전략적 투표를 할 이유가 없다.

[경우 2] 을이 2차 투표에서 a1에 투표하는 경우

2차 투표에서 a1이 선발되므로 결과가 달라지지 않기 때문에 전략적 투표를 할 이유가 없다.

결국 을은 전략적 투표를 하지 않고 자신의 선호대로 정직하게 투표할 것이다.

한편 병의 입장에서 전략적 투표를 하지·않으면 a1이 선발되므로 자신이 더 선호하는 b를 선발시키기 위해 다른 후보에게 투표하는 전략적 투표에 대해 다음 두 가지 경우를 생각해 볼 수 있다.

[경우 1] 병이 1차 투표에서 A당을 선택하는 경우

1차 투표에서 A당이 선택되므로 결과가 달라지지 않기 때문에 전략적 투표를 할 이유가 없다.

[경우 2] 병이 2차 투표에서 a2를 선택하는 경우

2차 투표에서 자신의 선호보다 낮은 a2가 선발되므로 전략적 투표를 할 이유가 없다.

결국 병도 전략적 투표를 하지 않고 자신의 선호대로 정직하게 투표할 것이다.

따라서 전략적 투표를 하는 사람이 없으므로 전략적 투표를 허용하더라도 정직하게 투표한 결과와 같게 되므로 a1이 선발된다.

13 의사결정

정답 ①

정답 체크

제품 X와 Y는 각각 a, b, c, d 중에서 한 가지 이상의 원료를 1g 단위로 사용하여 전체가 10g이 되도록 섞어서 만들었으며 제품의 이익은 1g당 a는 10원, b는 20원, c는 100원, d는 200원이 발생한다.

· X의 부피가 사용된 원료의 총부피보다 5mL 작기 때문에 총 10g의 원료가 반응했다는 것을 알 수 있다. 또한 이익이 150원 발생했기 때문에 a, b, c, d의 원료의 비율을 150원이 되도록 구성해야 한다.

· Y의 부피가 사용된 원료의 총부피보다 2mL 작기 때문에 총 4g의 원료가 반응했다는 것을 알 수 있다. 또한 이익이 690원 발생했기 때문에 a, b, c, d의 원료의 비율을 690원이 되도록 구성해야 한다.

위의 두 조건을 생각하며 <보기>를 살펴보도록 한다.

ㄱ. X에서 150원의 이익이 발생했기 때문에 a, b, c, d의 원료로 150원의 이익을 만들어야 한다. 이때 50원을 만들기 위해서는 a와 b의 조합만이 가능하다. b의 조합만으로는 50처럼 10의 자리가 홀수인 수를 만들 수 없기 때문에 a는 X에 반드시 포함되므로 옳은 설명이다.

오답 체크

ㄴ. X는 다음과 같이 두 가지 원료만으로 구성될 수 있다.

구분		a(10)	b(20)	c(100)	d(200)	총
	원료(g)	5	5	0	0	10
X	이익(원)	50	100	0	0	150
	반응(g)	5	5	0	0	10g(5ml)

따라서 X는 세 가지 원료만으로 이루어질 수 없으므로 옳지 않은 설명이다.

ㄷ. Y에 a는 다음과 같이 1g만 사용될 수 있다.

구분		a(10)	b(20)	c(100)	d(200)	총
	원료(g)	1	4	4	1	10
Y	이익(원)	10	80	400	200	690
	반응(g)	1	1	1	1	4g(2ml)

따라서 Y에 a는 3g이 사용될 수 없으므로 옳지 않은 설명이다.

14 의사결정

정답 ⑤

정답 체크

제시된 내용에 따라 보수표를 정리하면 다음과 같다.

승＼패	매	비둘기
매	(50, −100)	(50, 0)
비둘기	비둘기가 승리할 수는 없다.	(40, −10)

비둘기파의 개체가 1개이고 매파의 개체가 2, 3, 4개일 때 각 경우의 점수를 정리하면 다음과 같다.

[경우 1] 매파가 2개체인 경우

	전적	점수	비고
매 1	2승	100	모든 경기에서 승리
매 2	1승 1패	−50	매 1에게 패배, 비둘기에게 승리
비둘기	2패	0	모든 경기에서 패배

매파의 평균 득점은 25이고 비둘기파의 평균 득점이 0이므로 비둘기파가 불리하다.

[경우 2] 매파가 3개체인 경우

	전적	점수	비고
매 1	3승	150	모든 경기에서 승리
매 2	2승 1패	0	매 1에게 패배, 매 2와 비둘기에게 승리
매 3	1승 2패	−150	매 1과 매 2에게 패배, 비둘기에게 승리
비둘기	3패	0	모든 경기에서 패배

매파의 평균 득점이 0이고 비둘기파의 평균득점도 0이므로 동일하다.

[경우 3] 매파가 4개체인 경우

	전적	점수	비고
매 1	4승	200	모든 경기에서 승리
매 2	3승 1패	50	매 1에게 패배, 매 2와 매 3과 비둘기에게 승리
매 3	2승 2패	−100	매 1과 매 2에게 패배, 매 3과 비둘기에게 승리
매 4	1승 3패	−250	매 1과 매 2와 매 3에게 패배, 비둘기에게 승리
비둘기	4패	0	모든 경기에서 패배

매파의 평균득점이 −25이고 비둘기파의 평균득점은 0이므로 비둘기파가 유리하다.

이를 통해서 볼 때 매파 개체군 내에 비둘기파가 1개체만 있더라도 매파의 개체군이 많을수록 오히려 비둘기파가 유리해짐을 알 수 있다.

따라서 매파의 개체군 내에 비둘기파의 한 개체가 있을 때, 비둘기파의 평균 득점은 매파 개체군 내의 평균 득점보다 항상 낮다고 볼 수는 없으므로 옳지 않은 설명이다.

오답 체크

① 매파와 비둘기파가 싸우면 반드시 매파가 승리하며 이때 매파는 50점, 비둘기파는 0점을 획득하므로 옳은 설명이다.

② 모두 비둘기파로만 구성된다면, 싸움이 발생했을 때, 이긴 팀은 +40, 진 팀은 −10의 보수를 얻는다. 따라서 평균 $\frac{+40-10}{2}=\frac{+30}{2}=+15$점을 얻으므로 옳은 설명이다.

③ 싸움 전략 '그 자체'라고 하는 의미는 매파든 비둘기파든 확률이 1인 상황에 따라 다른 결과를 얻을 수도 있음을 의미한다. 즉, 매파는 상당히 호전적인 전략을 구사하는데, 이러한 전략은 승리를 강하게 추구하지만, 상황에 따라서 패할 수도 있다. 즉, 매파는 이기는 경우에는 +50의 이득을 얻지만, 지는 경우에는 −100의 손실을 입는다. 반대로 비둘기파는 회피하는 전략을 구사하는데, 이기는 경우에는 +40의 이득을 얻지만, 지는 경우에는 0 또는 −10의 손실을 입는다. 다시 말해서 이기는 경우의 이득은 매파가 크지만, 지는 경우의 이득은 비둘기파가 크므로(다시 말해서 지는 경우의 손실은 비둘기파가 작으므로) 반드시 매파가 우월하다고 할 수도 없고, 비둘기파가 우월하다고 할 수도 없다. 즉, 각 파는 전투 대상이 누구냐에 따라 다른 결과를 가져올 수 있다. 따라서 싸움 전략 '그 자체'를 통해서 어느 파가 더 높은 득점을 낼지는 알 수 없으므로 옳은 설명이다.

④ 모두 매파로만 구성된다면, +50, −100의 보수가 나온다. 따라서 평균은 $\frac{+50-100}{2}=\frac{-50}{2}=-25$의 보수가 되므로 옳은 설명이다.

🕐 **빠른 문제 풀이 Tip**

매파의 개체군 내에 비둘기파가 있다면, 비둘기파의 입장에서는 반드시 패하게 되는데, 이때의 득점은 반드시 0이 된다. 한편, 매파의 개체군 내에는 여러 개체가 있을 수 있는데 매파가 얻을 수 있는 보수는 50 혹은 −100이므로 그 숫자가 많을수록 전체적인 수치는 마이너스가 될 가능성이 높다. 그런데 이는 비둘기파의 득점인 0보다 작으므로 오히려 비둘기파가 생존력이 강하다는 결론을 통해 ⑤번이 옳지 않은 설명이라고 판단하는 것도 가능하다.

15 의사결정

정답 ②

정답 체크

D와 F가 연합하게 되면 단순 다수제에서는 1계층과 3계층의 지지를 얻어 28만 표로 최다 득표를 하게 되어 D−F 연합정부가 가능해진다. 한편 결선제에서는 D−F 연합팀은 1차 투표에서는 28만 표로 과반수가 되지 못하고 2계층에서 26만 표를 차지한 C와 2차 투표를 시행하게 된다. 하지만 4계층의 2순위가 D이므로 2차 투표에서 4계층은 D를 선택하게 될 것이고 따라서 34 : 26으로 D−F 연합팀이 승리하게 된다. 결국 어느 것을 채택하든 D−F 연합정부가 나타날 수 있으므로 옳은 설명이다.

오답 체크

① A와 C가 연합하게 되면 결선제를 택하더라도 1차 투표에서 과반수를 차지하게 되므로 C−A 연합 정부가 나타날 수 있다. 따라서 옳지 않은 설명이다.

③ 위의 2번에서 보듯 D−F 연합정부가 탄생할 수도 있으므로 반드시 D−F−A 연합정부가 탄생해야 하는 것은 아니다. 따라서 옳지 않은 설명이다.

④ 단순 다수제에서 D, A, B가 연합하고 F와 C는 독자 출마한 채 투표가 시행된다면 D, A, B 연합팀은 3, 4계층의 표를 얻어 24만 표가 되지만 C는 26만 표를 얻게 되므로 D−A−B 연합 정부가 나타날 수 없다. 따라서 옳지 않은 설명이다.

⑤ 결선제를 채택한다고 하더라도 위의 1번과 같이 C−A가 연합을 하는 것처럼 1차 투표에서 당선자가 결정될 수도 있으므로 반드시 2차 투표를 시행할 수밖에 없는 것은 아니다. 따라서 옳지 않은 설명이다.

16 의사결정
정답 ⑤

정답 체크

A, B, C, D에 관해 주어진 정보를 방정식으로 나타내면 아래와 같다.
- $A+B=40$ ··· ⓐ
- $A+C=48$ ··· ⓑ
- $C+D=20$ ··· ⓒ
- $B+D=12$ ··· ⓓ

ㄱ. 신약을 투여받은 사람 중 호전된 사람의 비율은 $\frac{A}{40}$이다. D의 변화에 따른 $\frac{A}{40}$의 변화를 살펴보아야 하므로 위의 방정식을 이용하여, $\frac{A}{40}$에서 A를 D로 변경시켜야 한다. ⓐ에서 ⓓ를 빼면 $A=D+28$이 된다. 이를 $\frac{A}{40}$에 넣으면 $\frac{D+28}{40}$이다. 따라서 D가 클수록 신약을 투여받은 사람 중 호전된 사람의 비율이 높아지므로 옳은 설명이다.

ㄴ. A와 C의 차이를 k라고 정의하면 $A-C=k$가 될 수 있다. 신약을 투여받은 사람 중 호전된 사람의 비율은 역시 $\frac{A}{40}$이다. $\frac{A}{40}$를 k에 대한 식으로 나타내기 위해서 $A-C=k$라는 식과 위의 방정식 중 $A+C=48$이라는 식을 연립하면 $2A=48+k$가 되어, $A=24+\frac{k}{2}$가 된다. 따라서 호전된 사람의 비율은 $\frac{24+\frac{k}{2}}{40}$가 된다. 따라서 A와 C의 차이인 k가 작을수록 신약을 투여받은 사람 중 호전된 사람의 비율이 낮아지므로 옳은 설명이다.

ㄷ. $A:B=4:1$이면 $A+B=40$이므로 A는 32, B는 8이 된다. 따라서 C는 16, D는 4가 되어 비율은 $4:1$이 되며 신약에 의한 효과의 비율과 위약에 의한 효과의 비율이 같아지므로 옳은 설명이다.

17 제시된 방법 활용
정답 ⑤

정답 체크

S는 빨간색 10%, 노란색 60%, 파란색 30%,
R은 빨간색 40%, 노란색 60%, 파란색 0%,
P는 빨간색 10%, 노란색 10%, 파란색 80%,
Q는 빨간색 40%, 노란색 10%, 파란색 50%이다.
이를 토대로 보기를 살펴보도록 한다.

ㄴ. R의 물감은 파란색이 전혀 들어 있지 않아서 다른 물감을 섞어도 R의 색깔을 만들어 낼 수 없으므로 옳은 설명이다.

ㄷ. Q가 나타내는 색의 물감 10g과 S가 나타내는 색의 물감 10g을 섞으면 빨간색, 노란색, 파란색이 차지하는 비율은 각각 25%, 35%, 40%이므로 옳은 설명이다.

오답 체크

ㄱ. S가 나타내는 색의 물감에 포함된 파란색 물감의 비율은 30%이므로 옳지 않은 설명이다.

18 제시된 방법 활용
정답 ④

정답 체크

강제적으로 채무를 이행하게 하는 세 가지 방법에 대해 정리하면 다음과 같다.

A 방법	채무자가 해야 할 일을 채무자가 아닌 다른 주체가 하되 채무자가 비용을 부담함
B 방법	국가가 직접 실력을 행사하여 채권자의 채권을 만족시키는 것이지만 금전·물건 등을 주어야 하는 채무에서만 인정
C 방법	채무자만이 할 수 있는 일인 경우에 해당하며 손해배상이나 벌금 등의 심리적인 압박으로 채무자에게 채무를 이행하게 하며 최후의 수단임

그런데 사실관계에 따르면 통신회사의 서비스 제공 채무에 대해 강제하는 것이므로 하는 채무에 해당한다. 그런데 하는 채무가 채무자만이 할 수 있는 경우이면 C 방법으로 강제이행을 실현시킬 수 있고 채무자뿐만 아니라 다른 주체도 할 수 있는 경우이면 A 방법으로 강제이행을 실현시킬 수 있다.

그런데 통신서비스 시장 개방 전에는 채무자만이 할 수 있는 경우이므로 (가)에는 C가 들어가야 하며 통신서비스 시장 개방 이후에는 제3자도 할 수 있는 경우이므로 (나)에는 A가 들어가야 한다.

19 정보찾기
정답 ⑤

정답 체크

제시문에서 소비자 기대 지수는 향후 경기를 어떻게 전망하는지를 나타내는 지수이며 이 값이 클수록 향후 경기를 긍정적으로 보는 소비자 가구 비중이 커진다는 것을 의미함을 알 수 있다. 제시문에 의하면 2월 소비자 기대 지수는 30대 연령의 경우 100보다 크고, 나머지 연령대의 경우 100보다 작다.

따라서 1월 소비자 기대 지수는 40대 연령의 경우가 30대 연령보다 크다면, 결과적으로 40대 연령이 더 많이 하락한 셈이므로, 하락 폭은 30대 연령보다 40대 연령에서 더 크다.

① 본문에서는 특정 연령이나 특정 소득계층에 대해서 소비자 기대 지수가 100보다 큰지, 아닌지를 중심으로 서술되고 있는데 전체 소득 계층에 대한 소비자 기대 지수의 평균을 구하고자 한다면, 각 소득계층의 인원분포를 알아야 한다. 하지만 이에 대한 근거가 없기 때문에 소비자 기대 지수의 전체 평균이 100을 넘는지 넘지 못하는지를 알 수 없다.

② 30대 연령이 아닌 다른 연령대에서는 소비자 기대 지수가 100보다 작다는 말은 있지만, 특정한 연령대인 40대에 대하여 다른 연령대들과 비교는 불가능하므로 정확히 알 수 없다.

③ 300만 원대 소득계층의 소비자 기대 지수가 100보다 크지만, 그렇다고 해서 이를 구성하는 각 연령층의 기대 지수가 모두 100보다 크다고 볼 수는 없으므로 정확히 알 수 없다.

④ 예를 들어 B 지역이 OO지역보다 300만 원대 소비자가 많다고 하더라도 다른 소득대의 사람들이 훨씬 더 많다면 소비자 기대 지수가 더 크다고 볼 수 없으므로 정확히 알 수 없다.

> ⏱ **빠른 문제 풀이 Tip**
> 경제학적 배경지식이 있다면 조금 더 빨리 풀 수 있는 지문이다. 평소 책을 많이 읽고, 배경지식이 많다면, 자신이 아는 범위 내에서 시험 문제가 나올 '확률'이 높아지므로 신문 등 각종 자료를 탐독하는 자세가 필요하다.

20 법률해석　　　　　　　　　정답 ⑤

B 견해에 의하는 경우에는 일괄적으로 판단하는 것이므로 원고가 신청한 손해배상액의 총액이 법원이 인정한 손해배상액의 총액보다 적은 경우에는 원고가 신청한 금액보다 적은 금액을 배상하라는 판결이 나올 수는 없다. 하지만 A 견해에 의하는 경우에는 손해를 3개로 나누어 판단하므로 경우에 따라 원고가 신청한 액수보다 적은 금액이 나오는 경우도 있다. 예를 들어 청구인의 청구금액이 적극적 손해 3,000만 원, 소극적 손해 4,000만 원, 정신적 손해 2,000만 원으로 총 9,000만 원이고 법원의 판단이 적극적 손해 4,000만 원, 소극적 손해 5,000만 원, 정신적 손해 1,000만 원으로 총 1억 원인 경우 A 견해에 의하면 각각을 따로 판단해야 하는데 청구인의 청구 범위 한도에서 판단해야 하므로 적극적 손해는 3,000만 원, 소극적 손해는 4,000만 원이고 정신적 손해는 법원의 판단인 1,000만 원으로 인정되므로 총 8,000만 원을 배상하라고 판결할 수도 있다.
따라서 옳지 않은 설명이다.

① 갑의 청구는 빌려준 돈을 반환하라는 것이므로 법원은 빌려준 돈만 판단해야 한다. 그런데 빌려준 돈은 500만 원이라고 판단했으므로 500만 원을 한도로 하여 갑의 청구를 받아들이는 판결을 할 수 있다. 따라서 옳은 설명이다.

② 법원은 당사자가 판결을 신청한 범위 내에서 판단해야 하므로 법원의 판단이 1,000만 원이라 하더라도 청구금액인 500만 원 한도 내에서 판단해야 한다. 따라서 옳은 설명이다.

③ A 견해는 손해를 3개로 나누어 따로 판단하는 것인데 각각의 판단에 있어 법원은 청구인의 청구범위 내에서 판단해야 하므로 치료비를 3,000만 원이라고 평가했더라도 청구인의 청구금액이 2,000만 원이므로 2,000만 원을 한도로 판단해야 한다. 따라서 옳은 설명이다.

④ B 견해는 손해를 나누지 않고 일괄적으로 판단하는 것인데 청구인의 청구가 일괄하여 1억 원이므로 법원은 1억 원을 한도로 하여 판단할 수 있다. 따라서 옳은 설명이다.

한국사능력검정시험 1위* 해커스!

해커스 한국사능력검정시험
교재 시리즈

빈출 개념과 기출 분석으로
기초부터 문제 해결력까지
꽉 잡는 기본서

해커스 한국사능력검정시험
심화 [1·2·3급]

스토리와 마인드맵으로 개념잡고!
기출문제로 점수잡고!

해커스 한국사능력검정시험
2주 합격 **심화 [1·2·3급]** **기본 [4·5·6급]**

시대별/회차별 기출문제로
한 번에 합격 달성!

해커스 한국사능력검정시험
시대별/회차별 기출문제집 **심화 [1·2·3급]**

개념 정리부터 실전까지
한권완성 기출문제집!

해커스 한국사능력검정시험
한권완성 기출 500제 **기본 [4·5·6급]**

빈출 개념과 기출 선택지로
빠르게 합격 달성!

해커스 한국사능력검정시험
초단기 5일 합격 **심화 [1·2·3급]**
기선제압 막판 3일 합격 **심화 [1·2·3급]**